ANNO 5/6

Ausgabe Sachsen

**Doppelband 5/6
Das 20. Jahrhundert**

Herausgegeben von
Bernhard Askani und Elmar Wagener

Erarbeitet von
Dr. Bernhard Askani, Ingrid Brandt, Dr. Ralph Erbar,
Dr. Sylvia Fein, Dieter Gaedke, Werner Hamann,
Hubertus Schrapps, Dr. Ingeborg Seltmann,
Dr. Amrei Stupperich, Dr. Martin Stupperich,
Elmar Wagener, Klaus Wohlt

westermann

Die Autoren und ihre Beiträge:

Dr. Bernhard Askani: Wurzeln der Demokratie; Sicherheit für die Welt?; Wohlstand für alle?
Ingrid Brandt: Der Nationalsozialismus
Dr. Ralph Erbar, Dr. Sylvia Fein: China – eine Weltmacht?; Ein „Haus" für Europa?; Deutschland von 1969 bis zur Einheit
Dieter Gaedke: Der Zweite Weltkrieg und die Folgen
Werner Hamann: Die USA
Hubertus Schrapps: Sachsen nach dem Ersten Weltkrieg
Dr. Ingeborg Seltmann: Das Ende des Ersten Weltkriegs; Frieden für die Welt?; Der Ost-West-Konflikt
Dr. Amrei Stupperich, Dr. Martin Stupperich: Planet ohne Zukunft?
Elmar Wagener: Die Weimarer Republik; Sachsen unterm Hakenkreuz; England und der Aufstieg der USA
Klaus Wohlt: Die Sowjetunion

Kartenentwurf und Grafiken: Dieter J. Bode
Ausführung: Westermann Kartografie

1. Auflage Druck   6   5   4   3   2
Herstellungsjahr   2003   2002   2001   2000
Alle Drucke dieser Auflage können im Unterricht parallel verwendet werden.

© Westermann Schulbuchverlag GmbH, Braunschweig 1998
www.westermann.de

Verlagslektorat: Dieter J. Bode, Dorle Bennöhr
Typografie: Eilert Focken
Lay-out und Herstellung: Sandra Grünberg
Druck und Bindung: westermann druck GmbH, Braunschweig

ISBN 3-14-110949-4

Inhalt

Zwischen Demokratie und Diktatur ... 6
Das Ende des Ersten Weltkriegs ... 9
Der Zusammenbruch Deutschlands ... 9
Am Verhandlungstisch ... 12
Frieden für die Welt? ... 13
Der Vertrag von Versailles ... 13
Was wird aus der Donaumonarchie? ... 18
Der Völkerbund ... 20
Die Weimarer Republik ... 21
Die ungewollte Revolution ... 21
Eine Verfassung für die Republik ... 24
Krisenjahre der Republik ... 26
Die Jahre scheinbarer Konsolidierung ... 32
Faschismus im Vormarsch ... 38
Die Krise der Demokratie ... 40
Sachsen nach dem Ersten Weltkrieg ... 46
Der Nationalsozialismus ... 50
Der „Führer" und seine Gefolgschaft ... 50
Die Aushöhlung der Demokratie ... 54
Der totalitäre Staat ... 58
Die „Volksgemeinschaft" ... 64
NS-Kunst und Architektur ... 74
Sachsen unterm Hakenkreuz ... 76
Von der Revision zur Expansion ... 80
Zusammenfassung ... 85
Geschichtslabor: Mein Jahrhundert im Bild ... 86

Der Zweite Weltkrieg und die Folgen ... 88
Der Überfall auf Europa ... 91
Die Phase der „Blitzkriege" ... 91
Die Luftschlacht über England ... 93
Der Russlandfeldzug ... 94
Die Kriegswende ... 96
Der Krieg in Ostasien ... 96
Der Kriegseintritt der USA ... 98
Die Schlacht um Stalingrad ... 100
Der totale Krieg ... 102
Terror und Widerstand ... 106
Verfolgung und Vernichtung der Juden ... 106
Widerstand gegen den Nationalsozialismus ... 110
Der Sieg der Alliierten ... 114
Der Endkampf in Europa ... 114
Der Endkampf in Ostasien ... 118
Die Neuordnung der Welt ... 120
Aufgabe: Weltfrieden ... 120
Neue Staaten, neue Grenzen ... 122
Der Freiheitskampf Indiens ... 124
Eine „Heimstätte für das jüdische Volk" ... 128
Die Teilung Deutschlands ... 132
Deutschland unter alliierter Besatzung ... 132
Der Weg zur doppelten Staatsgründung ... 138

Inhalt

Zusammenfassung 141
Geschichtslabor: Der Nürnberger Prozess 142

England und der Aufstieg der USA 144
Die Anfänge des Parlaments 147
König und Adel 147
Der König und sein Parlament 148
Das Parlament besiegt den König 150
Der Konflikt zwischen König und Parlament 150
Englands Untertanen in Amerika 154
Auf dem Weg in ein neues England 154
Der Konflikt mit dem Mutterland 158
Ein Staat ohne König 162
Die Verfassung der Vereinigten Staaten 162
Die Ausdehnung der Vereinigten Staaten 163
Zusammenfassung 165
Geschichtslabor: Wurzeln der Demokratie 166

Weltmächte entstehen 172
Die USA 175
Wurzeln einer Weltmacht 175
Die „Golden Twenties" 176
Wirtschaftskrise und New Deal 180
Außenpolitik zwischen den Weltkriegen 184
Die Sowjetunion 187
Das Zarenreich in der Krise 187
Das Revolutionsjahr 1917 188
Können die Bolschewiki ihre Ideen verwirklichen? 192
Die Sowjetunion unter Stalin 195
Zusammenfassung 201

Der Ost-West-Konflikt 202
Rivalität der Supermächte 205
NATO und Warschauer Pakt 205
Die UdSSR – eine überforderte Weltmacht? 206
Die USA – Vormacht des Westens 208
Mit den Augen des Feindes 211
Krisenherde der Welt 212
Der Koreakrieg 214
Nahost – Region ohne Frieden 216
Kuba – auf des Messers Schneide 220
Vietnam – Prüfstein einer Weltmacht 221
Das geteilte Deutschland 225
Zwei Staaten in Deutschland 225
Wirtschaftssysteme im Widerstreit 232
Mauer und Stacheldraht 236
Alltag in Deutschland 240
Fremde Schwestern, fremde Brüder? 246
Zwischen Erstarrung und Wandel 248
Zusammenfassung 255
Geschichtslabor: Die Fünfziger Jahre hautnah 256

Inhalt

Die Welt im Umbruch ... 258
Sicherheit für die Welt? ... 261
Erste Schritte zur Entspannung ... 261
Das Ende der Sowjetunion und die Folgen ... 266
Wohlstand für alle? ... 272
Die Teilung der Welt in Arm und Reich ... 272
„Globalisierung" der Wirtschaft ... 276
China – eine Weltmacht? ... 280
Chinas revolutionäre Sprünge ... 280
Auf dem Weg zur Weltmacht? ... 284
Ein „Haus" für Europa? ... 288
Entwicklungen im geteilten Europa ... 288
Wird Europa eins? ... 292
Deutschland von 1969 bis zur Einheit ... 298
Deutsch-deutsche Begegnungen ... 298
Die beiden deutschen Staaten 1969–1989 ... 302
Zwei Staaten – zwei politische Kulturen ... 308
Deutschland – einig Vaterland? ... 314
Zusammenfassung ... 323
Geschichtslabor: Auf Spurensuche bei Zeitzeugen ... 324

Planet ohne Zukunft? ... 326
Fortschritt im Widerstreit ... 328
Fortschrittsoptimismus ... 328
Erschütterung des Fortschrittsglaubens ... 330
Fortschritt am Scheideweg ... 332
Das Beispiel Energie ... 332
Weltbevölkerung und Welternährung ... 338
Freiheit ohne Grenzen? ... 344
Freiheit und Gleichheit: die Demokratie ... 344
Frieden in Freiheit – eine Utopie? ... 350

Daten der Geschichte ... 356
Minilexikon ... 357
Register ... 363

Zwischen Demokratie und Diktatur

„Gebt Hitler die Macht – Deutschland erwacht." Auf Großveranstaltungen wie dieser im Berliner Sportpalast im Jahr 1932 versuchten die *Nationalsozialisten* das Wahlvolk zu bewegen, die Macht im Staate ihrem Führer ADOLF HITLER zu übertragen. Das „System von Weimar", wie sie verächtlich die 1919 in WEIMAR gegründete erste parlamentarische *Republik* nannten, sei untauglich. Bei immer mehr Wählern fand die *Nationalsozialistische Deutsche Arbeiterpartei* (NSDAP), wie sich die Hitler-Bewegung volksnah nannte, offene Ohren. Neun Reichstagswahlen und zwanzig Regierungsbildungen in 13 Jahren hatten die Weimarer Demokratie bei vielen ebenso um den Kredit gebracht wie die Unzahl von Parteien.

Der Versailler Vertrag, die Reparationslasten und die Wirtschaftskrisen der Jahre 1923 und 1930 konfrontierten die staatstragenden Parteien mit großen Schwierigkeiten und machten es ihnen schwer, aus Erfolgen dringend benötigtes Wählerkapital zu schlagen.

Spätestens 1932, als mit NSDAP und KPD zwei republikfeindliche und einander bekämpfende Parteien die Mehrheit hatten, war die Weimarer Demokratie am Ende. Als der Reichspräsident Hitler am 30. Januar 1933 zum *Reichskanzler* ernannte, machten sich die Nationalsozialisten an die Aushöhlung des Rechts- und Verfassungsstaates. Ihr zunehmender Terror gegenüber politischen Gegnern stieß nicht auf den nötigen Widerstand. Nach wenigen Monaten war Deutschland in einer *Diktatur* „erwacht", deren Rassismus ganze Völker und deren Expansionspolitik ganz Europa zum Opfer fallen sollte.

Zwischen Demokratie und Diktatur

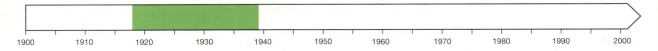

Die Schatten der Vergangenheit

Der *Erste Weltkrieg* zog nicht nur neue Grenzen in Europa, sondern machte auch den Weg für neue Staatsformen frei. Neuen Staaten bot sich einerseits die *parlamentarische* Ordnung Westeuropas und der USA mit langer demokratischer Tradition an. Andererseits besaß das *sozialistische* Experiment der jungen Sowjetunion große Anziehungskraft. In Deutschland fiel die Entscheidung für eine parlamentarische Republik. Die obrigkeitsstaatliche Prägung machte die Bevölkerung jedoch anfällig für autoritäre Parolen und die junge Republik zunehmend zum Spielball radikaler Parteien. Eine Vielzahl politischer, sozialer und wirtschaftlicher Probleme bündelte sich im Jahr 1929 in der *Weltwirtschaftskrise* und ließ den Ruf nach einem „starken Mann" nur noch lauter werden.

Der *Nationalsozialistischen Deutschen Arbeiterpartei* (NSDAP) unter ADOLF HITLER gelang es, von einer gewaltbereiten Randgruppe zur stärksten Partei anzuwachsen, die Demokratie von innen auszuhöhlen und Deutschland und seine Nachbarstaaten einer menschenverachtenden *Diktatur* zu unterwerfen.

Das Ende des Ersten Weltkriegs 9

Der Zusammenbruch Deutschlands

Der Weg zum Waffenstillstand

Im Oktober 1918 musste die Heeresleitung eingestehen, dass Deutschland den *Ersten Weltkrieg* verloren hatte und ein Waffenstillstand unvermeidlich war. Schon zu Jahresbeginn hatte der amerikanische Präsident WILSON erklärt, nur mit Vertretern einer demokratisch gebildeten Regierung, nicht aber mit dem Kaiser und seinen Generälen verhandeln zu wollen. Diese Forderung ließ sich nur erfüllen, wenn auch in Deutschland der Reichskanzler nicht mehr dem Kaiser, sondern dem *Reichstag* verantwortlich war, wenn nicht mehr der Kaiser, sondern der Reichstag über Krieg und Frieden zu beschließen hatte. Die Aussicht auf eine Verfassungsänderung, die dann am 28. 10. 1918 das Kaiserreich zur parlamentarischen Monarchie machte, veranlasste die Reichstagsmehrheit aus SPD, Zentrum und Fortschrittspartei unter dem neuen Kanzler Prinz MAX VON BADEN die Regierungsverantwortung zu übernehmen. Obwohl die OHL bis zuletzt die Illusion auf einen *Siegfrieden* genährt hatte, wollten sich die Mehrheitsparteien, allen voran die SPD, nach der Nachricht von der katastrophalen militärischen Lage nicht aus der Verantwortung stehlen.

Karikatur aus einem englischen Flugblatt, das im Oktober 1918 über Deutschland abgeworfen wurde.

Am 3. Oktober 1918 übermittelte auf Drängen der OHL Max von Baden als Kanzler einer demokratischen Regierung dem amerikanischen Präsidenten das deutsche Waffenstillstandsgesuch. Hierin erkannte er Wilsons *Friedensprogramm* als Verhandlungsgrundlage an.

Wilsons 14 Punkte

Am 8. Januar 1918 hatte Präsident WILSON in 14 Punkten ein Programm für den Weltfrieden entworfen:

> 1. Öffentliche Friedensverträge und Ende der Geheimdiplomatie;
> 2. Freiheit der Schifffahrt auf der See;
> 3. Aufhebung sämtlicher wirtschaftlicher Schranken;
> 4. Garantierte Rüstungsbegrenzung;
> 5. Unparteiische Regelung aller Kolonialfragen;
> 6. Räumung Russlands von fremden Truppen;
> 7. Wiederherstellung Belgiens;
> 8. Räumung Frankreichs und Wiederherstellung der zerstörten Teile, Rückgabe von Elsass-Lothringen;
> 9. Berichtigung der Grenzen Italiens nach dem Nationalitätenprinzip;
> 10. Autonome Entwicklung der Völker Österreich-Ungarns;
> 11. Wiederherstellung Rumäniens, Serbiens und Montenegros;
> 12. Autonomie der Völker des Osmanischen Reiches, freie Fahrt durch Bosporus und Dardanellen;
> 13. Errichtung eines unabhängigen polnischen Staates;
> 14. Errichtung eines Völkerbundes als Garantie für die Unverletzlichkeit aller Staaten.
>
> (stark gekürzt nach: Dokumente der Deutschen Politik und Geschichte von 1848 bis zur Gegenwart, hg. v. J. Hohfeld, Bd. II, Das Zeitalter Wilhelms II. 1890–1918, Berlin/München o. J., S. 393 ff.)

1 Was bedeutet die Anerkennung von Wilsons 14 Punkten als Waffenstillstandsgrundlage für das Deutsche Reich?

Das Ende des Ersten Weltkriegs

Vom Matrosenaufstand zum Ende der Monarchie

Der Waffenstillstand

Das Waffenstillstandsgesuch schlug im In- und Ausland wie eine Bombe ein, hatte doch die amtliche Propaganda die meisten bis zuletzt über den Ernst der Kriegslage hinweggetäuscht. Nun, nach der militärischen Bankrotterklärung der OHL, sehnte die kriegsmüde Bevölkerung den *Waffenstillstand* herbei. Das Zögern des amerikanischen Präsidenten, der dem Friedenswillen des kaiserlichen Deutschlands zu misstrauen schien, ließ den Ruf nach Abdankung Kaiser WILHELMS II. immer lauter werden.

Als die oberste Seekriegsleitung am 28. 10. 1918 der Hochseeflotte den Befehl zum Auslaufen gab, kam es bei den Matrosen in WILHELMSHAVEN und KIEL zum offenen Aufstand. Die Unruhen griffen auf viele Städte über, wo sich Arbeiter aus den Fabriken und Soldaten aus den Garnisonen den Aufständischen anschlossen, die das sofortige Ende des Kriegs erzwingen wollten. Der Kaiser schien ihnen das Haupthindernis auf dem Weg zum Frieden zu sein. Deshalb riefen die *Sozialdemokraten* am 9. November 1918, als die Welle des Aufstands BERLIN erreichte, die *Republik* aus. Die Flucht des Kaisers in die Niederlande besiegelte das Ende der Monarchie in Deutschland. Kurz darauf dankten auch alle Landesfürsten ab.

Nicht einer der verantwortlichen Generäle, sondern der Zentrumspolitiker MATTHIAS ERZBERGER brach am 7. November 1918 als Bevollmächtigter der Reichsregierung zu den Waffenstillstandsverhandlungen auf. Er erinnert sich an das Zusammentreffen mit dem französischen Marschall FOCH im Wald von COMPIÈGNE:

Der Wagen mit den deutschen Unterhändlern zur Unterzeichnung des Waffenstillstands überquert die französischen Linien.

> Um 4 Uhr morgens trafen wir auf dem vollständig zerstörten Bahnhof Tergnier ein; über die Trümmer hinweg gelangten wir zu dem Sonderzug. Das Reiseziel wurde uns nicht genannt, nur angeordnet, dass während der Fahrt die Fenster nicht geöffnet werden dürften. Der Zug setzte sich alsbald in Bewegung und hielt morgens um 7 Uhr in einem Wald. Ich bemerkte, dass auf einem etwa 100 Meter entfernt liegenden Gleis ein ähnlich zusammengestellter Zug stand. Gegen 9 Uhr erhielt ich die Nachricht, dass Marschall Foch bereit sei uns um 10 Uhr zu empfangen. Wir Bevollmächtigte begaben uns in den gegenüberliegenden Sonderzug. Kurz darauf erschien Marschall Foch, ein kleiner Mann mit harten, energischen Zügen. Ich wies darauf hin, dass wir gekommen seien auf Grund der letzten Note von Wilson. Nunmehr erteilte Marschall Foch seinem Generalstabschef den Befehl die Bedingungen des Waffenstillstands in französischer Sprache vorzulesen. Während der ganzen Verlesung wurden keinerlei Bemerkungen gemacht. Foch erklärte, dass Verhandlungen über die Bedingungen unter gar keinen Umständen zugelassen würden. Deutschland könne sie annehmen oder ablehnen, ein Drittes gebe es nicht.
> (stark gekürzt nach: Matthias Erzberger, Erlebnisse im Weltkrieg, Stuttgart/Berlin 1920, S. 328 ff.)

1 Schildern Sie die Stimmung des Treffens zwischen Foch und Erzberger.
2 In welcher Position befindet sich die deutsche Delegation bei den Waffenstillstandsverhandlungen?

Das Ende des Krieges

Am 11. November 1918 unterschrieb die deutsche Delegation bei COMPIÈGNE den *Waffenstillstand*. In den Augen der deutschen Öffentlichkeit waren nicht die Generäle, sondern diese demokratischen Politiker verantwortlich für den Waffenstillstand und die verheerende Niederlage Deutschlands – eine gefährliche Verkennung der Tatsachen.

Der bislang blutigste Krieg war zu Ende. 65 Millionen Soldaten hatten sich in Waffen gegenübergestanden, mehr als zehn Millionen Menschen ihr Leben gelassen. 30 Millionen kamen verwundet aus dem Krieg zurück, viele für ihr Leben gezeichnet. Zumal für die Mittelmächte gab es auf die Frage nach dem Sinn dieser Opfer keine überzeugende Antwort. Die Hoffnungen und Illusionen der Menschen waren zerstört. Aus der Zeit dieses ersten weltweiten Krieges sind es nicht Politiker- oder Feldherrnpersönlichkeiten, die in Erinnerung blieben, sondern die namenlosen Gestalten der feldgrauen Soldaten in ihren Schützengräben, die mit dem Grauen des Krieges fertig werden mussten. Mit einer Vielzahl von Monumenten versuchten alle Länder die Erinnerung an diesen ersten Weltkrieg wachzuhalten und den Schmerz über die Verluste zu bezwingen.

Das Monument von Thiepval bei Amiens in Frankreich ist eine der wichtigsten Stätten des Gedenkens an den Ersten Weltkrieg. Auf den riesigen Pfeilern des Denkmals sind die Namen von 73 357 vermissten englischen und französischen Soldaten aufgeführt. In der Mitte der Anlage steht ein riesiger Steinsarkophag mit der englischen Inschrift: „Ihre Namen leben für alle Zeiten".

12   Das Ende des Ersten Weltkriegs

Am Verhandlungstisch

Tag und Ort zur Eröffnung der Friedensverhandlungen waren mit Bedacht gewählt: Am 18. Januar 1871 war Wilhelm I. im Spiegelsaal von VERSAILLES zum deutschen Kaiser ausgerufen worden. Genau 48 Jahre später versammelten sich nun am gleichen Ort die Vertreter der 27 siegreichen Staaten um über die Friedensbedingungen zu verhandeln. Die unterlegenen Staaten waren ausgeschlossen, auch Russland nahm nicht teil. Die Vollversammlung mit ihren über tausend Abgesandten erwies sich rasch als arbeitsunfähig. Die wichtigsten Entscheidungen fielen daher hinter verschlossenen Türen zwischen den „Großen Drei": dem amerikanischen Präsidenten WILSON, dem französischen Ministerpräsidenten CLEMENCEAU und dem englischen Premierminister LLOYD GEORGE.

Mit seinen *14 Punkten* hatte Präsident Wilson einen Weg für die Lösung der Nachkriegsprobleme weisen wollen. Ein beständiger Frieden ließ sich seiner Meinung nach nur auf Gerechtigkeit und das Selbstbestimmungsrecht der Völker gründen. Wenn die Grenzen nach dem Willen der Völker verliefen, fiele der Hauptgrund für kriegerische Auseinandersetzungen fort. Mögliche Streitigkeiten sollte ein Zusammenschluss aller Nationen, der *Völkerbund*, schlichten. Er konnte notfalls auch Druck auf diejenigen Staaten ausüben, die sich nicht an die friedlichen Regeln der Völkergemeinschaft hielten. Wilsons Vision stieß sich hart mit den handfesten Interessen der europäischen Vertreter.

Auf französischem Boden hatte sich ein großer Teil dieses schrecklichen Krieges abgespielt. Die Verwüstungen waren noch allgegenwärtig. Deutschland, das schon zweimal in den letzten 50 Jahren Krieg gegen Frankreich geführt hatte, sollte daher auf Dauer geschwächt werden. Clemenceau forderte die militärische Entwaffnung und die Fortnahme wichtiger Gebiete wie ELSASS-LOTHRINGENS, des SAARGEBIETS und des linksrheinischen Territoriums. Zudem sollte ein Gürtel neuer Staaten in Ostmitteleuropa (*cordon sanitaire*) eine Pufferzone gegenüber dem revolutionären Russland bilden und Frankreich neue Bundesgenossen verschaffen.

Es entsprach ganz der traditionellen englischen Politik, dass Lloyd George den Grundsatz des europäischen Gleichgewichts vertrat. Frankreich sollte nicht die *Hegemonie* in Europa erlangen, Deutschland ein lebensfähiger Partner im europäischen Staatensystem und ein zahlungskräftiger Kunde für die britische Wirtschaft bleiben. Doch sollte es auf seine *Kolonien* und die *Flotte* verzichten.

Drei Monate täglicher Verhandlungen und 148 Sitzungen der wichtigsten Staatsmänner waren nötig um zwischen den so widersprüchlichen Interessen einen Kompromiss zu finden und die Friedensbedingungen für die Besiegten zu formulieren.

Die Sieger in Versailles

Der englische Premierminister Lloyd George, der französische Ministerpräsident Clemenceau und der amerikanische Präsident Wilson (von links).

Flugblatt der britischen Regierung zur deutschen Situation (1918).

1 Warum wählte man Gründungstag und -ort des Deutschen Reiches für die Eröffnung der Friedensverhandlungen?

2 Worin unterscheiden sich die Interessen der „Großen Drei"? Stellen Sie Zusammenhänge zwischen diesen Interessen und der geografischen Lage und Geschichte der einzelnen Länder her.

Frieden für die Welt? 13

Der Vertrag von Versailles

Die Stunde der Abrechnung

Die Sieger hatten die 440 Paragrafen des Vertrags ohne Anhörung der deutschen Seite aufgesetzt. Als die deutsche Delegation am 7. Mai 1919 das fertige Vertragswerk in Empfang nahm, blieben ihr nur 14 Tage Zeit um Bedenken schriftlich niederzulegen. Von Verhandlungsspielraum konnte nach den Worten des französischen Ministerpräsidenten Clemenceau keine Rede sein:

> Es ist hier weder der Ort noch die Stunde für überflüssige Worte. Die Stunde der Abrechnung ist da. Sie haben uns um Frieden gebeten. Wir sind geneigt, ihn Ihnen zu gewähren. Dieser zweite Versailler Frieden ist von den hier vertretenen Völkern zu teuer erkauft worden, als dass wir nicht einmütig entschlossen sein sollten, sämtliche uns zu Gebote stehende Mittel anzuwenden, um jede uns geschuldete berechtigte Genugtuung zu erlangen.
> *(gekürzt nach: Weltkriege und Revolutionen 1914–1945, Geschichte in Quellen, München 1979, S. 126)*

Der Kriegsschuldparagraf

Noch bei Vertragsübergabe wies der deutsche Außenminister den Artikel 231 des *Versailler Vertrages* zurück, der Deutschland und seinen Verbündeten die alleinige Schuld am Kriegsausbruch zuschrieb und damit für Verluste und Schäden allein verantwortlich machte.

> Wir täuschen uns nicht über den Umfang unserer Niederlage. Wir kennen die Wucht des Hasses, der uns hier entgegentritt. Es wird von uns verlangt, dass wir uns als die alleinig Schuldigen am Krieg bekennen; ein solches Bekenntnis wäre in meinem Munde eine Lüge. Wir sind fern davon, jede Verantwortung dafür, dass es zu diesem Weltkrieg kam, von Deutschland abzuwälzen. Aber wir bestreiten nachdrücklich, dass Deutschland allein mit der Schuld belastet ist. Das Maß der Schuld aller Beteiligten kann nur eine unparteiische Untersuchung feststellen.
> *(nach: Weltkriege und Revolutionen, a. a. O., S. 127)*

Unterzeichnet nicht!

In Deutschland lösten die Friedensbedingungen eine Welle der Empörung aus. Angesichts der Drohung der Alliierten, die Kampfhandlungen wiederaufzunehmen, half auch der flammende Protest des Ministerpräsidenten SCHEIDEMANN am 12. Mai 1919 nichts:

> Was unseren Betrachtungen zu Grunde liegt, ist dies dicke Buch, in dem 100 Absätze beginnen: Deutschland verzichtet, verzichtet, verzichtet. Dieser schauerliche und mörderische Hexenhammer, mit dem einem großen Volk das Bekenntnis der eigenen Unwürdigkeit, die Zustimmung zur erbarmungslosen Zerstückelung abgepresst werden soll, dies Buch darf nicht zum Gesetzbuch der Zukunft werden. Welche Hand müsste nicht verdorren, die sich und uns in solche Fesseln legte?
> *(nach: Weltkriege und Revolutionen, a. a. O., S. 129)*

14 Frieden für die Welt?

Die Entwaffnung Deutschlands

Am 28. Juni 1919 – genau 5 Jahre nach dem Mord von Sarajewo – setzte die deutsche Delegation ihre Unterschrift unter den Vertrag. Nur die Furcht vor dem Einmarsch alliierter Truppen nach Deutschland hatte die Reichsregierung gefügig gemacht. So erkannte Deutschland den *Kriegsschuldparagrafen* an und verpflichtete sich zur Zahlung der Kriegskosten. Um Deutschland militärisch in Schranken zu halten verbot der Vertrag die allgemeine Wehrpflicht und begrenzte die Heeresstärke auf 100 000 Berufssoldaten. Die Auslieferung der Hochseeflotte, die im britischen SCAPA FLOW auf den Orkney-Inseln interniert war, verhinderten die Mannschaften durch Fluten der Schiffe. Verboten waren für die Zukunft alle modernen Waffen – also Flugzeuge, Schlachtschiffe, U-Boote, schwere Artillerie und Panzer. Die erlaubten Vorräte an Munition hätten gerade für 9 Stunden gereicht. Als Sicherheit für die Einhaltung des Vertrages besetzten alliierte Truppen die Gebiete links des Rheins mit Brückenköpfen in Köln, Koblenz und Mainz. Zusätzlich war die *Entmilitarisierung* einer 50 km breiten Zone östlich des Rheins geplant. Hier durfte kein deutscher Soldat stehen. Die großen Flüsse sowie der Nord-Ostsee-Kanal wurden internationalisiert.

Der Vertragstext rechtfertigte die Entwaffnung Deutschlands als den Beginn einer allgemeinen Rüstungsbeschränkung, zu der es auf Seiten der Alliierten nie im vorgesehenen Umfang kam.

Französischer Soldat am Deutschen Eck bei Koblenz innerhalb der entmilitarisierten Zone. Welchen Sinn hatte diese Zone?

1 Welche Ziele verfolgt der Vertrag mit der Entwaffnung?
2 Überdenken Sie die innenpolitischen Auswirkungen der deutschen Rüstungsbeschränkungen.
3 Diskutieren Sie die Frage nach der deutschen Kriegsschuld.

Im Magnesium-Lichtgewitter der Weltpresse unterzeichnete die deutsche Delegation im Spiegelsaal von Versailles am 28. Juni 1919 den Versailler Vertrag. Alle Augenzeugen berichten, dass allgemeines Durcheinander herrschte und von einer angemessenen Atmosphäre keine Rede sein konnte. Der englische Maler William Orpen schuf 1921 dies Gemälde, das dennoch die Bedeutung des Tages vermitteln will. In der Mitte, mit weißem Schnurrbart, Clemenceau, links daneben Wilson, rechts Lloyd George. Im Vordergrund unterzeichnen der deutsche Außenminister Hermann Müller (SPD) und Johannes Bell (Zentrum).

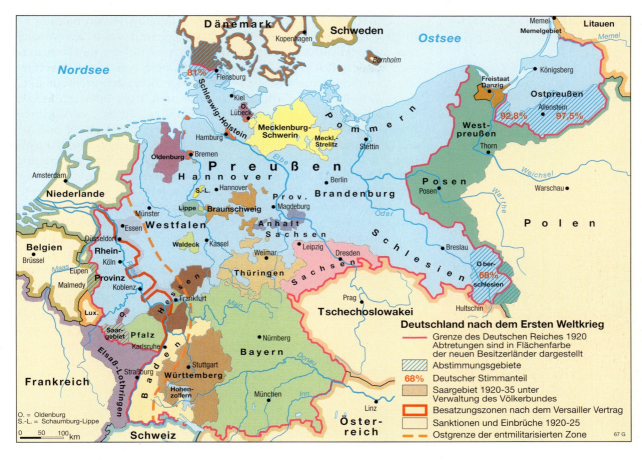

Gebietsabtretungen

Protestkundgebung in Berlin gegen das sogenannte „Versailler Diktat".

Durch den *Versailler Vertrag* verlor das Reich 1/7 seines Gebietes, 1/10 seiner Einwohner, 3/4 der Erz- und 1/3 der Steinkohleförderung sowie alle seine Kolonien.

ELSASS-LOTHRINGEN fiel an *Frankreich*. Eine Volksabstimmung fand zwar nicht statt, doch deckte sich diese Regelung mit den Wünschen der Bevölkerung. Entgegen den Annexionsplänen Frankreichs erreichte WILSON, dass das SAARGEBIET mit seinen Kohlegruben von Frankreich lediglich wirtschaftlich ausgebeutet werden durfte. Die Verwaltung wurde für 15 Jahre dem *Völkerbund* übertragen (*Saarstatut*), danach sollte eine Volksabstimmung stattfinden. EUPEN-MALMEDY, das zu über 80% deutschsprachig war, fiel an *Belgien*. Der Norden SCHLESWIGS entschied sich in einer Abstimmung für *Dänemark*.

Als weit problematischer erwies sich die Grenzziehung im Osten. Das südliche OSTPREUSSEN entschied sich mit weit über 90% für den Verbleib beim Reich. Hingegen fiel der größte Teil WESTPREUSSENS und POSENS ohne Abstimmung an den neu gebildeten *polnischen Staat*. Dadurch lebten jetzt 1 Million Deutsche in Polen und Ostpreußen war vom übrigen Reich abgetrennt. DANZIG wurde *Freie Stadt* unter Schutz des Völkerbundes, in der Polen Hafenrechte erhielt. Auch OBERSCHLESIEN sollte an Polen fallen. Die deutsche Delegation erreichte jedoch in Paris, dass eine Volksabstimmung stattfand. 68% stimmten für Deutschland, worauf das Gebiet im Verhältnis 6:4 zwischen Deutschland und Polen aufgeteilt wurde.

16 Frieden für die Welt?

Reparationen

Aus dem *Kriegsschuldparagrafen* leiteten die Alliierten die moralische Pflicht der Besiegten her für alle Schäden des Krieges aufzukommen (*Reparationen*). Dazu zählte nicht nur die Erstattung der Kriegskosten, sondern auch die Forderung nach Ersatz aller entstandenen Schäden im zivilen Bereich. Das betraf vor allem den Wiederaufbau der zerstörten Gebiete und die Pensionen für Kriegsopfer. Es erwies sich als unmöglich, in Versailles eine konkrete Summe für all diese Schäden zu nennen. Erste Schätzungen gingen von 50 bis 200 Milliarden Dollar aus, die in den nächsten Jahrzehnten von Deutschland zu zahlen seien. Das war eine ungeheure Summe, die Deutschland nur hätte aufbringen können, wenn es über eine blühende Wirtschaft verfügt hätte. Doch die Zerstörungen der letzten Jahre und die Anleihen, mit denen man den Krieg finanzieren musste, hatten die Volkswirtschaft geschwächt. Der Verlust der Handelsflotte und der Kolonien, die Gebietsabtretungen und die Besetzung des Rheinlands reduzierten die Wirtschaftskraft weiter.

Die endgültige Höhe der Reparationen legte die Kommission in Versailles noch nicht fest. In den folgenden Jahren kam es daher zu einer nicht abreißenden Kette von Auseinandersetzungen über die Höhe der Zahlungen – eine schwere Hypothek für die junge deutsche Republik.

Der Wirtschaftssachverständige JOHN KEYNES war Mitglied der britischen Friedensdelegation in Versailles. Aus Protest gegen die Haltung der Siegermächte legte er sein Amt jedoch nieder. Noch im Jahr 1919 schrieb er in einem Aufsehen erregenden Buch:

Deutsche Reparationen (in Milliarden Mark)	
1923–24	1,750
1924–25	0,893
1925–26	1,176
1926–27	1,382
1927–28	1,739
1928–29	2,453
1929–30	1,275
1930–31	1,385
1931–32	0,961
1923–32	13,014

Diese Summe entspricht 2,6 % des Volkseinkommens, d. h. jede 38. Arbeitsstunde wurde für die Zahlungen erbracht.

> Der Vertrag setzt für Deutschlands Verbindlichkeiten keine bestimmte Summe fest. Es wäre vernünftig gewesen, wenn sich beide Parteien ohne Prüfung von Einzelheiten auf eine runde Summe geeinigt hätten. Aber das war aus zwei Gründen unmöglich. Über zwei Dinge war die Öffentlichkeit allgemein irregeführt worden: über Deutschlands Zahlungsfähigkeit und über den Umfang der gerechten Forderungen der Alliierten für die verwüsteten Gebiete. Eine feste Summe für Deutschlands voraussichtliche Zahlungsfähigkeit wäre hinter den Erwartungen der großen Menge in England wie in Frankreich hoffnungslos zurückgeblieben. Auf der anderen Seite hätte die Richtigkeit einer bestimmten Ziffer für die Höhe des Schadens auf Verlangen kaum nachgewiesen werden können. Es war der weitaus sicherste Weg für die Staatsmänner, überhaupt keine Ziffer festzulegen. Es ist eine bemerkenswerte Tatsache, dass das wirtschaftliche Grundproblem eines vor ihren Augen verhungernden und verfallenden Europa die einzige Frage war, für die es nicht möglich war, die Teilnahme der Vier zu erwecken.
>
> (J. M. Keynes. Die wirtschaftlichen Folgen des Friedensvertrages, München 1920, S. 128f., 185, gekürzt)

1 Welches sind die Hauptkritikpunkte von Keynes? Warum sind die Politiker seiner Auffassung nicht gefolgt?

2 Vergleichen Sie die finanziellen Forderungen, die in Versailles im Gespräch waren, mit den tatsächlich geleisteten Zahlungen.

Eine Chance für den Frieden?

Nur unter vorgehaltener Waffe unterschreibt der deutsche Michel den Versailler Vertrag (zeitgenössische Karikatur).

Nie zuvor hatte ein Krieg die Menschen so in ihrem Lebensnerv getroffen. Kriegerische Gewalt und hasserfüllte Propaganda hatten Europa für Jahre in zwei feindliche Lager zerrissen. Wie sollten die geschlagenen Wunden in wenigen Monaten heilen, wie sollte man dem Feind so schnell die Hand zur Versöhnung reichen? Es mag daher verständlich sein, dass in Versailles oft Gegnerschaft und Rachsucht das Denken bestimmten. Die Deutschen selbst hatten in BREST-LITOWSK nicht viel anders gehandelt. Für die junge deutsche Demokratie freilich erwies sich der *Versailler Vertrag* als schwere Bürde. In den Abgesandten der deutschen Republik sahen viele Deutsche die Schuldigen für den „Schandfrieden", und viele forderten Rache für die „Schmach von Versailles".

> Die letzte Schmach
> Das war ein Hieb, der fasst! Fühlst du's, mein Junge?
> Ahnst du den Hass, die ganze Niedertracht,
> mit der uns hier die welsche Lästerzunge
> Vor aller Welt verhöhnt und ehrlos macht?
> Wohl sind wir wund und arm und ohne Waffen
> Und nur auf uns gestellt; doch: ehrlos? Nein!
> Das ganze Volk wird sich zusammenraffen:
> Wir lassen uns nicht frech ins Antlitz spei'n!
> (Aus dem Gedicht eines Düsseldorfer Bürgers 1920; gekürzt zitiert nach: Praxis Geschichte 6/1988, S. 30)

Deutschland am Marterpfahl (1923). Wie wäre die im Kartentext erwähnte „Stunde der Erlösung" wohl nur erreichbar gewesen?

Mit dem Abstand mehrerer Jahrzehnte urteilt ein Historiker über die Wirkung des Versailler Vertrags:
Deutschland hat aller ehrlicher Schwarzmalerei zum Trotz die Folgen des verlorenen Krieges einschließlich der Amputation von 13 Prozent seines Gebietstandes, darunter wertvoller Agrarüberschussgebiete wie auch Industrierevieren, nach den ersten Wirren *wirtschaftlich* überraschend gut überstanden. *Psychologisch* freilich war dies weniger der Fall. Vergessen war die Selbstverständlichkeit der Kriegsjahre, dass dereinst die besiegten Feinde Deutschlands Kriegskosten würden zahlen müssen. Nun aber sollte Deutschland die Kriegskosten der Welt zahlen. So jedenfalls erschien es dem Manne auf der Straße. Die Frage der Reparationen erwies sich somit als das für den inneren Bestand der Weimarer Ordnung gefährlichste Problem aus dem Versailler Erbe. Als die kolonialen Verluste und die territorialen Wunden mehr oder weniger verschmerzt und vernarbt waren, als die Rheinlandbesetzung ihrem Ende zuging, als man sich mit der Entwaffnung in etwa abgefunden hatte, da bot die „Versklavung von Generationen" der Rechten einen wirksamen Hebel gegen den Staat, obgleich Deutschland im Endeffekt, jedenfalls im Vergleich zu den feindlichen Forderungen, nicht allzuviel Reparationen gezahlt hat.
(H. Heiber, Die Republik von Weimar, München 1971, S. 59f., gek.)

1 Wie urteilt der Düsseldorfer Zeitgenosse, wie der Historiker Heiber über den Versailler Vertrag? Nehmen Sie Stellung dazu.

Frieden für die Welt?

Was wird aus der Donaumonarchie?

Der Zerfall Österreich-Ungarns

Als die Friedenskonferenz in Paris ihre Arbeit aufnahm, war der Vielvölkerstaat der Habsburger – das Kaiserreich *Österreich-Ungarn* – bereits zerbrochen. Aus den Trümmern versuchten die Politiker neue *Nationalstaaten* in Ost- und Südosteuropa zusammenzusetzen. Erschwert wurde die Arbeit der Konferenz dadurch, dass in diesem Teil Europas die Völker seit Jahrhunderten in bunter Mischung lebten und es daher unmöglich war, die neuen Staatsgrenzen eindeutig auch als Volksgrenzen zu ziehen. Zudem wollten die Siegermächte nicht nur dem Selbstbestimmungsrecht der Völker zum Durchbruch verhelfen, sondern den besiegten Gegner nachhaltig schwächen und die Staaten Polen, Tschechoslowakei, Rumänien und Jugoslawien stärken. Sie sollten einen breiten Sicherheitsgürtel (*cordon sanitaire*) zwischen Deutschland und dem revolutionären Russland bilden, dessen Zukunft bedrohlich und ungewiss schien. Recht und Macht – beides zugleich war in der neuen Ordnung jedoch nicht zu verwirklichen.

Italien war 1915 das TRENTINO und SÜDTIROL als Kriegsgewinn zugesichert worden. Es erhielt mit dem Brenner eine leicht zu verteidigende Grenze und mit Südtirol ein rein deutschsprachiges Gebiet, dessen 200 000 Einwohner sich erbittert gegen diese Entscheidung wehrten. Auch FRIAUL und ISTRIEN mit dem wirtschaftlich bedeutenden Hafen Triest fielen an Italien.

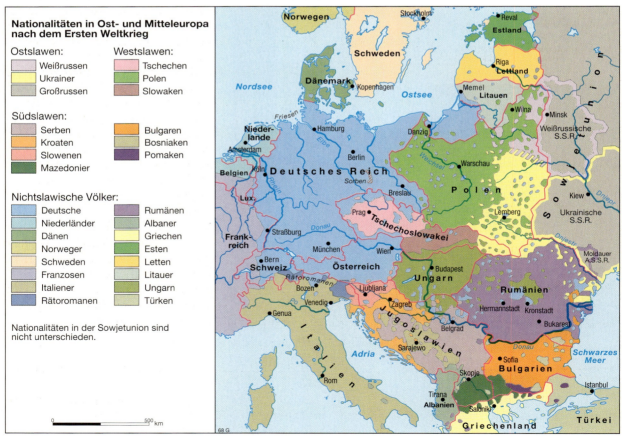

Osteuropa und der Balkan

Auf dem Balkan schien sich der Traum eines großserbischen Reichs zu verwirklichen. Der neue Staat, der sich seit 1929 *Jugoslawien* nannte, umfasste Slowenen, Kroaten, Bosnier und Serben, daneben ungarische, deutsche, makedonische und albanische Minderheiten. Das alte Königreich Serbien blieb das Kernland dieses Vielvölkerstaates. Die Serben setzten ihren Führungsanspruch durch und regierten das Land zentralistisch. So kam es immer wieder zu Konflikten mit den anderen südslawischen Volksgruppen. Vor allem die selbstbewussten katholischen Kroaten wehrten sich gegen die Vorherrschaft der griechisch-orthodoxen Serben.

Auch die neu entstandene *Tschechoslowakei* war ein Vielvölkerstaat. Tschechen und Slowaken machten kaum 2/3 der Bevölkerung aus. Hinzu kamen Deutsche und Ukrainer. Im Süden fielen ungarisch bewohnte Gebiete an den neuen Staat.

Rumänien gewann eine große Landmasse durch die BUKOWINA, das BANAT und ganz SIEBENBÜRGEN. 1,5 Millionen Ungarn, 3 Millionen Rumänen und etwa 750 000 Deutsche lebten hier ohne klare ethnische Trennung in einer breiten Mischzone. Russland musste zudem BESSARABIEN – das heutige *Moldawien* – an Rumänien abtreten. Der erstarkte rumänische Staat regierte zentralistisch ohne seinen Minderheiten politische Mitspracherechte zuzugestehen.

Ein eigenständiges *Polen* hatte es seit Ende des 18. Jh. nicht mehr gegeben. Gemäß den 14 Punkten Wilsons erstand es nun neu, wobei die Ostgrenze erst nach einem Konflikt mit Russland 1921 endgültig festgelegt wurde. Das siegreiche Polen annektierte russische Gebiete, wodurch 1,5 Millionen Weißrussen und 6 Millionen Ukrainer unter seine Hoheit kamen. Zusammen mit den 1,1 Millionen Deutschen im Westen betrug der Anteil nationaler Minderheiten in Polen 30 %.

Die neue Republik *Österreich* umfasste nur noch einen Bruchteil der früheren Donaumonarchie. Deutschsprachige Gebiete fielen an Italien und die Tschechoslowakei. Der neue Kleinstaat mit 6,5 Millionen Einwohnern war wirtschaftlich kaum lebensfähig und die Millionenstadt Wien besaß genug Beamte und Offiziere um ein Riesenreich zu regieren. Doch diese Oberschicht aus kaiserlichen Zeiten war nun überflüssig. Verbitterung und Extremismus machten sich breit. Als besonders hart empfanden es die Österreicher, dass eine Vereinigung mit Deutschland verboten wurde, obwohl die Bevölkerung beider Staaten dies wohl gewünscht hätte. Sicherheitsinteressen siegten hier über das Selbstbestimmungsrecht der Völker. Auch *Ungarn* war nur noch ein Rumpfstaat, in dem 2/3 des ungarischen Volkes lebte. Der Rest siedelte in der Tschechoslowakei, in Rumänien und Jugoslawien.

So bargen die territorialen Regelungen neuen Zündstoff in sich. Dass es den Siegern nicht gelang, den Minderheiten einen wirksamen Schutz und ein Mitbestimmungsrecht in den neuen Staaten zu garantieren, war für die Zukunft eine gefährliche Hypothek.

Staatsvölker und nationale Minderheiten in Europa 1918 - 1939
(Anteil des Staatsvolkes an der Gesamtbevölkerung eines Landes in Prozent)

- Polen 69,1% — Polen
- Tschechen 46% — Tschechoslowakei
- Serben 46% — Jugoslawien
- Bulgaren 83,2% — Bulgarien
- Deutsche 95,3% — Österreich
- Rumänen 76% — Rumänien
- Albaner 92% — Albanien
- Griechen 96% — Griechenland
- Esten 88,2% — Estland
- Letten 73,4% — Lettland
- Litauer 80,4% — Litauen
- Ungarn 92% — Ungarn

1 Bis 1914 war der Balkan ein gefährlicher Krisenherd. Erscheint Ihnen das Problem gelöst? Begründen Sie!
2 Untersuchen Sie anhand der Karte, wo neue Staatsgrenzen mit dem Selbstbestimmungsrecht der Völker nicht übereinstimmten.
3 Zu welchen Staaten gehören die Völker Osteuropas heute?

Frieden für die Welt?

Der Völkerbund

Präsident WILSON hatte in Paris viele seiner 14 Punkte preisgeben müssen um wenigstens sein Hauptanliegen zu verwirklichen: die Schaffung des *Völkerbundes*, einer völlig neuartigen Weltorganisation, die die Aufgabe hatte in Zukunft bewaffnete Konflikte zu verhindern. Alle Streitigkeiten sollten hier durch Verhandlungen beigelegt werden. 1919 nahm die Pariser Konferenz die Satzung des Völkerbundes an; sie wurde zugleich Bestandteil des *Versailler Vertrages*.

Der Völkerbund hatte zwei Organe: die *Bundesversammlung*, der alle Mitgliedsländer angehörten, und den *Völkerbundsrat*. In ihm waren die Großmächte USA, Frankreich, England, Italien und Japan als ständige Mitglieder vorgesehen, weiterhin vier kleinere Länder, die auf Zeit in den Rat gewählt wurden. Gegen Friedensstörer konnten die Mitglieder wirtschaftliche und politische Zwangsmaßnahmen (*Sanktionen*) verhängen. Vergeblich versuchten die Franzosen eine internationale Streitmacht durchzusetzen, die der Völkerbund bei Konflikten einsetzen konnte.

Geboren war der Völkerbundsgedanke aus den schrecklichen Erlebnissen des Krieges. Seine Schlagkraft hing jedoch vom guten Willen der einzelnen Staaten ab, die gemeinsamen Spielregeln einzuhalten und den Bund als moralische Instanz anzuerkennen. Es zeigte sich in der Zukunft, dass der Völkerbund dadurch eine stumpfe Waffe blieb. Erschwerend kam hinzu, dass die besiegten Staaten und Russland nicht aufgenommen wurden und dass auch die USA nicht beitraten. In Amerika setzten sich nach den Entbehrungen des Krieges die *Isolationisten* durch. Amerika zog sich politisch auf den eigenen Kontinent zurück. Für Wilson, den ersten Präsidenten, der europäischen Boden betreten hatte, war dies eine bittere Niederlage. Nach dem Zweiten Weltkrieg fand der Völkerbundsgedanke in den *Vereinten Nationen* (UNO) eine neue Verwirklichung.

Das Völkerbundpalais in Genf.

> *Der amerikanische Staatssekretär Robert Lansing schrieb 1919 über den Völkerbund:*
> Der Völkerbund soll den künstlichen Aufbau am Leben halten, der auf dem Wege des Kompromisses der widerstreitenden Interessen der Großmächte errichtet wurde, um ein Keimen der Kriegssaat zu verhindern. Der Bund könnte genausogut das Wachstum der Pflanzenwelt in einem tropischen Dschungel verhindern. Kriege werden früher oder später entstehen. Man muss von vornherein zugeben, dass der Bund ein Werkzeug der Mächtigen ist. An die Stelle des Dreibundes und der Entente hat sich der Fünfbund erhoben, der die Welt beherrschen soll. Die Macht, durch Anwendung vereinter Kraft der „Fünf" Gehorsam zu erzwingen, ist das Grundprinzip des Bundes. Gerechtigkeit kommt in zweiter Linie, die Macht geht vor.
> (Aufzeichnung vom 8. 5. 1919; gekürzt nach: Weltkriege und Revolutionen, bearb. v. G. Schönbrunn, München 1979, S. 128 f.)

1 Welche Kritik übt Lansing am Völkerbund? Was hätte Wilson ihm geantwortet?

Die Weimarer Republik 21

Die ungewollte Revolution

Was kommt nach Kaiserreich und Krieg?

Mit dem Zusammenbruch des Kaiserreichs stürzte Deutschland Ende des Ersten Weltkriegs in eine tiefe Krise. Der *Aufstand*, der durch die Befehlsverweigerung von Matrosen am 30. Oktober 1918 in WILHELMSHAVEN und KIEL ausgebrochen war, griff in wenigen Tagen auf viele Städte über. Überall bildeten sich spontan sogenannte *Arbeiter- und Soldatenräte*, die die Aufgaben der bisherigen militärischen und politischen Führer übernahmen. Der radikale Flügel der *Unabhängigen Sozialdemokratischen Partei* (USPD), der *Spartakusbund*, sah in der *Rätebewegung* den Beginn einer sozialistischen Umwälzung nach dem Vorbild Russlands. Die SPD dagegen, die seit der Parlamentarisierung des Reiches im Oktober 1918 zusammen mit dem *Zentrum* und der *Fortschrittspartei* in der Regierungsverantwortung stand, befürchtete unkontrollierbare revolutionäre Zustände. Sie versuchte deshalb mäßigend und lenkend auf die Rätebewegung einzuwirken und strebte eine Demokratie nach westlichem Vorbild an.

Als am 9. November 1918 ein *Generalstreik* sowie Demonstrationszüge die Situation in BERLIN zuspitzten, gab Reichskanzler MAX VON BADEN die Abdankung des Kaisers bekannt und übertrug sein Amt dem SPD-Vorsitzenden FRIEDRICH EBERT (1871–1925). Darüber informierte der Vorsitzende der SPD-Reichstagsfraktion, PHILIPP SCHEIDEMANN (1865–1939), die vor dem Reichstag versammelten Demonstranten. Mit seinem abschließenden Hoch auf die deutsche Republik kam er dem Führer des Spartakusbundes, KARL LIEBKNECHT (1871–1919), zuvor, der wenige Stunden später auf einer Spartakus-Kundgebung vor dem Berliner Schloss die *sozialistische Republik* ausrief.

Revolutionäre Soldaten und Matrosen am 9.11.1919 vor dem Brandenburger Tor.

Philipp Scheidemann (SPD) ruft die Republik aus.

> *Aufruf der Regierung Ebert vom 9. November 1918:*
> Der heutige Tag hat die Befreiung des Volkes vollendet. Der Kaiser hat abgedankt, sein ältester Sohn auf den Thron verzichtet. Die Sozialdemokratische Partei hat die Regierung übernommen und der Unabhängigen Sozialdemokratischen Partei den Eintritt in die Regierung auf dem Boden voller Gleichberechtigung angeboten. Die neue Regierung wird sich für die Wahlen zu einer konstituierenden Nationalversammlung organisieren, an der alle über 20 Jahre alten Bürger beider Geschlechter mit vollkommen gleichen Rechten teilnehmen werden. Sie wird sodann ihre Machtbefugnisse in die Hände der neuen Vertretung des Volkes zurücklegen. Bis dahin hat sie die Aufgabe, Waffenstillstand zu schließen und Friedensverhandlungen zu führen, die Volksernährung zu sichern, den Volksgenossen in Waffen den raschesten geordneten Weg zu ihrer Familie und zu lohnendem Erwerb zu sichern. Dazu muss die demokratische Verwaltung sofort glatt zu arbeiten beginnen. Nur durch ihr tadelloses Funktionieren kann schwerstes Unheil vermieden werden. Menschenleben sind heilig. Das Eigentum ist vor willkürlichen Eingriffen zu schützen.
> (nach: G. A. Ritter, Die deutsche Revolution, Hamburg 1975, S. 80 f.)

1 Erläutern Sie die politische Lage nach der Novemberrevolution.
2 Welche Zielvorstellungen entwickelt die neue Regierung Ebert?

Die Weimarer Republik

Das Bündnis beider sozialdemokratischer Parteien, das die Masse bei der Stange halten sollte, brach schon im Dezember wieder auseinander.

Räte oder Parlament?

Der neugebildete „Rat der Volksbeauftragten": Ebert, Scheidemann, Landsberg (SPD), Haase, Dittmann, Barth (USPD)

Vom 9. November 1918 an lag alle Macht im Reich in den Händen der beiden sozialistischen Parteien. Während der linke Flügel der USPD und der *Spartakusbund* diese Chance zur Abschaffung der kapitalistischen Wirtschaftsordnung nutzen wollten, befürchtete die SPD von solch radikalen Eingriffen in die Eigentumsordnung verheerende Auswirkungen auf die Nachkriegswirtschaft. Die SPD setzte weniger auf revolutionäre Aktionen als auf einen durch Reformgesetze herbeigeführten Wandel. Sie glaubte ihre dominierende Stellung in einem aus allgemeinen Wahlen hervorgegangenen Parlament noch ausbauen zu können. USPD und Spartakusbund lehnten die *parlamentarische Demokratie* ab und verfolgten die Errichtung einer *Räterepublik*. Die strittige Frage „Räte oder Parlament" sollte ein *Reichsrätekongress* entscheiden, zu dem vom 16. bis 19. Dezember 488 Abgeordnete aus allen Teilen des Reichs in BERLIN zusammenkamen; darunter 289 SPD-Anhänger, 80 Vertreter der USPD und 10 Spartakisten. Mit 400 gegen 50 Stimmen nahm der Kongress den Antrag auf Einberufung einer *verfassunggebenden Nationalversammlung* an und verwarf damit das Konzept des USPD-Vorsitzenden ERNST DÄUMIG:

Wahlplakat der provisorischen Regierung Ebert Ende 1918.

> 1. Träger des Rätesystems kann nur das Proletariat sein. Damit steht der Rätegedanke im Gegensatz zu dem landläufigen demokratischen Gedanken, der die Staatsbürger als einheitliche Masse wertet ohne Rücksicht auf den großen Gegensatz von Kapital und Arbeit.
> 2. Da das Rätesystem antikapitalistische Ziele verfolgt, kann es in seinen Räten keine kapitalistischen Vertreter dulden.
> 3. Da die Verwirklichung des Rätegedankens die ständige aktive Teilnahme des Proletariats erfordert, müssen die Organe der Räteorganisation stets der Kontrolle ihrer Wähler unterstehen und jederzeit abberufen werden können.
> (nach: Unabhängiges Sozialdemokratisches Jahrbuch 1919, Berlin 1920, S. 87, gekürzt und vereinfacht)

Wahlplakat zur Nationalversammlung vom Januar 1919

Das Plakat der radikalen Linken vom Januar 1919 spiegelt die Kontroverse „Räte oder Parlament" wider.

Wahlkampf für die Nationalversammlung

Rosa Luxemburg (*1870) und Karl Liebknecht (*1871) gründeten am 31. Dezember 1918 die Kommunistische Partei Deutschlands (KPD). Beide wurden am 15. Januar 1919 von Freikorpssoldaten ermordet.

Der Wahlkampf geriet zum Straßenkampf. Wem die Schuld an den oft bürgerkriegsartigen Auseinandersetzungen zufällt, ist umstritten. Für die einen sind die vom *Spartakusbund* initiierten Demonstrationen gegen den *Rat der Volksbeauftragten* die Antwort auf die Niederlage im Rätekongress und der Beginn eines gewaltsamen Umsturzversuches. Die anderen werfen der Regierung EBERT die Zusammenarbeit mit der kaiserlichen Armeeführung vor, weil sie rückkehrende Truppenteile zu neuen Freiwilligenverbänden, den sogenannten *Freikorps*, formieren und mit ausdrücklichem Schießbefehl gegen die Demonstranten einsetzen ließ. Sie lasten die Ausschreitungen der Freikorps in Berlin und bei der blutigen Niederwerfung der *Räterepubliken* in München, Bremen und Braunschweig der Regierung an. Angesichts der geringen Anhängerschaft der Spartakisten misstrauen sie der Rechtfertigung des SPD-Politikers GUSTAV NOSKE (1868–1946), mit der er sich parteiinternen Angriffen gegenüber zur Wehr setzte:

> Von der Reichskanzlei, von den Berliner Parteigenossen wurde ich Tag für Tag bestürmt: Du musst rasch helfen, sonst geht alles drunter und drüber. Damals habe ich gesagt: einer muss ja die Geschichte machen, ich bin mir darüber klar, dass das für mich bedeutet, dass ich als Bluthund durch die deutsche Revolution werde laufen müssen. Aus ernstem Pflichtbewusstsein habe ich mich veranlasst gesehen diese Blutarbeit im Interesse des deutschen Volkes zu leisten. Wenn ich nicht hätte zuschlagen lassen, dann flog die Regierung und dann tagte die Nationalversammlung nicht.
> (aus: Protokolle über die Verhandlungen des Parteitags der SPD in Weimar vom 10.–15. Juni 1919, Bonn 1973, S. 203 f., vereinfacht)

1 Skizzieren Sie die Alternative: Räte oder Parlament.
2 Diskutieren Sie Noskes Rechtfertigung.

Die Weimarer Republik

Eine Verfassung für die Republik

Die Weimarer Nationalversammlung

Nach Verkündung des Frauenwahlrechts 1918 wurden Frauen als wichtige Wählergruppe umworben.

Wahlplakat der DNVP zu den Wahlen vom 19. 1. 1919.

Wegen der Unruhen in Berlin trat die am 19. Januar 1919 gewählte *Nationalversammlung* am 6. Februar in WEIMAR zusammen. Neben den beiden sozialistischen Parteien und dem *Zentrum* waren mit der *Deutschen Demokratischen Partei* (DDP) und der *Deutschen Volkspartei* (DVP) zwei liberale Neugründungen vertreten, von denen die eine aus der Fortschrittspartei, die andere aus den Nationalliberalen hervorgegangen war. Die konservativen Parteien und Bünde hatten sich zur *Deutschnationalen Volkspartei* (DNVP) vereinigt.

Bevor sich die Versammlung an die Verfassungsberatungen machte, wählte sie am 11. Februar fast mit einer Dreiviertelmehrheit FRIEDRICH EBERT (SPD) zum *Reichspräsidenten* und zwei Tage später PHILIPP SCHEIDEMANN (SPD) zum ersten *Reichskanzler*. Die von ihm gebildete Regierung konnte sich auf eine Koalition von SPD, Zentrum und DDP stützen, hinter der 76 % der Wähler standen.

Der vom DDP-Abgeordneten und Professor für Staatsrecht, HUGO PREUSS, vorgelegte Verfassungsentwurf gliederte sich in zwei Hauptteile. Der erste beschrieb den „Aufbau und die Aufgaben des Reichs", der zweite stellte die „Grundrechte und Grundpflichten der Deutschen" zusammen.

Tragende Verfassungsgrundsätze waren das Bekenntnis zur Bundesstaatlichkeit, die Gewaltenteilung und die Einführung des Verhältniswahlrechtes, das jeder Partei entsprechend ihrem Stimmanteil Sitze im *Reichstag* zuwies. Der zweite Teil nahm neben den traditionellen Menschen- und Bürgerrechten auch ein neues Recht auf Arbeit (Art. 163) und das Mitbestimmungsrecht von Arbeitern und Angestellten in Betriebsangelegenheiten (Art. 165) auf.

Mit dem Hinweis auf das Recht der Arbeiter, gleichberechtigt mit den Unternehmern an gesamtwirtschaftlichen Fragen mitzuwirken, versuchte die Verfassung die Forderung nach einer Umgestaltung der kapitalistischen Wirtschaftsordnung zu kanalisieren. Am 31. Juli 1919 nahm die Nationalversammlung mit 262 gegen 75 Stimmen die Verfassung an. Schon am 2. Juli hatte der DNVP-Abgeordnete CLEMENS VON DELLBRÜCK (1856–1921) den Standpunkt seiner Partei erläutert, zu deren Gründern er zählte:

> Die beiden Sätze: Das Deutsche Reich ist eine Republik – Die Staatsgewalt geht vom Volke aus – bedeuten eine Umwälzung unserer Verhältnisse von Grund aus. Sie bedeuten vielleicht für Sie etwas Selbstverständliches und etwas Erwünschtes, für uns bedeuten Sie den Abschied von einer großen Vergangenheit, den Abschied von Einrichtungen, die Deutschland auf ein hohes Maß an Macht, Kultur und Ansehen geführt haben. Der Artikel 1 bedeutet für uns den Abschied von der konstitutionellen Monarchie. Er bedeutet für uns den Übergang zum parlamentarisch regierten Volksstaat; die Frage, ob wir diesem Artikel zustimmen, müssen wir verneinen mit Rücksicht auf unsere monarchischen Grundsätze. Wir sind noch heute Anhänger der Monarchie.
> (aus: Michaelis / Schraepler, Ursachen und Folgen, Bd. 3, Berlin o. J., S. 461)

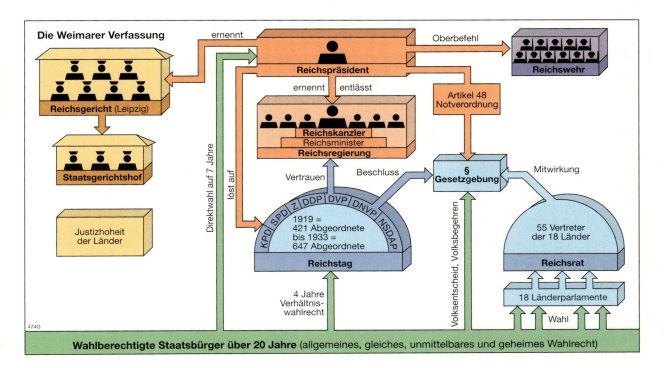

Die Weimarer Verfassung

Art. 25 Der Reichspräsident kann den Reichstag auflösen, jedoch nur einmal aus dem gleichen Anlass. Die Neuwahl findet spätestens am sechzigsten Tage nach der Auflösung statt.

Art. 48 Wenn ein Land die ihm nach der Reichsverfassung oder den Reichsgesetzen obliegenden Pflichten nicht erfüllt, kann der Reichspräsident es dazu mit Hilfe der bewaffneten Macht anhalten. Der Reichspräsident kann, wenn im Deutschen Reiche die öffentliche Sicherheit und Ordnung erheblich gestört oder gefährdet wird, die zur Wiederherstellung der öffentlichen Sicherheit und Ordnung nötigen Maßnahmen treffen. Zu diesem Zwecke darf er vorübergehend die Grundrechte ganz oder teilweise außer Kraft setzen. Von allen getroffenen Maßnahmen hat der Reichspräsident unverzüglich dem Reichstag Kenntnis zu geben. Die Maßnahmen sind auf Verlangen des Reichstags außer Kraft zu setzen.

Art. 53 Der Reichskanzler und auf seinen Vorschlag hin die Reichsminister werden vom Reichspräsidenten ernannt und entlassen.

Art. 54 Der Reichskanzler und die Reichsminister bedürfen des Vertrauens des Reichstages. Jeder von ihnen muss zurücktreten, wenn ihm der Reichstag sein Vertrauen entzieht.

(nach: H. Michaelis/E. Schraepler [Hrsg.], Ursachen und Folgen, Bd. 3, Berlin o.J., S. 469, 472 f., gekürzt)

Bis zu seinem Tod am 28. Februar 1925 blieb Friedrich Ebert, der sich nicht ohne Stolz als „Sohn des Arbeiterstandes" bezeichnete, Reichspräsident.

1 Erläutern Sie den Begriff „Weimarer Republik".
2 Kommentieren Sie das Wahlergebnis vom 19.1.1919. Bedenken Sie die plakatierten Erwartungen und Befürchtungen der Parteien.
3 Beschreiben Sie die verfassungsmäßige Stellung von Reichsregierung, Reichstag und Reichspräsident.

Die Weimarer Republik

Krisenjahre der Republik

Die Bekanntgabe der Friedensbedingungen der Alliierten am 7. Mai 1919 rief in Deutschland einen Sturm der Entrüstung hervor. Alle politischen Parteien hielten einhellig den *Versailler Vertrag* für unannehmbar. Doch wo lag die Alternative? Für den Fall einer Ablehnung drohte der alliierte Vormarsch ins Reichsgebiet, demgegenüber die Reichswehrführung unter HINDENBURG und GROENER jeden militärischen Widerstand für aussichtslos hielt. Nach dem Rücktritt der Regierung SCHEIDEMANN (SPD) und der Weigerung der DDP, einer unterzeichnungswilligen Regierung beizutreten, bildeten SPD und Zentrum unter Reichskanzler GUSTAV BAUER (SPD) eine Minderheitsregierung. Vor allem der neue Vizekanzler MATTHIAS ERZBERGER (Zentrum), der schon den Waffenstillstand geschlossen hatte, drängte auf Unterzeichnung um die drohende Besetzung Deutschlands zu verhindern. Am 23. Juni 1919, einen Tag vor Ablauf des alliierten Ultimatums, billigte der Reichstag mit 237 gegen 138 Stimmen bei 5 Enthaltungen das Vorhaben der Reichsregierung.

Zwar hatten DNVP, DVP und DDP den Befürwortern in ausdrücklichen Erklärungen „vaterländische" Motive zugestanden. Doch eröffnete vor allem die DNVP nach der Vertragsunterzeichnung eine beispiellose Hetzkampagne gegen die „Erfüllungspolitiker", die sich von der strikten Einhaltung der harten Vertragsbedingungen am ehesten deren Revision erhofften. Diesen „Vaterlandsverrätern" stellte die nationalistische Presse und Propaganda Politiker aus SPD und Zentrum als „Novemberverbrecher" zur Seite, denen in Wahrheit die Verantwortung für die militärische Niederlage zufalle. Vor dem parlamentarischen Untersuchungsausschuss, der Deutschlands alleinige Schuld am Kriegsausbruch widerlegen sollte, verlas Generalfeldmarschall VON HINDENBURG folgende Erklärung:

Der Kampf um den Versailler Vertrag

Die „Dolchstoßlegende", welche die deutsche Kapitulation sozialistischer Zersetzung zuschrieb, diente der Rechten zur Diffamierung der Weimarer Republik (Wahlplakat der DNVP, 1924).

Die Bestimmungen des Versailler Vertrags bedeuteten eine schwere Bürde für die junge Republik – nach innen und außen.

> In dieser Zeit setzte eine planmäßige Zersetzung von Flotte und Heer als Fortsetzung ähnlicher Erscheinungen im Frieden ein. Die braven Truppen, die sich von der revolutionären Zermürbung freihielten, hatten unter dem pflichtwidrigen Verhalten der revolutionären Kameraden schwer zu leiden; sie mussten die ganze Last des Kampfes tragen. Die Absichten der Führung konnten nicht mehr zur Ausführung gebracht werden. So mussten unsere Operationen misslingen, es musste zum Zusammenbruch kommen; die Revolution bildete nur den Schlussstein. Ein englischer General sagte mit Recht: „Die deutsche Armee ist von hinten erdolcht worden." Den guten Kern des Heeres trifft keine Schuld. Wo die Schuld liegt, ist klar erwiesen.
> *(zitiert nach: Michaelis/Schraepler, Ursachen und Folgen, Bd. 4, Berlin o. J., S. 8)*

1 Wie begründet Hindenburg die militärische Niederlage Deutschlands? Erscheinen Ihnen die Argumente stichhaltig?
2 Erläutern Sie die Absichten der „Dolchstoßlegende".
3 Über welche Druckmittel verfügten die Alliierten um die Unterzeichnung des Versailler Vertrags durchzusetzen?

Der Kapp-Putsch

Der *Versailler Vertrag* verpflichtete die Reichsregierung, das deutsche Heer bis zum 31. März 1920 von 400 000 auf 100 000 Mann zu reduzieren. Etwa 20 000 Offiziere mussten bis dahin ihren Dienst quittieren. Vor allem bei den sogenannten *Freikorps*, die sich aus einem bunten Gemisch von heimgekehrten Frontsoldaten, arbeitslosen Abenteurern, Studenten und sogar Schülern um Frontoffiziere gebildet hatten, stießen die Auflösungsanordnungen auf Unverständnis und Widerstand. Vor Jahresfrist noch als Regierungstruppen bei den Spartakusaufständen eingesetzt, fühlten sie sich nun von der Regierung für die Erfüllung des ohnehin verhassten Diktatfriedens geopfert. Diese Stimmung gedachten rechtsextreme Nationalisten um den „Vater der Freikorps", General VON LÜTTWITZ, und den ostpreußischen Generallandschaftsdirektor WOLFGANG KAPP für einen gewaltsamen Regierungssturz zu nutzen. An der Spitze der zur Auflösung bestimmten *Marinebrigade Ehrhardt*, die bei BERLIN stationiert war, besetzte von Lüttwitz am 13. März 1920 das Regierungsviertel und ließ Kapp zum Reichskanzler ausrufen.

Reichspräsident und Reichsregierung mussten aus Berlin fliehen, weil der Leiter des Truppenamtes, General VON SEECKT, Reichswehrminister NOSKE gegenüber einen militärischen Einsatz ablehnte:

Kappsoldaten mit der kaiserlichen Reichskriegsflagge in Berlin 1920.

> Truppe schießt nicht auf Truppe. Haben Sie, Herr Minister, etwa die Absicht eine Schlacht vor dem Brandenburger Tor zu dulden zwischen Truppen, die eben erst Seite an Seite gegen den Feind gekämpft haben? Wenn Reichswehr Reichswehr niederschlägt, dann ist alle Kameradschaft im Offizierskorps dahin.
> (F. von Rabenau, Seeckt – Aus seinem Leben 1918–1936, Berlin 1945, S. 223)

Dafür, dass der Staatsstreich am 17. März 1920 dann doch überraschend schnell zusammenbrach und seine Anführer zur Flucht ins Ausland nötigte, nannte der Mitbegründer der DDP, ERNST TROELTSCH (1865–1923), folgende Gründe:

> Woran ist der Putsch gescheitert? Erstlich daran, dass das Reich und die größten Teile der Reichswehr nicht mitmachten; nur die Junkerprovinzen machten mit. Somit blieb der Putsch also auf Berlin beschränkt, und Berlin wurde vom Verkehr abgesperrt. Der zweite Grund ist, dass die Beamtenschaft bei ihrem Eide blieb und die Unterstaatssekretäre des Reichs und Preußens sich weigerten Befehle von gesetzwidrigen Stellen anzunehmen.
> Drittens wurde von der alten Regierung unter Unterstützung aller Koalitionsparteien der Generalstreik erklärt, der Berlin bis auf weiteres zur Hölle, aber jede Regierung zugleich unmöglich machte.
> (Ernst Troeltsch, Spektatorbriefe, 1924, S. 122)

SPD-Aufruf zum Generalstreik gegen den Kapp-Putsch 1920.

1 Erörtern Sie die Haltung der Reichswehr im Kapp-Putsch.
2 Stellen Sie die von Troeltsch genannten Gründe für den Zusammenbruch des Putsches zusammen.

Die Weimarer Republik

Die Kommunistenaufstände

Der *Kapp-Putsch* hatte die Arbeiterschaft in geschlossenem Widerstand vereint. Sie fühlte sich zutiefst bestärkt in ihren Vorbehalten gegenüber der Reichswehr, die die Republik gegen putschende Armeeteile nicht verteidigen mochte, ohne Zögern aber ihre Waffen auf Spartakisten und Demonstranten richtete. In einigen Gegenden hatten sich Arbeiter bewaffnet und waren wie in *Sachsen* und *Thüringen* zum Gegenangriff übergegangen. Im *Ruhrgebiet* hatte sich aus ehemaligen Frontkämpfern und Angehörigen der KPD und USPD eine regelrechte Rote Armee gebildet, die sich weigerte die Waffen niederzulegen. Den Aufruf der KPD vom 24. März 1920 musste die Reichsregierung als Kampfansage empfinden:

> Wir Kommunisten sagen den deutschen Arbeitern: Ihr könnt nicht kämpfen für eine parlamentarisch fundamentierte Regierung, denn sie ist nur die maskierte Militärdiktatur. Ihr könnt auch nicht kämpfen für die Wiedereinsetzung der Regierung Ebert-Noske-Bauer oder einer anderen mehrheitssozialistisch-bürgerlichen Koalitionsregierung, weil ihr nicht kämpfen könnt für die Wiederherstellung der Schrittmacher und Mitverbrecher der Militärdiktatur.
>
> Ihr könnt aber auch nicht kämpfen für die Bildung einer rein sozialistischen Regierung mit parlamentarischer Grundlage, sie wäre nur die Wiederholung des verhängnisvollen Irrtums, den ihr im November 1918 mit der Einsetzung der Regierung Ebert-Haase begangen habt. Es gilt jetzt einen Strich unter die Vergangenheit zu ziehen, es gilt die blutigen Lehren zu begreifen, die die bürgerliche Demokratie dem Proletariat gegeben hat. Jetzt gibt es nur einen Ausweg, eine Rettung: die proletarische Diktatur, die Räterepublik, die Eroberung der Staatsgewalt durch die Arbeiterklasse, die zum Kampfe formiert ist in ihren Betriebs- und Arbeiterräten.
>
> (nach: Michaelis/Schraepler, Ursachen und Folgen, Berlin o. J., Bd. 4, S. 114)

Aufständische Kommunisten der „Roten Armee" 1920.

Nach dem vergeblichen Versuch, die Gemäßigten durch ein Amnestieversprechen von den Radikalen zu trennen, entschloss sich die Reichsregierung, die Aufständischen mit Gewalt zu entwaffnen. Der Reichswehreinsatz, an dem auch Freikorps beteiligt waren, die sich dem Kapp-Putsch angeschlossen hatten, steigerte noch die Erbitterung. Nach mit großer Grausamkeit geführten Kämpfen war Anfang Mai jeder Widerstand gegen die Regierungstruppen erstickt. Nach Schätzungen hatten mindestens tausend Arbeiter in den Kämpfen oder durch standrechtliche Erschießungen den Tod gefunden. Bis zum Juni 1920 verurteilten die Gerichte über 822 Arbeiter zu Freiheitsstrafen von insgesamt 1088 Jahren. Demgegenüber blieben fast alle bekannt gewordenen Verbrechen der Kapp-Putschisten ungesühnt. Von 706 Fällen war nur einer mit 5 Jahren Haft bestraft worden.

1 Zählen Sie die im KPD-Aufruf genannten Ziele auf.
2 Nennen Sie mögliche Gründe für die Reaktion der Reichsregierung.
3 Kommentieren Sie das Ergebnis der Reichstagswahlen 1920 und überdenken Sie Koalitionsmöglichkeiten.

Der Feind steht rechts

Das Ergebnis solcher Ungleichbehandlung veröffentlichte der junge Heidelberger Statistiker EMIL JULIUS GUMBEL (1891–1966) in der 1922 erschienenen Broschüre *Vier Jahre politischer Mord*. Eine vom Reichsjustizminister angeordnete Überprüfung bestätigte in fast allen Fällen Gumbels Statistik:

Die Sühne der politischen Morde	Politische Morde begangen von Linken	von Rechten	Gesamt-zahl
Gesamtzahl der Morde	22	354	376
davon ungesühnt	4	326	330
teilweise gesühnt	1	27	28
gesühnt	17	1	18
Zahl der Verurteilungen	38	24	
Geständige Täter freigesprochen	–	23	
Geständige Täter befördert	–	3	
Dauer der Einsperrung je Mord	15 Jahre	4 Monate	
Zahl der Hinrichtungen	10	–	
Geldstrafe je Mord	–	2 Papiermark	

Die Reichstagswahl vom 6.6.1920 (Sitzverteilung)
SPD 102, USPD 84, KPD 4, Zentrum/BVP 85, DDP 39, DVP 65, DNVP 71, sonstige 9

Nach der Ermordung von ROSA LUXEMBURG und KARL LIEBKNECHT im Januar 1919 fielen auch andere rechten Attentätern zum Opfer: der bayerische Ministerpräsident und USPD-Politiker KURT EISNER (1867–1919), der Sozialist und Literat GUSTAV LANDAUER (1870–1919), der Pazifist HANS PAASCHE (1881–1920) und der Zentrumspolitiker MATTHIAS ERZBERGER (1875–1921). PHILIPP SCHEIDEMANN entrann nur knapp dem Tod. Ungestraft durften Zeitungskommentare über geglückte Attentate frohlocken und mit Reimen wie „Knallt ab den Walther Rathenau, die gottverfluchte Judensau" zu neuen Morden aufhetzen. Oft führten wie bei den tödlichen Schüssen auf den Reichsaußenminister RATHENAU am 24. Juni 1922 die Spuren der Täter zu Freikorpskreisen. In der erregten Reichstagssitzung am folgenden Tag griffen Politiker des Zentrums und der SPD die ihrer Meinung nach für die Vergiftung des politischen Klimas Verantwortlichen an:

> „Da steht der Feind, der sein Gift in die Wunden eines Volkes träufelt. – Da steht der Feind – und darüber ist kein Zweifel: dieser Feind steht rechts." (1)
>
> „Die Deutschnationale Partei hat niemals eine Grenzlinie gegen die Bewegung, auf deren äußerstem Flügel die Mörderorganisationen sitzen, gezogen. Ihre Partei bildet für die Mörder das schützende Dach. Sie könnten der Hydra des politischen Meuchelmordes den Kopf abschlagen, wenn Sie wollten. Sie haben es nicht gewollt. Sie haben das nicht getan. Sie haben das Gegenteil davon getan." (2)
> ((1) Reichskanzler Wirth, (2) Abgeordneter Wels (SPD), zitiert nach: Michaelis/Schraepler, Ursachen u. Folgen, Berlin o. J., Bd. 4, S. 214 f.)

Matthias Erzberger (oben) war den Nationalisten als Unterzeichner des Waffenstillstands von 1918 verhasst. Hinter Walther Rathenaus „Erfüllungspolitik", die den Alliierten die Untauglichkeit ihrer Reparations- und Ausbeutungspolitik beweisen wollte, witterten Nationalisten Vaterlandsverrat.

1 Diskutieren Sie die Rolle der Justiz.
2 Schreiben Sie einen Zeitungskommentar zu den Morden.

Die Weimarer Republik

Krisenjahr 1923

> Nun geht das Krisenjahr zu Ende. Die inneren und äußeren Gefahren waren so groß, dass sie Deutschlands ganze Zukunft bedrohten. Eine bloße Aufzählung der Prüfungen, die das Land zu bestehen hatte, wird einen Begriff davon geben, wie schwer die Gefahr, wie ernst der Sturm war. Wenn man zurückblickt, sieht man klarer, wie nah dieses Land am Abgrund stand. In den zwölf Monaten vom Januar bis heute hat Deutschland die folgenden Gefahren überstanden: die Ruhrinvasion, den kommunistischen Aufstand in Sachsen und Thüringen, den Hitlerputsch in Bayern, eine Wirtschaftskrise ohnegleichen, die separatistische Bewegung im Rheinlande und in der Pfalz.
> *(Tagebuchnotiz des britischen Botschafters Viscount d'Abernon vom 31.12.1923, in: Ein Botschafter der Zeitenwende, Leipzig o. J., Bd. 2, S. 337 f.)*

Inflation 1923: Eine Zeitungsfrau brachte ihr Geld nur noch im Waschkorb unter. Am 29. September belief sich der Kurs eines Dollar auf 160 Millionen Mark.

Unter den Krisen des Jahres 1923 nahm die *Große Inflation* den ersten Platz ein. Eine Geldentwertung von bis dahin nicht gekanntem Ausmaß brachte fast die gesamte Bevölkerung in eine unvorstellbare Notlage. Der rasante Verfall der *Reichsmark* ließ die Preise davongaloppieren: Ein Brötchen kostete 20 Milliarden Mark, eine Zeitung 50 Milliarden, und ein Pfund Margarine erforderte neun Stunden Arbeit. Die meisten Waren blieben allerdings unbezahlbar. Doch hatte die eigentliche Geldentwertung schon lange vor dem atemberaubenden Inflationskarussell begonnen. Bereits im Sommer 1920 besaß ein Vermögen von 50 000 Mark nur noch den hundertsten Teil seines Vorkriegswertes. Und im Januar 1923 war es zu einem Zwanzigmarkschein zusammengeschmolzen.

Der größte Teil der Bevölkerung konnte die Ursachen nicht durchschauen. Schon während des Krieges hatte die Reichsregierung zur Deckung der Kriegskosten immer wieder neues Geld drucken lassen. Nur durch einen staatlich verordneten Lohn- und Preisstopp war damals der Kaufkraftschwund verborgen geblieben. Auch in der wirtschaftlich angespannten Nachkriegssituation entsprach die umlaufende Geldmenge nicht dem Wert der produzierten Güter. Der Verlust von Rohstoffvorkommen und Produktionsstätten im Zuge des *Versailler Vertrages* machte Deutschland nicht nur von ausländischen Rohstoffen und Nahrungsmitteln abhängig. Er verteuerte zudem die Preise im Inland und führte zu erneutem Kaufkraftverlust. Damit begann ein Teufelskreis, den die deutschen *Reparationsverpflichtungen* noch beschleunigten.

Schon die erste der 42 Jahresraten, mit der 1922 die Tilgung der auf insgesamt 269 Milliarden Goldmark festgesetzten *Reparationsschuld* begann, machte Deutschland zahlungsunfähig. Die deutsche Bitte um Zahlungsaufschub lehnten die Alliierten ab. Vielmehr besetzten französische und belgische Truppen das RUHRGEBIET, um wenigstens die Sachlieferungen sicherzustellen.

Ein französischer Soldat bewacht „Faustpfänder" wie diesen Kohlewaggon im Ruhrgebiet.

1 Nennen Sie die Ursachen der Inflation.
2 Verfassen Sie einen Kommentar zu den Ursachen der Inflation für eine rechtsgerichtete Zeitung.
3 Welche zentralen „Gefahren" nennt der britische Botschafter?

Die Reichsregierung rief daraufhin das RUHRGEBIET zu *passivem Widerstand* auf. Im Überschwang nationaler Entrüstung überschätzte sie allerdings die deutschen Möglichkeiten, da Versorgungsleistungen und Lohnfortzahlungen an die streikende Bevölkerung den finanziellen Ruin herbeiführen mussten. Die im September 1923 unter Reichskanzler GUSTAV STRESEMANN (DVP) gebildete Regierung einer großen Koalition aus SPD, Zentrum, DDP und DVP brach daher den passiven Widerstand am 23. Oktober ab. Nur ein sofortiger Stopp der Inflation konnte noch die drohende Hungerkatastrophe abwenden und den Weg zu neuen Reparationsverhandlungen eröffnen. Mit der Einführung der sogenannten *Rentenmark*, der 1000 Milliarden Mark entsprachen, gelang es der Regierung den Geldwert zu stabilisieren – allerdings mit tiefen sozialen Einschnitten. Begüterte Familien waren um ihr Kapitalvermögen, kleine Leute um ihre Sparpfennige gebracht worden. Zudem stieg die *Arbeitslosigkeit*. Staatsbedienstete mussten Lohn- und Gehaltseinbußen bis zu 40 % hinnehmen. Die steigende Unzufriedenheit in der Bevölkerung nährte die Umsturzhoffnungen der Republikgegner. Deren nationalistischen Kern bildeten die vaterländischen Verbände, zu denen auch die Nachfolgeorganisationen der *Freikorps* zählten, sowie die 1920 in MÜNCHEN gegründete *Nationalsozialistische Deutsche Arbeiterpartei* (NSDAP). Mit der Parole „Nicht nieder mit Frankreich, sondern mit den Novemberverbrechern" suchte ihr Führer ADOLF HITLER schon im Januar 1923 die Stimmung umzulenken. Sein *Putsch* am 9. November 1923, bei dem er die Reichsregierung für abgesetzt erklärte und zum Marsch auf BERLIN rüstete, scheiterte an der bayerischen Landesregierung, die trotz ihrer Republikfeindlichkeit eine offene Konfrontation mit der Reichsregierung scheute. Die glimpfliche Bestrafung Hitlers im Hochverratsprozeß vor dem bayerischen Volksgericht verriet allerdings durchaus Sympathien für dessen geplante „Nationale Revolution".

Die Haltung der Reichswehrführung auch zum Hitler-Putsch erläuterte am 5. 11. 1923 General VON SEECKT gegenüber dem bayerischen Generalstaatskommissar GUSTAV VON KAHR:

Aufruf der Hitler-Putschisten in München.

Gegen vermutete Putschversuche der Kommunisten in Sachsen und Thüringen ging die Reichswehr ohne Zögern mit großer Härte vor.

> Die Weimarer Verfassung widerspricht in den grundlegenden Prinzipien meinem politischen Denken. Ich verstehe daher vollkommen, daß Sie ihr den Kampf angesagt haben. Ich glaubte, die Entwicklung zu einer Änderung der Verfassung herannahen zu sehen, und glaubte sie auf einem Weg, der nicht unnötig durch einen Bürgerkrieg führen mußte, mit herbeiführen zu helfen. Die Reichswehr darf dabei nicht in die Lage gebracht werden, sich gegen Gesinnungsgenossen für eine ihr wesensfremde Regierung einzusetzen. Andererseits kann sie nicht dulden, daß von unverantwortlicher und unberufener Seite mit Gewalt eine Änderung herbeizuführen unternommen wird.
> (zitiert nach: W. Michalka und G. Niedhart [Hrsg.], Die ungeliebte Republik, München 1980, S. 92–93, gekürzt)

1 Stellen Sie die Leistungen der Regierung zusammen.
2 Analysieren Sie die politischen Vorstellungen der Reichswehr.
3 Sprechen Sie über die Verlierer und Nutznießer der Inflation.

Die Weimarer Republik

Die Jahre scheinbarer Konsolidierung

Neue Wege in der Reparationsfrage

Der wirtschaftliche Zusammenbruch Deutschlands zwang die Alliierten in der Reparationsfrage zum Einlenken. Eine internationale Expertenkommission unter Vorsitz des amerikanischen Bankiers CHARLES G. DAWES legte im September 1924 einen neuen Reparationsplan vor. Ein Kredit von 800 Millionen Goldmark und eine vorsichtige Steigerung der jährlichen Zahlungen von zunächst 1 Milliarde auf dann 2,5 Milliarden sollten Deutschlands Währung und Wirtschaft stabilisieren. Der *Dawes-Plan* brach mit der bisherigen Repressionspolitik Frankreichs, orientierte sich an der Leistungsfähigkeit Deutschlands und berücksichtigte obendrein noch die Handelsinteressen der USA, bei denen auch die europäischen Siegermächte Schulden hatten. Trotz der Widerstände in der DNVP und anderen völkischen Gruppierungen, die ein „zweites Versailles" befürchteten, fand der Dawes-Plan am 29.8.1924 die erforderliche parlamentarische Mehrheit.

Auch die Reichstagswahlen vom 7. Dezember 1924 schienen auf eine politische Stabilisierung hinzudeuten. Doch machte die DVP die Aussicht auf eine rechnerisch mögliche große Koalition mit ihrem Votum für eine bürgerliche Koalition zunichte. Neben Zentrum, BVP und DDP wollte sie die bis dahin oppositionelle DNVP in die Regierungsverantwortung einbinden. Allerdings zeigte schon der Kampf um die Nachfolge des am 8. Februar 1925 verstorbenen Reichspräsidenten FRIEDRICH EBERT die alten Gegensätze.

Nachdem 7 Kandidaten im ersten Wahlgang scheiterten, wählten die Rechtsparteien PAUL VON HINDENBURG zum Reichspräsidenten. Der Wahlausgang war nicht nur für den Chefredakteur des *Berliner Tageblattes*, THEODOR WOLFF, ein Zeugnis „für die politische Unreife so vieler Millionen, die nun wieder den Augen der achselzuckenden Welt sich zeigt".

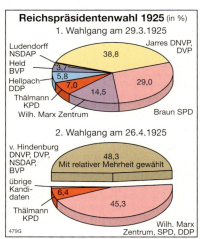

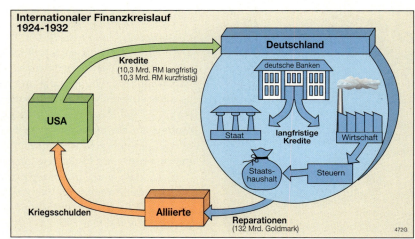

1 Erläutern Sie die Absichten des Dawes-Plans.
2 Kommentieren Sie das Ergebnis der Reichspräsidentenwahl.
3 Analysieren Sie die Wirtschaftsentwicklung von 1924 bis 1928.

Freie Fahrt für die Konjunktur?

Die innenpolitische Weichenstellung der Regierung STRESEMANN zur Sanierung der Staatsfinanzen führte zu scharfen sozialpolitischen Einschnitten. Die Kürzung der Beamtengehälter zusammen mit einem Stellenabbau von 25 % im öffentlichen Dienst, die Kürzung der Arbeitslosenfürsorge für über eine Million Erwerbslose sowie Steuererhöhungen belasteten vor allem Arbeitnehmer und den ohnehin inflationsgeschädigten Mittelstand. Die von den Unternehmern geforderte und von der Regierung gebilligte Arbeitszeitverlängerung von 48 auf bis zu 59 Wochenstunden torpedierte den von SPD und Gewerkschaften erst 1919 durchgesetzten 8-Stundentag.

Die geplanten staatlichen Eingriffe in die Tarifautonomie machten die 1920 gegründete „Arbeitsgemeinschaft der industriellen und gewerblichen Arbeitgeber und Arbeitnehmer Deutschlands" (ZAG) überflüssig. Steigende Arbeitslosigkeit, Mitgliederschwund, leere Streikkassen und ein leichter konjunktureller Aufschwung ließen den Schlachtruf der Gewerkschaften „Alle Räder stehen still, wenn dein starker Arm es will" zunehmend verstummen.

Zudem hatten sich bis 1925 in Deutschland über 3000 Unternehmen zu sogenannten *Kartellen* zusammengeschlossen um Löhne, Produktionsquoten, Preise, Produktqualität und Absatzmärkte untereinander abzusprechen. In der Schwerindustrie bildeten Kohlegruben, Hütten und Walzwerke große *Konzerne*, die unter einer zentralen Leitung ihre Produktion rationalisierten und die Wettbewerbsfähigkeit steigerten. Fast alle Branchen nutzten amerikanische *Kredite* zur Expansion und Rationalisierung. Die gefährlichen Folgen übersahen nur wenige:

Die Entwicklung der Arbeitslosigkeit 1924–1928 (in Tsd.)

	Jan.	April	Juli	Okt.
1924	1904	754	756	670
1925	800	523	406	636
1926	2221	2113	2004	1709
1927	2257	1462	927	787
1928	1791	1234	1018	1164
1929	2850	1712	1252	1557

Plakat zur Reichstagswahl 1924.

„Weitestgehende Arbeitszerlegung, möglichste Mechanisierung eines jeden Arbeitsprozesses, infolgedessen Eingreifen der Maschinen in einem Ausmaße, das wir in Europa überhaupt nicht kennen, ist das Merkmal dieser Arbeitsorganisation. Dazu tritt die planmäßige Vermeidung aller unfreiwilligen Arbeitspausen, die vor allem durch das laufende Band erzielt wird. Oberster Grundsatz ist stets: Was die Maschine schaffen kann, soll der Mensch nicht tun." (1)

„Ich möchte Sie bitten, bei Ihren Beurteilungen der wirtschaftlichen Lage Deutschlands den Gedanken zugrunde zu legen, dass wir in den letzten Jahren von gepumpten Geld gelebt haben. Wenn einmal eine Krise bei uns kommt und die Amerikaner ihre kurzfristigen Kredite abrufen, dann ist der Bankrott da. Was wir an Steuern erheben, geht bis an die Grenze dessen, was ein Staat überhaupt tun kann. Wir sind nicht nur militärisch entwaffnet, wir sind auch finanziell entwaffnet. Wir haben keinerlei eigene Mittel mehr." (2)

((1) H. Winkler, Rationalisierung und Sozialpolitik, Berlin 1926, S. 28; (2) Gustav Stresemann am 14. 11. 1928 auf einer Pressekonferenz, zitiert nach: Geschichte in Quellen, Bd. 5, S. 229 f., gekürzt)

1 Welche Maßnahmen zur Haushaltssanierung ergreift die Regierung Stresemann, was sind die Folgen?
2 Welche Gefahr erläutert Stresemann auf der Pressekonferenz?

Die Weimarer Republik

Die goldenen Zwanziger?

Wer Mitte der Zwanziger Jahre nach BERLIN kam, konnte kaum glauben, sich in der Hauptstadt eines inflationsgeschädigten und reparationsgeplagten Landes zu befinden. Das Verkehrsgewühl des Potsdamer Platzes (Bild rechts), glänzende Theaterpremieren, gepflegte Caféhäuser, ausverkaufte Revuen und Varietés, Sechstagerennen im Sportpalast und große Kaufhäuser präsentierten Berlin als pulsierende Metropole. Reklame für Pelze, Parfüms und andere Luxusgüter zierten die Litfaßsäulen und Charleston, Tango oder Jazz waren der letzte Schrei aus Amerika. Als prickelndes Erlebnis galt der Besuch eines der gigantischen Lichtspielhäuser, die bis zu tausend Plätze fassten. All diese glänzenden Verlockungen machten den Traum unbegrenzter Möglichkeiten – wenigstens für kurze Zeit – auch in Berlin zur Wirklichkeit.

Eine bis dahin unbekannte Breitenwirkung übten Zeitschriften wie die „Berliner Illustrirte" mit einer Auflage von 2 Millionen, der Rundfunk und die Filmwochenschauen im Kino aus. Für Schlagzeilen sorgten CHARLES LINDBERGHS Transatlantikflug 1927, die Weltumsegelung des Luftschiffs „Graf Zeppelin" 1929 und ein Jahr später die Weltmeisterschaft des Boxers MAX SCHMELING. Sensationsberichte schienen dem Informationsbedürfnis der Massengesellschaft zu entsprechen. Mit den neuen Medien formte die Unterhaltungsindustrie eine Massenkultur, die sich am Geschmack der „Masse Mensch" orientierte.

Die glänzenden Fassaden verbargen freilich Not, Armut und Arbeitslosigkeit Hunderttausender. Wer in die Arbeiterviertel hinausfuhr, konnte das Elend unverhüllt sehen.

Berlin in Zahlen

Lasst uns Berlin statistisch erfassen!
Berlin ist eine ausführliche Stadt,
die 190 Krankenkassen
und 916 ha Friedhöfe hat.
53 000 Berliner sterben im Jahr,
und nur 43 000 kommen zur Welt.
Die Differenz bringt der Stadt aber
keine Gefahr,
weil sie 60 000 Berliner durch Zuzug
erhält.
Hurra!

Berlin besitzt ziemlich 900 Brücken
und verbraucht an Fleisch
303 000 000 Kilogramm.
Berlin hat pro Jahr rund 40 Morde,
die glücken.
Und seine breiteste Straße heißt
Kurfürstendamm.
Berlin hat jährlich 27 600 Unfälle.
Und 57 600 Bewohner verlassen Kirche
und Glauben.
Berlin hat 606 Konkurse, reelle und
unreelle, und 700 000 Hühner, Gänse
und Tauben.
Halleluja!

Berlin hat 20 100 Schank- und Gast-
stätten,
6 300 Ärzte und 8 400 Damenschneider
und 117 000 Familien, die gern
eine Wohnung hätten,
Aber sie haben keine. Leider.
Ob sich das Lesen solcher Zahlen
auch lohnt?
Oder ob sie nicht aufschlußreich sind
und nur scheinen?
Berlin wird von $4\frac{1}{2}$ 000 000 bewohnt
und nur, laut Statistik,
von 32 600 Schweinen.
Wie meinen?

(Erich Kästner, Berlin in Zahlen
(1930), in: Gesammelte Werke in
7 Bänden, Köln 1959, Band 1, S. 291)

Die Weimarer Republik

Kunst und Wissenschaft

> Die Ansicht, dass etwas wie ein Zeitgeist sich gleichmäßig in allen Wesen der Epoche äußert, ist verkehrt. Es leben immer verschiedene Epochen, Zeitgeister, neben- und miteinander.
> *(Alfred Döblin, Aufsätze zur Literatur, Olten 1963, S. 78)*

Expressionistischen Einfluss zeigt der Einsteinturm bei Potsdam, den Erich Mendelsohn 1919–1921 als Observatorium für den berühmten Physiker Albert Einstein erbaute.

Auch in den Zwanzigern mischten sich im Bereich von Literatur und Theater, Malerei und Design, Musik und Architektur traditionelle und moderne Kunstrichtungen. Anfangs dominierte noch der *Expressionismus*, mit dem zur Jahrhundertwende der Aufbruch in die Moderne begonnen hatte. Um 1920 setzte eine neue Stilrichtung ein, für die der Kunsthistoriker G. F. Hartlaub anlässlich einer ersten zusammenfassenden Ausstellung in Mannheim den Namen *Neue Sachlichkeit* prägte. Doch atmen nicht nur die Werke von MAX BECKMANN, GEORGE GROSZ oder OSKAR SCHLEMMER den neuen Realismus, sondern auch das „Neue Bauen" der Architekten des *Bauhaus* wie WALTER GROPIUS und LUDWIG MIES VAN DER ROHE oder die Romane von ALFRED DÖBLIN, HANS FALLADA und ARNOLD ZWEIG. Mit ihren Theaterinszenierungen begründeten ERWIN PISCATOR und MAX REINHARDT den europaweiten Ruhm Berlins als „Stadt der dreißig Bühnen."

Weltgeltung genossen Deutschlands Mediziner, Physiker und Chemiker, denen zahlreiche Nobelpreise zuteil wurden. „Professor Einstein", so meinte der deutsche Botschafter in London 1920, „ist im gegenwärtigen Augenblick für Deutschland ein Kulturfaktor ersten Ranges."

Den Einfluss des sachlichen Bauhausstils zeigt die 1927 entstandene Weißenhofsiedlung in Stuttgart.

Stilelemente der „Neuen Sachlichkeit" enthält dies 1920 entstandene Gemälde von George Grosz.

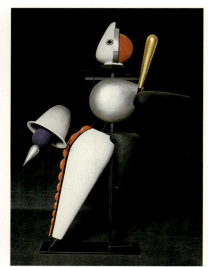

Kostümentwurf von Oskar Schlemmer zu seinem 1922 uraufgeführten „Triadischen Ballett".

1. Wie unterscheiden sich die hier abgebildeten Werke von der Kunstauffassung der Gründerzeit vor dem Ersten Weltkrieg?
2. Gibt es Bauten in Ihrem Wohnort, die Einflüsse des Expressionismus oder des Bauhausstils aufweisen?

Wege der Verständigung

Der deutsche Außenminister Gustav Stresemann (1878–1929) rechts und der französische Außenminister Aristide Briand nach Unterzeichnung der Verträge von Locarno 1925. 1926 erhielten sie den Friedensnobelpreis.

Die alliierten Vorbehalte gegenüber dem „bösen Friedensstörer" Deutschland ließen sich nicht leicht zerstreuen. Während die USA und England die grundsätzliche deutsche Zahlungsbereitschaft gegenüber den *Reparationsforderungen* anerkannten, misstraute Frankreich der deutschen „Erfüllungspolitik" von Anfang an. Für Frankreich verbarg sich auch hinter dem *Vertrag von Rapallo*, in dem Deutschland und die Sowjetunion 1922 einen gegenseitigen Reparationsverzicht und die Aufnahme diplomatischer Beziehungen vereinbarten, die Absicht der beiden Außenseiter im europäischen Mächtesystem, die Grenzregelungen des *Versailler Vertrags* im Osten zu revidieren. Tatsächlich erlangte Deutschland durch Rapallo eine größere politische Bewegungsfreiheit, insbesondere gegenüber Frankreich und England.

Erst die Vorschläge des deutschen Außenministers GUSTAV STRESEMANN für einen Sicherheitspakt, der vor allem das französische Sicherheitsbedürfnis befriedigte, brachen den Bann. In LOCARNO unterzeichneten am 16. Oktober 1925 Frankreich, England, Belgien, Italien und Deutschland einen Vertrag, in dem Deutschland ausdrücklich den *Versailler Vertrag* anerkannte und die Unverletzlichkeit der Westgrenze bestätigte. Gegenüber der Tschechoslowakei und Polen, deren Staatsgebiet auch ehemals deutsche Gebiete einschloss, verpflichtete sich Deutschland zur friedlichen Regelung aller Grenzstreitigkeiten.

„Mit diesem Vertrag beginnt in Europa eine neue Zeit." Diese hoffnungsvolle Einschätzung mancher Konferenzteilnehmer fand zwar mit Deutschlands Aufnahme in den *Völkerbund* 1926 Bestätigung. Doch ließen sich die „Fesseln des Versailler Vertrages" nicht mit der von Stresemann erhofften Schnelligkeit abstreifen. Sein politisches Nahziel, die vorzeitige Räumung des besetzten RHEINLANDES und damit die Wiederherstellung der Souveränität im Westen des Reichs, erreichte Stresemann erst 1929. Bei den Verhandlungen über den neuen Reparationsplan des amerikanischen Wirtschaftsexperten OWEN D. YOUNG, der Deutschland Jahresraten in Höhe von 1 1/2 bis 2 1/2 Milliarden Mark bis 1988 auferlegte, sagten die Alliierten ihren Truppenabzug bis zum 30. Juni 1930 zu – 5 Jahre vor dem ursprünglichen Termin.

Stresemann, der diesen Erfolg seiner *Aussöhnungspolitik* nicht mehr erlebte, unterschätzte die Schwierigkeiten der deutschen Außenpolitik bei weiteren Schritten nicht:

> „Die dritte große Aufgabe ist die Korrektur der Ostgrenzen: die Wiedergewinnung von Danzig, vom polnischen Korridor und eine Korrektur der Grenze in Oberschlesien." (1)
>
> „Eine Beseitigung des Korridors durch Krieg ist unmöglich. Eine Lösung ist deshalb nur denkbar durch die Fortsetzung der Locarnopolitik. Sie wird nicht zu erreichen sein, ohne dass die wirtschaftliche und finanzielle Notlage Polens den gesamten Staatskörper in einen Zustand der Ohnmacht gebracht hat." (2)
> *(nach: (1) W. Michaelka/G. Niedhart [Hrsg.], Deutsche Geschichte 1918–1933, Frankfurt 1992, S. 107 f.; (2) K. Dederke, Reich und Republik, Stuttgart 1973, S. 171)*

Die Weimarer Republik

Faschismus im Vormarsch

Europa zwischen Demokratie und Diktatur

> Die letzten Militärreiche haben ihr Ende gefunden und das ist eine ausgezeichnete Sache. Der Militarismus ist geschwächt, die Demokratie hat die letzte und schrecklichste Prüfung bestanden und triumphiert jetzt in der ganzen Welt, und so werden die unermesslichen Opfer nicht umsonst gewesen sein.
> (nach: E. Nolte, die faschistischen Bewegungen, München 1966, S. 7)

Faschistische Embleme. Obere Reihe: Joch und Pfeile der spanischen Falange; Donnerkeil der British Union of Fascists; Liktorenbündel der italienischen Faschisten. Unten: Keltenkreuz der „Jeune Nation" in Frankreich; Pfeilkreuz der ungarischen Faschisten. In der Mitte das Hakenkreuz der Nationalsozialisten.

Mit dieser Prognose vom November 1918 sollte sich der italienische Ministerpräsident GIOVANNI GIOLETTI täuschen. Zwar hatte das Kriegsende nahezu allen Staaten Europas das von den USA favorisierte parlamentarisch-demokratische Regierungssystem beschert, doch machten die jungen Demokratien in Mittel-, Süd- und Ostmitteleuropa binnen weniger Jahre autoritären oder diktatorischen Regimes Platz. Nur die skandinavischen Staaten und die Benelux-Länder sowie Frankreich und Großbritannien erwiesen sich als stabile, lebensfähige *Demokratien*.

In Ostmitteleuropa und in den Nachfolgestaaten der Donaumonarchie zerstörten Grenzverschiebungen die Illusion vom Selbstbestimmungsrecht der Völker und erneuerten die Minderheitenprobleme. Flüchtlingsströme und Umsiedlungen sorgten für jahrelange Unruhe und der Verlust lebenswichtiger Industriestandorte verschärfte in manchen Ländern die Krise der Nachkriegswirtschaft. Die Unzufriedenheit mit einem scheinbar schwerfälligen parlamentarischen System, dem es wegen des verbreiteten Verhältniswahlrechts oft an klaren Mehrheiten fehlte, begünstigte den Ruf nach „starken Männern". Gestützt auf Adel, Militär, Kirche, Großbürgertum oder eine gewaltbereite kleinbürgerliche Anhängerschaft ergriffen diese „Führer" staatsstreichartig die Macht und errichteten *totalitäre Regimes*.

Propagandaplakat für den ungarischen Admiral und „Reichsverweser" Horthy. Oben das Pfeilkreuz.

Der italienische Faschismus: Benito Mussolini mit den alten römischen Staatssymbolen.

General Franco als spanischer Kreuzritter, der Kirche und Armee nach seinem Machtantritt eint.

- **Ungarn:** Admiral MIKLOS VON HORTHY errichtet am 1.3.1920 eine ständisch-autoritäre Diktatur.
- **Italien:** Nach seinem „Marsch auf Rom" setzt sich BENITO MUSSOLINI am 28.10.1922 als „Duce" (= Führer) an die Staatsspitze.
- **Spanien:** General MIGUEL PRIMO DE RIVERA beseitigt am 13.9.1923 für 7 Jahre die Demokratie. Nach seinem Sieg im 1936 einsetzenden spanischen Bürgerkrieg errichtet General FRANCO 1939 erneut eine Diktatur.
- **Polen:** Marschall JOSEF PILSUDSKI unternimmt am 12.5.1926 einen Militärputsch.
- **Litauen:** Präsident SMETONA ist als „Führer der Nation" seit Dezember 1926 Alleinherrscher.
- **Portugal:** Mit ANTONIO DE OLIVEIRA SALAZAR steht seit dem 27.4.1928 der „Sohn eines Armen" an der Spitze des Staates.
- **Jugoslawien:** Am 6.1.1929 hebt König ALEXANDER I. die Verfassung auf.
- **Griechenland:** Am 4.8.1936 errichtet General JOANNIS METAXAS eine Diktatur.
- **Rumänien:** König CAROL II. geht 1938 zu einem diktatorischen Regime über.

Europa zwischen Demokratie und Diktatur (1918-1938)
- Faschistische Diktatur
- Autoritäres Regime, Militärdiktatur
- Kommunistische Diktatur
- Demokratie
- 1936 Jahr der Errichtung einer Diktatur oder eines autoritären Regimes

1 Nennen Sie die einzelnen Stationen deutscher Außenpolitik.
2 Erläutern Sie die deutschen Vorbehalte gegenüber einer endgültigen Anerkennung der deutschen Ostgrenze („Ostlocarno").
3 Nennen Sie Gründe für die „Krise der Demokratie" in Europa.
4 Kennen Sie den historischen Ursprung des Symbols der italienischen Faschisten?
5 Erklären Sie die Äußerung Guiseppe Prezzolinis: „Keine größere Befreiung wage ich zur Zeit für mein Vaterland zu träumen und keine größere Eroberung wünsche ich ihm als die des Bewusstseins vom Übel des Parlamentarismus."
6 Untersuchen Sie Selbstdarstellung und Symbole faschistischer Bewegungen in den europäischen Staaten.
7 Informieren Sie sich über die Zwischenkriegszeit in den einzelnen europäischen Ländern.
8 Stellen Sie mit Hilfe eines Lexikons Biografien der genannten Diktatoren zusammen.

Die Weimarer Republik

Die Zahl der gemeldeten Arbeitslosen betrug im 1. Quartal 1930 3,66 Mio., 1931 4,97 Mio. und im Frühjahr 1932 6,12 Mio. Rechnet man die nicht erfassten Arbeitslosen hinzu, ergibt sich eine deutliche Steigerung. 1930: 3,92; 1931: 5,98; 1932: 7,61; 1933: 7,78 Millionen Arbeitslose.

Die Krise der Demokratie

Im Strudel der Weltwirtschaftskrise

Der New Yorker *Börsenkrach* vom 25. Oktober 1929 stürzte auch die deutsche Wirtschaft, die ihren Aufschwung amerikanischen Geldgebern verdankte, in eine tiefe Krise. Der abrupte Abzug kurzfristiger Kredite führte zu einem Kapitalmangel, die internationale Depression zu dramatischen Absatzeinbrüchen. Preisverfall und Produktionseinschränkungen erzwangen Lohnkürzungen und Entlassungen, die steigende Arbeitslosigkeit minderte ihrerseits wiederum die Kaufkraft auf dem Binnenmarkt. Damit setzte sich ein Teufelskreis in Bewegung, der bei den Unternehmen eine Welle von *Konkursen* auslöste und im Juli 1931 zum Zusammenbruch der deutschen Banken führte.

Über der Explosion der Arbeitslosenzahlen zerbrach am 27. März 1930 die von SPD-Reichskanzler Hermann Müller geführte Große Koalition aus SPD–Zentrum–BVP–DDP–DVP – die 16. Koalitionsregierung der *Weimarer Republik*.

Der Reichspräsident, der die neue Regierung nicht mehr „auf der Basis koalitionsmäßiger Bindungen" aufbauen wollte, ernannte HEINRICH BRÜNING zum *Reichskanzler*. Der Zentrumspolitiker sollte unabhängig von wechselnden Parlamentsmehrheiten mit Hilfe präsidialer *Notverordnungen*, denen gewissermaßen Gesetzescharakter zukam, die Krise meistern. Am 16. Juli 1930 allerdings machte der ausgeschaltete Reichstag von seinem Recht Gebrauch eine präsidiale Notverordnung aufzuheben. Daraufhin löste der Reichspräsident den Reichstag auf und setzte *Neuwahlen* für den 14. September an.

Reichstagswahlen (Mandate und Stimmanteil in %)

	20.5.1928	%	14.9.1930	%
KPD	54	10,6	77	13,1
SPD	153	29,8	143	24,5
DDP	25	4,9	20	3,8
Zentrum	62	12,1	68	11,8
BVP	16	3,1	19	3,0
DVP	45	8,7	30	4,5
DNVP	73	14,2	41	7,0
NSDAP	12	2,6	107	18,3
Landvolk	15	2,9	19	3,2
Bauernpartei	8	1,6	6	1,0
Wirtsch. Partei	23	4,5	23	3,9
Andere Parteien	5	5,0	24	5,9

„Erbitterungswahlen"

Das Wahlergebnis kommentierte die renommierte Berliner *Vossische Zeitung* am 15. September 1930:

> Wir geben es zu: 107 Nationalsozialisten, dazu 41 Deutschnationale und 76 Kommunisten – dieses Ergebnis ist ein Sieg des Radikalismus, auf den man nicht vorbereitet war.
>
> Dass die nationalsozialistische Flut stark anstieg, war nicht zu verkennen. Die riesenhafte Arbeitslosigkeit, die Massenentlassungen von Angestellten in jüngster Zeit, die neuen drückenden Steuern, durch die der Fehlbetrag im Etat gedeckt werden musste, die Not der durch die Inflation Verarmten, nicht zuletzt auch diese ewigen Kämpfe und Krisen im Reichstag, die einen großen Teil der Bevölkerung dem Parlament entfremdet: das alles schuf den Nährboden, der der nationalsozialistischen Agitation günstig war. Und dazu kam, dass von einem Teil der Schwerindustrie und der Finanz eine Bewegung unterstützt und hochgezüchtet wurde, von der man sich ein Niederringen der Sozialdemokratie und Kommunisten versprach.
>
> Die Sozialdemokraten haben 10 Mandate verloren, aber dafür haben die Kommunisten 22 Sitze gewonnen. Und wenn man die beiden Parteien in einen Topf werfen will, da ist die „marxistische" Linke im Reichstag zumindest nicht schwächer geworden.
>
> Zertrümmert ist die Mitte. Mit Ausnahme des Zentrums haben alle bürgerlichen Parteien schwer gelitten. Dieses Debakel der Mitte ist keine Parteisache, es geht das ganze bürgerliche Deutschland an, das heute nicht ohne Sorge die Frage an die nächste Zukunft stellt.
>
> Die Nationalsozialisten haben immer wieder erklärt, dass sie nach der Wahl in die Regierung wollen. In der Reichsregierung erlangen sie die Verfügung über Polizei und Wehrmacht. Sie wollen Machtpositionen erobern, in denen sie durch ihre Personalpolitik den republikanischen Staat unterhöhlen und zusammenbrechen lassen können. Was man während des Wahlkampfes an programmatischen Versprechen von den Nationalsozialisten vernahm, war: Brechung der Zinsknechtschaft und Zerreißen des Versailler Vertrages und des Young-Plans.
>
> Zur Durchsetzung ihrer Absichten wäre das Reichsaußenministerium und das Reichsfinanzministerium am geeignetsten. Auf diesen beiden Posten müssten sie ihre Versprechen wahrmachen. Dazu haben sie eben keine Zeit. Wenn man noch im letzten Reichstag sich den Luxus erlaubte, um einer Haarspalterei willen die Auflösung eines arbeitsfähigen Reichstages herbeizuführen, und in dieser schwierigsten Zeit Neuwahlen zu erzwingen – im neuen Reichstag werden die Parteien begreifen müssen, dass es kein anderes Programm gibt als das Deutsche Reich, keine andere Forderung als die Erhaltung seiner wirtschaftlichen und politischen Lebensfähigkeit.

1 Arbeiten Sie die im Zeitungskommentar genannten Gründe für die Radikalisierung heraus.
2 Erklären Sie die Bezeichnung „Erbitterungswahlen".
3 Wie beurteilt der Kommentar die neuen Kräfteverhältnisse der Parteien im Reichstag?

Die Weimarer Republik

Wahlplakate der KPD, NSDAP und vermutlich des Zentrums aus dem Wahljahr 1932.

Von der Wirtschafts- zur Staatskrise?

Aus Angst vor einem erneuten Wahldebakel tolerierte die SPD von nun an BRÜNINGS Sparpolitik, die zwar rigorose Lohnkürzungen und Steuererhöhungen durchsetzte, jedoch steigende *Arbeitslosenzahlen* und eine Verschärfung der *Wirtschaftskrise* zur Folge hatte. Brünings *Deflationspolitik*, die der Sanierung des Staatshaushalts und der Eindämmung der Inflationsgefahr Priorität einräumte, stimmte manch einen sorgenvoll:

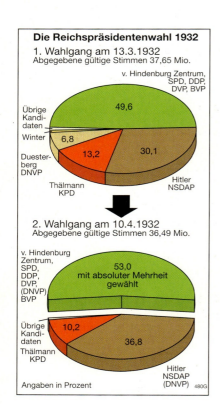

> Aus dem Millionenheer der Arbeitslosen gellt uns heute der Schrei nach Arbeitsbeschaffung entgegen. Weite Kreise der Öffentlichkeit sind heute so abgestumpft gegen das Elend, das seit Jahren das tägliche Brot von unzähligen jungen und alten Menschen in Deutschland ist, dass sie keinen Begriff mehr von der Not haben, die in den wachsenden Ziffern der Arbeitslosigkeit verborgen ist. Die Gewerkschaften dürfen die Gleichgültigkeit gegenüber dieser drängenden Aufgabe der Zeit nicht dulden.
> *(Theodor Leipart am 10. 2. 1932, zitiert nach: H. A. Winkler, Der Weg in die Katastrophe, Bonn 1987, S. 501 f., gekürzt)*

Die steigende Zahl der *Notverordnungen* (5 im Jahr 1930; 44 im Jahr 1931; 66 im Jahr 1932) und die sinkende Gesetzgebungstätigkeit des Reichstags (1930 noch 98 Gesetze, 1931 34 und 1932 nurmehr 5) ließen den Reichstag vor allem in den Augen von KPD und NSDAP zu einer „Schwatzbude" werden. Die Kompromissunfähigkeit der Parteien und der Ruf nach einer starken Hand wiesen dem *Reichspräsidenten* zunehmend eine Schlüsselrolle zu.

1 Vergleichen Sie die Kandidaturen und Ergebnisse der Reichspräsidentenwahlen von 1925 und 1932.

2 Erläutern Sie Ursachen und Folgen der Wirtschaftskrise.

Wahlkämpfe und Straßenschlachten

Trotz HITLERS Wahlniederlage bei den Reichspräsidentenwahlen befand sich die NSDAP weiter im Aufwind. Aus den Landtagswahlen vom 24. April 1932 ging sie in *Preußen* und *Württemberg* als stärkste Partei hervor, in *Bayern* lag sie mit der BVP gleichauf.

Der 84-jährige Reichspräsident HINDENBURG stand der NSDAP mit ihrer gewaltbereiten Schlägertruppe SA und den aufrührerischen Reden ihres „Führers" ADOLF HITLER zunächst ablehnend gegenüber. Die Erinnerung an die „Harzburger Front", in der sich am 10.11.1931 NSDAP und DNVP zur „Nationalen Opposition" zusammengeschlossen hatten, ließ allerdings Hindenburgs Berater von Reichswehr und Großagrariern auf eine Zähmung der NSDAP hoffen. BRÜNINGS Entlassung (30. Mai 1932) sollte den Weg für eine rechtskonservative Regierung freimachen und ihre Tolerierung durch die SPD beenden.

Nur drei Tage nach der Ernennung des neuen Reichskanzlers FRANZ VON PAPEN löste der Reichspräsident am 4. Juni den Reichstag auf. Doch brachten die Wahlen vom 31. Juli 1932 dem neuen Kabinett nicht die erwünschte parlamentarische Basis. Mit einem Stimmenanteil von 37,2 bzw. 14,2 % blockierten NSDAP und KPD endgültig jede parlamentarische Arbeit. Zudem erhob sich nach Aufhebung des SA-Verbots erneut eine Woge gewalttätiger Ausschreitungen, denn Kommunisten und SA lieferten sich brutale Straßenschlachten. Der *Altonaer Blutsonntag* (17. Juli 1932) erlangte mit 16 Toten und 70 Verletzten traurige Berühmtheit.

Aufruf an das deutsche Volk!

Vierzehn Jahre lang hat das System und seine Parteien in einer beispiellosen Mißwirtschaft das deutsche Volk und seine innere Kraft zermürbt und aufgebraucht. Und nun stehen wir am Ende dieser furchtbaren Entwicklung. Am 31. Juli soll es sich entscheiden, ob diese Entwicklung noch einmal fortgesetzt werden kann, oder ob **von dieser Stunde ab eine neue Epoche der deutschen Geschichte beginnt.**

Männer und Frauen! Arbeiter, Bürger und Bauern!

12 Jahre lang haben wir an das Volk appelliert. Wir sind in die Proletarierviertel hineingegangen und haben der roten Klassenfront Mann um Mann abgerungen. Wir gingen in die Kleinstädte und eroberten das Bürgertum. Übers Land zogen unsere Agitatoren und haben den Bauernstand mobil gemacht.

Und nun sind wir alle Mitträger und Zeugen dieser einzigartigen deutschen Volkserhebung, wie sie in solcher Wucht unsere Geschichte noch niemals gesehen hat.

Es ist nicht wahr, wenn heute die Parteipäpste der bürgerlichen Parteien erklären, die Menschen kämen zu uns nur aus ihrer Not. Das deutsche Volk ist nicht von selbst erwacht. Wir haben es wach getrommelt! Wir haben Tag und Nacht geschuftet und gearbeitet. Wir ließen uns schweigend und ungeduldig von der Öffentlichkeit verlachen und verhöhnen. Unsere Organisationen wurden zerschlagen, unsere Zeitungen verboten und unsere Versammlungen aufgelöst.

320 ermordete Kameraden

haben wir in die Gräber gelegt.

Aber aus diesen Gräbern ist die stolze, braune Armee auferstanden, deren harter und unerbittlicher Marschtritt heute allüberall in Deutschlands Straßen widerhallt.

Wenn Deutschland noch einmal seine Zukunft gewinnen soll, dann ist das die Stunde seiner Wiedergeburt. Und wo einer noch an die nationale Erhebung unseres Volkes glaubt, da fragen wir:

Worauf wartest du noch?

An unserer Zeit ist das Wort des Dichters wahr geworden:

Das Volk steht auf, der Sturm bricht los.

Männer und Frauen von Stadt und Land!

Nun denn, wohlan! Noch einmal. Volk, gibt das Schicksal dir alle Chancen in die Hand. Noch einmal bietet es dir die Möglichkeit, mit den verräterischen Parteien des Systems ein Ende zu machen und Deutschland nach innen und außen zu einigen.

Wir rufen nicht die Klassen und nicht die Konfessionen. Wir verfechten nicht die Interessen des Einzelmenschen auf Kosten der Allgemeinheit.

Wir appellieren an das Volk!

Zwölf Jahre haben wir dem Volke in der Opposition gedient. Nun ist die Stunde gekommen, daß die nationalsozialistische Bewegung unter der siegreichen Führung des Volksmannes Adolf Hitler aus der Opposition in die Verantwortung vorrückt und den deutschen Dingen eine andere Wendung gibt.

Mit harten Fäusten klopfen Millionen Deutsche an die Tore der Macht, hinter denen sich zitternd das System und seine Parteien verbergen, millionenfach gellt durch Deutschland der Erlösungsschrei:

Aufmachen! wir wollen an die Macht!

Was gehen uns die Parteien an? Sie haben ausgespielt und sind damit überfällig geworden. **Die Entscheidung liegt beim Volk.**

Du, Volk, gib dein Urteil ab!

Wir betteln nicht um Gnade, wir wollen nur unser Recht. Wir haben 12 Jahre lang gekämpft, während die anderen das Reich ruinierten. Nun entscheide du, ob unser Kampf gut war und vor deinen Augen bestehen kann.

Sagst du, Volk, nein, dann wähl' die Parteien, die für die vergangenen 14 Jahre die Verantwortung tragen.

Sagst du, Volk, aber ja, dann reiß' die Tore auf und gib Adolf Hitler und seiner stolzen Bewegung den Weg zur Macht frei!

Für des deutschen Volkes Einheit und für des deutschen Reiches Kraft und Größe.

Deutsches Volk, erhebe dich!
Deine große Stunde ist da!
Zerstampf' das System und seine Parteien!
Leg alle Macht in Hitlers Hand!
Deutschland, erwache!

Wählt Nationalsozialisten Liste 2!

---

1 Wie begründet die NSDAP ihre Machtforderung?
2 Verfassen Sie einen Gegenaufruf aus Sicht der SPD.

Die Weimarer Republik

Selbstmord der Demokratie?

In einem aufwendigen Wahlkampf, bei dem HITLER im Flugzeug durch Deutschland reiste und täglich mehrfach auf Massenkundgebungen sprach, gelang der NSDAP die Mobilisierung neuer Wählerschichten. 230 Abgeordnete im Reichstag machten die *Nationalsozialisten* im Juli 1932 zur stärksten Partei und veranlassten Hitler, sich beim Gespräch mit dem Reichspräsidenten nicht mit der angebotenen Regierungsbeteiligung zu begnügen. Er forderte vielmehr „die Führung einer Regierung in vollem Umfang". HINDENBURGS Ablehnung musste Hitler als politische Niederlage empfinden.

Über dem seit der Juliwahl unübersehbaren Staatsnotstand war das auf der *Konferenz von Lausanne* im gleichen Monat beschlossene Ende der *Reparationen* ebenso verblasst wie der vorsichtige „Tendenzumschwung in der Weltwirtschaft". Der übermächtigen radikalen Reichstagsmehrheit, die alle Konjunkturprogramme der Regierung torpedierte, stand das Kabinett PAPEN trotz ausdrücklicher Unterstützung des Reichspräsidenten immer hilfloser gegenüber. Doch wiesen weder die Neuwahlen vom 6. November 1932 noch die Ernennung des Reichswehrministers General VON SCHLEICHER zum Reichskanzler im Dezember 1932 einen Weg aus der Krise.

Mit der Lösung, die etwa 20 Industrielle, Bankiers und Gutsbesitzer in ihrem Brief vom 19. November vorschlugen, mochte sich Hindenburg allerdings nicht anfreunden:

Plakat der SPD zur Reichstagswahl 1932.

> Die Übertragung der verantwortlichen Leitung eines mit den besten sachlichen und persönlichen Kräften ausgestatteten Präsidialkabinetts an den Führer der größten nationalen Gruppe wird die Schlacken und Fehler, die jeder Massenbewegung notgedrungen anhaften, ausmerzen und Millionen Menschen, die heute abseits stehen, zu bejahender Kraft mitreißen.
> (zitiert nach: W. Michalka/G. Niedhart [Hrsg.], Deutsche Geschichte 1918–1933, Frankfurt 1992, S. 224 f.)

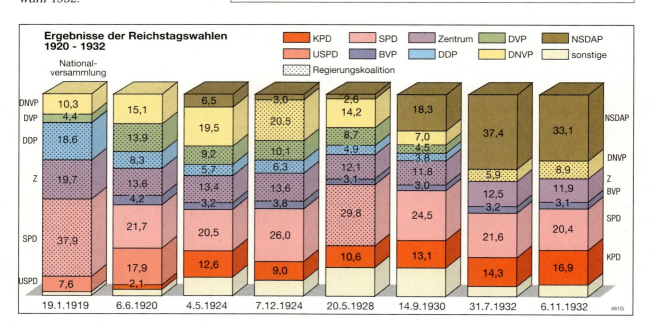

Die Machtübergabe an Hitler

Der Verlust von 2 Millionen Wählerstimmen der NSDAP bei den *Reichstagswahlen* im November 1932 und ihr Einbruch bei den Gemeinderatswahlen in *Thüringen* im Dezember ließen die *Frankfurter Zeitung* am Neujahrstag frohlocken, HITLER habe abgewirtschaftet. Wie zum Beweis des Gegenteils schlachtete die NSDAP ihren Wahlsieg im norddeutschen Kleinstaat *Lippe* am 15. Januar 1933 propagandistisch aus. Der *Lippische Kurier* als regionales Parteiorgan erneuerte Hitlers Ansprüche: „Abtreten, Herr von Schleicher!"

Doch waren die Aussichten des NSDAP-Führers auf die Kanzlerschaft angesichts der Skepsis des Reichspräsidenten gegenüber dem „böhmischen Gefreiten", wie er den gebürtigen Österreicher Hitler intern einmal nannte, unverändert schlecht. Diese Kluft zu überbrücken war Ziel des Treffens zwischen PAPEN und HITLER im Hause des Kölner Bankiers Kurt von Schröder am 4. Januar 1933. Es gelang Papen, der das uneingeschränkte Vertrauen des Reichspräsidenten besaß, Hitler am 28. Januar als Kanzler eines mit bewährten konservativen Politikern bestückten „Kabinetts der Nationalen Konzentration" zu präsentieren. Auch die Erkenntnis des amtierenden Reichskanzlers, „dass auf die Dauer in Deutschland nicht regiert werden könne, wenn man nicht eine breite Stimmung in der Bevölkerung für sich habe", stützte vielleicht unbeabsichtigt die Machtübergabe an den Führer der NSDAP.

Am 30. Januar 1933 verließ gegen 12.00 Uhr ein schwarzer Mercedes mit dem neuen Reichskanzler ADOLF HITLER den Sitz des Staatsoberhaupts. Soeben hatte Reichspräsident HINDENBURG den erklärten Verfassungsfeind auf die Verfassung schwören lassen und dem neuen Kabinett mit dem Satz „Und nun, meine Herren, vorwärts mit Gott!" die Regierungsgeschäfte anvertraut.

Als abends um acht Uhr SA-Kolonnen und Hitlerjugend unter dem Klang von Spielmannszügen in einem Fackelzug vom Brandenburger Tor durch die Berliner Innenstadt zogen, gab der Berliner Gauleiter der NSDAP, JOSEPH GOEBBELS, ein Rundfunkinterview:

Titelseite der Vossischen Zeitung vom 30. Januar 1933.

Reichspräsident Hindenburg (1847–1934) empfängt Hitler nach dessen Ernennung zum Reichskanzler.

> Wir sind alle maßlos glücklich. Glücklich darüber, dass nun eine vierzehnjährige Arbeit durch Sieg und Erfolg gekrönt worden ist. Wenn ich den heutigen Tag auf den einfachsten Nenner bringen soll, dann möchte ich sagen: Es ist ein Triumph der Zähigkeit. Die Zähigkeit der nationalsozialistischen Führung hat diesen Sieg errungen. Und es ist für mich ergreifend zu sehen, wie in dieser Stadt, wo wir vor sechs Jahren mit einer Handvoll Menschen begonnen haben, wie in dieser Stadt wirklich das ganze Volk aufsteht, wie unten die Menschen vorbeimarschieren, Arbeiter und Bürger und Bauern und Studenten und Soldaten – eine große Volksgemeinschaft.
>
> Das, was wir da unten erleben, diese Tausende und Tausende und Zehntausende von Menschen, die in einem sinnlosen Taumel von Jubel und Begeisterung der neuen Staatsführung entgegenrufen – das ist wirklich die Erfüllung unseres geheimsten Wunsches, das ist die Krönung unserer Arbeit. Man kann mit gutem Recht sagen: Deutschland ist im Erwachen.
>
> (zitiert nach: Zeitmagazin Nr. 50 vom 10. Dezember 1982, Hamburg, S. 24)

Die Weimarer Republik

Sachsen nach dem Ersten Weltkrieg

Revolution in Sachsen

Die *Novemberrevolution* von 1918 fand in *Sachsen* mit seiner starken Arbeiterbevölkerung großen Widerhall. Massendemonstrationen, die vom Abend des 8. November bis zum folgenden Tag anhielten, hatten König Friedrich August III. (1865–1932) aus Dresden flüchten lassen. Die rote Fahne über dem Schloss signalisierte, dass die Macht nach seinem Thronverzicht am 13.11.1918 auf die aus je drei SPD- und USPD-Mitgliedern gebildete Provisorische Regierung übergegangen war. Doch waren sich beide Parteien weder in diesem *Rat der Volksbeauftragten* noch im „Vereinigten Revolutionären Arbeiter- und Soldatenrat" über ihre Ziele einig.

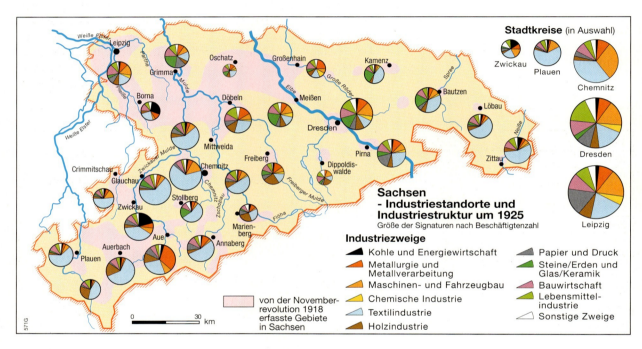

Landeswappen des Königreichs Sachsen.

Aus einem Aufruf des sächsischen Ministeriums des Innern im Glauchauer Tageblatt vom 13.11.1918:
„Die Erhaltung der Ordnung und der Ernährung im Lande ist ... das wichtigste Gebot der Stunde ... Das Land vor Unordnung und Hungersnot zu bewahren, ist nur möglich, wenn die Staatsmaschine, insbesondere aber alle Behörden und Dienststellen ... in Tätigkeit bleiben, wenn alle Beamten, unbeirrt durch die politischen Ereignisse, unentwegt ihre Pflicht tun und die laufenden Geschäfte erledigen."

Nr. 1 des Chemnitzer USPD-Organs „Der Kämpfer" (30.11.1918):
„Der Arbeiter- und Soldatenrat ist die spontan aus den Bedürfnissen der Revolution herausgewachsene Kampfesorganisation der Arbeiterklasse. In der russischen Revolution entstanden, erweist sich die Bildung von Arbeiter- und Soldatenräten als die Organisationsform der proletarischen Revolution überhaupt ... Die deutsche Revolution ist noch nicht vorbei, wie viele glauben, nein, sie hat erst begonnen."

„Eine neue Zeit hebt an"?

Aufrufe voll revolutionärer Begeisterung überbrücken nur kurz die Kluft zwischen den drei Parteien der Arbeiterbewegung. Die Frage „Räte oder Parlament?" sprengte auch in Sachsen die Revolutionskoalition aus SPD und USPD. Die Entscheidung des von der SPD dominierten „Vereinigten Revolutionären Arbeiter- und Soldatenrates" für eine *parlamentarische* Ordnung veranlasste die USPD zum Austritt aus dem *Rat der Volksbeauftragten.* Daraufhin schrieb die SPD-geführte Provisorische Regierung Wahlen zum Landesparlament für den 2. Februar 1919 aus, bei denen die Wahlgrundsätze der Reichstagswahl Anwendung fanden. So durften sich auch in Sachsen erstmals *Frauen* an einer Landtagswahl beteiligen.

Nach ihrem Zusammentritt am 25. Februar verabschiedete die *Volkskammer,* wie sich der Landtag bis zum Inkrafttreten der *Landesverfassung* im Oktober 1920 nannte, das „Vorläufige Grundgesetz für den Freistaat Sachsen". Dieses bestimmte vor allem die Pflichten und Rechte der Volkskammer als gesetzgebendem Organ und des „Gesamtministeriums", wie sich die *Landesregierung* zunächst nannte. Nach seinem Regierungsantritt am 14. März 1919 gelang es dem

Landtagswahlen in Sachsen (Mandatsverteilung)

Partei	1919	1920	1922	1926	1929	1930
KPD	-	6	*10*	14	12	13
USPD	15	*13*	-	-	-	-
SPD	*42*	*27*	*40*	31	33	32
DDP	*22*	8	*8*	5	4	3
Zentrum	0	1	0	0	0	-
DVP	4	18	*19*	12	13	8
DNVP	13	20	19	14	*8*	5
NSDAP	-	-	-	2	5	14
Wirtschaftspartei	-	0	0	10	11	10
ASPD*	-	-	-	4	*2*	0
sonstige	-	3	-	4	8	11

■ Regierungspartei   ■ zeitweilig in der Regierung

*ASPD = Alte Sozialdemokratische Partei

Landeswappen heute und zur Zeit der Weimarer Republik.

SPD-Ministerpräsidenten GEORG GRADNAUER nur durch die Verhängung des Belagerungszustandes und den Einsatz von Freikorpsverbänden, die von USPD und KPD geplante Fortführung der Revolution zu vereiteln.

Am 26. Oktober 1920 erhielt Sachsen seine endgültige Landesverfassung. Auch Sachsen brach mit der Vorkriegstradition des *Zweikammersystems,* dessen erste Kammer die Vertretung der Königsfamilie und der adligen und bürgerlichen Großgrundbesitzer gebildet hatte und dessen zweite Kammer aus gewählten Abgeordneten bestand. Im neuen Abgeordnetenhaus, dem *Landtag,* saßen nur noch gewählte Volksvertreter. Die ersten Landtagswahlen unter der neuen Verfassung folgten einem reichsweiten Trend und beendeten den revolutionären Aufbruch endgültig.

1 Erörtern Sie die Probleme der Regierungsbildung in Sachsen 1918 und in den Folgejahren.

Nachbeben der roten Revolution

Im März 1920 schienen KPD und USPD auch in Sachsen verlorenen Boden zurückzugewinnen. Denn während des *Generalstreiks,* der den *Kapp-Putsch* am 17. März zusammenbrechen ließ, gewannen ihre Arbeiterführer an Einfluss. So organisierte im Vogtland MAX HOELZ, dem die Befreiung inhaftierter Arbeiter große Sympathien eintrug, den kommunistischen Widerstand gegen den Kapp-Putsch.

Aufrufe der Arbeiterparteien in Sachsen vom 13. und 17. März 1920 zum Generalstreik. Max Hoelz (1889–1933), der Unterzeichner des linken Aufrufs, führte 1921 erneut einen kommunistischen Aufstand in Sachsen.

Erich Zeigner (1886–1949), sächsischer Ministerpräsident 1923 und Oberbürgermeister von Leipzig nach 1945.

Doch wie im Ruhrgebiet versuchte die KPD auch in Sachsen, den Generalstreik in einen kommunistischen Umsturz zu verwandeln. Als die KPD-Zentrale forderte, „den Sieg über die Putschisten durch die völlige Zerschlagung des Militarismus und die Erweiterung der politischen Rechte der Arbeiter zu sichern", suchte Hoelz dies mit bewaffneten Arbeitertrupps durchzusetzen. Mit dem Einmarsch der *Reichswehr* ins Vogtland lösten sich diese „Roten Garden" im April 1920 auf.

Mit der katastrophalen wirtschaftlichen Lage wuchs in Sachsen wie im übrigen Reichsgebiet die Unzufriedenheit der Bevölkerung. Im Oktober 1923, auf dem Höhepunkt der Krise, traten mit FRITZ HECKERT und PAUL BÖTTCHER zwei *Kommunisten* in das Minderheitskabinett des sächsischen Ministerpräsidenten ERICH ZEIGNER (SPD) ein. Aus Furcht vor einem kommunistischen Umsturz forderte Reichskanzler GUSTAV STRESEMANN, Mitbegründer des Verbandes sächsischer Industrieller, die Landesregierung ultimativ zum Rücktritt auf. Als diese sich weigerte, verfügte Reichspräsident FRIEDRICH EBERT – gestützt auf *Artikel 48* der Weimarer Verfassung – die Auflösung der sächsischen Regierung und beauftragte einen *Reichskommissar* mit der Durchführung. Die Minister wurden gewaltsam aus dem Amt entfernt.

Den Widerstand der KPD – deren Aufruf zum Generalstreik vom 20. Oktober kaum Gehör fand – und der von ihr aufgestellten „proletarischen Hundertschaften" erstickten die einmarschierenden Verbände der *Reichswehr*. Sie besetzten bis zum 6. November 1923 ganz Sachsen, wobei sie äußerst brutal vorgingen und in vielen Orten das Feuer auf demonstrierende Arbeiter eröffneten. Obwohl die SPD nach 1923 stärkste Landtagsfraktion blieb, ist es zu einer sozialistisch geführten Regierung nicht mehr gekommen.

Des Aufschwungs schöner Schein

Auch im allgemeinen Wirtschaftsaufschwung, der dem Krisenjahr 1923 folgte, blieb Sachsen ein „Wetterwinkel der Konjunktur" mit relativ hoher Arbeitslosenquote. Absatzschwankungen brachten die zahlreichen mittelständischen Industriebetriebe immer wieder an den Rand ihrer Existenz. Die sächsische *Textilindustrie* mit dem Zentrum CRIMMITSCHAU suchte ihre Gewinne durch extrem niedrige Entlohnung vor allem der weiblichen Arbeitskräfte zu sichern. Auch die *Automatisierung*, die mit der wachsenden *Konzernbildung* voranschritt, machte Arbeitskräfte überflüssig oder drückte das Lohnniveau. So engte der mäßige Wirtschaftsaufschwung und nach 1929 die *Weltwirtschaftskrise* den Spielraum der Arbeiterparteien ein, die zudem durch ihren programmatischen Streit gespalten waren.

Crimmitschau, Zentrum der sächsischen Textilindustrie, 1927.

1. Vergleichen Sie Ereignisse und Entwicklungen im Reich und in Sachsen. Zeigen Sie Parallelen und Unterschiede auf.
2. Stellen Sie die Vorwürfe zusammen, die in der „Bekanntmachung an die Bevölkerung" bzw. der „Erklärung der sächsischen Regierung" erhoben werden und beurteilen sie die Stichhaltigkeit der Argumente. Beachten Sie die reichsweite Lage des Jahres 1923 (S. 30 f.).

Erklärung d. sächsischen Regierung (10.10.1923):
Die neu gebildete Regierung ist die Regierung der republikanischen und proletarischen Verteidigung. Die werktätigen Schichten ganz Deutschlands sind auf das schwerste bedroht. Herr von Kahr (hat) das Losungswort ausgegeben: „Nieder mit dem Marxismus!" und damit allen proletarischen Schichten den Kampf angesagt. Die Kreise hinter der deutschnationalen Partei verschleiern kaum noch ihre wirtschaftlichen und militärischen Vorbereitungen für die Niederschlagung der werktätigen Bevölkerung. Demgegenüber erklärt die sächsische Regierung: Gestützt auf die Arbeiter, Kleinbauern und sinkenden Mittelschichten will sie die Gefahr einer großkapitalistischen Militärdiktatur bannen. Um ihren Abwehrkampf führen zu können wird (sie) den Staatsapparat weiter energisch säubern von allen, die für die Diktatur des Großkapitals tätig sind. Durch die Interessenpolitik der hochkapitalistischen Kreise und das dreiste Auftreten der faschistischen Organisationen ist die Einheit des Deutschen Reiches bedroht. Monarchisten und Schwerindustrielle verbinden sich mit dem Landesfeind um ihre Profitherrschaft aufrechterhalten zu können. Demgegenüber erklärt die sächsische Regierung: Wir stehen zum Reich und werden für die Einheit Deutschlands bis zum Äußersten kämpfen.

Bekanntmachung an die Bevölkerung!

Seit Wochen gestalten sich die wirtschaftlichen und Ernährungsverhältnisse im Freistaat Sachsen täglich schwieriger und bedrohlicher als sonst im Reiche.

Weshalb?

Unter Drohungen mit Gewalttätigkeiten erfolgen Eingriffe in die Gütererzeugung und die Bewirtschaftung der Lebensmittel.

Die Tätlichkeiten richten sich in gleicher Weise gegen Arbeitnehmer und Arbeitgeber. Arbeitswillige werden aus den Werkstätten herausgeholt und von ihren Arbeitsstellen ferngehalten. Von den Arbeitgebern werden Geldsummen erpreßt, die sie nicht mehr bezahlen können. Die Hergabe von Lebensmitteln wird in gleicher Weise erzwungen. Hierdurch muß sich die Volksnot ins Unerträgliche steigern. Die Wirtschaftskreise außerhalb Sachsens haben zum Freistaat Sachsen das Vertrauen verloren. Das zeigt sich in der Ablehnung der Anknüpfung und Abwicklung von Geschäftsbeziehungen; der auswärtige Kaufmann und Landwirt scheut sich, Lebensmittel zu liefern, der sächsische Kaufmann aus Furcht, sie könnten durch eigenmächtige und gewaltige Eingriffe der Verteilung im ordnungsgemäßen Geschäftsbetrieb entzogen werden.

Dieses wirtschaftliche Chaos ist gewollt! Von wem?

Von denen, die aus Eigennutz das schwergeprüfte Volk nicht zur Ruhe kommen lassen wollen, die in der durch die Not zur Verzweiflung Getriebenen gefügige Werkzeuge ihrer dunklen Pläne zu finden hoffen.

Welches sind diese Pläne?

Die Beseitigung der verfassungsmäßigen Gleichheit aller Volksgenossen vor dem Gesetze und die gewaltsame Aufrichtung der Volksherrschaft einer Klasse!

Diese Ziele sind unverschleiert mit dürren Worten ausgesprochen worden. Ein kommunistisches Mitglied der sächsischen Regierung hat unter dem Schutze der Immunität diese Bestrebungen nicht nur gutgeheißen, sondern öffentlich sich zu ihnen bekannt und zu ihrer Durchführung aufgefordert. Solches Verhalten ist Hochverrat gegenüber dem Reich.

So erwächst im Lande und in den Aufrührern der irrige Glaube, als stände die sächsische Regierung hinter den Aufrührern.

Ihrer verantwortungsvollen Aufgabe gegenüber allen Schichten des Volkes wohl bewußt, hat sich die Reichsregierung entschlossen, durch Einsatz von Truppen Ordnung zu schaffen.

Ich bin mit der Durchführung der erforderlichen Maßnahmen beauftragt. Sie richten sich **nicht gegen das werktätige Volk.**

Sie richten sich gegen die, welche dieses Volk durch Drohung und Gewalt in der freien Betätigung seines Arbeitswillens hindern. Sie richten sich gegen die, welche mit Waffengewalt unter dem lügnerischen Vorgeben, die Errungenschaften der republikanischen Verfassung, die Vorherrschaft einer Klasse erkämpfen wollen und damit die Grundlage der demokratischen Republik zerstören.

Wer bei der Durchführung der für nötig erachteten Maßnahmen mit Waffengewalt entgegentritt, wer mit Waffen plündert und so die Grundlage unserer Ernährung untergräbt, läuft Gefahr **erschossen zu werden.**

Ich vertraue auf die Mitwirkung aller verfassungstreuen und besonnenen Kreise der Bevölkerung. Sie in jeder Beziehung zu schützen und **die Schwierigkeiten der Ernährungslage zu beheben** mit allen zu Gebote stehenden Mitteln, soll meine vornehmste Aufgabe sein.

Die Truppen bringen eigene Verpflegung mit, werden also hinsichtlich dieser der Bevölkerung in keiner Weise zur Last fallen.

Die notwendigen Maßnahmen werden die mit der militärischen Leitung an Ort und Stelle betrauten Befehlshaber in meinem Auftrage erlassen und durchführen.

Dresden, am 20. Oktober 1923.

Der Militärbefehlshaber des Wehrkreises IV.
Müller, Generalleutnant.

Sächsische Regierungserklärung nach Aufnahme von zwei Kommunisten in das Kabinett (10.10.1923). Das rechte Plakat verkündet die Reichsexekution gegen Sachsen durch Einmarsch der Reichswehr (20.10.1923).

Der Nationalsozialismus

Der „Führer" und seine Gefolgschaft

Wer war Hitler?

Vom Nobelhotel „Kaiserhof", wo Hitler mit seinem Stab bisher logierte, waren es ins Reichskanzleramt schräg gegenüber nur wenige Schritte. Für den am 20. April 1889 im österreichischen BRAUNAU als Sohn eines Zollbeamten geborenen ADOLF HITLER allerdings ein weiter Weg. Er stammte weder aus den gesellschaftlichen Kreisen, die ihm ins Zentrum der Macht verholfen hatten, noch verfügte er über ein Hochschulstudium oder exklusive Verbindungen. Im Gegenteil: Hitler hatte sich nach abgebrochenem Realschulbesuch in WIEN durchgeschlagen, die Aufnahmeprüfung der dortigen Kunstakademie zweimal nicht bestanden und dann als unsteter Müßiggänger von Gelegenheitsarbeiten und dem Verkauf selbstgemalter Ansichtskarten gelebt. Der Ausbruch des Ersten Weltkriegs, in den er als Freiwilliger zog, bewahrte ihn vor einer beruflich aussichtslosen Existenz. Wie viele Entwurzelte und Unzufriedene schloss sich auch der inzwischen 30jährige Hitler nach dem verlorenen Krieg einer der vielen politischen Splittergruppen an. Als geschickter Agitator gewann er 1921 den Vorsitz der „Deutschen Arbeiter-Partei", in die er 1920 eingetreten war und die er in *Nationalsozialistische Deutsche Arbeiterpartei* (NSDAP) umbenannt hatte.

Hitler machte erstmals von sich reden, als er am 9. November 1923 in MÜNCHEN einen Putsch anzettelte, der zum Verbot der Partei führte und ihm eine Haftstrafe von 13 Monaten auf der Festung LANDSBERG einbrachte. In dem Buch *Mein Kampf*, das Hitler während seiner Haftzeit 1924 schrieb und in dem er die „Weltanschauung des Nationalsozialismus" als politisches Programm entwickelte, dürften die „Steigbügelhalter" seiner Kanzlerschaft wohl kaum geblättert haben. Für die Mitglieder der im Februar 1925 neu gegründeten NSDAP, in der sich die alten Kämpfer des Jahres 1923 und spärliche Neuzugänge fanden, waren Hitlers Worte jedoch Wegweiser. Sie nicht ernst zu nehmen sollte sich als gefährlicher Irrtum erweisen.

Titelseite der Zeitung „Der Nationalsozialist", Nr. 10/11 vom 25. Dezember 1924.

Seit 1923 wachte die Firma Heinrich Hoffmann in München über das offizielle Hitlerbild. Unvorteilhafte Aufnahmen, die der beabsichtigten Führerstilisierung widersprachen, wurden nicht veröffentlicht.

Hitlers „Mein Kampf"

Schon bei Hitlers erster Rede nach seiner Haftentlassung am 27. Februar 1925 hatten Juden keinen Zutritt.

Umständlich und noch wenig einprägsam: der ursprüngliche Titel von Hitlers „Mein Kampf".

„Die völkische Weltanschauung glaubt keineswegs an eine Gleichheit der Rassen, sondern erkennt mit ihrer Verschiedenheit auch ihren höheren oder minderen Wert und fühlt sich durch diese Erkenntnis verpflichtet, gemäß dem ewigen Wollen, das dieses Universum beherrscht, den Sieg des Besseren, Stärkeren zu fördern, die Unterordnung des Schlechteren und Schwächeren zu verlangen. Sie huldigt damit prinzipiell dem aristokratischen Grundgedanken der Natur." (1)

„So ist der Jude heute der große Hetzer zur restlosen Zerstörung Deutschlands. Wo immer wir in der Welt Angriffe gegen Deutschland lesen, sind Juden ihre Fabrikanten. Die Gedankengänge des Judentums sind dabei klar. Die Bolschewisierung Deutschlands, d. h. die Ausrottung der nationalen völkischen deutschen Intelligenz und die dadurch ermöglichte Auspressung der deutschen Arbeitskraft im Joche der jüdischen Weltfinanz ist nur als Vorspiel gedacht für die Weiterverbreitung dieser jüdischen Welteroberungstendenz. Werden unser Volk und unser Staat das Opfer dieser blut- und geldgierigen jüdischen Völkertyrannen, so sinkt die ganze Erde in die Umstrickung dieses Polypen; befreit sich Deutschland aus dieser Umklammerung, so darf diese größte Völkergefahr als für die gesamte Welt gebrochen gelten." (2)

„Demgegenüber müssen wir Nationalsozialisten unverrückbar an unserem außenpolitischen Ziele festhalten, nämlich dem deutschen Volk den ihm gebührenden Grund und Boden auf dieser Erde zu sichern. Und diese Aktion ist die einzige, die vor Gott und unserer deutschen Nachwelt einen Bluteinsatz gerechtfertigt erscheinen lässt: Vor Gott, insofern wir auf diese Welt gesetzt sind mit der Bestimmung des ewigen Kampfes um das tägliche Brot, als Wesen, denen nichts geschenkt wird, und die ihre Stellung als Herren der Erde nur der Genialität und dem Mute verdanken; vor unserer deutschen Nachwelt aber, insofern wir keines Bürgers Blut vergossen, aus dem nicht tausend andere der Nachwelt geschenkt werden. Der Grund und Boden, auf dem dereinst deutsche Bauerngeschlechter kraftvolle Söhne zeugen können, wird die Billigung des Einsatzes der Söhne von heute zulassen, die verantwortlichen Staatsmänner aber, wenn auch von der Gegenwart verfolgt, dereinst freisprechen von Blutschuld und Volksopferung. Deutschland wird entweder Weltmacht oder überhaupt nicht sein. Wenn wir aber heute in Europa von neuem Grund und Boden reden, können wir in erster Linie nur an Russland und die ihm untertanen Randstaaten denken." (3)
(Adolf Hitler, Mein Kampf, München, 11. Aufl. 1932, (1) S. 420 f.; (2) S. 702 f.; (3) S. 739–742, gekürzt)

1 Arbeiten Sie zentrale Elemente der NS-Ideologie heraus.
2 Belegen Sie, dass Hitlers „Weltanschauung" im innen- und außenpolitischen Bereich auf rassistischen Vorstellungen basierte.
3 Weisen Sie nach, dass Hitler von Anfang an Krieg plante.
4 Untersuchen Sie beim Weiterlesen die Folgen der NS-Ideologie.

Der Nationalsozialismus

„Führer befiehl, wir folgen dir!"

Erste Strophe der SA-Hymne, die der zum Märtyrer stilisierte SA-Führer Horst Wessel – er starb 1930 an den Folgen eines Überfalls – verfasste.

„Wenn ich meine Tätigkeit wieder aufnehme, werde ich eine neue Politik befolgen müssen. Statt die Macht mit Waffengewalt zu erobern werden wir zum Verdruss der katholischen und marxistischen Abgeordneten unsere Nasen in den Reichstag stecken. Zwar mag es länger dauern, sie zu überstimmen als sie zu erschießen, am Ende aber wird uns ihre eigene Verfassung den Erfolg zuschieben. Jeder legale Vorgang ist langsam." (1)

„Wollen wir einen Machtfaktor schaffen, dann brauchen wir Einheit, Autorität und Drill. Wir dürfen uns niemals leiten lassen von dem Gedanken, etwa ein Heer von Politikern zu schaffen, sondern ein Heer von Soldaten der neuen Weltanschauung." (2)
(zitiert nach: J. Fest, Hitler, Frankfurt 1973, (1) S. 323, (2) S. 337)

Gegen beide Vorhaben, die Hitler mit der Neugründung der NSDAP 1925 verknüpfte, sperrte sich die Partei. Aus putschversessenen Dauersoldaten der SA marschierende Kolonnen im Dienste der Parteizentrale zu formieren erwies sich als ebenso schwierig, wie die Partei auf die Konzeption der Führerpartei einzuschwören. Nach dem Grundsatz „Immer wird der Führer von oben eingesetzt" versuchte Hitler auf der Bamberger Führertagung 1926 die unumschränkte Autorität in seiner Person zu konzentrieren. Bei innerparteilichen Richtungskämpfen gelang es ihm, den sozialrevolutionären Flügel um GREGOR STRASSER an den Rand zu drängen und den jungen Journalisten DR. JOSEPH GOEBBELS für sich zu gewinnen. Dieser wusste Hitler mit propagandistischem Geschick zum „Instrument eines göttlichen Schicksals" und unfehlbaren Führer zu stilisieren.

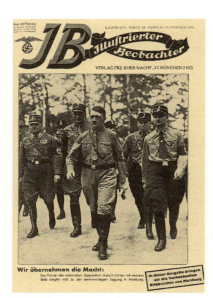

„Wir übernehmen die Macht!", Illustrierter Beobachter vom 24. Oktober 1931.

Neue Männer heran! Die alten Parteikadaver haben in einer 12jährigen Politik der Unfähigkeit und Verantwortungsscheu jeden Weg zum Neubau des Reiches verbaut. Nun müssen sie endgültig abtreten. Neue Kräfte pochen an den Toren der Macht und fordern gebieterisch Einlass. Die Nationalsozialisten haben in 10jährigem Ringen das Korruptionssystem von heute berannt, über Terror, Verfolgung, Verbot und Opfer ging sein triumphaler Siegesmarsch. Nun bricht die Demokratie und mit ihr die ganze Erfüllungspolitik krachend zusammen. Wir wollen endlich Taten sehen! Wer das mit uns will, der reiht sich ein in die Front des neuen Deutschland. Sein oder Nichtsein der Nation! Darüber habt Ihr zu entscheiden! Wir rufen Alle! Arbeiter, Bürger, Bauern!
(zitiert nach: Eike Hennig, „Der Hunger naht", in: Ders., Hessen unterm Hakenkreuz, Frankfurt 1983, S. 398)

Andererseits aber gestattete Goebbels Weisung „jede Methode ist richtig, die uns neue Anhänger bringt" den Ortsgruppen der Partei die für den politischen Tageskampf nötige programmatische Flexibilität. Sie führte ihr allmählich in Stadt und Land Mitglieder und Wähler aus allen sozialen Schichten zu. So entwickelte sich die NSDAP von einem kleinen Sammelbecken antidemokratischer Nationalisten zu einer Partei, die breite Zustimmung in der Bevölkerung erfuhr.

Die Wölfe im Schafspelz

Durch eine Reihe von Sonderorganisationen wie dem NS-Studenten- oder Lehrerbund und die Unterwanderung der völkisch orientierten Bauernverbände erweiterte die NSDAP stetig ihren Mitglieder- und Wählerkreis. 1930 waren 36,8 % ihrer Mitglieder unter 30 Jahre alt. Das Image einer jungen, scheinbar noch unverbrauchten Bewegung zog in der Wirtschafts- und Staatskrise Protestwähler besonders aus dem in den 20er Jahren schwer gebeutelten Mittelstand an. Doch gelang es der NSDAP vor allem nach 1930 in großer Zahl Nichtwähler zu politisieren. Und GOEBBELS Drohung im Jahr 1928 schien Wähler aller Schichten in ihrer Demokratieverdrossenheit eher noch zum Urnengang zu motivieren:

> Wir gehen in den Reichstag hinein um uns im Waffenarsenal der Demokratie mit deren eigenen Waffen zu versorgen. Wir werden Reichstagsabgeordnete um die Weimarer Gesinnung mit ihrer eigenen Unterstützung lahmzulegen. Wenn die Demokratie so dumm ist, uns für diesen Bärendienst Freifahrkarten und Diäten zu geben, so ist das ihre eigene Sache. Uns ist jedes gesetzliche Mittel recht den Zustand von heute zu revolutionieren.
> Wenn es uns gelingt, bei diesen Wahlen sechzig bis siebzig Agitatoren unserer Partei in die verschiedenen Parlamente hineinzustecken, so wird der Staat selbst in Zukunft unseren Kampfapparat ausstatten und besolden. Auch Mussolini ging ins Parlament. Trotzdem marschierte er nicht lange darauf mit seinen Schwarzhemden nach Rom. Wir kommen als Feinde! Wie der Wolf in die Schafsherde einbricht, so kommen wir. Jetzt seid ihr nicht mehr unter euch!
> (nach: Geschichte in Quellen, Bd. V, München 1975, S. 230 f.)

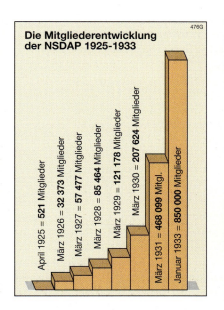

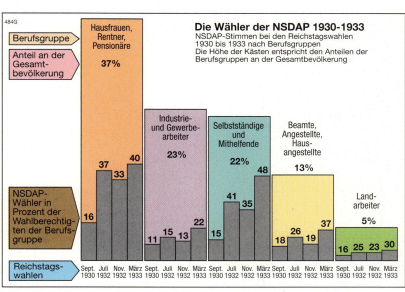

1 Wenden Sie den Begriff „Legalitätstaktik" auf die NSDAP an.
2 Erörtern Sie Wahlmotive und Wählerverhalten 1928–1932.
3 Skizzieren Sie Image und Aufgaben der SA.

Der Nationalsozialismus

Die Aushöhlung der Demokratie

Der Angriff auf die Grundrechte

Der 30. Januar 1933 war keineswegs, wie die NSDAP-Propaganda vorgab, der „Tag der Machtergreifung". Im Kabinett war die NSDAP mit zwei Ministern eher unterrepräsentiert, auch wenn sie mit dem Reichsinnenministerium noch eine Schlüsselposition besetzte. Um die Machtbasis der NSDAP zu verbreitern setzte Hitler auf Neuwahlen. Im Wahlkampf zog Hitlers Propagandachef Joseph Goebbels mit Aufmärschen und Großkundgebungen bewährte Register und lieferte auch dank einer millionenschweren Wahlkampfspende aus Industriekreisen „ein Meisterstück der Agitation". Hitlers Rede im Berliner Sportpalast wurde am 10. Februar 1933 über Lautsprecher auf öffentliche Plätze in Berlin und über den Rundfunk übertragen:

> Am 30. Januar haben wir die Regierung übernommen. Vierzehn Jahre haben die Parteien des Verfalls, der Revolution das deutsche Volk geführt und misshandelt, vierzehn Jahre lang zerstört, zersetzt und aufgelöst. Deutsches Volk, gib uns vier Jahre, und ich schwöre dir, so wie ich dieses Amt antrat, tat ich es nicht um Gehalt und Lohn, ich tat es um deiner selbst willen. Es ist der schwerste Entschluss meines Lebens gewesen. Ich habe ihn gewagt, weil ich der Überzeugung bin, dass endlich unser Volk doch wieder zur Besinnung kommen wird und dass, wenn Millionen uns verfluchen, sie einmal doch hinter uns marschieren werden. Denn ich kann mich nicht lossagen von dem Glauben an mein Volk und hege felsenfest die Überzeugung, dass einmal doch die Stunde kommt, in der die Millionen mit uns begrüßen werden dann das gemeinsam geschaffene, mühsam erkämpfte neue Deutsche Reich der Größe und der Ehre und der Kraft und der Gerechtigkeit. Amen.
> *(nach: J. u. R. Becker [Hrsg.], Hitlers Machtergreifung 1933, München 1993, S. 60 f., gekürzt)*

NSDAP-Plakate zur Reichstagswahl am 5. März 1933.

Der Brand des Reichstagsgebäudes am Abend des 27. Februar 1933 war ein willkommener Anlass vor allem gegen *Sozialdemokraten* und *Kommunisten* vorzugehen. Noch in der gleichen Nacht wurden 4000 Funktionäre der KPD unter dem Vorwand eines Umsturzversuchs verhaftet. Schon mit der „Verordnung zum Schutze des Volkes" vom 4. Februar hatte der Reichspräsident Hitlers Forderung, die Presse-, Rede- und Versammlungsfreiheit zu beschneiden, erfüllt, um angeblich drohende kommunistische Ausschreitungen zu verhindern. In Preußen, dessen SPD-geführte Regierung am 20. Juli 1932 staatsstreichartig vom damaligen Reichskanzler abgesetzt worden war, stattete der kommissarische NSDAP-Innenminister HERMANN GÖRING durch Erlass vom 22. Februar SS und SA mit Polizeifunktionen aus. Die „Verordnung zum Schutze von Volk und Staat" setzte dann am 28. Februar „zur Abwehr kommunistischer staatsgefährdender Gewaltakte", wie es hieß, *Grundrechte* außer Kraft. Sie gestattete Beschränkungen der persönlichen Freiheit, des Rechts auf freie Meinungsäußerung, des Vereins- und Versammlungsrechts, Eingriffe in das Brief- und Fernsprechgeheimnis, Haussuchungen, Festnahmen und Beschlagnahme von persönlichem Eigentum.

Die Wahlen vom 5. März 1933

Das Wahlergebnis brachte den Regierungsparteien NSDAP und DNVP zwar mit 51,9 % die angestrebte Mehrheit im Reichstag, war aber trotz des Stimmenzuwachses für die NSDAP auf 43,9 % enttäuschend. Obwohl die Nationalsozialisten unter dem Wahlkampfmotto „Macht Deutschland vom Marxismus frei" KPD und SPD mit scheinlegalen Maßnahmen und offenkundigem Terror über fünf Wochen verfolgt hatten, erhielten SPD und KPD mit 18,3 bzw. 12,3 % immer noch ein Drittel aller Stimmen. Die NSDAP stellte den Wahlausgang als „elementaren Aufbruch der Nation" dar, an dessen Anfang sie die „Beseitigung des Kommunismus" stellen wollte. In den ersten Märztagen begann die SA in Nacht- und Nebelaktionen – aber auch in aller Öffentlichkeit – zunächst mit der Verhaftung und Verfolgung von KPD-Mitgliedern und Funktionären, um sie in Privatgefängnissen oder Lagern zu foltern und umzubringen.

Den Terror „von unten", vor dem bald kein politischer Gegner mehr sicher war, suchte Hitler zu verharmlosen und durch staatsmännisches Auftreten wie bei der feierlichen Reichstagseröffnung am 21. März in der Garnisonkirche zu Potsdam zu überspielen. Hitlers Bekenntnis zur konservativen Erneuerung Deutschlands sollte die bürgerlichen Parteien beruhigen und ihnen die Zustimmung zum sogenannten *Ermächtigungsgesetz* erleichtern. Am 23. März 1933 verhalf denn Hitler auch die Zustimmung des *Zentrums* zum „Gesetz zur Behebung der Not von Volk und Staat" zur verfassungsändernden Zweidrittelmehrheit im Reichstag. Damit war die Reichsregierung ermächtigt Gesetze zu erlassen, die sie ohne Mitwirkung des Reichspräsidenten ausfertigen konnte. In dieser von SA- und SS-Leuten umstellten Reichstagsitzung, an der die 81 KPD-Abgeordneten nicht mehr teilnehmen konnten, begründete der SPD-Parteivorsitzende OTTO WELS am Ende mit erstickender Stimme die Ablehnung seiner Partei:

Hitler und Hindenburg bei der Reichstagseröffnung am 21. März 1933.

Otto Wels, Vorsitzender der SPD.

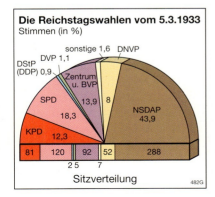

> Freiheit und Leben kann man uns nehmen, die Ehre nicht. Nach den Verfolgungen, die die Sozialdemokratische Partei in der letzten Zeit erfahren hat, wird billigerweise niemand von ihr verlangen oder erwarten können, dass sie für das hier eingebrachte Ermächtigungsgesetz stimmt. Noch niemals, seit es einen Deutschen Reichstag gibt, ist die Kontrolle der öffentlichen Angelegenheiten durch die gewählten Vertreter des Volkes in solchem Maße ausgeschaltet worden, wie es jetzt geschieht und wie es durch das Ermächtigungsgesetz noch mehr geschehen soll. Eine solche Allmacht der Regierung muss sich um so schwerer auswirken, als auch die Presse jeder Bewegungsfreiheit entbehrt.
>
> Die Verfassung von Weimar ist keine sozialistische Verfassung. Aber wir stehen zu den Grundsätzen des Rechtsstaates, der Gleichberechtigung, des sozialen Rechtes, die in ihr festgelegt sind. Wir Sozialdemokraten bekennen uns in dieser geschichtlichen Stunde feierlich zu den Grundsätzen der Menschlichkeit und der Gerechtigkeit, der Freiheit und des Sozialismus. Kein Ermächtigungsgesetz gibt Ihnen die Macht, Ideen, die ewig und unzerstörbar sind, zu vernichten.
> (zitiert nach: H. Michaelis, E. Schraepler [Hrsg.], Ursachen und Folgen, Berlin o. J., S. 146 ff.)

Der Nationalsozialismus

Auf dem Weg zum Führerstaat

Den Wahlsieg vom 5. März nahmen die Nationalsozialisten zum Anlass die von ihnen noch nicht geführten *Landesregierungen* „gleichzuschalten". Das „Vorläufige Gesetz zur Gleichschaltung der Länder mit dem Reich" vom 31. März 1933 bildete zunächst die Landtage entsprechend der Sitzverteilung im Reichstag um. Das zweite *Gleichschaltungsgesetz* vom 7. April setzte in den Ländern *Reichsstatthalter* ein, die die Länderregierungen *ernannten*. Damit bestand die föderale Staatsordnung der Weimarer Republik bis zu ihrer offiziellen Abschaffung im Jahre 1934 nur noch der Form nach weiter. Die nächsten Schritte auf dem Weg zum Führerstaat plante GOEBBELS schon am 17. April 1933:

Alle „Arbeiter der Stirn und der Faust", wie es in der Verordnung vom 24. 10. 1934 hieß, waren in der DAF zwangsweise zusammengeschlossen.

> Den 1. Mai werden wir zu einer grandiosen Demonstration deutschen Volkswillens gestalten. Am 2. Mai werden dann die Gewerkschaftshäuser besetzt. Gleichschaltung auch auf diesem Gebiet. Es wird vielleicht ein paar Tage Krach geben, aber dann gehören sie uns. Man darf keine Rücksicht mehr kennen. Wir tun dem Arbeiter nur einen Dienst, wenn wir ihn von seiner parasitären Führung befreien, die ihm bisher nur das Leben sauer gemacht hat. Sind die Gewerkschaften in unserer Hand, dann werden sich auch die anderen Parteien und Organisationen nicht mehr lange halten können. Man muss den Dingen nur ihren freien Lauf lassen.
> *(Joseph Goebbels, Vom Kaiserhof zur Reichskanzlei, München 1934, S. 288–292)*

Auf die Besetzung der Gewerkschaftshäuser und die Verhaftung ihrer Führer folgte am 4. Mai die Gründung der *Deutschen Arbeitsfront* (DAF), die Arbeiter und Unternehmer unter der Schirmherrschaft des „Führers" in einer Organisation zusammenschloss. Bevor das „Gesetz gegen die Neubildung von Parteien" vom 14. Juli 1933 die NSDAP zur Staatspartei erklärte, hatten sich nach dem Verbot der SPD (22. Juni) die bürgerlichen Parteien selbst aufgelöst. HITLER zog am 6. Juli 1933 vor den Reichsstatthaltern die Bilanz:

> Die politischen Parteien sind jetzt endgültig beseitigt. Wir müssen jetzt die letzten Überreste der Demokratie beseitigen, insbesondere auch die Methoden der Abstimmung und der Mehrheitsbeschlüsse, wie sie heute noch vielfach bei den Kommunen, in wirtschaftlichen Organisationen und Arbeitsausschüssen vorkommen, und die Verantwortung der Einzelpersönlichkeit überall zur Geltung bringen. Der Erringung der äußeren Macht muss die innere Erziehung der Menschen folgen. Die Revolution ist kein permanenter Zustand, sie darf sich nicht zu einem Dauerzustand ausbilden. Man muss den freigewordenen Strom der Revolution in das sichere Bett der Evolution hinüberleiten. Die Erziehung der Menschen ist dabei das Wichtigste. Der heutige Zustand muss verbessert und die Menschen, die ihn verkörpern, müssen zur nationalsozialistischen Staatsauffassung erzogen werden.
> *(zitiert nach: J. und R. Becker [Hrsg.], Hitlers Machtergreifung, München 1983, S. 368 f.)*

Der letzte Akt

Mit ihrer Forderung nach einer „Zweiten Revolution" erinnerte vor allem die SA an die Verdienste ihres politischen Straßenkampfes auf dem Weg zur Macht. Eine angemessene Beteiligung versprach sich ERNST RÖHM von einer Verschmelzung der Reichswehr mit der von ihm geführten SA. Deren angebliche Putschabsichten lieferten Hitler den Vorwand, im Juni 1934 die SA-Führung und im Zuge dieser Mordaktion auch noch weitere politische Gegner durch die SS beseitigen zu lassen. Damit sicherte sich Hitler für die Zukunft die Unterstützung der konservativen Eliten aus Wirtschaft, Bürokratie und Reichswehr, die nun nicht befürchten mussten, in der braunen Flut unterzugehen. Das „Gesetz über Maßnahmen der Staatsnotwehr" vom 3. Juli billigte nachträglich Hitlers Vorgehen gegen den „Röhm-Putsch".

Mit dem Tod HINDENBURGS am 2. August 1934 kam auch das höchste Staatsamt der Weimarer Republik in Hitlers Hand. Am 1. August hatte „Das Gesetz über das Staatsoberhaupt des Deutschen Reiches" das Amt des *Reichspräsidenten* mit dem des *Reichskanzlers* vereinigt. Von nun an ließ der „Führer des Deutschen Reiches und Volkes" Beamte und Soldaten auf sich persönlich vereidigen.

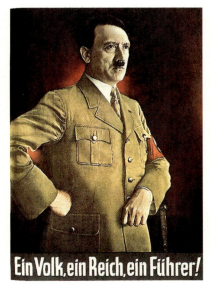

Das offizielle Führerbild, das in allen Amtsräumen und Schulen hing.

1 Erstellen Sie eine Chronologie des Weges zum Führerstaat.
2 Benennen Sie mögliche Ansatzpunkte für eine Gegenwehr.
3 Diskutieren Sie die Zustimmung des Zentrums zum Ermächtigungsgesetz angesichts der Sitzverteilung im Reichstag.
4 Schildern Sie die Atmosphäre der Reichstagssitzung vom 23. März.
5 Geben Sie die von Otto Wels genannten Gründe für die Ablehnung des Ermächtigungsgesetzes wieder.
6 Untersuchen Sie die Taktik der NSDAP im Frühjahr 1933.

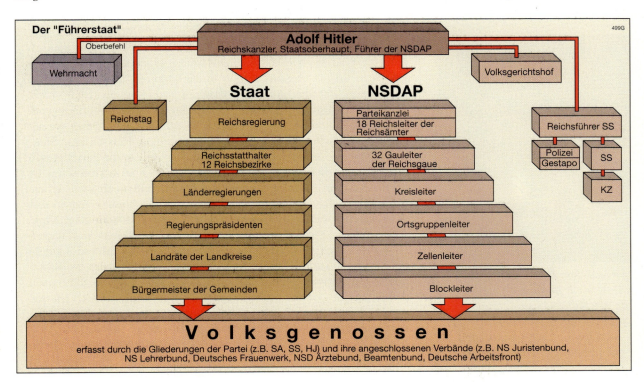

Der Nationalsozialismus

Der totalitäre Staat

„Wir müssen hinter unsere Idee das ganze Volk stellen"

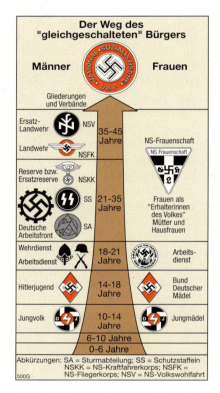

> Die Gleichschaltung, das sind die ersten Konturen des Zustandes, der einmal der Normalzustand in Deutschland sein wird, dass es in Deutschland nur eine Meinung, eine Partei, eine Überzeugung gibt, dass diese Meinung, dieses Volk, diese Überzeugung sich nicht gegen den Staat richten darf, dass der Staat die oberste Organisation des öffentlichen wie des privaten Lebens ist, dass der Staat das Volk darstellt und dass alle Kräfte des öffentlichen Lebens sich in den Staat ein- und sich ihm unterordnen müssen, ja dass sie außerhalb des Staates keine Existenzberechtigung mehr besitzen.
> *(Goebbels am 12. Juni 1933 im Königsberger Rundfunkhaus, nach: J. u. R. Becker, Hitlers Machtergreifung, München 1983, S. 340)*

So verlangte das „Gesetz zur Wiederherstellung des Berufsbeamtentums" vom 7. April 1933 von den Beamten neben dem *Ariernachweis* eine nationale Gesinnung und erlaubte die Entlassung von „unzuverlässigen" Beamten in Verwaltung und Justiz. Auftakt zur Gleichschaltung der Medien, Künste und Wissenschaften bildete die *Bücherverbrennung* am 10. Mai 1933. Autoren wie Karl Marx, Heinrich Heine, Thomas und Heinrich Mann, Erich Kästner, Stefan Zweig, Sigmund Freud oder Bertolt Brecht galten als „kulturzersetzend" und sollten aus dem Bewusstsein der Nation getilgt werden. Die Lenkung der „Kulturschaffenden" übernahmen das Ministerium für Volksaufklärung und Propaganda und die am 22. September 1933 eingerichtete *Reichskulturkammer*. Überdeutlich zeigte sich der Führungsanspruch des NS-Staates gegenüber der neuen Generation. Hitler sagte auf einer Wahlkundgebung im Sudetenland am 2. Dezember 1938:

Wie auf dem Berliner Opernplatz wurde auch in anderen Städten am 10. Mai 1933 sogenannte „jüdisch-bolschewistische Zersetzungsliteratur" auf öffentlichen Scheiterhaufen verbrannt.

> Diese Jugend, die lernt ja nichts anderes als deutsch denken, deutsch handeln. Und wenn so diese Knaben, diese Mädchen mit ihren zehn Jahren in unsere Organisationen hineinkommen, und dort nun oft zum ersten Mal überhaupt eine frische Luft bekommen und fühlen, dann kommen sie vier Jahre später vom Jungvolk in die Hitlerjugend, und dort behalten wir sie wieder vier Jahre. Und dann geben wir sie erst recht nicht zurück in die Hände unserer alten Klassen- und Standeserzeuger, sondern dann nehmen wir sie sofort in die Partei und in die Arbeitsfront, in die SA und SS, in das NSKK usw. Und wenn sie dort zwei Jahre oder eineinhalb Jahre sind und noch nicht ganze Nationalsozialisten geworden sein sollten, dann kommen sie in den Arbeitsdienst und werden dort wieder 6 oder 7 Monate geschliffen, alle mit einem Symbol: dem deutschen Spaten! Und was dann nach 6 oder 7 Monaten noch an Klassenbewusstsein oder Standesdünkel da oder da noch vorhanden sein sollte, das übernimmt dann die Wehrmacht zur weiteren Behandlung auf 3 Jahre. Und wenn sie dann nach zwei oder drei oder vier Jahren zurückkehren, dann nehmen wie sie, damit sie auf keinen Fall rückfällig werden, sofort wieder in SA, SS usw., und sie werden nicht mehr frei ihr ganzes Leben.
> *(nach: Die Reden des Führers nach der Machtübernahme, Berlin 1940, S. 176)*

150 Scheinwerfer bildeten einen Lichtdom, wenn Hitler, wie hier bei der Kundgebung der Politischen Leiter auf dem Reichsparteitag in Nürnberg am 11. September 1936, unter Fanfarenklängen und dem Wogen von 30 000 Fahnen vor mehr als 100 000 formierten SS- und SA-Männern die Tribüne betrat.

Die Demonstration der Macht

Die alljährlichen *Parteitage* in NÜRNBERG mit dem Gleichschritt der Massenaufmärsche, der Mystifizierung von Standartenweihen und Totengedenken, den zahlreichen Hitlerreden und einer klirrenden Prachtentfaltung waren als eine „Art Generalversammlung der totalitären Demokratie" inszeniert, auf der der Führer mit seiner Gefolgschaft Zwiesprache hielt. ANDRÉ FRANÇOIS-PONCET, der bis 1938 französischer Botschafter in Berlin war, erinnert sich:

Führer, Wehrmacht und SA als Säulen des Staates verbergen noch den Aufstieg der SS.

> Während der acht Tage ist Nürnberg eine Stadt, in der nur Freude herrscht, eine Stadt, die unter einem Zauber steht, fast eine Stadt der Entrückten. Diese Atmosphäre, verbunden mit der Schönheit der Darbietungen und einer großzügigen Gastfreundschaft, beeindruckte die Ausländer stark; und das Regime vergaß nie, sie zu dieser jährlichen Tagung einzuladen. Es ging davon eine Wirkung aus, der nicht viele widerstehen konnten; wenn sie heimkehrten, waren sie verführt und gewonnen.
> (A. François-Poncet, Botschafter in Berlin 1931–1938, Berlin 1962, S. 308)

1 Zeigen Sie die Bedeutung der „Gleichschaltung" für die Etablierung der nationalsozialistischen Herrschaft auf.
2 Diskutieren Sie den Sinn der Bücherverbrennung.
3 Veranschaulichen Sie den Begriff „Inszenierung der Macht".

Der Nationalsozialismus

Die Volksgemeinschaft feiert

Nationalsozialistische Feiertage

30. Januar	Tag der Machtergreifung
24. Februar	Parteigründungsfeier zur Erinnerung an die Gründung der Partei im Jahre 1920
seit März 1934	Heldengedenktag anstelle des früheren Volkstrauertages (seit 1939: 16. März)
letzter Sonntag im März	Verpflichtung der Jugend: Aufnahme der 14-jährigen in die Hitlerjugend (HJ) und den Bund Deutscher Mädel (BDM)
20. April	Führergeburtstag
1. Mai	Tag der Nationalen Arbeit
2. Sonntag im Mai	Muttertag (seit 1938: am 3. Sonntag)
21. Juni	Sommersonnenwende
September	Reichsparteitag
Oktober	Erntedank
9. November	Gedenktag für die Blutzeugen der Bewegung
21. Dezember	Wintersonnenwende und Julfest

Um die Bevölkerung an den Staat zu binden schuf die nationalsozialistische Propaganda – mitunter auch in Anlehnung an bestehende kirchliche oder weltliche Gedenk- und Festtage – vielfältige Anlässe zum Feiern. In minutiös geplanten Zeremonien und Aufmärschen sog die Masse den Einzelnen auf. Das Gefühl, aktiv mitgewirkt und zum Gelingen beigetragen zu haben, schuf ein Zusammengehörigkeitsgefühl, das Begeisterung für die Ziele des neuen Regimes auslösen sollte. Die regelmäßige Wiederkehr der eindrucksvoll und pompös inszenierten Feiertage und die bewusst eingesetzten religiösen Rituale ließen den Nationalsozialismus für manchen zu einer Ersatzreligion werden. Über die Atmosphäre am Feiertag der *Nationalen Arbeit* in Göttingen berichtete das *Göttinger Tageblatt* am 2. Mai 1933:

> Das arbeitende Göttingen marschierte im Zeichen der Volksgemeinschaft unter den zahlreichen Symbolen des neuen Deutschland, den Hakenkreuzbannern, die über dem beinahe drei Kilometer langen Zug flatterten. Ein Schauspiel ohnegleichen! Fünfzehntausend marschierten, tausende säumten ihren schier endlosen Weg. In den Hauptverkehrsstraßen ergoss sich ein Blumenmeer über die Marschierenden. Immer wieder reckten sich die Arme empor, wenn die Hitlerfahne erschien und (in) den Reihen der Teilnehmer des Zuges brauste ununterbrochen das Siegheil auf den Volkskanzler auf.
> (nach: T. Berger [Hrsg.], Lebenssituationen unter der Herrschaft des Nationalsozialismus, Hannover 1981, S. 47)

Der Maifeiertag sollte vom Verbot der Gewerkschaften ablenken.

1 Stellen Sie die Elemente nationalsozialistischer Feiern zusammen und beurteilen Sie deren Wirkung.
2 Untersuchen Sie den nationalsozialistischen Festkalender auf Vorbilder und Parallelen hin.
3 Worauf zielte die Einführung des 1. Mai als bezahlter Feiertag?

„Reichsritter" beim Festzug zur „Kraft durch Freude"-Reichstagung in Hamburg 1938.

Aufgaben der Propaganda

> Die Psyche der breiten Masse ist nicht empfänglich für alles Halbe und Schwache. Gleich dem Weibe liebt auch die Masse den Herrscher und fühlt sich im Innern mehr befriedigt durch eine Lehre, die keine andere neben sich duldet. Die Aufnahmefähigkeit der großen Masse ist nur sehr beschränkt, das Verständnis klein, dafür die Vergeßlichkeit groß. Eine wirkungsvolle Propaganda hat sich auf nur wenige Punkte zu beschränken und schlagwortartig so lange zu wiederholen, bis auch der letzte das Gewollte sich vorzustellen vermag.
>
> Die breite Masse besteht weder aus Professoren noch aus Diplomaten. Das geringe abstrakte Wissen, das sie besitzt, weist ihre Empfindungen mehr in die Welt des Gefühls. Der Glaube ist schwerer zu erschüttern als das Wissen, Liebe unterliegt weniger dem Wechsel als Achtung, Haß ist dauerhafter als Abneigung, und die Triebkraft zu den gewaltigsten Umwälzungen auf dieser Erde lag zu allen Zeiten weniger in einer die Masse beherrschenden wissenschaftlichen Erkenntnis als in einem sie beseelenden Fanatismus. Wer die breite Masse gewinnen will, muß den Schlüssel kennen, der das Tor zu ihrem Herzen öffnet. Es heißt nicht Objektivität, also Schwäche, sondern Wille und Kraft.
> (A. Hitler, Mein Kampf, zitiert nach: Walther Hofer, Der Nationalsozialismus, Frankfurt 1963, S. 20–21, gekürzt)

1 Untersuchen Sie, wie sich Hitlers Auffassung von der Masse in den „Festinszenierungen" der NSDAP widerspiegelt.

Der Nationalsozialismus

Bis 1934 hatten sich die Arbeitslosenzahlen halbiert.

KdF – ein staatlich gelenktes Freizeitprogramm für Berufstätige.

Der KdF-Wagen – geringe Raten sollten allen den Kauf ermöglichen.

Hitlers „Wirtschaftswunder"

Den Schlüssel zur Herrschaftsstabilisierung sah Hitler vor allem in der Beseitigung der Massenarbeitslosigkeit. Papens und Schleichers Konjunkturprogramme setzte Hitler mit Unterstützung von Fachleuten wie dem früheren Reichsbankpräsidenten HJALMAR SCHACHT (1877–1970) um. Staatsaufträge, Arbeitsbeschaffungsprogramme in der Bau- und Verkehrswirtschaft sowie Subventionen läuteten eine kaum für möglich gehaltene Konjunkturwende ein. Die bescheidene aber im Vergleich zu 1932 doch spürbare Steigerung des Lebensstandards verschaffte Hitler die nötige Zustimmung auch in der Arbeiterschaft, die 1933 immerhin 43 % der Erwerbstätigen ausmachte. Mit dem „Gesetz zur Ordnung der nationalen Arbeit" vom 20. Januar 1934 stärkte Hitler die Rolle des Betriebsleiters. Damit sicherte er den Unternehmern innerbetriebliche Autonomie zu und entkräftete den Vorwurf der „Befehlswirtschaft". Lohnstopp sowie Absatz- und Gewinngarantien machten es der Industrie leichter die staatliche Lenkung der Investitionen hinzunehmen.

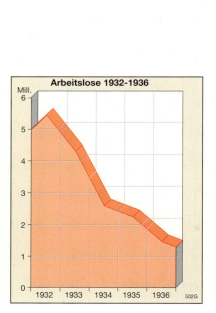

Dem Krieg entgegen?

Selbstversorgung – Zauberwort und Ziel der NS-Wirtschaft.

In der Landwirtschaft, wo die NSDAP schon vor 1933 starken Rückhalt hatte, stieß ihre Agrarpolitik auf Beifall. Landwirte und Nahrungsmittelindustrie waren seit September 1933 im sogenannten *Reichsnährstand* zu einem Zwangskartell zusammengefasst, in dem Preise, Erzeugerkontingente und Gewinnspannen des Einzelhandels festgelegt waren. Zwangsversteigerungsstopp, Entschuldungskampagnen und das *Reichserbhofgesetz*, das den Erstgeborenen zum Alleinerben machte und Verkauf oder Verschuldung der 685 000 „Reichserbhöfe" verbot, sanierten die Landwirtschaft auf Staatskosten. Neben der Agrar- und Konjunkturpolitik sorgte auch die geheime *Aufrüstung* für einen Anstieg der staatlichen Kreditaufnahme. Zu einer kaum reparablen Staatsverschuldung führten jedoch die steigenden Rüstungsausgaben im Zuge des *Vierjahresplans* von 1936.

> *Geheime Denkschrift Hitlers zum Vierjahresplan von 1936:*
> Das Ausmaß und das Tempo der militärischen Auswertung unserer Kräfte können nicht groß und nicht schnell genug gewählt werden. Es ist ein Kapitalirrtum zu glauben, dass über diese Punkte ein Verhandeln oder Abwägen stattfinden könnte mit anderen Lebensnotwendigkeiten... Ähnlich der militärischen und politischen Aufrüstung... hat auch eine wirtschaftliche zu erfolgen..., wenn nötig mit der gleichen Rücksichtslosigkeit. Wir sind übervölkert und können uns auf der eigenen Grundlage nicht ernähren... Die endgültige Lösung liegt in einer Erweiterung des Lebensraumes bzw. der Rohstoff- und Ernährungsbasis unseres Volkes... Ich stelle damit folgende Aufgabe:
> I. Die deutsche Armee muss in 4 Jahren einsatzfähig sein.
> II. Die deutsche Wirtschaft muss in 4 Jahren kriegsfähig sein.
> (Vierteljahreshefte f. Zeitgeschichte 1955, Heft 2, S. 204 ff.)

1. Erläutern Sie den Zusammenhang zwischen Aufrüstung, Senkung der Arbeitslosigkeit und Staatsverschuldung.
2. Welche Absichten verfolgte Hitler mit dem Vierjahresplan?
3. Untersuchen Sie das Investitionsverhalten und die Industrieproduktion unter dem Aspekt der Kriegsvorbereitung.

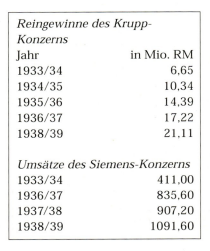

Reingewinne des Krupp-Konzerns

Jahr	in Mio. RM
1933/34	6,65
1934/35	10,34
1935/36	14,39
1936/37	17,22
1938/39	21,11

Umsätze des Siemens-Konzerns

1933/34	411,00
1936/37	835,60
1937/38	907,20
1938/39	1091,60

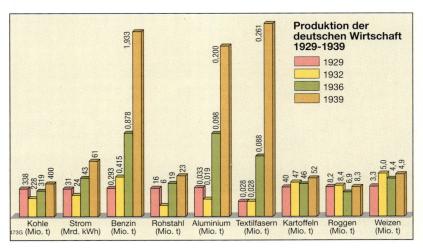

Der Nationalsozialismus

Die „Volksgemeinschaft"

„… denn heute da (ge)hört uns Deutschland und morgen die ganze Welt!"

Nach dem Gesetz vom 1.12.1936 sollte die HJ 10 Jahre nach ihrer Gründung die gesamte Jugend innerhalb des Reichs zusammenfassen, um sie außerhalb von Familie, Kirche und Schule „körperlich, geistig und sittlich im Geiste des Nationalsozialismus zum Dienst am Volk und zur Volksgemeinschaft zu erziehen." Mit Lagerleben, Fahrten und Heimabenden schloss die HJ an die Traditionen der bündischen Jugend der 20er Jahre an.

In ihrer Begeisterungsfähigkeit und Freude an der Gemeinschaft mit Gleichaltrigen ahnten die meisten nicht, welcher Zukunft sie der Führer entgegenführen wollte:

„Ich gelobe, dem Führer Adolf Hitler treu und selbstlos in der Hitlerjugend zu dienen. Ich gelobe Gehorsam dem Reichsjugendführer und allen Führerinnen des BDM. So wahr mir Gott helfe!"

> Meine Pädagogik ist hart. Das Schwache muß weggehämmert werden. In meinen Ordensburgen wird eine Jugend heranwachsen, vor der sich die Welt erschrecken wird. Eine gewalttätige, herrische, unerschrockene, grausame Jugend will ich … Schmerzen muß sie ertragen. Es darf nichts Schwaches und Zärtliches an ihr sein. Das freie, herrliche Raubtier muß erst wieder aus ihren Augen blitzen. Stark und schön will ich meine Jugend. Ich werde sie in allen Leibesübungen ausbilden lassen. Ich will eine athletische Jugend. Das ist das Erste und Wichtigste. So merze ich die Tausende von Jahren der menschlichen Domestikation aus. So habe ich das reine, edle Material der Natur vor mir. So kann ich das Neue schaffen. Ich will keine intellektuelle Erziehung. Mit Wissen verderbe ich mir die Jugend … Aber Beherrschung müssen sie lernen. Sie sollen mir in den schwierigsten Proben die Todesfurcht besiegen lernen. Das ist die Stufe der heroischen Jugend. Aus ihr wächst die Stufe des Freien, des Menschen, der Maß und Mitte der Welt ist, des schaffenden Menschen, des Gottmenschen …
>
> (nach: W. Hofer, Der Nationalsozialismus, Frankfurt 1957, S. 88)

Das Schriftzeichen „Großdeutschland" bildeten 1938 im Berliner Olympiastadion inmitten von Hitlerjungen die BDM-Mädchen durch Anlegen ihrer braunen Kletterwesten auf ein Kommando hin. Großveranstaltungen wie diese beeindruckten Mädchen und Jungen gleichermaßen. Anziehungspunkte waren aber auch die technisch

„Die Hymne der Hitlerjugend"

Der spätere Reichsjugendführer BALDUR VON SCHIRACH schrieb 1932 als Fünfundzwanzigjähriger den Text zum Fahnenlied der HJ:

> 1. Vorwärts! Vorwärts! schmettern die hellen Fanfaren.
> Vorwärts! Vorwärts! Jugend kennt keine Gefahren.
> Deutschland, du wirst leuchtend stehn, mögen wir auch untergehn.
> Vorwärts! Vorwärts! schmettern die hellen Fanfaren.
> Vorwärts! Vorwärts! Jugend kennt keine Gefahren.
> Ist das Ziel auch noch so hoch, Jugend zwingt es doch.
>
> 2. Unsre Fahne flattert uns voran, in die Zukunft ziehn wir Mann für Mann.
> Wir marschieren für Hitler durch Nacht und durch Not,
> mit der Fahne der Jugend für Freiheit und Brot.
> Unsre Fahne flattert uns voran.
> Unsre Fahne ist die neue Zeit.
> Und die Fahne führt uns in die Ewigkeit.
> Ja, die Fahne ist mehr als der Tod! [Refrain]
>
> 3. Jugend! Jugend! Wir sind der Zukunft Soldaten.
> Jugend! Jugend! Träger der kommenden Taten.
> Ja, durch unsre Fäuste fällt, was sich uns entgegenstellt.
> Jugend! Jugend! Wir sind der Zukunft Soldaten.
> Jugend! Jugend! Träger der kommenden Taten.
> Führer! Dir gehören wir, wir Kam'raden, dir!

„Ich verspreche, in der Hitlerjugend allzeit meine Pflicht zu tun in Liebe und Treue zum Führer und zu unserer Fahne. So wahr mir Gott helfe!" Treuegelöbnis beim Eintritt in die Hitlerjugend.

1 Nennen und charakterisieren Sie Hitlers Erziehungsziele.
2 Vergleichen Sie die „HJ-Hymne" mit Hitlers Auffassung.
3 Fragen Sie ältere Menschen nach ihren Erfahrungen in der HJ, ihren damaligen Eindrücken und ihrer heutigen Sicht.

interessanten Sondereinheiten von Nachrichten-, Marineflieger- und Motor-HJ. Die Uniformen, Führungsaufgaben und damit verbundene Verantwortung ließen die Mitgliedszahlen schon vor der Zwangsmitgliedschaft ansteigen: Im BDM von 24 000 im Jahre 1932 auf 4 Mio. 1936 und in der HJ von 600 im Jahre 1926 auf 8,7 Mio. 1938.

Der Nationalsozialismus

Keine Kundgebung ohne rührselige Familienfotos mit dem „Führer".

Die kinderreiche Familie sollte dem NS-Staat als Basis künftiger Expansion dienen.

„Die Welt der Frau ist die Familie"

> Das Wort von der Frauen-Emanzipation ist ein nur vom jüdischen Intellekt erfundenes Wort … Wenn man sagt, die Welt des Mannes ist der Staat, … die Einsatzbereitschaft für die Gemeinschaft, so könnte man vielleicht sagen, dass die Welt der Frau eine kleinere sei, … ihr Mann, ihre Familie, ihre Kinder und ihr Haus … Was der Mann einsetzt an Heldenmut auf dem Schlachtfeld, setzt die Frau ein in ewig geduldiger Hingabe, in ewig geduldigem Leiden und Ertragen. Jedes Kind, das sie zur Welt bringt, ist eine Schlacht, die sie besteht für Sein oder Nichtsein ihres Volkes.
> *(nach: M. Klaus, Mädchen in der HJ, Köln 1980, S. 168 f.)*

Orden statt Einfluss: Das „Ehrenkreuz der deutschen Mutter" verlieh der Staat je nach Kinderzahl in Gold, Silber und Bronze. Das Kreuz verpflichtete Jugendliche der HJ zum offiziellen Gruß.

Entsprechend der von Hitler in einer Rede vor der *NS-Frauenschaft* propagierten Rollenverteilung zwischen Mann und Frau verwehrte der NS-Staat Frauen unmittelbaren politischen Einfluss und schloss sie soweit wie möglich aus dem Erwerbsleben aus. Sie verloren das passive Wahlrecht und mussten leitende Stellungen in Universitäten, Schulen und Krankenhäusern Männern überlassen. Juristinnen erhielten keine Zulassung als Rechtsanwältinnen oder Richterinnen, verheiratete Beamtinnen wurden aus dem Staatsdienst entlassen. Die Beschränkung des Studentinnenanteils auf 10 % versperrte jungen Mädchen und Frauen den Zugang zu qualifizierten Berufen. Ein sogenanntes „Pflichtjahr" im Haushalt oder in der Landwirtschaft, das junge Frauen unter 25 Jahren von 1938 an vor Beginn einer Berufsausbildung absolvieren mussten, entlastete nicht nur den Arbeitsmarkt. Es sollte junge Frauen an die ihnen zugedachte Rolle als Hausfrau und Mutter heranführen und fortsetzen, was der BDM mit seiner weltanschaulichen und körperlichen Schulung unter dem Motto „straff, aber nicht stramm – herb, aber nicht derb" begonnen hatte. Zusätzliche Anreize schuf der Staat mit Ehestandsdarlehen und finanziellen Hilfen für kinderreiche Familien.

„Das Kind adelt die Mutter" – rückseitige Gravur des Mutterkreuzes.

„Schenk dem Führer ein Kind"

BDM-Mädchen und SS-Männer bei einer „Lebensborn"-Veranstaltung 1939. 11 000 Kinder gingen aus dieser rassistischen NS-Politik hervor.

Aus Heirat, Ehe und Kindern formte die Propaganda das Bild der Frau in der nationalsozialistischen „Volksgemeinschaft". Orden und Ehrenzeichen für politisch zuverlässige und „rassisch einwandfreie" Frauen wie das Mutterkreuz in Bronze für 4–5, in Silber für 6–7 und in Gold für 8 und mehr Kinder sollten die Zahl „erbgesunder Kinder" steigern helfen. Allen Anreizen zum Trotz blieb die Geburtenhäufigkeit zwischen 1935 und 1939 mit 19 Geburten pro 1000 Einwohner auf dem gleichen Niveau wie zwischen 1924 und 1928 und strafte damit die NSDAP-Forderung nach neuem „Lebensraum" Lügen.

Mit den Gesetzen zur Verhütung erbkranken Nachwuchses vom 14. Juli 1933 und zum Schutz der Erbgesundheit vom 18. Oktober 1935 bekämpfte die NS-Führung jede Schwangerschaft, die ihrer Rassenideologie zuwiderlief. Dem 1936 gegründeten Verein „Lebensborn e.V." hatte sein Gründer, SS-Chef HEINRICH HIMMLER, eine ganz eigene Aufgabe zugedacht:

> Über die Grenzen vielleicht sonst notwendiger bürgerlicher Gesetze und Gewohnheiten hinaus wird es auch außerhalb der Ehe für deutsche Frauen und Mädel guten Blutes eine hohe Aufgabe sein können, nicht aus Leichtsinn, sondern in tiefstem sittlichem Ernst Mütter der Kinder ins Feld ziehender Soldaten zu werden, von denen das Schicksal allein weiß, ob sie heimkehren oder für Deutschland fallen.
> *(nach: Geschichte auch für Mädchen, hrsg. von der Landesregierung NRW, Düsseldorf 1989, S. 79)*

1. Diskutieren Sie die von Hitler angesprochene Rollenverteilung.
2. Untersuchen Sie die Ziele der NS-Familienpolitik.
3. Decken Sie die Absichten des „Lebensborns" auf.
4. Benennen Sie Opfer der NS-Familienpolitik.

Der Nationalsozialismus

Die Kirche: Zwischen Anpassung und Widerstand

Erläutern Sie die Aussage der Karikatur.

Clemens August Graf von Galen, seit 1933 Bischof von Münster, wandte sich gegen den Verständigungskurs des Vorsitzenden der Fuldaer Bischofskonferenz, Kardinal Adolf Bertram.

An die von Hitler propagierte Idee einer neuen Volksgemeinschaft knüpften die *evangelische* und auch die *katholische* Kirche anfangs die Hoffnung auf religiöse Erneuerung. Hitlers Kampfansage an den „gottlosen" Marxismus fand in den Kirchen fast ungeteilte Zustimmung. Die Regierungserklärung vom 23. März 1933 mit der Versicherung, die Rechte der Kirchen nicht zu schmälern, und das *Reichskonkordat* mit dem Vatikan vom 20. Juli 1933 sorgten neben internationaler Anerkennung für die nötige innenpolitische Beruhigung. Im September schrieb die katholische Zeitschrift „Die Wacht":

> Ein Vertragsabschluß zwischen Staat und Kirche zur Regelung der gegenseitigen Beziehungen ist an sich nichts Außergewöhnliches. Daß dieser Vertrag aber von der Reichsregierung in dem geschichtlichen Zeitpunkt einer grundlegenden Neugestaltung des Deutschen Reiches abgeschlossen wurde – das gibt ihm eine ganz große Bedeutung. Indem die Kirche den neuen Staat anerkennt, hat sie auch uns als Jugend der Kirche verpflichtet für den neuen Staat, dass wir den deutschen Staat nationalsozialistischer Prägung, seine Idee, seine Führung, seine Formen anerkennen und ihm uns mit ganzer Bereitschaft und ganzer Treue zur Verfügung stellen.
> *(nach: H. Müller [Hrsg.], Katholische Kirche und Nationalsozialismus, München 1965, S. 196, 198, Auszüge)*

Im Windschatten erster Euphorie begann der NS-Staat schon im Herbst 1933, nach außen verdeckt und mit wechselnder Intensität, seinen Angriff auf die katholische Kirche. Angesichts der Versuche, das kirchliche Verbandswesen aufzulösen, die Berichterstattung zu knebeln und das Ordens- und Schulwesen zu behindern, mehrten sich die Beschwerden.

Der Konflikt zeichnete sich ab, als am 14. März 1937 PAPST PIUS XI. in seiner Enzyklika „Mit brennender Sorge" der Reichsregierung die Verletzung des Konkordats vorwarf und am zunehmenden Rassismus Kritik übte. Dennoch vermieden Papst und Bischöfe den offiziellen Bruch um nicht die noch verbliebene Bewegungsfreiheit einzubüßen. Aktiver Widerstand blieb damit auf einzelne beschränkt, ob sie nun in ihrer Gemeinde dem Nationalsozialismus die Stirn boten oder wie die Bischöfe KONRAD VON PREYSING, CLEMENS VON GALEN oder JOHANN SPROLL in Predigt und Hirtenbrief die Vergehen des Staates anprangerten:

> Man redet viel vom Kampfe gegen den Bolschewismus ... Was ist es Furchtbares, was wir aus Russland ... hören: die Gotteshäuser geschlossen, entweiht, zerstört ... Habet acht, dass nicht auch aus unseren Kirchen Christus weichen muss! Ihr wisst, wieweit der Christushass in Deutschland verbreitet ist ... Schon werden Stimmen laut, aus unseren Kirchen Versammlungssäle oder Reithallen oder naturkundliche Museen zu machen, oder wenn es hoch angeht einen Heldensaal!
> *(Fastenhirtenbrief des Bischofs Sproll v. Januar 1937, nach: R. Kühnl, Der deutsche Faschismus, Köln 1978, S. 467, gek.)*

Reichsbischof Ludwig Müller mit dem Hitlergruß.

Die Osterbotschaft von dem auferstandenen Christus ergeht in Deutschland in diesem Jahre an ein Volk, zu dem Gott durch eine große Wende gesprochen hat. Mit allen evangelischen Glaubensgenossen wissen wir uns eins in der Freude über den Aufbruch der tiefsten Kräfte unserer Nation zu vaterländischem Bewusstsein, echter Volksgemeinschaft und religiöser Erneuerung.

In der Überzeugung, dass die Erneuerung von Volk und Reich nur von diesen Kräften getragen und gesichert werden kann, weiß die Kirche sich mit der Führung des neuen Deutschland dankbar verbunden. Sie ist freudig bereit zur Mitarbeit an der nationalen und sittlichen Erneuerung unseres Volkes.
(Osterbotschaft des Oberkirchenrates der Evangelischen Kirche der Altpreußischen Union vom 11. April 1933, zit. nach: Praxis Geschichte 3/1994, S. 25)

Botschaften wie diese nährten die Hoffnung, die evangelische Kirche reibungslos in das NS-System integrieren zu können. Hitlers Inszenierung in der Potsdamer Garnisonkirche 1933 und Gottesdienstbesuche geschlossener SA-Formationen verfehlten nicht ihre Wirkung auf die 63 % Protestanten im Reich. Deshalb betreiben die „Deutschen Christen", ein Zusammenschluss evangelischer Nationalsozialisten aus dem Jahr 1932, mit Unterstützung von Partei und Regierung die Gründung einer evangelischen *Reichskirche*, die nach dem Führerprinzip aufgebaut sein sollte.

Über der Wahl des ostpreußischen Gauführers LUDWIG MÜLLER zum Reichsbischof am 11. Juli 1933 entbrannte ein erbitterter Kirchenkampf. Unter dem Leitspruch „Ungehorsam gegen das deutschchristliche Kirchenregiment ist Gehorsam gegen Gott" schloss sich ein Drittel der 17 000 Pfarrer auf Anregung des Berliner Pastors MARTIN NIEMÖLLER im September 1933 zusammen. Aus diesem „Pfarrer-Notbund" entwickelte sich 1934 die *Bekennende Kirche*, die sich dem Totalitätsanspruch des Staates widersetzte:

Informieren Sie sich über Leben und Wirken dieser drei Mitglieder der Bekennenden Kirche: Martin Niemöller, Dietrich Bonhoeffer und Paul Schneider, den die Briefmarke als „Prediger von Buchenwald" ehrt. Stellen Sie fest, zu welchem Anlass die Briefmarken erschienen.

Wir sehen unser Volk von einer tödlichen Gefahr bedroht, … einer neuen Religion. In ihr werden Blut und Rasse, Volkstum, Ehre und Freiheit zum Abgott. Der in dieser neuen Religion geforderte Glaube an das „ewige Deutschland" setzt sich an die Stelle des Glaubens an das ewige Reich unseres Herrn und Heilandes. Dieser Wahnglaube macht sich seinen Gott nach des Menschen Bild. In ihm ehrt, rechtfertigt und erlöst der Mensch sich selbst. Solche Abgötterei … ist Antichristentum. Der Staat hat seine Hoheit und Gewalt durch das Gebot und die gnädige Anordnung Gottes, der allein alle menschliche Autorität begründet und begrenzt. Wer Blut, Rasse und Volkstum an Stelle Gottes zum Schöpfer und Herrn der staatlichen Autorität macht, untergräbt den Staat.
(Botschaft der Bekenntnissynode der Evangelischen Kirche, 4./5. März 1935, nach: R. Kühnl, a. a. O., S. 457 f., gekürzt)

1 Bewerten Sie die Haltung der Kirchen zum NS-Regime.

Der Nationalsozialismus

Zwischen Ächtung und Aussonderung: Die Juden

Das *Ermächtigungsgesetz* erlaubte den Nationalsozialisten ein brutales Vorgehen gegen die verhassten *Juden*. Der erste Vorstoß erfolgte im April 1933 mit dem Aufruf zum *Boykott* aller jüdischen Geschäfte. Weitere Maßnahmen folgten. Die Regierung entzog Ärzten und Apothekern die Approbation, entließ Beamte und Richter, rief zum Boykott von Anwälten und Geschäftsleuten auf und verdrängte jüdische Bürger aus Presse, Film, Funk und Theater. Werke jüdischer Künstler durften nicht mehr ausgestellt, jüdische Komponisten nicht mehr gespielt werden. Der Besuch höherer Schulen war Juden verboten, ihr Anteil an Universitäten auf 1,5 % beschränkt.

Gezielte Hetzkampagnen wie die Schilder „Juden sind unerwünscht" an Geschäften und Ortseingängen bereiteten den letzten Schritt zur Aussonderung jüdischer Bürger vor: die *Nürnberger Gesetze* von 1935, welche die Diskriminierungen *gesetzlich* fixierten. Das „Reichsbürgergesetz" erkannte Juden die deutsche Staatsbürgerschaft ab und das „Gesetz zum Schutze des deutschen Blutes und der deutschen Ehre" verbot Eheschließungen und jeden Verkehr zwischen Juden und Deutschen. Damit waren demütigender Schikane und niederträchtiger Denunziation Tür und Tor geöffnet.

Von der NS-Propaganda im November 1934 verbreiteter Aufkleber.

Jüdischer Exodus aus Deutschland						
1933	**1934**	**1935**	**1936**	**1937**	**1938**	**1939**
38 000	22 000	21 000	24 500	23 500	40 000	78 000

Verdrängung der deutschen Juden von Arbeitsplätzen						
	Selbstständige	Angestellte	Arbeiter	Ohne Erwerb	Industrie Handwerk	Handel Verkehr	Dienstleistung
1933	111 439	80 935	23 958	61 229	55 947	148 375	33 455
1939	5 367	8 152	19 446	107 855	11 500	6 500	13 100

1 Belegen Sie die Eskalation der Judenverfolgung.

Wer mit Juden befreundet war, erfuhr öffentliche Demütigung.

Judenhetze im Pommernstädtchen Greifenberg 1935.

Von der Vertreibung zur Vernichtung

Am 9. November 1938 setzte eine neue Woge der Aggression gegen die Juden ein. SA und SS brannten die Synagogen nieder, demolierten jüdische Geschäfte und plünderten Häuser jüdischer Familien. Schlimmer als die verheerenden Sachschäden, die Göring sogar um die Einhaltung des Vierjahresplans fürchten ließen, war die Welle brutaler Gewalt, der sich die jüdische Bevölkerung schutzlos ausgeliefert sah. Bei den Ausschreitungen des zynisch „Reichskristallnacht" genannten Pogroms wurden viele Juden verletzt, ermordet oder zu Zehntausenden in Konzentrationslager verschleppt. Wer die deutsche Heimat nicht verlassen wollte oder konnte, musste neue Demütigungen und so weitreichende Beschränkungen auf sich nehmen, dass an ein normales Leben nicht mehr zu denken war. So durften Juden keine Badeanstalten oder Straßenbahnen benutzen, keine Bahnhöfe betreten oder Haustiere halten.

Goebbels-Aufruf vom 10. 11. 1938

Verhaftung jüdischer Bürger 1938 in Baden-Baden. Die Masse schaut zu.

Zur Pogromnacht berichtete eine Augenzeugin:

> Der alte Inhaber der Firma Sternheim bewohnte mit seiner ebenfalls jüdischen Frau die erste Etage eines Miethauses. Am späten Abend dieses 9. Novembers hörte der Hausbesitzer erschreckende Geräusche an den schweren Eichentüren. SA-Männer zerstörten mit langen Äxten und Brecheisen die Türen. Kristallscheiben flogen in das Treppenhaus. Auch in der Wohnung Sternheims wurde alles zerstört. Kein Stuhl blieb verschont. In den Schlafräumen wurden alle Federbetten zerschnitten und ihr Inhalt verstreut, teils aus den Fenstern, deren Scheiben eingeschlagen waren. Als die Zerstörer abgezogen waren – denn sie hatten noch viel derartige Arbeit vor in dieser Nacht –, kamen die Tochter der Sternheims und ihr Mann, ein Zahnarzt, um bei den Eltern Unterschlupf zu suchen. In Ihrem Haus war alles ebenso vernichtet worden.
> (Die Reichskristallnacht in Hannover, Hannover 1978, S. 131)

Die brennende Synagoge in der Oranienburger Straße in Berlin.

1 Diskutieren Sie über Mittäterschaft, Tatenlosigkeit und mögliche Hilfe für Bedrängte während der Judenverfolgung.

Der Nationalsozialismus

Unterdrückung und Terror

Die „nationale Erneuerung" lieferte den Nationalsozialisten den Vorwand, ihre politischen Gegner als „Störer der Ordnung" hinzustellen und Homosexuelle, Juden, Sinti und Roma, „Asoziale" und „Arbeitsscheue" als „Parasiten der Gemeinschaft" zu brandmarken. Das harte Durchgreifen der neuen Machthaber erfreute sich durchaus gewisser Popularität und erklärt die oft kaum vorstellbare Ungeniertheit, mit der SA und SS „Volks- und Reichsfeinde" häufig in aller Öffentlichkeit verhaften und ohne Gerichtsverfahren in Gefängnissen und *Konzentrationslagern* (KZ) verschwinden lassen konnten. Die KZ in DACHAU, SACHSENHAUSEN, BUCHENWALD und anderen Orten, wo sich bis 1939 etwa 350 000 bis 500 000 Menschen in „Schutzhaft" befanden, standen unter der Leitung der SS (*Schutzstaffeln*). Die SS hatte unter ihrem ehrgeizigen Führer HEINRICH HIMMLER nach 1934 mit dem *Sicherheitsdienst* (SD), der Sicherheits- und Kriminalpolizei sowie der *Geheimen Staatspolizei* (Gestapo) die gesamte Polizeigewalt in ihre Hand gebracht und der Kontrolle durch die Justiz entzogen.

Die KZ waren Orte der Demütigung, der Folterung und des Todes.

Unter den Inhaftierten im KZ Oranienburg Fritz Ebert, der Sohn des früheren Reichspräsidenten (2. von links; vgl. hierzu den Brief unten).

Verweigerung und Widerstand

> Es ist den Nationalsozialisten in diesem ersten Jahr ihrer Macht gelungen – und dies zu leugnen, wäre Verblendung –, die gewaltige Mehrheit des deutschen Volkes auf ihre Seite zu ziehen. Wir Wenigen werden immer weniger. Wir sind fast allein.
> *(nach: H.-J. Eitner, Hitlers Deutsche, Gernsbach 1991, S. 147)*

Die Tagebuchnotiz des 34-jährigen Schriftstellers ERICH EBERMAYER vom 30. Januar 1934 deutet an, wie schnell und wie weit sich die deutsche Bevölkerung mit dem Nationalsozialismus arrangiert hatte: viele aus Überzeugung, andere auf Grund ihrer Erziehung, manche aus Angst. „Der Führer wird es schon wissen" sagten viele und verschlossen die Augen vor den Verbrechen der Hitlerdiktatur.

Dennoch waren nicht alle fanatisch Begeisterte oder Mitläufer. Manche ließen sich weder von der Mischung aus Lockung und Zwang noch durch Verbote, Strafen und Terror zur nationalsozialistischen „Volksgemeinschaft" bewegen. Es gab immer wieder Frauen und Männer, die Hitler im Alltag einfach die Gefolgschaft versagten. Entweder weil sie den Beamteneid auf den „Führer" nicht ablegten, den für den 1. April 1933 angekündigten Boykott jüdischer Geschäfte, Arztpraxen und Anwaltskanzleien verweigerten oder wie die „Zeugen Jehovas" Eid und Wehrdienst ablehnten.

Zu einem aktiven *Widerstand*, der auf den Sturz der Regierung abzielte, waren anfangs nur *Kommunisten* und *Sozialdemokraten* bereit. Obwohl Hetze und Verfolgung beide zuerst traf und sie angesichts unmittelbarer Lebensbedrohung ins Exil oder in den Untergrund zwang, fanden sie nicht zu gemeinsamen Handeln zusammen. Handzettel und Flugblätter, die die Bevölkerung über die verbrecherischen Absichten der Nationalsozialisten aufklären sollten, brachten Spitzel, Denunzianten und damit die *Gestapo* auf die Spur der Untergrundorganisationen von SPD und KPD. Mit dem „Gesetz gegen heimtückische Angriffe auf Partei und Staat und zum Schutz der Parteiuniformen" vom Dezember 1934 knüpfte der SS-Staat sein Überwachungs- und Verfolgungsnetz so engmaschig, dass organisierter Widerstand bald gänzlich unmöglich wurde.

Zudem machten Hitlers Erfolge und die Begeisterung der Massen den Glauben an ein baldiges Ende des Regimes zunichte; ließen sie doch Widerstand schier aussichtslos erscheinen. Sie verbauten oder erschwerten konservativen Bevölkerungskreisen, die ohnehin in der Verurteilung der Diktatur zögerlich waren, den Weg in den Widerstand. Erst als Hitler seine Kriegsabsichten vor Reichswehr, Ministerialbürokratie und Wirtschaftsfachleuten nicht mehr verbarg, gingen Generäle wie LUDWIG BECK, Diplomaten wie ULRICH VON HASSELL, Manager wie HJALMAR SCHACHT und andere Mitglieder der konservativen Eliten auf Distanz zur NS-Herrschaft.

Aufrufe aus dem kommunistischen Widerstand.

Dem NS-Regime fielen zahlreiche KPD-Mitglieder zum Opfer. Sie wurden wegen ihrer Untergrundarbeit denunziert wie die Studentin Liselotte Herrmann (1909 bis 1938) oder wegen ihrer Gesinnung umgebracht wie der Reichstagsabgeordnete Ernst Thälmann (1886–1944). Er wurde nach 11-jähriger Haft im KZ Buchenwald erschossen.

1 Bis heute streiten Historiker, welches Maß an Schuld das deutsche Volk an der Nazi-Diktatur trägt. Wie ist Ihre Meinung?
2 Welche Motive veranlassten Louise Ebert zu ihrem Brief?
3 Goebbels nannte die SPD am 25. 2. 1932 eine „Partei der Deserteure". Beziehen Sie Stellung.

Der Nationalsozialismus

NS-Kunst und Architektur

Vom 19. Juli bis zum 30. November 1937 präsentierte das *Haus für Deutsche Kunst* in MÜNCHEN fast zwei Millionen Besuchern 730 Werke. Darunter Gemälde von Georges Braque, Paul Cézanne, Marc Chagall, Giorgio de Chirico, Lovis Corinth, Max Ernst, Paul Gauguin, Vincent van Gogh, Wassily Kandinsky, Paul Klee, Oskar Kokoschka, August Macke, Franz Marc, Henri Matisse, Emil Nolde, Pablo Picasso und 96 weiteren Malern.

Die Ausstellung wollte nach den Worten des Austellungsführers „am Beginn eines Neuen Zeitalters für das Deutsche Volk anhand von Originaldokumenten einen allgemeinen Überblick geben in das grauenhafte Schlusskapitel des Kunstverfalls der letzten Jahrzehnte vor der großen Wende". Warum Hitler die *moderne Kunst*, die dem Lebensgefühl einer schwankenden, aus den Fugen geratenen Welt meist durch Verformung ihrer Objekte Ausdruck verlieh, für „entartet" hielt, legte er in seiner Eröffnungsrede am 18. Juli dar:

"Entartete Kunst"

Otto Freundlichs verschwundene Skulptur „Der neue Mensch" als Titelblatt des Ausstellungsführers.

> Ich will in dieser Stunde bekennen, dass es mein unabänderlicher Entschluss ist, genau so wie auf dem Gebiet der politischen Verwirrung nunmehr auch hier mit den Phrasen im deutschen Kunstleben aufzuräumen. „Kunstwerke", die an sich nicht verstanden werden können, sondern als Daseinsberechtigung erst eine schwulstige Gebrauchsanweisung benötigen, um endlich jenen Verschüchterten zu finden, der einen so dummen oder frechen Unsinn geduldig aufnimmt, werden von jetzt ab den Weg zum deutschen Volk nicht mehr finden!… Eine Kunst, die nicht auf die freudigste und innigste Zustimmung der gesunden breiten Masse des Volkes rechnen kann, sondern sich nur auf kleine… Cliquen stützt, ist unerträglich. Sie versucht das gesunde, instinktsichere Gefühl des Volkes zu verwirren, statt es freudig zu unterstützen.
> (nach: S. Barron, „Entartete Kunst", München 1992, S. 24, 370)

Damit waren alle Werke der *modernen Kunst*, die Hitler schon in seinem Buch „Mein Kampf" als „die krankhaften Auswüchse irrsinniger und verkommener Menschen" bezeichnet hatte, beschlagnahmt, aus Galerien und Museen verbannt und mitunter vernichtet. Weit unter Marktwert wechselten sie auf Versteigerungen gegen Devisen den Besitzer. Viele Künstler sahen sich durch Arbeitsverbot und Diffamierung ihrer Lebensgrundlagen beraubt und wählten den Weg ins Exil, wo sie häufig an der Trennung von der Heimat zerbrachen. Andere verharrten in innerer Emigration oder setzten ihrem Leben ein Ende.

Gegen eine Kunst, „die mit dem Volk eigentlich gar nichts mehr zu tun hat", wie GOEBBELS den Intendanten und Rundfunkdirektoren schon im März 1933 vorhielt, ließen sich leicht Vorurteile und Ablehnung mobilisieren. Unverständnis und Berührungsängste breiter Bevölkerungsschichten bildeten dafür die ideale Grundlage.

Für Görings Privatsammlung requiriert und seitdem verschollen: „Der Turm der blauen Pferde" von Franz Marc.

1 Informieren Sie sich über Leben und Werk „entarteter" Künstler.
2 Welche Ziele verfolgt eine „Gleichschaltung der Kunst"?

Bauen für ein „Tausendjähriges Reich"

Hohler Pathos und leere Geste: Haupteingang der Neuen Reichskanzlei in Berlin, erbaut von Albert Speer.

> „Es ist eine Selbstverständlichkeit, dass der Nationalsozialismus mit seiner unbedingten Forderung nach Totalität alles Schaffen mit seinem Geist erfüllt." (1)
>
> „Wir wissen, dass Deutschland nach dem großen Kriege politisch, geistig und kulturell zusammengebrochen war und eine Zeit jüdisch-marxistischer Beeinflussung durchmachte. Der Liberalismus kannte nicht den Satz: ‚Gemeinnutz vor Eigennutz'. Die großen Bauten der Bewegung sind nicht um ihrer selbst willen da, sondern sollen neben der Zweckerfüllung dem deutschen Menschen die Geschlossenheit, Einheit, Kraft und Größe unseres Staates vor Augen führen und erfüllen Aufgaben, die auch die großen Kulturbauten früherer Zeiten im gleichen Sinne erfüllt haben. Sie zeigen überdies dem Auslande, was Deutschland zu leisten vermag." (2)
> *(Die Kunsthistoriker Rolf Badenhausen 1937 (1) und Julius Schulte-Frohlinden 1939 (2); zit. nach: J. Wulf, Die Bildenden Künste im Dritten Reich, Gütersloh 1963, S. 223–224, 227, gekürzt)*

Paradestück des geplanten „Großgermanischen Reiches" war BERLIN, dessen neue Nord-Süd-Achse der Architekt ALBERT SPEER durch eine 180 000 Besucher fassende Kuppelhalle und einen gigantischen Triumphbogen begrenzen sollte. Auch die Ausgestaltung des Parteitagsgeländes in NÜRNBERG auf einer Fläche von 60 km² zur NS-Kultstätte war ein Prestigeobjekt. Hamburg sollte als „Führerstadt" mit Kolossalbauten entlang der Elbe, einem 275 m hohen Gauhochhaus und einer gewaltigen Hochbrücke zum Wahrzeichen des nationalsozialistischen Deutschlands werden. Hitler und ihm ergebene Architekten hatten schon Pläne für Gefallenendenkmäler und Statthalterpaläste in noch zu erobernden Gebieten erstellt. All diese Kolossalbauten, die sich an klassizistische Vorbilder anlehnten, galten Hitler als Symbol des nationalsozialistischen Sieges.

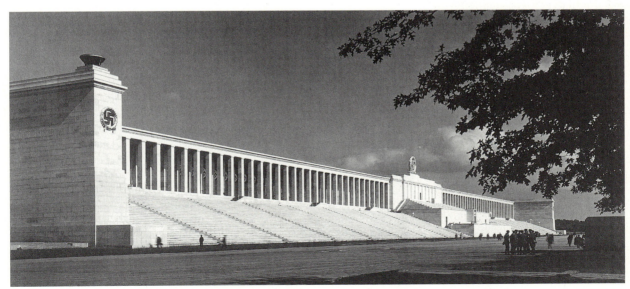

Tribüne für die Nürnberger Reichsparteitage der NSDAP auf dem Zeppelinfeld.

Der Nationalsozialismus

Sachsen huldigt dem Führer

Reichskanzler Adolf Hitler: Keine Macht der Erde kann uns trennen. — Hunderttausende zum Gauparteitag in Leipzig.

(Titelzeile der Glauchauer Zeitung vom 17. Juli 1933)

Geschichte vor Ort – ein Projekt

Sachsen unterm Hakenkreuz

Um Ihnen die Spurensuche am Wohnort zu erleichtern sind auf diesen vier Seiten einige „Fährten" ausgelegt, die mögliche Arbeitsschwerpunkte zeigen. Nach dem Motto „jeder kann nicht alles" sollten Sie zunächst bestimmte Arbeitsfelder untereinander aufteilen und dann in Ihrer *Arbeitsgruppe* Recherchen, Auswertungen und Präsentation der Ergebnisse absprechen. Gewiss lassen sich im *Stadt*- oder *Gemeindearchiv,* in den Archiven von *Zeitungen, Pfarrämtern, Vereinen* und *Verbänden* oder im *Stadt*- bzw. *Heimatmuseum* Spuren der Zeit zwischen 1933 und 1939 finden. Schon von den Titelseiten damaliger Tageszeitungen gehen erste Signale aus, zu denen einzelne Meldungen als weitere Mosaiksteinchen treten. Auch die Erinnerung von *Zeitzeugen* konkretisiert sich im *Interview* und belebt das aus Quellen der Vergangenheit rekonstruierte Bild. (Tipps für ein solches Interview mit Zeitzeugen finden Sie auf S. 324.) *Fotoalben* der Familien bergen oft Schätze der Erinnerung und sind älteren Menschen mitunter ein willkommener Gesprächsanlass. So gewinnen Sie neue Versatzstücke um das alltägliche Bild Ihres Ortes unterm Hakenkreuz anschaulich nachzuzeichnen.

Hitlerjungen grüßen den „Führer" bei einem Besuch Anfang 1933 in Leipzig.

Vor dem Sachsenwerk Dresden-Niedersedlitz werden Sportler, die das Olympische Feuer von der tschechischen Grenze nach Berlin tragen, mit dem Hitlergruß empfangen, 1936.

Wir Sachsen sagen alle „Ja!"
Staatsrat Dr. Ley appelliert an die sächsische Arbeitsfront — 30 000 stimmten ihm jubelnd zu! Hunderttausende gelobten am Lautsprecher das „Ja!" für Adolf Hitler!

(Titelzeile der Glauchauer Zeitung vom 16. August 1934)

Alltagserfahrungen

Aushang in Chemnitz, 1936.

Leipzig, 9. Mai 1933

Man wird immer einsamer. Überall bekennen sich die Freunde zu Adolf Hitler. Es ist, als ob sich eine luftleere Schicht um uns Wenige lege, die unbekehrbar bleiben.

Von meinen jungen Freunden sind es die besten, die sich jetzt radikal zum Nationalsozialismus bekennen. Das ist nicht zu leugnen. Die beiden Söhne des Leipziger Kunsthistorikers Wilhelm Pinder, zwei Prachtjungen von erstklassiger Rasse, sind geradezu besessene Nazis. Man kann mit ihnen überhaupt nicht diskutieren, denn sie glauben eben. Und gegen Glauben gibt es keine Vernunftargumente. Sie rennen, strahlend vor Glück und Stolz, in der schmucken HJ-Uniform herum.

Als ich heute im Schreberbad, unserem jetzt wieder eröffneten Thomaner-Treffpunkt, mit Eberhard Pinder den Versuch eines Gesprächs machte und es wagte – schon schwach und kraftlos, wie man jetzt gegenüber dieser sieghaften Jugend ist! –, zu äußern, dass vielleicht unsere ganze alte Kultur, der Besitz an geistigen und künstlerischen Werten der letzten fünfhundert Jahre, im Strudel dieser Zeit untergehen würde, da meinte der sieghafte Knappe naiv und ein bisschen unverschämt: „Und wenn schon, mein Lieber! Gar so wichtig ist diese Kultur wirklich nicht! Denn nach dem Wort des Führers entsteht ja jetzt das Tausendjährige Reich. Und es wird sich seine neue Kultur schaffen!"

Meine Mutter erlebt Ähnliches. Mit der Baronin Richthofen, einer ihrer engsten Freundinnen, ist sie über die Politik bereits radikal verkracht. Es ging um die neue Fahne. Frau von Richthofen verlangte, sie solle sich nun endlich eine Hakenkreuzfahne anschaffen. Mutter lehnte das empört ab, sie denke nicht daran, und wenn man sie dazu zwinge, dann werde sie den „Fetzen zum Clo heraushängen". Eine schöne, deutliche und deutsche Sprache – sonst nicht üblich zwischen den Damen der ersten Gesellschaft. Die Baronin schnappte denn auch mit hörbarem Knacks ein und die alte Freundschaft ging in die Brüche. Mutter leidet mehr darunter, als sie zugibt.
(E. Ebermayer, Denn heute gehört uns Deutschland ..., Persönliches und politisches Tagebuch von der Machtergreifung bis zum 31.12. 1935, Hamburg und Berlin 1959, S. 75–76)

Appell beim „Jungvolk", einer Organisation für 10–14-jährige innerhalb der Hitlerjugend, die man auch „Pimpfe" nannte.

1 Der Brief ist ein Beispiel für „Widerstand im Alltag". Wo boten sich weitere Möglichkeiten der Verweigerung?

Der Nationalsozialismus

Es stand doch in der Zeitung!

Was ist in Deutschland anders geworden?
Ein Streifzug durch vier Jahre nationalsozialistische Aufbauarbeit

(aus: Schönburgischer Hauskalender auf das Schaltjahr 1936, S. 29)

Aus aller Welt
Fünf Verwandte Scheidemanns im Konzentrationslager.

Wie die Telegraphenunion hört, sind fünf sich im Deutschen Reich aufhaltende Verwandte Scheidemanns in Schutzhaft genommen und in ein Konzentrationslager übergeführt worden. Diese Maßnahme ist im Zusammenhang mit dem berüchtigten Hetzartikel Scheidemanns in der „Newyork Times" erfolgt.

(aus: Glauchauer Zeitung vom 15./16. Juli 1933)

Drei Kommunisten auf der Flucht erschossen.

Bei der Ueberführung in das Konzentrationslager Sonnenburg wurden zwischen Woldenberg und Lauchstädt drei Kommunisten erschossen, als sie zu flüchten versuchten und auf mehrmaliges Anrufen nicht stehen blieben.

(aus: Glauchauer Zeitung vom 15./16. Juli 1933)

Die Treuebotschaft des Sachsengaues
hat folgenden Wortlaut:

Mein Führer!

Der Sachsengau dankt Ihnen seinen Wiederaufstieg aus tiefer Not. Unter Ihrer Führung fanden Hunderttausende wieder Arbeit und Verdienst. In den fünf Jahren nationalsozialistischer Führung erfolgte ein ungeahnter Aufstieg.

Die Erwerbslosenzahl sank von 718 000 auf 63 900.

Im Erzbergbau konnten 15 neue Gruben in Betrieb genommen werden.

Die Förderung von Erzen stieg von 4 043 Tonnen auf 18 244 Tonnen.

Die Braunkohlenförderung stieg von 10 534 Mill. Tonnen auf 17 327 Mill. Tonnen.

Die Gußerzeugung stieg von 161 396 Tonnen auf 428 013 Tonnen.

Der Bau der Reichsautobahnen brachte 25 470 Menschen in Arbeit und Brot.

Die Produktion an Kraftfahrzeugen stieg von 22 098 auf 158 246.

Die Belegschaft des größten sächsischen Industrie-Unternehmens wuchs von 4000 auf 22 000 Mann.

Der Bauer steigerte die Anbauflächen für Körnermais von 108 Hektar auf 800 Hektar, für Raps und Rübsen von 235 Hektar auf 1873 Hektar, für Luzerne von 2400 Hektar auf 7100 Hektar, für Flachs von 228 Hektar auf 3100 Hektar.

Die Zahl der Maulbeerpflanzen für die Seidenraupenzucht stieg von 48 000 auf über 5 000 000 Stück.

Neue Wohnungen entstanden seit 1933 119 626.

Die Geburtenziffer stieg von 59 651 auf 77 650.

Die Spareinlagen stiegen von 657,7 Mill. RM. auf 1 215,2 Mill. RM.

Der Fremdenverkehr stieg von 80 500 auf 140 144 Personen.

In unerschütterlicher Treue steht das Sachsenvolk zu Ihnen, mein Führer, als Befreier des Deutschen Volkes und als Schöpfer des Großdeutschen Reiches.

Dresden, am 7. April 1938.

Heil mein Führer! gez. Martin Mutschmann.

Unser „Ja" dem Führer!

Die Schar der deutschen Turner und Sportler gehört mit zu den Bannerträgern der nationalsozialistischen Idee. In unzähligen Kämpfen und Wettbewerben haben unsere Besten für die Ehre und den Ruhm des neuen Deutschlands sich eingesetzt. Den größten Triumph konnten unsere Kämpfer bei den Olympischen Spielen 1936 erringen, als es gelang Deutschland an die Spitze von 52 Nationen als erfolgreichste Sportnation der Welt zu bringen. Wie war das möglich, fragten sich viele, selbst in unseren

(Zeichnung: Ahlers, DRL.-Pressedienst.)

eigenen Reihen? Es war möglich durch die einheitliche und straffe Führung, die der deutsche Sport durch den Deutschen Reichsbund für Leibesübungen erhalten hatte und durch alle die gewaltigen Unterstützungen und Hilfen, die den deutschen Leibestüchtigen durch den Nationalsozialismus gebracht wurden. Wir wissen alle, daß unser Führer Adolf Hitler mit seinem unerschütterlichen Kampf um Deutschlands Größe auch dem deutschen Sport seine Weltgeltung wiedergegeben hat. Darum danken wir ihm am 10. April mit einem lauten und einstimmigen Ja-Wort.

(aus: Glauchauer Zeitung vom 8. April 1938)

Zwischen Vater und Führer

Fahnenappell des NS-Studentenbundes an der Technischen Hochschule Dresden, 1935.

Jungmädel und Pimpf bei der nationalsozialistischen Sonnenwendfeier.

„Wir sehen den Führer nicht. Aber jetzt ist seine Stimme bei uns, warm und tief – wir hören ihn zum ersten Male. Und seine Rede ergreift uns, packt uns, schafft jubelnde, gläubige Freude. Wir zwingen es, – wir erkämpfen den Sieg! Und dieser Stimme, die seither so oft zu uns kam, die immer wieder zu uns sprach, geloben wir Treue, geloben wir Gefolgschaft und Gehorsam. Ich weiß heute kein Wort jener Rede mehr, so sehr wurde ich durchrüttelt und gepackt, dass nichts haften blieb als eines – wenn durch den Rundfunk die Reden des Führers übertragen werden, ist dieses für Augenblicke wieder da: Lodernde Fackeln gegen einen dunklen Himmel, tiefrote Fahnen, dicht gedrängte Menschen – und aus dem Dunkel spricht die Stimme des Führers – Glauben, Treue, Sieg." (1)

„Wir waren mit Leib und Seele dabei und wir konnten es nicht verstehen, dass unser Vater nicht glücklich und stolz ja dazu sagte. Im Gegenteil, er war sehr unwillig darüber und zuweilen sagte er: ‚Glaubt Ihnen nicht, sie sind Wölfe und Bärentreiber, und sie missbrauchen das deutsche Volk schrecklich.' Und manchmal verglich er Hitler mit dem Rattenfänger von Hameln, der die Kinder mit seiner Flöte ins Verderben gelockt hatte.
Aber des Vaters Worte waren in den Wind gesprochen und sein Versuch, uns zurückzuhalten, scheiterte an unserer jugendhaften Begeisterung." (2)

„Weshalb wir so lückenlos funktionierten, weshalb wir nur allzu bereit waren, Hitlers neues Menschenbild mitzugestalten, weshalb wir von unserem Sendungsbewusstsein so durchdrungen waren, hatte viele Gründe. Unsere Erziehung geschah systematisch und umfassend, sie durchdrang alle Bereiche – Schule, Freizeit, Elternhaus. Wir waren ‚erfasst' von ihr, von früh bis spät. Die Schlagworte dieser Erziehung verinnerlichten wir rasch, die Parolen Hitlers aus ‚Mein Kampf' umrieselten uns ständig: ‚Nicht im ehrbaren Spießbürger oder der tugendsamen alten Jungfer sieht der völkische Staat sein Menschheitsideal, sondern in der trotzigen Verkörperung männlicher Kraft und in Weibern, die wieder Männer zur Welt zu bringen vermögen …' Die Schule stand ganz im Dienst der Idee, der Unterricht begann morgens mit einem zackigen ‚Heil Hitler' und es gab kaum ein Fach, das nicht mit nationalsozialistischem Gedankengut durchsetzt gewesen wäre; Biologie, Sport, Deutsch und Geschichte in erster Linie. Die körperliche Ertüchtigung stand im Vordergrund gemäß der Forderung von Hitler: Hart wie Kruppstahl, zäh wie Leder, flink wie die Windhunde!" (3)

(1) M. Dargel (Hrsg.), Mädel im Kampf, Wolfenbüttel u. Berlin 1935, S. 41; (2) I. Scholl, Die weiße Rose, Frankfurt/M. 1978, S. 10; (3) I. Bayer, Ehe alles Legende wird, Würzburg 1995, S. 213)

1 Was faszinierte Jugendliche an der HJ und am NS-Staat? Welche Gründe führen die Verfasser der Quellen im Einzelnen an?
2 Weshalb sind Erinnerungen an die Nazi-Zeit bei manchen Menschen noch heute positiv getönt?

Der Nationalsozialismus

Von der Revision zur Expansion

Die *Olympischen Spiele* 1936 nutzte das NS-Regime vor der Kulisse von fast 5000 Teilnehmern aus aller Welt zu geschickter Selbstdarstellung und internationalem Prestigegewinn. Selbst der Drohung der USA, die Spiele wegen der NS-Rassenpolitik zu boykottieren, wusste Hitler mit dem zeitweiligen Verzicht auf antisemitische Äußerungen und der Aufnahme einiger jüdischer Teilnehmer in die deutsche Olympiamannschaft flexibel zu begegnen. Deutschlands erster Rang in der Medaillenwertung – noch vor den USA – bestärkte die Überzeugung der Nationalsozialisten von einer deutschen Überlegenheit gegenüber anderen Nationen. Die schwarze Hautfarbe des vierfachen Goldmedaillengewinners JESSE OWENS passte freilich nicht in dieses rassistische Weltbild.

Trotz der Gewalttätigkeit des NS-Regimes konnten sich die meisten ausländischen Korrespondenten und Sportler der Wirkung dieser perfekt inszenierten Spiele nicht entziehen. Viele hoben beim Vorbeimarsch an Hitlers Ehrentribüne und bei Siegerehrungen die Hand zum „deutschen Gruß". Auch die offiziellen Dankadressen lobten die deutsche Gastfreundschaft und minderten die Skepsis, die Hitlers Friedensbekundungen nach Deutschlands Austritt aus dem *Völkerbund* 1933 begleitete. Doch ließen sich nicht alle täuschen, wie das Flugblatt „antifaschistischer deutscher Sportler" zeigt:

Der Schein des Olympischen Friedens

Den Gästen der Olympischen Spiele 1936 präsentierte sich das nationalsozialistische Deutschland als weltoffenes und wirtschaftlich aufstrebendes Land.

Deutsche Sportler bei einer Siegerehrung mit dem Hitlergruß.

> Die Olympischen Spiele wurden in gewaltigem Ausmaß vorbereitet, nicht um der Friedensidee dieser Spiele zu dienen, nicht um des sportlichen Wettkampfes willen, sondern um die Welt und das deutsche Volk zu belügen. Glänzend aufgezogene Veranstaltungen, fahnen- und girlandengeschmückte Straßenzüge, ausgeputzte Stadien ... sollen den Eindruck hervorrufen, als ob es keine Not und keinen Terror, als ob es nur glückliche und zufriedene Menschen im Lande gäbe. Sagt den Olympiateilnehmern: Hunderte junger, freiheitliebender Sportler sind von der Rachejustiz Hitlers auf 4, 5, 8, 12 und 15 Jahre ins Zuchthaus geschickt worden ...
>
> Hitler redet vom Frieden und in den deutschen Sportvereinen hetzen die nationalsozialistischen Beauftragten die Jugend zu Revanche- und Eroberungskriegen. Die olympische Friedensidee wird in den Schmutz gezogen. Man benutzt sie als Kulisse: hinter ihr wird der Krieg vorbereitet ... Die olympische Idee ist untrennbar verbunden mit dem Gedanken der Freiheit im Sport ... Unter Hitler hat der deutsche Sport aufgehört frei zu sein ... Hunderte verdienter Funktionäre der Verbände wurden abgesetzt und an ihre Stelle sportfremde Parteibeauftragte gesetzt.
>
> *(nach: P. Altmann u. a., Der deutsche antifaschistische Widerstand, Frankfurt/M. 1975, S. 103)*

1 Beurteilen Sie das Verhalten ausländischer Olympiateilnehmer.
2 Stützen Sie die Aussagen des Flugblattes aus Ihrer Kenntnis.
3 Diskutieren Sie den Erfolg eines Spielboykotts.
4 Welches Ziel verfolgte Hitler mit der Olympiade 1936?

„Los von Versailles!"

> *Hitler am 27. Mai 1933 in einer Rundfunkansprache:*
> Der Nationalsozialismus kennt keine Politik der Grenzkorrekturen auf Kosten fremder Völker. Wir wollen keinen Krieg nur zu dem Zweck, um einige Millionen Menschen vielleicht zu Deutschland zu bringen, die gar keine Deutschen sein wollen und es auch nicht sein können. Wir werden niemals fremde Menschen zu unterwerfen versuchen, die uns innerlich nur hassen, um dafür auf den Schlachtfelde Millionen zu opfern, die uns teuer sind und die wir lieben.
> *(nach: M. Domarus, Hitler. Reden und Proklamationen 1932–1945, Bd. I: Triumph (1932–1938), Würzburg 1962, S. 279)*

Koblenz 1936: Einmarsch deutscher Truppen ins Rheinland.

Den am 13. März 1938 vollzogenen „Anschluss" Österreichs ans Reich nutzte die NS-Propanganda um Hitler als „Schöpfer Großdeutschlands" zu glorifizieren.

Seit seinem Regierungsantritt hatte Hitler keine Gelegenheit ausgelassen seine Friedensabsichten zu unterstreichen. Der Nichtangriffspakt mit *Polen* (26. Januar 1934) und das Flottenabkommen mit *England* (18. Juni 1935) schienen dies zu bestätigen. Parallel dazu begann die NS-Regierung mit der schrittweisen *Revision* des *Versailler Vertrages*, die erklärtes Ziel deutscher Außenpolitik seit 1920 war. Das mit 91 % überwältigende „Heim ins Reich"-Votum der saarländischen Bevölkerung bei der Volksabstimmung, die am 13. Januar 1935 gemäß dem Versailler Vertrag stattfand, bewies dessen Revisionsbedürftigkeit. Getragen von einer Welle der Popularität durchlöcherte Hitler nun Stück für Stück das „Schanddiktat von Versailles", dessen Fesseln Weimarer Politiker jahrelang vergeblich zu lockern suchten. Englands und Frankreichs halbherzige Proteste gegen die Wiedereinführung der *allgemeinen Wehrpflicht* am 16. März 1935 und die Besetzung des entmilitarisierten RHEINLANDS am 7. März 1936 zerschellten an Hitlers Politik der „vollendeten Tatsachen".

Den „Anschluss" *Österreichs* am 13. März 1938 präsentierte Hitler der Weltöffentlichkeit als Befreiung des Landes von einem Terrorregime und ließ ihn propagandistisch in Szene setzen. Die überschwängliche Begeisterung, die Hitler und die deutschen Truppen nach WIEN begleitete, brachte alle Warnungen vor einer weiteren Expansion Deutschlands zum Verstummen.

Der Nationalsozialismus

„... die letzte territoriale Forderung, die ich Europa zu stellen habe"

Mit diesen Worten forderte Hitler am 26. September 1938 in einer Rede im Berliner Sportpalast von der *Tschechoslowakei* die Abtretung der sudetendeutschen Gebiete. Mit einer „Heim ins Reich"-Kampagne hatte die von Berlin finanzierte und gesteuerte *Sudetendeutsche Partei* schon vierzehn Tage nach dem Anschluss Österreichs die 3,25 Millionen Sudetendeutschen in der Tschechoslowakei mobilisiert. Hitler ließ nichts unversucht die Spannungen zu steigern. Von dessen am 28. Mai gefassten „unabänderlichen Entschluss, die Tschechoslowakei in absehbarer Zeit durch eine militärische Situation zu zerschlagen" ahnte der britische Premierminister CHAMBERLAIN nichts, als er sich um die Lösung der *Sudetenkrise* bemühte. Um einen Krieg zu vermeiden erzwangen Großbritannien, Frankreich, Italien und Deutschland ohne Mitwirkung der Prager Regierung die Abtretung der sudetendeutschen Gebiete im *Münchener Abkommen* vom 29. September 1938. Diese „Beschwichtigungspolitik" (engl.: *appeasement*), die Hitlers Ansprüche als berechtigte Korrektur des *Versailler Vertrages* tolerierte, kritisierte der britische Oppositionsführer WINSTON CHURCHILL am 5. Oktober 1938 im Unterhaus:

„Peace for our time" verkündete Chamberlain bei seiner Rückkehr nach London.

> Wir haben eine totale Niederlage erlitten. Wie stehen einem Unheil erster Ordnung gegenüber. Der Weg die Donau hinab, der Weg zum Schwarzen Meer ist frei. Alle Länder Mitteleuropas und alle Donauländer werden nacheinander in das riesige System der Nazipolitik einbezogen werden. Und glauben Sie nicht, dies sei das Ende. Es ist erst der Anfang.
> (zitiert nach: W. Shirer, Aufstieg und Fall des Dritten Reiches, Stuttgart o. J., S. 393 f.)

Der Einmarsch deutscher Truppen in das Sudetenland am 1.10.1938. Das Gebiet wurde nach dem Ersten Weltkrieg der neugegründeten Tschechoslowakei zugeordnet, doch fühlte sich die hier lebende deutsche Volksgruppe gegenüber den Tschechen wirtschaftlich und politisch benachteiligt. Repressive Maßnahmen der Prager Regierung verschärften die Spannungen. Die Agitation Hitlers fiel daher auf fruchtbaren Boden.

Die Friedensmaske fällt

Fotomontage von John Heartfield zu Hitlers „Friedenspolitik" aus dem Jahre 1933.

> Die Umstände haben mich gezwungen jahrzehntelang fast nur vom Frieden zu reden. Nur unter der fortgesetzten Betonung des deutschen Friedenswillens und der Friedensabsichten war es mir möglich dem deutschen Volk Stück für Stück die Freiheit zu erringen und ihm die Rüstung zu geben, die immer wieder für den nächsten Schritt als Voraussetzung nötig war. Es ist selbstverständlich, dass eine solche jahrzehntelang betriebene Friedenspropaganda auch ihre bedenklichen Seiten hat; denn es kann nur zu leicht dahin führen, dass sich in den Gehirnen vieler Menschen die Auffassung festsetzt, dass das heutige Regime an sich identisch sei mit dem Entschluss und dem Willen, einen Frieden unter allen Umständen zu bewahren. Es war nunmehr notwendig das deutsche Volk psychologisch allmählich umzustellen und ihm langsam klar zu machen, dass es Dinge gibt, die nicht mit friedlichen Mitteln durchgesetzt werden können, mit den Mitteln der Gewalt durchgesetzt werden müssen.
>
> *(nach: Vierteljahreshefte für Zeitgeschichte, 2/1958, S. 182)*

Mit dieser Rede vor den Chefredakteuren der Inlandspresse vom 10. November 1938 erweiterte Hitler den Personenkreis, der in seine Pläne eingeweiht war. In der Geheimbesprechung vom 5. November 1937, von der Oberst HOSSBACH verbotenerweise ein Gedächtnisprotokoll anfertigte, plante Hitler einen Eroberungskrieg für die Zeit zwischen 1943 und 1945. Damit erschienen die militärische Unterstützung der spanischen Faschisten unter General FRANCO, der Vierjahresplan und das Bündnis mit dem italienischen Diktator MUSSOLINI aus dem Jahr 1936 in anderem Licht. Der 1939 mit Italien geschlossene *Stahlpakt* stärkte die *Achse Berlin–Rom* zusätzlich.

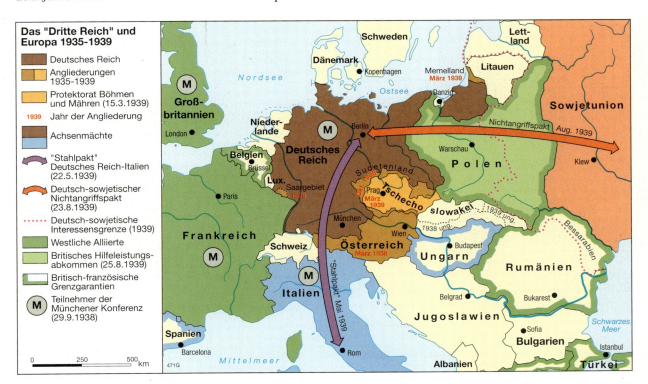

Der Nationalsozialismus

Der Weg in den Krieg

Begrüßung der Diktatoren über Polens Leichnam. Hitler: „Der Abschaum der Menschheit, wenn ich nicht irre?" Stalin: „Der blutige Mörder der Arbeiterklasse, wie ich annehme?" (Karikatur von David Low, 1939)

Mit Tränen und ohnmächtiger Wut musste die Prager Bevölkerung den Einmarsch deutscher Truppen 1939 hinnehmen.

> Hitlerdeutschland hat endlich die Maske abgeworfen. Bis jetzt hatte es jede imperialistische Absicht bestritten. Angeblich wollte es weiter nichts, als soweit als möglich alle Deutschen Mitteleuropas, unter Ausschluss der Fremdstämmigen, zu einer großen Familie vereinigen. Heute kann kein Zweifel mehr darüber bestehen, dass der Herrschsucht des Führers keine Grenzen gesetzt sind.
> (nach: H. Michaelis, Ursachen u. Folgen, Bd. 13, Berlin o. J., S. 92)

Außenminister von Ribbentrop unterzeichnet 1939 in Moskau den deutsch-sowjetischen Nichtangriffspakt. Hinten rechts Stalin.

So kommentierte der französische Gesandte in Berlin, ROBERT COULONDRE, am 16. März 1939 den Einmarsch deutscher Truppen in die „Resttschechei". Mit massiven Drohungen hatte Hitler die Zustimmung des tschechischen Präsidenten HACHA zur Besetzung des Landes erzwungen, das er nun als „Protektorat Böhmen und Mähren" Deutschland einverleibte. Nachdem Hitler *Litauen* am 23. März das MEMELLAND abgezwungen und die Rückgabe DANZIGS sowie eine exterritoriale Verbindung zwischen dem Reichsgebiet und Ostpreußen gefordert hatte, gab Großbritannien am 31. März eine Garantieerklärung für Polen ab. Diese beantwortete Hitler am 28. April mit der Kündigung des deutsch-polnischen Nichtangriffspaktes.

Eine Sensation bildete der deutsch-sowjetische Nichtangriffspakt vom 23. August 1939. Ungeachtet aller ideologischen Unterschiede verständigten sich beide Bündnispartner darauf, ihre Einflusszonen in Osteuropa zu erweitern und voneinander abzugrenzen. Ein geheimes Zusatzprotokoll erkannte Hitler den größten Teil Polens zu und ließ Stalin freie Hand in Finnland, Estland, Lettland sowie Ostpolen. Hitler hatte damit die Gefahr eines Zweifrontenkriegs gebannt; Stalin hoffte, ihn in einen vernichtenden Krieg mit dem Westen zu treiben.

1 Verfolgen Sie die Stationen von Hitlers Außenpolitik.
2 Erläutern Sie die Haltung Frankreichs und Englands 1938.

Zusammenfassung

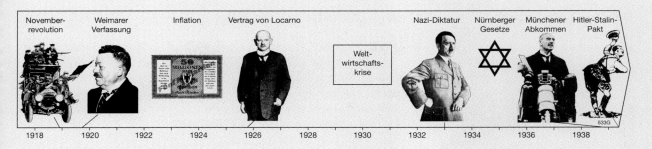

Demokratie und Diktatur: Deutschland zwischen zwei Kriegen

Zum zweiten Mal in der ersten Jahrhunderthälfte stand Europa vor einem Krieg. Das nationalsozialistische Deutschland hatte die *Revision* des verhassten *Versailler Vertrages* zum Ausgangspunkt für seine Expansionspolitik genommen, deren Ziel die Eroberung „neuen Lebensraums im Osten" war. Dem außenpolitischen Ziel der Unterwerfung fremder Völker war seit 1933 die Verfolgung der *Juden* und die Unterdrückung innenpolitischer Gegner vorangegangen. Ohne auf breiten Widerstand in der Bevölkerung zu stoßen hatten die *Nationalsozialisten* unter ADOLF HITLER die Weimarer Verfassung ausgehöhlt, den Rechtsstaat beseitigt, die Parteien der Weimarer Demokratie verboten und einen *Einparteienstaat* errichtet.

Die *Weimarer Republik* hatte sich ihrem erklärten Gegner selbst ausgeliefert, als Reichspräsident HINDENBURG am 30. Januar 1933 Hitler zum *Reichskanzler* ernannte. Im 14. Jahr nach Gründung der Republik war die Mehrheit der Bevölkerung von der Instabilität der parlamentarischen Demokratie überzeugt. 17 Kabinette unter zwölf Reichskanzlern und acht Reichstagswahlen, von denen nur die erste den staatstragenden Parteien SPD, DDP und Zentrum eine Mehrheit brachte, hatten Demokratie und Parteien in Misskredit gebracht. Der Ruf nach dem „starken Mann" wurde immer lauter.

Der Wählerzulauf zur NSDAP, der die Nationalsozialisten zu eigentlichen Gewinnern der *Wirtschaftskrise* von 1929 machte, beschleunigte den Auflösungsprozess der ersten deutschen Demokratie. Zwischen ihrem von Versailles und innenpolitischen Widerständen überschatteten Beginn und dem von *Präsidialkabinetten* eingeläuteten Untergang lagen nur wenige Jahre scheinbarer Ruhe. In dieser Zeit entwickelte sich freilich eine geistige Blüte, die besonders auf dem Gebiet der *Kunst* und *Kultur* weltweite Anerkennung erfuhr. Auch zahlreiche *Wissenschaftler* errangen internationales Ansehen.

Wichtige Begriffe

Appeasement-Politik
Bekennende Kirche
Dolchstoßlegende
Entartete Kunst
Erfüllungspolitik
Ermächtigungsgesetz
Faschismus
Führerstaat
Gleichschaltung
Judenverfolgung
Kapp-Putsch
Konzentrationslager
Nationalsozialismus
Notverordnung
Novemberrevolution
Nürnberger Gesetze
Räterepublik
Vertrag von Versailles
Völkerbund
Volksgemeinschaft
Weimarer Republik
Weltwirtschaftskrise

Geschichtslabor

Mein Jahrhundert im Bild

Heute sind seit dem Ausbruch des 2. Weltkriegs über 50 Jahre vergangen. Menschen, die damals in Ihrem Alter standen, gehören nun der Großelterngeneration an. So wie Sie haben auch Ihre Großeltern das politische Geschehen mitunter engagiert, manchmal auch teilnahmslos verfolgt, hatten wie Sie einen Freundeskreis und natürlich auch Eltern und Geschwister: Ihre Urgroßeltern, deren Kindheit noch in die Zeit vor dem 1. Weltkrieg fällt.

Was ihre Familie im 20. Jahrhundert bewegt, welche Ereignisse wen wohin verschlagen, welche Erlebnisse wen besonders betroffen haben, können Sie vielleicht durch die Anlage eines *Bilderbogens* erschließen. Alte Fotos – versteckt, verstaubt, vergessen – lassen alte Zeiten lebendig werden, verraten *Familiengeschichte*, sind wie ein Fenster zur Vergangenheit. Sie spiegeln Hoffnungen und Ängste, Freud und Leid, geben Auskunft über Moden und Frisuren, reihen sich vielleicht sogar zu einer Biografie oder Familiengeschichte. Und auf diese kleine, ganz persönliche Welt wirkt die „große Politik" ein, stellt Weichen für das Leben der einzelnen, von denen die Geschichtsbücher oft gar nichts, immer aber zu wenig erzählen. Und wenn Sie Ihren Bilderbogen mit dem anderer vergleichen, werden Sie Gemeinsamkeiten und Unterschiede bemerken, werden Sie vielleicht weitere Details wissen wollen, die Sie hinter den Bildern vermuten. Immer wieder können Sie aus dem Mund der älteren Generation „Geschichten" hören, die Geschichte sind.

Auf der gegenüberliegenden Seite sehen Sie an den Außenkanten eine *Schriftleiste* und eine Leiste mit *Jahreszahlen*. Übertragen Sie dieses Grundraster auf große, aneinander geklebte Bogen im Stil einer Wandzeitung. Richten Sie die 3 Spalten MEINE FAMILIENGESCHICHTE, FREUNDE UND FREUNDINNEN und DIE GROSSE POLITIK ein. Tragen Sie nun zunächst in die erste Spalte „Meine Familiengeschichte" Ihr *Geburtsdatum*, das Ihrer Geschwister, der Eltern, der Groß- und Urgroßeltern ein. Notieren Sie an den zeitlich korrekten Stellen auch die *Heirats- und Todesdaten*, damit Sie die Lebensspannen gut überblicken können.

Kleben Sie nun in die Spalten Fotografien aus der Familiengeschichte ein und gehen Sie nach folgendem Schema vor:

- Setzen Sie in die erste Spalte MEINE FAMILIENGESCHICHTE Ihr eigenes Foto sowie die gesammelten Fotografien Ihrer Eltern bzw. Groß- und Urgroßeltern. Versuchen Sie den ungefähren Zeitpunkt der jeweiligen Aufnahmen zu bestimmen und setzen Sie die Fotos an die entsprechenden Stellen im Zeitraster. Notieren Sie unter den Fotos – sofern sich das ermitteln lässt – den Anlass der Aufnahme.
- Füllen Sie die zweite Spalte FREUNDE UND FREUNDINNEN mit weiteren Bildern, die Sie, Ihre Eltern sowie die Groß- und Urgroßeltern im Kreise von Klassenkameraden, Freundinnen und Freunden zeigen.
- Notieren Sie in der letzten Spalte DIE GROSSE POLITIK Ihnen wichtige politische oder wirtschaftliche Ereignisse. Vielleicht können Sie manches auch mit Fotos belegen oder Sie verwenden hierfür Fotokopien von Bildern aus ANNO.
- Führen Sie den Bogen im Verlauf des Schuljahres bis heute fort.

Bilderbogen

Die 16-jährige Auguste D. konnte sich 1914 nicht mit ihrer Mutter fotografieren lassen, weil diese 1900 bei der Geburt ihres 13. Kindes gestorben war.

Der Aufbau des Bilderbogens

Der Zweite Weltkrieg und die Folgen

Am 25. April 1945 begegneten sich bei TORGAU an der Elbe erstmals russische und amerikanische Soldaten, die im *Zweiten Weltkrieg* jahrelang an verschiedenen Fronten gekämpft hatten.

Das berühmte Foto zeigt die Freude am gemeinsam errungenen Sieg über das nationalsozialistische *Deutschland*. Es kann aber nicht zeigen, wie brüchig bereits die Koalition der Sieger war und wie sehr Politiker in den USA und in der Sowjetunion inzwischen einander misstrauten. Es verrät auch nicht, dass die abgebildeten Männer beim ersten Händedruck gar nicht dabei waren. Vielmehr hatten sie sich einen Tag später freiwillig gemeldet um für einen Fotografen die historische Begegnung an der Elbe zu rekonstruieren. Das Foto symbolisiert nicht nur das Ende des Zweiten Weltkriegs in Europa, sondern auch die *Teilung* Deutschlands durch die Siegermächte.

Am gleichen Tag, als amerikanische und sowjetische Soldaten bei Torgau zusammentrafen, begannen in SAN FRANCISCO die Vertreter aus 50 Ländern mit ihren Beratungen über die Organisation der *Vereinten Nationen* (UNO), die den Weltfrieden und die internationale Sicherheit bewahren sollten.

Das Foto der historischen Begegnung an der Elbe führt uns zu der zentralen Frage: Wieso hat der Zweite Weltkrieg die Welt verändert und was waren die unmittelbaren Folgen?

Der Zweite Weltkrieg und die Folgen

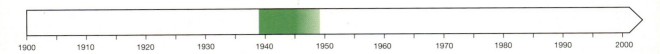

Eine entscheidende Zäsur in der Weltgeschichte

Das nationalsozialistische *Deutschland*, das faschistische *Italien* und das nationalistische *Japan*, die sich in der Achse Berlin–Rom–Tokio zusammenschlossen, verfolgten außenpolitische Ziele, die nicht ohne Krieg zu verwirklichen waren. Ihre brutale Expansionspolitik traf auf den Widerstand der *Alliierten Mächte*, an deren Spitze seit 1941 die *USA*, die *Sowjetunion* und *Großbritannien* standen. Insgesamt beteiligten sich über 60 Staaten am *Zweiten Weltkrieg*.

Das fast sechs Jahre dauernde Blutvergießen kostete ungefähr 55 Millionen Menschen das Leben. Statistisch nicht zu erfassen ist das unermessliche Leid, das der Krieg über die Völker brachte.

Der Zweite Weltkrieg war eine entscheidende Zäsur in der Geschichte. Der Aufstieg der USA und der Sowjetunion zu Supermächten, die Spaltung der Welt in zwei feindliche Blöcke und die Auflösung der Kolonialreiche sind Entwicklungen, die durch ihn verursacht oder beschleunigt wurden. Auch die Teilung Deutschlands in zwei Staaten, die *Bundesrepublik* und die *DDR*, war ein Ergebnis dieses Krieges. Ein Eiserner Vorhang senkte sich nach 1945 herab, der Deutschland spaltete und Europa zerriss.

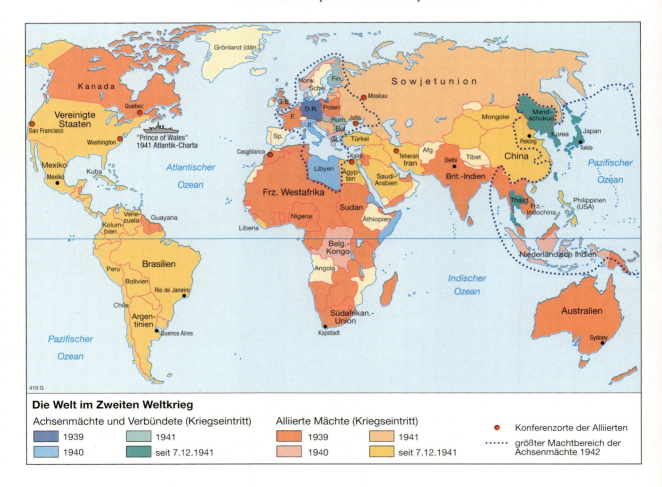

Der Überfall auf Europa

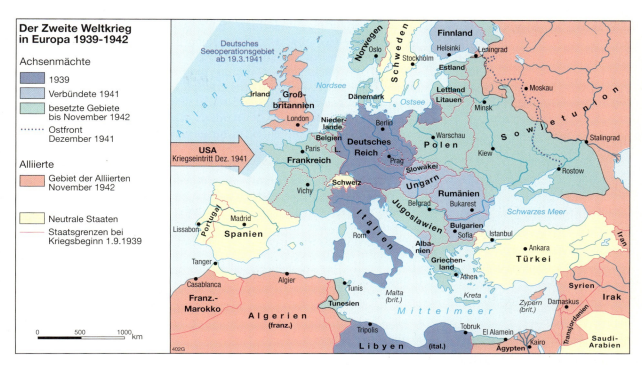

Der Zweite Weltkrieg in Europa 1939-1942

Achsenmächte
- 1939
- Verbündete 1941
- besetzte Gebiete bis November 1942
- Ostfront Dezember 1941

Alliierte
- Gebiet der Alliierten November 1942
- Neutrale Staaten
- Staatsgrenzen bei Kriegsbeginn 1.9.1939

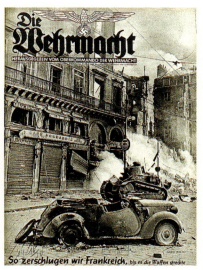

Titelseiten der Zeitschrift „Die Wehrmacht" vom 27. März 1940, 3. Juli 1940 und 11. September 1940.

Die Phase der „Blitzkriege"

Hitlers Angriff auf Polen

Am 1. September 1939 entfesselte HITLER mit dem Überfall auf *Polen* den *Zweiten Weltkrieg*. Unmittelbar nach dem deutschen Angriff zeigte sich, dass Hitlers Rechnung, den Konflikt auf Polen zu beschränken, nicht aufging. *Großbritannien* und *Frankreich* erklärten dem *Deutschen Reich* den Krieg, die USA verkündeten eine bewaffnete Neutralität. Die überlegene deutsche Panzer- und Luftwaffe besiegte die polnische Armee in wenigen Wochen.

Der Überfall auf Europa

„Blitzkrieg"-Strategie

Im Polenfeldzug erprobte Hitler zum ersten Mal die *„Blitzkrieg"-Strategie*: Unterstützt von Kampfflugzeugen trieben schnelle Panzertruppen und motorisierte Verbände tiefe Stoßkeile in die feindlichen Linien, während die nachfolgende Infanterie den Geländegewinn sicherte. Diese Strategie entsprach der begrenzten Leistungsfähigkeit der deutschen Rüstungsindustrie, die 1939 höchstens auf einen neun bis zwölf Monate dauernden Krieg vorbereitet war. Durch Ausbeutung der eroberten Gebiete sollten die Kosten der kurzen Feldzüge wieder eingebracht werden.

Das besiegte Polen wurde geteilt. Hitler ordnete an, den Westen des Landes dem Deutschen Reich einzugliedern. Das restliche von der Wehrmacht eroberte Gebiet erhielt die Bezeichnung *Generalgouvernement* und sollte wie eine Kolonie behandelt werden. Die Sowjets besetzten *Ostpolen*, das ihnen in dem mit Deutschland geschlossenen *Nichtangriffspakt* als Interessengebiet zugestanden worden war.

Hitlers Nahziele

> *Seine nächsten Ziele erläuterte Hitler am 23. November 1939 in einer Ansprache an die Oberbefehlshaber:*
> „Die Sicherung des Lebensraumes kann nur durch das Schwert gelöst werden. Es ist ein Rassekampf ausgebrochen, wer in Europa und damit in der Welt herrschen soll… Die jetzige Situation muss ausgenutzt werden… Die Zeit wirkt für den Gegner. Das Kräfteverhältnis kann sich für uns nur verschlechtern… Das Ziel ist: 1. Die Vernichtung der Weststaaten oder, falls das nicht sofort gelingt, 2. die Schaffung einer günstigen Ausgangslage für die spätere Fortsetzung des Kampfes…
> Es handelt sich nicht um die Erhaltung des nationalsozialistischen Systems oder um Gewinnung von Kohle und Erzen usw., sondern um Sein oder Nichtsein der Nation."
> (H. Groscurth, Tagebücher eines Abwehroffiziers 1938–1940, Stuttgart 1970, S. 414–418)

Teils lächerlich, teils entlarvend – Hitlers Reaktionen auf den raschen Sieg über Frankreich auf verschiedenen Fotos.

1940 stießen deutsche Truppen bis zum Nordkap und zur Atlantikküste vor, wobei sie Dänemark kampflos besetzten und Norwegen, die Niederlande, Belgien und den größten Teil Frankreichs rasch eroberten. Erst als Frankreich nahezu besiegt war, trat *Italien* an der Seite Deutschlands in den Krieg ein.

Mussolini, der Führer der italienischen Faschisten, wollte ein neues römisches Imperium errichten. Deshalb begann er einen „Parallelkrieg" in Nordafrika und auf dem Balkan. Mehrere Niederlagen hatten zur Folge, dass er bald auf die Hilfe seines Bündnispartners angewiesen war. 1941 eroberten deutsche Truppen Jugoslawien und Griechenland. Das deutsche Afrikakorps drang mit italienischer Unterstützung von Tripolis bis Ägypten vor.

1. Diskutieren Sie die Kriegsschuldfrage im Vergleich zum Ersten Weltkrieg.
2. Überlegen Sie, wie sich die anfänglichen Siege auf den deutschen Widerstand auswirkten.
3. Wie begründet Hitler seine nächsten Ziele?

Die Luftschlacht über England

„Blut, Mühsal, Tränen und Schweiß"

Im Mai 1940 wurde WINSTON CHURCHILL britischer Premierminister. In einer Regierungserklärung vom 13. Mai 1940 umriss er seine Ziele:

> Ich habe nichts zu bieten als Blut, Mühsal, Tränen und Schweiß. Uns steht eine Prüfung von allerschwerster Art bevor. Wir haben viele, viele Monate des Kämpfens und des Leidens vor uns. Sie werden fragen: Was ist unsere Politik? Ich erwidere: Unsere Politik ist Krieg zu führen, zu Wasser, zu Lande und zur Luft, mit all unserer Macht und mit aller Kraft, die Gott uns verleihen kann; Krieg zu führen gegen eine ungeheuerliche Tyrannei, die in dem finsteren, trübseligen Katalog des menschlichen Verbrechens unübertroffen bleibt. Das ist unsere Politik. Sie fragen: Was ist unser Ziel? Ich kann es in einem Wort nennen: Sieg – Sieg um jeden Preis, Sieg trotz allem Schrecken, Sieg, wie lang und beschwerlich der Weg dahin auch sein mag; denn ohne Sieg gibt es kein Weiterleben…
> *(Winston S. Churchill, Reden 1938–1940, New York 1941, S. 327)*

Die erste deutsche Niederlage

Um auch den letzten europäischen Gegner in die Knie zu zwingen befahl Hitler eine Landung in England vorzubereiten. Die riskante Überquerung des KANALS setzte jedoch die Beherrschung des Luftraumes voraus. In einer monatelangen Luftschlacht über England richteten sich die deutschen Angriffe zunächst gegen die britische Luftwaffe und Luftrüstungsindustrie, später gegen Städte wie LONDON und COVENTRY. Da es nicht gelang, die britische Luftabwehr entscheidend zu schwächen oder den Widerstandswillen der Bevölkerung zu brechen, ließ Hitler die Angriffe einstellen.

1 Vergleichen Sie Winston Churchills Haltung mit Neville Chamberlains Appeasement-Politik.

Londoner Kinder in einem Splittergraben (Oktober 1940).

Coventry nach der deutschen Bombardierung (14./15. November 1940), die das Stadtzentrum weitgehend zerstörte.

Der Überfall auf Europa

Vormarsch deutscher Infanterie in der Sowjetunion, 1941.

Der Russlandfeldzug

„Unternehmen Barbarossa"

Obwohl führende Militärs vor einem *Zweifrontenkrieg* warnten, entschloss sich Hitler auch die *Sowjetunion* anzugreifen. Ziel dieses Feldzugs, der den Decknamen „Unternehmen Barbarossa" erhielt, war die „Eroberung von Lebensraum" im Osten. Bevor die USA in den Krieg eingreifen konnten, sollte im europäischen Teil Russlands ein Imperium entstehen, das Deutschland militärisch und wirtschaftlich stark genug für den abschließenden Kampf um die Weltherrschaft machte. Hitler hielt es für notwendig und möglich das „Unternehmen Barbarossa" in wenigen Wochen siegreich abzuschließen. Am 22. Juni 1941 fiel die deutsche Wehrmacht in die Sowjetunion ein.

> Am 3. Juli 1941 hielt der sowjetische Diktator Stalin im Rundfunk eine Rede:
> Mit dem uns aufgezwungenen Krieg hat unser Land den Kampf auf Leben und Tod gegen seinen schlimmsten und heimtückischsten Feind, den deutschen Faschismus, aufgenommen... Es geht also um Leben oder Tod des Sowjetstaates, um Leben oder Tod der Völker der Sowjetunion...
>
> Den Krieg gegen das faschistische Deutschland darf man nicht als einen gewöhnlichen Krieg betrachten. Er ist nicht nur ein Krieg zwischen zwei Armeen. Er ist zugleich der große Krieg des ganzen Sowjetvolkes gegen die faschistischen deutschen Truppen. Das Ziel dieses vaterländischen Volkskrieges gegen die faschistischen Unterdrücker ist nicht nur die Beseitigung der Gefahr, die sich vor unserem Lande erhoben hat, sondern auch die Hilfeleistung für alle Völker Europas, die unter dem Joch des deutschen Faschismus stöhnen.
> (G. Ueberschär, W. Wette [Hrsg.], „Unternehmen Barbarossa". Der deutsche Überfall auf die Sowjetunion 1941, Paderborn 1984. S. 327 f.)

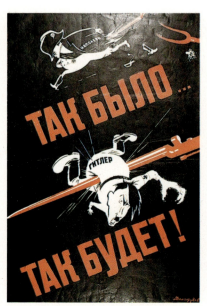

Sowjetisches Plakat, 1941. Der Text lautet: „So war es... So wird es sein!"

Raub- und Vernichtungskrieg

Da Stalin trotz zahlreicher Warnungen nicht an einen Angriff Hitlers geglaubt und Abwehrmaßnahmen sogar verboten hatte, gelangen den deutschen Truppen rasch beträchtliche Geländegewinne.

Unter dem Einfluss der nationalsozialistischen Weltanschauung entwickelte sich ein brutaler Raub- und Vernichtungskrieg. Für die Hinrichtung feindlicher Zivilisten genügte der bloße Verdacht von Widerstand oder Sabotage. Politische Kommissare, die als Beauftragte der Kommunistischen Partei die Kommandeure der Roten Armee überwachten, wurden nach ihrer Gefangennahme sofort erschossen. Einsatzgruppen der SS, aber auch reguläre Wehrmachtseinheiten begannen mit der massenweisen Ermordung von *Juden*. Um für deutsche Siedler Platz zu schaffen sollten 31 Millionen Menschen nach SIBIRIEN deportiert werden. In einer Besprechung im Führerhauptquartier erklärte Hitler am 16. Juli 1941, was mit der besiegten Sowjetunion geschehen sollte:

> Grundsätzlich kommt es also darauf an, den riesenhaften Kuchen handgerecht zu zerlegen, damit wir ihn erstens beherrschen, zweitens verwalten und drittens ausbeuten können. Die Russen haben jetzt einen Befehl zum Partisanenkrieg hinter unserer Front gegeben. Dieser Partisanenkrieg hat auch wieder seinen Vorteil: Er gibt uns die Möglichkeit auszurotten, was sich gegen uns stellt... Die Bildung einer militärischen Macht westlich des Ural darf nie wieder in Frage kommen und wenn wir hundert Jahre darüber Krieg führen müssten.
> *(nach: Geschichte in Quellen, Bd. V, München 1975, S. 503)*

Seines Sieges sicher, schwelgte Hitler im September 1941 in seinen Tischgesprächen:

> Bei unserer Besiedlung des russischen Raumes soll der „Reichsbauer" in hervorragend schönen Siedlungen hausen. Die deutschen Stellen und Behörden sollen wunderbare Gebäulichkeiten haben, die Gouverneure Paläste. Um die Dienststellen herum baut sich an, was der Aufrechterhaltung des Lebens dient. Und um die Stadt wird auf 30 bis 40 Kilometer ein Ring gelegt von schönen Dörfern... Was dann kommt, ist die andere Welt, in der wir die Russen leben lassen wollen, wie sie es wünschen.
> *(Henry Picker, Hitlers Tischgespräche im Führerhauptquartier 1941–1942, Stuttgart ²1965, S. 143)*

Ende November 1941 erreichten die deutschen Truppen den Stadtrand von MOSKAU. Ihre Kampfkraft war jedoch infolge hoher Verluste und massiver Versorgungsmängel völlig erschöpft. Als die sowjetischen Armeen zu einer Gegenoffensive antraten, musste man zur Verteidigung übergehen. Der Blitzkrieg gegen die Sowjetunion war gescheitert.

Gefallene deutsche Soldaten in Russland (Dezember 1941).

1 Erörtern Sie den Einfluss der nationalsozialistischen Weltanschauung auf den Russlandfeldzug.

Die Kriegswende

Der Krieg in Ostasien

Asien den Asiaten?

Durch den Ersten Weltkrieg stieg *Japan* zur Weltmacht auf. Nach der Thronbesteigung Kaiser HIROHITOS, der Zerschlagung des parlamentarischen Systems und dem Übergang der Macht von den Zivilisten auf das Militär nahm die japanische Außenpolitik immer aggressivere Züge an. Die japanische Armee eroberte 1931 die MANDSCHUREI und machte aus ihr den Satellitenstaat *Mandschukuo*. Hinter der offiziellen Forderung „Asien den Asiaten", die den Völkern Ostasiens Frieden, Stabilität und Schutz vor den weißen Kolonialherren versprach, verbarg Japan seine Absicht die Völker Ostasiens brutal auszubeuten.

Das Ziel, für seine stark angewachsene Bevölkerung neuen „Lebensraum" zu erschließen, führte Japan bald zu einer Kette weiterer Expansionen auf dem ostasiatischen Festland. Da das Land über keine nennenswerten Bodenschätze verfügte, sollte ein großer von Japan beherrschter Wirtschaftsraum Absatzmärkte und Rohstoffquellen sichern. Der japanische Außenminister MATSUOKA rechtfertigte diese Politik am 1. August 1940 vor der Presse:

> Die Aufgabe Japans ist es, den Kodo, das heißt den kaiserlichen Weg, in der ganzen Welt zu verkünden und zu demonstrieren ... Dementsprechend ist das Ziel unserer Außenpolitik, in Übereinstimmung mit dem hehren Geist des Kodo, eine großasiatische Gruppe gemeinsamen Wohlstandes herbeizuführen, in der die Gruppe Japan-Mandschukuo-China ein Glied bildet. So werden wir den Kodo wirkungsvoll demonstrieren und den Weg zu einem gerechten Weltfrieden ebnen können. Im Zusammenwirken mit denjenigen befreundeten Mächten, die mit uns zusammenarbeiten wollen, sollten wir entschlossen an die Erfüllung der idealen und vom Himmel bestimmten Mission unseres Landes herangehen.
> (Archiv der Gegenwart, Jg. 10 [1940], S. 4647)

„Asiens Aufstieg", japanisches Plakat um 1940.

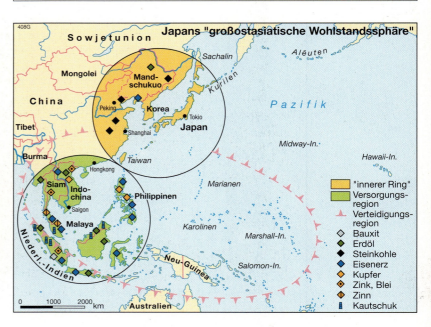

Die japanische Expansion

Mit dem Angriff auf *China* im Jahre 1937 riskierte Japan die Konfrontation mit den USA, die den riesigen chinesischen Markt nach dem Prinzip einer „open-door-policy" allen interessierten Staaten offen halten wollten. Unter dem Protest der kriegsgeschwächten Kolonialmächte England und Frankreich eroberte Japan bis 1939 fast zwei Drittel des Reichs der Mitte. Dem Abschluss des *Dreimächtepaktes* im September 1940, in dem *Deutschland, Italien* und *Japan* ihre Expansionsziele weltweit absteckten, ließ Japan sogleich den Einmarsch in Französisch-Indochina folgen. Empfindlicher als der Beschluss der amerikanischen Regierung, die japanischen Guthaben in den USA zu beschlagnahmen, traf die japanische Industrie- und Rüstungsproduktion das amerikanische Schrott- und Ölembargo im Juli 1941. Angesichts ähnlicher Beschlüsse Großbritanniens, der Niederlande und anderer Staaten sah der japanische Ministerpräsident TOGO am 1. Dezember 1941 nur noch einen Weg:

> Die Vereinigten Staaten, Großbritannien, die Niederlande und China (haben) kürzlich ihren wirtschaftlichen und militärischen Druck auf uns verstärkt... Nachdem die Dinge diesen Punkt erreicht haben, bleibt uns kein anderer Ausweg als zum Krieg gegen die Vereinigten Staaten, Großbritannien und die Niederlande zu schreiten, um die gegenwärtige Krise zu überwinden und unsere Existenz zu wahren.
> (Shigenori Togo, Japan im Zweiten Weltkrieg, Bonn 1958, S. 171)

1 Wie definiert Matsuoka die „Aufgabe Japans" und welche politischen und wirtschaftlichen Ziele verbergen sich dahinter?
2 Nennen Sie die von Japans Expansion betroffenen Staaten und Kolonialgebiete und ordnen Sie die Rohstoffquellen zu.
3 Vergleichen Sie Motive, Ziele und Methoden der deutschen und japanischen Expansionspolitik.

Sammelstelle für Tote im japanisch-chinesischen Krieg.

Der Bahnhof von Shanghai nach einer japanischen Bombardierung.

Die chinesische Stadt Chongqing nach einem Luftangriff.

Die Kriegswende

Der Kriegseintritt der USA

Isolationisten gegen Internationalisten

Enttäuscht von den Ergebnissen des Ersten Weltkriegs gewannen viele Amerikaner die Überzeugung, dass es sich nicht gelohnt habe die Rolle des Weltpolizisten zu spielen. Sie forderten deshalb, die USA von den Streitigkeiten der alten europäischen Nationen zu isolieren. Diese *Isolationisten* hatten bis zum Zweiten Weltkrieg einen starken Einfluss auf die amerikanische Außenpolitik.

Dagegen vertraten die *Internationalisten* die Auffassung, dass die wirtschaftlichen und militärischen Interessen der Weltmacht USA ohne eine Weltpolitik nicht durchzusetzen seien. An der Spitze der Internationalisten stand FRANKLIN DELANO ROOSEVELT, der 1940 zum dritten Mal Präsident wurde. Roosevelt deutete den von Deutschland, Italien und Japan entfesselten Krieg als einen Kampf um die künftige Ordnung der Welt zwischen Demokratie und Faschismus, zwischen rechtschaffenen Bürgern und Verbrechern, zwischen Gut und Böse. Er war überzeugt, dass es das letzte Ziel der Achsenmächte sei die Welt zu erobern.

Allerdings war wegen der starken isolationistischen Opposition zunächst an eine offene Kriegsbeteiligung der USA nicht zu denken. Deshalb versuchte Roosevelt, die USA wenigstens zu einem „Arsenal der Demokratie" zu machen und vor allem Großbritannien und die Sowjetunion gegen die Achsenmächte zu rüsten. Das vom Kongress am 11. März 1941 verabschiedete Leih- und Pachtgesetz erlaubte dem Präsidenten, bei Zahlungsunfähigkeit der belieferten Staaten Waffen zu „verleihen" oder zu „verpachten".

Demonstration von Kriegsgegnern in New York mit dem Hinweis auf „Flanders Field", einen amerikanischen Militärfriedhof in Belgien.

Der Überfall auf Pearl Harbor

Die Stimmung zu Gunsten eines Kriegseintritts schlug in den USA erst um, als japanische Flugzeuge den Stützpunkt der amerikanischen Pazifikflotte in PEARL HARBOR auf HAWAII am 7. Dezember 1941 bombardierten und einen Großteil der Schiffe zerstörten. Die 2400 Opfer dieses Angriffs schienen die Nation aufzurufen ihrem Präsidenten zu folgen, der sich nur einen Tag später an den Kongress wandte.

Pearl Harbor nach dem japanischen Überfall am 7. 12. 1941.

Die Ausweitung zum Weltkrieg

Amerikanisches Kriegsplakat gegen Japan.

Aus Roosevelts Ansprache vor dem Kongress am 8. Dezember 1941:
Am gestrigen Tage, dem 7. Dezember 1941 – ein Datum, das in Schande fortleben wird – wurden die Vereinigten Staaten von Amerika plötzlich und planmäßig von den Kriegsschiffen und Flugzeugen des Kaiserreichs Japan überfallen... Ich glaube dem Willen des Kongresses und des ganzen Volkes Ausdruck zu geben, wenn ich versichere, dass wir uns nicht nur bis zum Äußersten verteidigen, sondern auch ganz entschieden dafür sorgen werden, dass eine solche Verräterei uns nie wieder in Gefahr bringen kann... Ich ersuche den Kongress zu erklären, dass nach dem unprovozierten und feigen Angriff Japans am Sonntag, dem 7. Dezember, Kriegszustand herrscht zwischen den Vereinigten Staaten und dem japanischen Kaiserreich.
(Roosevelt spricht, die Kriegsreden des Präsidenten, Stockholm 1945, S. 207–209)

Der Kriegserklärung der USA an Japan folgten am 11. Dezember 1941 die Deutschlands und Italiens an die USA, die zunächst in Südostasien aktiv in das Kriegsgeschehen eingriffen. Japan hatte inzwischen seinen Machtbereich von China über Thailand und die Philippinen bis nach Niederländisch-Indien ausgedehnt und beherrschte 1942 etwa 450 Millionen Menschen. Nicht wenige von ihnen sahen in den Japanern anfangs die Befreier von der weißen Kolonialherrschaft.

Von Australien aus, dessen Häfen schon japanischen Bombenangriffen ausgesetzt waren, versuchten die USA, mit einem gewaltigen Einsatz an Kriegsmaterial die japanischen Truppen von den besetzten pazifischen Inseln zu vertreiben. Eine entscheidende Wende bedeutete die Seeschlacht bei den MIDWAY-INSELN im Juni 1942. Sie brach die Überlegenheit der Japaner im See-Luft-Krieg und führte zu einem stetigen Vordringen der Amerikaner auf die japanischen Hauptinseln.

Die Konferenz von Casablanca

Im Januar 1943 beratschlagten ROOSEVELT und CHURCHILL in der marokkanischen Stadt CASABLANCA die militärische Lage am Ende des ersten Weltkriegsjahres. Dort verkündete Roosevelt in einer Presseerklärung vom 24. Januar 1943 die *Kriegsziele* der Alliierten:

Der Weltfriede kann nur durch die totale Ausmerzung des deutschen und japanischen Kriegspotenzials erreicht werden... Die Ausmerzung des deutschen, japanischen und italienischen Kriegspotenzials ist gleichbedeutend mit der bedingungslosen Übergabe Deutschlands, Italiens und Japans. Das bedeutet nicht die Ausrottung der Bevölkerung, aber es bedeutet die Ausrottung der Ideologien dieser Länder, die auf Eroberung und Unterjochung anderer Völker gegründet sind.
(Franklin D. Roosevelt, Links von der Mitte, Frankfurt 1951, S. 418)

1 Erläutern Sie, in welchen Schritten sich das Kriegsgeschehen in Europa und Ostasien zu einem Weltkrieg ausweitete.
2 Diskutieren Sie die Meinung, die Forderung nach bedingungsloser Kapitulation der Achsenmächte habe den Krieg verlängert.
3 Welche Bedeutung hat die Konferenz von Casablanca für die UdSSR?

Die Kriegswende

Die Schlacht um Stalingrad

Das Ende der 6. Armee

Nach dem gescheiterten Blitzkrieg gegen die Sowjetunion reichten die militärischen Kräfte der Wehrmacht nur noch für einen Angriff im Süden der Ostfront. Der neue Feldzugsplan sah vor, in zwei Richtungen vorzustoßen, um sowohl das an der WOLGA gelegene Verkehrs- und Rüstungszentrum STALINGRAD auszuschalten als auch die Erdölfelder des Kaukasus zu erobern.

Im Verlauf der deutschen Sommeroffensive, die am 28. Juni 1942 begann, drangen die Truppen zwar in Stalingrad ein, konnten es jedoch nicht völlig erobern. Stattdessen gelang es den sowjetischen Truppen die unzureichend geschützte 6. Armee am 23. November einzukesseln. Hitler befahl den eingeschlossenen Truppen sich in Stalingrad „einzuigeln" und einen Entsatzangriff abzuwarten. Einen Rückzug von der Wolga oder eine Kapitulation lehnte er entschieden ab, weil der Besitz der Stadt, die Stalins Namen trug, zu einer Prestigefrage geworden war.

Als der Oberbefehlshaber der 6. Armee, General PAULUS, gemäß Hitlers Befehl den Ausbruch aus dem Kessel verweigerte, schrieb ihm der kommandierende General eines eingeschlossenen Armeekorps, VON SEYDLITZ-KURZBACH, am 25. November 1942:

Die Ostfront 1942 - 1943
- unbesetztes Gebiet der UdSSR Ende 1942
- Gewinne der UdSSR bis Okt. 1943
- Front Nov. 1942 ····· Front Okt. 1943
- Gebiet der Achsenmächte Okt. 1943
- Staatsgrenzen Nov. 1942

> Hebt das OKH (Oberkommando des Heeres) den Befehl zum Ausharren in der Igelstellung nicht unverzüglich auf, so ergibt sich vor dem eigenen Gewissen gegenüber der Armee und dem deutschen Volk die *gebieterische Pflicht,* sich die durch den bisherigen Befehl verhinderte Handlungsfreiheit selbst zu nehmen und von der heute noch vorhandenen Möglichkeit, die Katastrophe durch eigenen Angriff zu vermeiden, Gebrauch zu machen.
> *(nach: M. Kehrig, Stalingrad, Stuttgart 1974, S. 567)*

Ein halbherziger Entsatzangriff scheiterte und überließ 195 000 Soldaten ihrem Schicksal. Da die Vorräte der 6. Armee zu Ende gingen und nur ein Bruchteil der benötigten Versorgungsgüter wie Lebensmittel, Munition und Kraftstoff eingeflogen werden konnte, herrschten im Kessel grauenhafte Zustände. So sind viele der in Stalingrad umgekommenen Soldaten verhungert oder erfroren. Auch in hoffnungsloser Lage konnte sich Paulus nicht entschließen die Waffen zu strecken. Diesen Schritt überließ er den einzelnen Kommandeuren, die am 31. Januar bzw. 2. Februar 1943 kapitulierten. Die Bilanz war schrecklich: 60 000 Soldaten waren tot, 110 000 gerieten in Gefangenschaft, von denen nur etwa 5000 überleben sollten.

Deutscher Gefallener in einem Massengrab bei Stalingrad.

1 Gehorsam gegenüber Hitler oder Verantwortung gegenüber den Soldaten? Diskutieren Sie diese Entscheidungssituation.
2 Setzen Sie sich mit der Titelseite des „Völkischen Beobachters" rechts oben kritisch auseinander und formulieren Sie eine Schlagzeile für eine in einem neutralen Land erscheinende Zeitung.
3 Vergleichen Sie die Soldatenbriefe auf der rechten Seite mit der offiziellen Berichterstattung.

Der Mythos vom Heldentod …

Stalingrad ruft zur Tat!

… und die Briefe aus Stalingrad

Deutscher Soldat bei einem Brief im eingekesselten Stalingrad.

Am 4. Februar 1943 berichtete der *Völkische Beobachter* gemäß GOEBBELS Anweisungen über den Untergang der 6. Armee:

> Der Heldenkampf um Stalingrad hat sein Ende gefunden. In mehrtägiger Trauer wird das deutsche Volk seiner tapferen Söhne gedenken, die bis zum letzten Atemzug und bis zur letzten Patrone ihre Pflicht getan und damit die Hauptkraft des bolschewistischen Ansturms gegen die Ostfront gebrochen haben. Der Heldenkampf um Stalingrad wird nunmehr zum größten Heldenlied der deutschen Geschichte werden.
>
> (W. A. Boelcke, Wollt Ihr den totalen Krieg?, München 1969, S. 436 f.)

Am 19. November 1942 schrieb ein deutscher Soldat aus Stalingrad an seine Schwester (Rechtschreibung und Zeichensetzung nicht korrigiert):

„Daß der Krieg bald aus sein wird glaube ich nicht … Aber wir wissen ja, Gott sei Dank das eine, was der Führer macht ist schon immer richtig und wir können uns darauf 100 Prozentig verlaßen …"

Am 10. Januar 1943 schrieb ein in Stalingrad eingeschlossener deutscher Soldat an seine Eltern und seine Schwester (Rechtschreibung und Zeichensetzung nicht korrigiert):

„Nun sind wir bereits 2 Monate in der Sache drinnen und es sieht garnicht danach aus, dass wir noch jemals lebend aus diesem Schlamassel herauskommen werden … Man is blos noch ein Wrak … Stündlich sehe ich den Tod vor Augen. Ich habe mein Leben in Gottes Hand gelegt. Nur einen Wunsch habe ich noch, dass ich wenigstens noch einmal meine Frau, mein Kind und Euch meine Lieben sehen könnte …"

Am 12. Januar 1943 schrieb ein in Stalingrad eingeschlossener deutscher Soldat an seine Frau, seinen Sohn und seine Eltern:

„Verluste haben wir fast jeden Tag. Viele Kameraden sind schon tot u. verwundet. Auch erfrorene Glieder … Manchmal ist mirs zum Verzweifeln. Die Hoffnung auf Befreiung schwindet immer mehr … Sowas zu erleben hätte ich nie geglaubt, u. meine Gesinnung: Nie wieder Krieg …"

(„Ich will raus aus diesem Wahnsinn", Deutsche Briefe von der Ostfront 1941–1945, Reinbeck 1993, S. 131, 202, 208 f.)

Die Kriegswende

Der totale Krieg

Der japanische Überfall auf Pearl Harbor ermöglichte es ROOSEVELT, die Bevölkerung der Vereinigten Staaten für eine beispiellose Rüstungsanstrengung zu mobilisieren. In einer Erklärung erläuterte er, auf welche Weise der Krieg zu gewinnen sei:

Amerikas Kriegsmaschine rollt

Bomberproduktion in den USA.

> *Aus Roosevelts Jahresbotschaft an den Kongress (6. Januar 1942):*
> Wir sind im Begriffe die totalen Kriegsanstrengungen der Vereinigten Nationen [der Alliierten] gegen die gemeinsamen Feinde zu konsolidieren ...
>
> Die Vereinigten Nationen müssen eine erdrückende Überlegenheit an Kriegsmaterial und Tonnage besitzen – so erdrückend, dass die Achsenmächte niemals mehr hoffen können uns einzuholen.
>
> Um diese erdrückende Überlegenheit zu erzielen, müssen die Vereinigten Staaten bis zur äußersten Grenze ihres Leistungsvermögens Flugzeuge, Tanks, Geschütze und Schiffe produzieren.
> *(Roosevelt spricht, Die Kriegsreden des Präsidenten, Stockholm 1945, S. 225–229)*

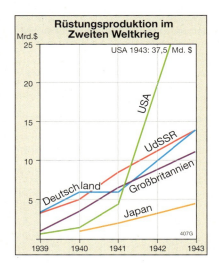

Mit einer Politik, die staatlichen Zwang weitgehend vermied, wollte die amerikanische Regierung die freiwillige Mitarbeit aller entscheidenden gesellschaftlichen Gruppen gewinnen. Roosevelt erkannte, dass er nur Erfolg haben konnte, wenn er den Interessen der Menschen Rechnung trug und kräftige materielle Anreize bot. Deshalb vergrößerte die Regierung durch erhebliche Steuerersparnisse die Profite der privaten Wirtschaft und gestattete Zusammenschlüsse von Unternehmen, wenn diese der Steigerung der Kriegsproduktion dienten. Infolge der enormen Belebung der Konjunktur kam es zu einem Arbeitskräftemangel, der Lohnerhöhungen, längere Arbeitszeiten und eine Zunahme der Frauenarbeit nach sich zog.

Die Zahl der Arbeitslosen sank von zehn Millionen unter eine Million. Ein neues Gesetz ermöglichte es dem Präsidenten in Arbeitskämpfe einzugreifen und verringerte die Zahl der Streiks auf ein Drittel. Die Mobilisierung für den Krieg und die Rüstungsproduktion beendeten eine zehnjährige Krise der amerikanischen Wirtschaft.

Großbritannien rüstet auf

Nach seiner Ernennung zum Premierminister verfolgte CHURCHILL unbeirrt das Ziel, Großbritannien für den *totalen Krieg* zu rüsten. Schon nach wenigen Tagen erhielt er durch ein Gesetz außerordentliche Vollmachten, durch die „jede Person, ihre Dienste und ihr Eigentum" der Regierung zur Verfügung gestellt werden konnten. Die Bevölkerung musste eine empfindliche Einschränkung des Lebensstandards und eine sehr viel höhere steuerliche Belastung hinnehmen. Da der Konsum gedrosselt wurde, blieb vielen Menschen nichts anderes übrig als zu sparen oder Kriegsanleihen zu kaufen. Dadurch verfügte die Regierung über genug Geld um den Krieg zu finanzieren. Auf Grund der Mobilisierung aller Kräfte stieg die Rüstungsproduktion fast um das Achtfache. Der Arbeitskräftemangel wurde vor allem durch die Einstellung von Arbeitslosen und den Einsatz von Frauen behoben.

Totaler Krieg in Deutschland?

In Deutschland unterschied sich die Rüstungsproduktion der ersten Kriegsjahre kaum von der Aufrüstung vor 1939. Eine Umstellung auf eine *Kriegswirtschaft* fand nicht statt, weil die in den Blitzkriegen auftretenden Verluste an Waffen und Munition zwischen den Feldzügen weitgehend ersetzt werden konnten. Rücksichtslose Ausbeutung der eroberten Gebiete sollte die erforderlichen Rohstoffe und Nahrungsmittel sicherstellen um Deutschland *autark*, d. h. vom Ausland wirtschaftlich unabhängig zu machen.

Da HITLER eine Revolution wie im November 1918 befürchtete, war er bestrebt, der Bevölkerung möglichst wenig Einschränkungen zuzumuten. Jedoch zwangen der gescheiterte Blitzkrieg gegen die *Sowjetunion* und der Kriegseintritt der USA zu einem Umdenken. Das nationalsozialistische Regime nutzte die Forderung nach bedingungsloser Kapitulation und die Niederlage in der Schlacht um STALINGRAD für den Versuch, die Bevölkerung für den totalen Krieg zu mobilisieren.

Deutsches Plakat mit Durchhalteparolen um 1943.

> *Reichspropagandaminister Goebbels am 18. Februar 1943 im Berliner Sportpalast:*
> Die Engländer behaupten, das deutsche Volk wehrt sich gegen die totalen Kriegsmaßnahmen der Regierung (Rufe: „Nein!"). Es will nicht den totalen Krieg, sagen die Engländer, sondern die Kapitulation! (Stürmische Rufe, u. a.: „Nein!", „Pfui!") Ich frage euch: Wollt ihr den totalen Krieg? (Stürmische Rufe: „Ja!" Starker Beifall.) Wollt ihr ihn (Rufe: „Wir wollen ihn!"), wenn nötig, totaler und radikaler, als wir ihn uns heute überhaupt erst vorstellen können? (Stürmische Rufe: „Ja!" Beifall.)
> (Goebbels-Reden 1932–1945, hrsg. von Helmut Heiber. Bd. 2, Düsseldorf 1972, S. 204 f.)

GOEBBELS Rede im Sportpalast hatte nicht die von ihm erhoffte Wirkung. Das lag vor allem an der allgemeinen Enttäuschung und dem zunehmenden Misstrauen. Jahrelang hatte die Propaganda den Menschen vorgegaukelt, dass der Krieg gewonnen, nur noch nicht beendet sei. Jetzt verhielt sich die Bevölkerung gegenüber den neuen Forderungen und Versprechungen reserviert.

Die Überwindung der wirtschaftlichen Lähmung

Während der von Goebbels verkündete totale Krieg eher ein Schlagwort der Propaganda blieb, gelang es dem Architekten ALBERT SPEER, den Hitler 1942 zum Rüstungsminister ernannt hatte, die Lähmung der Wirtschaft zu überwinden. Durch Massenfertigung, Begünstigung der Großkonzerne, Stärkung der Selbstverwaltung der Wirtschaft und Befriedigung der Profitinteressen der Unternehmer konnte Speer die Produktion von Flugzeugen auf das Dreieinhalbfache und die Herstellung schwerer Panzer sogar auf das Sechsfache steigern. Angesichts der Überlegenheit der Alliierten bewirkte dieser Erfolg jedoch nur, dass der Krieg verlängert und die Zahl der Opfer erhöht wurde.

1 Vergleichen Sie Maßnahmen und Ergebnisse der Kriegswirtschaft in den USA, Großbritannien und Deutschland.

Die Kriegswende

Zwangsarbeiter in der deutschen Kriegswirtschaft

In der Zeit der Blitzkriege war die Mobilisierung zusätzlicher Arbeitskräfte überflüssig, da die in die Wehrmacht einberufenen Männer nach kurzer Zeit in die Fabriken zurückkehrten. Dies änderte sich nach dem Scheitern des „Unternehmens Barbarossa". Im Gegensatz zu den USA und Großbritannien gab es in Deutschland keine Arbeitslosen, von denen die Lücken hätten geschlossen werden können. Die Einführung einer allgemeinen Dienstpflicht für die weibliche Bevölkerung widersprach der nationalsozialistischen Ideologie, denn die Frauen sollten in erster Linie Mütter sein. Deshalb wurde der Bedarf an Arbeitskräften vor allem durch *Zwangsarbeiter* aus den eroberten Gebieten im Osten gedeckt. Im Sommer 1944 hielten 7,6 Millionen „Ostarbeiter" die deutsche Kriegswirtschaft in Gang. Davon kamen 2,8 Millionen aus der *Sowjetunion* und 1,7 Millionen aus *Polen*.

> *Zwei junge russische Arbeiterinnen schreiben aus Deutschland (Frühjahr 1942):*
> Es ist so schön, dass wir jeden Tag und jede Stunde weinen und an zu Hause denken. Zu Hause gab es bloß Suppe und Brot, aber hier haben wir es nicht besser als die Schweine … Wir erhalten Suppe, 300 gr. Brot, 15 gr. Butter täglich und zweimal Tee. Suppe dagegen nur eine Kelle voll … Wir leben in Baracken, jede Baracke ist eingezäunt, wir sitzen hier wie im Gefängnis und das Tor ist verschlossen.
> *(nach U. Herbert, Fremdarbeiter, Berlin, Bonn 1985, S. 161)*

Zwangsarbeiterin in einem Rüstungsbetrieb.

1 Formulieren Sie den Brief eines ehemaligen sowjetischen oder polnischen Zwangsarbeiters, der von einem deutschen Unternehmen finanzielle Entschädigung für seine einstige Zwangsarbeit fordert. – Diskutieren Sie die Lage der Zwangsarbeiter.

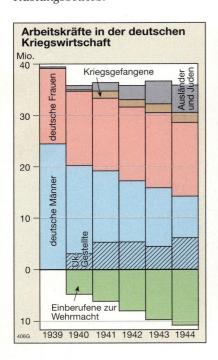

Zum Schutz vor Luftangriffen wurden kriegswichtige Rüstungsbetriebe zunehmend unter die Erde und in Tunnel verlegt.

Der Bombenkrieg gegen Deutschland

1942 beschloss die britische Regierung für Bombenabwürfe in erster Linie die Arbeiterwohngebiete in Deutschland auszuwählen. Diese Terrorangriffe sollten die Kampfmoral der in ständiger Lebensgefahr schwebenden Menschen brechen. Auf der *Konferenz von Casablanca* vereinbarten ROOSEVELT und CHURCHILL eine kombinierte Offensive: tagsüber amerikanische Präzisionsabwürfe, nachts britische Flächenbombardements. Nach dem Verlust der Luftüberlegenheit konnte die Flugabwehr die deutschen Städte vor den angloamerikanischen Angriffen nicht mehr schützen. Insgesamt starben im Bombenhagel etwa 600 000 Menschen, rund 3,6 Millionen Häuser wurden zerstört.

> *Aus einem Augenzeugenbericht über den Luftangriff auf Hamburg am 27./28. Juli 1943:*
> Nachdem seitlich beide Wohnungen brannten und Hitze und Rauch in diesem Hause unerträglich wurden, haben wir über brennende Trümmer das Haus verlassen. Wir liefen zu einem Haufen weißer Ziegelsteintrümmer, die in der Mitte des Platzes lagen. Als wir uns da hineinwühlten und mit einer nassen Decke zudeckten, hörte ich einen kleinen Knaben, der immer wieder rief: „Ich will nicht verbrennen – ich will nicht verbrennen!" Auf meine späteren Fragen sagte er wörtlich: „Meine Mutti liegt dort tot auf den Steinen und mein kleiner Bruder liegt auch dort, der ist auch verbrannt." Sein Vater steht in Russland an der Front.
> *(Der Luftkrieg über Deutschland 1939–1945, hrsg. v. E. Klöss, München ²1964, S. 85 f., gekürzt)*

Überlebende eines Luftangriffs auf Mannheim, 1943.

1 Setzen Sie sich mit der Bezeichnung „Vergeltungswaffen" kritisch auseinander.

Abschuss einer V 2-Rakete in Peenemünde auf Usedom. Diese „Vergeltungswaffen", die England in die Knie zwingen sollten, konnten den Kriegsverlauf nicht mehr beeinflussen.

Leichenverbrennung auf dem Altmarkt von Dresden. Bei den angloamerikanischen Luftangriffen vom 13./14. Februar 1945 fanden etwa 35 000 bis 70 000 Menschen in der von Flüchtlingen überfüllten Stadt den Tod.

Terror und Widerstand

Verfolgung und Vernichtung der Juden

Die „Vernichtung der jüdischen Rasse in Europa", die Hitler in einer Reichstagsrede am 30. Januar 1939 im Fall eines neuen Weltkriegs androhte, wurde mit der Ausweitung des deutschen Machtbereichs grausige Wirklichkeit.

In Deutschland hatte – allmählich und gezielt – eine Flut von Verordnungen die völlige Rechtlosigkeit der *Juden* herbeigeführt. So unterlagen die Juden einer nächtlichen Ausgangssperre, durften keine Rundfunkempfänger und Telefone besitzen und erhielten erheblich geringere Lebensmittelrationen, die sie in bestimmten Geschäften und nur zu besonderen Zeiten einkaufen mussten. Die Schikanen der Nationalsozialisten umfassten unter anderem ein Verbot für Juden Haustiere zu halten und öffentliche Verkehrsmittel zu benutzen.

Am 1. September 1941 ordnete der Reichsinnenminister an, dass alle Juden vom sechsten Lebensjahr an als Kennzeichen einen *gelben Stern* auf ihre Kleidung zu nähen hatten. Ziel dieser Verordnung war es, die Juden öffentlich zu diskriminieren und ihre Überwachung zu erleichtern. Seit dem 1. Juli 1943 standen die Juden unter Polizeirecht, d. h. sie waren rechtlos und jeder Willkür ausgesetzt. Ähnliche antijüdische Bestimmungen galten auch in den eroberten und unterworfenen Ländern.

Die Vorbereitung des Völkermords

Antisemitisches Plakat.

Massenerschießungen

Bereits im September 1939 fielen besondere Mordkommandos der Polizei und der SS, die *Einsatzgruppen*, unmittelbar hinter der vorrückenden Wehrmacht in *Polen* ein. Sie unterstanden dem Oberbefehl des Reichsführers SS Heinrich Himmler. Ihre Aufgabe war die „Bekämpfung aller reichs- und deutschfeindlichen Elemente in Feindesland". Im *Russlandfeldzug* ermordeten die Einsatzgruppen – aber auch Angehörige der Wehrmacht – zwischen Juni 1941 und April 1942 fast 560 000 Menschen. Die meisten Opfer waren Juden. Beim größten Massaker wurden am 29. und 30. September 1941 in der Schlucht von Babi Yar bei Kiew über 33 000 Juden erschossen. Ein ehemaliges Mitglied einer Einsatzgruppe der SS berichtet darüber:

> Die Juden mußten sich mit dem Gesicht zur Erde an die Muldenwände hinlegen. In der Mulde befanden sich drei Gruppen mit Schützen... Gleichzeitig sind diesen Erschießungsgruppen von oben her laufend Juden zugeführt worden. Die nachfolgenden Juden mußten sich auf die Leichen der zuvor erschossenen Juden legen. Die Schützen standen jeweils hinter den Juden und haben diese mit Genickschüssen getötet... Man kann sich gar nicht vorstellen, welche Nervenkraft es kostete, da unten diese schmutzige Tätigkeit auszuführen. An diesem Abend hat es wieder Alkohol (Schnaps) gegeben.
> (nach: E. Klee u. a., „Schöne Zeiten", Frankfurt/M. ⁴1988, S. 69 f.)

Erschießung von Juden durch deutsche Einsatzgruppen. Die Zuschauer sind überwiegend Soldaten.

1 „Wie konnte das geschehen?" Versuchen Sie in Gesprächen mit Zeitzeugen und einer Diskussion innerhalb der Klasse Antworten auf diese Frage zu finden.
2 Bereiten Sie den Besuch einer KZ-Gedenkstätte vor.

Gettoisierung

Schon am 21. September 1939, noch bevor der letzte Widerstand der polnischen Armee gebrochen war, schickte HEYDRICH, der als Chef der Sicherheitspolizei die Aussonderung der Juden leitete, einen Befehl an die Kommandeure der Einsatzgruppen. Er ordnete an, die Juden in möglichst wenigen, an Eisenbahnstrecken liegenden Städten zu konzentrieren, „so dass die späteren Maßnahmen erleichtert werden". Solche abgeschlossenen jüdischen „Wohngebiete", *Gettos* genannt, wurden zuerst im Generalgouvernement eingerichtet, später im ganzen von Deutschland beherrschten Osten. Nur noch kurze Zeit durften sich die Juden frei in den Städten bewegen, dann wurden die Gettos von der Außenwelt durch Mauern und Stacheldraht abgeschlossen. Auf unerlaubtes Verlassen der abgesperrten Viertel stand die Todesstrafe.

Warten auf den Tod

Die Gettos dienten der Demütigung, Isolierung, Ausplünderung und Ausbeutung der Juden. Jede Gemeinde musste einen *Judenrat* bilden, der für exakte und pünktliche Durchführung aller Weisungen verantwortlich war. Die Zustände in den Gettos hingen davon ab, wie viel Menschen dort zusammengepfercht und wie streng die „Wohnbezirke" abgeriegelt waren. Überfüllung, Hunger und die Ausbreitung ansteckender Krankheiten führten zu einem Massensterben der Eingekerkerten. Schon bald setzten auch Aktionen von Einsatzgruppen der SS ein, die Juden plötzlich verschleppten und durch Massenerschießungen umbrachten.

> *In seinen Tagebüchern fragt der im Warschauer Getto eingeschlossene Historiker Emanuel Ringelblum:*
> Seit tausend Jahren leben sie zusammen auf der Erde: das polnische und das jüdische Volk. Was taten unsere Nachbarn in dem Augenblick, als der vom Scheitel bis zur Sohle bewaffnete Okkupant sich auf das wehr- und schutzloseste Volk warf, auf die Juden?
> *(Emanuel Ringelblum, Getto Warschau, Tagebücher aus dem Chaos, Stuttgart 1967, S. 23)*

Eingang zum Getto Lodz in Polen.

Näherei im Warschauer Getto.

Der Tod im Getto ist überall.

Terror und Widerstand

Die „Endlösung"

Die Entscheidung alle europäischen Juden systematisch umzubringen fasste HITLER in Verbindung mit dem Überfall auf die Sowjetunion. Der „Neuordnung Europas" sollte die endgültige Vernichtung des Judentums im deutschen Machtbereich folgen. Auf Grund einer entsprechenden Anordnung kamen am 20. Januar 1942 Spitzenvertreter der Reichsbehörden zur Berliner *Wannseekonferenz* zusammen, um unter Vorsitz von REINHARD HEYDRICH die „Endlösung der Judenfrage" vorzubereiten. Den Organisatoren erschienen die bisher praktizierten Erschießungen für den beabsichtigten Völkermord ungeeignet. Sie ließen daher in entlegenen Gebieten des besetzten Polen *Vernichtungslager* errichten, um dorthin Juden aus ganz Europa zu deportieren. Hier sollten die Opfer mit Giftgas, das schon im sogenannten „Euthanasie-Programm" bei der Ermordung Behinderter und Geisteskranker Verwendung gefunden hatte, rasch und unauffällig umgebracht werden. Über das Verfahren berichtet in seinen Aufzeichnungen RUDOLF HÖSS, der von 1940 bis 1943 Kommandant des kombinierten Arbeits- und Vernichtungslagers in AUSCHWITZ war:

Auschwitzopfer.

> Die zur Vernichtung bestimmten Juden wurden möglichst ruhig – Männer und Frauen getrennt – zu den Krematorien geführt. Nach der Entkleidung gingen die Juden in die Gaskammer, die mit Brausen und Wasserleitungsröhren versehen völlig den Eindruck eines Baderaumes machte. Zuerst kamen die Frauen mit den Kindern hinein, hernach die Männer.
>
> Die Tür wurde nun schnell zugeschraubt und das Gas sofort durch die bereitstehenden Desinfektoren in die Einwurfluken durch die Decke der Gaskammer in einen Luftschacht bis zum Boden geworfen. Nach spätestens 20 Minuten regte sich keiner mehr.
>
> (Rudolf Höß, Kommandant in Auschwitz, Stuttgart 1958, S. 166)

Selektion in Auschwitz-Birkenau. Nachdem die Juden die Deportationszüge verlassen hatten, entschieden SS-Ärzte, wer arbeitsfähig war. Die Arbeitsfähigen kamen ins Lager, wo deutsche Unternehmen Zweigwerke unterhielten. Schwache und Alte, Frauen mit Säuglingen sowie Kinder kamen sofort in die Gaskammern.

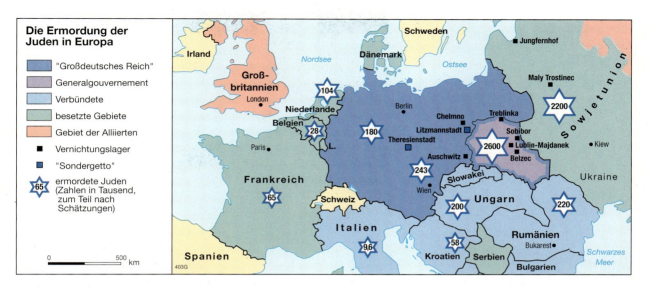

Aufstand des Warschauer Gettos

Im April 1943 widersetzten sich die verbliebenen Bewohner des *Warschauer Gettos* der drohenden Deportation mit Waffengewalt. Ungeübte und schlecht bewaffnete jüdische Kämpfer, darunter Frauen, Kinder und Todeskommandos, leisteten den vorrückenden SS-Verbänden und Polizeieinheiten verzweifelten Widerstand. Ihr Aufruf hat den Untergang des Gettos am 16. Mai überlebt:

> Die Stunde der Befreiung vom Joch unseres größten Feindes ist nahe. Der Feind erleidet eine Niederlage nach der anderen. Brüder, gehen wir nicht mehr wie die Hammel zur Schlachtbank. Wer einmal den Waggon betritt, ist für immer verloren. Die Hoffnung auf Flucht ist gering, deshalb wollen wir hier handeln und kämpfen.
> (nach: Faschismus – Getto – Massenmord, hrsg. v. Jüdischen Historischen Institut, Warschau/Berlin ²1961, S. 498)

„Der letzte Schrei – Am Ende", Gemälde des Auschwitzhäftlings Adolf Frankl.

Abtransport von Warschauer Juden in die Vernichtungslager.

Terror und Widerstand

Widerstand gegen den Nationalsozialismus

Partisanen

Die *Partisanenbewegungen*, die in den von Deutschland besetzten Ländern entstanden, hatten erheblichen Einfluss auf den Kriegsverlauf. Infolge von Unterdrückung und Ausbeutung, Geiselerschießungen und der Versklavung der Zwangsarbeiter schlossen sich ihnen viele Menschen an. Besonders stark war der Widerstand in der Sowjetunion, in Polen, Frankreich und auf dem Balkan. Zum besseren Schutz zogen sich die Partisanen in unzugängliche Berge und Wälder zurück und zerstörten von dort aus Eisenbahnlinien, Brücken und Waffenlager. Außerdem versorgten sie die eigenen regulären Truppen mit wichtigen Informationen. Da sie eine ständige Bedrohung darstellten, band ihre Bekämpfung eine große Anzahl Soldaten. Der Partisanenkrieg führte auf beiden Seiten zu schonungsloser Grausamkeit.

Unwegsames Gelände bot sowjetischen Partisanen eine gute Basis.

So fanden Sowjetsoldaten die hingerichtete Partisanin „Tania".

„Erschlage den faschistischen Unhold!", sowjetisches Plakat.

Widerstand ohne Volk!

Während die Partisanen in den besetzten Gebieten Unterstützung von ihren Landsleuten erhielten, fand der *deutsche Widerstand* gegen HITLER kaum Rückhalt bei der Bevölkerung. Deshalb blieb er zahlenmäßig schwach und isoliert: ein Widerstand ohne Volk. Ende 1933 hatte Hitler seine Herrschaft ohne große Auflehnung gefestigt und die Zustimmung breiter Teile des deutschen Volks erhalten. Nach den militärischen Erfolgen der ersten Kriegsjahre schien er unangreifbar zu sein. Wer die nationalsozialistische Herrschaft bekämpfte, setzte sich dem Vorwurf des Hoch- und Landesverrats aus.

Zum Widerstand entschlossen sich die Menschen, die auf Grund ihrer moralischen oder politischen Überzeugung die kriminelle und menschenverachtende Politik der Nationalsozialisten ablehnten. Da Kontaktaufnahmen jedoch das Risiko einer Denunziation erhöhten, bildeten Verwandte, Freunde und politische Weggefährten aus der Zeit der Weimarer Republik häufig den Kern von *Widerstandsgruppen*.

Die Grenzen zwischen Unzufriedenheit, offener Gegnerschaft und aktivem Widerstand waren fließend. Chancen einen politischen Umsturz herbeizuführen gab es nur bei einer Ausschaltung Hitlers.

Arbeiter, Jugendliche und Studenten

Auf den *Nichtangriffspakt* zwischen HITLER und STALIN 1939 reagierten die *Kommunisten* in Deutschland mit Entsetzen und Ratlosigkeit. Erst nach dem deutschen Überfall auf die Sowjetunion hatten sie wieder ein klares Feindbild und verstärkten ihren Widerstand. In Flugblättern riefen sie zum Kampf gegen die nationalsozialistische Diktatur auf und forderten Sabotage in der Rüstungsindustrie. Ein Sonderfall des kommunistischen Widerstands war die Tätigkeit der „Roten Kapelle". So bezeichnete die Geheime Staatspolizei ein sowjetisches Spionagenetz, das über Funk Informationen nach Moskau übermittelte. 1942 wurden zahlreiche Mitglieder der „Roten Kapelle" enttarnt und mehr als 50 von ihnen – darunter die Leiter SCHULZE-BOYSEN und HARNACK – hingerichtet.

Der Vorstand der SPD musste schon 1933 ins Ausland fliehen. Die zurückgebliebenen Parteimitglieder konzentrierten sich darauf, den Terror zu überleben ohne ihre Überzeugung aufzugeben.

Aus Protest gegen den Drill der HJ fanden sich im Rhein-Ruhr-Gebiet Tausende von Jugendlichen zwischen 14 und 17 Jahren in Gruppen zusammen, die sich Namen wie *Edelweißpiraten*, *Kittelbachpiraten* oder *Navajos* gaben. Sie gestalteten ihre Freizeit nach eigenen Vorstellungen, verteilten Flugblätter und schrieben aufrührerische Parolen an Wände. Die Gestapo griff schließlich zu und im November 1944 wurden 13 Edelweißpiraten in Köln öffentlich gehängt.

Empört über das verbrecherische Regime der Nationalsozialisten bildete sich 1942 eine Widerstandsgruppe von Studenten an der Universität MÜNCHEN. Unter Führung der Geschwister HANS und SOPHIE SCHOLL protestierten sie mit Wandparolen und Flugblättern gegen die Fortsetzung des sinnlosen Kriegs, den Führerstaat und die Ermordung der Juden. Als sie am 18. Februar 1943 Flugblätter in den Lichthof der Universität warfen, fielen sie der Gestapo in die Hände. Die Geschwister Scholl und drei weitere Mitglieder der „Weißen Rose" wurden vor dem Volksgerichtshof angeklagt und am 22. 2. 1943 hingerichtet.

Jugendliche im Widerstand: „Kittelbachpiraten" in Gladbeck.

Sophie Scholl verabschiedet sich auf einem Münchener Bahnhof von ihrem Bruder Hans (zweiter von links) vor dessen Transport an die Ostfront.

> *Aus dem letzten Flugblatt der „Weißen Rose" (Februar 1943):*
> Erschüttert steht unser Volk vor dem Untergang der Männer von Stalingrad. Dreihundertdreißigtausend deutsche Männer hat die geniale Strategie des Weltkriegsgefreiten sinn- und verantwortungslos in Tod und Verderben gehetzt. Es gärt im deutschen Volk: Wollen wir weiter einem Dilettanten das Schicksal unserer Armeen anvertrauen? Wollen wir den niedrigsten Machtinstinkten einer Parteiclique den Rest unserer deutschen Jugend opfern? Nimmermehr! Der Tag der Abrechnung ist gekommen, der Abrechnung der deutschen Jugend mit der verabscheuungswürdigsten Tyrannis, die unser Volk je erduldet hat. Im Namen des ganzen deutschen Volkes fordern wir vom Staat Adolf Hitlers die persönliche Freiheit, das kostbarste Gut der Deutschen zurück, um das er uns in der erbärmlichsten Weise betrogen hat... Der deutsche Name bleibt für immer geschändet, wenn nicht die deutsche Jugend endlich aufsteht, rächt und sühnt zugleich, ihre Peiniger zerschmettert und ein neues geistiges Europa aufrichtet.
> (Inge Scholl, Die Weiße Rose, Frankfurt/M. ²1982, S. 119–121)

Terror und Widerstand

Die katholische Kirche

Zwar hatte das nationalsozialistische Deutschland 1933 mit dem Vatikan ein *Konkordat* geschlossen und der katholischen Kirche das Recht zuerkannt ihre Angelegenheiten selbstständig zu ordnen. Jedoch griff die von der NSDAP betriebene *Gleichschaltung* in zentrale kirchliche Belange ein, vor allem bei der Kindererziehung. Die Unvereinbarkeit von nationalsozialistischer Ideologie und christlichem Glauben öffentlich auszusprechen war auch für den Klerus nicht ungefährlich, zumal die Gestapo vor Verhaftung und Mord nicht zurückschreckte. Nur sein hohes Ansehen und ein großer Bekanntheitsgrad schützten den Bischof von Münster, CLEMENS AUGUST GRAF VON GALEN, vor den NS-Schergen, als er am 3. August 1941 von der Kanzel gegen das sogenannte „Euthanasie-Programm" protestierte:

> Wenn einmal zugegeben wird, dass Menschen das Recht haben „unproduktive" Mitmenschen zu töten – und wenn es jetzt zunächst auch nur arme wehrlose Geisteskranke trifft –, dann ist grundsätzlich der Mord an allen unproduktiven Menschen, also an den unheilbar Kranken, den arbeitsunfähigen Krüppeln, den Invaliden der Arbeit und des Krieges, dann ist der Mord an uns allen, wenn wir alt und altersschwach sind und damit unproduktiv werden, freigegeben ... Dann ist keiner von uns seines Lebens mehr sicher.
> *(Bischof Clemens August Graf von Galen, Akten, Briefe und Predigten 1933–1945, Bd. 2, Mainz 1988, S. 878)*

Über die Reaktion von Propagandaminister Goebbels auf diese Predigt berichtete sein Mitarbeiter Tießler am 13. August 1941:

> Ich erklärte ihm [Goebbels], dass es im Augenblick nur ein wirksames Mittel gäbe, nämlich den Bischof aufzuhängen ... Dr. Goebbels sagte daraufhin, dass dies eine Maßnahme sei, die nur der Führer selbst entscheiden könne. Er befürchte allerdings, dass, wenn etwas gegen den Bischof unternommen würde, die Bevölkerung Münsters während des Krieges abzuschreiben sei.
> *(nach: Praxis Geschichte, 3/1994, S. 21)*

Anonyme Flugschriften verbreiteten die Predigten des Bischofs Clemens August Graf von Galen, des „Löwen von Münster", wie ihn die Bevölkerung nannte.

Die evangelische Kirche

Die „Bekennende Kirche", einst Sammelbecken der oppositionellen evangelischen Christen, war als Organisation während des Krieges zerfallen. Aber es gab in der evangelischen Kirche zahlreiche Christen, Geistliche und Laien, die sich dem Nationalsozialismus verweigerten und für ihren ganz individuellen Widerstand Verhaftung, Folter oder sogar den Tod auf sich nahmen. So der Theologe DIETRICH BONHOEFFER, der Pläne zum Sturz Hitlers unterstützte und dafür 1945 gehenkt wurde. Am 28. Januar 1943 schrieb der evangelische Landesbischof von Württemberg, THEOPHIL WURM, an einen hohen Beamten des Innenministeriums:

> Menschen ohne richterlichen Urteilsspruch lediglich wegen ihrer Zugehörigkeit zu einem anderen Volkstum oder wegen ihres kranken Zustandes zu Tode zu bringen widerspricht dem klaren göttlichen Gebot und darum auch den Begriffen von Recht und Menschlichkeit.
> *(nach H. Hermelink [Hrsg.], Kirche im Kampf, Tübingen 1950, S. 565)*

Landesbischof Theophil Wurm.

Die Wehrmacht

Die meisten Offiziere begrüßten Hitlers „Machtergreifung". Sie hofften auf die Überwindung der Deutschland durch den Vertrag von Versailles auferlegten Beschränkungen, insbesondere auf eine Stärkung der Position des Militärs. Erst spät vollzog sich ein Gesinnungswandel. Entsetzt über die im Namen des „Führers" begangenen Verbrechen plante eine Gruppe von Offizieren ein Attentat auf Hitler und einen politischen Umsturz. Am 20. Juli 1944 gelang es Oberst CLAUS GRAF SCHENK VON STAUFFENBERG bei einer Lagebesprechung im Führerhauptquartier *Wolfschanze* eine Bombe explodieren zu lassen.

> *Aus der Regierungserklärung, die die Verschwörer nach gelungenem Umsturz verbreiten wollten:*
> Erste Aufgabe ist die Wiederherstellung der vollkommen Majestät des Rechts. Die Regierung selbst muss darauf bedacht sein, jede Willkür zu vermeiden, sie muss sich daher einer geordneten Kontrolle durch das Volk unterstellen ... Die Konzentrationslager werden aufgelöst, die Unschuldigen entlassen, Schuldige dem ordentlichen gerichtlichen Verfahren zugeführt ... Die Judenverfolgung, die sich in den unmenschlichsten, tief beschämenden und gar nicht wieder gutzumachenden Formen vollzogen hat, ist sofort eingestellt.
> (Widerstand in Deutschland 1933–1945, hrsg. von P. Steinbach und J. Tuchel, München 1994, S. 333–335)

Hitler erlitt durch die Bombenexplosion nur leichte Verletzungen und der Umsturzversuch scheiterte. Um Mitternacht wurden Stauffenberg und vier Verschwörer in Berlin erschossen. Nach dem 20. Juli 1944 verstärkten die Machthaber den Terror. Die Gestapo verhaftete Tausende von Verdächtigen. Hunderte wurden grausam hingerichtet.

Extrablatt der „Deutschen Allgemeinen Zeitung" zum Attentat vom 20. Juli 1944. Dem missglückten Putsch folgten 200 Todesurteile durch den Volksgerichtshof.

1 Vergleichen Sie Motive und Ziele der verschiedenen Gegner des Nationalsozialismus.
2 Welchen Problemen standen die Männer des 20. Juli gegenüber?

Stauffenberg (ganz links) in Hitlers Hauptquartier „Wolfschanze" in Ostpreußen.

Roland Freisler, Präsident des Volksgerichtshofes, übte brutale Terrorjustiz.

Carl Goerdeler, nach dem Umsturz als Reichskanzler vorgesehen, vor dem Volksgerichtshof.

Der Sieg der Alliierten

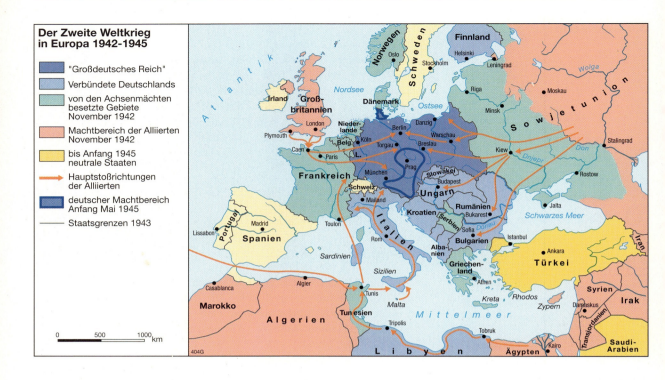

Der Zweite Weltkrieg in Europa 1942–1945
- "Großdeutsches Reich"
- Verbündete Deutschlands
- von den Achsenmächten besetzte Gebiete November 1942
- Machtbereich der Alliierten November 1942
- bis Anfang 1945 neutrale Staaten
- Hauptstoßrichtungen der Alliierten
- deutscher Machtbereich Anfang Mai 1945
- Staatsgrenzen 1943

Der Endkampf in Europa

Die Errichtung einer zweiten Front

Schon wenige Wochen nach Kriegseintritt der USA vereinbarten Roosevelt und Churchill Deutschland als Erstes niederzuringen („Germany first"). Seitdem spielte der Plan einer Invasion an der französischen Kanalküste eine zentrale Rolle. Vor allem drängte aber die Sowjetunion, die die Hauptlast des Krieges trug, auf die Errichtung einer zweiten Front. Da die USA und Großbritannien dies immer wieder verzögerten, wuchs Stalins Misstrauen. Nach gründlicher Vorbereitung landeten die Alliierten am 6. Juni 1944 mit einer gewaltigen Streitmacht in der Normandie. Sie stießen rasch nach Süden und Osten vor, befreiten *Frankreich* und überschritten die deutsche Grenze.

Die Invasion der Alliierten in der Normandie. Etwa 6000 Schiffe setzten 850 000 Soldaten an Land.

Nach dem Rückzug der deutschen Soldaten suchen Einwohner der Krim im April 1944 nach toten Angehörigen.

Der Vormarsch der Roten Armee

Auf Grund ihrer zahlenmäßigen Überlegenheit und besseren Ausrüstung schlugen die sowjetischen Truppen die deutschen Armeen seit dem Sommer 1943 an der gesamten Ostfront zurück. Hitler befahl zwar um jeden Quadratmeter Boden zu kämpfen, konnte aber dadurch den Vormarsch der Roten Armee nicht aufhalten. Um die Invasion im Westen abzuwehren konzentrierte er die deutschen Kräfte in Frankreich. Deshalb fehlten im Osten die dringend benötigten Verstärkungen. Ende Januar 1945 erreichte die Rote Armee die ODER, das letzte natürliche Hindernis vor BERLIN.

Die Konferenz von Jalta

Unter diesen Voraussetzungen trafen sich die „Großen Drei" – ROOSEVELT, CHURCHILL und STALIN – am 4. Februar 1945 in JALTA zu ihrer wichtigsten Kriegskonferenz. Einigkeit bestand bei den angereisten Konferenzteilnehmern über ihre jeweiligen Interessensphären in Europa und über die Aufteilung Deutschlands in *Besatzungszonen*. Um Stalins Zusage für eine Teilnahme der Sowjetunion am Krieg gegen Japan zu erreichen machte Roosevelt weitgehende Zugeständnisse.

Das Ergebnis der *Konferenz von Jalta* war die Teilung der Welt zwischen den Supermächten *USA* und *Sowjetunion* sowie das vorläufige Ende der weltgeschichtlichen Rolle Europas.

Feldpostkarte aus einem sowjetischen Gefangenenlager, die für Propagandazwecke von der UdSSR gedruckt wurde.

> *Aus dem Protokoll der Konferenz von Jalta (4.–11. Februar 1945):*
> Das Vereinigte Königreich, die Vereinigten Staaten von Amerika und die Union der Sozialistischen Sowjetrepubliken werden bezüglich Deutschlands höchste Machtvollkommenheit haben. In der Ausübung dieser Macht werden sie solche Maßnahmen treffen, einschließlich der völligen Entwaffnung, Entmilitarisierung und Zerstückelung, als sie für den künftigen Frieden und die Sicherheit notwendig halten … Es wurde beschlossen, daß eine Zone in Deutschland … Frankreich zugeteilt wird. Diese Zone soll aus der britischen und amerikanischen Zone gebildet werden.
> (R. Müller, G. Ueberschär, Kriegsende 1945, Frankfurt/M. 1994, S. 190)

Der Sieg der Alliierten

Das letzte Aufgebot

Angesichts der großen Verluste der Wehrmacht ordnete Hitler im September 1944 an, „aus allen waffenfähigen Männern im Alter von 16 bis 60 Jahren" einen *Volkssturm* zu bilden. Dieser sollte „den Heimatboden mit allen Waffen und Mitteln verteidigen". Viele Jugendliche und ältere Männer dieses letzten Aufgebots verloren noch kurz vor Kriegsende völlig sinnlos ihr Leben. Der Kampfwert des „Volkssturms" blieb gering, da er schlecht ausgerüstet und nur notdürftig ausgebildet war. Die Anlage von Panzersperren erwies sich als militärisch wertlos. Die unvermeidliche Niederlage und den eigenen Tod vor Augen, erteilte Hitler den Befehl, beim Rückzug in Deutschland alle Verkehrs-, Nachrichten-, Industrie- und Versorgungsanlagen zu zerstören. Die Alliierten sollten ein Trümmerfeld vorfinden.

Warum Hitler das ganze deutsche Volk mit sich in den Abgrund reißen wollte, erklärte er am 18. März 1945 seinem Rüstungsminister ALBERT SPEER:

> Wenn der Krieg verloren geht, wird auch das Volk verloren sein. Es ist nicht notwendig, auf die Grundlagen, die das deutsche Volk zu seinem primitivsten Weiterleben braucht, Rücksicht zu nehmen. Im Gegenteil ist es besser selbst diese Dinge zu zerstören. Denn das Volk hat sich als das schwächere erwiesen und dem stärkeren Ostvolk gehört ausschließlich die Zukunft. Was nach diesem Kampf übrig bleibt, sind ohnehin nur die Minderwertigen, denn die Guten sind gefallen!
> *(Albert Speer, Erinnerungen, Berlin ⁶1970, S. 446)*

1 Nehmen Sie Stellung zu Hitlers Zerstörungsbefehl und seiner Äußerung gegenüber Speer vom 18. März 1945.
2 Warum war der Volkssturm zwecklos und unverantwortlich?

Öffentliche Hinrichtungen sollten den „Kampfgeist" erzwingen.

Bei Luftangriffen verwundete junge Flakhelfer.

Hitlerjunge und Volkssturmmann in einem Schützengraben in Berlin.

Sowjetische Soldaten hissen die Rote Fahne auf dem Berliner Reichstag (am 2. Mai 1945 nachgestellte Szene).

Kriegsende und Kapitulation

Am 16. April 1945 begannen die sowjetischen Truppen ihre letzte Offensive. Nach schweren Kämpfen schlossen sie am 25. April einen Ring um BERLIN. Am selben Tag fand bei TORGAU die Begegnung mit amerikanischen Soldaten statt, die auf der Eröffnungsseite dieses Kapitels abgebildet ist.

Als die Rote Armee unmittelbar vor dem „Führerbunker" in BERLIN stand, beging HITLER Selbstmord. Am 8. Mai 1945 unterzeichneten die Oberbefehlshaber der deutschen Wehrmacht die *bedingungslose Kapitulation*. Damit war der Krieg in Europa beendet.

Die letzte Offensive der sowjetischen Truppen dauerte nur wenige Tage, forderte aber zahlreiche Opfer, vor allem unter der Zivilbevölkerung. Zu den Schrecken der Schlacht um Berlin gehörten auch Plünderungen und Vergewaltigungen.

Bei Kriegsende glich Deutschland einem Trümmerhaufen. Der Bombenhagel hatte die Städte zerstört, unzählige Menschen waren obdachlos, Millionen vor der Sowjetarmee aus ihrer ostdeutschen Heimat in den Westen geflohen. Die Versorgung mit Nahrungsmitteln brach allenthalben zusammen, so dass eine Hungersnot drohte. Der Terror, den das nationalsozialistische Deutschland in Europa entfesselt hatte, rächte sich bitter.

Die Toten des 2. Weltkriegs (in Mio.)		
	Soldaten	Zivilbev.
Deutschland	4,750	0,500
Sowjetunion	13,600	7,000
USA	0,259	
Großbritannien	0,324	0,062
Frankreich	0,340	0,470
Polen	0,320	5,700
Italien	0,330	
Rumänien	0,378	
Ungarn	0,140	0,280
Jugoslawien	0,410	1,280
Griechenland	0,020	0,140
Niederlande	0,012	0,198
Japan	1,200	0,600
China	unbekannt	
Gesamtverluste: ca. 55 Mio. Tote		

1 Vergleichen Sie die politische und wirtschaftliche Lage Deutschlands am Ende des Ersten und Zweiten Weltkriegs.

Der Sieg der Alliierten

Der Endkampf in Ostasien

Der Einsatz der Atombombe

Der Krieg in OSTASIEN zog sich hin, obwohl die alliierten Streitkräfte bis zum Sommer 1945 den größten Teil des pazifischen Raums zurückerobert hatten. Das nächste Angriffsziel wären die japanischen Hauptinseln gewesen. Um hohe Verluste bei der Invasion zu vermeiden und *Japan* möglichst rasch zur Kapitulation zu zwingen, entschied sich der neue amerikanische Präsident HARRY S. TRUMAN für den Einsatz einer neuen Massenvernichtungswaffe: der *Atombombe*. Nach ihrem Kriegseintritt hatte die amerikanische Regierung enorme finanzielle Mittel in dieses streng geheime Projekt investiert, das auch amerikanische Physiker befürworten. Die Befürchtung, von deutschen Kernphysikern bei der Entwicklung der Bombe überrundet zu werden, spornte die Wissenschaftler und Techniker im Forschungszentrum LOS ALAMOS in der Wüste von Nevada an. Dort explodierte am 16. Juli 1945 die erste Atombombe im Testversuch.

Plakat für eine US-Kriegsanleihe.

Hiroshima nach der Explosion der Atombombe am 6. August 1945.

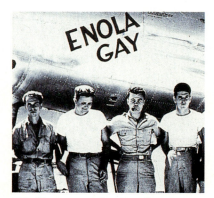

Die Besatzung des Bombers „Enola Gay", von dem die erste Atombombe abgeworfen wurde.

Am 6. August 1945 zündeten die Besatzungen amerikanischer Flugzeuge über der japanischen Stadt HIROSHIMA die erste Atombombe, drei Tage später über NAGASAKI die zweite. Präsident Truman erinnerte sich in seinen „Memoiren" an die folgenschwere Entscheidung:

> Mir war natürlich klar, dass eine Atombombenexplosion eine jede Vorstellung übertreffende Zerstörung und gewaltige Verluste an Menschenleben zur Folge haben musste ... Die letzte Entscheidung, wo und wann die Atombombe einzusetzen war, lag bei mir ... Als ich meine diesbezüglichen Weisungen erteilte, machte ich es zur Bedingung, dass die Bombe als ein Kriegsmittel im Rahmen der Landkriegsordnung einzusetzen sei. Mit anderen Worten, sie musste auf ein militärisches Ziel abgeworfen werden.
> *(Harry S. Truman, Memoiren, Bd. 1, Stuttgart 1955, S. 430 f.)*

Der atomare Schrecken

Aus dem Bericht eines Schülers, der den Atombombenabwurf auf Hiroshima als 11-Jähriger erlebte:
Ich spielte mit einer Katze. In dem Augenblick zuckte von draußen ein Lichtstrahl von unbeschreiblicher Farbe, ein unheimlich blauweißer Blitz herein.
 Nach einer Weile kam ich wieder zu mir. So weit der Blick reichte, waren alle Häuser eingestürzt und die Trümmer brannten. Leute mit Brandwunden und glitschig abgeschälter Haut, die ganz rot aussahen, stießen Todesschreie aus.
 Gegenüber vom Park kam ich ans Flussufer. Vom Ufer des Flusses sprangen Leute mit Brandwunden, stöhnend „Heiß! Heiß!" rufend, ins Wasser. Aber ihre Glieder waren steif; sie ertranken unter qualvollen Todesschreien. Bald war der Fluss kein Wasserstrom mehr, sondern ein Strom von Leichen.
(Arata Osada, Kinder von Hiroshima, Berlin ³1984, S. 30 f.)

Der „Atompilz" einer A-Bombe.

Zeichnung eines Überlebenden von Hiroshima.

Beginn eines neuen Zeitalters

Die Atomangriffe, denen in HIROSHIMA 70 000 und NAGASAKI 35 000 Menschen zum Opfer fielen, zwangen Japan am 2. September 1945 zur bedingungslosen Kapitulation. Sie beendeten schlagartig den Krieg in Ostasien. Mit ihrer atomaren Machtdemonstration wollten die USA auch ihren Führungsanspruch bei der Gestaltung der Nachkriegsordnung anmelden. Spätestens seit 1949, als auch die Sowjetunion über diese furchtbare Waffe verfügte, ließ sich die atomare Bedrohung der ganzen Menschheit nicht übersehen. Jeder Konflikt, der die beiden Atommächte berührte, barg die Gefahr globaler Vernichtung in sich. Ein erneuter Weltkrieg würde alle Schrecken des gerade beendeten Krieges in den Schatten stellen.

1 Diskutieren Sie, ob der Wunsch nach einem raschen Ende des verlustreichen Kriegs den Atombombenabwurf rechtfertigte.

Die Neuordnung der Welt

Aufgabe: Weltfrieden

Die Atlantik-Charta

Lange vor dem Ende des Krieges, der 55 Millionen Menschen das Leben kostete, hatte es bei den Alliierten Überlegungen zu einer Neuordnung der Welt gegeben. Nach dem Scheitern des *Völkerbundes* sah vor allem Präsident ROOSEVELT in einer neuen, effektiveren Weltorganisation einen Garanten für den Frieden und die Sicherheit der Völker. Im August 1941 legte er mit CHURCHILL auf der *Atlantikkonferenz* die Grundsätze einer weltweiten Friedensordnung fest, die besonders amerikanischen Idealen und Interessen entsprach („Pax Americana").

Roosevelt und Churchill an Bord der „Prince of Wales", wo sie im August 1941 die Atlantik-Charta verkündeten.

> *Aus der von Roosevelt und Churchill am 14. August 1941 vereinbarten Atlantik-Charta:*
> Erstens, ihre Länder streben nach keiner Vergrößerung, weder auf territorialem Gebiet noch anderswo.
> Zweitens, sie wünschen keine territorialen Änderungen, die nicht mit dem frei zum Ausdruck gebrachten Wunsch der betreffenden Völker übereinstimmen.
> Drittens, sie achten das Recht aller Völker sich die Regierungsform zu wählen, unter der sie leben wollen. Sie wünschen die obersten Rechte und die Selbstregierung der Völker wiederhergestellt zu sehen, denen sie mit Gewalt genommen wurden.
> *(nach: G. Schönbrunn, Weltkriege und Revolutionen 1914–1945, München ³1979, S. 491)*

Die Gründung der Vereinten Nationen

Zu den Zielen der *Atlantik-Charta* bekannte sich in den folgenden Jahren noch eine Reihe weiterer Länder. Sie beschlossen, nach Niederwerfung der Achsenmächte eine Weltorganisation zur Sicherung des Friedens zu schaffen. Am 26. Juni 1945 unterzeichneten schließlich 51 Staaten in SAN FRANCISCO die Charta der *Vereinten Nationen* (United Nations Organization, UNO) und gründeten damit die größte Staatengemeinschaft der Geschichte. Heute zählen zur UNO, die ihren Sitz in NEW YORK hat, über 180 Nationen.

Eine privilegierte Stellung innerhalb der UNO erhielten die USA, die Sowjetunion, Großbritannien, Frankreich und China, die als „Polizisten" die Hauptverantwortung für die Wahrung des Weltfriedens und der internationalen Sicherheit tragen sollten.

Gründungsversammlung der Vereinten Nationen 1945 in San Francisco.

> *Aus der am 26. Juni 1945 in San Francisco unterzeichneten „Charta der Vereinten Nationen":*
> Art. 1 Die Vereinten Nationen setzen sich folgende Ziele:
> 1. den Weltfrieden und die internationale Sicherheit zu wahren und zu diesem Zweck wirksame Kollektivmaßnahmen zu treffen um Bedrohungen des Friedens zu verhüten und zu beseitigen, Angriffshandlungen und andere Friedensbrüche zu unterdrücken und internationale Streitigkeiten oder Situationen, die zu einem Friedensbruch führen könnten, durch friedliche Mittel nach den Grundsätzen der Gerechtigkeit und des Völkerrechts zu bereinigen oder beizulegen.
> *(Völkerrechtliche Verträge, hrsg. v. F. Berber, München 1973, S. 16)*

1951 bezogen die Vereinten Nationen ihr neues Hauptquartier in New York. Hier befindet sich die Generalversammlung und hier tagt auch der Sicherheitsrat.

Die Organisation der Vereinten Nationen

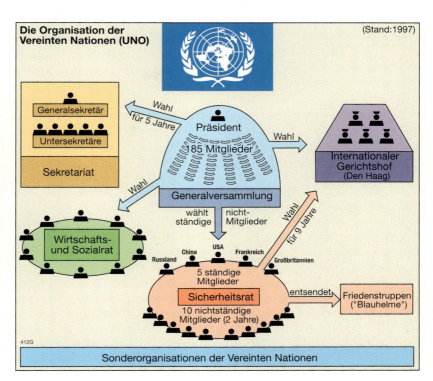

Jeder *souveräne Staat* kann die Aufnahme in die UNO beantragen, sofern er sich zu den Grundsätzen der UNO-Charta bekennt. Zu Beratungen tritt die *Generalversammlung*, die alle Mitglieder der UNO umfasst, mindestens einmal im Jahr zusammen. Ihre Beschlüsse stellen freilich nur Empfehlungen dar, die nicht mit Zwangsmaßnahmen durchgesetzt werden können. Bei Abstimmungen hat jedes Land – unabhängig von seiner Größe – nur eine Stimme.

Das wichtigste Organ der Vereinten Nationen ist der *Sicherheitsrat*. Ihm gehören 5 Großmächte als ständige Mitglieder an, die ein *Vetorecht* besitzen. So kann jedes Mitglied einen Entschluss blockieren und die Überstimmung durch eine andere Großmacht verhindern. Zu „friedenserhaltenden" oder „friedenstiftenden" Missionen entsendet der Sicherheitsrat Militäreinheiten oder zivile Beobachter („Blauhelme"). Da die UNO über keine eigenen Truppen verfügt, ist sie darauf angewiesen, dass einzelne Mitglieder für solche Einsätze Soldaten freiwillig zur Verfügung stellen.

Neben der Wahrung des Friedens haben sich die Staaten der UNO verpflichtet soziale, humanitäre und wirtschaftliche Fragen gemeinsam zu lösen. Eine Reihe von *Sonderorganisationen* der UNO nimmt sich dieser Probleme an. So z.B. die Weltgesundheitsorganisation (WHO), die für Erziehung und Kultur zuständige UNESCO oder das Weltkinderhilfswerk UNICEF in über 140 Entwicklungsländern.

UN-Soldaten beim Einsatz während des Bosnienkonflikts, 1994.

1 Diskutieren Sie über die Einflussmöglichkeiten der ständigen Mitglieder des Sicherheitsrates und der anderen Nationen.
2 Informieren Sie sich über aktuelle Friedensmissionen der UN-Soldaten und beurteilen Sie ihre Erfolgschancen.

Die Neuordnung der Welt

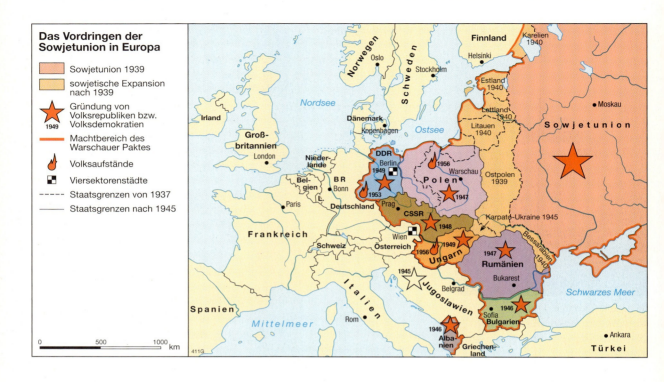

Neue Staaten, neue Grenzen

Die Ausweitung des sowjetischen Machtbereichs in Europa

Die sowjetische Sommeroffensive 1944 hatte die Länder Ost-, Süd- und Mitteleuropas entweder von der deutschen Besetzung befreit oder sie als ehemalige deutsche Verbündete unterworfen. In einem Gespräch mit dem jugoslawischen Partisanengeneral Milovan Djilas legte STALIN Anfang April 1945 dar, „wie er über die besondere Art des Krieges dachte, den wir zur Zeit führten":

> Dieser Krieg ist nicht wie in der Vergangenheit; wer immer ein Gebiet besetzt, erlegt ihm auch sein eigenes gesellschaftliches System auf. Jeder führt sein eigenes System ein, so weit seine Armee vordringen kann. Es kann gar nicht anders sein.
> (Milovan Djilas, Gespräche mit Stalin, Frankfurt/M. 1962, S. 146)

Churchill, Roosevelt und Stalin (von links) auf der Konferenz von Jalta 1945.

So errichtete die *Sowjetunion* von Riga bis nach Belgrad einen Gürtel von *Volksdemokratien*, in denen von Moskau gesteuerte kommunistische Marionettenregierungen herrschten. In *Polen* scheute sich Stalin nicht, die demokratische Exilregierung und die von ihr gelenkte nationalpolnische Untergrundarmee dadurch auszuschalten, dass er ihr im August 1944 beim *Warschauer Aufstand* gegen die deutschen Besatzer die Unterstützung verweigerte. Damit hatte er den Weg geebnet für das kommunistische „Polnische Komitee der Nationalen Befreiung". Obwohl in England das Misstrauen gegenüber der Sowjetunion wuchs, konnte Stalin auf der Konferenz der „Großen Drei" in JALTA im Februar 1945 die von ihm gewünschte territoriale Neuordnung durchsetzen. Für die von der Sowjetunion 1939 besetzten und annektierten Gebiete sollte Polen auf Kosten Deutschlands entschädigt werden. Nach der deutschen Kapitulation kamen die Gebiete östlich der ODER und NEISSE unter polnische Verwaltung („Oder-Neiße-Linie"), wo sie bis zur endgültigen Regelung durch eine Friedenskonferenz verbleiben sollten. Soweit die dort ansässige deutsche Bevölkerung nicht geflohen war, wurde sie *vertrieben* um der zwangsweise umgesiedelten Bevölkerung Ostpolens Platz zu machen. Dem englischen Premierminister CHURCHILL, der sich noch auf der *Konferenz von Jalta* für die polnische Westverschiebung ausgesprochen hatte, kamen Bedenken. Am 12. Mai 1945 telegrafierte er an Präsident TRUMAN:

> Die Lage in Europa beunruhigt mich zutiefst ... Ein Eiserner Vorhang ist vor der russischen Front niedergegangen. Was dahinter vorgeht, wissen wir nicht. Es ist kaum zu bezweifeln, dass der gesamte Raum östlich der Linie Lübeck-Triest-Korfu schon binnen kurzem völlig in ihrer Hand sein wird. Zu all dem kommen noch die Gebiete, die die amerikanischen Armeen zwischen Eisenach und Elbe erobert haben, die aber nach der Räumung in ein paar Wochen gleichfalls der russischen Machtsphäre einverleibt sein werden. Dann wird der Vorhang von neuem bis auf einen Spalt, wenn nicht gänzlich niedergehen.
> (nach: Geschichte in Quellen, Bd. 5, München 1975, S. 574 f.)

Stalin-Plakat im eroberten Berlin 1945.

Die Neuordnung Südostasiens

Die anfänglichen militärischen Erfolge der „farbigen" Japaner im Zweiten Weltkrieg entlarvten das Dogma von der Überlegenheit der „weißen" Völker als Irrlehre. Unter Berufung auf die Atlantik-Charta lehnten sich nationale Befreiungsbewegungen gegen die Kolonialherrschaft auf. Ihr Freiheitskampf wurde von den USA, die eine Wiederherstellung des Kolonialismus verhindern wollten, politisch unterstützt. Die *Entkolonisierung* verlief in den einzelnen Staaten Südostasiens sehr unterschiedlich. In *Vietnam* setzte sich die von Kommunisten geführte Befreiungsbewegung des *Vietminh* durch.

> *Am 2. September 1945 proklamierte Ho Chi Minh, der Gründer der Kommunistischen Partei Indochinas, die Unabhängigkeit der Demokratischen Republik Vietnam (Nordvietnam):*
> Schon über 80 Jahre rauben die französischen Kolonialherren unser Land aus und knechten unsere Landsleute. In ökonomischer Hinsicht haben sie unser Volk rücksichtslos ausgebeutet, es in äußerstes Elend gestürzt, unser Land geplündert und verwüstet. Nach der Kapitulation Japans stand das ganze Volk unseres Landes auf, nahm die Macht in seine Hände und gründete die Demokratische Republik Vietnam. Unser Volk zerschlug die Ketten der Kolonialsklaverei und schuf das unabhängige Vietnam.
> (nach: H. Krause, K. Reif, Die Welt seit 1945, München 1980, S. 593 f.)

Eine Gruppe des Vietminh um 1945.

1 Erläutern Sie das 1945 von Winston Churchill geprägte Schlagwort „Eiserner Vorhang".
2 Überlegen Sie, inwiefern sich die Befreiungsbewegungen in den Kolonien auf die Atlantik-Charta berufen konnten.

Die Neuordnung der Welt

Der Freiheitskampf Indiens

Drei große Hindernisse

Der Erste Weltkrieg legte den Keim für die Auflösung der britischen Kolonialherrschaft in INDIEN. Der Einsatz der indischen Armee trug dazu bei, dass Großbritannien den Krieg gewinnen konnte, und die Wortführer der indischen Nationalbewegung forderten deshalb, dass sich die Kolonialmacht erkenntlich zeigen sollte. Es gab zwar noch manches Hindernis, aber das Ziel lag fortan fest: die Selbstregierung Indiens. Während sich die Briten Zeit lassen wollten, drängten die Inder auf ein rascheres Tempo. Jedoch galt es drei große Hindernisse auf dem Weg zur Selbstregierung Indiens zu überwinden:

Erstens bestanden seit langer Zeit religiöse Spannungen zwischen den 300 Millionen *Hindus* und den 100 Millionen *Moslems*, die noch durch soziale und wirtschaftliche Gegensätze verschärft wurden. Während die Hindus überwiegend in der Industrie, im Bank- und Versicherungswesen, im Handel und in der Verwaltung tätig waren, stellten die Angehörigen der moslemischen Oberschicht die Grundbesitzer und Soldaten. Die meisten Moslems aber waren landlose Bauern, die im Dienste eines Grundherrn standen, oder Kleinhandwerker und Arbeiter, die in den Städten bei einem Hindu ihr Brot verdienten.

Ein zweites Hindernis war die Aufspaltung der Hindus in vier *Hauptkasten*, streng abgegrenzte gesellschaftliche Gruppen. Besonders erschwerte die Verachtung der oberen Kasten gegenüber den 60 Millionen „*Unberührbaren*", die außerhalb der Kastenordnung standen, ein gemeinsames Vorgehen der Hindus.

Drittens war Indien übervölkert und wirtschaftlich rückständig. In den dreißiger Jahren kam es zwar zu einem Wirtschaftsaufschwung, jedoch hielt die industrielle und bäuerliche Entwicklung nicht mit dem Bevölkerungswachstum Schritt.

Zur Überwindung dieser Hindernisse entwickelten die verschiedenen gesellschaftlichen Gruppen, zu deren wichtigsten Wortführern GANDHI, NEHRU und JINNAH zählten, unterschiedliche Vorschläge.

Indische Landarbeiter bei der Ernte (1946).

Die riesigen Vermögen der indischen Vassallenfürsten ließen die Briten unangetastet. Hier ein indischer Fürst auf der Jagd.

Gandhi

Mahatma Gandhi.

MOHANDAS KARAMCHAND GANDHI (1869–1948), der den Ehrennamen MAHATMA (= große Seele) erhielt, stammte aus der Kaste der Händler, die einen mittleren Platz in der Rangordnung der Hindus einnahm. Die wichtigsten Methoden seines politischen Kampfes waren die Verweigerung der Zusammenarbeit, der zivile Ungehorsam, der gewaltlose Feldzug und das Fasten.

Rief Gandhi zur *Verweigerung der Zusammenarbeit* auf, legten seine Anhänger ihre Ämter nieder, schlossen Anwälte ihre Büros, verließen Kinder ihre Schulen und Studenten ihre Universitäten. Dadurch sollten die britischen Kolonialherren isoliert werden.

Schärfer und gefährlicher war die Methode des *zivilen Ungehorsams*: Wenn Gandhis Anhänger staatliche Gesetze und Verordnungen als ungerecht empfanden, verabredeten sie, diese planmäßig zu übertreten. Widerstandslos ließen sie sich dann verhaften; ohne Verteidigung nahmen sie ihre Strafe auf sich.

Bei den *gewaltlosen Feldzügen* besetzten Gandhis Anhänger Gebäude, Straßen oder Eisenbahngleise und hielten den Stockschlägen der Polizei stand. Für die Posten, die verhaftet oder verwundet wurden, sprangen sofort Ersatzleute in die Bresche. Gandhi und seine Anhänger legten es geradezu darauf an, ins Gefängnis zu kommen, und brachten damit die Behörden wiederholt in Verlegenheit.

Das *Fasten* schließlich war Gandhis wirkungsvollste Waffe. Da ein Hungerstreik seine Gegner zu einem raschen Handeln zwang, bediente sich Gandhi dieser Waffe, wenn er besonders großen Widerstand zu überwinden hatte.

Gandhis Ziel war ein unabhängiges Indien mit einer Gesellschaft, in der es keine Vorrechte gab. Aufopferungsvoll kämpfte er gegen Kastenhochmut und die Verachtung der „Unberührbaren". Indiens Menschen und Religionen bildeten für Gandhi eine unzertrennbare Einheit. Deshalb wehrte er sich stets gegen eine Teilung des Landes.

> *Gandhi an Nehru (5. Oktober 1945):*
> Ich bin davon überzeugt, dass, wenn Indien die Freiheit erlangt und durch Indien auch die Welt, es früher oder später erkannt werden muss, dass die Menschen in Dörfern leben müssen, nicht in Städten – in Hütten und nicht in Palästen. Millionen Menschen werden in den Städten und Palästen nie im Frieden miteinander leben können. Ich bin der Meinung, dass es ohne Wahrheit und Gewaltlosigkeit nur zu einer Vernichtung der Menschheit kommen kann. Man kann jedoch Wahrheit und Gewaltlosigkeit nur in der Einfachheit des Dorflebens verwirklichen …
>
> Mein ideales Dorf wird von intelligenten Menschen bewohnt. Sie werden nicht in Schmutz und Finsternis wie Tiere hausen … Man kann sich in diesem Rahmen Eisenbahn, Post und Telegrafenamt durchaus vorstellen.
> (D. Rothermund, Der Freiheitskampf Indiens, Stuttgart ²1976, S. 53 f.)

„Irgendwo – nicht im von den Nazis besetzten Europa, sondern – in Indien" (zeitgenössische indische Karikatur zur Internierung von Widerstandskämpfern).

1 Nennen Sie Indiens Probleme auf dem Weg zur Unabhängigkeit. Erscheinen sie Ihnen heute gelöst?
2 Fassen Sie Gandhis Vorstellung vom „neuen" Indien zusammen.

Die Neuordnung der Welt

Nehru

Jawaharlal Pandit Nehru.

NEHRU (1889–1964) gehörte zu den *Brahmanen*, der obersten Kaste der Hindus. Er studierte in England Naturwissenschaften und Jura und unternahm ausgedehnte Reisen in Europa. Trotz zeitweiliger Entfremdung und tiefgreifender Meinungsverschiedenheiten war Nehru ein enger Vertrauter Gandhis, der ihn zum politischen Erben ernannte. Um ein Blutvergießen zwischen *Hindus* und *Moslems* zu verhindern, rang er sich zu der Ansicht durch, dass eine Teilung Indiens unvermeidlich sei.

> *Nehru an Gandhi (9. Oktober 1945):*
> Das Dorf ist im Normalfall geistig und kulturell rückständig und in einer rückständigen Umgebung kann es keinen Fortschritt geben ... Es erscheint unvermeidlich, dass in diesem Zusammenhang moderne Transportmittel und andere moderne Entwicklungen angeregt werden müssen. Wenn dem so ist, dann braucht man auch ein bestimmtes Maß an Schwerindustrie ...
> Ich glaube nicht, dass Indien wirklich unabhängig sein kann, wenn es nicht ein technisch entwickeltes Land ist.
> (D. Rothermund, Der Freiheitskampf Indiens, Stuttgart ²1976, S. 54 f.)

Jinnah

Mohammed Ali Jinnah.

JINNAH (1876–1948) war ein erfolgreicher Rechtsanwalt. Eine Zusammenarbeit mit den Hindus lehnte er ab, da er ihre Vorherrschaft über die zahlenmäßig unterlegenen Moslems fürchtete. Als Präsident der *Moslem-Liga*, der politischen Organisation der indischen Moslems, forderte er für die religiöse Minderheit einen eigenen Staat, der *Pakistan* (= Land der Reinen) heißen sollte.

> *Aus einer Rede Jinnahs (1940):*
> Islam und Hinduismus sind nicht Religionen im eigentlichen Sinne des Wortes, sondern eher völlig verschiedene Gesellschaftsordnungen und es ist nur ein Wunschtraum zu erhoffen, dass Hindus und Mohammedaner je zu einer gemeinsamen Nationalität zusammenwachsen können. Die Mohammedaner Indiens können unmöglich eine Verfassung annehmen, die eine Regierung der Hindus, die in der Mehrheit sind, zustande kommen lässt ...
> Die Mohammedaner sind jeder Definition nach eine Nation und müssen ein Heimatland, einen eigenen Staat haben.
> (D. Rothermund, Der Freiheitskampf Indiens, Stuttgart ²1976, S. 70 f.)

Kurz vor dem Ziel

Der Zweite Weltkrieg gab der indischen Nationalbewegung weiteren Auftrieb. Da die Briten Indien als Basis gegen Japan brauchten, vollzog sich dort ein enormer Aufschwung der Industrie. Indien wurde vom Schuldner zum Gläubiger Großbritanniens. In Nordafrika, Italien und Burma kämpfte die indische Armee an der Seite der Alliierten. Der vom amerikanischen Präsidenten ROOSEVELT ausgeübte Druck, die ernste Lage auf dem europäischen Kriegsschauplatz und der bedrohliche Vormarsch der Japaner, die im Februar 1942 SINGAPUR eroberten, zwangen die britische Regierung zu weitgehenden Zugeständnissen. Sie versprach den Indern volle Unabhängigkeit für die Zeit nach dem Sieg.

Teilung und Unabhängigkeit

Die Teilung Britisch-Indiens
- - - - Britisch-Indien bis 1937
―― Britisch-Indien 1945
1947   Jahr der Unabhängigkeit

Der indische *Nationalkongress*, die wichtigste Organisation der Unabhängigkeitsbewegung, verlangte jedoch die sofortige Freiheit. In einer Resolution forderte er die Briten auf: „Verlasst Indien!" Als die britische Regierung die führenden Kongressmitglieder verhaften ließ, brach eine wilde Rebellion aus, in der viele Menschen ums Leben kamen. Die Unabhängigkeit Indiens schien wieder in weite Ferne gerückt.

Erst der Regierungswechsel von 1945 veränderte die Lage. CLEMENT ATTLEE, der neue Premierminister, gehörte der *Labour Party* an, die sich öffentlich festgelegt hatte die Auflösung des britischen Empire einzuleiten. Attlee ernannte Lord MOUNTBATTEN, den ehemaligen Oberbefehlshaber der alliierten Streitkräfte in Südostasien, zum *Vizekönig von Indien* und erteilte ihm den Auftrag die britische Herrschaft zu beenden. Mountbatten musste schnell handeln.

Nachdem er erkannt hatte, dass seine Hoffnung die Einheit Indiens zu erhalten an Jinnah scheitern musste, ordnete er die erforderlichen Vorbereitungen für die Teilung des Landes an. Den von der britischen Regierung für die Übertragung der Macht vorgesehenen Zeitraum verkürzte er um fast ein Jahr. Am 15. August 1947 erhielten zwei Staaten ihre Unabhängigkeit: die *Indische Union* und *Pakistan*.

Britische Truppen verlassen Indien.

Indien feiert seine Unabhängigkeit am 15. August 1947.

NEHRU wurde der erste Ministerpräsident der Indischen Union, JINNAH der erste Generalgouverneur Pakistans.
Durch einen Hungerstreik erreichte GANDHI, dass die indische Regierung an Pakistan den vereinbarten Anteil der Staatskasse auszahlte. Das war für fanatische Hindus Verrat. Am 30. Januar 1948 wurde Gandhi von einem Hindu-Extremisten erschossen.

1 Beschreiben Sie die Ziele von Gandhi, Nehru und Jinnah.
2 Für wen war Indiens Unabhängigkeit ein Sieg?
3 Welche Einstellung setzte Gandhi bei den Briten voraus?

Die Neuordnung der Welt

Eine „Heimstätte für das jüdische Volk"

Theodor Herzls „Judenstaat"

Nach der Zerstörung JERUSALEMS durch die Römer im Jahr 70 n. Chr. und ihrer Vertreibung aus PALÄSTINA lebten die Juden zerstreut in allen Teilen der Welt (*Diaspora*). Fast zwei Jahrtausende lang litten diese jüdischen Minderheiten unter Rechtlosigkeit, Unterdrückung und Verfolgung. So verließen zwischen 1881 und 1914 etwa 2,5 Millionen Juden das zaristische Russland, das ihre rechtliche Gleichstellung verwehrte, und wanderten meist in die USA aus. Unter dem Eindruck des wachsenden Nationalismus in Europa, der mit einem starken *Antisemitismus* verbunden war, veröffentlichte der aus Österreich-Ungarn stammende Schriftsteller THEODOR HERZL 1896 das Buch „Der Judenstaat". Für eine Zeitschrift fasste er die wesentlichen Gedanken dieses Werks zusammen:

> Wir sind ein Volk, *ein* Volk. Wir haben überall ehrlich versucht in der uns umgebenden Volksgemeinschaft unterzugehen und nur den Glauben unserer Väter zu bewahren. Man lässt es nicht zu … Wir sind ein Volk – der Feind macht uns ohne unseren Willen dazu, wie das immer in der Geschichte so war. In der Bedrängnis stehen wir zusammen und da entdecken wir plötzlich unsere Kraft. Ja, wir haben die Kraft einen Staat, und zwar einen Musterstaat zu bilden … Ist Palästina oder Argentinien vorzuziehen? Palästina ist unsere unvergessliche historische Heimat. Dieser Name allein wäre ein gewaltig ergreifender Sammelruf für unser Volk.
> (nach: W. Kampmann, Israel. Gesellschaft und Staat, Stuttgart ²1977, S. 9f.)

1894 verurteilte ein französisches Militärgericht den jüdischen Hauptmann Dreyfus zu Unrecht wegen Spionage. Die antisemitischen Begleitumstände – sichtbar in dieser Karikatur – bestärkten Theodor Herzl in seinen Zielen.

Bescheinigung einer Ölbaumspende für die Aufforstung Palästinas (1905).

Der Zionismus

Herzls Buch gab den Anstoß für den *Zionismus*, dessen Ziel die Gründung eines jüdischen Nationalstaats in PALÄSTINA war. ZION, ursprünglich die Bezeichnung für einen Hügel Jerusalems, gab einer mächtigen religiösen und politischen Bewegung den Namen.

1917 versprach der britische Außenministerr BALFOUR, die zionistische Bewegung bei der „Errichtung einer Nationalen Jüdischen Heimstätte für das jüdische Volk in Palästina" zu unterstützen (*Balfour-Deklaration*). 1920 erhielt Großbritannien vom Völkerbund das *Mandat* für Palästina. Der Begriff Mandat bezeichnete die Vormundschaft über die dort lebenden Völker.

Für die jüdische Einwanderung gab es verschiedene Motive. Viele Siedler ließen sich von ethischen und religiösen Idealen leiten. Bei anderen Einwanderern standen die antisemitische Politik der jungen osteuropäischen Staaten, die Enttäuschung über den realen Kommunismus in der Sowjetunion sowie die Judenverfolgung im nationalsozialistischen Deutschland im Vordergrund.

Den Boden für ihre Siedlungen sicherten sich die jüdischen Einwanderer durch Kaufverträge. Darüber hinaus begründeten sie ihren Anspruch damit, dass sie das Land durch eigene körperliche Arbeit der Wüste und den Sümpfen abgerungen und so „erworben" hätten.

Wegen der sozialen und geografischen Bedingungen der Palästina-Kolonisation gewannen die *Genossenschaften* große Bedeutung. In der Landwirtschaft bildeten sich zwei Siedlungstypen heraus: der Kibbuz und der Moschaw. Während der *Kibbuz* eine Genossenschaft mit Kollektiveigentum und gemeinsamer Arbeit ist, bildet der *Moschaw* einen anderen Siedlungstyp: Einkauf und Verkauf erfolgen zwar auf genossenschaftlicher Basis, aber jeder Siedler führt seinen eigenen Betrieb und bewohnt ein eigenes Haus.

Wachen in einem Kibbuz 1934.

Der Moschaw Nahalal in Palästina.

Die Neuordnung der Welt

Britische Wachtposten vor den Toren der Altstadt von Jerusalem um 1946. Jüdische Terroranschläge ließen die Lage eskalieren.

Der Teilungsplan der Vereinten Nationen

Da Großbritannien seit 1939 den Zuzug von Siedlern drastisch einschränkte, organisierten jüdische Untergrundorganisationen die illegale Einwanderung. Die Folge war ein Bürgerkrieg, in dem sich militärische Organisationen der Juden gegen die britische Mandatsmacht und die palästinensische Nationalbewegung gegen jüdische Überfremdung zur Wehr setzten. Wegen der internationalen Kritik an ihrer Politik und der blutigen Auseinandersetzungen, die sie nicht mehr unter Kontrolle bringen konnten, gaben die Briten das *Mandat* für PALÄSTINA an die *Vereinten Nationen* zurück. Am 29. November 1947 stimmte die Generalversammlung der UNO für die Teilung Palästinas in einen *jüdischen* und *arabischen* Staat. JERUSALEM sollte einen internationalen Status erhalten. Diese Entscheidung wurde von den Juden begrüßt, während die Araber eine solche Lösung ablehnten.

> *Der Palästinenser Sami Hadawi, zeitweilig UN-Berater in den USA:*
> Die Araber lehnten die Teilung mit der Begründung ab, sie verletze die Bestimmungen der UN-Charta, die Prinzipien, auf die sich später die Allgemeine Erklärung der Menschenrechte gründete, das internationale Recht und die internationale Praxis sowie das Selbstbestimmungsrecht der Völker...
>
> Entgegen der gelenkten öffentlichen Meinung ist die Generalversammlung keine gesetzgebende oder rechtsprechende Institution; deshalb war ihre Resolution über die Teilung Palästinas lediglich eine Empfehlung. Sie hatte keinen Entscheidungscharakter und sie konnte nicht auf die Mehrheit des palästinensischen Volkes gestützt werden, das sich ihr widersetzte und weiterhin widersetzt.
> (Sami Hadawi, Bittere Ernte, Rastatt 1969, S. 136 f.)

Unter dem Bild von Theodor Herzl verliest David Ben Gurion, der spätere Ministerpräsident, am 14. Mai 1948 die Proklamationsurkunde des Staates Israel.

Die Gründung Israels

Die führenden jüdischen Politiker erkannten, dass sie den jüdischen Staat aus eigener Kraft errichten mussten. Sie ließen das im *Teilungsplan* den Juden zugesprochene Gebiet erobern und proklamierten am 14. Mai 1948 den Staat *Israel*.

> *Aus der Proklamationsurkunde des Staates Israel (1948):*
> Der Staat Israel wird für die jüdische Einwanderung und die Sammlung der zerstreuten Volksglieder geöffnet sein; er wird für die Entwicklung des Landes zum Wohle aller seiner Bewohner sorgen; er wird auf den Grundlagen der Freiheit, Gleichheit und des Friedens, im Lichte der Weissagungen der Propheten Israels gegründet sein; er wird volle soziale und politische Gleichberechtigung aller Bürger ohne Unterschied der Religion, der Rasse und des Geschlechts gewähren; er wird die Freiheit des Glaubens, des Gewissens, der Sprache, der Erziehung und Kultur garantieren; er wird die Heiligen Stätten aller Religionen sicherstellen und den Grundsätzen der Verfassung der Vereinten Nationen treu sein.
> (A. Ullmann [Hrsg.], Israels Weg zum Staat, München 1964, S. 309)

Einen Tag nach dieser Proklamation griffen die Armeen der fünf benachbarten arabischen Staaten Israel an. Israel konnte sich jedoch behaupten und sein Territorium sogar noch vergrößern. JERUSALEM wurde als Folge des Krieges zu einer geteilten Stadt.

1 Beurteilen Sie die Gründung Israels aus der Sicht eines zionistischen Juden und eines palästinensischen Arabers.

Die Teilung Deutschlands

Polnischer Ausweisungsbefehl.

Deutschland unter alliierter Besatzung

Die Potsdamer Konferenz

Am 17. Juli 1945 trafen sich TRUMAN, CHURCHILL und STALIN in POTSDAM zu ihrer letzten Kriegskonferenz. Während der Verhandlungen musste Churchill seinen Platz an den neuen britischen Premierminister ATTLEE abtreten, dessen Labour-Partei gerade die Unterhauswahlen gewonnen hatte. In Potsdam legten die „Großen Drei" die Grundsätze für die *Besatzungspolitik* in Deutschland fest.

Churchill, Truman und Stalin während einer Verhandlungspause auf der Potsdamer Konferenz, die vom 17. Juli bis zum 2. August auf Schloss Cecilienhof stattfand.

> *Aus dem „Potsdamer Abkommen" (2. August 1945):*
> Der deutsche Militarismus und Nazismus werden ausgerottet und die Alliierten treffen nach gegenseitiger Vereinbarung in der Gegenwart und in der Zukunft auch andere Maßnahmen, die notwendig sind, damit Deutschland niemals mehr seine Nachbarn oder die Erhaltung des Friedens in der ganzen Welt bedrohen kann. Es ist nicht die Absicht der Alliierten das deutsche Volk zu vernichten oder zu versklaven. Die Alliierten wollen dem deutschen Volk die Möglichkeit geben sich darauf vorzubereiten, sein Leben auf einer demokratischen und friedlichen Grundlage von neuem wieder aufzubauen.
> (nach: E. Deuerlein [Hrsg.], Potsdam 1945, München 1963, S. 353 f.)

Auf Grund früherer Vereinbarungen und der Ergebnisse der *Potsdamer Konferenz* teilten die Alliierten Deutschland in vier *Besatzungszonen* und BERLIN in vier *Sektoren* auf. Die Verantwortung für Deutschland als Ganzes trug der *Alliierte Kontrollrat*, den die vier Oberbefehlshaber bildeten. Wegen der bald auftretenden Meinungsverschiedenheiten verwirklichten jedoch die Oberbefehlshaber in ihren jeweiligen Zonen unterschiedliche Vorstellungen.

Durch das Potsdamer Abkommen kamen die deutschen Ostgebiete jenseits der *Oder-Neiße-Linie* unter *polnische Verwaltung*, wo sie bis zur Regelung durch einen Friedensvertrag verbleiben sollten.

Flucht und Vertreibung

Flucht und Vertreibung von Deutschen 1944–1950 (in Mio.)	
Herkunft	Flüchtlinge u. Vertriebene
Ostpreußen	1,93
Danzig	0,40
Ostpommern	1,50
Ostbrandenburg	0,41
Schlesien	3,25
Sudetenland	3,00
Polen	0,69
Ungarn	0,21
Rumänien	0,25
Jugoslawien	0,30

Aus dem „Potsdamer Abkommen" vom 2. August 1945
Die drei Regierungen erkennen an, dass die Überführung der deutschen Bevölkerung oder Bestandteile derselben, die in Polen, der Tchechoslowakei und Ungarn zurückgeblieben sind, nach Deutschland durchgeführt werden muss. Sie stimmen darin überein, dass jede derartige Überführung, die stattfinden wird, in ordnungsgemäßer und humaner Weise erfolgen soll.
(nach: E. Deuerlein [Hrsg.], Potsdam 1945, München 1963, S. 367)

Im Herbst 1944 überschritt die *Rote Armee* die deutsche Grenze. Die Angst vor Racheakten trieb über 1 Million Menschen zur *Flucht* nach Westen, denn Stalins Aufforderung „tötet das faschistische Untier in seiner Höhle" entlud sich oftmals in Plünderung, Brandschatzung, Vergewaltigung und Mord.

Der Flüchtlingsstrom schwoll zu einer Völkerwanderung an, als die deutsche Bevölkerung ihre Wohnsitze jenseits der Oder, im Sudetenland sowie anderen osteuropäischen Staaten verlassen musste. Auf Grund des *Potsdamer Abkommens* wurden bis 1950 etwa 12 Millionen Menschen gewaltsam *vertrieben*, über 2 Millionen haben die Strapazen dieses Massenexodus nicht überlebt.

Bericht der geflohenen Brigitte Franck (geb. 1926):
Die Chausseen waren schon vollgestopft mit den Treckfahrzeugen der ländlichen Bevölkerung, zu Fuß ging es schneller vorwärts. Alle hatten nur ein Ziel: irgendwie die Ostsee erreichen und mit einem Schiff in Richtung Westen entkommen. Es schien der einzige Ausweg zu sein dem Massaker der Roten Armee zu entgehen. Einmal hatten wir das Glück von einem Sanitätsfahrzeug mitgenommen zu werden. Wir sahen, wie unsere Soldaten nach Osten dem Feind entgegenmarschierten, darunter auch 16- bis 17-jährige Knaben in viel zu großen Uniformen. Der Stahlhelm hing ihnen bis zu den Augenbrauen, auf der Schulter trugen sie Panzerfäuste. Sie wirkten todmüde und unendlich einsam.

Bericht einer Frau aus Sorau (östlich der Neiße):
Am 23. Juni 1945 wurden wir vollkommen überraschend binnen 10 Minuten vom Polen ausgewiesen. Ich konnte bloß mein einjähriges Enkelkind herunterschleppen, danach den Kinderwagen, den sie mir schon teilweise ausgeplündert hatten. Es war ein Elendszug, denn Züge gingen ja nicht. Leiterwagen, Schubkarren, Sportwagen, man sah die unmöglichsten Gefährte. Von morgens 4 Uhr bis abends 7 Uhr durfte man auf den Landstraßen bleiben, dann schlief man entweder im Walde, in Scheunen und leeren Wohnungen. Längst hatte uns der Russe Geld, Papiere und Schmuck abgenommen.
(nach: G. Knopp, Das Ende 1945, München 1995, S. 134 [oben] und: Geschichte in Quellen, Bd. 6, München 1980, S. 50, gekürzt)

Mit Pferdewagen und zu Fuß versuchten Hunderttausende unter unmenschlichen Strapazen den russischen Truppen zu entkommen (Foto vom 18. 2. 1945).

1 Beurteilen Sie die Vertreibung nach dem Wortlaut des Potsdamer Abkommens und unter dem Gesichtspunkt der Menschenrechte.

Die Teilung Deutschlands

Notwohnung in Berlin 1948.

Trümmerfrauen in Berlin: Ohne Aussicht auf eine gesicherte Zukunft, der Mann oftmals gefallen oder vermisst, vollbrachten sie Deutschlands erste Aufbauleistung.

Der Kampf ums Überleben

Als die Kämpfe an den Fronten endeten, begann für die Menschen in Deutschland der Kampf ums Überleben. 1945 lag Deutschland in Trümmern. Wohnungen, Betriebe, Straßen und Eisenbahnstrecken waren stark zerstört, 1946 gab es für 13,7 Millionen Haushalte nur 8,2 Millionen Wohnungen. Da viele Männer gefallen oder noch in Kriegsgefangenschaft waren, mussten *Trümmerfrauen* die zerstörten Städte vom Bombenschutt befreien.

Vor allem in den Städten führten die Menschen einen ständigen Kampf gegen den Hunger. Fast alle hatten zu wenig zu essen und waren unterernährt. Um die Not zu lindern, empfahlen alliierte Gesundheitsoffiziere, die tägliche Ration für *Normalverbraucher* auf 1500 Kalorien zu erhöhen. Das waren 400 g Kartoffeln, 350 g Brot, 7 g Fett, 35 g Fleisch, 43 g Eiweiß, 18 g Zucker und 4 g Käse. Wer Schmuck oder andere Wertgegenstände besaß, konnte sich auf dem *Schwarzen Markt* oder bei „Hamsterfahrten" aufs Land einige zusätzliche Lebensmittel besorgen.

Gegen Unterernährung erhielten Schulkinder eine kostenlose Mahlzeit, die Schulspeisung, wie hier an einer Hamburger Schule 1946.

Schwarzmarktpreise 1946/1947 in Reichsmark (Franz. Besatzungszone)			
1 kg Fleisch	60– 80	20 Zigaretten (US-Zig.)	70– 100
1 kg Brot	20– 30	1 Stück Seife	30– 50
1 kg Kartoffeln(1947)	12	1 Glühbirne	40
1 kg Zucker	120–180	1 P. Schuhe (Leder) (1947/48)	500– 800
1 kg Butter	350–550	1 Kleid	250–1200
1 kg Milchpulver	140–160	1 Fahrrad	1500
Anmerkung: Der monatliche Lohn eines Arbeiters betrug 150–200 RM			

Gespaltene Reparationspolitik

Auf der Potsdamer Konferenz hatten die Alliierten vereinbart, dass Deutschland während der Besatzungszeit als wirtschaftliche Einheit betrachtet werden sollte. Da sich die „Großen Drei" aber nicht auf eine gemeinsame *Reparationspolitik* einigen konnten, räumten sie jeder Besatzungsmacht das Recht ein, ihre Ansprüche in der eigenen Zone zu befriedigen.

Vom Gegensatz zum Konflikt

Die Sowjetunion, die im Zweiten Weltkrieg besonders starke Zerstörungen erlitten hatte, entwickelte die radikalste Reparationspolitik. Sie führte die meisten *Demontagen* durch und ließ Maschinen sowie ganze Fabriken abbauen um mit ihnen die eigene Industrie anzukurbeln. Der Wert der *Reparationen*, die sie ihrer Zone abzwang, war größer als die ursprünglich von ganz Deutschland geforderte Summe.

Dagegen kam es in den westlichen Besatzungszonen ab 1946 zur teilweisen, 1951 zur endgültigen Einstellung der Demontagen. Die USA wollten einen völligen Zusammenbruch verhindern, die Besatzungskosten, die der amerikanische Steuerzahler aufbringen musste, senken und die bedrohliche Ausweitung des sowjetischen Machtbereichs in Europa einschränken. Deshalb änderten die Amerikaner ihre Außenpolitik und kündigten den Wiederaufbau Deutschlands an.

Am 1. Januar 1947 schlossen sich die amerikanische und britische Besatzungszone zu einem einheitlichen Wirtschaftsgebiet zusammen: der *Bizone*. Dies war ein wichtiger Schritt auf dem Weg zur Teilung Deutschlands. Der Anschluss der französischen Besatzungszone erweiterte die Bizone später zur *Trizone*.

Eindämmungspolitik

Öffentlich bekannt wurde die neue Politik der *Eindämmung* (Containment) durch TRUMANS Rede vom 12. März 1947. Mit ihr überzeugte der amerikanische Präsident den Kongress von der Notwendigkeit, Griechenland und der Türkei Militär- und Wirtschaftshilfe zu leisten, damit beide Staaten sowjetischem Druck standhalten konnten. Mit der *Truman-Doktrin* erhoben die USA einen weltweiten Führungsanspruch und gaben die Zusammenarbeit mit der Sowjetunion endgültig auf. Schon einen Monat später kam das Schlagwort *Kalter Krieg* auf.

Präsident Truman bei seiner Ansprache vor dem Kongress am 12. März 1947.

Aus der „Truman-Doktrin" vom 12. März 1947
Zum gegenwärtigen Zeitpunkt der Weltgeschichte muss fast jede Nation zwischen alternativen Lebensformen wählen. Nur zu oft ist diese Wahl nicht frei. Die eine Lebensform gründet sich auf den Willen der Mehrheit und ist gekennzeichnet durch freie Institutionen, repräsentative Regierungsform, freie Wahlen, Garantien für die persönliche Freiheit, Rede- und Religionsfreiheit und Freiheit von politischer Unterdrückung. Die andere Lebensform gründet sich auf den Willen einer Minderheit, den diese der Mehrheit gewaltsam aufzwingt. Sie stützt sich auf Terror und Unterdrückung …

Ich glaube, es muss die Politik der Vereinigten Staaten sein, freien Völkern beizustehen, die sich der angestrebten Unterwerfung durch bewaffnete Minderheiten oder durch äußeren Druck widersetzen. Ich glaube, wir müssen allen freien Völkern helfen, damit sie ihre Geschicke selbst bestimmen können. Unter einem solchen Beistand verstehe ich vor allem wirtschaftliche und finanzielle Hilfe, die die Grundlage für wirtschaftliche Stabilität und geordnete politische Verhältnisse bildet.
(nach: Geschichte in Quellen, Bd. VI, München 1980, S. 576 f.)

1 Diskutieren Sie die Zielsetzung der „Truman-Doktrin".
2 Erläutern Sie die unterschiedliche Reparationspolitik.

Die Teilung Deutschlands

Der Marshallplan

Die ökonomische Ergänzung der „Truman-Doktrin" bildete der *Marshallplan*. In einer Aufsehen erregenden Rede kündigte der amerikanische Außenminister GEORGE MARSHALL am 5. Juni 1947 ein Programm zum Wiederaufbau der europäischen Wirtschaft an:

> Unsere Politik ist nicht gegen irgendein Land oder eine Doktrin, sondern gegen Hunger, Armut, Verzweiflung und Chaos gerichtet. Ihr Zweck soll es sein, die Weltwirtschaft wiederherzustellen, um das Entstehen politischer und sozialer Verhältnisse zu ermöglichen, unter welchen freie Institutionen existieren können. Jede Regierung, die willens ist, bei der Aufgabe des Wiederaufbaues mitzuwirken, wird seitens der Regierung der Vereinigten Staaten volle Unterstützung erfahren. Eine Regierung, welche den Wiederaufbau anderer Länder zu verhindern sucht, kann keine Hilfe von uns erwarten.
> *(nach: Archiv der Gegenwart, Wien 1946/47, S. 1106 f.)*

Die Bereitschaft sich am Marshallplan zu beteiligen war groß. Anfangs zeigten nicht nur die osteuropäischen Regierungen, sondern auch die Sowjetunion Interesse. Einen Austausch von Informationen, der zur Koordinierung der Wirtschaftshilfe erforderlich war, lehnte die Sowjetunion jedoch ab. Außerdem befürchtete sie, dass Osteuropa in die Rolle eines Lieferanten von Rohstoffen und landwirtschaftlichen Produkten gedrängt werden sollte. Deshalb brach die UdSSR die Verhandlungen ab und zwang auch die osteuropäischen Staaten ihre Zusagen zurückzunehmen.

In den drei westlichen Besatzungszonen erleichterte die amerikanische Wirtschaftshilfe einen schnellen Wiederaufbau und mit dem Marshallplan war der Weg ins westliche Lager vorgezeichnet.

Kominform und RGW

Ostdeutsches Plakat.

STALINS Antwort bestand in der Gründung des *Kommunistischen Informationsbüros* (Kominform), mit dem die kommunistischen Parteien Europas stärkerer Kontrolle unterworfen werden sollten. Ferner in der Schaffung des *Rates für gegenseitige Wirtschaftshilfe* (RGW), des östlichen Gegenstücks zur Marshallplan-Organisation. Er sollte die Planwirtschaften koordinieren, die Produktion der einzelnen Ostblockstaaten spezialisieren und so zu einer sozialistischen Arbeitsteilung führen.

> *Rede von Andrej Schdanow, Mitglied des Politbüros der KPdSU, auf der Gründungskonferenz des Kominform am 22. 9. 1947:*
> Infolge des Zweiten Weltkriegs und in der Nachkriegsperiode sind wesentliche Änderungen in der internationalen Lage eingetreten ... So sind zwei Lager entstanden: das imperialistische, antidemokratische Lager, dessen Hauptziel darin besteht die Weltvormachtstellung des amerikanischen Imperialismus zu erreichen und die Demokratie zu zerstören, und das antiimperialistische, demokratische Lager, dessen Hauptziel es ist den Imperialismus zu überwinden, die Demokratie zu konsolidieren und die Überreste des Faschismus zu beseitigen.
> *(nach: B. Meissner (Hrsg.), Das Ostpakt-System, in: Dokumente, Heft XVIII, Frankfurt 1955)*

Die Währungsreform

Da wegen der aufgeblähten Geldmenge der ehemaligen NS-Kriegswirtschaft eine Inflation drohte, kam es zu einer *Währungsreform*. Am 21. Juni 1948 wurde in den westlichen Besatzungszonen die Reichsmark 10 : 1 abgewertet und durch die *Deutsche Mark* (DM) ersetzt. Sofort gab es für das neue Geld lang entbehrte Konsumgüter zu kaufen, die Geschäftsleute oft gehortet hatten. Am 23. Juni 1948 erfolgte auch in der sowjetischen Besatzungszone eine Währungsreform.

Blockade und Luftbrücke

Als die Alliierten die westdeutsche Währung auch in den Westsektoren BERLINS einführten, verhängte die Sowjetunion eine *Blockade*. Sie sperrte am 24. Juni 1948 alle Straßen, Eisenbahnlinien und Wasserwege zwischen Westberlin und Westdeutschland. Da die Luftkorridore die einzige vertraglich abgesicherte Verbindung darstellten, beschlossen die USA und Großbritannien die bedrängte Stadt über eine *Luftbrücke* zu versorgen. Aber konnte man für die 2 Millionen Berliner etwa 6000 Tonnen Güter täglich auf dem Luftweg befördern? Aus einer improvisierten Hilfsaktion entwickelte sich das größte Transportunternehmen in der Geschichte der Luftfahrt, das mit der Präzision eines riesigen Uhrwerks ablief. Seit Herbst 1948 landeten und starteten die Maschinen im Abstand von einer Minute. 67 % der eingeflogenen Güter waren Kohle, 24 % Lebensmittel. Am 12. Mai 1949 hob die Sowjetunion die Blockade auf. Ihr Erpressungsversuch erwies sich als politischer Fehlschlag.

Für die USA und Großbritannien bedeutete die Luftbrücke eine große finanzielle Belastung, denn der Transport jeder Tonne Fracht kostete 400 Mark. Andererseits fühlten sich die Westberliner, die Westdeutschen und die Westalliierten erstmals seit 1945 als Verbündete. Zweifel am politischen Kurs, der auf eine Teilung Deutschlands hinauslief, verstummten vorerst.

Staunend standen die Deutschen vor den schlagartig gefüllten Schaufenstern zum Stichtag der Währungsreform. Es schien sich zu lohnen, wieder hart zu arbeiten.

1 Erläutern Sie den Marshallplan, die Währungsreform und die Luftbrücke als Beispiele für die Eindämmungspolitik.

Am 9. September 1948 forderte Oberbürgermeister Ernst Reuter vor 350 000 Menschen, das eingeschlossene Berlin nicht preiszugeben.

Die Flugzeuge der Luftbrücke – liebevoll „Rosinenbomber" genannt – hielten Berlin während der Blockade 1948/49 am Leben.

Die Teilung Deutschlands

Der Weg zur doppelten Staatsgründung

Die Entstehung des Weststaates

Plakate 1945–1949

Auf Grund des *Potsdamer Abkommens* erlaubten die Alliierten bald die Gründung *demokratischer Parteien*. Schon am 10. Juni 1945 gestatteten die Sowjets in ihrer Zone „die Bildung und Tätigkeit aller antifaschistischen Parteien". Einen Tag später trat die KPD als erste Partei mit einem Aufruf an die Öffentlichkeit. Es folgten die SPD, die *Christlich Demokratische Union* (CDU) und die *Liberal-Demokratische Partei Deutschlands* (LDPD). Auch die westlichen Besatzungsmächte ließen zunächst vier Parteien zu: CDU (in Bayern CSU), SPD, die *Freie Demokratische Partei* (FDP) und die KPD. Die Parteien versuchten in Zusammenarbeit mit den Besatzungsmächten Einfluss auf die Neuordnung Nachkriegsdeutschlands zu nehmen.

Die Gegensätze zur *Sowjetunion*, die sich bei der demokratischen Neuordnung Deutschlands auftaten, erschienen den Westalliierten bald unüberbrückbar. Sie beschlossen daher auf der Londoner *Sechsmächtekonferenz*, an der auch Vertreter der Beneluxländer teilnahmen, in ihren Besatzungszonen einen Teilstaat zu gründen. Mit den *Frankfurter Dokumenten* erging an die Regierungen der westdeutschen Länder, die 1946 und 1947 aus *Landtagswahlen* hervorgegangen waren, am 1. Juli 1948 der Gründungsauftrag der Westalliierten:

> *Dokument I:* Die Verfassunggebende Versammlung wird eine demokratische Verfassung ausarbeiten, die für die beteiligten Länder eine Regierungsform des föderalistischen Typs schafft, die am besten geeignet ist, die gegenwärtig zerrissene deutsche Einheit schließlich wiederherzustellen, und die Rechte der beteiligten Länder schützt, eine angemessene Zentralinstanz schafft und Garantien der individuellen Rechte und Freiheiten enthält ...
> *Dokument III:* Die Militärgouverneure werden die Ausübung ihrer vollen Machtbefugnisse wieder aufnehmen, falls ein Notstand die Sicherheit bedroht und um nötigenfalls die Beachtung der Verfassung und des Besatzungsstatutes zu sichern.
> (nach: R. Steininger, Deutsche Geschichte seit 1945, Bd. 2, Frankfurt/M. 1996, S. 43 f.)

Das dritte „Frankfurter Dokument", das die Grundzüge eines *Besatzungsstatuts* skizzierte, stellte klar, dass die Besatzungsherrschaft nicht enden sollte. Die Ministerpräsidenten der westdeutschen Länder waren sich einig, dass sie den Auftrag der Alliierten, eine Verfassung für einen westdeutschen Teilstaat auszuarbeiten, annehmen wollten. Um den Weg zur späteren Gründung eines *gesamtdeutschen* Staates offen zu halten, betonten die westdeutschen Politiker das Provisorische der angestrebten Lösung. Sie beriefen keine verfassunggebende Nationalversammlung ein, sondern übertrugen die Aufgabe einem *Parlamentarischen Rat*, der von den einzelnen Landesparlamenten gewählt wurde. Ferner vermieden sie die Bezeichnung „Verfassung" und sprachen stattdessen von einem *Grundgesetz*.

Am 1. September 1948 nahm der Parlamentarische Rat in BONN seine Beratungen auf und wählte KONRAD ADENAUER (CDU) zu seinem Präsidenten.

Die Verkündung des Grundgesetzes

Unterzeichnung des Grundgesetzes.

Bei ihren Beratungen nahmen sich die Abgeordneten des *Parlamentarischen Rates* die Verfassung der Weimarer Republik zum Vorbild, achteten aber darauf, deren Fehler zu vermeiden. Deshalb beschränkten sie das Amt des *Bundespräsidenten* im Wesentlichen auf eine repräsentative Rolle und stärkten die Position des *Kanzlers*, dessen Amt durch ein *konstruktives Misstrauensvotum* abgesichert ist. Notstandsartikel wurden vermieden und die *Grundrechte* der Bürger binden alle Staatsorgane unmittelbar. Eine 1953 eingeführte *5%-Klausel* soll einer Parteienzersplitterung im Bundestag entgegenwirken. Die Abgeordneten nannten den neuen Staat *Bundesrepublik Deutschland* und wählten BONN zur vorläufigen Hauptstadt.

In ihrem am 12. Mai 1949 verkündeten *Besatzungsstatut* behielten sich die Alliierten wichtige Zuständigkeiten vor, darunter das Recht die Bundesrepublik außenpolitisch zu vertreten.

Nach neun Monaten hatte der Parlamentarische Rat seine Arbeit beendet. Am 23. Mai 1949 verkündete er in einer feierlichen Schlusssitzung das *Grundgesetz*. In seiner Ansprache hob Adenauer hervor, dass damit „ein neuer Abschnitt" der deutschen Geschichte beginne.

Aus dem Grundgesetz für die Bundesrepublik Deutschland (Art. 20):
(1) Die Bundesrepublik Deutschland ist ein demokratischer und sozialer Bundesstaat.
(2) Alle Staatsgewalt geht vom Volke aus. Sie wird vom Volke in Wahlen und Abstimmungen und durch besondere Organe der Gesetzgebung, der vollziehenden Gewalt und der Rechtsprechung ausgeübt.
(3) Die Gesetzgebung ist an die verfassungsmäßige Ordnung, die vollziehende Gewalt und die Rechtsprechung sind an Gesetz und Recht gebunden.
(Bundesgesetzblatt, 1949, Nr.1, S.3)

Letzte Seite der Urschrift des Grundgesetzes.

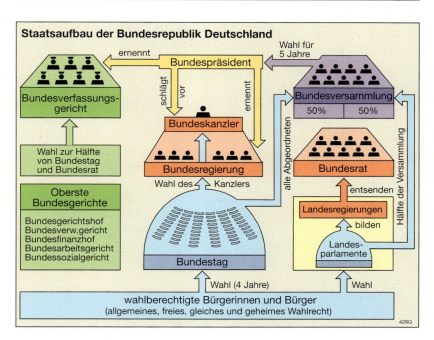

Die Teilung Deutschlands

Die antifaschistisch-demokratische Phase der SBZ

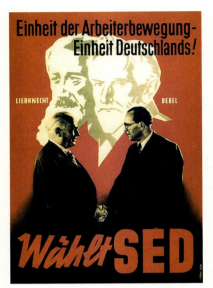

Den „Händedruck" von Wilhelm Pieck (links) und Otto Grotewohl auf dem Vereinigungsparteitag 1946 stilisierte die SED zum Symbol und Parteiabzeichen. Als „historische Schirmherren" wachen Wilhelm Liebknecht und August Bebel.

Am 30. April 1945 landete eine Gruppe von zehn Kommunisten in Ostdeutschland. Sie stand unter der Leitung von WALTER ULBRICHT, der in MOSKAU auf die Aufgabe vorbereitet worden war, die Rote Armee beim Aufbau einer neuen Verwaltung in der Sowjetzone zu unterstützen. Mit der Anweisung, „es muss demokratisch aussehen, aber wir müssen alles in der Hand haben", nahm die „Gruppe Ulbricht" ihre Arbeit auf. Im Juli 1945 bildeten die vier in der sowjetischen Besatzungszone zugelassenen Parteien die *Einheitsfront der antifaschistisch-demokratischen Parteien* (Antifa-Block). Wegen der engen Verbindung zwischen KPD und sowjetischer Militärverwaltung konnten sich die drei übrigen Parteien kaum durchsetzen. Deshalb gelang es den Kommunisten ihre Vormachtstellung auszubauen.

Am 21. und 22. April 1946 schlossen sich die KPD und die SPD zur *Sozialistischen Einheitspartei Deutschlands* (SED) zusammen. Zu gleichberechtigten Vorsitzenden wurden WILHELM PIECK (KPD) und OTTO GROTEWOHL (SPD) gewählt. In den Westsektoren Berlins hatten sich dagegen 82 % der SPD-Mitglieder in einer Urabstimmung gegen eine Vereinigung mit der KPD ausgesprochen.

> *Aus dem Beschluß der 1. Parteikonferenz der SED (28. Januar 1949):*
> Die marxistisch-leninistische Partei ist die bewußte Vorhut der Arbeiterklasse ... Daher ist die erste Aufgabe zur Entwicklung der SED zu einer Partei neuen Typus die ideologisch-politische Erziehung der Parteimitglieder und besonders der Funktionäre im Geiste des Marxismus-Leninismus ... Die Parteibeschlüsse haben ausnahmslos für alle Parteimitglieder Gültigkeit, insbesondere auch für die in Parlamenten, Regierungen, Verwaltungsorganen und in den Leitungen der Massenorganisationen tätigen Parteimitglieder.
> *(nach: R. Steininger, Deutsche Geschichte seit 1945, a. a. O., S. 101 f.)*

Die Gründung der SED und ihre Entwicklung zu einer „Partei neuen Typus", d. h. zu einer „marxistisch-leninistischen Kampfpartei" nach dem Vorbild der KPdSU, spaltete das deutsche Parteiensystem und war ein wichtiger Schritt auf dem Weg zur Teilung Deutschlands.

Die Bildung der Länder

Bereits Mitte 1945 richtete die Sowjetische Militäradministration (SMAD) in ihrer Zone die Länder Sachsen, Sachsen-Anhalt, Brandenburg, Thüringen und Mecklenburg ein. Die Amerikaner gliederten ihre Zone 1945 in die Länder Bayern, Hessen, Bremen und Württemberg-Baden, die Briten bildeten 1946 die neuen Länder Niedersachsen und Nordrhein-Westfalen sowie Hamburg und Schleswig-Holstein in ihren alten Grenzen. In der französischen Zone entstanden 1946 Rheinland-Pfalz aus verschiedenen Landesteilen sowie Württemberg-Hohenzollern und Baden. Erst am 25. April 1952 wurde aus Württemberg, Baden und Hohenzollern nach einer 1951 erfolgten Volksabstimmung das Land Baden-Württemberg gebildet.

1 Untersuchen Sie den Einfluss des ersten „Frankfurter Dokuments" auf das Grundgesetz.
2 Worin sehen Sie die Ursachen der Teilung Deutschlands?

Zusammenfassung

Der Zweite Weltkrieg verändert die Welt

Mit dem deutschen Überfall auf *Polen* am 1. September 1939 entfesselte HITLER den *Zweiten Weltkrieg*. 1940 stießen deutsche Truppen bis zum Nordkap und zur Atlantikküste vor. Den Plan einer Landung in England musste Hitler freilich aufgeben. Stattdessen befahl er 1941 den Einmarsch in die *Sowjetunion*, wo sich unter dem Einfluss der nationalsozialistischen Weltanschauung ein brutaler Raub- und Vernichtungskrieg entwickelte. In der Erwartung eines sicheren Sieges planten die Nationalsozialisten die „Endlösung der Judenfrage", der sechs Millionen Menschen zum Opfer fielen.

Der *japanische* Überfall auf PEARL HARBOR führte 1941 zum Kriegseintritt der *USA*. Auf Grund ihrer personellen und materiellen Überlegenheit zwangen die Alliierten die *Achsenmächte* an allen Fronten zum Rückzug. Im Juni 1944 errichteten die USA und Großbritannien mit ihrer Landung in der NORMANDIE eine zweite Front. Am 8. Mai 1945 erfolgte die *bedingungslose Kapitulation* der deutschen Wehrmacht und nach den Atombombenabwürfen auf HIROSHIMA und NAGASAKI kapitulierte am 2. September 1945 auch *Japan*.

Der Wunsch künftig den Weltfrieden und die internationale Sicherheit zu wahren führte 1945 zur Gründung der *Vereinten Nationen* (UNO). Infolge der Auflösung des britischen Empire erhielten 1947 *Indien* und *Pakistan* die Unabhängigkeit. Nachdem die Briten ihr Mandat für PALÄSTINA an die Vereinten Nationen zurückgegeben hatten, proklamierten jüdische Politiker 1948 den Staat *Israel*.

Der Ausweitung des sowjetischen Machtbereichs in Europa begegneten die USA mit einer *Eindämmungspolitik*. Sie änderten ihren Kurs und leiteten mit dem *Marshallplan* ein Programm zum Wiederaufbau der europäischen Wirtschaft ein. Zu den Konsequenzen des beginnenden *Kalten Krieges* zählte auch die Teilung Deutschlands. Während in den westlichen *Besatzungszonen* die Strukturen einer *freiheitlich-demokratischen* Staatsordnung entstanden, schuf die Sowjetunion in ihrer Zone eine *sozialistische Gesellschaftsordnung*.

Wichtige Begriffe

- Achsenmächte
- Alliierter Kontrollrat
- Atlantik-Charta
- Bedingungslose Kapitulation
- Berliner Blockade
- Besatzungszonen
- Demontage
- Eindämmungspolitik
- „Endlösung der Judenfrage"
- Grundgesetz
- Heimatvertriebene
- Marshallplan
- Oder-Neiße-Linie
- Parlamentarischer Rat
- Potsdamer Konferenz
- Truman-Doktrin
- Vereinte Nationen (UNO)
- Widerstand

Geschichtslabor

Robert H. Jackson, Hauptankläger für die USA.

Die Anklagebank im Nürnberger Prozess gegen die Hauptkriegsverbrecher (erste Reihe links: Hermann Göring).

Der Nürnberger Prozess

Die Rechtsgrundlage

Lange vor Ende des Zweiten Weltkriegs kündigten die Alliierten an, dass sie die Verantwortlichen in Deutschland bestrafen würden. Nach Kriegsende beschlossen die vier Siegermächte in LONDON die Einrichtung eines *Internationalen Militärgerichtshofs*.

> *Aus dem Statut für den Internationalen Militärgerichtshof vom 8. August 1945:*
> Art. 6: Der Gerichtshof hat das Recht alle Personen abzuurteilen, die eines der folgenden Verbrechen begangen haben:
> (a) Verbrechen gegen den Frieden: Nämlich: Planen, Vorbereitung, Einleitung oder Durchführung eines Angriffskrieges oder eines Krieges unter Verletzung internationaler Verträge oder Zusicherungen …
> (b) Kriegsverbrechen: Nämlich: Verletzungen der Kriegsgesetze oder -gebräuche. Solche Verletzungen umfassen Mord, Misshandlungen oder Deportation zur Sklavenarbeit …
> (c) Verbrechen gegen die Menschlichkeit: Nämlich: Mord, Ausrottung, Versklavung, Deportation oder andere unmenschliche Handlungen, Verfolgung aus politischen, rassischen oder religiösen Gründen …
> Art. 8: Die Tatsache, dass ein Angeklagter auf Befehl seiner Regierung oder eines Vorgesetzten gehandelt hat, gilt nicht als Strafausschließungsgrund, kann aber als Strafmilderungsgrund berücksichtigt werden.
> (Der Prozess gegen die Hauptkriegsverbrecher vor dem Internationalen Militärgerichtshof, Bd. 1, Nürnberg 1947, S. 11 f.)

Die Durchführung des Prozesses

Plakat zum Nürnberger Prozess.

Der Prozess gegen die *Hauptkriegsverbrecher* fand in der Zeit vom 14. November 1945 bis zum 1. Oktober 1946 statt. Als Sitz des Militärgerichtshofs wählten die Alliierten einen symbolträchtigen Ort: NÜRNBERG, die Stadt, in der die NSDAP ihre Reichsparteitage veranstaltet hatte. Angeklagt wurden 22 führende Männer des nationalsozialistischen Deutschlands. Zwölf Angeklagte verurteilte das Gericht zum Tode, gegen sieben Angeklagte verhängte es Haftstrafen zwischen zehn Jahren und lebenslänglich, drei Männer sprach es frei. Die Todesurteile wurden am 16. Oktober 1946 vollstreckt. HERMANN GÖRING entzog sich der Hinrichtung durch Selbstmord.

Kritiker des Prozesses bemängelten vor allem, dass in Nürnberg Sieger über Besiegte zu Gericht saßen, dass Ankläger und Richter von derselben Partei stammten und dass die Rechtsgrundlage erst nach der Tat geschaffen wurde („Nulla poena sine lege"). Dagegen bestand kein Zweifel an der aufklärerischen Wirkung des Prozesses. Durch die ausführliche Berichterstattung im Rundfunk und in der Presse erfuhren die deutsche Bevölkerung und die Weltöffentlichkeit zum ersten Mal das ganze Ausmaß der nationalsozialistischen Verbrechen. Hoffnungen und Erwartungen, dass mit dem *Nürnberger Prozess* ein neues Kapitel des Völkerrechts beginnt, erfüllten sich jedoch nicht.

> *Robert Jackson, Hauptankläger für die USA, am 21. 11. 1945:*
> Wir dürfen niemals vergessen, dass nach dem gleichen Maß, mit dem wir die Angeklagten heute messen, auch wir morgen von der Geschichte gemessen werden.
> *(Der Prozess gegen die Hauptkriegsverbrecher vor dem Internationalen Militärgerichtshof, Bd. 2, Nürnberg 1947, S. 118)*

„Die Klasse wird zum Tribunal"

Schüler bei der Durchführung eines Tribunals.

Die Autoren von ANNO schlagen Ihnen vor, ein *Tribunal* nach dem Vorbild des Nürnberger Prozesses als *Rollenspiel* zu eröffnen. Folgende Gliederung sowie einige Hinweise könnten dafür nützlich sein:

1. Vorbereitung des Spiels
Auswahl des/der Angeklagten. (Falls Sie niemandem die Rolle eines Hauptkriegsverbrechers zumuten wollen, könnten Sie ein vergrößertes Foto des/der Angeklagten zusammen mit einer Kurzbiografie auf Karton aufziehen und anstelle des Angeklagten aufstellen. Prüfen Sie, ob Sie ausreichend Material haben oder beschaffen können.)
Formulierung der Anklagepunkte, Benennung von Zeugen und Sachverständigen, Auswahl der Beweisdokumente.
Besetzung des Gerichts: Benennung der Anklagevertreter und der Verteidigung

2. Durchführung
Anklageerhebung, Vernehmung der Zeugen, Anhörung der Sachverständigen, Plädoyers
Ziel des Tribunals sollte nicht ein Urteil sein, sondern eine Präsentation, z. B. eine Ausstellung oder ein Beitrag in der Schülerzeitung.

3. Analyse
Fragen: Ist das Spiel realistisch abgelaufen? Inwieweit haben sich die Spieler mit ihrer Rolle identifiziert? Inwieweit haben sie sich distanziert? Welche neuen Erkenntnisse haben wir gewonnen?

England und der Aufstieg der USA

Am 9. Juli 1776 stießen Bürger in New York, der Hauptstadt der gleichnamigen englischen Kolonie, das Standbild ihres Königs Georg III. vom Sockel und hackten ihm den Kopf ab. Die abertausend Teile der völlig zerstörten Statue, die 42 088 Bleikugeln als Kerne dienen sollten, wurden bei Marschmusik wie in nächtlicher Prozession durch die Stadt getragen.

Anlass für dieses Volksfest war die Verlesung der Unabhängigkeitserklärung aller 13 englischen Kolonien in Nordamerika. Die Nachkommen der Siedler, die seit 1620 vor der Unterdrückung ihres Glaubens aus dem Mutterland geflohen waren, hatten ihrem Staatsoberhaupt den Gehorsam aufgekündigt. Mit seinen Versuchen, ihre Freiheiten zu beschneiden, hatte Georg III. den Widerspruchsgeist angestachelt, den englische Könige auch im eigenen Land in der Vergangenheit immer wieder verspürt hatten, wenn sie verbriefte Rechte anzutasten wagten. Zu lange schon hatten sich in England die Untertanen daran gewöhnt mitzureden. Was alle anging, wollten auch alle entscheiden. Diese Tradition hatte sich unter den Siedlern, die ihr Leben jenseits des Atlantiks unter eigenen Gesetzen begonnen hatten, im Laufe von 150 Jahren noch verstärkt. Was im Mutterland keinem König gelungen war, sollte ihm in der Neuen Welt erst recht versagt bleiben. Wer sich zum absoluten Monarchen aufschwingen oder sich als Herrscher aufspielen wollte, musste mit geschlossenem Widerstand rechnen.

England und der Aufstieg der USA

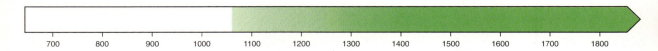

„My home is my castle"

„Mein Heim ist meine Burg" – sagten in England zunächst Adlige und dann immer mehr freie Bürger voller Stolz, denn sie waren schon lange nicht mehr der Willkür ihres Königs ausgesetzt. Seit 1215 ist es in England dem Adel und den reichen Londoner Bürgern gelungen, sich von ihren Königen Rechte verbriefen zu lassen. Was erst nur zum Schutze für Leib und Leben und zur Sicherung des Eigentums gedacht war, wussten sie zu einem politischen Mitspracherecht zu erweitern. Schon im 14. Jahrhundert lud sie der König regelmäßig zu gemeinsamen Beratungen, wenn er Steuern erheben oder Kriege erklären wollte. Gegen die wenigen Versuche englischer Könige im 16. Jh., es den Herrschern auf dem Kontinent gleichzutun und sich zu absoluten Monarchen aufzuschwingen, erhob sich sofort erbitterter Widerstand.

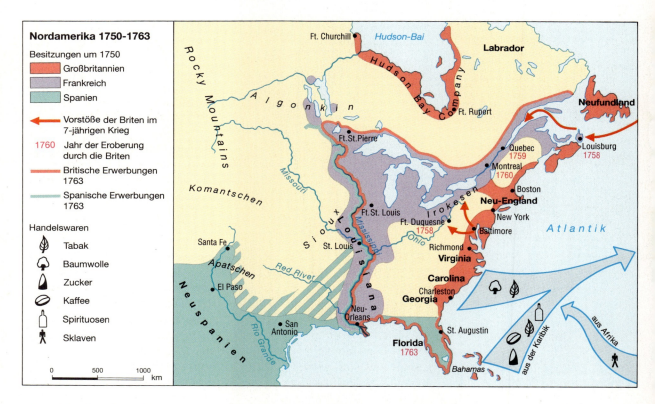

„Amerika den Amerikanern"

Der gleiche Freiheitsdrang beseelte die englischen Siedler, die von 1607 an nach Nordamerika auswanderten. Obwohl viele von ihnen um ihres Glaubens willen die Heimat verlassen hatten, blieben die neu gegründeten Kolonien mit dem Mutterland durch die gemeinsame Sprache und Kultur sowie durch vielfältige Handelsbeziehungen zunächst eng verbunden. Zunehmender wirtschaftlicher Erfolg ließ die Kolonien im 18. Jh. gegen den englischen König aufbegehren. Aus einem Bund des Widerstandes entstanden die *Vereinigten Staaten von Amerika* – der erste Staat ohne einen König an seiner Spitze.

Die Anfänge des Parlaments

König und Adel

Wilhelm der Eroberer (1027–1087)

Im Jahr 1066 landete WILHELM, Herzog der Normandie, mit einem Normannenheer an der englischen Küste. In einer blutigen Schlacht besiegte er die *Angelsachsen* und eroberte ganz England. Nach seiner Krönung in der Londoner Westminster Abtei machte sich Wilhelm daran seine Herrschaft zu festigen. Die bislang herrschenden angelsächsischen Fürsten mussten dem König den Treueid leisten. Andernfalls verloren sie ihren Landbesitz. Im gesamten Königreich ließ Wilhelm das Land vermessen, Menschen und Vieh, Äcker und Wiesen, Höfe und Mühlen zählen. Diese Übersicht *(Domesday Book)* diente auch seinen Nachfolgern als Grundlage für die Steuererhebung. Streitigkeiten unter den Adligen des Landes schlichteten oder entschieden Beamte im Auftrag des Königs, wo möglich vor Ort.

Da Wilhelm auch an seine Ritter aus der *Normandie* nur kleine und dazu noch verstreute Lehen ausgegeben hatte, konnte niemand die königliche Machtstellung gefährden.

Die Miniatur zeigt den englischen König, umgeben von Mitgliedern seines Kronrates. Zu sehen sind hohe Adlige und zwei Bischöfe.

Der Wandteppich von Bayeux stammt aus dem 11. Jh. und ist 70 m lang und 50 cm hoch. Seine Bilder berichten von der Überfahrt Wilhelms des Erobereres nach England und dem siegreichen Kampf der Normannen gegen die Angelsachsen in der Schlacht bei Hastings (1066).

Die Magna Charta

Etwa 150 Jahre regierten die Könige nahezu unumschränkt. Erst 1215, als die Macht des Königs nach einer Niederlage in Frankreich geschwächt war, gelang es den Baronen und Bischöfen, dem König eine Urkunde abzutrotzen. Wegen ihres ungewöhnlich großen Formates hieß diese in lateinischer Sprache abgefasste Urkunde *Magna Charta* (= Große Urkunde). In ihr bestätigte der König ausdrücklich die alten Rechte und Freiheiten der Kirche. Er versprach Steuern nicht ohne die Zustimmung eines Allgemeinen Rates zu erheben, in den er Erzbischöfe, Bischöfe, Äbte, Grafen und bedeutende Barone berief. Auch sollte kein freier Mann ohne ein gesetzliches Urteil verhaftet, gefangen gehalten, enteignet, geächtet oder verbannt werden. Die insgesamt 63 Bestimmungen der Magna Charta wurden zwar im ganzen Land bekannt gemacht, galten aber nur für die Adligen, die Bürger von London und die wenigen Freien.

Die Anfänge des Parlaments

„Was alle berührt, sollen alle bewilligen"

Der König und sein Parlament

Im Jahre 1295, als König EDWARD I. mit den Bischöfen und Baronen über neue Steuern reden wollte, riefen diese: „Dafür sind wir nicht zuständig." So ganz Unrecht hatten die Kronvasallen nicht, denn ohne den Landadel (= *gentry*) und die Städte ließen sich keine Steuern für den König eintreiben. So schickte König Edward I. an den königlichen Oberbeamten (*sheriff*) in jeder Grafschaft folgenden Befehl:

> Da wir mit den Grafen, Baronen und anderen Großen unseres Reiches Beratung und Diskussion zu halten wünschen, um Mittel gegen die Gefahren sicherzustellen, die in diesen Tagen unser Königreich bedrohen, so haben wir ihnen hiermit befohlen, nach Westminster zu kommen. Wir befehlen Dir ausdrücklich, dass Du in Deiner Grafschaft zwei Ritter auswählst, ferner zwei Bürger jeder Stadt und zwei Bürger in jedem städtischen Bezirk; sie sollen entsprechend umsichtig und zu dieser Aufgabe befähigt sein. Du sollst sicherstellen, dass sie volle und ausreichende Vollmacht haben, um tun zu können, was immer in den oben genannten Angelegenheiten durch gemeinsamen Ratschlag beschlossen werden könnte.
> (nach: Kurt Kluxen, Die Entstehung des englischen Parlamentarismus, Stuttgart 1972, S. 8–9, gekürzt und vereinfacht)

Dieser Einladung folgten 8 Grafen, 41 Barone, die beiden Erzbischöfe Englands, 18 Bischöfe und 67 Äbte sowie weitere kirchliche Würdenträger. Dazu kamen zwei Ritter aus jeder Grafschaft als Vertreter des niederen Adels und je zwei Bürger aus den verschiedenen Städten. So eine Gesprächskonferenz bezeichneten die Engländer damals als „Parliament". Wie lange das *Parlament* tagte, hing davon ab, wie schnell man sich einigen konnte. Gerade wenn es um neue Steuern oder Zahlungen für den König ging, konnte sich das Treffen schon einmal Monate hinziehen. Denn meist stimmte das Parlament nur zu, wenn der König bereit war dem Adel und den Städten weitere Rechte und Freiheiten zu gewähren. Auf diesem Wege gelang es dem Parlament, seinen Einfluss auf die königliche Gesetzgebung zu vergrößern.

Seit dem Ende des 14. Jahrhunderts teilte sich das Parlament bei seinen jährlichen Treffen zur Beratung auf: Bischöfe, Erzbischöfe, Grafen und Barone berieten im *House of Lords* (Oberhaus); die Ritter, reichen Bauern und Bürger versuchten sich im *House of Commons* (Unterhaus) auf einen gemeinsamen Standpunkt zu einigen, den dann ein gewählter *Speaker* (= Sprecher) dem König und dem Hochadel vortrug.

Mit der Zeit wuchs zwar die Macht des Unterhauses, doch darf sein Einfluss zunächst nicht überschätzt werden, denn die Sitzungsperioden waren meist nur kurz. Und ohne den König, der allein das Recht zur Einberufung des Parlaments hatte, war das Parlament nicht beschlussfähig.

Rechte Seite:
Der minderjährige König Heinrich VI. (1422–1461) eröffnet vor den Mitgliedern des Oberhauses das Parlament. Links von ihm die Erzbischöfe von Canterbury und York sowie Kardinal Heinrich Beaufort, rechts die beiden Brüder seines Vaters, die für ihn die Regierung führten. In der Bildmitte auf Wollsäcken, dem Zeichen für den englischen Wohlstand, sitzen die Mitglieder des königlichen Rates und zwei Parlamentsschreiber. Rechts hinten drängen sich Angehörige des königlichen Haushalts, vor der Schranke warten die Commons mit ihrem Sprecher, die während des Parlaments Rede- und Straffreiheit genießen.

1 Listen Sie auf, wer im Parlament vertreten ist.
2 Erläutern Sie anhand des Bildes die Machtverteilung im Parlament.

Das Parlament besiegt den König

Der Konflikt zwischen König und Parlament

Absolutismus auch in England?

Gleich zu Beginn seiner Regierungszeit wollte JAKOB I. (1603–1625) dem Parlament gegenüber keinen Zweifel daran lassen, wer in England die Macht habe:

> Könige sind in Wahrheit Götter. Sie üben eine Art göttlicher Macht auf Erden aus. Wenn ihr die Eigenschaften Gottes betrachtet, werdet ihr sehen, wie sie mit denen des Königs übereinstimmen. Gott hat die Macht zu schaffen oder zu zerstören, hervorzubringen oder aufzuheben, Leben zu gewähren oder den Tod zu senden. Und die gleiche Macht besitzen Könige: sie schaffen und vernichten ihre Untertanen, sie haben Gewalt sie zu erhöhen und zu erniedrigen, sie haben Gewalt über Leben und Tod. Die Könige sind Richter über alle ihre Untertanen und in allen Fällen. Sie selbst sind Gott allein verantwortlich. Sie können mit ihren Untertanen handeln wie mit Schachpuppen, aus Bauern Bischöfe oder Ritter machen, das Volk wie eine Münze erhöhen oder herabsetzen; ihnen gebührt die Zuneigung der Seele und der Dienst des Leibes.
>
> So wie jemand Gott lästert, wenn er mit ihm streitet, so begehen die Untertanen Aufruhr, wenn sie das Gebot königlicher Machtvollkommenheit bestreiten.
> (nach: Kortüm, Geschichte der englischen Revolution, Zürich 1827, S. 66 f.)

Das Parlament jedoch war nicht gewillt Jakob I. wie einen absoluten König unumschränkt in England regieren zu lassen. Die wirtschaftlichen Erfolge, vor allem bei der Schafzucht und im Baumwollhandel, ließen den Adel und die Kaufmannschaft nun auch im Parlament noch selbstbewusster auftreten.

Dem Versuch des Königs die Zölle zu erhöhen, nur um seine Einkünfte zu verbessern, stellte sich im Jahre 1610 das Unterhaus nachdrücklich entgegen:

> Wir halten es für ein altes, allgemeines und unzweifelhaftes Recht des Parlaments, über alle Angelegenheiten, die den Untertan, sein Recht und seine tatsächliche Lage betreffen, frei debattieren zu dürfen. Daher bitten wir, Euer Hoheit ergebene und pflichttreue Gemeinen, die wir nicht abweichen wollen von den erprobten Wegen unserer Vorfahren, Eure Majestät untertänigst und inständig, dass wir ohne Kränkung derselben gemäß dem unzweifelhaften Recht und Freiheitsanspruch des Parlamentes, auf dem eingeschlagenen Weg einer unfassenden Prüfung der neuen Abgaben fortschreiten dürfen.
> (nach: F. Dickmann, Renaissance, Glaubenskämpfe, Absolutismus, Geschichte in Quellen, Bd. 3, München 1966, S. 357)

Jakob I. von England (1603–1625) aus einem um 1610 angefertigten Stammbaum des Königs.

1 Erklären Sie die Absichten Jakobs I. Auf wen führt er sein königliches Recht zurück?
2 Wie begründet das Unterhaus seinen Widerstand?

Karl I. und das Parlament

Im Jahre 1625 folgte KARL I. seinem Vater als König und setzte dessen absolutistische Politik fort. Elf Jahre regierte er ohne Parlament. Erst ein Aufstand in Schottland zwang ihn im November 1640 das Parlament einzuberufen, um zusätzliche Mittel für die Kriegsführung zu erhalten. Der König erkaufte die Zustimmung des Unterhauses mit Zugeständnissen. Er versprach die Abgeordneten regelmäßig alle drei Jahre für mindestens 50 Tage einzuberufen, erlaubte ihnen, sich im Notfall ohne königliche Einberufung zu versammeln, und räumte ihnen das Recht ein die königlichen Ratgeber zu ernennen.

Ein König wird geköpft

Als das Parlament dem König auch noch den militärischen Oberbefehl verweigerte, ließ es Karl I. auf eine Kraftprobe ankommen. Er klagte fünf Oppositionsführer des Hochverrates an und verlangte vom Parlament deren Auslieferung. Als die Abgeordneten dies verweigerten, stürmte der König persönlich an der Spitze eines Soldatentrupps ins Unterhaus um die Abgeordneten zu verhaften. Doch waren „die Vögel schon ausgeflogen", wie der König feststellen musste. Das Unterhaus sah darin einen Angriff auf seine Freiheit und Unabhängigkeit. Was als Streit um Steuern begonnen hatte, endete in einem blutigen Bürgerkrieg (1642–1648). Die Anhänger des Parlaments siegten schließlich über das Heer des Königs, der 1647 selbst in Gefangenschaft geriet. In einem zweifelhaften Gerichtsverfahren wurde Karl I. zum Tode verurteilt und am 30. Januar 1649 in London öffentlich hingerichtet.

1 Prüfen Sie die königlichen Zugeständnisse dem Parlament gegenüber.
2 Stellen Sie dar, wie der Kupferstecher in Wort und Bild gegen die Hinrichtung von König Karl I. zu Felde zieht.

Über diesem Kupferstich von 1649 steht geschrieben: „Abscheulichste unerhörte Exekution an weyland dem Durchleutig und Großmächtigsten Carl Stuart, König in Großbritannien, Frankreich und Irland etc. vorgegangen in London vor der Residentz Whitehall dienstag den 30. janua Anno 1649. Nachmittag zwischen 2 und 3 uhren." Das Medaillon des Königs wird von denen seiner Gegner, General Fairfax und Generalleutnant Cromwell, umrahmt. In der Wolke zwei Engel mit Palmwedel und Lorbeerkrone, den Siegeszeichen über den Tod. Auf dem Podest der Leichnam des Königs, der Henker mit einem Gehilfen, zwei Offiziere und der Bischof von London als geistlicher Beistand.

Das Parlament besiegt den König

Nur ein Zwischenspiel – Cromwells Diktatur

„Wir werden den Kopf des Königs mit der Krone abschlagen", hatte OLIVER CROMWELL, der Führer der Parlamentsanhänger, im Prozess gegen Karl I. erklärt. Dass Cromwell, gestützt auf das Heer, sich an die Spitze des Staates stellen wollte, durchschauten nur wenige. Zunächst schien die Auflösung des Oberhauses das Unterhaus zu stärken. Und die reichen Londoner Bürger waren zufrieden, denn hier gaben sie den Ton an. Doch ließ Cromwell schon im April 1653 die Maske fallen. „Ich werde Eurem Geschwätz ein Ende machen", soll er den Abgeordneten des Unterhauses zugerufen haben, bevor seine Soldaten sie auseinander trieben. Bis zu seinem Tod im Jahre 1658 behielt Cromwell die Macht in der Hand.

Erst dann machte sich die Unzufriedenheit mit dessen Militärdiktatur Luft. Ein neu gewähltes Parlament beschloss die Monarchie wieder einzuführen und rief den Sohn des hingerichteten Königs aus seinem Exil in Frankreich zurück. Obwohl KARL II. versprach die alten Rechte des Parlaments zu achten, zeigten sich schon bald die bekannten Gegensätze zwischen König und Parlament. Hinzu kam, dass sich die französische Lebensart des jungen Königs und die strenge puritanische Gesinnung mancher Abgeordneter nicht vertrugen.

Die „Glorious Revolution"

Der Einfluss Ludwigs XIV., des französischen Sonnenkönigs, wurde noch spürbarer, als JAKOB II. seinem Bruder Karl II. 1685 auf dem Thron folgte. Wie sein französisches Vorbild wollte der neue König über den Gesetzen stehen und ohne das Parlament regieren. Mit dem Versuch, wichtige Ämter oder Offiziersstellen mit *Katholiken* zu besetzen, brachte er die Anhänger der *anglikanischen Staatskirche* gegen sich auf. So traten religiöse Spannungen zwischen dem katholischen König und dem protestantischen Parlament zu den politischen hinzu.

Nach der Geburt des Thronfolgers am 10. Juni 1688 fassten führende Parlamentarier den Plan die katholische Königsfamilie zu vertreiben. In einem geheimen Brief riefen sie aus den Niederlanden den protestantischen Schwager ihres Königs, WILHELM VON ORANIEN (1650–1702), zu Hilfe. Anfang November 1688 landete Wilhelm von Oranien mit seinem Heer in England. Mit dem geschickten Wahlspruch „Für die protestantische Religion und ein freies Parlament", den er auf seine Fahnen geschrieben hatte, sicherte er sich breite Unterstützung gegen Jakob II., dem nur noch das Exil in Frankreich blieb.

Bevor Wilhelm von Oranien jedoch König von England werden konnte, musste er erst eine Art Staatsvertrag (= *Konstitution*) unterzeichnen, in dem die Rechte des Parlaments festgehalten waren. Diese *Bill of Rights* brachte England zwar noch keine demokratisch gewählte Regierung, sie teilte aber die Macht zwischen Parlament und König und verhinderte dessen Alleinherrschaft. England war von nun an eine *konstitutionelle Monarchie*.

Der englische Landadelige Oliver Cromwell (1599–1658) unterdrückte die Aufstände der katholischen Iren (1649) und Schotten (1650) mit Waffengewalt.

1 Erklären Sie, warum die Menschen den Ereignissen von 1688 den Namen „Glorious Revolution" gaben.
2 Lesen Sie die rechts abgedruckte „Bill of Rights" durch und zählen Sie die Rechte des Parlaments auf, die Wilhelm von Oranien ausdrücklich anerkannte.

Wilhelm von Oranien (1650–1702) und seine Gemahlin Maria, die Tochter Jakobs II., nehmen aus den Händen der Vertreter des Parlaments die englische Krone entgegen. Welche Hinweise liefert das Bild für das veränderte Verständnis vom Königtum?

Die Bill of Rights

Das Siegel von 1651 zeigt eine Parlamentssitzung ohne den König, dessen Platz der Speaker eingenommen hat. Woran erinnert die Umschrift "IN THE THIRD YEAR OF FREEDOM BY GODS BLESSING RESTORED"?

Die in Westminster versammelten geistlichen und weltlichen Lords und Commons, die gesetzmäßige, vollständige und freie Vertretung aller Stände des Volkes in diesem Königreich, legten ... Wilhelm und Maria, Prinz und Prinzessin von Oranien, die in eigener Person anwesend waren, eine geschriebene Erklärung vor, welche von oben angeführten Lords und Commons in folgenden Worten ausgestellt wurde:

Die angemaßte Befugnis, Gesetze oder die Ausführung von Gesetzen durch königliche Autorität ohne Zustimmung des Parlaments aufzuheben, ist gesetzwidrig. ...

Steuern für die Krone ... ohne Erlaubnis des Parlaments für längere Zeit oder in anderer Weise, als erlaubt und bewilligt wurde, zu erheben, ist gesetzwidrig.

Es ist das Recht des Untertans dem König Bittschriften einzureichen und jede Untersuchungshaft sowie Verfolgung wegen solch einer Petition ist gesetzwidrig.

Es ist gegen das Gesetz, es sei denn mit Zustimmung des Parlaments, eine stehende Armee im Königreich in Friedenszeiten aufzustellen oder zu halten.

Die Wahl von Parlamentsmitgliedern soll frei sein.

Die Freiheit der Rede und der Debatten und Verhandlungen im Parlament darf von keinem Gerichtshof ... angefochten oder in Frage gestellt werden.

(nach: Geschichte in Quellen, Bd. 3, München 1976, S. 495)

Englands Untertanen in Amerika

Auf dem Weg in ein neues England

Um des Glaubens willen?

Am 11. November 1620 ging, durch den Sturm weit nach Norden abgetrieben, am nordamerikanischen Kap Cod die *Mayflower* mit 28 Frauen und 74 Männern an Bord vor Anker. Eine Londoner Handelsgesellschaft hatte den *Pilgervätern*, die sich als strenggläubige Calvinisten *(Puritaner)* nicht der anglikanischen Kirche unterwerfen und lieber auswandern wollten, die Kosten für die Überfahrt vorgeschossen. Noch vor der Landung unterzeichneten die Ankömmlinge eine feierliche Abmachung:

> In Gottes Namen, Amen. Wir haben zu Gottes Ruhm, zur Ausbreitung des christlichen Glaubens und zur Ehre unseres Königs und Landes eine Fahrt unternommen, um die erste Kolonie im nördlichen Teil von Virginia zu gründen; wir verabreden dies hiermit feierlich vor Gottes Angesicht und voreinander und schließen uns auch als Bürger zu einer Gemeinde zusammen. Und so beschließen wir, richten ein und setzen fest diejenigen gerechten und gleichen Gesetze, Verordnungen, Erlasse, Verfassungen und Ämter, die für das Gesamtwohl der Kolonie zur jeweiligen Zeit als tauglichste und zweckmäßigste erscheinen. Diesen geloben wir allen gehörigen Gehorsam und Achtung. Anno Domini 1620.
> *(Mayflower Compact, nach: Thomas V. DiBacco, Lorna C. Mason, Christian G. Appy, History of the United States, Boston 1991, R 16)*

Die Schiffe der Pilgerväter verlassen die Alte Welt und stechen mit Richtung Nordamerika in See. Das Gemälde von 1713 zeigt, wie sich die Szene abgespielt haben könnte.

1. Beschreiben Sie anhand des Bildes die Abfahrt der Auswanderer. Versetzen Sie sich in ihre Lage.
2. Nennen Sie die Abmachungen der Pilgerväter und überdenken Sie den Sinn eines solchen Vertrages.

Aller Anfang ist schwer

WILLIAM BRADFORD, der erste Gouverneur der Siedlung, die die Pilgerväter nach der englischen Hafenstadt PLYMOUTH benannten, erinnerte sich noch Jahre später an die Aufgaben und Gefahren für die Siedler:

> Nachdem sie also den weiten Ozean passiert hatten, hatten sie jetzt keine Freunde, die sie willkommen hießen, keine Herbergen, wo sie ihren Leib stärken oder erfrischen konnten, keine Häuser und noch viel weniger Städte, wohin sie sich wenden konnten um Zuflucht zu finden. Was anderes konnten sie sehen als eine abstoßende, verlassene Wildnis voll wilder Tiere und wilder Menschen? Wohin auch immer sie ihre Augen wandten – es sei denn himmelwärts –, gab es für sie wenig Trost oder Freude aus irgendwelchen äußeren Umständen.
> *(Bradford's History of Plymouth Plantation 1606–1649, New York 1906, nach: Urs Bitterli, Die Entdeckung Amerikas, München 1992, S. 384)*

Den strengen Winter überlebte nur die Hälfte der Ankömmlinge. Der Glaube, Gottes auserwähltes Volk zu sein, machte die Pilgerväter Andersgläubigen gegenüber intolerant, ließ sie aber mit Fleiß und Zähigkeit alle Schwierigkeiten meistern. Nach der guten Ernte des Jahres 1621 feierten die Pilgerväter ein dreitägiges Dankfest: „Thanksgiving". Ohne Hilfe der Indianer, die den Siedlern auch den Maisanbau zeigten, hätten die Kolonisten freilich nicht überlebt.

Das „Dankfest" (Thanksgiving) der Pilgerväter 1621 in der neuen Siedlungsgründung Portsmouth. Die Szene zeigt das damals noch gute Einvernehmen mit den Indianern.

Englands Untertanen in Amerika

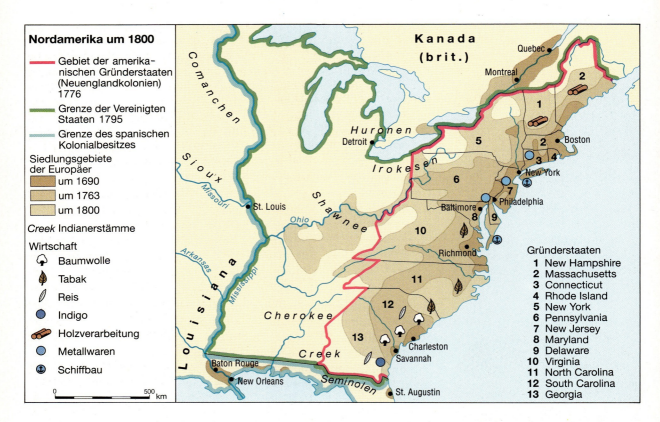

Das Land der unbegrenzten Möglichkeiten?

Doch schreckten die Gefahren und Anstrengungen des Siedlerlebens längst nicht jeden. Denn die meisten Auswanderer waren keine gescheiterten Existenzen, sondern nur Menschen, die zu Hause oft wegen ihres Glaubens benachteiligt wurden. So ließ die Religionspolitik Karls I. den Strom puritanischer Glaubensflüchtlinge zwischen 1630 und 1640 auf über 60 000 anschwellen. Ebenso verließen irische Katholiken ihre Heimat. Aber auch Schweden, Deutsche und Holländer zog es aus oft ganz unterschiedlichen Beweggründen nach Amerika.

Sie alle hofften mit Fleiß und Sparsamkeit für sich und ihre Familien ein besseres Leben aufzubauen. Und vielleicht beseitigte mancher Reisebericht die letzten Zweifel:

> New York ist vorwiegend aus Stein erbaut und überdacht mit roten und schwarzen Ziegeln. Die Bewohner sind größtenteils Engländer und Holländer und unterhalten einen beträchtlichen Handel mit Biber-, Otter- und Waschbären- sowie anderen Pelzen; ebenso mit Bären-, Hirsch- und Elchfellen; ferner werden sie im Winter von den Indianern mit Wildbret und Geflügel, im Sommer mit Fischen versorgt, was alles günstig zu bekommen ist. Aus der umliegenden Landschaft wird ständig alles geliefert, was der Mensch zum Leben braucht, nicht nur in der eigenen Kolonie, sondern auch für die benachbarten.
>
> (Daniel Denton, March of America (1670), XXVI, S. 34, nach: Urs Bitterli, ebda., S. 388)

Von Siedlungen zu Kolonien

„Weiber und Wein, Glücksspiel und Tücke vermindern den Reichtum und vergrößern die Bedürftigkeit. Das Geld, was für ein Laster verbraucht wird, könnte zwei Kinder ernähren."

„Liebst du das Leben? Dann vergeude keine Zeit, denn das ist der Stoff, aus dem das Leben gemacht ist. Der schlafende Fuchs fängt kein Geflügel. Im Grab ist der Schlaf noch lang genug."

„Betreibe dein Geschäft und lass dich nicht davon treiben. Faulheit macht alle Dinge schwer, Fleiß alles leicht. Früh zu Bett und früh heraus macht einen Mann gesund, reich und weise."

Der unablässige Einwandererstrom hatte den Siedlungsraum von einem anfangs nur dünn besiedelten Küstenstreifen bis an die APPALACHEN und an den ST. LORENZSTROM vorgeschoben und die indianische Urbevölkerung nach Westen abgedrängt. Aus verstreuten Siedlungen hatten sich im Verlauf eines Jahrhunderts *13 Kolonien* entwickelt, in denen um 1745 über eine Million Menschen wohnte. Bereits 1775 war die Bevölkerung auch durch die Verschleppung von 400 000 schwarzafrikanischen *Sklaven* auf 2,5 Millionen angewachsen. Über 90 % der Sklaven lebten in den fünf südlichen Kolonien, wo sie auf einer der *Großplantagen* Tabak, Reis, Indigo und Baumwolle anbauten.

Von den vier mittleren Kolonien war *Pennsylvania*, wo seit 1681 Glaubensflüchtlinge aller möglichen Religionsgemeinschaften und Nationen eine neue Heimat fanden, am dichtesten besiedelt. Seine Hauptstadt PHILADELPHIA wuchs von einigen Hundert Einwohnern im Jahr 1685 auf 10 000 im Jahr 1720. 1775 war sie mit 24 000 Einwohnern die größte Stadt und dank ihrer günstigen Lage einer der wichtigsten Häfen Nordamerikas. Hier nahmen englische Schiffe Weizen, Mehl, Holz, Eisen und Felle an Bord, nachdem sie zuvor Rum, Zucker, Wein, Kutschen und viele andere Handelswaren für den täglichen Gebrauch oder auch den Luxus gelöscht hatten. Pennsylvania galt wegen seiner fruchtbaren Weizen-, Roggen- und Maisfelder als Kornkammer Amerikas.

Die felsige Nordatlantikküste mit ihren vielen natürlichen Häfen und dem waldreichen Hinterland machte Schiffbau und Überseehandel für die vier *Neuengland-Kolonien* zu den wichtigsten Wirtschaftszweigen. Neben den Zentren des Geschäftslebens BOSTON und NEWPORT, die um 1750 etwa 15 000 bzw. 10 000 Einwohner zählten, gab es in den Neuengland-Kolonien etwa 10 Städte mit mehr als 3000 Einwohnern und eine Fülle kleiner Landstädte und Dörfer, deren Bewohner auf kargen Böden Landwirtschaft betrieben.

Wer damals in den Kolonien umherreiste, konnte bemerken, dass die Menschen sich nach ihrem Besitz und ihrer beruflichen Tätigkeit drei Schichten zuordnen ließen. In jeder Kolonie stand eine kleine Führungsschicht an der Spitze, zu der im Süden die sogenannte „Pflanzeraristokratie" und im Norden Großkaufleute und Reeder, aber auch erfolgreiche Rechtsanwälte zählten. Die meisten Menschen bildeten freilich die Mittelschicht: vor allem kleinere Kaufleute, Ladenbesitzer und Handwerker, auch Ärzte, Pfarrer oder Lehrer sowie die selbstständigen Farmer auf dem Land. Einfache Arbeiter, Tagelöhner, Seeleute, Obdachlose, Arme und Gescheiterte gehörten zu der relativ kleinen Unterschicht.

Kleine und feine Leute fühlten sich von „Poor Richard's Almanack" in gleicher Weise angesprochen. Mit diesem Bestseller von 1733 verbreitete BENJAMIN FRANKLIN in Wort und Bild (links) die puritanischen Vorstellungen von einer gottgefälligen Lebensführung.

1 Stellen Sie Bradfords Beschreibung dem Reisebericht Dentons gegenüber. Welche Absicht verfolgt der Reisebericht?
2 Überprüfen Sie mit Hilfe der Breitengrade die klimatischen Bedingungen für Boston, Philadelphia und Charleston.
3 Diskutieren Sie die Ratschläge aus „Poor Richard's Almanack".

Englands Untertanen in Amerika

Der Konflikt mit dem Mutterland

Untertanen regieren sich selbst

Auch die englischen Siedler in Amerika blieben Untertanen des englischen Königs. Allerdings hatten sie in den ersten Jahren, ganz auf sich gestellt, ihr Zusammenleben geregelt und dafür die Ordnung der Kirchengemeinde zum Vorbild genommen: Sie wählten in ihren Gemeinden und später dann in den Städten ihre Gemeindevorsteher bzw. Bürgermeister und auch ihre Richter selbst. An der Idee, ihre Kolonien selbst zu verwalten, hielten die Kolonisten auch fest, als der König *Gouverneure* an die Spitzen der Kolonien stellte. Ihm traten – wie im englischen Unterhaus dem König – Abgeordnete gegenüber, die von zwei Dritteln der erwachsenen männlichen weißen Bevölkerung gewählt wurden.

Handel bringt Wandel

Zwischen den Kolonien und dem Mutterland hatte es von Anfang an regen Warenaustausch gegeben. Englische Kaufleute nahmen auf ihren Schiffen Rohstoffe und landwirtschaftliche Erzeugnisse mit nach England und lieferten Geräte und Bedarfsgüter nach Amerika. Aus Angst vor ausländischer Konkurrenz verpflichtete die englische Regierung die Kolonien ihre Waren nur auf englischen Schiffen zu exportieren. Auch durften bestimmte Produkte allein nach England verschifft werden. Zudem sollten hohe Zollmauern ausländischen Waren den Weg in die Kolonien versperren. Sogar den Handel der Kolonien untereinander kontrollierte die englische Regierung. Dass die Liste der allein für England bestimmten Waren immer länger wurde, nahmen die Kolonisten noch murrend hin.

Untertanen wehren sich – die Boston Tea Party

Zum offenen Widerstand der Kolonien kam es erst, als England 1764 manche Importzölle erhöhte oder auf neue Waren ausweitete. Mit dieser Maßnahme wollte die englische Regierung die Ausgaben für die Kriege decken, mit denen England sein Kolonialgebiet auf Kosten der französischen und spanischen Besitzungen in Nordamerika erweitert hatte. Der englische Hinweis auf die Vorteile des Gebietszuwachses verfing bei den Kolonien nicht. Mit der Parole „Keine Steuer ohne politische Mitwirkung" lehnten es die Kolonisten ab, länger Bürger zweiter Klasse zu sein. Denn über Steuern entschied das englische Parlament nach eigenem Gutdünken.

In BOSTON, wo es seit 1768 immer wieder zu Reibereien mit den dort stationierten englischen Truppen gekommen war, boykottierten Kaufleute den Handel mit dem Mutterland. Eine Massendemonstration im Hafen verlangte die Rücksendung dreier aus England eingetroffener Teeschiffe. Um zu verhindern, dass der englische Gouverneur die Ladung vom Militär löschen ließ, enterten als Indianer verkleidete Kolonisten bei Nacht die Schiffe und warfen die 342 Kisten Tee in das Hafenbecken. Daraufhin schloss die englische Regierung den Hafen von Boston um den Ersatz des Schadens zu erzwingen und um andere Städte abzuschrecken. Doch folgten mehrere Städte dem Bostoner Beispiel.

Öffentliche Verbrennung der Gebührenmarken, mit denen die Kolonisten für alle Druckerzeugnisse (Bücher, Zeitungen usw.) Steuern zahlen mussten.

1 Erläutern Sie die Handelsbeschränkungen für die Kolonien.
2 Überlegen Sie, wer in den Kolonien kein Wahlrecht besitzen könnte.

Alle an einem Strang?

Der erste *Kontinentalkongress*, zu dem vom 5. September bis zum 14. Oktober 1774 Vertreter aller Kolonien mit Ausnahme von Georgia nach PHILADELPHIA gekommen waren, sicherte dem belagerten BOSTON die Unterstützung von „ganz Amerika" zu. Doch das war einfacher gesagt als getan, da die Vorstellungen der einzelnen Kolonien über das weitere Vorgehen auseinander gingen. Zu einem einjährigen Wirtschaftsboykott England gegenüber fanden sich nur 11 Kolonien bereit. Bewaffneten Widerstand lehnten die Bewohner Pennsylvanias aus religiösen Gründen ab. Und in North Carolina hielten einige immer noch dem König die Treue.

Am 10. Januar 1776 erschien eine Flugschrift, von der in einem Vierteljahr 120 000 Exemplare verkauft wurden. Ihr Verfasser THOMAS PAINE (1737–1809), der erst 1774 nach Pennsylvania ausgewandert war, stärkte das Selbstbewusstsein der Kolonisten und wies ihnen den Weg:

„Unabhängigkeit ist das einzige Band, das uns verknüpfen kann"

> Die Autorität Großbritanniens über diesen Kontinent stellt sich in der Form einer Regierung dar, die früher oder später ein Ende haben muss. Es gab eine Zeit, als dies angemessen war, aber es gibt auch eine angemessene Zeit, diesen Zustand zu beenden. Der Gedanke, ein Kontinent sei auf Dauer von einer Insel zu regieren, ist völlig absurd. Niemals hat die Natur einen Satelliten größer gemacht als seinen zugehörigen Planeten: und da in der Beziehung Englands und Amerikas zueinander diese allgemeingültige Ordnung der Natur umkehrt ist, wird deutlich, dass beide zu verschiedenen Systemen gehören: England gehört zu Europa, Amerika jedoch zu sich selbst. Mich haben nicht Motive des Stolzes, der Parteilichkeit oder des Ärgers dazu gebracht, für die Lehre der Trennung und Unabhängigkeit einzutreten; ich bin voll und ganz, endgültig und aufrichtig überzeugt, dass sie dem wahren Interesse des Kontinents entspricht und dass jede andere Lösung nur Flickwerk ist, die kein dauerhaftes Glück schenken kann.
> Ihr, die ihr euch jetzt gegen Unabhängigkeit stellt, wisst nicht, was ihr tut. Ihr öffnet ewiger Tyrannei die Tür, indem ihr den Platz der Regierung frei haltet.
> (Thomas Paine, Common Sense and Other Political Writings, New York 1953, S. 23, 26, 33, übersetzt von D. Kaufhold)

Am 15. Mai 1776 nahm der Kontinentalkongress dem englischen König die Regierungsgewalt über die Kolonien und beschloss knapp einen Monat später, dass „diese Vereinigten Kolonien freie und unabhängige Staaten sind". Er beauftragte eine Fünferkommission eine Erklärung abzufassen, in der „die Gründe dargelegt werden, die uns dazu gezwungen haben, diesen wichtigen Beschluss zu fassen".

„Verbinde dich oder stirb". Benjamin Franklins berühmter Holzschnitt aus dem Jahre 1754 mit der Klapperschlange hatte nichts an Aktualität eingebüßt.

1 Begründen Sie die Wirkung von Thomas Paines Flugschrift. Welche Gründe für die Unabhängigkeit der Kolonien nennt er?
2 Wissen Sie, was sich hinter den Abkürzungen von Benjamin Franklins Klapperschlange verbirgt? Vor welcher Gefahr wollte er schon 1754 warnen?

Englands Untertanen in Amerika

Die Unabhängigkeitserklärung vom 4. Juli 1776

Folgende Wahrheiten halten wir für selbstverständlich: dass alle Menschen gleich sind, dass sie von ihrem Schöpfer mit gewissen unveräußerlichen Rechten ausgestattet sind und dass dazu das Leben, die Freiheit und das Streben nach Glück gehören; dass zur Sicherung dieser Rechte Regierungen unter den Menschen eingesetzt werden, die ihre rechtmäßige Gewalt aus der Zustimmung der Regierten herleiten; dass, wann immer eine Regierungsform diesen Zielen zu schaden droht, es das Recht des Volkes ist, sie zu ändern oder abzuschaffen und eine neue Regierung einzusetzen.

So sind die Kolonien nun gezwungen ihre bisherige Regierungsform zu ändern. Die Regierungszeit des jetzigen Königs von Großbritannien ist von unentwegtem Unrecht und ständigen Übergriffen gekennzeichnet, die auf die Errichtung einer absoluten Tyrannei über diese Staaten abzielen.

Er hat seine Zustimmung zu Gesetzen verweigert, die für das Wohl aller äußerst nützlich und notwendig sind. Er hat wiederholt die Abgeordnetenkammern aufgelöst, weil sie seinen Eingriffen in die Volksrechte entgegengetreten sind. Er hat seine Zustimmung dazu gegeben, unseren Handel mit allen Teilen der Welt zu unterbinden und uns ohne unsere Einwilligung Steuern aufzuerlegen. Er hat seinen Herrschaftsanspruch dadurch aufgegeben, dass er uns als außerhalb seines Schutzes stehend erklärte und gegen uns Krieg führte.
(nach: Angela und Willi Adams (Hrsg.), Die Amerikanische Revolution in Augenzeugenberichten, München 1976, S. 262–265, gekürzt)

John Trumbull (1756–1843) arbeitete zwischen 1787 und 1818 an diesem Gemälde, auf dem John Adams (1735–1799) aus Massachusetts, Roger Sherman aus Connecticut, Robert Livingston aus New York, Thomas Jefferson (1743–1826) aus Virginia und Benjamin Franklin (1706–1790) aus Pennsylvania den Entwurf der Unabhängigkeitserklärung dem Präsidenten des Generalkongresses, John Hancock, überreichen.

Der Unabhängigkeitskrieg

Als die Kolonien ihre Unabhängigkeit vom Mutterland erklärten, war der Krieg eigentlich schon in vollem Gange. Am 19. April 1775 hatten englische Truppen in dem kleinen Ort LEXINGTON bei Boston versucht Bürgerwehren der Kolonisten zu entwaffnen. Dabei fiel „jener Schuss, der rund um die Welt gehört wurde", denn er eröffnete einen Krieg, in den 1778 Frankreich, Spanien und die Niederlande auf seiten der 13 Kolonien eintraten.

Bis dahin hatte die „Amerikanische Kontinentalarmee", wie die zusammengewürfelten Verbände unter der Führung von GEORGE WASHINGTON etwas hochtrabend hießen, große Mühe sich gegen die gut ausgerüsteten englischen Truppen zu behaupten. Erst das Organisationstalent des ehemaligen preußischen Generals FRIEDRICH WILHELM VON STEUBEN formte aus den eilig aufgestellten Bürgerwehren eine Armee, die dank der Unterstützung von 6000 französischen Soldaten den 55 000 englischen Soldaten auf Dauer Widerstand entgegensetzen konnte.

Nach sechs wechselvollen Kriegsjahren gelang es den amerikanischen Truppen am 19. Oktober 1781, eine 7000 Mann starke britische Armee bei YORKTOWN einzuschließen und zur Kapitulation zu zwingen. Ein Entkommen der britischen Streitkräfte zur See hatte die französische Flotte vereitelt. Damit war der Krieg, in dem 70 000 Amerikaner ihr Leben ließen, entschieden. Bevor noch am 3. September 1783 in PARIS der Friedensvertrag unterzeichnet wurde, erkannte der englische König GEORG III. in seiner Thronrede vom 5. Dezember 1782 die Kolonien als unabhängige Staaten an.

Am 4. Juli 1777 erklärte der Kontinentalkongress dieses „Sternenbanner", mit dessen Anfertigung General Washington die Näherin Betty Ross aus Philadelphia angeblich beauftragte, zur amerikanischen Nationalflagge.

General Washington, der spätere erste Präsident der Vereinigten Staaten, in einer Lagebesprechung zusammen mit dem Herzog von Rochambeau und dem Marquis Lafayette 1781 im Lager vor Yorktown, das von 7800 Franzosen und 9000 Amerikanern eingeschlossen ist.

1 Beschreiben Sie das Bild der Unterzeichnung der Unabhängigkeitserklärung. Welche Gründe führten zur Unabhängigkeitserklärung?

Ein Staat ohne König

Die Verfassung der Vereinigten Staaten

„We are one"

Vom 15. Mai bis zum 17. September 1787 arbeiteten in PHILADELPHIA 55 Abgeordnete eine *Verfassung* für die 13 Vereinigten Staaten aus. Die „Founding Fathers" legten aus Angst vor einem Machtmissbrauch die Regierungsgewalt nicht in die Hände nur einer Person. Sie übertrugen das Recht, Gesetze zu beschließen, dem *Kongress als gesetzgebender Versammlung*. Ein vom ganzen Volk gewählter *Präsident*, in dem manche wegen seiner Machtfülle eine Art „Wahlkönig" sahen, sollte die Gesetze ausführen. Diese beiden Gewalten überwachte das oberste *Bundesgericht*, dessen Mitglieder der Präsident nur mit Zustimmung des Kongresses ernennen konnte. Zusätzlich zur Gewaltenteilung enthielt die Verfassung noch weitere „Checks and Balances" um jeder der drei Gewalten den Weg zur absoluten Macht im Staat zu versperren. So hatte der Präsident gegenüber Gesetzesbeschlüssen ein *Vetorecht*, das der Kongress nur mit einer Zweidrittelmehrheit überstimmen konnte. Der Gerichtshof konnte Gesetze für verfassungswidrig erklären oder einen Präsidenten, der sich rechtswidrig verhalten hatte, in einem Gerichtsverfahren seines Amtes entheben.

Um eine angemessene Vertretung der 13 Einzelstaaten zu erreichen sollte der Kongress aus zwei Abgeordnetenkammern bestehen. Im *Repräsentantenhaus* waren die von der Bevölkerung gewählten Abgeordneten vertreten, in den Senat wählte die Volksvertretung jedes Staates zwei Abgeordnete.

Einige Einzelstaaten wollten Garantien wie die Rede-, Presse- und Versammlungsfreiheit oder den Schutz vor willkürlicher Verhaftung in der Verfassung verankert sehen. Erst die Aufnahme einer *Bill of Rights* beseitigte ihre Bedenken gegenüber dem Verfassungsentwurf. So trat am 4. März 1789 die Verfassung in Kraft.

Die erste Münze der Vereinigten Staaten. Übersetzen Sie den Text und erklären Sie das Symbol der Kette.

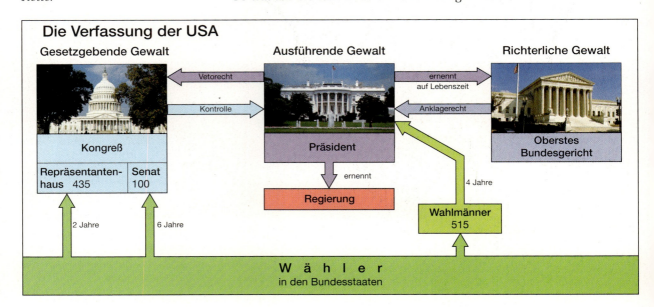

1 Erläutern Sie die einzelnen Verfassungsorgane der USA.

Die Ausdehnung der Vereinigten Staaten

„das Nest, von dem aus ganz Amerika bevölkert werden muss"

Unter diesem Motto standen nicht nur die Expeditionen in den Westen, die THOMAS JEFFERSON (1743–1826) anregte. Unter seiner Präsidentschaft (1801–1809) kauften die Vereinigten Staaten Frankreich die Kolonie LOUISIANA für 15 Millionen Dollar ab. Doch stillte diese Gebietserweiterung um 800 000 km² den amerikanischen Landhunger noch nicht. Außenminister JOHN QUINCY ADAMS (1767–1848) notierte am 16. November 1819 in sein Tagebuch:

> Die Welt muss sich mit dem Gedanken vertraut machen, dass der uns angemessene Herrschaftsbereich der nordamerikanische Kontinent ist. Seit unserer Unabhängigkeit ist dieser Anspruch ebenso naturgesetzlich begründet wie die Tatsache, dass der Mississippi ins Meer fließt. Spaniens Gebiete grenzen im Süden, Großbritanniens Gebiete im Norden an uns. Es ist einfach unmöglich, dass Jahrhunderte vergehen sollten, ohne sie von den Vereinigten Staaten annektiert zu sehen. Wir wollen dies nicht aus expansionistischer Gesinnung oder aus Ehrgeiz erzwingen. Aber es erscheint absurd, dass territoriale Bruchstücke, die für ihre Herrscher, die sich 1500 Meilen entfernt auf der anderen Seite des Ozeans befinden, wertlos und lästig sind, auf Dauer neben einer großen, mächtigen, wagemutigen und schnell wachsenden Nation bestehen können.
>
> (nach: H. Keil, Die Vereinigten Staaten von Amerika zwischen kontinentaler Expansion und Imperialismus, 1991, S. 70)

„Amerika den Amerikanern" – darin waren sich die Präsidenten vom reichen Pflanzer George Washington über den Juristen Thomas Jefferson bis hin zum Industriellen John Quincy Adams einig.

1 Stellen Sie die Argumente zusammen, mit denen J. Q. Adams die Ausdehnung der Vereinigten Staaten rechtfertigt.

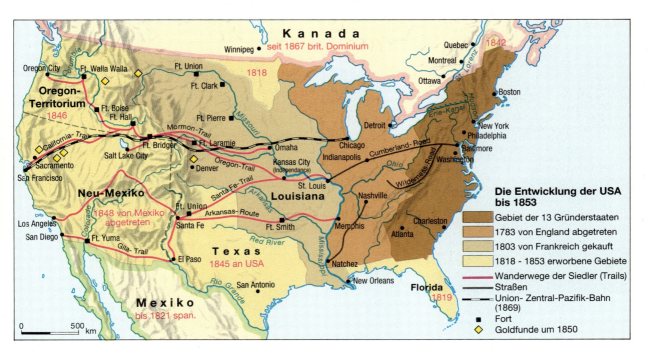

Ein Staat ohne König

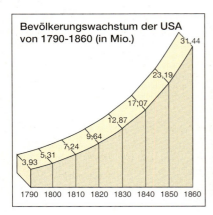

Vor allem Angehörige der Mittelklasse zogen im frühen 19. Jh. in kleineren oder größeren Gruppen, oft aber auch nur im Familienverband, nach Westen (Gemälde von 1861).

Go west – auf nach Westen!

Die Besiedlung des *Westens* erfolgte Zug um Zug in drei sich stets wiederholenden Wellen. Zunächst erkundeten Jäger und Fallensteller (Trapper) die von Indianern nur dünn besiedelten Gebiete. Ihnen folgten die Trecks der landsuchenden Farmer, deren Siedlungen durch Forts geschützt wurden. Als letzte Gruppe siedelten sich Handwerker, Kaufleute, Ärzte und Rechtsanwälte an, die den „Wilden Westen" bereits zivilisierter erscheinen ließen. Zugleich erschlossen erste Fernstraßen und Kanäle das Land. So die 18 m breite Cumberland-Road, die seit 1811 über eine Distanz von 1000 km die Ostküste mit dem MISSISSIPPI verband. Oder der 1817–25 erbaute ERIE-KANAL, der den Wasserweg vom Atlantik zu den Großen Seen eröffnete und zur Erschließung des Mittleren Westens beitrug.

Leidtragende dieses ungehemmten Vorstoßes waren die *Indianer*, denen zunächst Landnahmeverträge Entschädigungen versprachen und ein friedliches Miteinander vorgaukelten. Zudem sahen es die Weißen als gerechtfertigt an die „Wilden" aus einem Land zu vertreiben, das diese unerschlossen und brach liegen ließen. Der Kongressbeschluss aus dem Jahre 1830, alle Indianerstämme westlich des Mississippi anzusiedeln, unterwarf die Urbevölkerung, die keinen Fürsprecher im Kongress besaß, der *Zwangsumsiedlung*. So hatten die weißen Siedler den Indianern nicht nur die angestammten Jagdgründe genommen und ihre Lebensgrundlagen nachhaltig gestört, sondern durch die Massendeportation auch unter den Indianerstämmen Unfrieden gestiftet.

Mit der Eröffnung der ersten Eisenbahnlinien – 1860 fauchte das Feuerross immerhin schon über eine Strecke von 49 000 km – schob sich die Siedlungsgrenze unaufhaltsam nach Westen zum PAZIFIK vor.

Riesige Büffelherden sicherten zu Beginn des 19. Jh. den Nahrungs- und Kleidungsbedarf der Indianer.

1 Beschreiben Sie anhand der Karte das Vordringen der USA und den Weg der Siedlertrecks nach Westen.
2 Berichten Sie über die Lage und Hoffnungen der Siedler.

Zusammenfassung

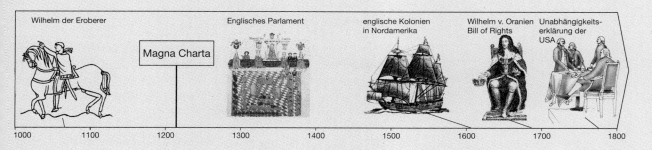

England und die Vereinigten Staaten von Amerika

Die *Vereinigten Staaten von Amerika* waren das erste Land der Welt, in dem nicht mehr ein König an der Spitze stand, der als Regierungschef, Gesetzgeber und oberster Richter alle Macht in seiner Person vereinigte. Eine *Verfassung* gab die ausführende Gewalt im Staat an einen für vier Jahre zum *Präsidenten* gewählten Mitbürger, die gesetzgebende Gewalt an den *Kongress* und die richterliche Gewalt an den *Obersten Gerichtshof*. *Gewaltenteilung* und wechselseitige Kontrolle der Verfassungsorgane galten in Europa als vorbildlich. Zwar blieben Indianer, Schwarze und Frauen sowie etwa ein Viertel der ärmeren weißen Bevölkerung vom Wahlrecht ausgeschlossen; doch lag in den Vereinigten Staaten alle Macht in den Händen des Volkes und machte sie zu einer *demokratischen Republik*.

Viele Amerikaner dachten vor allem im erbitterten Krieg um die Unabhängigkeit nicht mehr daran, dass sie die Demokratie in Amerika letztlich dem Mutterland verdankten. Auch wenn England weiterhin eine Monarchie blieb, so war doch seit der *Glorious Revolution* 1688 der englische König an an eine Verfassung gebunden. Ein Mitspracherecht bei der Gesetzgebung gab es in England schon seit 1295, auch wenn zunächst nur ein kleiner Personenkreis Einfluss nehmen konnte. Und die erste Urkunde, in der der einzelne vor der Willkür des Königs und damit des Staates geschützt wurde, war die *Magna Charta* von 1215. Auch erinnerte der amerikanische Kongress mit Senat und Repräsentantenhaus an das englische Parlament mit Oberhaus und Unterhaus.

Trotz vielfacher Bande zu England in Politik, Sprache und Religion lagen die Vereinigten Staaten in einer neuen Welt, wo die Gesetze einer neueren Zeit galten. Die Weite des Kontinents, der ununterbrochene Einwandererstrom aus aller Herren Länder und deren Pioniergeist ließen Amerika in den Augen vieler zum Land der unbegrenzten Möglichkeiten werden.

Wichtige Begriffe

- Bill of Rights
- Bostoner Tea Party
- Gewaltenteilung
- Glorious Revolution
- House of Lords
- House of Commons
- Indianer
- Kongress
- Konstitution
- Magna Charta
- Mayflower
- Konstitutionelle Monarchie
- Parlament
- Pilgerväter
- Puritaner
- Präsident
- Unabhängigkeitserklärung
- Unabhängigkeitskrieg
- Verfassung
- Westwanderung

Wurzeln der Demokratie

Stichwort: Demokratie

Die Amerikaner betrachteten die Errichtung der ersten modernen *Demokratie* Ende des 18. Jahrhunderts zu Recht als einen Markstein der Weltgeschichte. Zwar hatten Theoretiker der *Aufklärung* das neue Staatsmodell schon vorher entwickelt, doch die Amerikaner verwirklichten es erstmals praktisch in ihrer *Verfassung*. Auf zeitgenössische Vorbilder konnten sie sich dabei nicht stützen. Nur in der *Antike* hatte es zuvor schon Staaten gegeben, in denen das ganze Volk – zumindest alle freien Männer mit Bürgerrecht – an politischen Entscheidungen teilnahm: den Staat des klassischen *Athen* und die *römische Republik*. Von diesen beiden Staaten übernahmen daher Theoretiker und Politiker des 18. Jahrhunderts die grundlegenden Begriffe *Demokratie* und *Republik*.

„Demokratie", d. h. *Herrschaft des Volks*, verwendeten die Griechen als Bezeichnung für den *Staat der Athener* im 5. Jahrhundert v. Chr., in dem alle wichtigen politischen Entscheidungen von der *Volksversammlung* getroffen wurden. Die *Römer* dagegen sprachen vor Errichtung der Monarchie von ihrer „Republik" (lat. = res publica); das heißt wörtlich übersetzt „öffentliche Angelegenheit" und meint, dass der Staat *jeden* Bürger, nicht nur die Oberschicht, angeht. Praktisch bedeutete es, dass alle Staatsbeamten von der Volksversammlung gewählt wurden. Heute werden die Begriffe „Demokratie" und „Republik" fast unterschiedslos verwendet: Eine Republik ist ein Staat mit demokratischer Verfassung ohne einen Monarchen.

Dass die Demokratie aber nicht nur in der Antike ihre Wurzeln hat, sieht man an vielen weiteren Begriffen, vor allem an der Bezeichnung *Parlament*. Dieses französisch-englische Wort ist mittelalterlichen Ursprungs; es kommt von „parler" (frz. = reden) und bezeichnet eine demokratisch gewählte Versammlung, die in mündlicher Debatte politische Entscheidungen sucht. Die Amerikaner übernahmen bei ihrer Trennung von England die Bezeichnung „Parlament" freilich nicht. Sie nannten ihr Parlament *Kongress* und seine beiden Teile *Repräsentantenhaus* und *Senat*, womit sie erneut auf die römische Antike zurückgriffen. Auch die Mitglieder der Parlamente, die Repräsentanten, Abgeordneten oder Deputierten, tragen moderne Namen. Sie sind den Vorstellungen der Staatstheoretiker entnommen, wie auch die Teilung der *Staatsgewalt* (Souveränität) in *Legislative*, *Exekutive* und *Judikative* (vgl. S. 162).

Die *Rätedemokratie* (vgl. S. 21 ff.) bildet das Gegenmodell zur parlamentarischen Demokratie. Unter Aufhebung der Gewaltenteilung bilden vom Volk gewählte Delegierte einen *Rat*, der alle Entscheidungsbefugnisse besitzt. Die Räte sind ihrer Wählerschaft direkt verantwortlich und jederzeit abwählbar. In der *Sowjetunion*, die dieses Modell erstmals verwirklichte, ging aus dem Rätesystem jedoch die *Diktatur* eines *Einparteienstaates* hervor.

1 Woher stammen die Begriffe für demokratische Staatsformen und was bedeuten sie?
2 Warum hat die moderne Demokratie nur allgemeine Begriffe aus der Antike entlehnt, keine jedoch für spezielle Einrichtungen?

Antike und moderne Demokratie: Athen und Washington

So sieht die aus dem Kalkfelsen gehauene Rednerbühne auf dem Pnyx-Hügel in Athen heute aus. Auf dem Block standen die Bürger, wenn sie in der Volksversammlung Reden hielten. Vorn links saß der Protokollant, auf den Treppenstufen (rechts) standen zwei Gefäße. Der Redner durfte so lange sprechen, bis das Wasser von einem Gefäß ins andere gelaufen war. Ab 6000 Teilnehmern war die Versammlung beschlussfähig.

Das 1793 errichtete Kapitol in Washington als Sitz beider Häuser des Kongresses ist das erste Parlamentsgebäude einer modernen Demokratie. Name und Baustil beziehen sich bewusst auf die Antike. Ein Vergleich beider Bilder zeigt die grundlegenden Unterschiede zwischen antiker und moderner Demokratie.

Geschichtslabor

Lobrede auf die Demokratie in Athen

Einen unmittelbaren Eindruck von der Demokratie im antiken Athen erhalten wir, wenn wir Zeitgenossen, die sie miterlebt haben, selbst zu Wort kommen lassen. Die Philosophen PLATON und ARISTOTELES, die den Niedergang des Staats verfolgten, stehen der Demokratie skeptisch gegenüber. Von PERIKLES hingegen, einem bedeutenden Politiker und Feldherrn, ist eine berühmte Lobrede auf die „Herrschaft des Volkes" überliefert. Anlässlich der Beisetzung von Bürgern, die 431 v. Chr. im *Peloponnesischen Krieg* gegen die Stadt Sparta gefallen waren, sagte er unter anderem:

> Wir leben in einer Staatsform, die nicht die Gesetze der Nachbarn nachahmt, sondern wir sind eher das Vorbild für andere. Mit Namen wird sie Demokratie genannt, weil sie nicht auf einer Minderzahl, sondern auf der Mehrzahl der Bürger beruht.
>
> Vor dem Gesetz sind bei persönlichen Rechtsstreitigkeiten alle Bürger gleich. Das Ansehen jedoch, das einer besonders genießt, richtet sich im Blick auf das Gemeinwesen weniger nach seiner Zugehörigkeit zu einer bestimmten Volksklasse, sondern er wird nach seinen persönlichen Leistungen bevorzugt. Auch dem Armen ist, wenn er für den Staat etwas zu leisten vermag, der Weg nicht durch die Unscheinbarkeit seines Standes versperrt. Und wie in unserem Staatsleben die Freiheit herrscht, so halten wir uns auch in unserem Privatleben fern davon, das tägliche Tun und Treiben des Nachbarn mit Argwohn zu verfolgen. Aber bei dieser Weitherzigkeit im persönlichen Verkehr verbietet uns die Ehrfurcht vor dem Gesetz, die Gesetze zu übertreten. Wir gehorchen den jeweiligen Behörden und den Gesetzen, und zwar am treusten denjenigen, die zum Schutz der ungerecht Behandelten gegeben sind. Auch in den Kriegsvorbereitungen unterscheiden wir uns von unseren Gegnern, denn unsere Stadt ist jedermann offen und es gibt keine Ausweisung von Fremden. Wir bauen nicht in erster Linie auf Rüstungen und listige Künste, sondern auf unseren persönlichen Mut zur Tat.
>
> Wir sind die einzigen, die einen Bürger, der keinen Sinn für den Staat hat, nicht für ein ruhiges, sondern für ein unnützes Mitglied desselben halten. Unser Volk selber trifft die Entscheidungen oder sucht das rechte Urteil über die Dinge zu gewinnen. Und wir sind der Meinung, dass Worte die Taten nicht beeinträchtigen, dass es vielmehr ein Fehler ist, wenn man sich nicht durch Worte belehren und unterrichten lässt, bevor man, wenn nötig, zur Tat schreitet.
>
> Und dass dies nicht prahlende Worte sind, die der Augenblick mir eingibt, sondern die Wahrheit der Tatsachen, dafür gibt die Macht unserer Stadt, die wir aus diesem Geist errungen haben, selber den Beweis.
>
> (Thukydides, Buch II, 36/37, zit. nach: Das Altertum, hrsg. v. H. Krieger, Frankfurt, 5. Aufl. 1982, S. 128–130, übers. v. H. Weinstock)

Das Symbol der Stadt war die große vergoldete Athene-Statue auf der Akropolis, deren Lanzenspitze man angeblich vom Meer aus blinken sehen konnte (römische Nachbildung).

1 Was rühmt Perikles an der Demokratie in Athen? Warum glaubt er, sie sei anderen Staatsformen überlegen?
2 Worin könnten Sie ihm zustimmen? Welche seiner Behauptungen würden Sie in Zweifel ziehen? Welche Probleme erwähnt er nicht?

Verfassungsfeier in Philadelphia

Die amerikanische Verfassung wurde in PHILADELPHIA im Staat Pennsylvania ausgearbeitet. Anlässlich ihrer Ratifizierung veranstalteten die Bürger am 4. Juli 1788, dem Jahrestag der Unabhängigkeit, ein Fest. Durch die Stadt bewegte sich ein Umzug mit zehn symbolisch geschmückten Wagen, dessen letzter der Verfassung gewidmet war. Auf ihm saßen drei hohe Richter in ihren Amtsroben; der mittlere hielt auf einer Stange ein Schild mit der Aufschrift NEUE VERFASSUNG und DAS VOLK in goldenen Buchstaben; auf der Spitze der Stange steckte die phrygische Mütze als Freiheitssymbol. Der Wagen selbst hatte die Form eines Adlers, seine Brust war mit dreizehn silbernen Sternen auf blauem Grund geschmückt, darunter hing ein Schild mit dreizehn roten und blauen Streifen. In der rechten Klaue hielt der Adler einen Palmzweig, in der linken dreizehn Pfeile. Der Umzug endete auf dem Unionsplatz, wo der Politiker JAMES WILSON eine Rede hielt:

> Wir sind versammelt um ein großartiges Ereignis zu feiern: Ein freies und aufgeklärtes Volk hat ein Regierungssystem entworfen und, nach reiflicher Überlegung, beschlossen. Es ist das würdigste Ereignis, das je auf dem Erdball begangen wurde. Ein ganzes Volk hat seine ursprünglichste und größte Macht ausgeübt und einen Akt fundamentaler und unbegrenzter Souveränität vollzogen.
>
> Weshalb, so höre ich fragen, wird bei der Feier dieses Ereignisses so viel Hochgefühl ausgedrückt? Wir freuen uns deshalb, weil wir uns von dieser Verfassung eine gerechte Regierung und alle daraus folgenden Segnungen erhoffen.
>
> Das geschäftige Dorf, die betriebsame Stadt, der überfüllte Hafen – dies sind Geschenke der Freiheit und ohne gute Regierung kann die Freiheit nicht existieren. Eine gute Verfassung ist die größte Segnung, deren sich eine Gesellschaft erfreuen kann. Muss ich noch sagen, dass es die Pflicht jedes Bürgers ist, sein Bestes zu tun und nichts unversucht zu lassen um sie rein, gesund und lebensfähig zu erhalten? Zur Erreichung dieses großen Zieles sind die Anstrengungen jedes einzelnen Bürgers nötig. Niemand soll daher auch nur einen Augenblick lang meinen, dass er für sein Land nichts bedeutet und nichts bedeuten könne. Niemand soll sagen, er sei nur ein einziger Bürger und sein Stimmzettel sei nur ein Einziger in der Urne. Die eine Stimme kann den Ausgang der Wahl bestimmen. In der Schlacht sollte jeder Soldat daran denken, dass die öffentliche Sicherheit von seinem Arm abhängt; in einer Wahl sollte jeder Bürger daran denken, dass das öffentliche Wohl von seiner Stimme abhängt.
>
> (nach: Die amerikanische Revolution in Augenzeugenberichten, hrsg. u. übers. v. W. P. u. A. Adams, München 1976, S. 353 ff.)

Vergleichen Sie das Staatswappen der Vereinigten Staaten mit der Beschreibung des Festwagens im Text und erklären Sie die Symbolik seiner Einzelteile. Wo liegt der Unterschied zwischen diesem demokratischen Staatssymbol und den Wappen monarchischer Staaten?

Als Symbol von Freiheit und Demokratie wird häufig auch die New Yorker Freiheitsstatue verwendet. Erkennen Sie Ähnlichkeiten mit der Athene-Statue auf S. 168?

1 Was erhofft Wilson von der demokratischen Verfassung? Versuchen Sie seine Gedankengänge zu erläutern.
2 Worin sieht er die wichtigste Voraussetzung für den Erfolg der Verfassung? Nehmen Sie dazu Stellung.
3 Welche Parallelen und Unterschiede erkennen Sie, wenn Sie die Reden von Perikles und Wilson miteinander vergleichen?

Geschichtslabor

Wurzeln und Entwicklung der modernen Demokratie – Vorschläge für ein Projekt

Wenn Sie sich intensiver mit den Wurzeln und der Geschichte der *parlamentarischen Demokratie* auseinandersetzen wollen, sollten Sie einzelne Fragen herausgreifen und in kleineren Gruppen diskutieren. Weitere Informationen und Anregungen finden Sie in diesem ANNO-Band. Zur Vertiefung und Erhellung historischer Hintergründe sollten Sie allgemeine Lexika und Fachlexika zur Geschichte und Politik heranziehen. Auf Fragen zur Demokratie in *Deutschland* geben das *Grundgesetz* und die *Landesverfassungen* Antwort.

Hier folgen dazu einige *Themenvorschläge* mit Fragen und zusätzlichen Informationen, hauptsächlich zur *antiken Demokratie* in Athen:

1. Themenvorschlag: Die Partizipation (Teilhabe und Teilnahme der Bürger an Staat und Politik)
– Wer hat *Mitspracherechte*? Wer ist davon ausgeschlossen?
– Wovon ist das *Bürgerrecht* abhängig? Sind alle Bürger gleichgestellt oder sind die Rechte abgestuft?
– Welche *Mitsprache- und Entscheidungsrechte* haben die Bürger?

Die Situation im antiken Athen können Sie mit einem kleinen Experiment sehr anschaulich darstellen: Alle Schülerinnen und Schüler der Klasse stehen auf; dann setzen sich nacheinander diejenigen, die in Athen kein *Partizipationsrecht* hatten. Das sind zunächst die *Sklaven* (etwa die Hälfte der Bevölkerung), dann die *Fremden*, die nicht von zwei Athener Eltern abstammten (nahezu die Hälfte des noch stehenden Rests). Wenn dann auch die *Frauen* (noch einmal die Hälfte) sitzen, bleibt nicht mehr viel übrig von einer Demokratie, wie wir sie *heute* verstehen. Dennoch war sie *damals* revolutionär!

2. Themenvorschlag: Die demokratischen Wahlen
– Wer besitzt das *Wahlrecht*? Von welchen *Kriterien* ist es abhängig?
– Welches Wahlrecht galt im 19. Jahrhundert in *Preußen* und im *Deutschen Reich*?
– Wann haben die *Frauen* das Wahlrecht erhalten?
– Welche *Wahlverfahren* wurden und werden angewendet?

Auch hier bildet die athenische Demokratie einen verblüffenden Hintergrund: Wirklich vom Volk *gewählt* wurden nur die Feldherren, die *Strategen*, da von ihrer Begabung das Schicksal des Staats abhing. Alle anderen staatlichen Ämter, wie die Teilnahme am *Rat der Fünfhundert*, an der *Regierung* oder an den *Gerichten*, wurden nach einem komplizierten *Losverfahren* besetzt. Einen Losapparat für die Bestellung der Richter fand man bei Grabungen auf dem Marktplatz in Athen (Abbildung links). Er war mit schwarzen und weißen Würfeln gefüllt. Die Namenstäfelchen aller Kandidaten steckte man anlässlich der Ämterbesetzung in den Apparat. Ausgelost war derjenige, der zufällig auf einen weißen Würfel stieß.

So sieht der in Athen ausgegrabene Losapparat für die Geschworenen des Volksgerichts aus. Darüber ein bronzenes Namenstäfelchen. Warum losten die Athener ihre Beamten anstatt sie zu wählen?

3. Themenvorschlag: Das Repräsentationsprinzip (sowie die Rolle der Parteien und ihr Einfluss auf den Staat)

Im antiken Athen ließen sich alle Entscheidungen in Form von Beschlüssen der *Volksversammlung* herbeiführen, die von den stimmberechtigten Bürgern gebildet wurde. Die modernen Demokratien waren dafür zu groß; sie lösten daher das Problem durch die Wahl von *Volksvertretern* (Repräsentanten).

– Welche *Voraussetzungen* müssen die Kandidaten erfüllen?
– Wie stellen sie sich ihren Wählern vor? Welche Rolle spielen dabei die *Parteien* und die *Medien*?
– Wie kommen Debatten und Entscheidungen zu Stande? Wer formuliert die Anträge?
– Wie ist die Beziehung zwischen *Wählern* und ihren *Repräsentanten* gestaltet?

Zu dieser letzten Frage könnten Sie z. B. den *Art. 38/1* des *Grundgesetzes* untersuchen:

> Die Abgeordneten des Deutschen Bundestages werden in allgemeiner, unmittelbarer, freier, gleicher und geheimer Wahl gewählt. Sie sind Vertreter des ganzen Volkes, an Aufträge und Weisungen nicht gebunden und nur ihrem Gewissen unterworfen.

4. Themenvorschlag: Die Grundrechte der Demokratie

– Die Griechen kannten nur die beiden demokratischen Rechte *Freiheit* und *Gleichheit*. Was verstanden sie darunter?
– Welche *neuen* Rechte nahmen die Amerikaner in ihre Unabhängigkeitserklärung auf (vgl. S. 160)?
– Wie begründeten sie diese Rechte?
– Welche weiteren *Grundrechte* (Freiheiten) kennt das *Grundgesetz*?
– Warum genügt es nicht, die *Gleichheit* als Grundrecht zu gewährleisten? Denken Sie dabei z. B. an die Gleichberechtigung der Frau.

5. Themenvorschlag: Schutz der Demokratie

Die Athener schützten ihre Demokratie gegen die Gefahr der *Alleinherrschaft* durch das sogenannte *Scherbengericht*. Dabei schrieben die Teilnehmer der Volksversammlung den Namen desjenigen, den sie für gefährlich hielten, auf Tonscherben. Wenn so 6000 Stimmen zusammenkamen, musste der Betreffende für zehn Jahre ins Exil gehen. Moderne Demokratien begegnen dieser Gefahr anders.
– Wie *kontrollieren* die Amerikaner ihren *Präsidenten*?
– Woran ist die *Weimarer Demokratie* gescheitert?
– Wie schützt das *Grundgesetz* die demokratische Ordnung?
– Welche *Mittel* stehen dafür zur Verfügung?

Alle diese Themen können Sie natürlich auch anders formulieren, einzelne Fragen unterschiedlich gruppieren, sie herausgreifen, ergänzen oder erweitern.

Am Ende der Gruppenarbeit sollten Sie aber unbedingt eine Zusammenfassung der Ergebnisse versuchen. Relativ einfach dürfte es sein, gemeinsam mit allen Gruppen z. B. die Unterschiede zwischen der *antiken griechischen* und der *modernen Demokratie* herauszuarbeiten. Anspruchsvoller wäre es, den Einfluss der amerikanischen Verfassung auf demokratische Bewegungen und Staatswesen in anderen Teilen der Welt bis heute zu untersuchen. Interessant ist es auch, folgender Frage nachzugehen: Welche Probleme haben sich aus der Veränderung der Gesellschaft im 19. und 20. Jahrhundert für die Staatsform der Demokratie ergeben und welche Aufgaben sind heute von uns zu lösen?

„Einheit, Unteilbarkeit der Republik, Freiheit, Gleichheit, Brüderlichkeit oder der Tod". Plakat von 1792 mit Parolen der Französischen Revolution, die auf Grundsätze der amerikanischen Verfassung zurückgehen.

Tonscherben eines Scherbengerichts, die in Athen gefunden wurden. So einfach lässt sich heute ein aufkommender Diktator nicht mehr beseitigen.

Weltmächte entstehen

Zwei Standbilder – Symbole für zwei Staatsideen:

Die berühmte *Freiheitsstatue* am New Yorker Hafen, dem Tor zu den *Vereinigten Staaten von Amerika*, hält im linken Arm die Unabhängigkeitserklärung der USA von 1776, die die Freiheit des Einzelmenschen proklamiert und davon spricht, dass die Staatsgewalt vom Volke ausgeht. Die emporgehaltene Fackel ist das Symbol für Freiheit und Demokratie, die nach amerikanischem Selbstverständnis von diesem Land ausstrahlen.

Eine ganz andere Vorstellung von Freiheit und Demokratie setzt das zweifigurige Standbild *Arbeiter und Kolchosbäuerin* vom sowjetischen Pavillon auf der Pariser Weltausstellung 1937 ins Bild: Die Figuren verkörpern die Arbeiterschaft in Industrie und Landwirtschaft der jungen *Sowjetunion*. Mit erhobenem Hammer und geschwungener Sichel stürmen sie einem gemeinsamen Ziel entgegen: dem Staat des arbeitenden Volkes, wie ihn die *Kommunistische Partei* der Sowjetunion nach der Oktoberrevolution von 1917 zu errichten beabsichtigte.

Wie die Vereinigten Staaten von Amerika und die Sowjetunion unter den Zeichen zweier verschiedener Ideen zu Weltmächten aufstiegen, davon handelt das folgende Kapitel.

Weltmächte entstehen

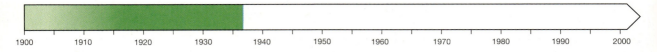

USA und Sowjetunion – zwei Weltmächte neuen Typs

1917 waren die USA auf Seiten der Alliierten in den Ersten Weltkrieg eingetreten und hatten sich für eine demokratische Friedensordnung eingesetzt. Nach dem Krieg zogen sie sich aus der Weltpolitik zurück. In den „Goldenen Zwanziger Jahren" entwickelten sich die USA zur stärksten Wirtschaftsmacht der Welt. In dieser Zeit des Wohlstands entstand hier die moderne *Massenkonsumgesellschaft*. Trotz der großen *Wirtschaftskrise* Ende der zwanziger Jahre, die auch mit dem Eingreifen des Staates im *New Deal* unter Präsident FRANKLIN D. ROOSEVELT nur schwer zu bekämpfen war, sahen die Amerikaner in ihrem Staat das demokratische Vorbild für die Welt.

Im gleichen Jahr 1917 brach das Zarenreich zusammen und in der *Oktoberrevolution* errang die marxistische Partei der *Bolschewisten* unter LENIN in Russland die Macht. Die Umwandlung des rückständigen Zarenreichs in einen modernen *sozialistischen* Industriestaat stieß von Anfang an auf große Schwierigkeiten. Erst das Terrorregime STALINS setzte unter unvorstellbaren Opfern die zwangsweise *Kollektivierung* der Landwirtschaft und den Aufbau der Schwerindustrie durch. Die Sowjetunion, die sich in den dreißiger Jahren zu einer wirtschaftlich starken, diktatorisch geführten Weltmacht entwickelte, verstand sich als Vorreiterin auf dem Weg zur *Weltrevolution*.

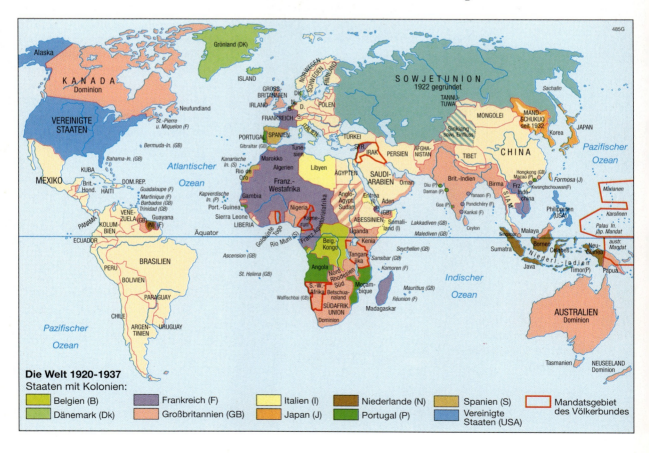

Die Welt 1920–1937

Die USA

Wurzeln einer Weltmacht

Das Selbstverständnis der Nation

Bei ihrer Gründung lebten in den USA drei Millionen Menschen. Während des 19. Jahrhunderts wuchs die Bevölkerung ständig und erreichte im Jahr 1918 106 Millionen. In der Zeit vom Sezessionskrieg bis zum Ersten Weltkrieg stiegen die USA zur stärksten Wirtschaftsmacht der Welt auf. Reiche Rohstoffquellen, der gewaltige Bevölkerungsanstieg durch *Masseneinwanderung*, technische Erfindungen, ungehemmte Konzentration des Kapitals und die endgültige Erschließung des Kontinents bestimmten die Entwicklung. Konjunkturschwankungen begleiteten den rasanten Aufschwung. Soziale Probleme äußerten sich in schweren Arbeitskämpfen, in Proteststürmen der Farmer des Westens gegen die Großindustriellen des Ostens und in rassistischen Ausschreitungen gegen die Schwarzen.

Generationen von Einwanderern aus verschiedenen europäischen Nationen wuchsen im 19. Jahrhundert durch die gemeinsame Erschließung des Landes zu Amerikanern zusammen. Die USA erwiesen sich als *Schmelztiegel* der Völker („melting pot of nations"). Allerdings führten starke Vorbehalte gegen die später eingewanderten Süd- und Osteuropäer, Chinesen und Japaner zu deren nationaler Abkapselung. Obwohl es längst keine Binnengrenzen mehr gab, lebte in den Amerikanern die „Frontier-Mentalität", der Pioniergeist weiter. Das einigende Band dieser neuen Nation war der Glaube an das „Land der unbegrenzten Möglichkeiten", in dem sich der „amerikanische Traum" (American Dream) von Freiheit, Erfolg und Fortschritt verwirklichen ließ.

Als die USA 1917 in den *Ersten Weltkrieg* eintraten, wollten sie nicht nur ihre Interessen wahren, sondern auch ihre Weltmachtstellung für die Errichtung einer freiheitlichen, gerechten Friedensordnung einsetzen. Sie waren stolz auf bisher erreichte Leistungen, wie sie Präsident WILSON in seiner Antrittsrede am 4. März 1913 beschrieb:

Uncle Sam – Symbol der erfolgreichen USA.

Die Verheißung einer neuen Zukunft: Einwandererfamilie vor der Freiheitsstatue in New York (Gemälde um 1900).

> An vielen Dingen sehen wir, dass das [amerikanische] Leben großartig ist. Es ist unvergleichlich großartig in materieller Hinsicht, im Hinblick auf den Wohlstand, in der Mannigfaltigkeit und der Entfaltung seiner Kraft, in der Industrie, die vom Genie Einzelner oder durch den grenzenlosen Unternehmungsgeist von Gruppen erdacht und aufgebaut wurde.
> Unser Leben ist auch groß in seiner moralischen Stärke. Nirgendwo sonst in der Welt haben edle Männer und Frauen in überzeugenderer Weise die Schönheit und Kraft von Mitgefühl und Hilfsbereitschaft bewiesen und Gedanken entwickelt, um Unrecht zu beseitigen, Leiden zu lindern und Schwache auf den Weg der Stärke und Hoffnung zu bringen. Darüber hinaus haben wir ein großartiges Regierungssystem aufgebaut, das seit einer ganzen Epoche ein Vorbild darstellt …
> (nach: H. Commager, Documents of American History, New York 1973, S. 83, übersetzt von B. Askani)

1 Welche positiven Seiten schildert Wilson am „American Dream", welche negativen Entwicklungen beeinträchtigen ihn?

Die USA

Die „Golden Twenties"

Prosperität und Wohlstand

Der Erste Weltkrieg hatte die USA im Gegensatz zu den europäischen Großmächten wirtschaftlich nicht geschädigt. Daher entwickelte sich nach Umstellung von der Kriegs- auf die Friedenswirtschaft seit etwa 1922 eine *„prosperity"*, ein rasanter Wirtschaftsaufschwung, der auf einer gewaltigen Ausweitung der Konsumgüterindustrie beruhte. Grundlage des *Wirtschaftsbooms* war die moderne Fabrikation von Massengütern, die der *Rationalisierung* viele Möglichkeiten bot. Das von FREDERICK W. TAYLOR um die Jahrhundertwende entwickelte wissenschaftliche Betriebsmanagement sowie das von HENRY FORD bereits 1914 eingeführte *Fließband* trugen entscheidend zur Steigerung der industriellen Produktivität bei. Ford schrieb über seine technischen und organisatorischen Neuerungen im Arbeitsprozess:

Das im Jahr 1928 erbaute Chrysler Building in New York erreichte eine Höhe von 320 Metern und war Sitz des gleichnamigen Automobilkonzerns.

> Bei den ersten Wagen, die wir zusammensetzten, fingen wir an, den Wagen an einem beliebigen Teil am Fußboden zusammenzusetzen, und die Arbeiter schafften die dazu erforderlichen Teile in der Reihenfolge zur Stelle, in der sie verlangt wurden. Der ungelernte Arbeiter verwendet mehr Zeit mit Suchen und Heranholen von Materialien und Werkzeugen als mit Arbeit. Der erste Fortschritt in der Montage bestand darin, dass wir die Arbeit zu den Arbeitern hinschafften, statt umgekehrt. Fließbänder wurden eingesetzt um die zusammenzusetzenden Teile an- und abfahren zu lassen. Nach Möglichkeit hat jeder Arbeiter ein und dieselbe Sache mit ein und derselben Bewegung zu verrichten. Jede erforderliche Sekunde wird ihm zugestanden, keine einzige darüber hinaus.
> *(Henry Ford, Mein Leben und Werk, Leipzig 1923, S. 92 ff.)*

Die Verwendung von Aluminium und neuen Kunststoffen sowie der vielfältig einsetzbare Elektromotor flankierten diesen Produktivitätsschub. Zugleich expandierte die Bauindustrie, da in den Ballungszentren eine Fülle neuer Bürogebäude und Fabriken entstanden.

Gewaltige Ausmaße nahm die *Automobilindustrie* mit ihren Zuliefererbetrieben an. 1923 betrug die Zahl der Kraftfahrzeuge noch 15 Millionen und stieg in nur sechs Jahren auf 26 Millionen. Damit kam in den USA bereits 1929 ein Auto auf fünf Einwohner. Im gleichen Jahr gab es in Deutschland 500 000 Personenkraftwagen, d. h. ein PKW auf 130 Einwohner! Zwischen 1908 und 1929 baute FORD von seinem berühmten „Model T" rund 15 Millionen Stück. Der Preis für die „Tin Lizzy" sank von 850 Dollar zu Beginn der Produktion auf 290 Dollar im Jahr 1924.

Dieser steile Wirtschaftsboom, der erstmals einer Gesellschaft breit gestreuten *Massenwohlstand* bescherte, vollzog sich unter den republikanischen Präsidenten WARREN HARDING (1921–1923) und CALVIN COOLIDGE (1923–1929) weitgehend ohne staatliche Eingriffe und unter dem Einfluss des „Big Business". „The business of America is business" war der Leitspruch von Coolidge und „Back to normalcy" lautete das politische Glaubensbekenntnis seiner Partei. Die *Republikaner* verstanden unter „Normalität" die absolute Freiheit der Wirtschaft, der man den Wohlstand zu verdanken schien.

Veränderungen im Alltag

Das Auto veränderte die Lebensgewohnheiten, denn es steigerte die *Mobilität* erheblich. Besser Verdienende verlegten ihren Wohnsitz aus den Innenstädten der großen Wirtschaftsmetropolen in die Vororte und *Satellitenstädte*. Zahlreiche Eigenheime verstärkten die *Zersiedlung* der stadtnahen Landschaft.

Tankstelle und Autowerkstatt in einer amerikanischen Stadt 1923. Was ist beherrschend an diesem Stadtbild?

„Präsident Coolidge regiert das Jazz-Zeitalter", amerikanische Karikatur zum „Big Business", 1926.

Umgekehrt drangen sozial Benachteiligte, unter ihnen vor allem Farbige, in die Innenstädte ein und übernahmen Wohnhäuser, sofern sie nicht Verwaltungsgebäuden weichen mussten. Hohe Bodenpreise in den Großstädten zwangen die Geschäftsleute zum Bau von Wolkenkratzern. In ihnen drückte sich die Leistungsfähigkeit und das Selbstbewusstsein einer modernen, am Erfolg orientierten Gesellschaft aus.

Elektrisches Licht, Radio, Telefon, Kino, Kühlschränke oder Staubsauger revolutionierten den Alltag. Sie galten in Europa als beneideter Erfolg der amerikanischen Gesellschaft. Ernährungsweisen änderten sich durch verbesserte Transportmöglichkeiten und neue Konservierungsmethoden: Während die einen frische Produkte bevorzugten, griffen andere zu den bequemen Fertiggerichten.

Da *Massenkonsumgüter* in den zwanziger Jahren spürbar billiger wurden, waren sie auch einfachen Arbeiterfamilien zugänglich. Bei knappem Geld blieb ihnen immer noch der Weg über das Abzahlungsgeschäft. Ungefähr zwei Drittel aller Autos und Haushaltsgegenstände wurden damals auf Raten gekauft. Man gewöhnte sich an diese Art der Verschuldung und betrachtete sie kaum noch als Schande.

1 Erläutern Sie die Auswirkungen der „prosperity" auf die Industrie und die Bevölkerung.

Die USA

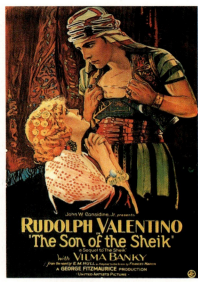

Amerikanische Filmposter der 20er Jahre: Filmstars, Revuegirls und Jazz-Sänger waren die neuen Idole.

Kultur der Massen- und Konsumgesellschaft

„The roaring twenties", die *wilden zwanziger Jahre*, verkörperten den Lebensstil einer neuen Generation, der die alten Ideale von Fleiß, Sparsamkeit und puritanischem Lebenswandel wenig galten. Obwohl sich die sozialen Unterschiede vertieften, blickten viele Menschen mit grenzenlosem Vertrauen in die Zukunft, die den Traum von Fortschritt und Wohlstand für alle zu erfüllen schien.

Das gesellschaftliche Leben in den großen Städten wurde freizügiger. Nicht mehr der Squaredance, ein Volkstanz, lockte die Amerikaner in die Tanzsäle, sondern der *Charleston*. Der *Dixieland*, eine Form des Jazz, eroberte rasch Amerika. Viele große Musiker des „Jazz Age" waren Schwarze wie der Trompeter Louis „Satchmo" Armstrong. In den Kinos konnte man Charly Chaplin bewundern, einen der ersten Stars der „Traumfabrik Hollywood". Das Schlagergeschäft mit Radio und Schallplatte nahm ungeheure Ausmaße an und eine reißerische Boulevardpresse befriedigte die Sensationslust.

Die große Leidenschaft der Massen galt dem Sport. Für triumphale Erfolge und volle Kassen garantierten der Boxer Jack Dempsy und der Baseballspieler Babe Ruth. Sehr populär waren die Schwimmer Gertrud Ederle, die als erste Frau 1926 den Ärmelkanal durchschwamm, sowie der Weltrekordler und spätere Tarzandarsteller Johnny Weissmuller. Zum Helden aber wurde Charles Lindbergh. Er überquerte 1927 als erster im Alleinflug den Atlantik.

Die amerikanische Frau kam dem Ziel ihrer gesellschaftlichen und beruflichen Gleichstellung ein gutes Stück näher. Weit wichtiger als das allgemeine Wahlrecht, das sie 1919 erreichte, war ihr verstärktes Eindringen ins Berufsleben. In der industriellen Arbeitswelt war die Frau als Stenotypistin, Kontoristin oder Telefonistin bald unentbehrlich. Bereits 1930 betrug ihr Anteil an den Erwerbstätigen 22 Prozent. Das neue Selbstbewusstsein der Frauen und ihre steigende Bedeutung im Beruf zeigte sich auch im gesellschaftlichen Leben: Die moderne Frau mit Bubikopf und Seidenstrümpfen, mit kurzem Rock oder Hosenanzug wurde zum Leitbild einer ganzen Generation.

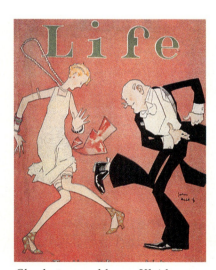

Charleston und kurze Kleider, Bubikopf und Make-up brachten manchen Traditionalisten in Rage. Welches Bild der 20er Jahre vermittelt diese Titelseite des Magazins „Life" von 1926?

Widerstand des konservativen Amerikas

Zum „Sorgentöter" entwickelte sich zunehmend der Alkohol. Auch das 1918 verhängte rigorose Alkoholverbot (*Prohibition*) blieb erfolglos. Man besorgte sich den Alkohol durch Schmuggel, heimliche Bierbrauerei und Schwarzbrennerei oder in getarnten Kneipen, den sogenannten „Speakeasies". Bedrohlich waren die Begleiterscheinungen: In den großen Städten breitete sich unter Führung brutaler Gangsterbosse, von denen AL CAPONE in Chicago besonders berüchtigt war, die Bandenkriminalität immer weiter aus. Sie korrumpierte häufig auch Politiker, Polizisten und Verwaltungsbeamte.

Der Siegeszug moderner, freizügiger Lebensformen in den großen Städten führte im konservativen, ländlich-kleinstädtischen Amerika zu einem Sturm der Entrüstung. Die Empörung löste in diesen Kreisen eine Welle der *Fremdenfeindlichkeit* aus. „Fremdstämmigen" Einwanderern, zu denen Iren, Italiener, Osteuropäer und Juden zählten, unterstellte man eine besondere Anfälligkeit für Kommunismus, Radikalität und Kriminalität. Die Bundesregierung in Washington sah sich gezwungen die Einwanderungsquoten rigoros zu beschränken. Die Einwanderung von Chinesen und Japanern war bereits 1924 durch ein Gesetz gänzlich verboten worden. Das bedeutete etwas grundsätzlich Neues in der Geschichte der USA, denn bisher war das Land stolz darauf gewesen, allen Verfolgten und Bedrängten Asyl zu gewähren.

Zu einem Sammelbecken der Unzufriedenheit entwickelte sich der nach dem Sezessionskrieg entstandene *Ku-Klux-Klan*, dem 1924 etwa 4 Millionen weiße Amerikaner angehört haben sollen. Dieser rassistische Geheimbund terrorisierte besonders im Süden und Mittleren Westen der USA die Schwarzen, daneben aber auch Einwanderer, Katholiken, Juden oder Intellektuelle. Warum damals viele Weiße aus den ärmeren und ungebildeten Schichten mit dem Ku-Klux-Klan sympathisierten, erklärt ein Historiker so:

> Die Zugehörigkeit zu einem solchen machtvollen „Orden" vermochte durchaus nicht nur sentimentale Bedürfnisse zu befriedigen, sondern vermittelte ein Gefühl der Geborgenheit in der Gemeinschaft. Sie war ein Weg sich die eigene Überlegenheit zu bestätigen, deren mancher nicht mehr ganz so sicher war. Überdies gab sie die Möglichkeit, Neid, Sadismus, Hass und Aggressionen, die sich durch Erfolglosigkeit im Alltagsleben angestaut haben mochten, gegen Wehrlose in Gewalttätigkeit umzusetzen und sich dabei noch als Retter oder Rächer von Tugend und Moral vorzukommen.
> *(zitiert nach: E. Angermann, Die Vereinigten Staaten von Amerika, München 1995, S. 116)*

Der Terror des Ku-Klux-Klan erstreckte sich auf Brandstiftungen, Auspeitschungen und Fememorde. Obwohl die Macht des Klan heute gebrochen ist, gibt es immer wieder Erneuerungsbestrebungen.

1. Diskutieren Sie die Ausprägungen der „Golden Twenties" in ihren positiven und negativen Aspekten.
2. Die massenpsychologische Erklärung für die Reaktion des konservativen Amerikas lässt sich auch auf aktuelle Widerstände gegen unerwünschte Veränderungen übertragen. Suchen Sie Beispiele.
3. Sind die Motive des Ku-Klux-Klan gegenwärtig noch aktuell? Begründen Sie Ihre Meinung.
4. Welche Faktoren haben die Rolle der Frau in den USA verändert?

Die USA

Wirtschaftskrise und New Deal

Die Krise und ihre Ursachen

Ende der 20er Jahre beherrschte der Stolz auf das erfolgreiche Amerika die politische Meinung. 1928 erklärte der designierte republikanische Präsident HERBERT HOOVER selbstbewusst: „Wir sind dem Ideal der Verbannung von Armut und Furcht aus dem Leben von Männern und Frauen näher gekommen als jemals zuvor in einem Land."

Aber die *Prosperität* des großen Landes war nicht stabil, denn sie beruhte im Wesentlichen auf der Überproduktion hochwertiger und dauerhafter Konsumgüter wie Autos, Radios oder Elektroartikel. Die Einkommensentwicklung bei den unteren Verbraucherschichten hielt jedoch mit der Produktionsausweitung nicht Schritt. Mit anderen Worten: Die Kaufkraft breiter Bevölkerungsschichten entsprach nicht mehr der Produktionsleistung der amerikanischen Wirtschaft. Bereits 1926 zeichnete sich daher eine Sättigung des Marktes ab.

Diese rückläufige Entwicklung wurde durch ein *Spekulationsfieber* an der Börse verschleiert, das im Sommer 1929 Schwindel erregende Formen annahm. Ständig steigende Kurse verführten auch kleine Kaufleute, Handwerker und Farmer zu Börsenspekulationen. Das Geld liehen sie sich von den Banken. Im Herbst 1929 geschah dann das Unvermeidliche. Zurückgehende Kurse setzten sich lawinenartig fort und lösten eine *Börsenpanik* mit verheerenden Folgen für die Wirtschaft aus. Die NEW YORK TIMES vom 24. Oktober 1929 berichtete:

Wirtschaftsdaten zur Großen Depression in den USA			
	1928	1930	1932
Arbeitslose (in Mio.)	2,0	4,3	12,1
Wochenlohn in $ (Durchschnitt)	27,80	25,84	17,05
Bankenpleiten	499	1352	1456
Staatl. Subventionen (in Bio.$)	2,9	3,3	4,7
Export der USA (in Bio. $)	5,8	4,0	2,3

Die Große Depression stürzte die USA in eine tiefe Krise. Errechnen Sie die prozentualen Abweichungen der Wirtschaftsdaten.

> Panische Angst erfasst große und kleine Spekulanten. Tausende von ihnen werfen ihre gesamten Aktien in den tumultartigen Markt, geben Signal an ihre Broker: „Verkaufen zu jedem Preis." Die Verluste sind entsetzlich. Tausende von großen Konten, gesund und sicher in der Woche zuvor, werden vollständig ruiniert. Furcht erregte Spekulanten mit ungläubigen Augen verfolgen regungslos das Unglück, das viele von ihnen ruiniert hat. Die Börse bietet ein Bild der Selbstzerfleischung. Verzweifelte Händler versuchen Aktienblöcke loszuwerden, die niemand kaufen will. Die Preise stürzen tiefer und tiefer.

Zeitungen, mit denen sich die Obdachlosen zudeckten, hießen „Hoover-Decken".

Keine Miete, keine Freude, keine Hoffnung! Bretterbudensiedlungen wie diese nannte man „Hoovervilles".

Die Folgen der Depression – sind die USA am Ende?

Die Industrieproduktion und das Bruttosozialprodukt der USA sanken zwischen 1929 und 1932 um die Hälfte, die Banken brachen zusammen. Besonders hart traf es die Landwirtschaft und viele hochverschuldete Farmer mussten jetzt ihre Höfe aufgeben.

Furchtbar waren die sozialen Folgen der *Großen Depression*. Die Zahl der Arbeitslosen stieg 1933 auf fast 15 Millionen, jeder dritte hatte seinen Arbeitsplatz verloren. Da die USA keine staatliche Sozialversicherung kannten, standen die örtlichen Fürsorgeeinrichtungen der *Massenarbeitslosigkeit* hilflos gegenüber. In weiten Teilen des Landes herrschte Hungersnot. Viele Amerikaner hielten sich nur mit Abfällen am Leben oder standen Schlange vor den Suppenküchen der Hilfsorganisationen. Familien verloren ihre Wohnungen oder auf Kredit erworbenen Eigenheime, Hunderttausende zogen als *Tramps* auf Arbeitssuche von Ort zu Ort. Hoffnungslosigkeit und Fatalismus breiteten sich aus.

Die Präsidentenwahl von 1932 – retten die Demokraten Amerika?

Die Wirtschaftskrise stand im Mittelpunkt der Präsidentenwahl von 1932. HERBERT HOOVER, der dritte republikanische Präsident in Folge, stellte sich zur Wiederwahl. Aber sein demokratischer Gegenkandidat, FRANKLIN DELANO ROOSEVELT, der als Gouverneur des Bundesstaates New York die erste Arbeitslosenunterstützung der USA eingeführt hatte, errang einen überwältigenden Sieg. Aus den folgenden Äußerungen beider Kandidaten lässt sich dieser Erfolg erklären:

Aus Hoovers „Rede zur Lage der Nation" vom Dezember 1932:
Auf gesellschaftlichem und wirtschaftlichem Gebiet ist die wichtigste Grundlage unseres amerikanischen Systems und der Hauptantrieb des Fortschritts, dass wir das freie Spiel der gesellschaftlichen und wirtschaftlichen Kräfte zulassen sollten, sofern es die Chancengleichheit nicht bedroht und zugleich die Initiative und den Unternehmergeist unseres Volkes anregt … Im Augenblick, wo die Regierung eingreifend teilnimmt, wird sie zum Konkurrenten des Volkes …
(M. Cunliffe, The American Heritage, New York 1968, S. 314)

Aus Roosevelts „Demokratischer Plattform" vom Juni 1932:
Die einzige Hoffnung, die gegenwärtigen Bedingungen zu verbessern, Beschäftigung wiederherzustellen, dem Volk dauerhafte Unterstützung zu gewähren und die Nation zurückzuführen in den stolzen Zustand privaten Glücks und finanzieller, industrieller, landwirtschaftlicher und kommerzieller Führung in der Welt, liegt in einem drastischen Wandel der Wirtschaftspolitik … Wir befürworten die Erweiterung des Bundeskredits an die Einzelstaaten um für eine Arbeitslosenunterstützung zu sorgen, wo immer die geringer werdenden Mittel der Staaten es ihnen unmöglich machen für die Bedürftigen zu sorgen …
(H. Commager, Documents of American History, a.a.O., S. 273)

Speisung von Kindern aus arbeitslosen Familien durch eine Suppenküche in Chicago, 1929.

1 Erläutern Sie die Ursachen und Folgen der Großen Depression.
2 Wie wirkte sich die Krise auf das Selbstverständnis der Amerikaner aus? Warum traf Roosevelt hier den richtigen Ton?

Der „New Deal"

> Unsere größte und vordringlichste Aufgabe ist es der Bevölkerung Arbeit zu verschaffen. Dieses Programm ist zum Teil zu bewältigen durch direkte Anwerbung von Arbeitskräften seitens der Regierung selbst, indem wir diese Aufgabe wie den Notstand eines Krieges behandeln, dadurch aber gleichzeitig dringend benötigte Projekte durchführen, die die Nutzung unserer Naturschätze anregen... Das Einzige, was wir zu fürchten haben, (ist) die Furcht selbst – die namenlose, blinde, sinnlose Angst, die die Anstrengungen lähmt, deren es bedarf um den Rückzug in einen Vormarsch umzuwandeln.
> (H. Commager, Documents of American History, a.a.O., S. 241)

Mit diesen Worten umriss Präsident ROOSEVELT in seiner Antrittsrede am 4. März 1933 die Grundzüge seiner neuen Wirtschaftspolitik. Schon unmittelbar nach der Nominierung zum Präsidentschaftskandidaten der Demokraten hatte er für sein Wirtschaftsprogramm das griffige Schlagwort *New Deal* geprägt, was so viel wie Neuverteilung der Spielkarten bedeutet. Bereits in den ersten Monaten seiner Amtszeit (1933–1945) konnte Roosevelt im Kongress zahlreiche Gesetze im Geist des New Deal durchbringen.

Für 250 000 junge Männer zwischen 18 und 25 Jahren wurde ein freiwilliger *Arbeitsdienst* eingerichtet. Bei freier Unterkunft und Verpflegung sowie einem Tageslohn von 1 Dollar arbeiteten sie an Projekten der Wiederaufforstung und Ödlandsbekämpfung. Ein sehr erfolgreiches New-Deal-Projekt war die Erschließung und Elektrifizierung des rückständigen Tennessee-Stromtals durch die zu diesem Zweck gegründete *Tennessee Valley Authority* (TVA). In nur zehn Jahren errichteten 200 000 Arbeitskräfte 14 Staudämme mit Kraftwerken und Schleusen. Zu diesem Wasserkontrollsystem zählte auch ein 650 km langer Schifffahrtskanal.

Ein *Farmhilfegesetz* sah preiserhaltende Maßnahmen sowie finanzielle Unterstützung vor: Prämienzahlungen für freiwillige Produktionsbeschränkungen, Vernichtung überschüssiger Agrarprodukte, Gewährung von Zwischenkrediten, günstigere Neufinanzierung von Hypotheken sowie finanzielle Beihilfe für den Ankauf von Farmen.

Das *Programm für die Industrie* verfolgte den Zweck, die Produktion zu stabilisieren, Minimallöhne zu sichern, Kinderarbeit für Jugendliche unter 16 Jahren abzuschaffen und unlauteren Wettbewerb zu verhindern. Besonders bedeutungsvoll waren New-Deal-Gesetze, die die Beziehungen zwischen Arbeitgebern und Arbeitnehmern regelten. Sie ermöglichten erstmals die ungestörte gewerkschaftliche Organisation der Arbeiter und legale Streiks. Das Problem der Altersversorgung sowie die Absicherung arbeitsunfähiger Arbeitnehmer wurde durch das *Sozialversicherungsgesetz* 1935 geregelt.

Hinter dem New-Deal-Programm stand ein neues wirtschaftspolitisches Konzept, der *Keynesianismus*. Im Gegensatz zu den Lehren der Wirtschaftsliberalen glaubte der englische Nationalökonom JOHN M. KEYNES nicht an die Selbstheilungskräfte der Wirtschaft in Krisensituationen. Er empfahl für diesen Fall *staatliche Investitionen* zur Ankurbelung der Konjunktur, eine Politik des billigen Geldes, Maßnahmen zur Steigerung des Konsums sowie ein Arbeitsbeschaffungsprogramm der Regierung.

Roosevelt inszenierte jede Woche eine sogenannte „Kaminplauderei", in der der Präsident für sein Programm Reklame machte und Optimismus verbreitete.

Unter dem berühmten Zeichen des blauen Adlers leitete die NRA (National Recovery Administration) den Wiederaufbau der Industrie und die Schaffung neuer Jobs ein.

Auswirkungen des New Deal

Schon nach wenigen Jahren sahen die Amerikaner wieder mit Hoffnung in die Zukunft und mit Stolz auf ihr Land. Aber sie schrieben nun den Erfolg nicht mehr der eigenen Leistung zu, sondern dem Staat oder besser dem bewunderten Präsidenten. Durch seine große Popularität errang er eine starke Stellung, in der nicht nur politische Gegner eine Gefahr für die Demokratie sahen.

1 Welche Absichten verfolgen die einzelnen New-Deal-Projekte und welche Rolle spielt der Staat dabei?
2 Welche positiven und negativen Auswirkungen hat das Wirtschaftskonzept von Keynes im Vergleich zum wirtschaftlichen Liberalismus? Welche Richtung würden Sie bevorzugen?

Großprojekt des New Deal: Bau eines der 14 Wasserkraftwerke am Tennessee River.

Wie zwiespältig der New Deal beurteilt wurde, zeigen die beiden Karikaturen aus den 30er Jahren: links Roosevelt als Drachentöter, rechts der New Deal als Trojanisches Pferd.

Die USA

Außenpolitik zwischen den Weltkriegen

Isolationismus – „America first"

> Man sagt uns, dieser (Versailler) Vertrag bedeute Frieden. Selbst wenn dem so wäre, würde ich den Preis nicht bezahlen. Frieden auf irgendeiner anderen Basis als nationaler Unabhängigkeit, Frieden, der um den Preis unserer nationalen Integrität erkauft wird, taugt allein für Sklaven. Ihr Vertrag bedeutet nicht Frieden. Wenn wir die Zukunft an Hand der Vergangenheit beurteilen, bedeutet er Krieg.
> (E. Angermann, Der Aufstieg der USA, Stuttgart o. J., S. 11)

Dieser Auszug aus einer Rede des republikanischen Senators BORAH vom November 1919 zeigt den außenpolitischen *Isolationismus* der USA nach dem Ersten Weltkrieg, den auch das Plakat verdeutlicht. Diese Politik der Bündnisfreiheit fand breite Zustimmung.

Plakat zum Präsidentschaftswahlkampf 1920: Warren Harding (rechts) lehnt den Beitritt der USA zum Völkerbund ab.

Nach dem Krieg war *Japan* zur Großmacht aufgestiegen und hatte seine Flotte gewaltig verstärkt. Um Japans Einfluss im pazifisch-asiatischen Raum entgegenzuwirken regten die USA 1921 die *Washingtoner Konferenz* an: Japan, die USA und Großbritannien beendeten ihr Wettrüsten im Pazifik, erkannten *Chinas* Unabhängigkeit an und sicherten sich gleichberechtigten Zugang zu seinen Märkten zu. Damit hatten die USA ihr Handelsprinzip der „offenen Tür" durchgesetzt.

Ihren Alliierten in Europa hatten die USA im Krieg über 10 Milliarden Dollar zur Aufrüstung geliehen. Die Sieger konnten aber ihre Schulden nicht zurückzahlen, solange Deutschland seinen Reparationsverpflichtungen nicht nachkam. Daher strebten die Amerikaner mit dem *Dawes-Plan* (1924) und dem *Young-Plan* (1929) eine langfristige Regelung der Reparationsfrage an. – Große Zustimmung fand der 1928 von den USA angeregte *Kellogg-Pakt*, der den Krieg als Mittel nationaler Politik ächtete und die friedliche Beilegung von Streitfällen vorsah. 62 Staaten traten ihm bis 1938 bei.

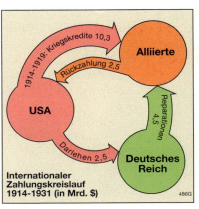

Erklären Sie das Interesse der USA an den Reparationszahlungen Deutschlands (vgl. S. 32).

Die USA und ihre lateinamerikanischen Nachbarn

Mittel- und Südamerika betrachteten die USA seit der *Monroe-Doktrin* von 1823 als ihr natürliches Einflussgebiet, aus dem sich andere Mächte, vor allem europäische, fernzuhalten hatten. Wie aus der Karte abzulesen ist, mischten sie sich trotz ihres *Isolationismus* immer wieder – auch mit militärischen Mitteln – in die inneren Angelegenheiten lateinamerikanischer Staaten ein. Ungeniert stellten sie dabei die Sicherung ihrer Handels- und Finanzinteressen über die Grundsätze des Völkerrechts.

Erst Präsident ROOSEVELT kündigte in seiner Antrittsrede 1933 an, die gespannten Beziehungen zu Lateinamerika auf eine neue Grundlage zu stellen: Er beabsichtige eine „Politik der guten Nachbarschaft" zu führen, „die die Rechte anderer respektiere". Dennoch ging der *Wirtschaftsimperialismus* der USA gegenüber Lateinamerika ungebrochen weiter. Die USA vermieden nur fortan direkte militärische Interventionen.

Präsident Roosevelt wird anlässlich seines Besuchs in Argentinien 1936 in einem Song als „el grand democrata" gefeiert.

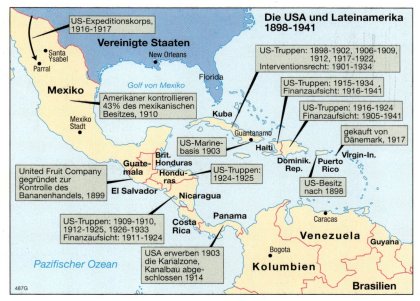

Mit sanfteren Mitteln suchten sie den Absatzmarkt für ihre Fertigwaren in Lateinamerika zu öffnen und die Rohstoffzufuhr zu sichern.

Auf eine Bewährungsprobe wurde die neue Politik der guten Nachbarschaft gestellt, als die mexikanische Regierung im Zuge ihrer Sozialreformen 1938 die *Verstaatlichung* der STANDARD OIL beschloss. Eine solche Enteignungsmaßnahme hätte früher die Intervention der USA ausgelöst, doch angesichts einer Welt, in der es bereits überall brannte, war der Präsident zu Verhandlungen gezwungen. Mexiko verpflichtete sich, die US-Ölgesellschaft für den erlittenen Verlust zu entschädigen. – Es gelang der amerikanischen Regierung, viel Misstrauen in Lateinamerika abzubauen. Dies sollte sich für die USA im bevorstehenden *Zweiten Weltkrieg* positiv auswirken.

1 Wie bewahrten die USA ihren Einfluss in Lateinamerika, nachdem sie auf direkte militärische Interventionen verzichtet hatten?

Die USA

Isolationismus – eine Perspektive für die Zukunft?

„Noch ein Kunde", amerikanische Karikatur zur diplomatischen Anerkennung der UdSSR (Dallas Morning News, 1933).

„Was kommt als Nächstes?", amerikanische Karikatur zur Annexionspolitik des nationalsozialistischen Deutschlands (St. Louis Post, 1938).

Die Neigung zum *Isolationismus* erreichte Mitte der 30er Jahre ihren Höhepunkt. Zug um Zug verabschiedete der Kongress zwischen 1935 und 1937 *Neutralitätsgesetze*, die den Verkauf von Waffen sowie die Kreditgewährung an Krieg führende Staaten untersagten.

Zur gleichen Zeit zettelten jenseits der Ozeane ehrgeizige Diktaturen Aggressionen an, die den Weltfrieden gefährdeten: 1931 überfiel *Japan* die MANDSCHUREI und baute sie zu einer japanischen Wirtschaftskolonie aus. Das faschistische *Italien* erweiterte seine Besitzungen in LIBYEN und unterwarf 1935/36 ABESSINIEN. Das nationalsozialistische *Deutschland* rüstete seit 1935 entgegen den Bestimmungen des Versailler Vertrages bedrohlich auf und die kommunistische *Sowjetunion*, zu der die USA erst 1933 diplomatische Beziehungen aufnahmen, festigte sich unter der Diktatur STALINS. Japan stieß schließlich bis in die INNERE MONGOLEI vor und begann im Juli 1937 ohne Kriegserklärung einen Krieg gegen *China*.

Angesichts dieser äußerst bedrohlichen Weltsituation hielt Präsident ROOSEVELT im Oktober 1937 in CHICAGO, der Hochburg des Isolationismus, die sogenannte *Quarantäne-Rede*, in der er einen neuen außenpolitischen Kurs forderte:

> Unschuldige Völker werden grausam hingeopfert für eine Machtgier und ein Herrschaftsbestreben, die kein Gerechtigkeitsgefühl und keine menschlichen Rücksichten kennen. Wenn so etwas in anderen Gegenden der Welt passiert, dann soll niemand sich einbilden, dass Amerika entrinnen werde, dass es Pardon erwarten dürfe, dass die westliche Hemisphäre keinen Angriff zu befürchten habe, dass sie auch weiterhin ruhig und friedlich die Traditionen der Moral und der Zivilisation bewahren könne… Die friedliebenden Nationen müssen sich gemeinsam bemühen Front zu machen gegen diese Vertragsbrüche und diese Verachtung für menschliche Gefühle, die einen Zustand der internationalen Anarchie und Unsicherheit schaffen, dem man nicht einfach durch Isolierung oder Neutralität entrinnen kann…
>
> Friede, Freiheit und Sicherheit für neunzig Prozent der Weltbevölkerung werden durch die restlichen zehn Prozent bedroht, die drauf und dran sind die gesamte internationale Rechtsordnung zu zerschlagen…
>
> Wenn eine ansteckende Krankheit sich zu verbreiten beginnt, verordnet die Gemeinschaft eine Isolierung der Patienten um die eigene Gesundheit vor der Epidemie zu schützen. Krieg – ob mit oder ohne Kriegserklärung – ist ansteckend. Er kann Staaten und Völker erfassen, die von dem ursprünglichen Kriegsschauplatz noch weit entfernt sind…
>
> (nach: Geschichte in Quellen, Band V, München 1970, S. 366)

1 Erklären Sie, was Roosevelt mit „Quarantäne" meint. Gegen welche „Kranken" und welche „Krankheiten" soll sie verhängt werden?
2 Welche Rolle weist Roosevelt in dieser Rede den USA als Weltmacht zu? Vergleichen Sie sie mit dem Selbstverständnis der USA vor dem Ersten Weltkrieg und den Grundsätzen der Monroe-Doktrin.

Die Sowjetunion

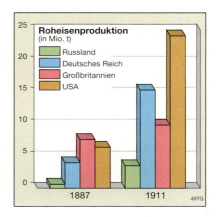

Das Zarenreich in der Krise

Russland – eine rückständige Großmacht

Nikolaus II., Zar von 1894 bis 1917, im Krönungsgewand des ersten Zaren der Romanow-Dynastie aus dem 17. Jh.

Zu Beginn des 20. Jahrhunderts war Russland nach Fläche und Bevölkerung die mit Abstand größte, zugleich aber auch rückständigste europäische Großmacht: Der Zar regierte „autokratisch" als unumschränkter Herrscher, gestützt auf den Grund besitzenden *Adel*, die *orthodoxe Kirche* und eine häufig korrupte *Beamtenschaft*. Ein breites politisch und wirtschaftlich aktives *Bürgertum* wie in West- und Mitteleuropa gab es in Russland nicht. Drei Viertel aller Russen konnten weder lesen noch schreiben. Etwa 85 % lebten als *Bauern* auf dem Land, trotz der Bauernbefreiung oft in größtem Elend.

Um Russland zu modernisieren trieb der letzte Zar, NIKOLAUS II. (1894–1917), die Industrialisierung voran. Er ließ die *Transsibirische Eisenbahn* vollends ausbauen und Industriezentren um MOSKAU, PETERSBURG, in der SÜDUKRAINE und im URAL errichten. Dort konzentrierte sich das Arbeiter-Proletariat, das jedoch nicht mehr als 2 % der Bevölkerung ausmachte. Politische Reformen wollte der Zar hingegen nicht durchführen. Erst die *Revolution* von 1905 zwang ihn eine gewählte Volksvertretung, die *Duma*, zuzulassen.

Immerhin konnten von da an in Russland Parteien legal öffentlich wirken: Neben den zarentreuen, vom Adel geführten Rechtsparteien und den konservativ-großindustriellen Oktobristen waren dies die bürgerlichen Liberalen, die sich nach ihrem Ziel der *konstitutionellen Demokratie* Kadetten nannten. Auf der Linken agierten die Sozialrevolutionäre – Intellektuelle (russ. Intelligentsia), die die Interessen der Bauern vertraten – sowie die *Sozialdemokratische Arbeiterpartei Russlands*: ebenfalls aus der Intelligentsia hervorgegangen, aber mit einem marxistisch-revolutionären Kampfprogramm für das *Proletariat*. Diese 1898 gegründete Partei spaltete sich 1902 in *Bolschewiki* (Mehrheitler) und *Menschewiki* (Minderheitler). Die Bolschewiki als radikale „Berufsrevolutionäre" waren in Wirklichkeit nur eine Minderheit, spielten aber als straff organisierte Gruppe unter dem Parteiführer LENIN die entscheidende Rolle in der Revolution von 1917.

1 Vergleichen Sie das Zarenreich mit den modernen Gesellschaften West- und Mitteleuropas sowie der USA zu Beginn des 20. Jh.

Die Sowjetunion

Das Revolutionsjahr 1917

Die Kriegslage 1917 – Russland am Zusammenbruch

Beim Ausbruch des Ersten Weltkriegs 1914 stellten sich die Parteien der *Duma* – außer den *Menschewiken* und *Bolschewiken* – in patriotischer Begeisterung auf die Seite der Regierung und stimmten den Kriegskrediten zu. Aber die Begeisterung verflog rasch, als die Truppen bereits im August 1914 in Ostpreußen eine vernichtende Niederlage erlitten.

Das rückständige Russland war dem Krieg nicht gewachsen: Die Rüstungsindustrie produzierte nicht genug Waffen und Munition, das Transportwesen brach zusammen und die Ernteerträge gingen zurück, weil Männer und Pferde in der Landwirtschaft fehlten. Das führte zu Preissteigerungen, Versorgungsschwierigkeiten und Hungersnöten in den Städten. Unruhen und Streiks nahmen zu. Die nutzlosen Offensiven des Jahres 1916 und die hohen Verluste (1,6 Millionen Gefallene) demoralisierten die Armee: Die Soldaten liefen einfach fort. Ende 1916 zählten die Russen 1,5 Millionen Deserteure. Das Zarenreich stand am Rand des Zusammenbruchs.

Kopf einer umgestürzten Statue von Zar Alexander III., dem Vater Nikolaus II., nach Abdankung der Romanows.

In dieser Situation schlossen sich Duma-Abgeordnete von der gemäßigten Linken bis zu den Liberalen zum „Progressiven Block" zusammen und forderten eine dem Parlament verantwortliche Regierung – vergeblich!

Februarrevolution und „Doppelherrschaft"

In PETROGRAD, wie die Hauptstadt ST. PETERSBURG seit 1914 hieß, streikten im Februar 1917 die Arbeiter und lähmten Stadt und Regierung. Die Ohnmacht des Zaren zeigte sich, als seine Truppen sich weigerten auf die Demonstranten zu schießen und zu den Aufständischen überliefen. Auch die Duma ließ sich nicht mehr vertagen; die Abgeordneten des „Progressiven Blocks" und der Sozialrevolutionäre wählten vielmehr ein „Vollzugskomitee" als *Provisorische Regierung*. Erst daraufhin dankte Zar NIKOLAUS II. am 3. März 1917 (nach westlichem Kalender am 15. 3.) ab und wurde mit seiner Familie gefangen gesetzt. Schon zu Beginn der Unruhen hatten die Arbeiter in den Petrograder Fabriken und die Soldaten in den Kasernen *Arbeiter- und Soldatenräte* (russ. *Sowjets*) gewählt. Ihr Vollzugskomitee, in dem Menschewiken und Sozialrevolutionäre die Mehrheit stellten, bildete ein zweites Machtzentrum neben der Provisorischen Regierung. In Petrograd entstand eine „Doppelherrschaft", während sich die *Revolution* ohne zentrale Lenkung rasch über das ganze Land ausbreitete. Überall wählten auch die Bauern Sowjets, die das Vertrauen der Massen genossen und faktisch über die Macht – Truppen, Waffen, Eisenbahn, Post – verfügten.

Weil die Sowjets keine Regierungserfahrung hatten und auch nicht an eine sozialistische Revolution dachten, überließen sie die politische Führung der Provisorischen Regierung. Diese gewährte Rede-, Presse-, Vereins- und Versammlungsfreiheit, beseitigte die Unterschiede zwischen den Ständen und den Nationalitäten und bereitete die Wahl einer *verfassunggebenden Nationalversammlung* vor. Am folgenreichsten aber war, dass sie den Krieg fortsetzte. In dieser Situation kehrte LENIN, der führende Kopf der *Bolschewiken*, nach Petrograd zurück und formulierte im April 1917 seine *Aprilthesen* – Leitsätze für das Verhalten der Bolschewiki:

Nikolaus II. als Gefangener.

Lenins Aprilthesen

Lenins Ankunft in Petrograd am 16. April 1917.

> 1. In unserer Stellung zum Krieg, der von Seiten Russlands auch unter der neuen Regierung, infolge des kapitalistischen Charakters dieser Regierung, unbedingt ein imperialistischer Krieg bleibt, sind auch die geringsten Zugeständnisse an die „revolutionäre Vaterlandsverteidigung" unzulässig.
> 2. Die Eigenart der gegenwärtigen Lage in Russland besteht im Übergang von der ersten Etappe der Revolution, die infolge des ungenügend entwickelten Klassenbewusstseins und der ungenügenden Organisiertheit des Proletariats der Bourgeoisie die Macht gab, zur zweiten Etappe der Revolution, die die Macht in die Hände des Proletariats und der ärmsten Schichten der Bauernschaft legen muss.
> 3. Keinerlei Unterstützung der Provisorischen Regierung, Aufdeckung der ganzen Verlogenheit all ihrer Versprechungen…
> 4. Solange wir in den Sowjets in der Minderheit sind, leisten wir die Arbeit der Kritik und Klarstellung der Fehler, wobei wir gleichzeitig die Notwendigkeit des Übergangs der gesamten Staatsmacht an die Sowjets propagieren.
> 5. Keine parlamentarische Republik… Abschaffung der Polizei, der Armee, der Beamtenschaft.
> 6. Beschlagnahme der gesamten Ländereien der Gutsbesitzer. Nationalisierung des gesamten Bodens im Lande.
> (gekürzt nach: Geschichte in Quellen, Bd.5, München 1970, S. 71 f.)

Leninismus

Lenin 1918 im Kreml – der Revolutionär am Schreibtisch.

Wer war dieser LENIN? Als *Wladimir Iljitsch Uljanow* kam er 1870 in SIMBIRSK an der Wolga als Sohn eines Beamten zur Welt, der dort das Schulwesen leitete. Wegen Beteiligung an einer Studentendemonstration wurde er 1887 von der Universität verwiesen, bildete sich aber privat weiter und legte 1891 sein Anwaltsexamen ab. Seine politische Untergrundarbeit führte dazu, dass er 1896 wegen Agitation für drei Jahre nach SIBIRIEN an den Fluss Lena verbannt wurde. In Anspielung darauf legte er sich den Revolutionärsnamen „Lenin" zu und setzte danach zunächst von München aus mit anderen russischen Sozialisten die Parteiarbeit fort. Aus dem Exil in der Schweiz kehrte er schließlich im April 1917 mit Zustimmung der deutschen Militärs nach PETROGRAD zurück.

Seit seiner Studienzeit hatte sich Lenin mit KARL MARX beschäftigt. Dessen Lehre von der *Revolution des Proletariats* gegen die bürgerlichen Kapitalisten (*Bourgeoisie*) ließ sich auf das rückständige Russland nicht anwenden. Deshalb änderte Lenin die Theorie entsprechend: Die *Revolution* sollte nicht in den entwickelten Industrieländern, sondern zuerst im schwächsten der imperialistischen Staaten, nämlich in *Russland* beginnen und sich von dort über die ganze Welt ausbreiten. Die straff organisierte Partei sollte das Proletariat führen, ein „politisches Klassenbewusstsein" in die Arbeiterklasse tragen und die bewaffnete Revolution im geeigneten Moment auslösen. Diese Veränderung des Marxismus bezeichnet man als *Leninismus*.

1 Erklären Sie, warum sich Lenin in den Aprilthesen gegen die Provisorische Regierung und für die Sowjets ausspricht.
2 Erläutern Sie den Begriff „Leninismus".

Die Sowjetunion

Sommer 1917 – die Taktik der Bolschewiki

Im Juni 1917 versuchte die Provisorische Regierung eine letzte erfolglose Offensive; danach befand sich das russische Heer in Auflösung. Trotzdem scheiterte im Juli ein Aufstand, den die *Bolschewiki* gegen LENINS Rat unternahmen. Erneut musste er ins Exil nach Finnland. Von dort aus steuerte er die Agitation der Partei, die mit dem Versprechen von „Friede, Land und Brot" die Unzufriedenheit anheizte. Als schließlich im August nach dem gescheiterten Putsch eines zaristischen Generals die Bolschewiki in den *Sowjets* der Hauptstadt die Mehrheit gewannen, kehrte Lenin zurück und setzte im *Zentralkomitee* (ZK) der Partei den Beschluss für einen Aufstand durch: Als Termin der *Revolution* bestimmte das ZK den 25. Oktober 1917 (nach westlichem Kalender der 7.11.). An diesem Tag sollte der 2. Allrussische Sowjetkongress zusammentreten. Die Strategie für diese Revolution hatte Lenin bereits 1902 in der Schrift „Was tun?" formuliert:

> Und nun behaupte ich: 1. Keine einzige revolutionäre Bewegung kann ohne eine stabile und die Kontinuität wahrende Führerorganisation Bestand haben; 2. je breiter die Masse ist, die spontan in den Kampf hineingezogen wird, die die Grundlage der Bewegung bildet, … umso fester muss diese Organisation sein … 3. eine solche Organisation muss hauptsächlich aus Leuten bestehen, die sich berufsmäßig mit revolutionärer Tätigkeit befassen; 4. je mehr wir die Mitgliedschaft einer solchen Organisation einengen, … umso schwieriger wird es in einem autokratischen Land sein eine solche Organisation ‚zu schnappen'… Gebt uns eine Organisation von Revolutionären und wir werden Russland aus den Angeln heben!
> (gekürzt nach: R. Thomas, Marxismus und Sowjetkommunismus, Teil II, Stuttgart 1978, S. 46 f.)

Die „Große Oktoberrevolution"

Am frühen Morgen des 25. Oktober 1917 besetzten die Bolschewiki alle wichtigen Gebäude der Hauptstadt. Ohne Widerstand nahmen sie gegen Abend das *Winterpalais* ein und setzten die Provisorische Regierung gefangen, die seit Juli 1917 unter Ministerpräsident ALEXANDER KERENSKI amtierte. Eine Proklamation verkündete den Übergang der Macht auf das Revolutionskomitee. In der Stadt bemerkten die Menschen wenig von diesen Ereignissen: Straßenbahnen fuhren, Theater spielten, der Alltag ging weiter. Fast ohne einen Schuss hatten die Bolschewisten Petrograd in ihre Gewalt gebracht.

Bei der Eröffnung des 2. Allrussischen Sowjetkongresses am späten Abend desselben Tages verließen die Vertreter der Sozialrevolutionäre und der Menschewiki unter Protest gegen das Vorgehen der Bolschewiki den Saal. Der Restkongress bestätigte die Parteispitze unter Führung LENINS als Revolutionsregierung, die sich *Rat der Volkskommissare* nannte. Die spätere sowjetische Geschichtsschreibung feierte die Ereignisse als *Große Oktoberrevolution*.

Im Dezember 1917 fanden die lange angekündigten Wahlen zur *verfassunggebenden Nationalversammlung* statt. Da die Bolschewiki dabei nur ein Viertel der Sitze erhielten, ließ Lenin die Versammlung am 18. Januar 1918 gewaltsam auflösen und rechtfertigte sein Vorgehen damit „die Interessen der übergroßen Mehrheit des Volkes zu vertreten".

Straßenkampf am Vorabend der Oktoberrevolution.

Bewertungen der Oktoberrevolution

„Wie bereits deutlich gemacht griffen jedoch nicht die Werktätigen selbst nach der Macht. Dass die Partei ihre Stelle vertrat, zeigt am deutlichsten den Unterschied zum Februar. Im Oktober gab es nichts, was im Entferntesten an die Hunderttausende von Streikenden der fünf Februartage erinnerte, die in den Straßenkämpfen blutiger Gefahr ausgesetzt waren, oder an die siebzehnhundert Opfer, die der Aufstand gefordert hatte. Im Oktober sammelten sich keine Arbeiter in den Straßen und die Zahl der Opfer überstieg kaum ein Dutzend. Diese „zehn Tage, die die Welt erschütterten", waren somit ein Coup d'état [Staatsstreich]."
(Martin Malia, Vollstreckter Wahn, Rußland 1917–1991, Stuttgart 1994, S. 127)

„Mit dem Sieg der Großen Sozialistischen Oktoberrevolution und der Errichtung der Macht der Arbeiter und Bauern entstand in der menschlichen Geschichte eine Gesellschaftsordnung, in der Ausbeutung und Unterdrückung der Werktätigen beseitigt wurden, alle Macht vom Volke ausging, alles für das Wohl des Menschen und eine friedliche Zukunft getan wurde."
(Geschichte, Lehrbuch für Klasse 8 der DDR, Berlin 1989, S. 252)

1 Wie haben sich Lenins Parteimodell und Revolutionsstrategie auf den Verlauf der Ereignisse des Jahres 1917 ausgewirkt?
2 Vergleichen Sie die Bewertungen der Oktoberrevolution in den beiden Quellen und dem sowjetischen Propagandabild.
3 Welche gesellschaftlichen und sozialen Bedingungen im Zarenreich haben den Erfolg der Revolution begünstigt?

Lenin spricht am 8. November 1917 auf dem 2. Allrussischen Sowjetkongress (Propagandagemälde).

Die Sowjetunion

Können die Bolschewiki ihre Ideen verwirklichen?

Die ersten Maßnahmen

Mit der *Oktoberrevolution* war für die *Bolschewiki* der Weg frei, Russland zum ersten *sozialistischen* Land umzugestalten. Diesem Zweck dienten die grundlegenden Dekrete des *Rates der Volkskommissare*: das „Dekret über den Frieden" für einen sofortigen Waffenstillstand, das „Dekret über Grund und Boden" zur *Enteignung* des Großgrundbesitzes und Verteilung an die Bauern, die *Verstaatlichung* der Industrie und Banken.

Zu dem weltgeschichtlichen Experiment zählte auch ein Bündel weiterer Maßnahmen: Die Regierung verbot den Privathandel und übernahm selbst die Verteilung der Waren. Dadurch verlor das Geld seine Bedeutung. Mieten wurden abgeschafft, staatliche Dienstleistungen, Massengebrauchsgüter und sogar Lebensmittel umsonst angeboten. Die Religion wurde verboten, der Kirchenbesitz enteignet und viele Kirchen zerstört. Durch Schulpflicht und Alphabetisierungskampagnen wollte die Regierung die Bildung der breiten Masse heben. Neue Familiengesetze brachten die Gleichberechtigung der Frau, erleichterten die Scheidung und stellten eheliche und uneheliche Kinder gleich.

Widerstand gegen die Revolution brach die neue politische Polizei, die „Tscheka", der Tausende echter und angeblicher *Konterrevolutionäre* zum Opfer fielen.

„Krieg den Palästen", Gemälde des rusischen Malers Marc Chagall, 1918. Welche Hoffnung wollte Chagall ausdrücken, der wie viele andere Künstler dem neuen Russland 1923 enttäuscht den Rücken kehrte?

„Organisiert Dorflesestuben", Plakat zur Alphabetisierungskampagne von 1919, mit der die Regierung die Bildung heben wollte.

Der Sieg im Bürgerkrieg

Von österreichischen Truppen während des Bürgerkriegs 1918 erhängte revolutionäre Arbeiter in Jekaterinoslaw.

Die Nationalitätenfrage

Briefmarken aus den baltischen Staaten Lettland und Estland, die ebenso wie Litauen 1918 ihre Unabhängigkeit erklärten.

Nachdem das revolutionäre Russland in dem von Deutschland diktierten Frieden von Brest-Litowsk im März 1918 weite Gebiete im Westen hatten abtreten müssen, begann im Sommer 1918 in Russland ein blutiger *Bürgerkrieg*. Von allen Seiten griffen die „Weißen", wie die Gegner der Bolschewiken hießen, an. Das waren nicht nur konservative und sozialrevolutionäre innere Gegner, sondern auch Freiwillige aus Westeuropa, die den Kommunismus bekämpften, sowie Truppen der Westmächte, die die Bolschewiki zur Anerkennung der russischen Staatsschulden zwingen wollten.

In kurzer Zeit gelang es dem Außen- und Kriegskommissar LEO TROTZKI eine schlagkräftige „Rote Armee" aufzubauen. Durch die allgemeine Wehrpflicht wuchs die Zahl der Soldaten auf über 5 Millionen. Die Idee vom Dezember 1917, alle Dienstränge abzuschaffen und die Vorgesetzten wählen zu lassen, ersetzte Trotzki durch strengste Disziplin und eine feste Rangordnung. Er zwang erfahrene zaristische Offiziere in die *Rote Armee* und ließ sie von *Politischen Kommissaren* kontrollieren.

Da die verschiedenen Gruppen der „Weißen" politisch und militärisch nicht zusammenarbeiteten, konnte die Rote Armee sie nacheinander ausschalten und einen vollständigen Sieg erringen. Die „Weißen" fanden ohnehin kaum Rückhalt bei der Bevölkerung, da sie die Enteignungen und die Landverteilung rückgängig machen wollten.

Am Verhalten gegenüber den vom Zarenreich unterworfenen Völkern lässt sich gut erkennen, wie die Bolschewiken bei der Verwirklichung ihres Konzepts vorgegangen sind:

> *Aus der „Deklaration der Rechte der Völker Russlands" (1917):*
> „Von nun an soll [die Politik des Zarismus] ersetzt werden… durch eine offene und ehrliche Politik, die zu vollem gegenseitigen Vertrauen der Völker Russlands führen wird… [Deshalb] hat der Rat der Volkskommissare beschlossen, seiner Tätigkeit in der Frage der Nationalitäten Russlands folgende Prinzipien zu Grunde zu legen:
> 1. Gleichheit und Souveränität der Völker Russlands.
> 2. Das Recht der Völker Russlands auf freie Selbstbestimmung bis zur Lostrennung und Bildung eines selbständigen Staates."
> (nach: Hoffmann u. a., Aufstieg und Zerfall einer Weltmacht, Bamberg 1994, S. 24)
>
> *Der Volkskommissar für Nationalitätenfragen, Josef Stalin, begründete 1921 das Vorgehen gegen Georgien, das 1918 seine Selbstständigkeit erklärt hatte:*
> „Natürlich haben die Randgebiete Russlands… ebenso wie alle anderen Nationen das unveräußerliche Recht auf Lostrennung von Russland… Aber hier geht es nicht um die Rechte der Nationen, sondern um die Interessen der Volksmassen sowohl des Zentrums als auch der Randgebiete… Nun, die Interessen der Volksmassen besagen aber, dass die Forderung nach Lostrennung der Randgebiete im gegenwärtigen Stadium der Revolution eine durch und durch konterrevolutionäre Forderung ist."
> (nach: O. Anweiler, Die russische Revolution, Stuttgart 1975, S. 67–68)

„Kriegskommunismus" und „Neue Ökonomische Politik"

Aufruf zur Hilfe während der Hungersnot des Winters 1921/22.

Das obere Plakat prangert Kulaken an, die Soldaten und der hungernden Bevölkerung keine Lebensmittel abtreten; das untere zeigt die drohende Strafe (1920).

Die Zerstörung der Marktwirtschaft durch überstürzte Einführung des *Kommunismus* verursachte zusammen mit dem Bürgerkrieg und der Blockade Russlands ein Wirtschaftschaos, das in eine Hungerkrise mit Millionen Opfern führte.

Die erste Reaktion der Bolschewiki war die Einführung des *Kriegskommunismus*: Parteikommissare mit absoluten Vollmachten überwachten die Wirtschaft im ganzen Land und zwangen die Bauern Getreide im Austausch gegen Industriewaren, später ohne Entgelt, abzuliefern. Als die Bauern daraufhin nur noch für den Eigenbedarf und den Schwarzmarkt produzierten, organisierte die Regierung den „Roten Terror". Zum „Kampf gegen die Dorfbourgeoisie" schickte sie bewaffnete Arbeiterbrigaden aufs Land und schüchterte die Bevölkerung durch Massenverhaftungen, Deportationen und Erschießungen ein. Trotzdem kam es 1921 zu Hungerunruhen, Bauernaufständen und Arbeiterstreiks. Am gefährlichsten war der Aufstand der Matrosen in KRONSTADT, der Inselfestung vor Petrograd. Sie wehrten sich gegen die Diktatur der Bolschewiki und forderten demokratische, frei gewählte Sowjets. Aber ihr Aufstand wurde blutig niedergeschlagen.

LENIN sah ein, dass sich der Kommunismus im zerstörten kleinbäuerlichen Russland nicht gegen den Widerstand der Bauern verwirklichen ließ. Damit sich die Wirtschaft erholen konnte, verkündete er 1921 auf dem Parteitag die *Neue Ökonomische Politik* (NEP): Sie ersetzte die Zwangseintreibung von Nahrungsmitteln durch maßvolle Abgaben und gestattete den Bauern den freien Verkauf von Überschüssen. Kleine Geschäftsleute und Industrielle erhielten Handels- und Produktionserlaubnis und durften Arbeitskräfte einstellen. Nur die Großindustrie und Banken blieben vollständig unter staatlicher Aufsicht.

Diese teilweise Rückkehr zum Kapitalismus führte zwar zum Erfolg, aber Lenin ließ keinen Zweifel daran, dass er das Ziel des Kommunismus nicht aufgab:

> Ohne sein Wesen zu ändern kann der proletarische Staat die Freiheit des Handels und die Entwicklung des Kapitalismus nur bis zu einem bestimmten Grade zulassen und nur unter der Bedingung der staatlichen Regulierung… des Privathandels und des privatwirtschaftlichen Kapitalismus.
> (Lenin im Frühjahr 1922, nach: Geschichte in Quellen, Band 5, München 1970, S. 139)

1. Vergleichen Sie die Startbedingungen des revolutionären Russlands mit denen der USA nach dem Ersten Weltkrieg. Welche Schwierigkeiten mussten die Bolschewiki überwinden?
2. Erklären Sie, was die Bolschewiki mit den ersten Dekreten und Maßnahmen bezweckten, und prüfen Sie, ob es der marxistischen Ideologie entspricht.
3. Zeigen Sie an der Nationalitätenfrage, wie sich die Ideologie den Machtinteressen anpasste.
4. Untersuchen Sie, wie und aus welchen Gründen sich die Revolution der Bolschewiki in den ersten Jahren verändert hat.

Die Sowjetunion unter Stalin

Stalins Aufstieg

Jossif Stalin (1879–1953) auf dem XVIII. Parteitag 1939 (Gemälde von A. Gerassimow).

STALIN, „der Stählerne", nannte sich der Georgier *Jossif Wissarionowitsch Dschugaschwili*, der nach Lenins Tod am 21. 1. 1924 aus dem Kampf um die Führung als Sieger hervorging. Er kam 1879 als Sohn eines Schuhmachers in der Nähe der georgischen Hauptstadt Tiblisi zur Welt und besuchte dort von 1894 bis 1899 das Priesterseminar, das er wegen revolutionärer Umtriebe verlassen musste. 1903 schloss er sich den Bolschewiki an, wurde mehrmals verhaftet und nach SIBIRIEN verbannt. Bereits 1912 kam er ins Zentralkomitee, dann ins *Politbüro*, die eigentliche Parteispitze. Nach der Oktoberrevolution übernahm er im Rat der Volkskommissare das Amt für Nationalitätenfragen und stieg Ende des Bürgerkriegs 1922 zum Generalsekretär der Partei auf.

In dieser Zeit erlitt LENIN seinen ersten Schlaganfall und es begann der parteiinterne Kampf um die Nachfolge. Obwohl Lenin vor Stalin gewarnt hatte, konnte dieser alle Gegner ausschalten. Als Generalsekretär hatte er systematisch den gesamten Parteiapparat auf seine Seite gebracht und zwischen 1922 und 1924 nicht weniger als 16 000 Funktionärsstellen mit ihm ergebenen Leuten besetzt.

Bis 1929 gelang es Stalin, mögliche Rivalen in der Parteispitze gegeneinander auszuspielen und auszuschalten. Sein schärfster Konkurrent, LEO TROTZKI, wurde 1927 aus der Partei ausgeschlossen, 1929 aus der Sowjetunion ausgewiesen und schließlich 1940 im Exil in Mexiko im Auftrag Stalins ermordet. Wer Stalins ideologischer Linie in der Partei immer noch nicht folgen wollte, fiel den *Säuberungswellen* Mitte der 30er Jahre zum Opfer: Hohe Funktionäre wurden nach Schauprozessen erschossen, etwa 1 Million Parteimitglieder kamen bis 1938 durch *Massenterror* ums Leben, die meisten Generäle wurden „liquidiert". Die Sowjetunion hatte sich zum Polizeistaat, zu einer bolschewistischen Diktatur entwickelt.

Stalin beherrschte nun uneingeschränkt die Partei, von den alten Kampfgefährten der Revolution hatte niemand überlebt. Sie alle hatten Stalins „Treueid auf Lenin", den er kurz nach dessen Tod feierlich auf dem 2. Sowjetkongress verlas, gründlich missverstanden:

Leo Trotzki (1879–1940), Widersacher und Opfer Stalins.

> Als er uns verließ, hieß uns der Genosse Lenin den stolzen Titel, Mitglied einer solchen Partei zu sein, hoch und rein zu halten …
> Als er uns verließ, hieß uns der Genosse Lenin die Einigkeit in der Partei zu hegen und zu schützen wie unsern Augapfel …
> Als er uns verließ, hieß uns der Genosse Lenin die Diktatur des Proletariats zu schützen und zu stärken …
> Als er uns verließ, hieß uns der Genosse Lenin die Union der Sowjetrepubliken zu stärken und zu vergrößern. Wir geloben dir, Genosse Lenin, dass wir auch dieses dein Gebot getreulich erfüllen werden …
> Als er uns verließ, hieß uns der Genosse Lenin den Grundsätzen der Kommunistischen Internationale die Treue zu bewahren. Wir geloben dir, Genosse Lenin, dass wir Leib und Leben dafür einsetzen werden um den Bund der Werktätigen der ganzen Welt, die Kommunistische Internationale, zu stärken und zu vergrößern.
> *(nach: Geschichte in Quellen, Band 5, München 1970, S. 140)*

Stalins neues Programm: „Sozialismus in einem Land"

In den 20er Jahren zeichnete sich immer deutlicher ab, dass die Revolution in Russland nicht die *Weltrevolution* in allen kapitalistischen Staaten auslösen würde. Durch die NEP hatte sich die sowjetische Wirtschaft zwar wieder erholt, aber ausländischen Firmen war es zu riskant in der Sowjetunion zu investieren. Deshalb machte sich Stalin daran, das Schlagwort Lenins „Kommunismus ist Sowjetmacht plus Elektrifizierung" in die Tat umzusetzen. Er verkündete als neues Programm den „Sozialismus in *einem* Land": Die *Sowjetunion* sollte rasch und mit allen Mitteln zu einem blühenden sozialistischen Industriestaat entwickelt werden. Wenn dann die kapitalistischen Staaten überrundet waren, sollte die Weltrevolution losbrechen. Das neue Programm erläuterte Stalin 1925 in einer Rede:

> Ist die Errichtung der sozialistischen Wirtschaft in unserem Lande möglich ohne den vorherigen Sieg des Sozialismus in anderen Ländern, ohne dass das siegreiche Proletariat des Westens direkte Hilfe mit Technik und Ausrüstung leistet?
>
> Ja, sie ist möglich. Und sie ist nicht nur möglich, sondern auch notwendig und unausbleiblich. Denn wir bauen bereits den Sozialismus auf, indem wir die nationalisierte Industrie entwickeln und sie mit der Landwirtschaft zusammenschließen, indem wir das Genossenschaftswesen auf dem Lande entfalten und die bäuerliche Wirtschaft in das allgemeine System der sowjetischen Entwicklung einbeziehen, indem wir die Sowjets beleben und den Staatsapparat mit den Millionenmassen der Bevölkerung verschmelzen, indem wir eine neue Kultur aufbauen und ein neues gesellschaftliches Leben entfalten... Wir werden die sozialistische Wirtschaft errichten, wenn man uns bauen lässt.
> *(nach: Haseloff u. a., Die UdSSR, Frankfurt/M. 1977, S. 53)*

1 Erläutern Sie Stalins Projekt „Sozialismus in einem Land".

„Unsere Heimat soll blühen und gedeihen", Propagandaplakat um 1930 für Stalins Programm.

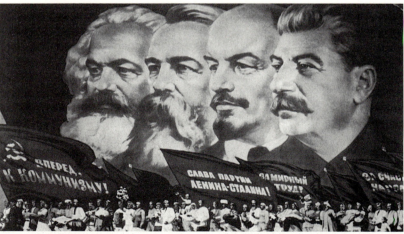

„Es lebe das große, unbesiegbare Banner Marx-Engels-Lenin-Stalin". Fahnenschrift (von links): „Vorwärts zum Kommunismus!", „Ruhm der Partei Lenins-Stalins!", „Für friedliche Arbeit!", „Für das Glück des Volkes!" (Propagandaplakat um 1935).

Zwangskollektivierung der Landwirtschaft

Um dieses Programm zu realisieren, musste vor allem die Landwirtschaft mehr produzieren. Das war nach kommunistischer Ideologie nur möglich, wenn die Bauern ihr Land nicht als Privateigentum nutzten, sondern es zu modernen, technisierten Großbetrieben zusammenlegten und gemeinschaftlich (*kollektiv*) wie Industriearbeiter unter staatlicher Kontrolle bewirtschafteten. Solche kollektiven Landwirtschaftsbetriebe hießen *Kolchosen* oder, wenn sie direkt staatlich geführt wurden, *Sowchosen*.

Der erste Aufruf zur freiwilligen *Kollektivierung* hatte nur wenig Erfolg. Vor allem die wohlhabenden Bauern, die *Kulaken*, weigerten sich. Deshalb führte der Staat 1929 das *Kolchos-System* zwangsweise ein. Als die Bauern immer noch heftigen Widerstand leisteten, ihr Vieh abschlachteten um es dem Staat zu entziehen und weniger Getreide anbauten, rief STALIN 1929 zur Vernichtung der Kulaken als „Ausbeuterklasse" auf. In einem regelrechten Krieg mit Hilfe bewaffneter Arbeiterbrigaden erzwang er die Kollektivierung mit brutaler Gewalt. Wer sich widersetzte, wurde erschossen oder deportiert. Die meisten Bauern mussten mit ihren Familien die Höfe verlassen und wurden nach SIBIRIEN verbannt. Viele dieser nahezu drei Millionen Menschen kamen unterwegs um oder verhungerten in Lagern. Die rücksichtslose *Zwangskollektivierung* hatte eine schwere Hungersnot zur Folge, der zehn bis elf Millionen Menschen zum Opfer fielen.

Diese „Revolution von oben", d. h. durch den Staat, führte jedoch schnell zum Erfolg: Bereits 1931 war über die Hälfte der landwirtschaftlichen Nutzfläche kollektiviert und schon 1939 spielte die private Landwirtschaft keine Rolle mehr. Dafür gab es in der Sowjetunion über 200 000 Kolchosen. Die Technisierung hielt damit zunächst nicht Schritt: Auf jede Kolchose kamen nur zwei bis drei Traktoren.

„Traktoren und Krippen sind die Triebwerke des Neuen Dorfes", Plakat von 1930.

1 Erläutern Sie das Programm der Kollektivierung und schildern Sie die Durchführung und die Ergebnisse.

Traktorenstation in einer Kolchose in den 30er Jahren.

Die Industrialisierung der Sowjetunion

1928 begann auch die mit allen Mitteln vorangetriebene *Industrialisierung*, mit der die Sowjetunion die westlichen Industriestaaten einholen wollte. Dafür stellten die staatlichen Behörden nacheinander zwei *Fünfjahrespläne* für die Jahre 1928 bis 1932 und 1933 bis 1937 auf.

Um den enormen Energiebedarf zu decken, bauten die Sowjets vor allem riesige Wasserkraftwerke und erweiterten die Kohle- und Erdölförderung. Der zweite Schwerpunkt lag auf dem Gebiet der Eisen- und Stahlerzeugung. Heere von Zwangsarbeitern erschlossen neue Erzlagerstätten und stampften ganze Industriestädte und Industrieregionen von der Ukraine bis Sibirien aus dem Boden. Der Erfolg blieb nicht aus: Zwischen 1928 und 1940 verzehnfachte sich die Stromerzeugung, die Eisen- und Stahlerzeugung stieg auf das Fünffache, die Herstellung von Traktoren für die Landwirtschaft von 1000 auf 32 000 Stück. Die Sowjetunion erreichte nach den USA den zweiten Platz in der Industrieproduktion der Welt.

Plakatentwürfe zur Elektrifizierung.

„Der Sieg des Sozialismus in unserem Land ist garantiert", Plakat 1932.

Die Opfer

Zwangsarbeiter in einem Lager. Der russische Schriftsteller Alexander Solschenizyn thematisierte ihr Schicksal in einem Roman, den er nach der Lagerhauptverwaltung GULAG „Archipel Gulag" nannte.

Der eindrucksvolle Aufbau der sowjetischen Wirtschaft war nur erreichbar, weil sich die Industrie auf *Investitionsgüter* konzentrierte. Den Menschen ging es im neuen „Arbeiterparadies" eher schlechter als vor der Revolution, denn der Staat verordnete ihnen einen Konsumverzicht bei Nahrung, Kleidung und Wohnung. Nur so ließ sich die Erschließung und Industrialisierung innerhalb eines Jahrzehnts überhaupt finanzieren.

Da es in Russland keine industrielle Tradition gab und die meisten Arbeiter vom Lande kamen, waren sie weder an regelmäßige Arbeitszeiten noch an den Umgang mit Maschinen gewöhnt. Zu ihrer Disziplinierung baute der Staat ein rigoroses Kontrollsystem auf, das für Arbeitsvergehen wie Unpünktlichkeit, Fernbleiben oder Maschinenbeschädigung harte Strafen vorsah. Sie reichten von Lohnkürzungen über die Einweisung in ein Arbeitslager bis zur Todesstrafe für „konterrevolutionäre Sabotage".

Fast die gesamte Armeeführung und über 1 Million Parteimitglieder wurden Opfer von „Säuberungen"; zu ihnen zählten auch deutsche Kommunisten, die aus Hitler-Deutschland in die Sowjetunion geflohen waren. Ein Netz von *Straf- und Gefangenenlagern* überzog das Land, deren Insassen unter extremen Bedingungen beim Berg-, Kanal- und Eisenbahnbau eingesetzt wurden. Zwischen 1936 und 1950 sollen allein in diesen Lagern etwa 12 Millionen Menschen umgekommen sein.

Urteile über Stalin

a) Stalins Außenminister Molotow in einem Interview um 1980:
„Es gab Fehler, Fehlrechnungen, das alles gab es, aber man muss nüchtern die verschiedenen Seiten seines Wirkens in den vielen Jahren seiner Führung abwägen... Allein dies, dass er zum ersten Mal in der Geschichte die vollständige Beseitigung des Privateigentums in einem so großen Lande wie dem unseren erreicht hat, spricht für seinen Intellekt und seine Treue für die Ideen von Marx und Lenin..."

b) N. Heller, A. Nekrich, Geschichte der SU, Bd. 2, o. J., S. 193 ff.:
„Einige Historiker haben versucht das sowjetische Experiment unter dem Aspekt der Interessen des Menschen, der menschlichen Gesellschaft zu untersuchen. Dabei stellten sie fest, dass beim Bau der „lichten Zukunft der Menschheit" Dutzende von Millionen Menschen physisch vernichtet wurden, verhungerten oder eines gewaltsamen Todes starben... Es handelt sich um eine moralische Katastrophe für die Überlebenden. Wie konnten sie mit dem Erbe dieser Epoche fertig werden?"

c) R. Conquest, Stalin, München 1991, S. 408 ff.:
„Ein abschließendes moralisches Urteil über eine Erscheinung wie Stalin ist vermutlich weniger einfach, als es zunächst den Anschein hat... Angenommen, Stalin wäre im Recht gewesen? Angenommen, die Theorie, Massenmord könne zur Verwirklichung von Utopia führen, wäre richtig gewesen? Dann stünden wir vor einer weiteren Variante der alten Behauptung, dass der Zweck die Mittel heilige."
(a) zitiert nach: Praxis Geschichte 1991/2, S. 44; b) und c) nach: Informationen zur politischen Bildung 235, Bonn 1992, S. 44)

„Du bist die helle Sonne des Volkes, die Sonne unserer Zeit, die niemals untergeht, und mehr noch als unsere Sonne, denn die Sonne hat keine Weisheit."
Im Zeichen des Personenkults ließ sich Stalin mit solchen Versen propagandistisch feiern.

Die Sowjetunion

Die Entwicklung der Gesellschaft in der Sowjetunion 1919–1939 (Angaben in %)	1913	1924	1928	1939
Beamte/Funktionäre	2,4	4,4	5,2	16,7
Arbeiter	14,6	10,4	12,4	33,5
Kolchosebauern	–	1,3	2,9	47,2
Einzelbauern	66,7	75,4	74,9	2,6
Privathändler, Kulaken, Kapitalisten, Gutsbesitzer	16,3	8,5	4,6	–

Eine Verfassung für die neue Gesellschaft

STALINS „Revolution von oben" veränderte die Gesellschaft viel stärker als die Revolution von 1917, doch war etwas anderes daraus geworden, als den Bolschewiki damals vorschwebte. Den „Sieg des Sozialismus" ließ Stalin 1936 in einer neuen Verfassung durch den Sowjetkongress festschreiben. Dem Namen nach war die *Union der Sozialistischen Sowjetrepubliken* (UdSSR) ein Zusammenschluss 11 demokratischer Staaten auf der Grundlage gewählter Räte (*Sowjets*). In Wirklichkeit aber herrschte die bolschewistische Partei, die sich seit der Revolution *Kommunistische Partei der Sowjetunion* (KPdSU) nannte. Eine Teilung der Staatsgewalt fand in der Praxis nicht statt. Die Bürger genossen zwar formal alle Grundrechte, doch öffnete die Einschränkung „in Übereinstimmung mit den Interessen der Werktätigen" der Willkür Tür und Tor. Die Führungsrolle der KPdSU wurde in der Verfassung verankert.

Staatswappen der UdSSR. Die roten Bänder mit der Aufschrift „Proletarier aller Länder, vereinigt euch!" symbolisieren die Unionsrepubliken. Hammer und Sichel stehen für das Bündnis von Arbeitern und Bauern, die Erdkugel zeigt den Weltanspruch des Sozialismus und die Weltrevolution.

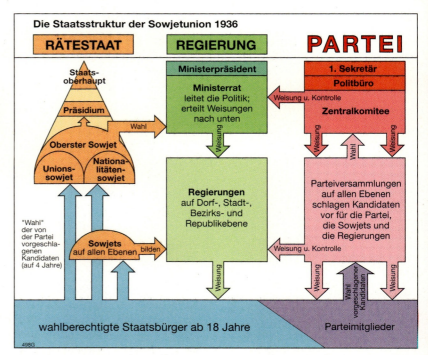

1 Mit welchen Mitteln geht Stalin gegen Oppositionelle vor?
2 Vergleichen Sie Gesellschaft, Wirtschaft und Verfassung der neuen Weltmächte USA und Sowjetunion Ende der 30er Jahre.

Zusammenfassung

USA – Sowjetunion: Modelle für die Welt?

In der Zeit zwischen den Weltkriegen traten die *USA* und die *Sowjetunion* als Weltmächte neben die alten europäischen Großmächte, deren Einfluss zurückgegangen war. Beide entstanden aus ganz verschiedenen Traditionen und entwickelten sich nach ganz unterschiedlichen Konzepten.

Die USA waren schon zu Beginn des 20. Jahrhunderts ein hochindustrialisierter Staat mit der ältesten demokratischen Verfassung der Welt. Hier entwickelte sich in den 20er Jahren, ausgelöst durch einen *Wirtschaftsboom*, die moderne Wohlstandsgesellschaft mit ihren typischen Formen des *Massenkonsums*. Durch den Zusammenbruch der Wirtschaft geriet diese Gesellschaft 1929 in eine schwere Krise, die nur durch das Eingreifen des Staates im *New Deal* nach 1933 abklang. Die USA blieben aber stärkste Wirtschaftsmacht der Welt und Präsident ROOSEVELT sah in den Vereinigten Staaten den Garanten für den zunehmend bedrohten Weltfrieden.

Die Geschichte der Weltmacht Sowjetunion dagegen beginnt erst 1917 mit einem revolutionären Umsturz im rückständigen Zarenreich. Die in der *Oktoberrevolution* siegreichen *Bolschewiki* versuchten ihr durch LENIN modifiziertes marxistisches Programm einer *sozialistischen Gesellschaft* zu verwirklichen. Dieses Experiment, das als Auslöser der Weltrevolution gedacht war, kämpfte mit schweren äußeren und inneren Widerständen. Schon Lenin musste 1923 mit der *Neuen Ökonomischen Politik* wieder kapitalistische Wirtschaftsformen zulassen. Statt einer Rätedemokratie entstand eine *Parteidiktatur*. Und Lenins Nachfolger in der Parteiführung, STALIN, setzte schließlich die *Kollektivierung* der Landwirtschaft und die Industrialisierung des Landes mit brutalen *Terrormethoden* unter Millionen von Opfern durch. Ende der 30er Jahre stieg die Sowjetunion zum zweitstärksten Industriestaat der Welt auf.

Wichtige Begriffe

- Big Business
- Bolschewiki (Bolschewisten)
- Depression
- Golden Twenties
- Gulag
- Isolationismus
- Keynesianismus
- Kolchose
- Kollektivierung
- Konsumgesellschaft
- Kriegskommunismus
- Leninismus
- Neue Ökonomische Politik
- New Deal
- Oktoberrevolution
- Prohibition
- Prosperität („prosperity")
- Rationalisierung
- Säuberungen
- Sowjets
- Sozialismus („in einem Land")
- Stalinismus

Am 22. Oktober 1962 versetzte der amerikanische Präsident KENNEDY die Besatzung der Militärbasis GUANTANAMO auf KUBA (rechte Bildhälfte) in höchste Alarmbereitschaft. Die *Sowjetunion* hatte begonnen Mittelstreckenraketen auf dem sozialistischen Kuba zu stationieren und die *USA* forderten den sofortigen Abzug unter Androhung militärischen Eingreifens. Luftwaffengeschwader standen bereit zum Einsatz, Schiffe der US-Navy kreuzten drohend im Karibischen Meer. Die Welt hielt den Atem an! Würde es diesmal zum großen atomaren Schlagabtausch zwischen den USA und ihren Verbündeten sowie der Sowjetunion und ihren Satellitenstaaten kommen?

Wenige Tage, nachdem Amerika seine Streitkräfte alarmiert hatte, demonstrierte auch die Sowjetunion in Moskau militärische Stärke (linke Bildhälfte). Auf dem Roten Platz fand vor den Augen der Weltöffentlichkeit die alljährliche Militärparade zum Gedenken an die Oktoberrevolution statt: Truppen marschierten an der Ehrentribüne vorbei, Panzer rasselten über das Pflaster, Raketen neuester Bauart zeigten den hohen Stand der Rüstungstechnik.

Misstrauisch und bis an die Zähne bewaffnet standen sich die ehemaligen Weltkriegsverbündeten gegenüber. Nach einer Kette von Krisen hatte der *Kalte Krieg* jetzt – im Herbst 1962 – seinen Höhepunkt erreicht.

Der Ost-West-Konflikt

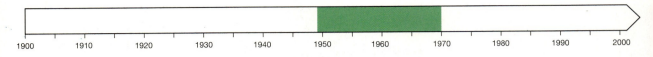

Der Kalte Krieg

Die *USA* und die *Sowjetunion*, Verbündete im Kampf gegen Hitler-Deutschland, standen sich am Ende des Zweiten Weltkriegs misstrauisch und bald schon feindlich gegenüber. Beide Seiten fühlten sich durch ein immer schnelleres Wettrüsten existenziell bedroht. Der Osten betrachtete argwöhnisch die wirtschaftlich überlegenen USA, die von „Eindämmung", ja „Zurückdrängung" des sowjetischen Einflusses sprachen. Der Westen hingegen fürchtete eine kommunistische Infiltration durch die UdSSR, die ihren Machtbereich weit nach Mitteleuropa vorgeschoben hatte und seit 1949 auch über die Atombombe verfügte. Starke Spannungen zwischen beiden Mächten führten die Welt mehrfach an den Rand eines Atomkriegs, doch schreckten die Gegner vor einer offenen Auseinandersetzung zurück. Stattdessen griffen sie zu militärischer Einschüchterung und wirtschaftlichem Druck, eine Taktik, die Zeitgenossen als „Kalten Krieg" bezeichneten. Im geteilten *Deutschland* waren seine Auswirkungen besonders spürbar, da es an der Nahtstelle beider Machtblöcke lag.

„Kalt" war dieser Krieg freilich längst nicht überall. Vor allem in *Korea* und *Vietnam* kam es zu blutigen Stellvertreterkriegen, in denen die ideologisch unterschiedlich geprägten Supermächte versuchten ihre Interessen gewaltsam durchzusetzen.

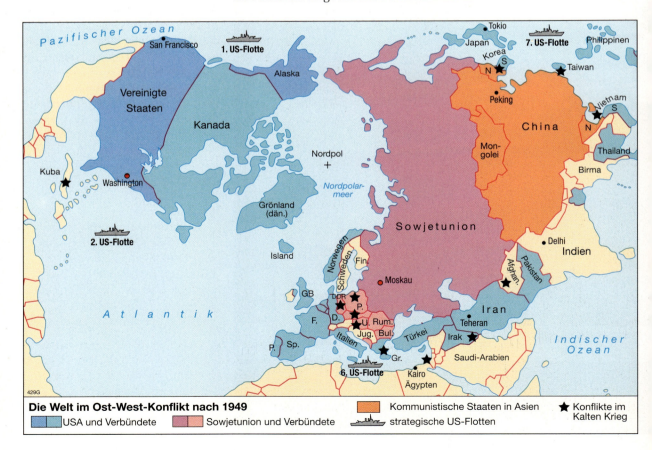

Die Welt im Ost-West-Konflikt nach 1949

Rivalität der Supermächte

Europas Situation im Kalten Krieg (amerikanische Karikatur).

NATO und Warschauer Pakt

Blockbildung

Schon 1945 hatte WINSTON CHURCHILL (1874–1965) einen „Eisernen Vorhang" mitten in Europa niedergehen sehen. Mit der Gründung des nordatlantischen Verteidigungsbündnisses der NATO (North Atlantic Treaty Organization) im Jahr 1949 schlossen zehn westeuropäische Staaten sowie Kanada und die USA einen Beistandspakt um sich vor einem sowjetischen Angriff zu schützen.

Als Antwort auf den NATO-Beitritt der Bundesrepublik Deutschland ersetzte die Sowjetunion im Mai 1955 ihre zweiseitigen Beistandsverträge mit den osteuropäischen Staaten durch den *Warschauer Pakt*. Er sah ein gemeinsames Kommando der osteuropäischen Streitkräfte unter sowjetischer Führung und Konsultationen in allen wichtigen außenpolitischen Fragen vor. Nun standen sich zwei Militärblöcke gegenüber, die an der 1378 Kilometer langen innerdeutschen Grenze aufeinander stießen.

Westdeutsches Plakat, um 1952.

„Das imperialistische Lager und seine leitenden Personen in den Vereinigten Staaten entfalten eine besonders aggressive Aktivität in Richtung militärischer und strategischer Maßnahmen, der wirtschaftlichen Expansion und des ideologischen Kampfes. Unter diesen Umständen muss sich das antiimperialistische, demokratische Lager konsolidieren. Die Anstrengungen aller demokratischen, antiimperialistischen Kräfte Europas sind erforderlich um den Plan der imperialistischen Aggression zunichte zu machen."
(Deklaration des Kominform 1947, nach: B. Meissner (Hrsg.), Das Ostpakt-System, in: Dokumente, Heft XVIII, Frankfurt 1955, S. 97 ff.)

„In der freien Welt besteht weitgehend die Überzeugung, dass ohne die amerikanische Überlegenheit in nuklearen Waffen der Eiserne Vorhang bereits bis zum Atlantik vorgeschoben worden wäre. Es gibt für die freie Welt in den nächsten Jahren nur eine vernünftige Politik: diejenige, die wir Verteidigung durch Abschreckung nennen."
(Rede Churchills vor dem britischen Unterhaus am 2.3.1955, nach: Gesch. Quellenhefte, E. Seelig/H. Beyer, Frankfurt/M. 1958, S. 63 ff.)

Rivalität der Supermächte

Die UdSSR – eine überforderte Weltmacht?

Die Schatten des Krieges

Die Sowjetunion zählte nach dem Zweiten Weltkrieg zu den Siegermächten. Im Innern aber waren die Schäden gewaltig: etwa 20 Millionen Tote, 25 Millionen Obdachlose, 70 000 verwüstete Dörfer, 32 000 zerstörte Betriebe, 65 000 km vernichtete Eisenbahnlinien. Mit ungeheuren Anstrengungen gelang es, das wirtschaftliche Vorkriegsniveau bis zu Beginn der 50er Jahre wieder zu erreichen. Allerdings bezahlte die russische Bevölkerung den rasanten Aufbau der Schwerindustrie mit erzwungenen Überstunden, Sonntagsarbeit, dem Verzicht auf Konsumgüter und zumeist katastrophalen Wohnverhältnissen.

Vom Terror zum Tauwetter

Innenpolitisch herrschte unter STALIN, den die staatliche Propaganda zum Übervater des Landes stilisierte, ein eisiges Klima der Unterdrückung und Angst. 10 Millionen Menschen lebten in *Arbeitslagern*.

Ehrenwache an Stalins Bahre 1953. Links Geheimdienstchef Berija, der wenig später hingerichtet wurde, sowie der zunächst als Stalins Nachfolger vorgesehene Malenkow. Rechts außen Chruschtschow, der im September 1953 zum Ersten Sekretär der KPdSU aufstieg, zusammen mit Verteidigungsminister Bulganin.

„Säuberungen", Schauprozesse und die allgegenwärtige *Geheimpolizei* gehörten zum Alltag. Erst nach dem Tode Stalins am 5. März 1953 und einer Phase innenpolitischer Machtkämpfe um die Nachfolge setzte unter NIKITA CHRUSCHTSCHOW (1894–1971) mit dem XX. Parteitag 1956 politisches „Tauwetter" ein. Er prangerte den Machthunger und Personenkult des toten Diktators an, löste die meisten Straflager auf und rehabilitierte viele Stalin-Opfer. 1961 wurde Stalins Leiche aus dem Lenin-Mausoleum am Roten Platz entfernt und an der Kremlmauer beigesetzt. Die *Entstalinisierung* hatte ihren Höhepunkt erreicht. Doch blieb trotz aller innenpolitischen Lockerungen und Reformdiskussionen die Herrschaft der KPdSU mit dem *Zentralkomitee* an der Spitze unangefochten.

1 Beschreiben Sie die Lage der UdSSR bis zur „Entstalinisierung".

Der neue Kurs

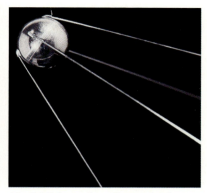

Nachbildung des „Sputnik 1".

Der neue Mann im Kreml setzte alles daran, die sowjetischen Versorgungsprobleme ein für allemal zu lösen, indem Millionen Hektar Ackerfläche östlich des URAL unter den Pflug genommen wurden. Auf dem Neuland entstanden riesige Staatsbetriebe, die sich auf den Getreideanbau spezialisierten. Dennoch stiegen die Erträge nur langsam, denn Klima und Bodenbeschaffenheit der Neusiedlungsgebiete erwiesen sich als ungünstig.

In der Industrieproduktion lockerten sich die Zügel der staatlichen Zentralverwaltung. Die „Tonnenideologie" der Stalinzeit schien überholt. Zwar konnte die Konsumgüterindustrie noch immer kaum die Grundbedürfnisse befriedigen, doch das wurde durch einen anderen Erfolg überstrahlt: 1957 gelang es der Sowjetunion, mit dem „Sputnik" den ersten künstlichen Satelliten in die Erdumlaufbahn zu schicken und damit die technologische Überlegenheit der USA in Frage zu stellen.

„Die Sowjetunion erobert das Weltall", russisches Gemälde 1960.

> Im nächsten Jahrzehnt [1961–1970] wird die Sowjetunion die USA – das mächtigste und reichste Land des Kapitalismus – in der Produktion pro Kopf der Bevölkerung überflügeln; alle Kollektivwirtschaften und Staatsgüter werden sich in hochproduktive Betriebe verwandeln; der Bedarf der Sowjetbürger an komfortablen Wohnungen wird im Wesentlichen gedeckt sein; die schwere körperliche Arbeit wird verschwinden; die UdSSR wird zum Land mit dem kürzesten Arbeitstag. Der Aufbau des Kommunismus in der UdSSR wird der größte Sieg der Menschheit in all den Jahrhunderten ihrer Geschichte sein. Sobald das Sowjetvolk die Errungenschaft des Kommunismus genießt, werden neue Hunderte Millionen Menschen sagen: „Wir sind für den Kommunismus!" Nicht durch Krieg mit anderen Ländern, sondern durch das Beispiel einer vollkommeneren Organisation der Gesellschaft, durch den Aufschwung der Produktivkräfte, durch die Schaffung all dessen, was der Mensch braucht um in Glück und Wohlstand zu leben, gewinnen die Ideen des Kommunismus die Hirne und Herzen der Volksmassen.
> (Aus dem Programm der KPdSU 1961, gekürzt nach: Informationen zur politischen Bildung, Nr. 236, Die Sowjetunion 1953–1991, S. 7)

„Friedliche Koexistenz" und der eigene Weg zum Sozialismus

Der Versuch, die Konsumgütererzeugung auf Kosten der Rüstungsproduktion zu steigern und Entscheidungen von der Moskauer Zentrale in die Provinzen zu verlagern, führte 1964 zur Entmachtung Chruschtschows. Seine Nachfolger, Generalsekretär LEONID BRESCHNEW und Ministerpräsident ALEXEJ KOSSYGIN, unterdrückten Forderungen nach weiterer Demokratisierung im Land, machten alle Dezentralisierungsbestrebungen rückgängig und betonten die unangreifbare Rolle der KPdSU.

Chruschtschows Idee eines friedlichen Nebeneinanders von kommunistischen und kapitalistischen Staaten („friedliche Koexistenz") blieb weiterhin die offizielle Richtschnur der sowjetischen Außenpolitik. Den sozialistischen „Bruderländern" aber wollte man einen „eigenen Weg zum Sozialismus" nur in engen Grenzen zugestehen: Russische Panzer stoppten Bestrebungen nach mehr Demokratie in *Ungarn* (1956) und der *Tschechoslowakei* (1968).

Rivalität der Supermächte

General Dwight D. Eisenhower, 1952–1960 Präsident der USA, garantierte den arabischen Staaten Hilfe gegen den Kommunismus.

John F. Kennedy (*1917), seit 1961 US-Präsident, trat für soziale Gerechtigkeit ein. Er wurde 1963 in Dallas (Texas) ermordet.

Bis zu seiner Ermordung durch einen weißen Fanatiker kämpfte Martin Luther King (1929–1968) gegen die Rassendiskriminierung.

Die USA – Vormacht des Westens

American way of life

Im Unterschied zu anderen Kriegsteilnehmern waren die USA im Zweiten Weltkrieg von Zerstörungen verschont geblieben und hatten als größter Waffenproduzent wirtschaftlich noch profitiert. $^3/_4$ des weltweit investierten Kapitals sowie $^2/_3$ aller Industrieanlagen konzentrierten sich hier. Zwischen 1947 und 1970 wuchs das Realeinkommen der Amerikaner um 80 %, so dass schon 1960 Kühlschrank, Waschmaschine und Fernseher in den Haushalten selbstverständlich waren. Bereits in den 50er Jahren übertraf die Zahl der Büroangestellten die der Industriearbeiter. Ein wachsender *Konzentrationsprozess* in der Industrie ließ riesige Konzerne entstehen, die immer größere Anteile am Weltmarkt eroberten. Durch geschickte Werbestrategien weckten sie ständig neue Bedürfnisse beim Verbraucher.

„The other America"

Dennoch blieben die Segnungen der Konsumgesellschaft etwa einem Viertel der Bevölkerung versagt. Die Verheißungen der amerikanischen Unabhängigkeitserklärung – Recht auf Leben, Freiheit und Glück – schienen vor allem für den afroamerikanischen Bevölkerungsteil, der von Armut und Arbeitslosigkeit weit stärker als die Weißen betroffen war, nicht zu gelten. Die Schwarzen, die mit 11 % die größte Minderheit stellten, wurden an der Ausübung des Wahlrechts gehindert, in Schulen und am Arbeitsplatz als Bürger zweiter Klasse behandelt. Einen wesentlichen Anteil an der schrittweisen Durchsetzung der Gleichberechtigung hatte die *Bürgerrechtsbewegung* unter ihrem Führer MARTIN LUTHER KING, einem schwarzen Pfarrer. Ein erster Erfolg war 1956 die Aufhebung der Rassenschranken in den öffentlichen Verkehrsmitteln. Mit dem „Civil Rights"-Gesetz von 1964 und dem Wahlrechtsgesetz von 1965 wurde den Schwarzen der lange Weg zur Gleichberechtigung zumindest geebnet.

Vom „roll back" zum „atomaren Patt"

Auch Harry S. Trumans Nachfolger im Weißen Haus sahen in den USA die Vorkämpferin der freien Welt. Der zunehmende Wohlstand ihres Landes veranlasste sie nicht zum Rückzug in eine „splendid isolation" wie noch nach dem Ersten Weltkrieg, sondern stärkte ihre Überzeugung, weltweit für eine dem Kommunismus überlegene Wirtschafts- und Gesellschaftsordnung einzutreten.

Präsident Eisenhowers Außenminister JOHN FOSTER DULLES wollte sich deshalb nicht mit einer *Eindämmung* (containment) des Kommunismus zufrieden geben. Seine Reden von der „Befreiung der geknechteten Völker", der „sofortigen massiven Vergeltung" und vom „Zurückdrängen" (*roll back*) des Kommunismus heizten die Konfrontation zwischen den Supermächten nur an, ohne die Machtverteilung (*Status quo*) zu verändern. Vor allem bei den Volksaufständen in *Polen* und *Ungarn*, die 1956 den Ostblock erschütterten, beschworen die USA wortreich den Kreuzzug gegen den Kommunismus. Vor einer direkten militärischen Konfrontation mit der Sowjetunion, die leicht in einen Atomkrieg hätte münden können, schreckten sie freilich zurück. So zementierte die wechselseitige *Abschreckung* angesichts des atomaren Patts die Blockbildung des *Kalten Krieges*. In seiner Antrittsrede vom 20. Januar 1961 hoffte Präsident JOHN F. KENNEDY den Ost-West-Gegensatz durch die Idee einer globalen Verantwortung der Supermächte abbauen zu können:

Während des Vietnamkriegs bildete sich in den Vereinigten Staaten eine Organisation, die zum „Kreuzzug amerikanischer Mütter" gegen den Kommunismus aufforderte.

Und schließlich möchten wir an alle Staaten, die sich zu unserem Gegner erklären wollen, ein dringendes Ersuchen richten: Beide Seiten sollten die Suche nach Friedensmöglichkeiten wieder aufnehmen, bevor die dunklen Mächte der Zerstörung, die die Wissenschaft entfesselt hat, die ganze Menschheit in geplanter oder zufälliger Selbstvernichtung verschlingen. Wir werden unsere Gegner nicht durch Schwäche in Versuchung führen. Denn nur wenn die Stärke unserer Waffen über jeden Zweifel erhaben ist, können wir sicher sein, dass sie nie gebraucht werden müssen. Andererseits können aber zwei große und mächtige Staatengruppen des gegenwärtigen Kurses auch nicht froh werden. Beide Seiten tragen schwer an der übergroßen Last der Kosten moderner Waffen. Beide sind mit Recht beunruhigt über die immer weitere Verbreitung der tödlichen Atomgefahr, beide dennoch mit allen Mitteln bestrebt, jenes unsichere Gleichgewicht des Schreckens, das den Ausbruch des letzten Krieges der Menschheit noch hemmt, zu ihren Gunsten zu verändern. So lasst uns neu beginnen! Verhandeln wir nie aus Furcht, aber fürchten wir uns auch nie davor zu verhandeln!
(zitiert nach: John W. Gardner, John F. Kennedy, Dämme gegen die Flut. Reden und Erklärungen, Frankfurt 1964, S. 19 f.)

1 Erläutern Sie Kennedys außenpolitische Konzeption.
2 Vergleichen Sie die Startbedingungen der beiden Supermächte nach dem Zweiten Weltkrieg.
3 Vergleichen Sie die innenpolitische Lage der UdSSR und der USA. Nehmen Sie dazu die Angaben der beiden folgenden Seiten zu Hilfe.
4 Benennen Sie die Phasen des Ost-West-Konflikts.

Rivalität der Supermächte

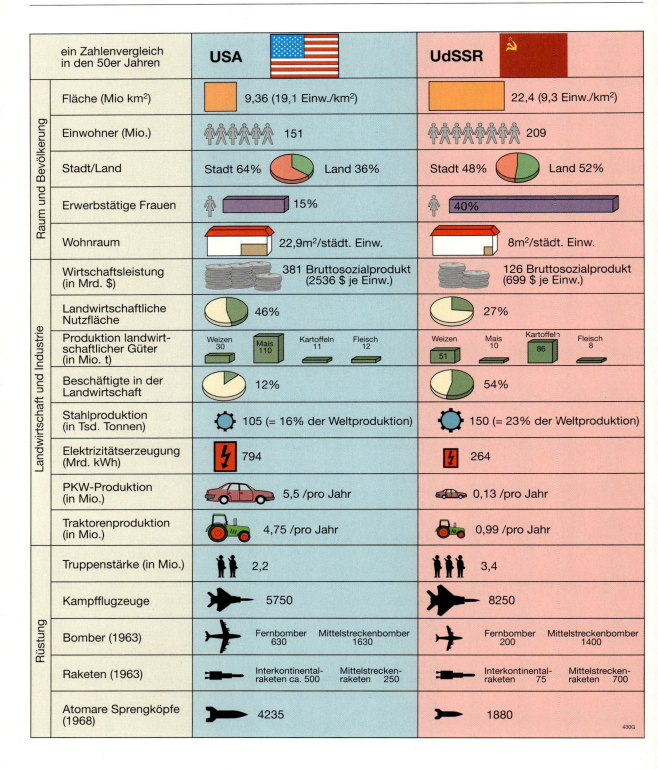

1 Vergleichen Sie Struktur und Leistungsfähigkeit beider Staaten z. B. in folgenden Bereichen: industrielle und landwirtschaftliche Produktivität, Bedeutung einzelner Wirtschaftssektoren, Beschäftigtenstruktur, Lebensbedingungen, Streitkräfte.

Mit den Augen des Feindes

Schützerin der freien Welt …

„Auf dem Wappen des Präsidenten hält der amerikanische Adler den Olivenzweig und ein Bündel Pfeile. Wir gedenken beiden die gleiche Aufmerksamkeit zuzuwenden." (John F. Kennedy, 1961)

… oder Kriegstreiberin?

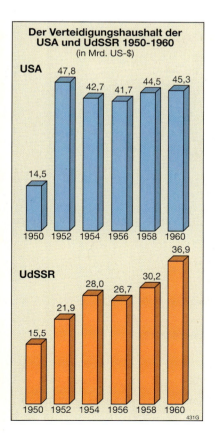

Die UdSSR hat ihre grundsätzlich feindliche Einstellung gegenüber der nichtkommunistischen Welt nicht modifiziert und insbesondere nicht gegenüber den Vereinigten Staaten als dem Machtzentrum dieser nicht kommunistischen Welt; genauso wenig hat sie ihr langfristiges Ziel aufgegeben, ein sowjetisch beherrschtes Weltsystem zu schaffen, ebenso wenig wie den Glauben an den Endsieg des Kommunismus überhaupt. Man kann davon ausgehen, dass die sowjetischen Führer konsequent versuchen werden den kommunistischen Machtbereich auszuweiten und jene Kräfte zu schwächen – insbesondere die Macht und den Einfluss der USA –, die sie als unversöhnliche Feinde ihres Systems betrachten. Sie werden es jedoch vermeiden ihre langfristigen Ziele mit Mitteln zu verfolgen, die die Sicherheit ihres eigenen Regimes oder ihrer Herrschaft und Kontrolle über den kommunistischen Block aufs Spiel setzen könnten.
(Richtlinie des nationalen Sicherheitsrates der USA vom März 1956, zitiert nach: E. Czempiel/C. Schweitzer, Weltpolitik der USA nach 1945, Leverkusen 1984, S. 205)

Das Hauptinstrument der Europapolitik der USA war und bleibt der Nato-Block. Dieser Pakt stützte sich von Anfang an auf den zusammengefälschten Mythos von der „kommunistischen Aggressionsgefahr", von einer „Bedrohung aus dem Osten". Die Friedenspolitik der Sowjetunion, der Lauf der Dinge in Europa und der Welt haben den Mythos zerstört. Jetzt sehen wir alle, dass die „Hand Moskaus", mit der die imperialistische Propaganda verleumderisch den Völkern Angst zu machen suchte, das Banner des Friedens, der friedlichen Koexistenz und der Völkerfreundschaft hält.

Wir machen kein Hehl daraus, dass die Steigerung der militärischen Bemühungen der Nato-Länder die Sowjetunion und die anderen sozialistischen Staaten veranlasst ihre Kampfbereitschaft zu erhöhen und der Verteidigung beträchtliche Mittel zuzuführen. Die amerikanische Vormundschaft über die Politik, die wirtschaftliche Entwicklung und die Streitkräfte einer Reihe von westeuropäischen Ländern, das Eindringen des „Amerikanismus" in alle Poren des gesellschaftlichen und kulturellen Lebens werden für alle, denen die nationale Würde und die Interessen des Friedens teuer sind, immer unerträglicher. Es genügt zu erwähnen, dass die Militärausgaben der USA in den letzten fünf Jahren nahezu 350 Milliarden Dollar ausmachten, d. h. 20 % mehr als in allen Jahren des 2. Weltkrieges.
(Leonid Breschnew, Rede auf der Internationalen Beratung der kommunistischen und Arbeiterparteien in Moskau am 7. Juni 1969, in: Ders., Die KPdSU im Kampf um die Einheit aller revolutionären und friedliebenden Kräfte, Berlin 1973, S. 16 f., 59)

1 Welche Eigenschaften und Ziele werden dem jeweiligen Gegner in Wort und Bild zugesprochen?
2 Wie entwickeln sich die Verteidigungsausgaben beider Großmächte?

Krisenherde der Welt

Globale Konfrontation

Die russisch-amerikanische Konfrontation in Mitteleuropa, in deren Zentrum immer wieder Berlin rückte, bildete nur den Auftakt zu einer Serie von Konflikten an ständig neuen Brennpunkten: in Ostasien, im Nahen Osten und in Mittelamerika.

Weil die beiden Supermächte nie in direkte militärische Auseinandersetzung gerieten, blieb es für sie bei einem *Kalten Krieg*. In den Ländern allerdings, die in den Ost-West-Gegensatz hineingezogen wurden, hinterließ der Kalte Krieg eine „heiße" und zumeist blutige Spur:
- von 1950 bis 1953 in der ehemaligen japanischen Provinz *Korea*, wo die USA an der Nahtstelle zwischen der Sowjetunion, China und dem westlich orientierten Japan ein weiteres Vordringen des Kommunismus befürchteten;
- in den ständig aufflammenden Konflikten zwischen den Staaten des NAHEN OSTENS, deren Ölquellen die westlichen Industrienationen durch das Nadelöhr des SUEZKANALS versorgten;
- zwischen 1964 und 1973 in *Vietnam*, wo die USA nach Frankreichs Rückzug als Kolonialmacht ein Machtvakuum zu Gunsten der Sowjetunion oder Chinas verhindern wollten;
- und schließlich 1962 in der *Kubakrise*, die beide Weltmächte auf Grund der direkten Konfrontation an den Rand des Krieges führte.

1. Nennen Sie die Krisenregionen und begründen Sie das Engagement der Supermächte.
2. Erklären Sie an der Karte die Bedrohungsängste von USA und UdSSR.

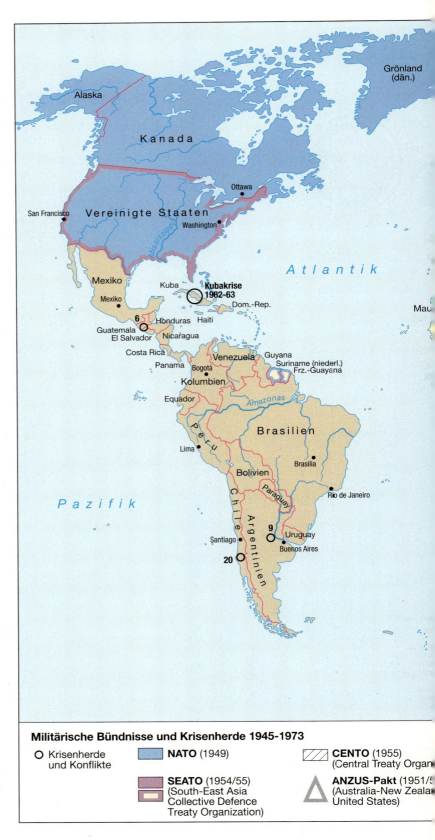

Militärische Bündnisse und Krisenherde 1945–1973

○ Krisenherde und Konflikte
NATO (1949)
SEATO (1954/55) (South-East Asia Collective Defence Treaty Organization)
CENTO (1955) (Central Treaty Organization)
ANZUS-Pakt (1951/5) (Australia-New Zealand United States)

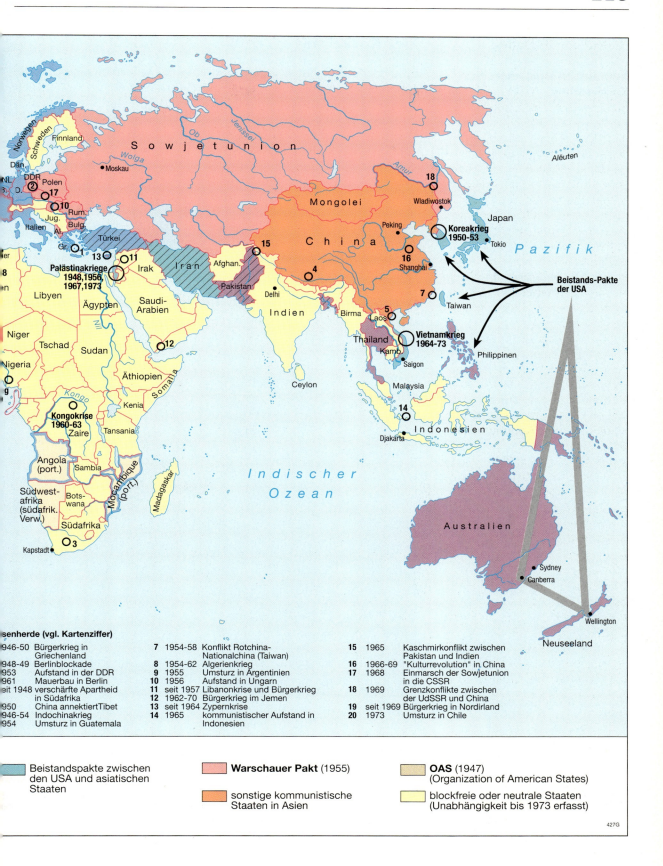

Krisenherde der Welt

Vom Bürgerkrieg zum Weltkonflikt

Der Koreakrieg

Nach der Kapitulation Japans am 2. September 1945 besetzten die Amerikaner vereinbarungsgemäß den Süden *Koreas*, die Sowjets den Norden. Der 38. Breitengrad bildete die Demarkationslinie. Da sich die Besatzungsmächte über den Aufbau eines unabhängigen, demokratischen Staates nicht einigen konnten, blieb Korea auch nach deren Abzug geteilt. Die für das ganze Land angesetzten Wahlen fanden nur in Südkorea statt, wo SYNGMAN RHEE dank massiver amerikanischer Hilfe zum Präsidenten der neu gegründeten *Republik Korea* gewählt wurde. Gestützt auf Großgrundbesitzer und das Militär errichtete er ein autoritäres Regime. Dieser Staatsgründung im Süden folgte im Norden die Ausrufung der *Demokratischen Volksrepublik Korea* unter Führung des kommunistischen Politikers KIM IL SUNG. Die Regierung Nordkoreas, die von der Sowjetunion und China unterstützt wurde, forderte ebenso wie Südkorea den anderen Landesteil für sich.

Als im Juni 1950 nordkoreanische Truppen den 38. Breitengrad unvermutet überschritten, sahen viele im Westen darin eine von Moskau gesteuerte Aktion und einen Beweis für die aggressive Politik des Kommunismus.

Amerikanischer Nachschub für Südkorea.

Schon nach dreitägiger Offensive fiel die südkoreanischen Hauptstadt SEOUL in die Hand nordkoreanischer Truppen, die immer weiter nach Süden vordrangen. Nur das Eingreifen der USA, die im Auftrag der UNO eine UN-Streitmacht anführten, verhinderte den Sieg Nordkoreas. In einer See- und Landoffensive gelang es den US-Verbänden die nordkoreanischen Truppen innerhalb von zwei Wochen hinter den 38. Breitengrad zurückzudrängen.

Im Griff der Großmächte

Die Sowjetunion warf den USA Einmischung in die inneren Angelegenheiten fremder Staaten vor. Doch Präsident HARRY S. TRUMAN rechtfertigte sein Vorgehen:

> Wir glauben an die Freiheit aller Nationen im Fernen Osten. Das ist einer der Gründe, warum wir für die Freiheit Koreas kämpfen. Russland hat niemals irgendein Territorium freiwillig aufgegeben, das es sich im Fernen Osten angeeignet hat – es hat noch keinem zur Unabhängigkeit verholfen, der unter seine Kontrolle geraten war. Wir treten nicht nur für die Freiheit der Völker Asiens ein, sondern wir wollen ihnen auch helfen sich bessere Verhältnisse in Bezug auf Gesundheit, Ernährung, Bekleidung und Wohnen zu sichern und ihnen die Möglichkeit geben ihr eigenes Dasein in Frieden zu führen. Wir rüsten lediglich für die Verteidigung gegen die Aggression. Wenn wir und die anderen freien Völker stark, geschlossen und geeint sind, kann der kommunistische Imperialismus, obgleich er nicht an den Frieden glaubt, von einer neuen Aggression abgeschreckt werden.
> (aus einer Rundfunkansprache am 1. 9. 1950, nach: Die Vereinigten Staaten von Amerika als Weltmacht, bearb. von E. Angermann, Stuttgart 1987, S. 56 f.)

Flüchtlinge im Kampfgebiet des Koreakriegs.

Als die amerikanischen Verbände unter General MACARTHUR über den 38. Breitengrad hinaus zur chinesischen Grenze vorstießen, griff *China* zu Gunsten Nordkoreas in den Krieg ein. Nach überraschenden Erfolgen forderte MacArthur sogar den Einsatz der Atombombe gegen China. Die Welt stand an der Schwelle eines neuen großen Krieges. Da Präsident Truman jedoch den Kriegseintritt der Sowjetunion fürchtete, die mit dem kommunistischen China einen Beistandspakt geschlossen hatte, entließ er MacArthur. Die Gefahr einer militärischen Konfrontation der Großmächte war damit zunächst gebannt.

Doch der Krieg in Korea schleppte sich weiter. Trotz zahlreicher Gelegenheiten zum Frieden einigten sich die Kriegsparteien erst 1953 auf einen *Waffenstillstand*, der den 38. Breitengrad mit geringfügigen Gebietskorrekturen als Grenze bestätigte. Das Abkommen legte zudem eine 4 km breite entmilitarisierte Zone beiderseits der Grenze fest. Der Versuch eines Friedensabkommens scheiterte 1954. Mindestens 2 Millionen Menschen forderte dieser Konflikt und Korea blieb bis heute ein geteiltes Land. Die amerikanische Intervention in Korea schien vielen asiatischen Staaten ein Beweis dafür, dass sich die USA wie die alten Kolonialmächte in die inneren Angelegenheiten junger Staaten der Dritten Welt einzumischen suchten.

Marschall Kim Il Sung regierte Nordkorea von 1948–1994 (Plakat aus der Zeit des Koreakriegs).

1 Erstellen Sie eine Datentabelle zum Verlauf des Koreakriegs.
2 Zählen Sie die von Truman genannten Motive für eine Intervention in Ostasien auf und verfassen Sie eine Gegenrede Stalins.
3 Bedenken Sie die Auswirkungen des Krieges auf die Zivilbevölkerung und überlegen Sie, ob Trumans Absichten die Kriegsfolgen rechtfertigten. Welche Folgen hätte eine Neutralitätspolitik der USA für die Bevölkerung gehabt?

Krisenherde der Welt

Nahost – Region ohne Frieden

Palästina – „Heimat der Araber" oder „Heimstatt der Juden"?

Die Gründung des Staates *Israel* am 14. Mai 1948 bedeutete für viele Juden, die dem Holocaust in Deutschland entronnen waren, die Hoffnung auf ein Leben in Frieden und Freiheit. Doch die „sichere Heimat", die die Engländer den Juden nach dem Ersten Weltkrieg im britischen Mandatsgebiet PALÄSTINA zugesagt hatten, lag in einem von *Arabern* bewohnten Gebiet. Solange die englischen Kolonialherren im Lande waren, hatten sich die *Palästinenser* gegen den jüdischen Einwandererstrom mit Terroranschlägen gewehrt. Die *Haganah*, eine Schutzorganisation der Juden, schlug mit gleichen Mitteln zurück. Im Jahr 1947 empfahl daher die UNO mit den Stimmen der USA und UdSSR, Palästina in einen *jüdischen* und *arabischen* Staat zu teilen – ein Vorschlag, dem die Juden, nicht aber die Palästinenser und die arabischen Nachbarn zustimmten. Die Proklamation des Staates Israel nach Abzug der britischen Truppen war deshalb das Signal zum Krieg. Der junge jüdische Staat konnte sich jedoch gegen die eindringenden arabischen Truppen behaupten und es kam zu einer Massenflucht von etwa 700 000 Palästinensern.

Israel dehnte sein Staatsgebiet über die im UN-Teilungsplan festgelegten Grenzen aus und erklärte – ebenfalls im Widerspruch zum UN-Plan – den Westteil JERUSALEMS zu seiner Hauptstadt. Das UN-Waffenstillstandsabkommen von 1949 beendete zwar den Krieg, doch an einen dauerhaften Frieden im Nahen Osten war nicht zu denken. Weder das Problem der Grenzziehung noch das der Flüchtlinge war gelöst. In den Lagern der Palästina-Flüchtlinge fand der Ruf nach Vergeltung allgemeine Zustimmung. Israel hingegen war fest entschlossen sich gegen jeden Angreifer erbittert zu verteidigen. Dabei konnte es auf die USA zählen, die Israel als Verbündeten bei der Wahrung ihrer Interessen im Nahen Osten betrachteten.

Ankunft jüdischer Einwanderer 1949 in Israel.

Palästinenser in Jaffa kämpfen gegen jüdische Streitkräfte kurz nach der Staatsgründung Israels 1948.

> Es liegt im Interesse der Vereinigten Staaten, dass die Staaten im Nahen Osten an politischer und wirtschaftlicher Bedeutung gewinnen und nach ihren Möglichkeiten zu ihrer eigenen wie auch zur Verteidigung der freien Welt beitragen. Wir müssen jede kommunistische Expansion in Ländern des Nahen Ostens als eine äußerst ernste Bedrohung unserer eigenen Sicherheit ansehen. Die Vereinigten Staaten und andere freie Länder beziehen große Mengen Öl aus den Ländern des Nahen Ostens und der künftige ununterbrochene Zugang zu diesem Öl ist sehr wichtig. Die strategische Lage des Nahen Ostens macht es wichtig dieses Gebiet zu schützen. Für die Sowjets könnte der Nahe Osten als Einfallstor nach Afrika und zu unseren dort gelegenen Stützpunkten sowie in den Mittelmeerraum und nach Südasien dienen.
> (Bericht der US-Regierung an den Nationalen Sicherheitsrat vom 19. 1. 1953, nach: E. Czempiel, C. Schweitzer, Weltpolitik der USA nach 1945, Bundeszentrale f. polit. Bildung, Bonn 1989, S. 123)

1 Zeigen Sie die Problematik der israelischen Staatsgründung auf und diskutieren Sie Lösungswege.

Die Suezkrise

Französische Fallschirmjäger im Kampf gegen ägyptische Einheiten.

Britische Soldaten mit einer erbeuteten ägyptischen Fahne im Hafen von Port Said.

Der Suezkanal bei Port Said: 46 versenkte Schiffe blockieren den wichtigen Seeweg.

Im Juli 1956 verstaatlichte *Ägypten* die Betriebsgesellschaft des SUEZ-KANALS, deren Aktien zu 88 % in englischer und französischer Hand lagen. Die Passagegebühren waren für den Bau eines 5,5 Milliarden Mark teuren Staudamms bei ASSUAN gedacht. Dieser sollte die Nilfluten regulieren, dem Land 30 % mehr Anbaufläche bescheren und genug Elektrizität liefern, um den Sprung vom armen, übervölkerten Bauernland zum leistungsfähigen Industriestaat zu ermöglichen. In der arabischen und der ganzen Dritten Welt wurde dies als Fanal im Kampf gegen die alten Kolonialmächte verstanden, als Zeichen eines neuen Selbstbewusstseins. Briten und Franzosen waren entschlossen ihre Anwesenheit im Suezraum zu behaupten und den ägyptischen Präsidenten NASSER, der von der Sowjetunion großzügige Militärhilfe erhielt, zu stürzen. Im Oktober 1956 landeten britische und französische Truppen am Suezkanal. Gleichzeitig drang Israel auf den SINAI vor und griff den GAZASTREIFEN an, wo 200 000 Palästinenser in Flüchtlingslagern lebten. Sie waren nach israelischer Auffassung für zahlreiche Terroranschläge verantwortlich. Angesichts der westlichen Intervention äußerte sich warnend die Sowjetunion:

> *Ministerpräsident Bulganin an den britischen Premier:*
> Die Sowjetregierung erachtet es als notwendig Sie darauf aufmerksam zu machen, dass der von England und Frankreich entfesselte Aggressionskrieg gegen den ägyptischen Staat, in dem Israel die Rolle des Anstifter gespielt hat, sehr gefährliche Folgen für den Weltfrieden in sich birgt. Es entfaltet sich jetzt ein aggressiver Raubkrieg gegen die arabischen Völker, der dem Zweck dient die nationale Unabhängigkeit der Staaten des Nahen und Mittleren Ostens zu liquidieren und das von den Völkern abgelehnte Regime der kolonialen Sklaverei wieder zu errichten. Wir sind fest entschlossen durch Gewaltanwendung die Aggressoren zu zerschlagen und den Frieden im Nahen Osten wiederherzustellen.
> (nach: Welt ohne Frieden, H. Grosche [Hrsg.], Frankfurt 1962, S. 71 f.)

Die Drohung der Sowjetunion, notfalls Atomwaffen einzusetzen, ließ erneut das Gespenst eines Weltkriegs am Horizont auftauchen. Doch auch die USA, die um ihr Ansehen in Nahost fürchteten, verurteilten die Kriegshandlungen. Der Druck beider Supermächte zwang die Kriegführenden an den Verhandlungstisch. Israel räumte die eroberten Gebiete und ließ sich im Gegenzug freie Schifffahrt im GOLF VON AKABA zusichern; die Westmächte verloren ihren Stützpunkt am Suezkanal, UN-Truppen überwachten die israelisch-ägyptische Grenze.

Als Folge der Suezkrise wuchs in den Augen der Dritten Welt das Ansehen der Sowjetunion, die dem Entwicklungsland Ägypten den Rücken gestärkt hatte. Israel, das vom Westen unterstützt wurde, stand in der Region isolierter denn je da.

1 Erläutern Sie Ursachen und Folgen der Suezkrise und benennen Sie die Interessen der beteiligten Mächte.

2 Welche politische und wirtschaftliche Bedeutung hat der Nahe Osten für die Großmächte?

Krisenherde der Welt

„Siege gibt es, die härter zu verdauen sind als Niederlagen"

Wappen der Fatah, der größten Gruppe innerhalb der Palästinensischen Befreiungsorganisation (PLO).

Ägyptens Sieg in der *Suezkrise* verlieh dem Ost-West-Konflikt eine neue Spannung. Denn Präsident NASSER war es nicht nur gelungen England und Frankreich vom Suezkanal zu vertreiben, sondern darüber hinaus die Sowjetunion für die arabische Sache zu gewinnen. Seiner Führung trauten viele Araber einen Erfolg im gemeinsamen Kampf gegen Israel zu. 1958 konnten amerikanische bzw. britische Interventionstruppen den Sturz prowestlicher Regierungen im *Libanon* und in *Jordanien* gerade noch abwenden. Mit der Gründung palästinensischer Widerstandsgruppen unter GEORGE HABASCH und YASIR ARAFAT und der Vereinigung Syriens und Ägyptens zur VEREINIGTEN ARABISCHEN REPUBLIK (VAR) kündigte sich allerdings eine Verschiebung des Kräfteverhältnisses im Nahen Osten und eine neue Phase israelisch-arabischer Konfrontation an. Die durch palästinensische Terroranschläge und israelische Vergeltungsaktionen ohnehin angespannte Lage verschärfte sich, als Nasser den Abzug der UNO-Truppen forderte und israelischen Schiffen den Weg durch den Golf von Akaba versperrte.

Um einem möglichen Angriff zuvorzukommen entschloss sich Israel im Juni 1967 zu einem Präventivkrieg gegen seine arabischen Nachbarn. Innerhalb von sechs Tagen eroberte es den Sinai, den Gazastreifen, das Westjordanland, die Altstadt von Jerusalem und die Golanhöhen. Insgesamt ein Gebiet, das dreimal so groß war wie das eigene Land und in dem über 1 Million Araber wohnten. Der Überraschungsangriff und der überwältigende Sieg der Israelis hatten den arabischen Stolz zutiefst verletzt, so dass an Friedensverhandlungen nicht zu denken war. Der israelische Verteidigungsminister MOSCHE DAJAN überdachte 1970 Ursachen und Folgen des Konflikts:

> Der von uns geführte militärische und politische Kampf gehört zur Kategorie jener Konflikte, die ihre ganz speziellen Gründe dafür haben, dass sie sich fast endlos hinziehen.
>
> Der Hauptgrund ist die sowjetische Unterstützung für die Araber. Jede Entscheidung, die wir auf dem Schlachtfeld erringen, wird durch eine Macht neutralisiert, die selbst auf dem Schlachtfeld nicht dabei ist. Russland schafft Ersatz für alles, was zerstört wird – Panzer und Flugzeuge, Raketenbatterien und politische Positionen. Doch wenn die Sowjetunion die Araber nicht ermutigt hätte, würde die von uns im militärischen Kampf herbeigeführte Entscheidung nicht das Ende des Konfliktes gebracht haben.
>
> Der zweite Grund ist die bloße Tatsache, dass der Konflikt zwischen uns und den Arabern unlösbar ist. Der Krieg wird nicht um diesen Hügel oder jenen Fluss geführt, sondern tatsächlich um die Existenz des jüdischen Staates im Nahen Osten. Denn der Konflikt zwischen uns und den Arabern endet nicht, nachdem die Waffen ruhen, und die Araber mögen uns nicht lieber, weil wir den Krieg gewonnen haben. Eher im Gegenteil: Der Konflikt dauert an, weil sich die Araber nicht dazu durchgerungen haben sich mit der Existenz eines jüdischen Staates im Nahen Osten zu versöhnen.
>
> (Mosche Dajan am 14. April 1970 in der israelischen Militärzeitschrift „Bamahane", zitiert nach: R. Tophoven, Der israelisch-arabische Konflikt, Bonn 1990, S. 41 f., gekürzt)

Die Saat der Gewalt

Um die Schmach des Sechs-Tage-Kriegs zu tilgen griffen *Ägypten* und *Syrien* 1973 erneut zu den Waffen. Am höchsten jüdischen Feiertag, dem *Jom-Kippur-Fest*, rückten sie gegen Israel vor – allerdings ohne großen Erfolg. Erstmals bedienten sich die arabischen Staaten dabei auch der „Erdölwaffe". Sie drosselten die Förderung und drohten allen Staaten, die Israel unterstützten, mit einem Lieferstopp. Die westlichen Industrienationen sahen sich dadurch in ihrem Lebensnerv getroffen und zeigten sich bereit nach Konfliktlösungen zu suchen. Der politische Durchbruch gelang jedoch erst, als der ägyptische Präsident Sadat aus der arabischen Front ausscherte. Unter Vermittlung von US-Präsident CARTER schloss er 1979 gegen Rückgabe des Sinai Frieden mit Israel. Der Kampf der Palästinenser endete damit freilich keineswegs.

Vermummter Palästinenser in Jerusalem mit der palästinensischen Flagge.

> *Aus einem Interview mit dem Palästinenserführer Habasch 1970:*
> *Spiegel:* Warum beschießen und entführen palästinensische Fedajin Verkehrsflugzeuge? Warum bekämpfen Sie Israel außerhalb des von Israelis beherrschten Gebietes?
> *Habasch:* Weil unser Feind nicht nur Israel ist. Dieser Staat wird vom Weltzionismus unterstützt – mit Dollars und mit allen anderen Arten der Hilfe. Unser Feind heißt Israel plus Zionismus plus Imperialismus plus alle reaktionären Kräfte. Wir können Israel, den Zionismus und Amerika mit ihren „Phantom-Jägern" und ihrer hochentwickelten Technologie nicht in einem klassischen Krieg schlagen. Unsere einzige Hoffnung liegt in einem Guerilla-Krieg, in unserem unbändigen Willen zur Befreiung. Das sind die Waffen, die ein armes Volk gegen die Macht des Imperialismus besitzt.
> *(gekürzt nach: „Der Spiegel" vom 16. 2. 1970)*

Um den Westen zu einer gerechten Lösung des *Palästinenserproblems* zu nötigen verübte die PLO eine Vielzahl von Terroranschlägen und Flugzeugentführungen, die Israel mit Vergeltungsschlägen beantwortete. Zwar gelang es den Israelis, die PLO aus ihrem Hauptquartier im *Libanon* zu vertreiben, doch entwickelten sich in den besetzten Gebieten neue Formen gewaltsamen Widerstands. Vor allem die palästinensische Jugend aber auch Frauen wehrten sich mit Steinwürfen, Molotowcocktails, Streiks und Straßensperren gegen die schwerbewaffnete israelische Besatzung. Die „Intifada" (arab. = sich erheben) forderte über 1000 meist jugendliche Todesopfer. Israel wiederum versuchte, durch die Anlage schwer bewachter jüdischer Siedlungen seine Position in den eroberten Gebieten auf Dauer zu sichern.

Anfang der 90er Jahre vollzog die PLO einen Kurswechsel. Das 1994 geschlossene *Gaza-Jericho-Abkommen* sieht eine zunächst begrenzte Selbstverwaltung der Palästinenser im Gazastreifen und Westjordanland vor und kann vielleicht – so der israelische Ministerpräsident RABIN – „das Ende von 100 Jahren Blutvergießen" bringen.

Rabin und Arafat besiegeln vor US-Präsident Clinton 1994 das Gaza-Jericho-Abkommen. 1995 wurde Rabin von einem fanatischen Israeli erschossen, der die Rückgabe besetzter Gebiete als Verrat betrachtete.

1 Stellen Sie Argumente von Juden und Palästinensern für ihr Recht auf einen eigenen Staat zusammen. Welche Lösungsmöglichkeiten bieten sich für das Palästinenserproblem?

Krisenherde der Welt

Kuba – auf des Messers Schneide

Da hielt die Welt den Atem an

Auf der Karibikinsel KUBA – nur 150 km vom amerikanischen Festland entfernt – gelang es 1959 einer revolutionären Befreiungsfront den Diktator BATISTA zu stürzen. Ihr Führer FIDEL CASTRO errichtete ein sozialistisches Regime, das der verarmten Bevölkerung soziale Gerechtigkeit versprach und sich eng an die Sowjetunion anlehnte. Für die USA war dies, so unmittelbar vor ihrer Haustür, ein empfindlicher Pfahl im Fleisch. Kuba hingegen geriet auf Grund seiner geografischen Lage in die Interessensphären der Weltmächte.

Am 22. Oktober 1962 informierte der amerikanische Präsident KENNEDY die Weltöffentlichkeit über den Bau einer sowjetischen Raketenbasis auf Kuba, die ein Aufklärungsflugzeug fotografiert hatte. Da sich Amerika von den Raketen unmittelbar bedroht fühlte, forderte Kennedy die UdSSR ultimativ auf, die Basen abzubauen. Gleichzeitig verhängten die USA eine Seeblockade über Kuba. Die gefährliche Konfrontation beider Supermächte hielt die Welt in jenen Tagen so in Atem, dass sich Kinder noch nach Jahrzehnten erinnerten:

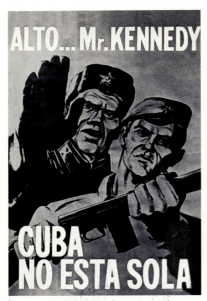

Kubanisches Propagandaplakat: „Halt, Mister Kennedy, Kuba ist nicht allein." Wer steht hinter dem Kubaner?

> Wir waren gerade auf dem Feld bei der Kartoffelernte, als ein ständiges Brummen von unbestimmter Herkunft zu hören war. Ein Bekannter, der beim Wachdienst der amerikanischen Militärbasis war, hat erzählt die Motoren der Raketenabschussbasen würden ununterbrochen laufen. Dazu muss man wissen, daß unser Dorf im Hunsrück nahe bei dem amerikanischen Militärflughafen Hahn lag.
>
> Als nun plötzlich die Russen drohten, ihre Raketen loszuschießen, ahnten alle, dass auch unsere Gegend ein besonderes Ziel dafür wäre. Allen Erwachsenen stand die Angst im Gesicht geschrieben. Wir Kinder spürten die Angst noch viel stärker. Als wir am nächsten Tag auf dem Feld wieder das bedrohende Brummgeräusch hörten, waren wir wie gelähmt. Jeden Abend saßen wir mit den Eltern vor dem Radio, auf das Schlimmste gefasst. Und dann, endlich, nach mehreren Tagen lenkten die Russen ein und kehrten mit ihren Raketenschiffen vor Kuba wieder um. Für uns bedeutete das, dass ab diesem Tag das Geräusch verschwand und mit ihm zunehmend auch die Angst, es könnte ein neuer Weltkrieg ausbrechen.
> (Bericht der 10-Klässlerin Melanie Günster über die Erinnerungen ihres Vaters, zitiert nach: PG 5/94, S. 37, gekürzt)

Nach Tagen höchster Spannung erklärte sich der sowjetische Parteivorsitzende CHRUSCHTSCHOW bereit die Raketenbasen abzubauen. Insgeheim erhielt er dafür die Zusage für den Abbau amerikanischer Raketenstellungen in der *Türkei*, die Südrussland bedrohten. Die *Kubakrise* hatte allen Beteiligten gezeigt, wie rasch die Welt in den Abgrund einer atomaren Katastrophe stürzen konnte. In Zukunft sollte ein „heißer Draht" – eine Fernschreibverbindung zwischen MOSKAU und WASHINGTON – eine rasche Verständigung in bedrohlichen Situationen ermöglichen. Außerdem bemühten sich beide Großmächte den *Rüstungswettlauf* unter Kontrolle zu bringen. Ein erster Schritt war 1963 die Einigung der Supermächte auf einen Teststopp für alle Atomversuche zu Lande, im Wasser und in der Luft.

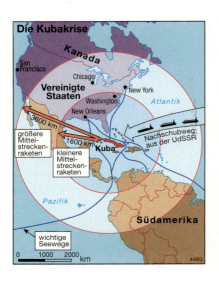

Vietnam – Prüfstein einer Weltmacht

Die Dominotherorie

Die kommunistische Schlange verschlingt Asien, die Dominosteine fallen. Amerikanische Karikatur, 1975.

Zum Ersten geht es um den spezifischen Wert eines geografischen Raumes im Hinblick auf die Produktion von Rohstoffen, die die Welt braucht. Dann besteht die Möglichkeit, dass viele Menschen unter eine Diktatur geraten, die der freien Welt feindlich gegenübersteht.

Schließlich gibt es allgemeinere Erwägungen, die sich ableiten aus dem Prinzip, das man als „Dominotheorie" bezeichnen kann. Es steht da eine Reihe von Dominosteinen. Sie stoßen den ersten um und was mit dem letzten geschieht, ist die Gewissheit, dass es sehr schnell gehen wird. So könnte der Anfang eines Zerfalls mit außerordentlich weitreichenden Folgen aussehen.

Wenn wir zu dem möglichen Ablauf der Ereignisse kommen, dem Verlust von Indochina, Burma, Thailand, Indonesien – hier geht es um Millionen und Millionen von Menschen –, so sind die möglichen Konsequenzen für die freie Welt gar nicht auszudenken.
(Presseerklärung Präsident Eisenhowers, 1954, nach: E. Czempiel, C. Schweitzer, Weltpolitik der USA nach 1945, Bonn 1989, S. 154)

Diese Gefahr rechtfertigte für alle Präsidenten, von EISENHOWER bis JOHNSON, ein militärisches Eingreifen der USA in INDOCHINA. Dort hatte schon 1954 die französische Kolonialarmee vor den „Vietminh" kapitulieren müssen, die unter der Führung von HO CHI MINH für die Befreiung *Vietnams* und eine *sozialistische Gesellschaft* kämpften. Den vietnamesischen Dschungelkämpfern hatte bereits damals ihr großer Rückhalt bei der bäuerlichen Bevölkerung die entscheidende Überlegenheit verschafft.

Das Ende der französischen Kolonialherrschaft brachte *Laos* und *Kambodscha* die Unabhängigkeit. Vietnam blieb zunächst entlang des 17. Breitengrades geteilt, weil sich die kommunistische Regierung Ho Chi Minhs im Norden und ein von den USA gestütztes antikommunistisches Militärregime im Süden gegenüberstanden. Aus Furcht vor einem Sieg Ho Chi Minhs torpedierte das Militärregime in SAIGON die vorgesehenen Wahlen für ganz Vietnam. Die Bevölkerung lehnte dieses Regime jedoch ab, so dass die von *Nordvietnam* unterstützte Widerstandsbewegung FNL – von den USA *Vietcong* genannt – weite Teile *Südvietnams* erobern konnte. Vor der drohenden Ausweitung des kommunistischen Machtbereichs warnte US-Verteidigungsminister MCNAMARA am 4. August 1965:

Heute gilt es in Vietnam zu zeigen, dass die freie Welt der bewaffneten kommunistischen Aggression Einhalt zu gebieten und den Verlust ganz Südostasiens zu verhindern vermag. Während die kommunistische Aggression vor 15 Jahren in Korea die Form eines offenen Angriffs annahm, tritt sie heute in Vietnam in Gestalt eines umfassenden Guerilla-Einsatzes in Erscheinung. Es tritt immer deutlicher zu Tage, dass das Vorgehen der Vietcong von Hanoi aus, mit Unterstützung und auf Anregung Rotchinas, gesteuert wird.
(Rede vor dem Verteidigungsausschuss am 4. 8. 1965, nach: H. Luther, Der Vietnamkonflikt, Berlin 1969, S. 135 ff.)

Krisenherde der Welt

Der schmutzige Krieg

Nach einem Zwischenfall im Golf von Tonking griffen die USA 1964 direkt in den Krieg ein. 1965 begannen sie *Nordvietnam* systematisch zu bombardieren um die Nachschubwege des *Vietcong* zu zerstören. Weder mit Flächenbombardements noch mit Gifteinsatz zur Entlaubung der Wälder aber waren nennenswerte Erfolge zu erzielen. Die kleinen, wendigen Guerillaeinheiten konnten sich im unwegsamen Dschungel oder in Bauerndörfern immer wieder verbergen.

Das Mädchen Kim Phuc und der Krieg

> Zwei Tage und Nächte schon hatte der Vietcong das Dorf Trang Bang besetzt. Nach drei Tagen umzingelte die südvietnamesische Armee das Dorf. Die Dorfbewohner flüchteten in die steinerne Pagode, einen buddhistischen Tempel. Dort, so meinten sie, müssten sie sicher sein, denn im Angesicht des Buddha trägt man keine Waffen. Sie sollten sich täuschen. Der Einsatzleiter der südvietnamesischen Luftwaffe gab das Gebiet um die Pagode zur Bombardierung frei und setzte Napalm ein. Napalm ist eine Flüssigkeit, die sich beim Aufprall entzündet, über eine weite Fläche ausbreitet, dichte Rauchschwaden entwickelt, selbst auf dem Wasser weiterbrennt und nicht zu löschen ist. Nach dem ersten Sturzflug der Jagdbomber verschwand Trang Bang unter einer dichten Qualmwolke. Schon der nächste Angriff traf die Pagode. In heller Panik stürzten die Bewohner heraus, darunter auch der Händler Tung mit seiner Frau, seiner Schwester und fünf Kindern. Kaum waren sie 100 Meter gerannt, fielen abermals Bomben. Sie töteten zwei der Kinder und spritzten Napalm auf das dritte, das Mädchen Kim Phuc. Südvietnamesische Soldaten rissen dem Mädchen die brennenden Kleider vom Leib und trieben die Flüchtenden aus der Kampfzone. Mit einem Armeehubschrauber wurde Kim Phuc nach Saigon ins Krankenhaus geflogen. Länger als ein Jahr kämpften Ärzte um ihr Leben. Ihr ganzer Rücken hatte Verbrennungen dritten Grades erlitten. Nach 14 Monaten kehrte Kim Phuc nach Trang Bang zurück. Die Schmerzen wollten nicht vergehen …
> (nach: P. Krebs, Die Kinder von Vietnam, Hamburg 1984, S. 110 ff.)

Dschungelkampf im Vietnamkrieg

Die neunjährige Kim Phuc während des Angriffs am 8. Juni 1972.

Rückzugsgefechte einer Weltmacht?

Um den Gegner an den Verhandlungstisch zu zwingen verstärkten die USA bis 1968 ihre Truppen auf eine halbe Million Soldaten. Trotz der zunehmenden Bombardements – über Vietnam gingen dreimal so viel Bomben nieder wie im 2. Weltkrieg auf Europa, Asien und Afrika zusammen – blieb der militärische Erfolg aus. Angesichts der wachsenden Brutalität stieß auch in den Vereinigten Staaten selbst die amerikanische Kriegführung in Vietnam auf zunehmende Kritik. Fernsehbilder und Nachrichten, wie die vom Massaker im Dorf MYLAI, wo 1969 US-Soldaten Zivilisten, darunter wehrlose Frauen und Kinder, niedergemacht hatten, riefen Abscheu und Entsetzen hervor. Hunderttausende in den USA und Westeuropa demonstrierten gegen den Vietnamkrieg, junge Amerikaner verweigerten den Wehrdienst und flohen ins Ausland. Bald formierte sich eine Antikriegsbewegung und verstärkte den Druck auf amerikanische Politiker, die seit 1969 begannen, die Streitkräfte zu reduzieren. Bis zum weitgehenden Truppenabzug im Jahr 1972 verstärkten die USA als Ausgleich ihre Militärhilfe für Südvietnam. Auch setzte die amerikanische Luftwaffe ihre Angriffe fort, bis endlich 1973 ein *Waffenstillstand* zu Stande kam. Für den von US-Politikern gewünschten „peace with honor" war es schon zu spät und bis zum Eingeständnis des damaligen Verteidigungsministers MCNAMARA „We were wrong, terribly wrong" im Jahre 1995 noch weit.

Zwei Jahre später übernahmen in *Südvietnam*, *Kambodscha* und *Laos* kommunistische Regierungen die Macht: Die Dominotheorie hatte sich bestätigt, doch ohne die von den USA befürchteten Folgen.

Bilanz des Vietnamkriegs
Getötete Soldaten:
900 000 Nordvietnamesen
185 000 Südvietnamesen
 50 000 Amerikaner
Getötete Zivilisten:
ca. 2 Millionen
Kriegsschäden durch Bombardierung, Entlaubung usw.:
ca. 200 Milliarden Dollar

---

1 Erklären Sie den Begriff „Dominotheorie".
2 Entwerfen Sie eine Podiumsdiskussion zwischen Befürwortern und Gegnern des Vietnamkriegs.
3 Nennen Sie Gründe für die Intervention der USA in Indochina.
4 Erörtern Sie die Macht der Öffentlichkeit (Fernsehberichterstattung, Demonstrationen, Presseberichte) im Vietnamkrieg.

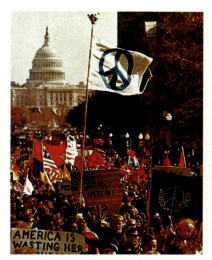

Demonstration gegen den Vietnamkrieg 1969 in Washington.

US-Marineeinheiten verlassen vom Hafen Da Nang aus Vietnam.

Krisenherde der Welt

Im Spiegel der Presse

1 Datieren Sie die Zeitungsberichte und komplettieren Sie diese mit Ihren Kenntnissen über die jeweiligen Krisen.

Das geteilte Deutschland

Bis 1959 waren die Flaggen von Bundesrepublik und DDR identisch. Beide Teile Deutschlands beriefen sich damit auf die Farben der Weimarer Republik und auf deren demokratische Tradition. Um die Eigenständigkeit der DDR zu betonen wurde seit 1959 das Staatswappen der DDR in die Flagge eingesetzt. Der Ährenkranz repräsentierte die Bauern, der Hammer die Arbeiter, der Zirkel Industrie und Technik.

Zwei Staaten in Deutschland

Gleiche Flagge, getrennte Wege?

Wilhelm Pieck (1876–1960), erster Präsident der DDR und Theodor Heuss (1884–1963), erster Bundespräsident 1949–1959.

Die zunehmende Entfremdung zwischen der UdSSR und den USA spiegelte sich auch in der Gründung beider deutscher Staaten wieder, denn die Bundesrepublik und die DDR waren Geschöpfe des *Kalten Krieges*. Die Großmächte strebten die Sicherung ihrer Einflussgebiete an und erteilten eindeutige Weisungen für die Staatsgründung in ihren *Besatzungszonen*. Die Sowjetunion benutzte die *Sozialistische Einheitspartei Deutschlands* (SED) als Instrument um nach eigenem Vorbild den ersten deutschen „Arbeiter- und Bauernstaat" zu schaffen. Die Westmächte erwarteten von den Gründern der Bundesrepublik die Errichtung einer *parlamentarischen Demokratie* nach westlichem Vorbild.

So ging im Weststaat aus den Wahlen zum 1. Bundestag im September 1949 eine Koalitionsregierung aus CDU, CSU, FDP und der Deutschen Partei (DP) hervor, die den CDU-Politiker KONRAD ADENAUER (1876–1967) zum *Bundeskanzler* wählte. Die SPD und 5 Splitterparteien befanden sich in der Opposition. In der *Sowjetischen Besatzungszone* (SBZ) erfolgte am 7. Oktober 1949 mit der Konstituierung einer Provisorischen Volkskammer die Gründung der DDR. Bis zu den Volkskammerwahlen im Oktober 1950 übernahm eine vorläufige Regierung unter Ministerpräsident OTTO GROTEWOHL die Geschäfte.

Das geteilte Deutschland

Wahlplakat der KPD 1949: Devot verbeugen sich die bürgerlichen Parteien vor der Siegermacht USA.

Wahlkampf 1953 in Frankfurt/M.

Parteienpluralismus im Westen

Schon anlässlich der Staatsgründung der DDR hatte Bundeskanzler KONRAD ADENAUER am 21. Oktober 1949 vor dem Bundestag erklärt:

Ergebnis der Bundestagswahl vom 14. August 1949

Gültige Stimmen	23 732 398
Wahlbeteiligung (in %)	78,5
Mandatsanteil (in %)	
CDU/CSU	34,6
SPD	32,8
FDP	12,9
KPD	3,7
Bayernpartei	4,2
Deutsche Partei	4,2
Zentrum	2,5
Wirtschaftliche Aufbauvereinigung	3,0
Deutsche Rechts-Partei	1,2
Südschleswigscher Wählerverband	0,2
Splitterparteien	––
Unabhängige Kandidaten	0,5

Die Wahlen zum ersten Bundestag wurden am 14. August 1949 abgehalten. An ihnen beteiligten sich rund 25 Millionen von 31 Millionen stimmberechtigter Deutscher. Nur die 1,5 Millionen kommunistischer Stimmen kann man als gegen die staatliche Neuordnung abgegeben bezeichnen, so dass rund 23 Millionen Wähler bei dieser Wahl bestätigten, dass sie die Schaffung der Bundesrepublik Deutschland billigten.

In der Sowjetzone gibt es keinen freien Willen der deutschen Bevölkerung. Das, was jetzt dort geschieht, wird nicht von der Bevölkerung getragen und damit legitimiert. Die Bundesrepublik Deutschland stützt sich dagegen auf die Anerkennung durch den frei bekundeten Willen von rund 23 Millionen stimmberechtigter Deutscher. Die Bundesrepublik Deutschland ist somit bis zur Erreichung der deutschen Einheit insgesamt die alleinige legitimierte staatliche Organisation des deutschen Volkes.

Die Bundesrepublik Deutschland fühlt sich auch verantwortlich für das Schicksal der 18 Millionen Deutschen, die in der Sowjetzone leben. Die Bundesrepublik Deutschland ist allein befugt für das deutsche Volk zu sprechen!
(Bundestagssitzung v. 21. 10. 1949, nach: Konrad Adenauer, Reden 1917–1967, Hg. H. Schwarz, Stuttgart 1975, S. 170 ff.)

1 Arbeiten Sie die Unterschiede im Verständnis von Wahlen zwischen beiden deutschen Staaten heraus.

Westdeutsche Zeitungen geißelten häufig die Scheinwahlen der DDR und zogen Vergleiche zur NS-Zeit.

Bei den Wahlen zur Volkskammer lag der Schlüssel für die Verteilung der Abgeordnetensitze zwischen Parteien und Massenorganisationen fest. Der Wähler konnte nur einer Einheitswahlliste zustimmen.

„Nationale Front" im Osten

Ergebnis der Volkskammerwahl der DDR vom 15. Oktober 1950	
Gültige Stimmen	12 131 165
Für die Einheitsliste d. Nationalen Front	12 097 105
	(99,7 %)
Dagegen	34 060
	(0,3 %)
Verteilung der 400 Sitze durch den Block antifaschistischer Parteien	
SED	100
CDU	60
Liberal-Demokrat. Partei	60
National-Demokrat. Partei	30
Demokratische Bauernpartei	30
FDGB	40
FDJ	20
Demokratischer Frauenbund	15
Verfolgte des Naziregimes	15
Kulturbund	20
Gegenseitige Bauernhilfe	5
Genossenschaften	5

Seit 1948 entwickelte sich die SED unter Führung von WALTER ULBRICHT (1893–1973) nach sowjetischem Vorbild zu einer straff durchorganisierten „Partei neuen Typs": Im Sinne eines „demokratischen Zentralismus" waren die Entscheidungen der Parteispitze, des sogenannten *Politbüros*, für alle untergeordneten *Kader* verbindlich. Innerparteiliche Demokratie war nicht vorgesehen. Zwar existierten formal andere Parteien in der Dachorganisation der *Nationalen Front* weiter, spielten aber keine eigenständige Rolle. Sie waren die „Transmissionsriemen" der SED. Auch alle Massenorganisationen wie die *Freie Deutsche Jugend* (FDJ) oder der *Freie Deutsche Gewerkschaftsbund* (FDGB) unterlagen der Kontrolle der SED. Wahlen sollten deren Führungsanspruch nicht gefährden. So besaß die DDR formal ein parlamentarisches System, war aber faktisch ein *Einparteienstaat*.

> In allen Wahllokalen ist dafür zu sorgen, dass Kabinen vorhanden sind. Wo diese stehen und wie diese beschaffen sind, ist gleichgültig: Ihr versteht mich doch? Es ist darauf zu achten, dass kein Wähler in die Kabinen hineingeht. Geht er trotzdem hinein, so wird er dort keinen Bleistift vorfinden. Bleistifte liegen nur auf dem Tisch des Wahlvorstandes aus. Es ist nicht möglich gewesen, Briefumschläge für die Stimmzettel zu besorgen. Bei der morgigen Abstimmung ist das auch gar nicht nötig. Die Stimmzettel dürfen nicht gefaltet werden, sie sind offen dem Wahlvorstand zu übergeben. Wie die Zettel ausgefüllt werden, brauche ich euch nicht zu erklären. Es gibt gar keine Möglichkeit ihn falsch auszufüllen.
> *(Vertrauliche Anweisungen eines SED-Kreisvorsitzenden vor der 1. Volkskammerwahl am 14.10.1950, nach: H. Mögenburg, Kalter Krieg und Wirtschaftswunder, Frankfurt 1993, S. 174 f., gekürzt)*

Das geteilte Deutschland

Westintegration – der Weg zur Souveränität

Plakat der KPD zur Bundestagswahl 1953.

Adenauers Antrittsbesuch beim Alliierten Kontrollrat am 21. 9. 1949. Ein riesiger Teppich, an dessen Ende die Hohen Kommissare standen, sollte protokollarische Distanz vermitteln. Ein kleiner Schritt verdeutlichte Adenauers Absichten.

> Auf außenpolitischem Gebiet liegt unsere Linie fest. Sie richtet sich in erster Linie darauf, ein enges Verhältnis zu den Nachbarstaaten der westlichen Welt, insbesondere auch zu den Vereinigten Staaten herzustellen. Es wird von uns mit aller Energie angestrebt werden, dass Deutschland so rasch wie möglich als gleichberechtigtes und gleichverpflichtetes Mitglied in die europäische Föderation aufgenommen wird.
>
> *(Adenauer an Frau Wessel am 27. 7. 49, zitiert nach: H. Schwarz, Die Ära Adenauer 1949–1957, Stuttgart 1981, S. 55)*

Den Auftakt zu diesem außenpolitischen Kurs bildete das *Petersberger Abkommen*, in dem die Westalliierten am 22. November 1949 die Einstellung der Demontagen zusicherten und die Fesseln der Besatzungsherrschaft lockerten. Es ebnete mit der Zusage, die Bundesrepublik in die Integration Europas einzubinden, auch deren Weg in die 1951 gegründete *Europäische Gemeinschaft für Kohle und Stahl* (Montanunion).

Was vor wenigen Jahren noch undenkbar schien, bewirkte der *Koreakrieg*. Die Westalliierten sahen sich veranlasst die Bundesrepublik als „Vorposten der freien Welt" in ihr Verteidigungskonzept einzubeziehen. ADENAUER nutzte die Chance und erklärte sich gegen heftige innenpolitische Widerstände bereit, Truppen für eine *Europäische Verteidigungsgemeinschaft* (EVG) zu stellen. Mit dieser Bereitschaft verknüpfte er die Forderung nach voller Souveränität der Bundesrepublik. Die innenpolitische Diskussion um eine Wiederbewaffnung erhielt im März 1952 zusätzliche Brisanz durch eine sowjetische Note, in der STALIN Verhandlungen über die *Neutralisierung* Gesamtdeutschlands und freie Wahlen unter Vier-Mächte-Aufsicht anbot. Während die SPD unter KURT SCHUMACHER in der Offerte eine Chance zur Wiedervereinigung erblickte, bezweifelte Adenauer deren Ernsthaftigkeit. Er sah darin vor allem den Versuch, den westdeutschen Bündnisbeitritt zu verhindern. Um die Bundesrepublik von ihrem Besatzungsstatus zu befreien setzte er die Unterzeichnung des *Deutschlandvertrags* (26. Mai 1952) durch. Zwar scheiterte die EVG 1954 am Veto der französischen Nationalversammlung, doch waren die Weichen für die Einbindung der Bundesrepublik in die westliche Staatengemeinschaft gestellt.

Mit den *Pariser Verträgen* erreichte Adenauer 1955 das Ende des Besatzungsregimes und die *Souveränität* der Bundesrepublik. Gleichzeitig trat sie – trotz erbitterter Opposition der SPD – der NATO bei. Die alliierten Truppen blieben nunmehr als Verbündete im Land, denn allein ihre Präsenz schien dem neuen „Vorposten des Westens" die gewünschte Sicherheit im Kalten Krieg zu bieten. Besondere Rechte der westlichen Alliierten, die sie sich hinsichtlich ihrer Truppen, in Bezug auf BERLIN oder einen *Notstand* vorbehielten, schränkten die erlangte Souveränität freilich ein.

1 Welche außenpolitischen Ziele verfolgte Adenauer und wo gab es Berührungspunkte zur Deutschlandpolitik der Westalliierten?
2 Warum stieß die Wiederbewaffnung auf erheblichen Widerstand?

Ostanbindung – von der SBZ zur DDR

In seiner Regierungserklärung vom 12. Oktober 1949 hatte OTTO GROTEWOHL die Freundschaft mit der Sowjetunion, den Volksdemokratien und allen anderen friedliebenden Völkern als Grundlage seiner Außenpolitik bezeichnet. Die Aufnahme diplomatischer Beziehungen zur Tschechoslowakei 1949 und die Anerkennung der *Oder-Neiße-Linie* als polnische Westgrenze im *Görlitzer Vertrag* von 1950 signalisierten die Ausrichtung der DDR-Außenpolitik ebenso wie das Programm der *Nationalen Front* vom 15. Februar 1950:

Der sowjetische Ministerpräsident Chruschtschow und Parteisekretär Walter Ulbricht auf dem V. Parteitag der SED 1958.

> Die Bildung der Deutschen Demokratischen Republik bedeutet einen Wendepunkt für ganz Deutschland. Durch sie wurde den angloamerikanischen Imperialisten und ihren deutschen Helfershelfern ein für allemal der Weg zur Versklavung ganz Deutschlands versperrt. Diese haben Deutschland gespalten und die Bonner Protektoratsverwaltung als ihr deutsches Werkzeug eingesetzt. Sie haben die internationalen Verträge von Jalta und Potsdam zerrissen, verweigern uns Deutschen das garantierte Recht auf nationale Unabhängigkeit und organisieren eine deutsche Söldnerarmee. Sie wollen aus Westdeutschland eine Kolonie machen, einen strategischen Aufmarschplatz für den verbrecherischen amerikanischen Welteroberungsplan. Von Westdeutschland aus planen sie den Krieg zur Vernichtung Europas. Zu diesem Zweck treiben sie eine wilde Hetze gegen die von der DDR als Friedensgrenze anerkannte Oder-Neiße-Linie.
> (H. Weber, Dokumente z. Gesch. der DDR, München 1986, S. 167 f.)

Mit der Aufnahme in den 1949 gegründeten *Rat für gegenseitige Wirtschaftshilfe* (RGW oder COMECON) im September 1950 setzte sich die Ostintegration der DDR fort. Die Souveränitätserklärung der DDR am 25. März 1954 durch die Sowjetunion und die Gründung der *Nationalen Volksarmee* bildeten schließlich die Voraussetzungen für den Beitritt der DDR zum *Warschauer Pakt*, der 1955 erfolgte.

Für die Sowjetunion gab es nun zwei Staaten in Deutschland, wie sich aus ihrem Bemühen um diplomatische Beziehungen auch zur Bundesrepublik erkennen ließ. Ein Hindernis bildete freilich Moskaus Anerkennung der DDR, die den *Alleinvertretungsanspruch* der Bundesrepublik verletzte. Danach konnte nur sie für alle Deutschen sprechen, da sie durch demokratische Wahlen legitimiert war. So stimmte ADENAUER bei seinem Moskaubesuch 1955 der Aufnahme diplomatischer Beziehungen erst zu, als die Sowjetunion die Entlassung der restlichen 9 626 Kriegsgefangenen zusicherte.

Die von der DDR-Regierung erstrebte internationale Anerkennung außerhalb des Ostblocks suchte die Bundesregierung dadurch zu verhindern, dass sie allen Staaten, die die DDR anerkennen wollten, den Abbruch der diplomatischen Beziehungen androhte. Diese nach dem Staatssekretär im Auswärtigen Amt benannte *Hallsteindoktrin* blieb für ein Jahrzehnt das Fundament Bonner Außenpolitik.

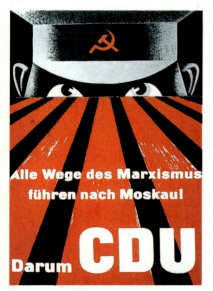

Plakat der CDU zur Bundestagswahl 1953.

1 Wie bewertet die DDR die Rolle der Alliierten in der deutschen Frage?
2 Welche Stationen durchliefen West- und Ostdeutschland bei ihrer Integration in die jeweiligen Machtblöcke?

230　Das geteilte Deutschland

„Das Wesen des Staates ist die Regierung und die Opposition"

In der Bundesrepublik widersetzte sich die SPD von Anfang an dem außenpolitischen Kurs der Regierung ADENAUER, die nach ihrer Auffassung der Westintegration eine höhere Priorität als dem *Wiedervereinigungsgebot* des Grundgesetzes zumaß. Der SPD-Vorsitzende KURT SCHUMACHER schalt Adenauer, der angesichts der Weltlage einer deutschen Wiedervereinigung kaum Chancen einräumte, sogar „Kanzler der Alliierten". Die 27,5 Millionen Wähler der Bundestagswahl vom 6. September 1953 sahen jedoch in der SPD-Wahlkampfparole „Deutschlands Einheit – gegen Adenauers Scheineuropa" keine Alternative. Wie eine Reihe anderer kleiner Parteien war auch die KPD mit 607 761 Stimmen (= 2,2 %) nicht mehr im Bundestag vertreten. Die SPD brachte es nur auf einen Stimmanteil von 28,8 %. Der Sieg, mit dem die CDU im Jahr 1957 ihr Ergebnis von 1953 noch überbot, löste in der SPD einen tiefen Schock aus.

Erich Ollenhauer führte die SPD von 1952–1963. Im Wahlkampf 1953 wurde er als Wegbereiter des Kommunismus diffamiert.

> Wie 1953 bleibt die Partei auf den engen Raum gebannt, den 31,8 % der abgegebenen Stimmen umschreiben, während die CDU auf 50,2 % steigen konnte und ihre absolute Mehrheit im Bundestag in einer Weise stärkt, die in der deutschen Wahlgeschichte kaum eine Parallele kennt. Dabei hat die Sozialdemokratische Partei gerade in den industriell entwickelten deutschen Ländern empfindliche Einbußen hinnehmen müssen. Sie verlor vielfach die Majorität in den industriellen Großstädten. Was liegt den Rückschlägen von 1953 und 1957 zu Grunde? Ist die Herrschaft Adenauers in der Bundesrepublik ein unaufhebbares Geschick? Kann man ihr dadurch ein Ende bereiten, dass die SPD sich durch weitere Anpassung an die Mehrheitsstimmung in eine zweite Auflage der CDU umwandelt?
> (Zeitungsartikel von W. Abendroth, 1957, zitiert nach: O. Flechtheim [Hrsg.], Dokumente zur parteipolitischen Entwicklung in Deutschland seit 1945, Bd. 7, Berlin 1969, S. 41–43, gek.)

Mit der Bundestagswahl von 1957 schienen die Rollen von Regierung und Opposition dauerhaft verteilt. Die CDU aus der Regierung zu verdrängen war offenbar so lange aussichtslos, wie die SPD noch zehn Jahre nach Gründung der Bundesrepublik deren *Westintegration* in Frage stellte. Der Misserfolg der SPD von 1957 bewirkte in der Partei einen Umdenkprozess, der 1959 zum *Godesberger Programm* führte. Die SPD, die sowohl die *Pariser Verträge* von 1955 als auch den NATO-Beitritt abgelehnt hatte, erklärte nun ihre grundsätzliche Zustimmung zur NATO- und Europapolitik. Statt der Beseitigung kapitalistischer Produktionsverhältnisse durch Planwirtschaft und Sozialisierung setzte sie nun auf freien Wettbewerb und Unternehmerinitiative. Diese Wandlung der SPD erschloss ihr neue bürgerliche Wählerschichten und machte sie koalitionsfähig. Der programmatischen Neuorientierung folgte 1961 auch ein personeller Wechsel: Der erst 52-jährige WILLY BRANDT trat an Stelle Ollenhauers als Kanzlerkandidat gegen den nunmehr 81-jährigen ADENAUER an.

Auch nach dem KPD-Verbot von 1956 war die Kommunistenfurcht in Westdeutschland noch so verbreitet, dass die CDU ihren Wahlkampf 1957 darauf abstellte.

1 Umreißen Sie grundlegende politische Kontroversen zwischen Regierung und Opposition in den 50er Jahren.

„Was der Parteitag der SED beschloss – das ist unser aller Sache!"

> Demokratie herrscht nicht dort, wo verschiedene Parteien gegeneinander auftreten. Im Gegenteil, Opposition ist nur der Beweis dafür, dass die Volksmassen für ihr Recht gegen die herrschende Klasse kämpfen müssen. Es gibt keinen Gegensatz zwischen der Politik unserer Regierung und den Interessen der gesamten Bevölkerung.
> (zitiert nach: H. Weber [Hrsg.], DDR, München 1986, S. 229 f.)

CDU
Christlich-Demokratische Union

DBD
Demokratische Bauernpartei Deutschlands

NDPD
National-Demokratische Partei Deutschlands

LDPD
Liberal-Demokratische Partei Deutschlands

Mit diesem Argument beantwortete die SED-Zeitung *Neues Deutschland* den Einwand, zu einer echten Demokratie gehöre auch eine *Opposition*. Auch wenn andere Blockparteien wie CDU, DBD oder NDPD weiter bestanden, so war es doch die SED, welche die politische Richtung vorgab und alle Entscheidungen fällte. Sie nahm für sich in Anspruch die Interessen der „werktätigen Bevölkerung" zu vertreten und die führende Kraft auf dem Weg zum *Sozialismus* zu sein. So sicherte sie sich den zentralen Zugriff auf alle Bereiche des Alltagslebens ihrer Bürger. Vom Kinderhort bis zum Betrieb, vom „Feierabendheim" für die Alten bis zum Ferienlager gab es davon keine Ausnahme.

Dem Ziel, die Bevölkerung zu überwachen und mögliche Gegner auszuschalten, diente der *Staatssicherheitsdienst*. Mit einem System von Spitzeln kontrollierte er die Bürger und durchdrang bald alle Bereiche des Lebens. Man tat gut daran, Kritik nur hinter vorgehaltener Hand im engsten Kreis zu äußern. Viele beteiligten sich daher zwar notgedrungen an Versammlungen, Maidemonstrationen und unbezahlten Arbeitseinsätzen, zogen sich aber ansonsten in ihren privaten Bereich zurück. Wahlbeteiligungen von 98 % und das fast 100 %ige „Ja" zu den offen ausliegenden *Einheitswahllisten* waren nur eine Scheinbestätigung für das Regime. Auskunft über die wirkliche Stimmung gaben eher die 2,6 Millionen Menschen, die bis 1961 „mit den Füßen" abstimmten und in die Bundesrepublik flohen.

„Frei und geheim gewählt", westdeutsche Karikatur, 1957.

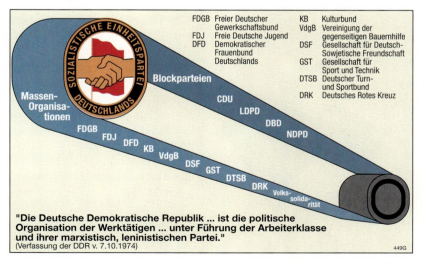

1 Entwerfen Sie für den Vertreter einer westdeutschen Partei eine Entgegnung auf den Zeitungsartikel der SED.

Bundestagswahl 1949: Streit um die künftige Wirtschaftsstruktur.

Blick auf Hamburg um 1960.

Wirtschaftssysteme im Widerstreit

„Soziale Marktwirtschaft gegen sozialistische Planwirtschaft"

Mit diesem Slogan hatte die CDU den ersten Bundestagswahlkampf geführt. Sie wandte sich gegen die Verstaatlichung der Großindustrie und eine staatliche Wirtschaftslenkung und setzte auf LUDWIG ERHARDS Idee einer freien, sich weitgehend selbst regulierenden *Marktwirtschaft*. Diese sollte in eine *soziale* Gesellschaftspolitik eingebettet sein, die eine gleichmäßigere Einkommensverteilung und den Schutz sozial Schwacher vorsah. Die Hilfe des *Marshallplans* und günstige weltwirtschaftliche Rahmenbedingungen verhalfen dem Konzept zu einem raschen Erfolg. 1953 zog die CDU Bilanz:

> Seit 5 Jahren wächst die deutsche Wirtschaft, so rasch, dass die Welt erstaunt. Am eigenen Leib, an Kleid und Nahrung hat's jeder von uns erfahren. *1948*: ein zerstörtes Land, ein durch Hunger geschwächtes Volk, eine zerrüttete Währung. Mit schnellem Entschluss zerreißt Ludwig Erhard am Tage der Währungsreform die Karten und Bezugsscheine der Zwangswirtschaft. Seine Ideen feuern die Wirtschaft an: Sicherheit des Daseins soll jeder aus seiner schöpferischen Arbeit gewinnen. Nur freier Wettbewerb steigert die Produktion und die Qualität unserer Erzeugnisse. Nur harte Konkurrenz drückt die Preise und erhöht die Kaufkraft des Geldes. *1953*: 5 Jahre harter Arbeit liegen hinter uns. Das graue Gespenst der Arbeitslosigkeit wurde gebannt. Fast 3 Millionen neue Arbeitsplätze wurden geschaffen. Wohnungen für über 5 Millionen wurden gebaut. Die D-Mark ist heute so kerngesund wie der Dollar. Der deutsche Export ist in 4 Jahren um das 7fache gestiegen. In Deutschland ist der Mensch nicht verstaatlicht, sondern Staat und Wirtschaft sind dem Menschen dienstbar gemacht worden!
>
> (nach: W. Abelshauser, Die langen fünfziger Jahre, Düsseldorf 1987, S. 115 f.)

Bundeswirtschaftsminister Ludwig Erhard auf dem Höhepunkt seines Erfolgs (Karikatur, 1959).

1950 – der erste Fünfjahresplan der DDR.

Blick auf Dresden um 1960.

„Von der Sowjetunion lernen heißt siegen lernen"

Mit diesem Slogan hatte die SED das sowjetische Modell der *Zentralverwaltungswirtschaft* für die DDR propagiert. Schon im ersten Besatzungsjahr waren industrielle Großbetriebe, Banken, Versicherungen und ländlicher Besitz von mehr als 100 ha verstaatlicht und alle Wirtschaftsentscheidungen von privaten Unternehmern auf die Regierung übertragen worden. Ein zentraler *Plan* legte die Produktionsmengen und die Preise fest, wies den *Volkseigenen Betrieben* (VEB), wie alle *enteigneten* Betriebe nun hießen, Aufträge und Rohstoffe zu, gab die Arbeitszeiten vor und legte die Löhne fest.

Dem Vorbild der Sowjetunion entsprechend und mit Rücksicht auf deren Reparationsforderungen legte der erste Fünfjahresplan (1950) das Schwergewicht auf den Aufbau der chemischen und der Schwerindustrie. Hier und in der Energieerzeugung erreichte die DDR trotz anhaltender sowjetischer Demontagen und ohne die Hilfe eines Wiederaufbauprogramms eine beachtliche Steigerung. Die einseitige Ausrichtung der DDR-Wirtschaft auf die wirtschaftlichen Bedürfnisse der Sowjetunion, auf die allein 45 % des DDR-Handelsvolumens entfiel, ließ allerdings die Konsumgüterproduktion verkümmern. Der Lebensstandard der DDR hinkte schon zu Beginn der 50er Jahre hinter dem Westdeutschlands her. Menschenschlangen vor Geschäften – bedingt durch organisatorische Mängel der schwerfälligen Planwirtschaft – zählten ebenso zum Alltag wie mangelhafte Warenqualität oder rare Konsumgüter wie Südfrüchte, Gemüse oder Fisch. Die geringe Auswahl in den Läden der HO (*Handelsorganisation*) und die Rationierung von Fett, Fleisch und Zucker noch bis 1958 nährte den Zweifel vieler DDR-Bürger an der staatlichen *Planwirtschaft*.

Die Zwangskollektivierung: Nur widerwillig übergaben Bauern in den 50er Jahren Höfe und Ackerland sogenannten „Landwirtschaftlichen Produktionsgenossenschaften" (LPG). DDR-Plakat, 1958.

1 Erläutern Sie die Konzepte der sozialen Marktwirtschaft und der Planwirtschaft. Welche Faktoren könnten den Erfolg der jeweiligen Systeme beeinträchtigen oder verhindern?
2 Wie unterschieden sich die wirtschaftlichen Startbedingungen?

Das geteilte Deutschland

Wohlstand für alle?

Mitte der 50er Jahre ging es den Westdeutschen spürbar besser. Die Anfangsschwierigkeiten mit fast zwei Millionen Arbeitslosen und drohenden Streiks waren vergessen. Die Koreakrise hatte der bundesdeutschen Industrie mit Auslandsaufträgen den begehrten Exportmarkt eröffnet. Die durch Kriegszerstörungen und Demontagen erzwungene Modernisierung zahlte sich für viele Unternehmen überraschend schnell aus. Bald galten Produkte „Made in Western-Germany" dank modernster Industrieanlagen und Fertigungstechniken als hochwertig und dank geringer Lohnkosten als preisgünstig. Die maßvollen Lohnforderungen der Gewerkschaften und die Genügsamkeit der gesamten Arbeiterschaft förderten das Wirtschaftswachstum und ebneten den Weg zur Vollbeschäftigung Ende der 50er Jahre.

Auch hatten sich die Nettoeinkommen eines Vier-Personen-Haushalts von 305 DM auf 670 DM pro Monat von 1950 bis 1960 mehr als verdoppelt. Doch lebten immer noch über 60% der Bevölkerung in einer 2-Zimmer-Wohnung ohne Bad, WC und Zentralheizung. Mit dem Bau von jährlich einer halben Million Wohnungen bekämpfte die staatliche Bauförderung seit 1953 die Wohnungsnot und kurbelte dadurch auch die Bauwirtschaft an.

Der gesamtwirtschaftliche Boom erleichterte es der alteingesessenen Bevölkerung, Flüchtlinge und Vertriebene aufzunehmen und sogar deren Lasten ein Stück auszugleichen. Das *Lastenausgleichsgesetz* von 1952 belegte Vermögen und Grundbesitz der Westdeutschen mit einer 5%-Abgabe, deren Raten sich auf 30 Jahre verteilten. Bis 1983 wurden 126 Milliarden DM als Entschädigung gezahlt.

Das Gesetz zur „Rentendynamisierung" von 1957 baute das Einkommensgefälle zwischen Rentnern und arbeitender Bevölkerung ab. Nach Art eines „Generationenvertrages" finanzierten nun die Berufstätigen die Versorgung der Ruheständler. Damit ließen sich die Renten, die sich bisher nach den im Verlauf der Berufstätigkeit eingezahlten Rentenversicherungsbeiträgen bemaßen, den allgemeinen Einkommensverbesserungen anpassen. Rentensteigerungen von bis zu 70% sorgten für zusätzliche Kaufkraft und förderten das Wirtschaftswachstum. Im Rückblick auf die Jahre dieses „Wirtschaftswunders" kamen manchem jedoch auch Bedenken:

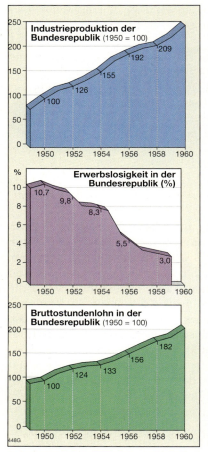

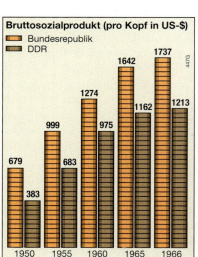

> Wir kamen langsam raus aus dem Dreck und wollten es. Und so wie wir unsere Häuser einrichteten, so bauten wir auch das Land auf, Stück für Stück, ohne weitreichende Pläne. Leben oder Leben genießen, daran dachte man kaum. Wenn ich Zeit hatte, arbeitete ich schwarz um noch schneller ans Ziel zu kommen. Heute sieht man manches anders, aber heute hat man ja auch alles, was einem damals fehlte. Wenn ich daran denke, wie oft in jenen Jahren in den Nachbarländern, in denen es ja auch nicht besser aussah als bei uns, gestreikt wurde, um Forderungen und Rechte durchzusetzen, und wie wir in dieser Zeit loswühlten ohne nach rechts und links zu blicken, dann frage ich mich schon, ob wir nicht lieber ein wenig langsamer hätten loslegen sollen um mehr Zeit zum Aufpassen zu haben, was in der neuen Republik so lief.
>
> (Maurergeselle, geb. 1932, über die 50er Jahre, nach: H. Mögenburg [Hrsg.], Kalter Krieg und Wirtschaftswunder, Frankfurt 1993, S. 71)

„Lasst uns pflügen, lasst uns bauen, lernt und schafft wie nie zuvor"

Mit diesem Beginn der dritten Strophe der DDR-Nationalhymne hatte ihr Verfasser, Johannes R. Becher, 1949 die Empfindungen der Kriegsgeneration getroffen. Das zunehmende wirtschaftliche West-Ost-Gefälle ließ allerdings in der DDR bald Zweifel aufkommen, ob denn mit der *Verstaatlichung* der Großindustrie, der *Enteignung* der landwirtschaftlichen Güter und der bewusst vernachlässigten Konsumgüterindustrie der rechte Weg beschritten sei. Versorgungskrisen erinnerten immer wieder an Fehlplanungen und sinkende Arbeitsproduktivität.

Als die SED-Führung am 28. Mai 1953 die Arbeitsnormen in der Industrie um 10 % erhöhte und damit die Arbeitszeit der Industriearbeiter verlängerte, entlud sich der angestaute Unmut. Die Forderung nach Rücknahme der Normerhöhung weitete sich rasch auf freie Wahlen und den Rücktritt der Regierung aus. Angesichts der Hilflosigkeit der DDR-Regierung verhängte die sowjetische Besatzungsmacht über alle größeren Städte den Ausnahmezustand und schlug den Aufstand, an dem sich über 300 000 Arbeiter beteiligten, am 17. Juni 1953 nieder. Die Weigerung der Westmächte sich in die Angelegenheiten der *Sowjetischen Besatzungszone* einzumischen, machte deutlich, dass sie die DDR als festen Bestandteil des Ostblocks betrachteten. Enttäuscht und resigniert schickte sich die Mehrzahl der Bevölkerung ins Unabänderliche; hatte man doch erkannt, dass diese Regierung, hinter der die sowjetische Militärmacht stand, gewaltsam nicht zu stürzen war.

Mit der Revision der Normerhöhung, der Senkung der Lebenshaltungskosten und einer allmählichen Verbreiterung des Konsumgüterangebots wollte die SED die Konfrontation zwischen Staatsmacht und „werktätiger Bevölkerung" abbauen. 1955 zog die Zeitschrift „Freiheit" angesichts der gestiegenen Leistungsfähigkeit der DDR-Wirtschaft eine positive Bilanz:

17. Juni 1953: Wie hier in Ostberlin fuhren auch in zahlreichen anderen Städten der DDR Sowjetpanzer gegen demonstrierende Arbeiter auf.

Plakat aus der Bundesrepublik zum 17. Juni 1953, der kurz darauf Nationalfeiertag wurde.

> Wer ehrlich prüft und sich nicht durch die kleinen Widrigkeiten des Alltags den Blick fürs Große trüben lässt, wird aufrichtig zugeben, dass er einen solchen Lebensstandard erstmals unter der Macht der Arbeiter und Bauern kennen lernte. Wir könnten ja noch weiter sein, wenn es nicht eine Reihe von Dingen gegeben hätte, die uns in unserer Entwicklung hemmten. Da ist vor allem die Spaltung unseres Vaterlandes, die sich auf allen Gebieten nachteilig auswirkt. Da ist bei uns in den Betrieben und Verwaltungen der Bürokratismus, der oft genug noch dem Neuen, Vorwärtstreibenden hindernd im Weg steht. Da sind vor allem noch Menschen, die noch nicht begriffen haben, dass sie die Herren der Betriebe sind, dass sie für sich arbeiten, und die durch alte Anschauungen an der Arbeit gehindert werden. All das bremst uns, kann uns aber nicht aufhalten.
> (nach: C. Kleßmann, G. Wagner, *Das gespaltene Land*, München 1993, S. 362)

1 Vergleichen Sie die Wirtschaftsleistung in Ost und West.
2 Wo sieht der Arbeiter aus dem Westen Defizite in der Nachkriegszeit, wo liegen die Probleme der DDR-Wirtschaft?

Mauer und Stacheldraht

Westberlin – „Pfahl im Fleisch" oder „Schaufenster des Westens"?

BERLIN spielte im Machtpoker der Großmächte immer eine besondere Rolle. Seine isolierte Lage mitten im DDR-Gebiet verlockte die östliche Seite geradezu, Westberlin die Lebensadern zur Bundesrepublik abzuschneiden und die Stadt langfristig in den eigenen Machtbereich einzubeziehen. Ein erster Versuch 1948, die Zufahrtswege zu blockieren, scheiterte an der Luftbrücke der Alliierten.

Auf der anderen Seite war es für die Westmächte eine Prestigefrage ihre alliierten Vorbehaltsrechte in der Stadt zu behaupten. Westberlin, die „Frontstadt des Kalten Krieges", wurde deshalb zum „Schaufenster des Westens" gemacht, das der anderen Seite die Vorzüge von Freiheit und Konsum demonstrieren sollte. Besonders die 50 000 Menschen, die täglich aus dem Ostteil der Stadt zur Arbeit in den Westen fuhren, erlebten die gegensätzlichen Lebenswelten hautnah.

1958 unternahm CHRUSCHTSCHOW einen erneuten Versuch den Westen durch ein Berlin-Ultimatum unter Druck zu setzen. Er kündigte den *Vier-Mächte-Status* samt den alliierten Besatzungsrechten für Berlin auf und forderte die Umwandlung Westberlins in eine „entmilitarisierte Freie Stadt". 1961 wiederholte er seine Forderungen gegenüber dem eben ins Amt gelangten Präsidenten KENNEDY. Dieser wollte angesichts des atomaren Patts mit der Sowjetunion zu einem Arrangement kommen und sie als gleichberechtigte Großmacht anerkennen. In einer Rede am 25. Juli 1961 machte er zwar klar, dass alliierte Truppen in Westberlin bleiben würden, um die Lebensfähigkeit der Stadt, ihre Zufahrtswege und ihr Recht auf Selbstbestimmung zu garantieren. Von Ostberlin aber sprach er nicht. Er zog damit eine klare Grenze für das amerikanische Engagement und signalisierte zugleich der Gegenseite, dass es ihre Sache sei, was in Ostberlin geschehe. Das verschaffte der DDR den dringend benötigten Spielraum die wirtschaftliche Krise zu lösen, in der sie sich befand.

Die Berliner Modeindustrie untermauerte Berlins Funktion als „Schaufenster des Westens", wie es diese Modeaufnahme aus den 50er Jahren zeigt.

Volkspolizei und Betriebskampfgruppen beim Bau der Mauer quer durch Berlin. Sie erhielt von der DDR bald

Eine Mauer durch Berlin

Seit Kriegsende riss der Flüchtlingsstrom von Ost nach West nicht ab. Hunderttausende stimmten „mit den Füßen ab" und verließen – meist über die Berliner Sektorengrenzen – die DDR. Etwa 50 % der Flüchtlinge waren unter 25 Jahre alt, viele gut ausgebildete Industriearbeiter und Akademiker. Die DDR verlor damit gerade die Bürger, die sie zum Aufbau eines leistungsfähigen Staates besonders brauchte und trieb dem wirtschaftlichen Kollaps entgegen.

Anfang August 1961 trafen sich die Generalsekretäre aller kommunistischen Parteien der Warschauer-Pakt-Staaten in MOSKAU und segneten eine Aktion ab, die in der Nacht zum 13. August 1961 in BERLIN begann: Schwer bewaffnete Einheiten verbarrikadierten die Grenzübergänge zum Westen mit Stacheldraht, rissen die Straßen mit Presslufthämmern auf und unterbrachen die S- und U-Bahn-Verbindungen. In den folgenden Tagen bauten sie eine Mauer quer durch Berlin, die Straßen zerschnitt, Familien trennte und die Stadt für die nächsten 28 Jahre teilte.

Noch während der Tage des Mauerbaus flohen 7000 Menschen: durch Kanäle und Flüsse, über Ödflächen oder durch den Sprung aus Grenzhäusern auf die Westseite.

Fluchtbewegung aus der DDR	
Jahr	
1949	129 245
1950	197 788
1951	165 648
1952	182 393
1953	*331 390*
1954	184 198
1955	252 870
1956	279 189
1957	261 622
1958	204 092
1959	143 917
1960	199 188
1961 (bis 13. 8.)	155 402
insgesamt	2 686 942

> Im Frühjahr 1961 verstärkte die Regierung der BRD den Wirtschaftskrieg gegen die DDR. Parallel dazu forcierten Agenten und Geheimdienste ihre feindliche Tätigkeit. Die Abwerbung von Fachleuten aus der DDR durch kriminelle Menschenhändler erreichte neue Ausmaße. Die offene Grenze gegenüber Westberlin wurde brutal ausgenutzt um die DDR zu schädigen... Die Mehrheit der Werktätigen begrüßte die Sicherheitsmaßnahmen. Es war nun nicht mehr möglich die Werktätigen um die Früchte ihrer eigenen Arbeit zu bringen und die DDR ungestraft auszuplündern.
> *(Geschichte, Lehrbuch für Klasse 10, Berlin [Ost] 1983, S. 160 f.)*

die offizielle Bezeichnung „antifaschistischer Schutzwall" und sollte die Destabilisierung der DDR verhindern.

Das geteilte Deutschland

„Gefängnis der Unterdrückten"?

Die USA reagierten auf den Mauerbau betont zurückhaltend. Sie betrachteten ihn als „Vorgang innerhalb des sowjetischen Machtbereichs", der Westberlin, die „Insel der Freiheit im kommunistischen Meer", nicht berührte. Es herrschte sogar eine gewisse Erleichterung darüber, dass die Gegenseite es nicht gewagt hatte, die amerikanische Anwesenheit in Westberlin in Frage zu stellen. Eine Protestnote der Westmächte wurde von Moskau zurückgewiesen.

Auch die Bundesregierung hielt sich zunächst zurück. ADENAUER kam nicht sofort nach Berlin, sondern setzte seinen Wahlkampf fort. Er unterschätzte dabei, wie groß Empörung und Wut bei der westdeutschen Bevölkerung und besonders bei den Berlinern waren. Das sollte ihn bei den Bundestagswahlen im Herbst 1961 die absolute Mehrheit kosten.

So sieht die westdeutsche Zeitung „Die Welt" am 14.8.1961 die Ereignisse des Vortages.

> Die gestern vom Regime der Sowjetzone mit Rückendeckung der kommunistischen Staaten des Warschauer Paktes in Berlin angeordneten Maßnahmen haben der ganzen Welt mit einem Schlag klargemacht, wie groß, wie explosiv und wie unmittelbar die Gefahr geworden ist.
>
> Durch die Straßen Ost-Berlins rollten am Sonntag wie beim Volksaufstand 1953 die von der Sowjetunion gelieferten Panzer der Sowjetzonenarmee. Alle militärischen Vorkehrungen der Sowjetzonenmachthaber im abgeriegelten östlichen Teil der Stadt sind allein dazu bestimmt, die Bevölkerung einzuschüchtern und ihr die nackte Gewalt der Waffen anzudrohen, sollte sie ihrer Empörung spontan Luft machen. Ulbricht, seine Kumpane und auch Chruschtschow wissen, dass sie mit der Abriegelung Ost-Berlins Berlin und die Zone in ein Gefängnis der Unterdrückten verwandelt haben.
>
> Die „Berliner Krise" enthüllt sich vor aller Augen als der totale Bankrott der nur mit Zwang aufrechterhaltenen Gewaltherrschaft der Kommunisten in der Zone und in Ost-Berlin. Die verschärfte Drohung der endgültigen und hermetischen Abriegelung vom Vaterland und von der Freiheit und nicht die von Ulbricht erfundenen und von den Regierungen der Warschauer-Pakt-Staaten als Popanze benutzten „Kopfjäger, Abwerber und Agenten" hat die Menschen in den letzten Wochen zur Massenflucht getrieben.
> (J. Schwelien, Frankfurter Allgemeine Zeitung v. 14.8.1961)

Schlagzeile der „Bildzeitung" vom 16.8.1961.

Vor allem der Westberliner Bürgermeister WILLY BRANDT wurde zum Sprachrohr der allgemeinen Erschütterung. Um die emotionalen Wogen zu glätten schickte KENNEDY seinen Vizepräsidenten LYNDON B. JOHNSON und vor allem den in Berlin als „Vater der Luftbrücke" unvergessenen General LUCIUS CLAY in die geteilte Stadt. Sie sollten dokumentieren, dass die USA entschlossen waren, Westberlin zu verteidigen.

Während sich der Westen mit der nunmehr scheinbar endgültigen Teilung Deutschlands abfand, hielt die Bundesregierung an ihrer Forderung nach *Wiedervereinigung* fest. Nur langsam setzte sich in Bonn – vor allem bei der Opposition – die Auffassung durch, dass die Spaltung Deutschlands jetzt unwiderruflich zementiert schien und sich die Politik danach zu richten hatte.

„Antifaschistischer Schutzwall"?

Das Brandenburger Tor, Symbol der Teilung, gesehen mit den Augen der SED-Zeitung „Neues Deutschland" am 23.8.1961.

Aussage eines U-Bahn-Schaffners, der am 13.8.61 in den Westen floh:
Als wir kurz nach 10 Uhr an der Sektorengrenze ankamen, bemerkten wir eine aufgeregte Menschenansammlung. An Stacheldrahtrollen, die den Gehsteig und die Fahrbahn zwischen Ost und West absperrten, patrouillierten Ostarmisten. Sie patrouillierten unmittelbar am Stacheldraht und die Menschenmenge stand nur ca. 1 m vom Stacheldraht entfernt. Es reifte in uns der Entschluss, den schwer wiegenden Schritt zu versuchen, alles im Osten zurückzulassen und zu versuchen die andere Seite zu erreichen. Meine Frau sagte: „Und wenn du es auch nur allein schaffen solltest. Tue es!" Wir trennten uns, damit nicht zu erkennen war, dass wir zusammengehörten. Plötzlich ging eine Unruhe durch die Menschenmenge. Der Bürgermeister vom Bezirk Kreuzberg erschien. Klatschen, Beifallrufe auf beiden Seiten. Die Menge strömte zusammen. Die verdutzten Ostarmisten verließen ihren Posten um die Menge zu verteilen. Dies war mein Moment, das war mir klar! Augenblicklich setzte ich mit einem Satz über die Stacheldrahtrollen. Am linken Mantelärmel spürte ich einen Griff. Er war zu knapp und konnte mich im Sprung nicht hindern. Westberliner liefen zu mir und riefen begeisterte Ausrufe.
(gekürzt nach: M. Hammer/E. Abenstein [Hrsg.], Das Mauerbuch, Berlin 1986, S. 98 ff.)

Ein Foto, das um die Welt ging: Im Haus an der Bernauer Straße in Berlin sind die Fenster zum Westen bereits im Erdgeschoss zugemauert. Im letzten Moment gelingt einer alten Frau die Flucht aus dem ersten Stock.

Anfangs gelang es manchen Flüchtlingen noch, die innerdeutsche Grenze durch Lücken im System der Sperranlagen zu überwinden; allmählich aber wurde der „antifaschistische Schutzwall" immer undurchdringlicher. Die DDR riegelte nicht nur Westberlin von ihrem Territorium ab, sondern baute auch die 1400 km lange Grenze zur Bundesrepublik zu einem unüberwindlichen Bollwerk aus. Wachtürme, Metallzäune sowie Stolperdrähte in Verbindung mit Platzpatronen und Leuchtraketen sollten jede Flucht aus dem „Arbeiter- und Bauernstaat" unmöglich machen. 1,3 Millionen Minen im „Todesstreifen", Selbstschussanlagen und Hunde an Laufleinen perfektionierten die Grenzsicherung. In einer Sperrzone von 5 km entlang der Grenze war der Aufenthalt nur mit Sondergenehmigung erlaubt. Arbeiten auf den grenznahen Feldern durften nur nach Voranmeldung und unter militärischem „Schutz" verrichtet werden. Die gesamte Ostseeküste galt nachts als militärisches Sperrgebiet. Die DDR-Grenzsoldaten hatten Befehl auf jeden „Republikflüchtling" zu schießen. Bis 1989 starben über 800 Menschen beim Versuch von Ost nach West zu fliehen. Allein an der Berliner Mauer kamen mehr als 80 Menschen ums Leben.

1 Erläutern Sie die Haltung der Vereinigten Staaten und der Bundesregierung zum Mauerbau.
2 Mit welchen Argumenten rechtfertigte die DDR den Mauerbau?
3 Entwerfen Sie zum Bericht der westdeutschen Zeitung über den Bau der Mauer eine Reaktion aus ostdeutscher Sicht.
4 Vergleichen Sie die Sichtweise der Ereignisse in den beiden Karikaturen aus Ost und West.

Das geteilte Deutschland

Alltag in Deutschland

„Dafür seid ihr schon zu alt!"

Während der Aufbauphase der Bundesrepublik lebten die alten Erziehungsmuster der Vorkriegszeit in Schule und Familie fort. Die Jugendlichen sollten zu Gehorsam, Ordnungssinn, Pünktlichkeit und Fleiß erzogen werden. Der Enge ihres vor allem auf wirtschaftlichen Erfolg ausgerichteten Elternhauses wollten viele Jugendliche jedoch in ihrer Freizeit entrinnen. Rebellische Filmhelden wie JAMES DEAN, von den Erwachsenen als vulgär empfundene Rock'n'Roller wie BILL HALEY und ELVIS PRESLEY waren die Idole. Zu dieser eigenen Jugendkultur, die ihre Vorbilder in Amerika fand, gehörte auch eine neue Jugendmode mit Petticoats und Nietenhosen. Wenn dies auch schrill und rebellisch auf die Erwachsenen wirkte, so verband Jugendliche und Erwachsene doch eines: Das individuelle Wohlergehen rangierte an oberster Stelle, Politik interessierte wenig.

Elvis Presley: Rock'n'Roll-Sänger und Jugendidol der 50er Jahre.

Gaststätte der 50er Jahre in einer westdeutschen Stadt im Nierentisch-Look und mit der Musicbox.

Der Rockmusiker Udo Lindenberg erinnert sich:
Damals, 1957, schoss aus dem Radio Elvis Presley mit „Tutti Frutti". Worum es ging, verstand ich nicht, aber dieser Schluckaufgesang rockte mich durch. Elvis Presley hatte mich angezündet und ich dachte: Jetzt ist Erdbeben. Nachdem ich dann auch noch diesen Film gesehen habe, in dem Elvis als schmales Kerlchen in einem Klub auf die Bühne springt und den bulligen Klubbesitzer ansingt: „If you're looking for trouble, look straight into my face", verband ich mit dem deutschen Schlagergut nur noch Alpträume. Er hat uns gegen unsere Eltern, denen ja sonst alles gehörte, etwas Eigenes gegeben. Bis jetzt hatten wir immer nur zu hören bekommen: „Dafür bist du noch zu jung!" Mit Elvis in den Ohren konnten wir zurückbrüllen: „Dafür seid ihr schon zu alt!" Bald hatte ich eine Sammlung von Platten mit „Negermusik" und „Amigeheul", und meine Oma fiel in Ohnmacht.
(nach: C. Kleßmann/G. Wagner [Hrsg.], Das gespaltene Land, München 1993, S. 294 f.)

"In der FDJ bin ich, wie fast alle"

> *Gelöbnis zur Jugendweihe, dem Gegenstück zur Konfirmation (1958)*
> Seid Ihr bereit als treue Söhne und Töchter unseres Arbeiter- und Bauernstaates für ein glückliches Leben des ganzen deutschen Volkes zu arbeiten und zu kämpfen, so antwortet mir: „Ja, das geloben wir!"
> Seid Ihr bereit mit uns gemeinsam Eure ganze Kraft für die große und edle Sache des Sozialismus einzusetzen, so antwortet mir: „Ja, das geloben wir!"…
> (aus: C. Kleßmann, Zwei Staaten, eine Nation, Göttingen 1988, S. 573)

Die Zukunft der DDR hing entscheidend davon ab, dass sie die Jugend für die Ideale des Sozialismus gewinnen konnte. Von der Kinderkrippe bis zur Lehre und zum Studium standen daher Erziehung und Ausbildung unter Kontrolle der SED. So war die Zulassung zu Abitur und Studium nicht nur von der Leistung, sondern auch von der „Linientreue" abhängig. Auch auf die Freizeitgestaltung versuchte der Staat Einfluss zu nehmen. Die meisten Jugendlichen waren Mitglied der FDJ (*Freie Deutsche Jugend*), zu der auch die Kinderorganisation der *Jungen Pioniere* gehörte. Bei Geländespielen, gemeinsamen Maidemonstrationen und Ferienlagern sollte die Begeisterung für die Ziele des Sozialismus geweckt werden. Die Jugend passte sich zum überwiegenden Teil den Forderungen der SED an. Viele blieben innerlich aber auf Distanz.

Aufruf an die „Freie Deutsche Jugend", 1950.

> *Eine 16-jährige Magdeburgerin schrieb an eine Brieffreundin in der Bundesrepublik:*
> Meine Wände in meinem Zimmer sind mit Bildern aus der „Bravo" bestückt. Die meisten habe ich von meiner Freundin aus Pinneberg bei Hamburg. Mit ihr schreibe ich mich schon seit drei Jahren. Hörst du manchmal Radio Luxemburg? Siehst du Beat-Club? Ich sehr gerne. In der FDJ bin ich, wie fast alle. Außerdem ist meine Klasse in der DSF (Gesellschaft für deutsch-sowjetische Freundschaft). Man merkt nicht viel davon. Außer, wenn der Beitrag kassiert wird. Und an Staatsfeiertagen „dürfen" wir im einheitlichen blauen FDJ-Hemd antanzen. Wirklich begeistert für die Interessen der FDJ sind nur die Funktionäre. Die meisten sind nicht direkt für den Westen. Er stellt nur einen besonderen Reiz dar, etwas „Tolles", wo die Jugendlichen leben können, wie es ihnen passt, die ganz andere Möglichkeiten in Bezug auf Freizeitgestaltung, Kleidung usw. haben. Die meisten wollen mal auf Besuch rüber ohne für immer dort zu bleiben. Denn eine gesicherte Existenz (Arbeitsplatz, Bildung) hat man in der DDR. Fanatisieren kann man die Jugend für den Sozialismus nicht. Jedenfalls die meisten nicht.
> (H. Baumgart [Hrsg.], Briefe aus einem anderen Land, Hamburg 1971, S. 287, 295)

„Gehn wir nun zum Pioniernachmittag oder machen wir irgendwas, was uns interessiert?" (Karikatur aus der ostdeutschen Zeitschrift „Eulenspiegel", 1965).

1 Suchen Sie Trennendes und Verbindendes zwischen den Jugendlichen in West und Ost.
2 Mit welchen Mitteln nimmt die DDR Einfluss auf die Jugend?

Das geteilte Deutschland

„Die schönste Pflicht der Frau"

Im Krieg und in der Nachkriegszeit hatten viele Frauen bewiesen, dass sie selbst entscheiden und zupacken konnten. Nun sollten sie in ihre alte Rolle als Hausfrau und Mutter zurückkehren. Der Mann galt als Haushaltsvorstand und Familienoberhaupt, die treu sorgende Gattin blieb das Ideal. Erst seit 1958 konnte die Ehefrau über die Erziehung der Kinder und den gemeinsamen Besitz mitentscheiden und der Ehemann verlor das Kündigungsrecht für den Arbeitsplatz seiner Frau. Zwar waren 1950 schon 40 % der Frauen berufstätig, aber während deren Zahl in der DDR rasant wuchs, blieb sie in der Bundesrepublik über Jahrzehnte nahezu konstant. Auch der Staat unternahm wenig um den Frauen mehr Möglichkeiten für eine Berufstätigkeit zu eröffnen – etwa durch die Schaffung von Krippen- und Kindergartenplätzen. Kritik lösten die „Leichtlohngruppen" für Frauen aus, die dadurch – bei oft gleicher Arbeit – nur etwa 60 % des Lohns ihrer männlichen Kollegen verdienten.

1955 riet ein westdeutscher Benimm-Führer: „Hat der Herr eine Dame zum Essen eingeladen, so greift er nun zur Speisekarte und schlägt ihr einige Gerichte vor, unter denen sie dann wählt." Welches Rollenverständnis kommt hier zum Ausdruck?

Aussage von Bundesfamilienminister Wuermeling 1963:
„Wohin eine totale Gleichberechtigung von Mann und Frau führt, zeigt uns ein Blick in die Ostzone. Das ist eine Gleichberechtigung, vor der wir uns und unsere Frauen bewahren wollen. Das ist aber die Gleichberechtigung, die sich mit notwendiger Konsequenz ergibt, wenn man den Grundsatz von der Gleichberechtigung isoliert versteht von Wesen und Würde der Frau und von der naturgegebenen Ordnungsnorm der Ehe und Familie."
(nach: Ein Leben mit dem Ehemann, Hessisches Institut f. Bildungsplanung, Wiesbaden 1993, S. 82)

Darf „sie" um „ihn" werben? – Der Benimm-Führer gibt Antwort:
„Noch immer ist es das schönste Recht der Frau sich umwerben zu lassen und ihre schönste Pflicht in weiblicher Zurückhaltung nicht den ersten, sondern den zweiten Schritt zu tun, wenn es um Dinge der Liebe und Ehe geht. Bei jedem ehrlich empfindenden Mann wird Draufgängertum in dieser Richtung nur Widerstand erwecken. Wenn doch die Frauen wüssten, dass sie mit solchen Attacken ihre besten Waffen aus der Hand geben und dass es der schönste frauliche Sieg ist, eigene Wünsche zart und diplomatisch in die männliche Initiative einzubauen!"
(G. Oheim, Einmaleins des Guten Tons, Gütersloh 1955/1966, S. 121/2; Auflage über 1 Million)

Leserinnenbrief an die Frauenzeitschrift „Constanze" 1953:
„Ich sehe die Aufgabe einer Frau nicht in einem Beruf, sondern darin, Frau und Mutter zu sein. Genügt es nicht, dass schon so viele Männer zu Sklaven ihres Berufs geworden sind? Ich bin der Meinung, dass eine Frau, die am Vormittag ihren Haushalt führt und am Nachmittag einen Beruf ausübt, keine Zeit mehr zum „Leben" hat. Sie kommt abends ausgemergelt nach Hause und wenn sie nicht Raubbau treiben will, braucht sie den Abend zu einer Entspannung, die dann meist aus Kinobesuchen und leichter Lektüre besteht!"
(Constanze, Heft 7/1953, S. 35, nach: Ein Leben mit dem Ehemann, Hessisches Institut f. Bildungsplanung, Wiesbaden 1993, S. 97)

Im Magazin „Der Spiegel" erschien 1957 diese Anzeige, die der staunenden Männerwelt den „Herzenswunsch" aller westdeutschen Frauen offenbarte: ein Paar neue PERLON-Strümpfe…

„Eine gute Mutter ist eine arbeitende Mutter"

In der DDR galt der Grundsatz, dass die volle Gleichberechtigung der Frau nur durch ihre Einbindung in den Produktionsprozess möglich sei. Voll berufstätig zu sein und „ihren Mann zu stehen" wurde für die Frauen mehr und mehr zur Selbstverständlichkeit. Frauen wurden mit staatlichen Hilfen gezielt gefördert, die Kinder in Krippen und Horten versorgt, was eine sozialistische Erziehung von klein auf ermöglichte. Dennoch bestand die traditionelle Rollenverteilung fort: Spitzenpositionen blieben in männlicher Hand, daheim standen die berufstätigen Frauen mit ihrer Mehrfachbelastung allein da.

„Die Frau von heute" (später *„Für Dich"*), die einzige Frauenzeitschrift der DDR, porträtierte fast jede Woche die ideale sozialistische Frau: berufstätig, leistungsbereit, klassenbewusst.

Die SED zur Aufgabe der Frau:
„Eine Frau, deren Tätigkeit sich auf den engen Kreis der Familie beschränkt, wird auch als Mutter stets in der Gefahr sein, durch ihr Beispiel bei den Kindern ähnliche [spießbürgerliche] Idealbilder zu wecken, von der Gefahr der „Affenliebe" und der zu starken Konzentration auf die Interessen der Kinder, weil man von eigenen nicht ausgefüllt ist, ganz zu schweigen. Jeder kennt die engstirnigen „Klein-aber-mein-Spießbürger", die das Ergebnis sind und zugleich eine Bremse der sozialistischen Entwicklung. Eine gute Mutter ist heute aber eine arbeitende Mutter, die gleichberechtigt und gleich qualifiziert neben dem Vater steht."
(aus: „Einheit" 12/1962, S. 99, zitiert nach: Frauen in Deutschland, hrsg. von G. Helwig, H. Nickel, Berlin 1993, S. 11)

Leserinnenbrief an die Frauenzeitschrift „Für Dich":
„Wir arbeiten beide im 3-Schicht-System. Ich bin seit 14 Jahren im VEB „Treffpunkt Mode" am Karussell [automatische Bügelmaschine]. Das ist eine große Arbeitserleichterung, aber man muss sehr schnell reagieren können. Man verdient viel Geld. Wir machen Anschaffungen für die Wohnung. Ich liebe schöne Kleider, kaufe mir gerne auch Röcke und Jacken aus der eigenen Produktion. Wenn ich früh arbeiten gehe, dann geht mein Mann spät oder nachts. Was mich ärgert? Das Anstehen, wenn's mal was Besonderes gibt. Schwierigkeiten macht mir das Essen in der Nachtschicht. Mittagessen nachts um 1 Uhr – daran kann ich mich schwer gewöhnen."
(„Für Dich", 20/1988, S. 26 f., nach: Praxis Geschichte, 4/1993, S. 38)

Bericht einer Arbeiterin:
„Habe verschlafen. Erst um 7 Uhr aufgestanden. Ich fahre schnell wegen frischer Brötchen zum Bäcker. Ogottogottogott! Wie jeden Samstag, egal, ob Sonne, Regen oder Schnee, stehen die Massen Schlange. Das ist nun der Auftakt zum gemütlichen Wochenendfrühstück nach harter Arbeitswoche. Keiner sagt was – es ist ja nicht zu ändern. Nach unserem gemütlichen Frühstück geht's mit Volldampf in Küche und Haus. Wochenendwäsche, Hausputz ..."
(nach W. Filmer, H. Schwan, Alltag im anderen Deutschland, Düsseldorf 1985, S. 27)

Arbeiterin in der DDR am PKW-Montageband.

1 Vergleichen Sie das offizielle Frauenbild in Ost und West und diskutieren Sie Vor- und Nachteile aus der Sicht der Frauen.

Das geteilte Deutschland

„Wenn bei Capri die rote Sonne im Meer versinkt…"

Dieser Titel eines beliebten westdeutschen Schlagers markierte in den 50er Jahren den Beginn einer *Reisewelle* ungeahnten Ausmaßes: Sonne und Meer, ein Urlaub in Italien – das war der Traum der Bundesbürger. 1956 erfüllten ihn sich bereits 4,5 Millionen und ihre Zahl stieg beständig. Wachsender Wohlstand und sinkende Arbeitszeiten machten die Westdeutschen unternehmungslustig. Bei den meisten stand inzwischen das eigene Auto vor der Tür. Die neue Urlaubsform des „Camping", wie man das Zelten nannte, erlaubte es auch dem kleinen Mann ein Stück von der Welt zu sehen. Und bei der täglichen Freizeitgestaltung lief das Fernsehen dem Kino allmählich den Rang ab. Der Familienkreis wandelte sich zum Halbkreis.

Wenn bei Capri die rote Sonne im Meer versinkt,
Und vom Himmel die bleiche Sichel des Mondes blinkt,
Ziehn die Fischer mit ihren Booten aufs Meer hinaus,
Und sie legen in weitem Bogen die Netze aus.
Nur die Sterne, die zeigen ihnen am Firmament,
Ihren Weg mit den Bildern, die jeder Fischer kennt,
Und von Boot zu Boot das alte Lied erklingt,
Hör von fern, wie es singt:
Bella, bella, bella Marie,
Bleib mir treu, ich komm zurück morgen früh!
Bella, bella, bella Marie, vergiss mich nie!…
(„Die Capri-Fischer",
Schlagererfolg der 50er Jahre)

bis 1956 keine Urlaubsreise	1963 Zeltfahrt nach Nordspanien
1957 Zugreise an die Ostsee	1964 Ostern: Zeltfahrt nach Pisa
1958 Zugreise Aachen (Verwandte)	Sommer: Zeltfahrt Alpen
1959 Zugreise Aachen (Verwandte)	1965 Ostern: Zeltfahrt Süditalien
1960 Zugreise an die Ostsee	Sommer: Zeltf. Jugoslawien
1961 Autokauf (VW) u. Zeltkauf; Zeltfahrt nach Südfrankreich	1967 Kauf eines Wohnwagens; Fahrt in die Bretagne/Nordspanien
1962 Kauf eines Fernsehgerätes; Zeltfahrt nach Kärnten	

(Eine Familie wird mobil, I. Seltmann, Familienarchiv)

1 Suchen Sie Gemeinsamkeiten und Unterschiede im Freizeitverhalten von West (linke Seite) und Ost (rechte Seite).
2 Erkundigen Sie sich nach Reisezielen Ihrer Familie in den 50er und 60er Jahren.
3 Erklären Sie, warum das Privatleben mit Familie und Freunden für die DDR-Bürger eine besonders große Bedeutung hatte.

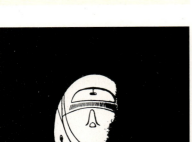

Im weltweiten Erfolg des Volkswagens maß die westdeutsche Wirtschaftswunder-Generation ihre Aufbauleistung.

Zu den beliebtesten Reisezielen der Bundesbürger zählte zunächst die Adria; deutsche Ferienorte kamen vielfach aus der Mode.

„Bunte Abende", wie hier mit Vico Torriani, zählten in den 60er Jahren zu den beliebtesten Fernsehsendungen.

Der Rückzug in die Nische?

Wie viele Waren, so gehörte in der DDR auch der Ferienplatz zu den knappen Gütern, deren Vergabe der Staat kontrollierte. Viele ehemalige Hotels wurden in Ferienheime umgewandelt. Der FDGB und die Betriebe vergaben die meisten Plätze, wobei „gesellschaftliche Leistungen" ein wichtiges Auswahlkriterium waren. Im Abstand von einigen Jahren konnte man so einen der begehrten preiswerten Ferienplätze etwa an der Ostsee oder gar im sozialistischen Ausland erhalten. Nach Wunsch der DDR-Führung sollte auch die Freizeit im „Kollektiv" verbracht werden, doch suchten sich die meisten Bürger Nischen: private Freiräume, fern von Politik und Staat, wo sie sich mit Freunden trafen oder an der „Datsche" werkelten. Zunehmende Bedeutung erlangte auch hier das Fernsehen. 80% bevorzugten die „BRD"-Programme und bezogen hieraus ein oftmals goldenes und unzutreffendes Bild vom „Westen".

> *Aus dem Brief eines DDR-Bürgers an Freunde im Westen:*
> Das schönste an Euren Reisen ist (und das wäre auch was für uns), dass ihr ohne jede Vorplanung losfahren könnt, überall keine Probleme mit der Unterkunft. Anders bei uns! Wir sind schon einige Zeit mit den Vorbereitungen für den Urlaub beschäftigt. Allein das Geldumtauschen hat neulich 1 $^{1}/_{2}$ Stunden gedauert und dann gab's nicht mal Geld, sondern nur Schecks, also nochmals umtauschen bei einer ausländischen Bank und nochmals Spesen. Rumänien 20 Mark pro Tag und Person, Ungarn 30 Mark pro Tag und Person, aber maximal 400 Mark pro Jahr! Papiere haben wir schon, zweimal Polizei, Kosten 100 Mark. Der Zeitaufwand ist erheblich und man muss eben zusehen es in der Arbeitszeit zu erledigen. Dann noch die Vorbereitungen mit der Beschaffung von Lebensmitteln usw. ...
> (U. Gerig [Hrsg.], Briefkontakt. Alltägliches aus dem anderen Deutschland, Böblingen 1987, S. 146)

1958 rollte in Zwickau der erste „Trabant" vom Band. Die durchschnittliche Lieferzeit des „Trabi" betrug etwa 15 Jahre.

Von den „sozialistischen Bruderstaaten" zählten Bulgarien, Ungarn, die CSSR und Polen zu den begehrten Reisezielen der DDR-Bürger.

Baumaterial musste „organisiert" werden, Freunde halfen beim Bau und nun ist sie endlich fertig: die „Datsche" fürs Wochenende.

Das geteilte Deutschland

Fremde Schwestern, fremde Brüder?

Mit dem Bau der Mauer schienen die Menschen in beiden Teilen Deutschlands immer weiter auseinander zu rücken: Reisen von West nach Ost waren mit zahlreichen Schwierigkeiten verbunden wie Zwangsumtausch und Einreisevisum, Straßenbenutzungsgebühren und Schikanen bei der Grenzabfertigung. DDR-Bürger durften erst im Rentenalter zu ihren Verwandten in den Westen reisen.

Mochten die Älteren noch von ihren gemeinsamen Erinnerungen zehren, so identifizierten sich die Jüngeren mit dem Staat, in dem sie aufgewachsen waren: mit „ihrer" Bundesrepublik und – bei aller Kritik – auch mit „ihrer" DDR. Einer „Wiedervereinigung" standen sie zumeist eher gleichgültig oder ablehnend gegenüber, auch wenn die fehlende Reisefreiheit im Osten zunehmend bedrückender empfunden wurde. Das tägliche Leben in Ost und West driftete auseinander.

Wunsch nach Wiedervereinigung (in %)

Jahr	für WV	gegen WV	gleichgültig
1948	96	k. A.	k. A.
1954	88	2	10
1956	85	3	13
1960	91	0	14
1972	78	6	16
1980	79	5	14
1984	81	3	15
1987	80	4	16

Ich weiß von Euch nur Oberflächlichkeiten
Und auch die hab ich nur aus zweiter Hand,
Ich kenn die Dinge gern von beiden Seiten,
Und kenn doch eine nur von diesem Land.
Ich weiß, ein Lied würde das Eis wohl brechen,
Auch, wenn wir vielleicht manches anders sehn,
Glaub ich, dass wir dieselbe Sprache sprechen,
Trauer empfinden oder Spaß verstehn!
Ich kenne meine Freunde nur von Bildern,
Aus Briefen, die manchmal hin und her gehn,
Die Städte kenn ich nur von Straßenschildern,
Hab sie mit eignen Augen nie gesehn …
Ich würde gern mal in Dresden singen,
In Jena, Leipzig, Rostock und Schwerin.
Und hören, dass die Lieder hier wie drüben klingen,
In einem wie im anderen Frankfurt,
Im einen wie im anderen Berlin.
(Chanson des westdeutschen Liedermachers Reinhard Mey über die deutsche Entfremdung, nach: G. Rüther, Alltag in der DDR, Melle 1988, S. 154).

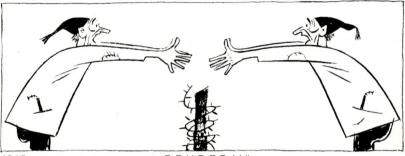

1945: „BRUDER!!"

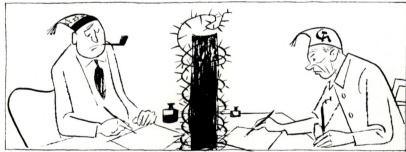

1955: „Mein lieber Vetter!"

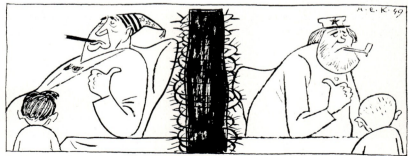

1965: „Ach, ja – wir haben irgendeinen entfernten Verwandten im Ausland…"

Diese schon 1949 entstandene Karikatur zeigt, wie sich der Zeichner die weitere innerdeutsche Entwicklung vorstellte.

Das Magazin „Der Spiegel" urteilte im Jahr 1967:
Den Durst auf Bier und die Lust am Skat, Rührseligkeit unterm Tannenbaum und Extase auf dem Fußballplatz, den Gartenzwerg vorm Haus und die „Fledermaus" von Strauß, hin und wieder eine Grippeepidemie – das haben im Jahr 1967 die Deutschen jenseits der Zonengrenze mit ihren Brüdern und Schwestern im Westen noch gemein. Viel mehr nicht. Die Zeitungen, die sie lesen; die Schulen, die sie besuchen; das Geld, das sie verdienen – alles ist anders als bei den anderen. Und eben dies scheint unabänderlich: Schon ist das zweite Deutschland älter als die Weimarer Republik, älter als das Tausendjährige Reich. Nichts deutet darauf hin, dass dieser entfremdete Spross in absehbarer Zeit in den Schoß der Nation zurückkehren könnte oder wollte.
(„Der Spiegel" vom 2. 1. 1967, Nr. 1/2, S. 34)

In diesem Land leben wir
wie Fremdlinge im eigenen Haus.
Die eigne Sprache, wie sie uns
entgegenschlägt, verstehn wir nicht,
noch verstehen, was wir sagen,
die unsre Sprache sprechen.
In diesem Land leben wir wie
Fremdlinge.
In diesem Lande leben wir
wie Fremdlinge im eigenen Haus.
Durch die zugenagelten Fenster dringt
nichts,
nicht wie gut das ist, wenns draußen
regnet,
noch des Windes übertriebene
Nachricht vom Sturm.
In diesem Land leben wir wie
Fremdlinge.
(Der Liedermacher Wolf Biermann schrieb dies „Hölderlinlied" 1976, im Jahr seiner Ausbürgerung aus der DDR; aus: Für meine Genossen, Berlin 1976, zitiert nach: Das Mauerbuch, M. Hammer, E. Abenstein [Hrsg.], Berlin 1986, S. 292)

Aus dem Brief eines DDR-Bürgers:
Die Tage nach Weihnachten sind im Stadtzentrum nicht weniger grau und trist als vor den Feiertagen. Die aufwendige Beflaggung der Gebäude anlässlich des Jahrestages der Gründung der Sowjetunion ist verschwunden, noch präsent sind allerorts die Westverwandten, auffallend mehr Pkw mit Westkennzeichen kurven in der Innenstadt und stehen auf den Parkplätzen.

Noch sind die Leute da und fallen auf. Im Intershop kaufte eine Großfamilie auf Kosten des dicken Onkels (aus dem Rheinland?) ein. Der DDR-Sohn/Schwiegersohn? stieg in etwa ein halbes Dutzend Jeans verschiedener Machart, rein in die Kabine, raus aus der Kabine, der Onkel (West), der schließlich bezahlen musste, gab Ratschläge, belehrte die Verkäuferin über Qualität, Stoffart usw., zupfte hier, drehte dort am Sohn/Schwiegersohn. Die mitgekommenen Kinder, Enkel, Töchter sparten gleichfalls nicht mit Ratschlägen.

Deutsch-deutscher Einkauf. Etwas schimmerte beim Bezahlen der Großmut des West-Besuches durch, bei aller rheinischen Fröhlichkeit. Oder sind wir, denen man was kauft, überempfindlich? Wägen wir jedes Wort, jede Geste zu sehr? Ärgert uns das, dass die von „drüben" bezahlen und wir „danke" sagen? Oder bin ich selbst nur zu empfindlich? Der vollbärtige Jeans-Probierer hatte schließlich Karotten-Jeans von Wrangler gefunden, er strahlte, er schien sich solche Gedanken nicht zu machen.
(nach: U. Gerig [Hrsg.], Briefkontakt. Alltägliches aus dem anderen Deutschland, Böblingen 1987, S. 161 f.)

1 Nennen Sie Beispiele dafür, dass Ost und West durch einen immer tiefer werdenden Graben getrennt waren.
2 1989 gehen die Menschen in der DDR auf die Straße mit dem Ruf: „*Wir* sind das Volk!", später dann „Wir sind *ein* Volk!". Welche Dinge verbanden die Deutschen trotz Mauern und Minenfeldern?
3 „Die Mauer in den Köpfen" zwischen Ost und West – gibt es sie Ihrer Meinung nach heute noch? Wie lässt sie sich überwinden?
4 Fragen Sie Ihre Eltern, wie sie die deutsche Teilung empfanden.

Das geteilte Deutschland

Zwischen Erstarrung und Wandel

Der Nachkriegsboom der bundesdeutschen Wirtschaft fand um 1966 mit der ersten „Rezession" ein plötzliches Ende, denn die Rahmenbedingungen hatten sich gegenüber den Jahren des „Wirtschaftswunders" deutlich geändert. Der Mauerbau hatte den Zustrom qualifizierter Facharbeiter abrupt gestoppt, zugleich war der erste große Nachholbedarf der Bundesbürger gestillt. Die Wachstumsraten schrumpften. An der Ruhr mussten bis 1964 mehr als 200 Zechen schließen, da Öl mittlerweile wesentlich billiger zu haben war als Kohle. Die Arbeitslosenzahlen stiegen von Dezember 1966 bis Mai 1967 von 350 000 auf 636 000 an – für die aufschwungverwöhnten Bürger ein Schock! Die Rezepte von Kanzler LUDWIG ERHARD schienen zur Krisenbewältigung untauglich. Er verlangte staatliche Sparmaßnahmen, forderte zum Maßhalten auf und setzte auf die Selbststeuerung des Marktes. Über der Frage, wie zudem noch die Deckungslücke im Bundeshaushalt geschlossen werden sollte, kam es schließlich zum Bruch der Koalition zwischen CDU und FDP. Mitten in der Legislaturperiode vollzog sich ein einschneidender *Regierungswechsel*: Die CDU/CSU tat sich mit der SPD zur *Großen Koalition* zusammen. Neuer Bundeskanzler wurde nach Erhards Rücktritt Kurt-Georg Kiesinger (CDU), Vizekanzler und Außenminister Willy Brandt (SPD). Im Parlament verfügte die Koalition über 449 Stimmen, während auf den Oppositionsbänken ganze 49 FDP-Abgeordnete saßen.

Das Zauberwort der neuen Wirtschaftspolitik hieß „Steuerung", denn staatliche Intervention sollte die Wirtschaft wieder auf Touren bringen. „Wettbewerb so viel wie möglich, Planung so viel wie nötig" war das Kredo des neuen SPD-Wirtschaftsministers KARL SCHILLER. In einer „konzertierten Aktion" saßen Regierung, Gewerkschaften, Arbeitnehmer und Bundesbank an einem Tisch um in freiwilliger Übereinkunft vor allem die Lohnentwicklung zu steuern. Zudem versuchte die Regierung mit staatlichen Investitionen die flaue Konjunktur anzuheizen. Überraschend schnell ging es wieder aufwärts. Der Glaube, wachsender Wohlstand sei machbar und selbstverständlich, verfestigte sich.

Das Ende des Booms?

Der „Spiegel" im Januar 1966.

Start zur Großen Koalition 1966: rechts Bundeskanzler Kiesinger (CDU), links Willy Brandt (SPD).

„Die Stimme der Opposition". Was sagt die Karikatur über die Machtverhältnisse im Bundestag aus?

> *Die SED zur wirtschaftlichen Situation der Bundesrepublik:*
> Die Wirtschaftskrise der Jahre 1966/67 brachte deutlich den Übergang zu einer neuen Etappe der westdeutschen Wirtschaftsentwicklung zum Ausdruck. Damit wurde auch in der BRD offensichtlich, dass der Kapitalismus prinzipiell keine Sicherheit des Arbeitsplatzes gewähren kann. Mit dieser Krise wurde das sogenannte Wirtschaftswunder endgültig zu Grabe getragen. Viele Illusionen über einen krisenfreien, stabilen Kapitalismus, über die Sicherheit des Arbeitsplatzes, über Sozialpartnerschaft usw. wurden stark erschüttert. Besonders angesichts der erfolgreichen Entwicklung der Volkswirtschaft der DDR hat diese Krise die Überlebtheit der kapitalistischen Ordnung offenbart; das Kräfteverhältnis zwischen der DDR und der BRD wurde wesentlich zu Gunsten der sozialistischen DDR verändert.
> (Institut für Gesellschaftswissenschaften beim ZK der SED, nach: U. Reimer, Die Sechziger Jahre, Frankfurt 1993, S.107 f.)

DDR-Wirtschaft auf neuen Wegen?

Auch die DDR-Wirtschaft kämpfte in den 60er Jahren mit Schwierigkeiten. Zwar war es seit Kriegsende kontinuierlich bergauf gegangen, die DDR stieg zur zweitgrößten Wirtschaftsmacht des Ostblocks auf und die elementaren Alltagsbedürfnisse der Bevölkerung galten als befriedigt. Doch das konnte nicht genügen: Die jährlichen Wachstumsraten gingen zurück, noch immer gab es Versorgungsengpässe, und das Ziel, die westdeutsche Wirtschaft einzuholen, war ein ferner Wunschtraum geblieben.

Geleitet vom Vorbild der Sowjetunion beschritt die DDR-Führung neue Wege. Während man im Westen erstmals den Versuch einer partiellen Wirtschaftslenkung unternahm, versuchte die DDR sich von der allumfassenden, schwerfälligen staatlichen Planungsbürokratie ein Stück zu entfernen. Im Jahr 1963 verkündete der Ministerrat das „Neue Ökonomische System der Planung und Leitung" (NÖSPL). Es gestattete den Betrieben selbstständiger und vor allem gewinnorientiert zu arbeiten und stärkeren Einfluss auf die Material- und Kreditbeschaffung sowie die Preisgestaltung zu nehmen. Der einzelne Betriebsleiter und Arbeiter sollte durch leistungsbezogenen Lohn für einen stärkeren Arbeitseinsatz motiviert werden.

Die Aussicht auf höhere Löhne und Unternehmensgewinne trug Früchte. Wirtschaftlich ging es aufwärts, der Lebensstandard der Bevölkerung stieg. Doch die Parteiführung bekam Angst vor ihrer eigenen Courage. Konnte doch ein selbstständig entscheidendes Industriemanagement auf die Dauer am Sinn staatlicher Wirtschaftslenkung, ja vielleicht an der umfassenden Parteiherrschaft zweifeln. 1967 brach die SED das Experiment ab und läutete die Rückkehr zu einem verstärkten *Zentralismus* ein.

Preise und Kaufkraft um 1980
(Die Stundenangaben bezeichnen die Arbeitszeit, die ein Käufer zum Erwerb der Ware aufwenden musste)

	BRD	DDR
Herrenoberhemd (Kunstfaser)	19,90 DM 1:36 h	45 M 8:55 h
Damenkleid (Mischgewebe)	70 DM 5:39 h	210 M 41:35 h
Kinderhalbschuhe	29,90 DM 2:25 h	39 M 7:43 h
Staubsauger (600 W)	179 DM 14:26 h	425 M 84:10 h
Fernseher (schwarzweiß)	348 DM 28:04 h	2050 M 405:56 h
PKW	9300 DM 750 h	19800 M 3920 h
Eisenbahnwochenkarte	16,50 DM 1:20 h	2,50 M 0:30 h
Straßenbahn-/Omnibusfahrt	1,54 DM 0:05 h	0,20 M 0:02 h
Tageszeitung (Abo monatlich)	14,97 DM 1:12 h	3,60 M 0:43 h
Herrenhaarschnitt	9,05 DM 0:44 h	1,80 M 0:21 h
Briefporto (bis 20 g)	0,60 DM 0:03 h	0,20 M 0:02 h
Roggenmischbrot (1 kg)	2,65 DM 0:13 h	0,52 M 0:06 h
Zucker, Raffinade (1 kg)	1,75 DM 0:08 h	1,59 M 0:19 h
Kartoffeln (5 kg)	3,26 DM 0:16 h	1,04 M 0:12 h
Schweinekotelett (1 kg)	11,36 DM 0:55 h	8 M 1:35 h
Vollmilchschokolade (100 g)	0,99 DM 0:05 h	4,80 M 0:57 h
Bohnenkaffee (1 kg)	16,90 DM 1:22 h	80 M 15:50 h

Die DDR-Wirtschaft aus bundesdeutscher Sicht 1967:
Der DDR-Bürger lebt nicht schlecht, aber er vermisst die Verführung auswählen zu können. Die Planwirtschaft beschert fast alles – aber an verschiedenen Orten und zu verschiedenen Zeiten. Etwa: Gibt's russische Pelze, fehlen Tomaten, wo der Käse frisch ist, schrumpeln die Gurken. Unerreichbar und doch stets gegenwärtig ist der gelackte Wohlstand, dessen Abglanz allabendlich zur Reklamezeit des westdeutschen Fernsehens in die Wohnstuben der DDR-Bürger fällt. Wenn die Ostdeutschen ein Westpaket öffnen und ihm ein Stück Butter entnehmen, dann versetzt sie weniger die fette Gabe in Verzückung, als die glitzernde Stanniolverpackung – ein Luxus, den sich ihr Staat nicht leisten kann.
(„Der Spiegel" vom 2. 1. 1967, S. 41 f.)

---

1 Mit welchen Mitteln versuchen die Regierungen in Ost und West ihre wirtschaftlichen Probleme zu lösen?
2 Wie wird die wirtschaftliche Lage vom jeweils anderen Teil Deutschlands bewertet?
3 Machen Sie den Unterschied zwischen den Planungsversuchen der „Konzertierten Aktion" und der zentralistischen Planung in der DDR deutlich.
4 Welche Produkte links weisen die größten Kaufkraftdifferenzen auf?

250 Das geteilte Deutschland

Zwischen Krise ...

Nach den stürmischen 50er Jahren, die einen ständigen Aufstieg versprachen, sahen sich die Bundesbürger in den 60er Jahren zum Einhalten gezwungen. Sie mussten sich mit Problemen beschäftigen, die sie lange verdrängt hatten, und sich fragen lassen, ob die bisherigen Lebensweisen und Autoritätsvorstellungen, die vielfach noch der Vorkriegszeit entstammten, ihre Gültigkeit behalten konnten. Die Bundesrepublik stand, wie Bundeskanzler KIESINGER 1966 bemerkte, am „Ende der Nachkriegszeit". Der Blick auf das Erbe der Vergangenheit veranlasste 1966 den Philosophen KARL JASPERS zu der sorgenvollen Frage: „Wohin treibt die Bundesrepublik?"

„Die Verjährung" – welche Gefahr sieht der Karikaturist 1965?

> Aus dem Jahrhunderte währenden Obrigkeitsstaat sind Gesinnungen geblieben, die heute noch mächtig sind: Respekt vor der Regierung als solcher, wie und woher sie auch sei, Bereitschaft zum blinden Gehorsam, Vertrauen, die Regierung werde es schon recht machen. Staatsgesinnung ist bei uns vielfach noch Untertanengesinnung, nicht demokratische Gesinnung des freien Bürgers. Man ruft nach Persönlichkeiten und tut alles, dass sie nicht entstehen. Daher die Lahmheit und Schwunglosigkeit des Lebens ...
>
> Das Fortwirken der alten Nationalsozialisten ist ein Grundgebrechen der inneren Verfassung der Bundesrepublik. Alle verdammen sie Hitler, alle behaupten, nicht eigentlich Nationalsozialisten gewesen zu sein. Aber der neue Staat kann nicht gedeihen, wenn die Beteiligung an höheren Stellen im NS-Staat heute nicht absolut disqualifiziert zur politischen, sittlichen, geistigen Mitwirkung am neuen Staat.
> (Karl Jaspers, Wohin treibt die Bundesrepublik, München 1966, S. 146f., 184)

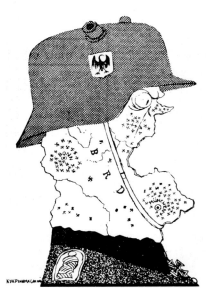

Die Rückkehr der Nazis unter dem Deckmantel westdeutscher Demokratie (Karikatur der Moskauer Prawda, 1967).

Von 1963 bis 1965 standen in FRANKFURT/M. 20 Aufseher des Konzentrationslagers AUSCHWITZ vor dem Richter und konfrontierten die Öffentlichkeit an 183 Verhandlungstagen mit der „Banalität des Bösen". Scheinbare Mitläufer mit Allerweltsgesichtern hatten während des Krieges an der „Selektion" und an der „Endlösung" der Judenfrage aktiv mitgewirkt ohne sich persönlich schuldig zu fühlen. Die lange verdrängte Nazi-Vergangenheit war mit einem Mal wieder gegenwärtig. Jugendliche fragten ihre Väter und Lehrer: „Was habt ihr im Krieg gemacht?" Besondere Brisanz erhielt die öffentliche Diskussion dadurch, dass im Mai 1965 die gesetzliche Verjährungsfrist für Mord ablief und damit den Nazischergen Straffreiheit winkte. Der Bundestag verlängerte schließlich die Verjährungsfrist und entschied 1979, Mord von jeder Verjährung auszunehmen.

Auch auf andere Weise schien die eigene Vergangenheit die Bundesbürger einzuholen. Ausländische Beobachter registrierten mit Sorge die Wahlerfolge der NPD. Diese 1964 gegründete rechtsradikale Partei konnte von 1966 bis 1968 in sieben Landtage einziehen. Ihr bestes Wahlergebnis lag bei 9,8 %. Angesichts der ersten Wirtschaftskrise der Bundesrepublik fragten sich viele, ob die Deutschen in schwierigen Zeiten wieder anfällig für radikale Parolen sein würden. Doch es kam zu keiner wirklichen Belastungsprobe. Parallel zur raschen wirtschaftlichen Erholung verlor die NPD ihre Wähler und rangierte bald unter den unbedeutenden Splittergruppen.

… und Stabilisierung

Für die DDR begann nach dem Bau der Mauer 1961 eine Phase der *Konsolidierung*. Die „Abstimmung mit den Füßen" und damit auch die Gefahr eines wirtschaftlichen Kollapses waren gestoppt. Die Bürger, denen die Möglichkeit zum Überwechseln in den Westen genommen war, mussten sich mit ihrem Staat arrangieren. Andererseits versuchte die Partei die Bevölkerung für mehr Mitarbeit zu gewinnen. In der „sozialistischen Menschengemeinschaft" sollten die Bürger selbstbewusst und stolz auf ihren Staat und seine Errungenschaften sein. Eine wichtige Funktion hatte dabei der Sport. 1968 verließ die DDR das gesamtdeutsche Olympiateam und trat erstmals mit einer eigenen Mannschaft bei den *Olympischen Spielen* an. Damit war ein öffentlichkeitswirksamer Schritt zur internationalen Gleichberechtigung getan. Dass die DDR auf Anhieb nach den USA und der UdSSR den dritten Platz in der Medaillenwertung erkämpfte, interpretierte die DDR-Führung als Beweis für die Überlegenheit des eigenen Systems.

Auch außenpolitisch agierte die DDR immer selbstbewusster. 1965 reiste WALTER ULBRICHT auf Einladung des ägyptischen Präsidenten NASSER zu seinem ersten Staatsbesuch in ein nichtsozialistisches Land. Das hob das Ansehen des zweiten deutschen Staates. Als zweitstärkste Industriemacht des Ostblocks sah Ulbricht die DDR zunehmend als Modell für andere sozialistische Staaten und stellte damit den Vorbildcharakter der Sowjetunion in Frage. Das war ein wichtiger Grund dafür, dass Moskau 1971 Ulbrichts Sturz betrieb.

Walter Ulbricht und Ägyptens Präsident Nasser 1965 in Kairo.

1 Welche Probleme beherrschen die Diskussion in der Bundesrepublik?
2 Untersuchen Sie, ob und inwieweit die Entwicklung in der DDR nach 1961 den Namen „Stabilisierung" verdient.

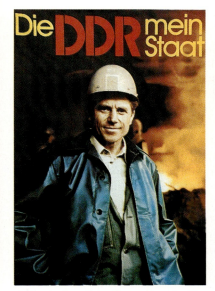

„Wir sind andere Deutsche als die westdeutschen Monopolisten und unsere Klassenbrüder in Westdeutschland. Wir sind Staatsbürger der DDR." (FDJ-Zitat, 1967)

Das Gesetz über eine eigene DDR-Staatsbürgerschaft sollte die Identität stärken. Der Westen verspottete zuweilen diesen „Identitätsdrang" wie hier die „Berliner Morgenpost" 1967.

Studentendemonstration 1968 in Westberlin. Wogegen richtet sich der Protest, wer dient als Leitbild?

Zwischen Protest ...

Mit dem Ruf „Solidarisieren – mitmarschieren!" protestierten im Mai 1968 Zehntausende gegen die Absicht der *Großen Koalition, Notstandsgesetze* samt der dafür nötigen Grundgesetzänderung mit ihrer Zwei-Drittel-Mehrheit im Bundestag durchzusetzen.

Eine Ausweitung der Regierungsbefugnisse in Kriegs-, Krisen- oder Katastrophenfällen, verbunden mit der gesetzlichen Möglichkeit bestimmte Grundrechte einzuschränken, hielten viele für unnötig und sogar gefährlich. Nicht zuletzt hatte der Missbrauch von *Notstandsgesetzen* die Weimarer Demokratie ausgehöhlt. Gegen die Übermacht der CDU/CSU/SPD-Koalition formierte sich eine „Außerparlamentarische Opposition" – von Freund und Feind kurz APO genannt. Wurzel und Basis der APO war die Schüler- und Studentenopposition, die zunächst an den Universitäten „Unter den Talaren, Muff von tausend Jahren!" vertreiben wollte.

Der Protest weitete sich rasch aus zu einer fundamentalen Kritik an der deutschen Nachkriegsgesellschaft mit ihrer „Amerikahörigkeit" und ihrem ausgeprägten Antikommunismus. Der Bundesregierung warf der Wortführer der APO, der *Sozialistische Deutsche Studentenbund* (SDS) vor, eine unkritische Haltung gegenüber dem Vietnamkrieg der USA einzunehmen und Menschenrechtsverletzungen in Diktaturen zu ignorieren. Doch erst die tödlichen Schüsse auf einen Studenten, der im Juni 1967 an einer Demonstration gegen den Schah von Persien teilnahm, hatte die Auseinandersetzungen in Berlin eskalieren lassen. Straßenschlachten, Verkehrsblockaden, Kaufhausbrandstiftungen und Sprengstoffanschläge waren für eine kleine Gruppe der APO der erste Schritt zu gewaltsamer Veränderung und in den Untergrund. Der größere Teil wollte mit der neuen SPD/FDP-Regierungskoalition, die 1969 die Große Koalition ablöste, „Mehr Demokratie wagen" und setzte auf gesellschaftliche Reformen.

Zwei Volkspolizisten bewachen einen der wenigen Grenzübergänge nach Ostberlin.

… und Erstarrung

> *Erich Honecker, Sekretär des Zentralkomitees, erläuterte 1965 die Haltung der SED zur „kritischen Intelligenz":*
> Wie soll denn eine Ideologie des „spießbürgerlichen Skeptizismus ohne Ufer" den Werktätigen helfen? Den Anhängern dieser Ideologie, die halb anarchistische Lebensgewohnheiten vertreten, und sich darin gefallen viel von „absoluter Freiheit" zu reden, möchten wir ganz offen erklären: Sie irren sich, wenn sie die Arbeitsteilung in unserer Republik so verstehen, dass die Werktätigen die sozialistische Gesellschaftsordnung aufopferungsvoll aufbauen und andere daran nicht teilzunehmen brauchen, dass der Staat zahlt und andere das Recht haben, den lebensverneinenden, spießbürgerlichen Skeptizimus als allein seligmachende Religion zu verkünden.
> *(15.12.1965 auf der 11. Tagung des ZK, zitiert nach: Hermann Weber, Kleine Geschichte der DDR, Köln 1980, S. 126)*

Von einem Abbau autoritärer Strukturen wie in der Bundesrepublik war in der DDR nichts zu spüren, ja die SED verhärtete sogar seit Mitte der 60er Jahre ihren Kurs gegenüber der kritischen Intelligenz. So wandte sie sich gegen „schädliche Tendenzen" in Film und Literatur und gegen westliche Popmusik, in denen sie ein Zeichen „amerikanischer Unmoral und Dekadenz" sah. Kritische Schriftsteller wie STEFAN HEYM wurden scharf angegriffen, der Philosoph und Naturwissenschaftler ROBERT HAVEMANN erhielt Berufsverbot, der Liedermacher WOLF BIERMANN Auftritts- und Ausreiseverbot.

1 Erläutern Sie die unterschiedliche Rolle der oppositionellen Intellektuellen in Ost und West.

Das geteilte Deutschland

Zahlreiche Verhaltens- und Wertmuster der Nachkriegszeit gerieten Ende der 60er Jahre ins Wanken und wurden hinterfragt: Warum soll Sex vor der Ehe verboten sein? Warum müssen Kinder ungefragt gehorchen? Warum soll unser Leben von Tabus und Pflichten bestimmt sein? Die westdeutsche Gesellschaft gewann in diesen Jahren ein liberaleres Gesicht.

„Wir wollen anders leben"

> Das hatte erst einmal überhaupt nichts mit Politik zu tun. Wir hatten doch das Gefühl in einer riesigen Käseglocke zu leben in diesem rekonstruierten Deutschland. Ich glaube, man versteht diese ganze Bewegung nicht und vor allem auch nicht, was davon übriggeblieben ist, wenn man nicht dazu nimmt, dass es sich doch um so etwas wie einen Lebensentwurf gehandelt hat. Wir wollten ja nicht nur den Vietnamkrieg beenden, nicht nur die Notstandsgesetze abschaffen, wir haben die Ehe abgelehnt, wir wollten nicht mehr alleine wohnen, wir hatten eine andere Idee vom Leben als die Generation vor uns.
> (P. Schneider in einer Fernsehdiskussion 1987, zitiert nach: U. Reimer [Hrsg.], Die Sechziger Jahre, Frankfurt 1993, S. 147)

Mit ihren politischen Forderungen erlitt die Protestbewegung von 1968 weitgehend Schiffbruch. Weder wurde der Zeitungskonzern Springer enteignet, noch die Notstandsgesetze verhindert oder der Kapitalismus abgeschafft. Im Lebensstil der Menschen aber hinterließ die Protestbewegung nachhaltige Spuren. Eine individuellere, freiere Lebensgestaltung bahnte sich an, auch dort, wo sie von der bürgerlichen Norm abwich. Selbst im politischen Alltag hinterließ das Jahr 1968 tiefe Spuren – wenn auch anders, als die Demonstranten erwarteten. In bisher nicht bekanntem Ausmaß mischten sich die Bürger von nun an in politische Entscheidungen ein und machten ihre Forderungen mit Demonstrationen und *Bürgerinitiativen* geltend. Die Aufbruchstimmung brachte 1969 eine neue, SPD-geführte Bundesregierung ans Ruder, deren Motto lautete: „Mehr Demokratie wagen".

1 Man hat vom „Revolutionsjahr 1968" gesprochen. Welche Auswirkungen sind noch heute spürbar? Ist die Bezeichnung gerechtfertigt?

Zusammenfassung

Der Kalte Krieg – Zweiteilung der Welt

Die großen Siegermächte des Zweiten Weltkriegs, die *USA* und die *Sowjetunion*, standen sich in der Nachkriegszeit unversöhnlich gegenüber. Misstrauisch unterstellten die ideologisch, politisch und wirtschaftlich ganz unterschiedlich ausgerichteten Länder einander Aggressionspläne und begannen einen *Rüstungswettlauf*. Zugleich entstanden die Militärbündnisse der *NATO* und des *Warschauer Paktes*, die die Welt in zwei Machtblöcke teilten. Den USA, Führungsmacht der westlichen Demokratien, stand die kommunistische Sowjetunion mit ihren osteuropäischen Satellitenstaaten gegenüber. Über Europa senkte sich ein waffenstarrender *Eiserner Vorhang*.

An der Nahtstelle zwischen Ost und West entstanden nach dem Zweiten Weltkrieg zwei deutsche Staaten. In der *Bundesrepublik Deutschland* etablierte sich eine *freiheitlich-demokratische* Staatsordnung mit freier Marktwirtschaft. Die *DDR* hingegen errichtete eine Parteidiktatur, in der die SED eine *sozialistische* Staats- und Gesellschaftsordnung durchsetzte. Der „Eiserne Vorhang", der Europa zerriss, trennte auch beide deutsche Staaten. Nach dem Bau der *Berliner Mauer* 1961 schien die Teilung Deutschlands endgültig und die Entfremdung der Menschen in Ost und West nahm zu.

Während des *Kalten Krieges* versuchten beide Supermächte ihre Position weltweit auszubauen. Das führte zu zahlreichen Konflikten, insbesondere in *Korea*, *Vietnam* und im *Nahen Osten*, die die Erde oftmals an den Rand eines neuen Weltkriegs brachten.

Erst die *Kubakrise* 1962 und die unmittelbare Gefahr eines Atomkriegs zwangen USA und Sowjetunion zu einer Wende im Ost-West-Konflikt. Beide Staaten bemühten sich um eine bessere Verständigung und respektierten künftig ihre gegenseitigen Einflusssphären. Die Gefahr eines vernichtenden Atomschlags verminderte sich dadurch beträchtlich. Dennoch wirkte die Rivalität beider Supermächte fort und bestimmte noch bis Ende der 80er Jahre das internationale Machtgefüge und die Weltpolitik.

Wichtige Begriffe

- Alleinvertretungsanspruch
- Atomares Patt
- Besatzungsstatut
- Demokratischer Zentralismus
- Eindämmungspolitik
- Einparteienstaat
- Eiserner Vorhang
- Entstalinisierung
- Hallstein-Doktrin
- Kalter Krieg
- Koexistenz
- LPG
- NATO
- Planwirtschaft
- Roll-back-Politik
- Soziale Marktwirtschaft
- Warschauer Pakt
- Zentralkomitee

Die Fünfziger Jahre hautnah

Mit Spürsinn und Fantasie können Sie selbst die *Fünfziger Jahre* im Klassenzimmer lebendig werden lassen und dem Zeitgeist nachspüren. Verschiedene *Projektgruppen* können z. B. Folgendes organisieren:

Ein Museum der 50er Jahre
Dafür können Sie z. B. sammeln: Postkarten, Briefmarken, Kochbücher, Benimm-Ratgeber, Reiseführer, technische Geräte, Einrichtungsgegenstände, Geschirr, Spielzeug, Modeartikel usw. Stellen Sie mit den anderen Leihgebern einen „Museumskatalog" zusammen und beschreiben Sie unterschiedliche Gestaltungsmerkmale im Vergleich zu heute.

Unsere Stadt im Wiederaufbau
Besorgen Sie Bilder Ihrer Stadt aus den 50er Jahren oder Fotokopien von Artikeln der örtlichen Zeitung. Markieren Sie in einem Stadtplan die in dieser Zeit bebauten Gebiete und unternehmen Sie eine Ortsbegehung. Berichten Sie in Wort und Bild über die Wandlungen und die architektonischen Besonderheiten der neu entstandenen Gebäude.

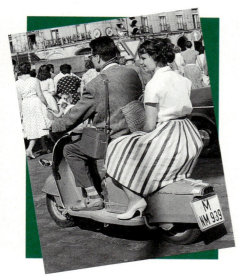

„Rock around the clock"
Dieser Schlager von Bill Haley und andere Songs (z. B. von Elvis Presley, Conny Froboess, Frank Schöbel) passen zu einer stilechten Party, auf der Ihnen jemand Rock'n'Roll-Schritte zeigt.

Nyltesthemd und Petticoat
Eine Modenschau im Stil der 50er Jahre findet im Klassenzimmer statt. Vergessen Sie dabei nicht die stilechte Frisur!

„Mach mal Pause!"
Ein kaltes Buffet lockt mit Käse-Igel, Gurkenschiffchen, illustrierten Broten, gefüllten Tomaten, Salzstangen und Milch-Shakes.

Wie war das eigentlich?
Mit der Videokamera werden Kurzinterviews mit Zeitzeugen aufgezeichnet (z. B. Erinnerungen an die Kubakrise, positive und negative Erfahrungen in der jungen BRD/DDR, Alltagsgeschichten usw.).

Kennen wir den?
Eine Fotoschau mit Kinderbildern Ihrer Lehrer aus den 50er Jahren lädt zum Raten ein: Kennen wir den?

Die Welt im Umbruch

Kaum ein Ereignis der letzten dreißig Jahre hat die Welt mehr bewegt als die Öffnung der 1961 errichteten Mauer zwischen Ost- und Westberlin. Sie schien das ewige Symbol der Spaltung der Welt in zwei unversöhnliche Blöcke zu sein. Noch wenige Wochen vor ihrem Fall hatte der Staatsratsvorsitzende der DDR, ERICH HONECKER, trotzig gesagt, sie werde noch hundert Jahre stehen.

Dann kam, von den DDR-Bürgern energisch gefordert, ganz plötzlich die Öffnung der Berliner Mauer am Abend des 9. November 1989. Noch in der Nacht strömten die Menschen von beiden Seiten zusammen um ein Freudenfest der Freiheit zu feiern.

Den Zeitgenossen, nicht nur den Deutschen, war klar, dass mit dem Fall der scharf bewachten innerdeutschen Grenze das Zeitalter der Konfrontation der Blöcke beendet war. Die Welt schien Atem zu schöpfen und neue Hoffnungen auf eine Friedenszeit wurden laut.

Wie es zu dieser weltgeschichtlichen Wende kam und welche Perspektiven sie eröffnete, soll im folgenden Kapitel erörtert werden.

Karikatur aus „Westfälische Nachrichten" vom 14. 11. 1989.

Die Welt im Umbruch

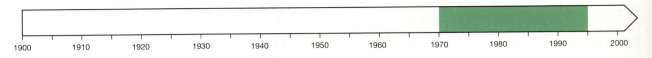

Eine neue Weltordnung?

Eine Bewertung der unmittelbaren Vergangenheit ist schwierig, da niemand weiß, welchen Verlauf die Geschichte nehmen wird. Das trifft besonders auf die von Umbrüchen geprägten letzten Jahrzehnte zu. Dennoch glauben wir zu erkennen, dass die aktuelle politische Lage auf globale Entwicklungen zurückgeht, die um das Jahr 1970 einsetzten. Sie lassen sich bis in die Gegenwart verfolgen und sind als Wendepunkte der Geschichte bereits deutlich auszumachen.

Das Kapitel beginnt daher mit der *Entspannungspolitik* der 70er Jahre und dem Ende des *Ost-West-Konflikts*, eingeleitet durch die politische Wende in der *Sowjetunion* unter GORBATSCHOW. Ein Blick auf den Nord-Süd-Gegensatz zwischen Industrie- und Entwicklungsländern sowie auf die Situation der Weltwirtschaft nach dem Ende des *Kalten Kriegs* schließt sich an. Ein Teilkapitel zur Bedeutung *Chinas* stellt dar, wie dieses menschenreichste Land der Welt politisch und wirtschaftlich zunehmend in eine Weltmachtrolle hineinwächst.

Erst danach folgt eine engere europäische und deutsche Geschichte, die in besonderer Weise vom Ost-West-Konflikt und seinem Ende geprägt ist. Das Deutschland-Kapitel beginnt mit der neuen Deutschlandpolitik während der ersten Entspannungsphase Anfang der 70er Jahre. Es stellt die Entwicklungen in beiden Teilen *Deutschlands* einander gegenüber und führt sie mit dem Sturz des SED-Regimes in der DDR und der deutschen Vereinigung wieder zusammen.

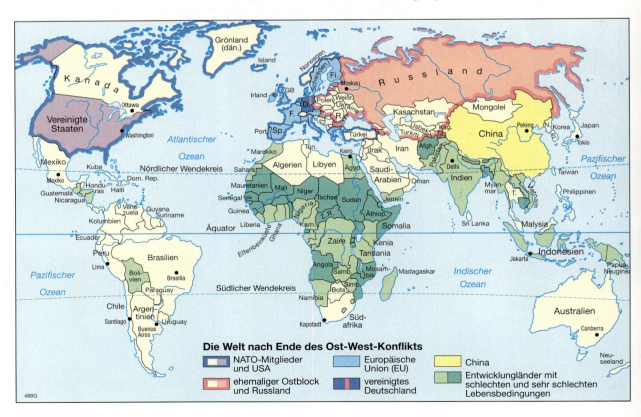

Die Welt nach Ende des Ost-West-Konflikts

Sicherheit für die Welt?

Die Ära Nixon (1968–1974)

Erste Schritte zur Entspannung

Der Republikaner RICHARD NIXON gewann im November 1968, auf dem Höhepunkt des *Vietnamkriegs*, die Präsidentenwahl in den USA – wenige Wochen nachdem die Sowjetunion an der Spitze der Truppen des *Warschauer Pakts* in die *Tschechoslowakei* einmarschiert war um die Reformpolitiker des „Prager Frühlings" wieder auf moskautreuen Kurs zurückzuzwingen. Der Generalsekretät der KPdSU, LEONID BRESCHNEW, rechtfertigte dieses Vorgehen anschließend mit der sogenannten *Breschnew-Doktrin*: Innerhalb des Ostblocks hätten die Einzelstaaten eine „eingeschränkte Souveränität". Die Gemeinschaft der sozialistischen Staaten habe daher das Recht einzugreifen, wenn in einem Mitgliedstaat die sozialistische, am sowjetischen Vorbild orientierte Ordnung bedroht sei.

Gegenüber der so gefestigten Stellung der Sowjetunion gewannen die USA trotz Vietnam 1969 neue Selbstsicherheit durch eine spektakuläre Mondlandung, die ihren technologischen Vorsprung deutlich machte. So konnten Präsident Nixon und sein Sonderbeauftragter HENRY KISSINGER darangehen, eine neue Außenpolitik der *Entspannung* in die Wege zu leiten. Die USA begannen sich aus dem Vietnamkrieg zu lösen und erreichten 1973 einen Waffenstillstand.

Gleichzeitig versuchte Nixon eine Annäherung an das China MAO ZEDONGS, eine Politik, die 1971 zur Anerkennung Rotchinas, seiner Aufnahme in den UN-Sicherheitsrat und dem Ausschluss *Taiwans* aus der UNO führte. Auch gegenüber der Sowjetunion verfolgte Nixon eine Politik der Entspannung mit persönlichen Kontakten zu Breschnew und Gesprächen beider Supermächte über *Rüstungsbeschränkungen*.

Diese Entwicklung fand 1974 durch den Rücktritt Präsident Nixons ein jähes Ende. Er kam damit einer Amtsenthebung wegen der „Watergate-Affäre" zuvor: Bei seiner Wiederwahl 1972 hatte er die Parteizentrale der *Demokraten* im Washingtoner Gebäudekomplex „Watergate" bespitzeln lassen und diese Machenschaften brachte nun ein Kongressausschuss ans Licht der Öffentlichkeit:

> Unter Missachtung der verfassungsmäßigen Rechte von Staatsbürgern hat Richard M. Nixon das Bundeskriminalamt (FBI), den Geheimdienst (Secret Service) und andere Angestellte der Exekutive missbraucht, indem er diese Behörden und Angestellten anwies oder ermächtigte, elektronische Überwachungen oder andere Untersuchungen durchzuführen oder fortzusetzen zu Zwecken, die weder mit der nationalen Sicherheit, der Durchsetzung der Gesetze noch mit irgendeiner anderen rechtmäßigen Funktion seines Amtes in Beziehung stand.
> (Impeachment-Artikel von 1973, zit. nach: Die Welt seit 1945, Teil II, hrsg. v. H. Krieger, Frankfurt/M. 1985, S. 455)

Am 20. Juli 1969 betraten Amerikaner als erste Menschen den Mond. Mit dieser Pioniertat bewiesen die USA, dass sie mit ihren Trägerraketen und der Weltraumnavigation der Sowjetunion überlegen waren. Das galt auch für die militärische Verwendung.

1 Diskutieren Sie die Frage, warum durch die Erfolge und Erschütterungen beider Supermächte in der Ära Nixon ein günstiges Entspannungsklima entstand.

Sicherheit für die Welt?

SALT – Ende des Wettrüstens

Leonid Breschnew und Henry Kissinger auf der SALT-Wippe, Karikatur 1974.

> Die Militärstrategie der NATO – Flexible Reaktion – hat zum Ziel Krieg durch Abschreckung zu verhüten. Abschreckung ist dann glaubwürdig, wenn die Bündnisstaaten fähig und willens sind sich gemeinsam zu verteidigen … Für jeden Aggressor muss das Risiko seines Angriffs unkalkulierbar sein. Mögliche Erfolge des Angreifers dürfen in keinem tragbaren Verhältnis zu seinen Verlusten und Schäden stehen … Die NATO hält Nuklearwaffen für Abschreckung und Verteidigung bereit, nicht weil sie damit einen Nuklearkrieg führen, sondern jeden Krieg verhüten will. Die am Ende unberechenbare Zerstörungskraft nuklearer Waffen soll davor abschrecken den Krieg noch als Mittel der Politik zu begreifen.
> (Weißbuch des Bundesverteidigungsministeriums 1979, S. 123/4)

Die Abschreckungsstrategie der „Flexible Response" (flexible Reaktion) ersetzte 1967 das ältere Konzept der NATO, die „massive Vergeltung". Da die Sowjetunion eine ähnliche Strategie verfolgte, waren beide Supermächte auf allen Gebieten, von den konventionellen bis zu den nuklearen Waffen, zu einem *Wettrüsten* gezwungen. Die Rüstungsausgaben stiegen in den USA auf über 5 % und in der Sowjetunion auf über 10 % des *Bruttosozialprodukts*. Wenn die Sowjetregierung den Konsum der Bevölkerung anheben wollte, musste sie auf das Verhandlungsangebot der USA über *Rüstungsbeschränkungen* eingehen.

So begannen beide Supermächte 1969 Gespräche über die Beschränkung strategischer Waffen, kurz SALT (*Strategic Arms Limitation Talks*) genannt. Verhandelt wurde dabei nur über interkontinentale Atomwaffen und ihre Träger: Langstreckenbomber, die in der Luft aufgetankt werden konnten, auf dem Land stationierte Interkontinentalraketen und Atom-U-Boote als Abschussbasen.

Das erste SALT-Abkommen unterzeichneten Nixon und Breschnew im Mai 1972. Als Ergänzung war ein Abkommen gedacht, das die Raketenabwehrwaffen auf je 200 zum Schutz der beiden Hauptstädte begrenzte. Überhaupt keine Abmachungen gab es bei SALT I über die Mehrfachatomsprengköpfe: Die Amerikaner konnten damals schon mit einer einzigen Rakete zehn Nuklearsprengköpfe in verschiedene Ziele bringen, die Russen erst drei. Eine zweite SALT-Vereinbarung von 1979 trat nie in Kraft.

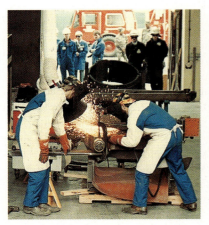

In Deutschland stationierte Pershing II-Raketen werden in Anwesenheit sowjetischer Beobachter zerstört.

Salt I u. II Vereinigte Staaten (USA) Sowjetunion (SU)	Strategische Bomber		landgestützte Raketen		Atom-U-Boote		seegestützte Raketen		Sprengköpfe		Mehrfachsprengköpfe		Raketenabwehr	
	USA	SU	USA	SU	USA	SU	USA	SU	USA	SU	USA	SU	USA	SU
Salt I 1972 Stand	460	140	1054	1618	41	30	656	740	5700	2500			–	200
Obergrenzen bis 1977	ohne Begrenzung		1000	1408	44	62	710	950	ohne Begrenzung				200	200
Salt II 1979 Stand	573	156	1054	1398			656	950			1046	752		
Obergrenzen bis 1981	ohne Begrenzung		820	820			ohne Begrenzung				1320	1320		

KSZE – hebt sich der Eiserne Vorhang?

Da sich in den SALT-Gesprächen nur die beiden Supermächte miteinander verständigten, fühlten sich ihre Bündnispartner zunehmend ausgeschaltet. Um sie zu beruhigen und der Friedensbewegung in Westeuropa entgegenzuwirken wurde die *Konferenz für Sicherheit und Zusammenarbeit in Europa* (KSZE) ins Leben gerufen. An ihr nahmen nicht nur alle Mitglieder der Militärblöcke, sondern auch die neutralen Staaten Europas teil. In HELSINKI unterschrieben am 1. 8. 1975 35 Regierungschefs – darunter Bundeskanzler SCHMIDT und DDR-Chef HONECKER – die KSZE-Schlussakte:

> I. Die Teilnehmer werden gegenseitig ihre souveräne Gleichheit und Individualität achten, einschließlich insbesondere des Rechtes eines jeden Staates auf rechtliche Gleichheit, auf territoriale Integrität sowie auf Freiheit und politische Unabhängigkeit. Sie werden ebenfalls das Recht jedes anderen Teilnehmerstaates achten sein politisches, soziales, wirtschaftliches und kulturelles System frei zu wählen und zu entwickeln ...
> VII. Die Teilnehmerstaaten werden die Menschenrechte und Grundfreiheiten einschließlich der Gedanken-, Gewissens-, Religions- oder Überzeugungsfreiheit für alle ohne Unterschied der Rasse, des Geschlechts oder der Religion achten.
> (nach: Die Welt seit 1945, Teil 1, hrsg. v. H. Krieger, Frankfurt/M. 1983, S. 469 f.)

Wichtiger als dieses Hauptdokument waren vielleicht die angeschlossenen Zusätze über „vertrauenbildende Maßnahmen" zwischen Ost und West. Dazu zählten neben Reiseerleichterungen sowie Kultur- und Zeitungsaustausch auch die Ankündigung von Manövern und die Zulassung von Manöverbeobachtern. Die Urteile über den Wert der Vereinbarungen waren zwar zwiespältig, doch schwang auch Hoffnung auf eine Entkrampfung des Ostblocks mit.

> „Der Spiegel" vom 4. 8. 1975 zur KSZE-Schlusskonferenz in Helsinki: Die gesellschaftlichen Verhältnisse in Europa wurden nicht festgeschrieben, sondern ausdrücklich zur Disposition des jeweiligen Volkes gestellt – ein radikaler Wandel gegenüber der Breschnew-Doktrin von 1968, wie Briten-Premier Wilson vorsichtig ausdrückte. Darüber hinaus belebt die große Konferenz bei den Bürgern der sozialistischen Länder die Hoffnung auf höheren Lebensstandard und mehr Bewegungsfreiheit. Schon äußern sowjetische Konferenzbeobachter Bedenken über die Nachfolgetagung, die in zwei Jahren in Belgrad den Vollzug der KSZE-Ziele prüfen soll ... Und Jugoslawiens Systemkritiker Djilas frohlockte: „Auf lange Sicht wird die Entspannung Osteuropa freimachen."

„Die KSZE-Henne", Karikatur zur Helsinki-Konferenz, 1975.

1 Prüfen Sie, ob SALT den Rüstungswettlauf beendet hat. Welche Bereiche der Rüstung wurden überhaupt nicht erfasst?
2 Vergleichen Sie die Urteile des Karikaturisten und des Journalisten über die KSZE-Schlussakte. Welche Position vertreten Sie?

Sicherheit für die Welt?

Das Iran-Desaster der USA

Chomeini (um 1900–1989), Verfechter eines islamischen Gottesstaates.

Das Afghanistan-Abenteuer der UdSSR

Die Präsidentschaft des Demokraten JIMMY CARTER (1977–1980) in den USA stand außenpolitisch unter keinem guten Stern. In den Jahren der Entspannung waren in Asien die islamischen Völker erwacht. Dem geistlichen Moslemführer AYATOLLAH CHOMEINI gelang es von seinem Exil in PARIS aus, den von den USA gestützten Schah des *Iran* zu vertreiben. Chomeini kehrte nach TEHERAN zurück und errichtete im Iran einen am *Koran* orientierten Gottesstaat.

Die neuen religiösen Führer des Iran schürten die antiamerikanische Stimmung. Am 4. November 1979 stürmte eine wütende Menge die US-Botschaft in Teheran und nahm 70 Amerikaner als Geiseln. Ein nächtliches Befreiungsunternehmen mit Hubschraubern und Flugzeugen, das Präsident Carter angeordnet hatte, scheiterte im April 1980 kläglich. Chomeini hatte der Welt, besonders der islamischen, die Ohnmacht der westlichen Führungsmacht USA plastisch vor Augen geführt.

Auch für die Sowjetunion waren die Erfolge der *islamischen Fundamentalisten* eine Herausforderung, lebten doch im Süden der UdSSR über 50 Millionen Moslems. Außerdem hatte das kommunistische Regime in *Afghanistan* zunehmend mit moslemischen Rebellen zu kämpfen, die vom *Iran* unterstützt wurden. Um politischen Einfluss zu sichern und Zentralasien zu stabilisieren ließ LEONID BRESCHNEW Ende 1979 sowjetische Truppen in Afghanistan einmarschieren. In KABUL gelangte eine moskautreue Marionettenregierung an die Macht. Dies Unternehmen weitete sich jedoch zu einem verlustreichen Krieg der Sowjets gegen die moslemischen Rebellen aus, die nicht zu besiegen waren. Afghanistan wurde das Vietnam der Sowjetunion. Zugleich erwies sich die Invasion als Prüfstein der Ost-West-Entspannung, die nun ins Stocken geriet. Die Empörung des Westens gipfelte im Boykott der Olympischen Spiele in Moskau 1980. Doch erst 1989 zog eine veränderte Sowjetunion ihre letzten Truppen aus Afghanistan ab, wo 14 000 Russen ihr Leben gelassen hatten.

Links: Der CIA und Peking suchen „Terror" und „Provokation" nach Kabul zu tragen (sowjetische Karikatur).
Rechts: „Bist du sicher, Leonid, dass wir uns diesmal nicht verfahren haben?"

Erneute Konfrontation: der NATO-Doppelbeschluss

Um die militärische Überlegenheit des Warschauer Pakts zu sichern begann die Sowjetunion 1977 während der SALT-II-Verhandlungen mit der Aufstellung neuer Mittelstreckenraketen des Typs SS-20 in Europa. Als Gegenmaßnahme setzten die USA 1979 den *NATO-Doppelbeschluss* durch, obwohl in vielen europäischen Ländern die Angst vor einem Atomkrieg heftige Proteste hervorrief. In Europa sollten 108 Pershing-Mittelstreckenraketen und 464 Marschflugkörper als Nachrüstung neu aufgestellt werden. Gleichzeitig bot die NATO einen Verzicht an, falls die UdSSR zu Verhandlungen über die Mittelstreckenwaffen bereit sei.

In dieser Zeit des Kälteeinbruchs zwischen Ost und West wählten die Amerikaner den Republikaner RONALD REAGAN zum Präsidenten (1981–1989). Dieser verließ endgültig den Entspannungskurs, verteufelte die Sowjetunion als „Reich des Bösen" und gab 1983 den Auftrag zur Entwicklung einer *Strategischen Verteidigungsinitiative* (SDI): Ein futuristisches Konzept, das ungeheure Summen verschlingen musste.

Aus der SDI-Ankündigung Präsident Reagans vom 23. 3. 1983:
Was wäre, wenn freie Menschen in dem Bewusstsein leben könnten, dass ihre Sicherheit nicht von der Drohung eines amerikanischen Vergeltungsschlags zur Abschreckung eines sowjetischen Angriffs abhängt – dass wir Interkontinentalraketen abfangen und vernichten können, noch ehe sie unser Gebiet oder das unserer Verbündeten erreicht haben? Angesichts dieser Überlegungen rufe ich die Wissenschaftler, die uns die Atomwaffen bescherten, dazu auf, ihre Talente in den Dienst des Weltfriedens zu stellen und uns Mittel an die Hand zu geben, die diese Atomwaffen wirkungslos und überflüssig machen.
(nach: Aus Politik und Zeitgeschichte, B 48/1984, S. 31)

---

1 Was führte zu neuen Konfrontationen zwischen den Supermächten?
2 Welche Konsequenzen mussten sich aus dem SDI-Programm der USA für die Sowjetunion und ihre Verbündeten ergeben?

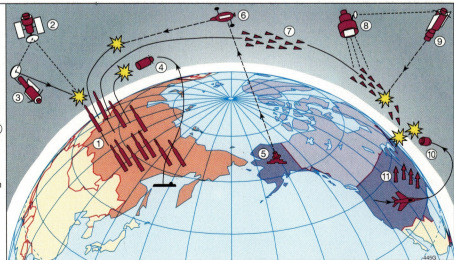

"Star Wars" - Skizze zum SDI-Projekt der USA

In Sibirien stationierte sowjetische Nuklearraketen ① werden gezündet. Ein Überwachungssatellit ② meldet den Angriff an eine Kampfstation im Weltraum ③. Diese vernichtet Raketen mit Laserstrahl gleich nach dem Start. Weitere Raketen werden vernichtet durch Laserwaffen, die von U-Booten aus gestartet werden ④ und durch Laser-Kanonen ⑤, deren Strahl von Weltraumspiegeln ⑥ gelenkt wird.
Die noch nicht zerstörten Angreifer setzen Schwärme von Sprengkörpern frei ⑦. Diese werden von einem zweiten Überwachungssatelliten ⑧ geortet und dann einzeln zerstört durch Weltraumlaser ⑨, Flugzeugabwehr ⑩ oder Antiraketenwaffen ⑪.

Sicherheit für die Welt?

Das Ende der Sowjetunion und die Folgen

Michail Gorbatschow: Glasnost und Perestroika

Nach Breschnews Tod 1982 folgte mit den Generalsekretären Andropow und Tschernenko – beide alt und todkrank – eine Zeit der Führungslosigkeit, in der sich die durch das Wettrüsten hervorgerufene Wirtschaftskrise zuspitzte. Daher wählte das Politbüro der KPdSU 1985 einen dynamischen „jungen" Mann von 54 Jahren zum Generalsekretär: Michail Gorbatschow. Den einzigen Ausweg aus der Krise sah er in der Beendigung des Wettrüstens, der wirtschaftlichen Öffnung zum Westen und einer gründlichen *Reform* des verkrusteten Sowjetsystems. In seiner ersten Neujahrsansprache schlug er 1986 vor bis zum Jahr 2000 alle Atomwaffen zu vernichten. Für die innere Reform fand er das Schlagwort *Glasnost* („Offenheit"), das zur kritischen öffentlichen Diskussion politischer Fragen aufforderte. Den zweiten Leitbegriff *Perestroika* („Umgestaltung") erklärte er so:

Nach seiner Wahl suchte Michail Gorbatschow sofort Kontakt zum Westen. Zusammen mit seiner charmanten Frau Raissa begeisterte er die westlichen Medien und beeindruckte die Sowjetbürger.

> Perestroika bedeutet Initiative der Massen; Entwicklung der Demokratie auf breiter Basis, sozialistische Selbstverwaltung, Förderung von Initiative und schöpferischer Arbeit, Stärkung von Ordnung und Disziplin, mehr Offenheit, Kritik und Selbstkritik in allen Bereichen unserer Gesellschaft; ein Höchstmaß an Achtung des Individuums und Wahrung seiner persönlichen Würde … Das Wesen der Perestroika liegt in der Tatsache, dass sie Sozialismus und Demokratie miteinander verbindet und das Leninsche Konzept des sozialistischen Aufbaus sowohl in der Theorie als auch in der Praxis wieder einführt.
> *(Michail Gorbatschow, Perestroika, München 1987, S. 39, 41)*

Im Zuge der Perestroika leitete Gorbatschow 1988 eine *Verfassungsreform* ein. Die KPdSU verlor ihr Monopol der Staatsführung und erstmals seit 1917 konnten die Bürger der Sowjetunion bei der Wahl zum *Kongress der Volksdeputierten* im März 1989 zwischen verschiedenen Kandidaten wählen. Die siegreichen *Reformer*, die auf Grund ihrer Kongressmehrheit auch den *Obersten Sowjet* beherrschten, wählten Michail Gorbatschow in das neu geschaffene Amt des *Staatspräsidenten*. Der Westen sah in diesen Wahlen eine historische Wende:

„Lasst uns Demokratie lernen!" Karikatur des Moskauer Magazins „Krokodil" zum Wahlkampf 1989.

> *Aus dem „Daily Telegraph", London, vom 27. 3. 1989:*
> Der Ostersonntag, 26. März 1989, könnte wohl von den Historikern als ein Wendepunkt angesehen werden … Die schreckliche Tragödie der kommunistischen Machtergreifung in Russland könnte zu einem Ende gekommen sein, geschwächt durch einen langlebigeren und subversiveren Glauben: der Selbstbestimmung, also dem Recht jedes Individuums mitzubestimmen, wie es regiert wird.
>
> *Aus „Le Figaro", Paris, vom 27. 3. 1989:*
> Dennoch kann man die Flut der Ereignisse, die seit vier Jahren Zentrum und Peripherie des großen Russland erschüttern, von nun an einordnen. Es handelt sich um eine Revolution.
> *(beide Quellen zit. nach: PU aktuell 4, Stuttgart 1989, S. 6)*

Von der Sowjetunion zum neuen Russland

Mit revolutionärem Tempo veränderte Gorbatschows Außenpolitik die Sicherheitslage der Welt. Er zog die Truppen aus Afghanistan ab, schloss 1987 mit den USA einen Vertrag über den Abbau der Mittelstreckenraketen und im Juli 1991 den START-Vertrag über eine Reduzierung der strategischen Atomwaffen. Gleichzeitig hob er die *Breschnew-Doktrin* auf und entließ die Staaten des Ostblocks aus dem sozialistischen Lager. Dort mussten die kommunistischen Machthaber seit 1989 demokratisch gewählten Regierungen weichen, was 1991 zur Auflösung des *Warschauer Pakts* führte. Im Zuge dieses Umbruchs kam es 1990 auch zur *Vereinigung* der beiden deutschen Staaten (vgl. S. 314 f.).

Diesen Erfolgen standen zunehmend innenpolitische Schwierigkeiten gegenüber. Während sich die wirtschaftliche Lage Besorgnis erregend verschlechterte, strebten die Völker der Unionsrepubliken nach staatlicher *Souveränität*. Die Vision eines einheitlichen „Sowjetvolkes" erwies sich als endgültig gescheitert.

Im Sommer 1991 versuchte Gorbatschow die Sowjetunion durch einen neuen Unionsvertrag vor dem Zerfall zu bewahren. Da setzte ihn eine Gruppe von Reformgegnern aus Armee und KPdSU im Urlaub auf der Krim gefangen. Die Putschisten zogen 3500 Panzer um Moskau zusammen, doch da sich Soldaten und Bevölkerung hinter den gerade gewählten russischen Präsidenten Jelzin stellten, brach der Putsch in wenigen Tagen zusammen. Der befreite Gorbatschow musste auf Anweisung Jelzins die KPdSU verbieten. Statt einer neuen Union bildete sich eine *Gemeinschaft Unabhängiger Staaten* (GUS), der sich alle ehemaligen Teilrepubliken bis auf die drei baltischen anschlossen. An die Stelle der 1991 aufgelösten Sowjetunion trat ihr größter Teilstaat: das neue *Russland* unter Präsident Boris Jelzin.

Nach dem misslungenen Putsch vom August 1991 trat Boris Jelzin als Präsident Russlands das Erbe Gorbatschows an. Die Karikatur rechts von 1991 trägt den Titel: „Triumphale Rückkehr".

1 Welche Entwicklungen führten zur Auflösung der Sowjetunion? Welche Folgen ergeben sich daraus für die weltweite Machtbalance?

Sicherheit für die Welt?

Als der Koloss stürzte …

Alle 14 Teilrepubliken der UdSSR wurden souveräne Staaten und bildeten – bis auf die baltischen Länder – zusammen mit *Russland* den Verband der GUS. Fast überall in diesen neuen Staaten gab es Zusammenstöße zwischen den verschiedenen Nationalitäten, am heftigsten in *Georgien* und *Aserbaidschan*. Zuletzt erhob sich das kleine autonome *Tschetschenien* gegen das übermächtige Russland.

Der Prozess der *Demokratisierung* sprang auch auf die Ostblockstaaten über. An der Spitze der polnischen Opposition gegen die Kommunisten stand seit 1980 die Gewerkschaft „Solidarność" unter ihrem Führer Lech Walesa. Die Herrschaft der KP endete 1989 unblutig mit Wahlen und einer demokratischen Regierung. In der *Tschechoslowakei* kam es nach Demonstrationen und einem Generalstreik zum Umbruch: Nach den ersten freien Wahlen wurde der Bürgerrechtler Václav Havel 1990 Staatspräsident. Ähnlich verlief der Übergang zur Demokratie auch in den anderen Ostblockstaaten. Nur in *Rumänien* endete das Regime des Diktators Ceaușescu mit dessen Erschießung während eines Volksaufstands. Die Reformstaaten beantragten sogleich ihre Aufnahme in die *Europäische Union* und strebten eine Mitgliedschaft in der NATO an. Mit einigen nahm die NATO 1997 Beitrittsverhandlungen auf, was Russland erst nach Abschluss eines Sicherheitsabkommens akzeptierte.

1 Untersuchen Sie anhand der Karte, was der Zerfall der Sowjetunion und des Ostblocks für Russland bedeutet.
2 Welcher neuen Situation steht die NATO gegenüber?

Der Zerfall der Sowjetunion und des Ostblocks

Sicherheit für die Welt?

Eine neue Rolle für die UNO?

Nach dem Zusammenbruch der Sowjetunion und des Ostblocks blieb die Hoffnung auf eine weltweite, stabile Friedensordnung unerfüllt. Das bedeutete eine Chance für die UNO, deren Sicherheitsrat bisher häufig durch das sowjetische Veto gelähmt war. Auch GORBATSCHOW sah in der UNO das künftige Friedensinstrument:

> Unsere Welt bedarf immer dringlicher eines Mechanismus, der die verantwortungsvolle Erörterung gemeinsamer Probleme durch hochrangige Vertreter ermöglicht. Dieser Mechanismus soll das gemeinsame Streben nach einem Ausgleich zwischen den unterschiedlichen, gegensätzlichen und dennoch berechtigten Interessen der gegenwärtigen Gemeinschaft von Staaten und Nationen erlauben. Die UNO ist auf Grund der Ideen, die ihr geistiges Fundament bilden, und auf Grund ihrer Entstehung dazu berufen, diese Aufgabe zu übernehmen, und wir sind sicher, daß sie diese Rolle erfüllen kann.
> *(Prawda vom 27. 9. 87, nach: M. Bertrand, UNO, Frankfurt 1995, S. 124)*

Der Golfkrieg

Die USA betrachteten die UNO eher als Instrument für ihre Rolle als „Weltpolizist", was sich im *Golfkrieg* zeigte. Im August 1990 hatte der irakische Diktator SADDAM HUSSEIN das Ölscheichtum *Kuwait* überfallen und zur irakischen Provinz erklärt. Trotz mehrerer UNO-Resolutionen weigerte sich der Irak seine Truppen zurückzuziehen. Daraufhin ließen sich die USA vom UN-Sicherheitsrat den Auftrag erteilen Kuwait zu befreien. Gestützt auf eine hochmoderne Luftwaffe und ihre in Saudi-Arabien zusammengezogene Armee vernichteten sie im Januar 1991 die Militärmacht des Irak, konnten den Sturz des Diktators aber nicht erzwingen. Auch ein Wirtschaftsboykott blieb erfolglos. Die Amerikaner feierten diesen Sieg als Erfolg der Demokratie gegen den Aggressor. In Deutschland hingegen stieß der Golfkrieg vor allem bei einer spontanen „Friedensbewegung" auf Protest.

US-Kampfflieger mit Raketenwaffen im Anflug auf den Irak.

Vor allem Jugendliche demonstrierten in Deutschland gegen den Golfkrieg, während die öffentliche Meinung gespalten war.

Ein Franzose urteilt über die Rolle der UNO:
Anders als im Koreakrieg kämpften die Truppen im Golfkrieg nicht unter der Fahne der Vereinten Nationen, auch wenn zahlreiche Staaten kleinere Kontingente entsandten, um die Aktion der USA symbolisch zu unterstützen... Dagegen waren die spezifischen Instrumente der Vereinten Nationen z. B. zum Schutz der Kurden sehr hilfreich... Doch die Behauptung, daß mit dieser Intervention der Grundstein zu einer „neuen Weltordnung" gelegt worden sei, war reine Propaganda. Der Krieg in Jugoslawien zeigt deutlich, daß niemand an eine kollektive Militäraktion zur Bestrafung der Aggressoren denkt, solange keine „vitalen Interessen" auf dem Spiel stehen (oder zu stehen scheinen).
(M. Bertrand, UNO – Geschichte und Bilanz, a. a. O., S. 134)

Der Bosnienkonflikt

Mit dem Schwinden des Ost-West-Konflikts brach auch das von Serben dominierte *Jugoslawien* auseinander. Als 1991 Slowenien, Kroatien, Makedonien und Bosnien ihre Unabhängigkeit erklärten, begann in *Bosnien-Herzegowina* ein erbitterter Bürgerkrieg zwischen orthodoxen *Serben*, katholischen *Kroaten* und muslimischen *Bosniern*. Verschärft wurde der Konflikt durch die nationalistische Führung in Belgrad, die ein „Großserbien" erträumte, und die serbische Kriegspartei militärisch unterstützte. Die 1992 stationierte UN-Friedenstruppe von 20 000 Mann geriet zwischen die Fronten und musste schließlich von NATO-Flugzeugen geschützt werden. Unzählige Waffenstillstandsabkommen unter Vermittlung europäischer Staaten wurden gebrochen. Erst ein unter Druck von US-Präsident CLINTON 1995 in DAYTON ausgehandeltes *Teilungsabkommen* versprach Frieden.

1 Diskutieren Sie die Rolle von UNO und NATO in einer sich abzeichnenden neuen Weltordnung nach Ende des Ost-West-Konflikts.

Von serbischen Armeeführern als Geisel angeketteter UN-Soldat im Bosnienkonflikt.

Die Präsidenten Milošević (Serbien), Tudjman (Kroatien) und Izetbegović (Bosnien) unterzeichnen 1995 in Paris das Friedensabkommen. Dahinter unter anderen US-Präsident Clinton und Bundeskanzler Kohl.

Wohlstand für alle?

Die Teilung der Welt in Arm und Reich

1972 alarmierte der „Club of Rome", eine Gruppe von Wissenschaftlern verschiedener Forschungsgebiete, mit dem Buch *Die Grenzen des Wachstums* die Weltöffentlichkeit. Sie erklärten darin, dass das industrielle Wirtschaftswachstum und die Bevölkerungsexplosion spätestens in 60 Jahren zu einer Menschheitskatastrophe führen müsse und riefen zu schnellem Handeln auf:

> Einmütig sind wir davon überzeugt, dass eine rasche und grundlegende Besserung der gegenwärtigen gefährlich unausgewogenen und sich verschlechternden Weltlage die Hauptaufgabe ist, vor der die Menschheit steht …
>
> Wenn tiefere Einsichten in die Bedingungen und Vorgänge innerhalb des Weltsystems entwickelt werden, so müssen diese Nationen erkennen, dass in einer Welt, die dringend der Stabilität bedarf, ihr hoher Entwicklungsstand nur dann gerechtfertigt ist und toleriert wird, wenn er nicht als Sprungbrett für eine noch raschere Entwicklung, sondern als Ausgangslage einer gleichmäßigeren Verteidigung von Wohlstand und Einkommen auf der ganzen Erde benutzt wird.
> (nach: Die Welt seit 1945, Teil II, a. a. O., S. 528 f.)

Welche „unausgewogene Weltlage" gemeint war, lässt sich aus der Karte oben ablesen. Sie erscheint ungewohnt, weil die Größe der Staaten ihrem *Bruttosozialprodukt* – dem gesamten Wirtschaftsertrag eines Jahres – entspricht.

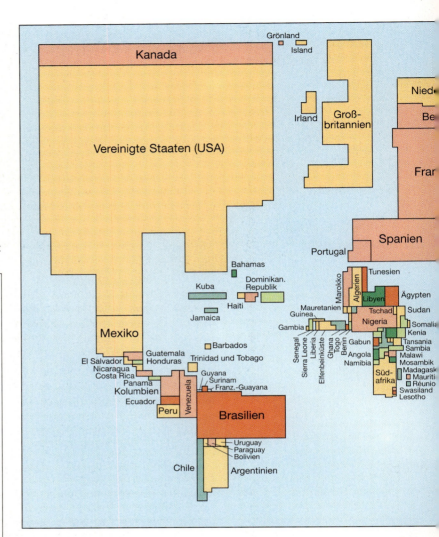

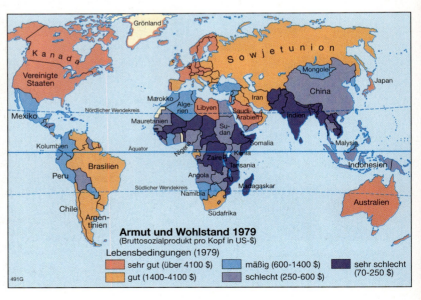

Armut und Wohlstand 1979
(Bruttosozialprodukt pro Kopf in US-$)

Lebensbedingungen (1979):
- sehr gut (über 4100 $)
- gut (1400-4100 $)
- mäßig (600-1400 $)
- schlecht (250-600 $)
- sehr schlecht (70-250 $)

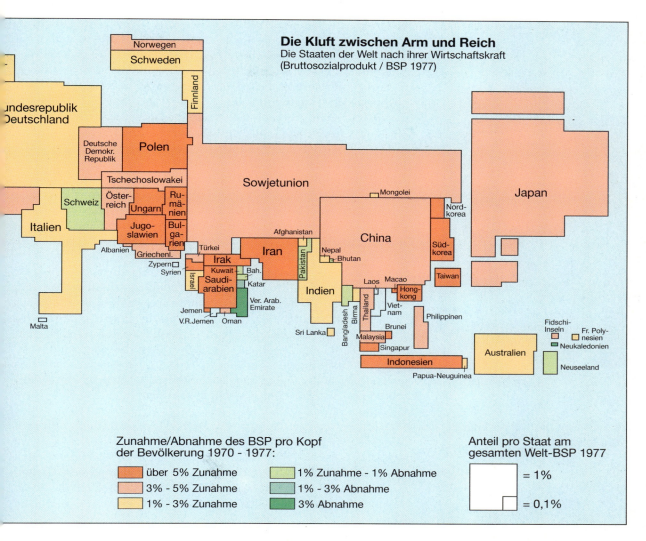

Die Kluft zwischen Arm und Reich
Die Staaten der Welt nach ihrer Wirtschaftskraft
(Bruttosozialprodukt / BSP 1977)

Zunahme/Abnahme des BSP pro Kopf der Bevölkerung 1970 - 1977:
- über 5% Zunahme
- 3% - 5% Zunahme
- 1% - 3% Zunahme
- 1% Zunahme - 1% Abnahme
- 1% - 3% Abnahme
- 3% Abnahme

Anteil pro Staat am gesamten Welt-BSP 1977
- = 1%
- = 0,1%

„Nord und Süd im Würgegriff".

Dialog zwischen Nord und Süd? Der faire Preis für Rohstoffe, landwirtschaftliche Produkte und andere Wirtschaftsgüter muss zwischen Industriestaaten und Entwicklungsländern noch ausgehandelt werden!

Wohlstand für alle?

Die Ölkrise 1973 – eine erste Warnung?

Fast gleichzeitig mit den Warnungen des *Club of Rome* traf die Industriestaaten im Oktober 1973 ein schwerer Schock. Als Antwort auf den Sieg *Israels* im *Jom-Kippur-Krieg* beschlossen die Erdöl exportierenden arabischen Staaten (OPEC) Gegenmaßnahmen: Sie drosselten die Erdölförderung, hoben die Preise an und verhängten einen Boykott gegen israelfreundliche Staaten. Das traf besonders die europäischen Industrienationen, da sie ihr Öl fast ausschließlich aus dem Nahen Osten bezogen. Die Bundesregierung musste Sparmaßnahmen verhängen und Sonntagsfahrverbote, Geschwindigkeitsbeschränkungen sowie notdürftige Straßenbeleuchtung zeigten die Gefährdung industriellen Wohlstands.

Für die Industriestaaten bedeutete die Ölpreiserhöhung zwar den Beginn einer langen *Rezession*, aber die Ölerpressung erwies sich bald als wenig wirksam, da die Araber ihre eigenen Abmachungen durchbrachen. Zudem verminderten die europäischen Staaten ihre Abhängigkeit durch die Erschließung neuer Erdöl- und Erdgasvorkommen in der Nordsee sowie die verstärkte Nutzung der *Atomkraft*. Die *Sowjetunion* mit ihren reichen Ölvorkommen profitierte gar vom steigenden Ölpreis durch Preiserhöhungen gegenüber ihren Satellitenstaaten. Am schlimmsten traf die Ölkrise die *Entwicklungsländer*, da sie das teure Öl nicht finanzieren konnten. Der erste „Angriff" auf die Industriestaaten beschleunigte daher eher das wachsende Ungleichgewicht zwischen den reichen Staaten des Nordens und den Entwicklungsländern, eine Situation, die man parallel zum Ost-West-Konflikt nun als *Nord-Süd-Konflikt* bezeichnete.

„Ist dir klar, dass ich dich in der Hand habe?"

Was konnte die Entwicklungshilfe leisten?

Die Hilfe der reichen Industriestaaten, die ursprünglich 1 Prozent ihres *Bruttosozialprodukts* betragen sollte, stagniert heute bei etwa 0,4 %. Beispiele dafür finden Sie im Schlusskapitel dieses Buchs. Auch nichtstaatliche Hilfsaktionen, wie sie z. B. die beiden großen Kirchen Jahr für Jahr mit den Aktionen „Misereor" und „Brot für die Welt" unternehmen, konnten nur bei begrenzten Projekten wirksame Hilfe leisten.

Entwicklungshilfe konnte weder die Rodung des Regenwaldes – das Kapital der tropischen Länder – noch die völlige Verarmung der Staaten am Südrand der Sahara verhindern. Dort drang als Folge klimatischer Veränderungen die Wüste nahezu 100 Kilometer nach Süden vor, die Viehherden fraßen das spärliche Gras und die Not leidenden Einwohner bereiteten mit dem Holz der letzten Büsche ihre Mahlzeiten.

Obwohl sich die Schere zwischen Arm und Reich immer weiter öffnet, haben doch manche Entwicklungsländer den Aufbau einer eigenen Industrie und den Anschluss an den Welthandel geschafft. Die breite Palette der verschiedenen Entwicklungsmöglichkeiten zeigt die Tabelle auf der folgenden Seite.

Elendshütten der Slums vor modernen Wohnquartieren am Stadtrand von Bombay.

1 Ordnen Sie die Länder der Tabelle nach ihrem Wohlstand. Welche Kennzeichen und Ursachen der Armut lassen sich erkennen?

2 Welche Probleme ergeben sich aus dem Anwachsen der Städte zu Megastädten mit über zehn oder zwanzig Millionen Einwohnern für die Entwicklungsländer?

Staaten 1972/1994	Entwicklung von Reichtum und Armut in der Welt zwischen 1972 und 1994 (je zwei Staaten verschiedenen Typs aus den vier großen Kontinenten)															
	Deutschl. 1994	Frankreich 1972	1994	Polen 1972	1994	USA 1972	1994	Brasilien 1972	1994	Ägypten 1972	1994	Ruanda 1972	1994	Indien 1972	1994	Südkorea 1972	1994
Bevölkerung (in Mio.)	81,3	51,7	57,5	33,0	38,3	208,8	257,8	98,8	156,4	39,8	56,4	3,9	7,5	563,5	898,2	32,5	44,1
Einwohner je km^2	228	94	106	106	122	22	27	11	18	34	57	155	287	179	273	330	444
Bevölkerungswachstum (in %)	–0,1	0,6	0,3	0,9	0,2	0,8	0,7	2,8	1,9	2,5	2,3	3,3	2,9	2,2	1,9	2,0	1,0
Großstädte u. Agglomeration (A) (in Mio. Einw.)	Berlin 3,4	Paris 2,5	2,2 A. 9,3	Warschau 1,3	1,6	New York 7,8	7,3 A. 18	R. d. Janeiro 4,2	5,3 A. 10,2	Kairo 4,9	6,8 A. 15	Kigali 0,06	0,23	Bombay 5,9	9,9 A. 12,6	Seoul 6,1	10,6
BSP/Einw. (in US-$)	23 560	2901	22 490	1350	2260	4840	24 740	362	2930	210	660	70	210	94	300	256	7660
Wirtschaftswachstum (in %)	2,1	4,7	2,8	5,3	5,1	3,1	4,1	2,6	5,7	3,6	2		–15,5	1,2	4,8	6,5	8,4
Handelsbilanz (Import/ Export in Mrd. US-$)	611/ 685	26/ 26	202/ 209	7,8/ 6,4	17,8/ 16,3	55/ 49	669/ 503	3,7/ 4,0	33/ 43	0,8/ 0,8	14,5/ 5,4	0,03/ 0,02	0,3/ 0,07	2,2/ 2,4	23/ 22	2,5/ 1,6	102/ 96
Einwohner je Arzt	370		350		450		420		k.A		1340		40 610		2460		950
Arbeitslosenquote (in %)	9,6		12,6		16		6,1		14,3		20,0		?		10,5		2,2
Energieverbrauch/ Kopf (in kg Öleinheit)	4170		4031		2390		7918		666		539		27		242		2863
Analphabetenquote (in %)	1		1		1		5		19		52		50		52		3

Was leisten die Weltwirtschaftsorganisationen?

„Freiheit von Not" hatte der amerikanische Präsident ROOSEVELT als eines der wichtigsten Ziele der USA für eine neue Weltordnung nach dem Zweiten Weltkrieg herausgestellt. Deshalb gründeten die USA 1944 zusammen mit 43 weiteren Nationen den *Internationalen Währungsfonds* (IWF) und die *Internationale Bank für Wiederaufbau und Entwicklung*, die als „Weltbank" Kredite an Entwicklungsländer gibt oder vermittelt. Im Geschäftsjahr 1992 waren das immerhin 15,2 Mrd. US-Dollar für 112 Projekte und Programme in 43 Ländern. Aber auch Großkredite konnten gerade für die ärmsten Länder – wenn die Gelder überhaupt flossen – nicht die Lösung sein, da bereits die Zinsen ihre Möglichkeiten weit übersteigen.

Auch das 1947 in Genf unterzeichnete *Allgemeine Zoll- und Handelsabkommen* (GATT), das dem Wiederaufbau des Welthandels dienen sollte, hätte den Entwicklungsländern einen fairen Zugang zum Welthandel eröffnen können. Es diente jedoch in erster Linie dem Aufbau des Handels zwischen den Industriestaaten. Diese schlossen sich innerhalb des GATT zu größeren Gemeinschaften zusammen und schotteten sich gegen die Entwicklungsländer ab um ihre Landwirtschaft vor deren Konkurrenz zu schützen. Das gilt auch für die *Europäische Union* (EU), die immerhin seit 1975 mit einigen Staaten Afrikas, der Karibik und des Pafizik (AKP-Staaten) Wirtschaftsabkommen schloss, die diesen Ländern nahezu freien Zugang zur EU erlauben.

276 Wohlstand für alle?

Wirtschaftliche Abschottung des Ostblocks

„Globalisierung" der Wirtschaft

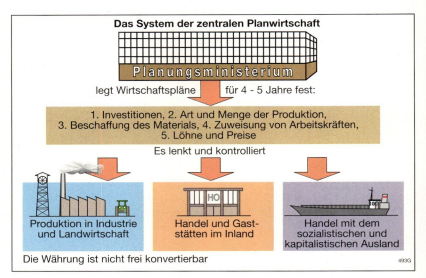

Nach diesem Schema hatten alle sozialistischen Staaten eine zentral gesteuerte *Planwirtschaft* aufgebaut. Sie waren seit 1949 im *Rat für gegenseitige Wirtschaftshilfe* (RGW) zusammengeschlossen, der darunter litt, dass es statt eines wettbewerbsorientierten Marktes nur eine staatlich gelenkte Verteilung von Waren gab und nicht einmal die Währungen konvertierbar waren. Zudem erschwerte der unterschiedliche Entwicklungsstand der RGW-Mitglieder die geplante Integration der Volkswirtschaften.

Die sozialistischen Staaten besaßen auch nicht die Wirtschaftskraft um den Entwicklungsländern, die teilweise den Sozialismus eingeführt hatten, wirkungsvoll helfen zu können. Bis 1975 brachte der Ostblock insgesamt nur 25,4 Milliarden Dollar Entwicklungshilfe auf, während aus den westlichen Industriestaaten 222 Milliarden flossen. Wie zweischneidig der Anschluss von Entwicklungsländern an den Handel des RGW war, zeigt das Beispiel *Kuba*:

> Viele der gegenwärtigen wirtschaftlichen Schwierigkeiten Kubas haben mit dem Zuckerpreis zu tun. Freilich gab es auch Probleme, die durch schlechte Wirtschaftspolitik und durch Trockenheit verursacht wurden, doch der Zucker bleibt das Hauptproblem. Der Welt-Zuckerpreis erreichte im November 1974 einen Höchststand von 66 Cent pro Pfund; derzeit liegt er unter 10 Cent. Da Kuba mehr als die Hälfte seines Zuckers zu Festpreisen an den RGW verkauft, ist es von den derzeitigen Niedrigpreisen weniger betroffen als andere lateinamerikanische Zuckerexporteure (ebenso konnte Kuba aber auch weniger von den Rekordpreisen vor zwei Jahren profitieren). Die Auswirkungen sind jedoch auch für Kuba ernst, denn es hat dadurch weniger harte Devisen für den Kauf von Maschinen und andere Importe aus westlichen Industrieländern zur Verfügung. Dementsprechend wird sich die Abhängigkeit von der Sowjetunion noch akzentuieren.
> (Kuba nach der Intervention in Angola, Europa-Archiv, Nr. 1/1977)

Von diesem Bürohochhaus in Moskau wurde der gesamte Handelsaustausch des RGW geplant und überwacht.

Gelingt der Anschluss an die Weltwirtschaft?

Der Zusammenbruch des Ostblocks und die Auflösung des RGW 1991 beseitigte die Abschottung der ehemals sozialistischen Staaten von der Weltwirtschaft. Sie schufen daher entsprechende Voraussetzungen um am Wohlstand der Industriestaaten teilzuhaben: Einführung der Marktwirtschaft, Privatisierung der Staatsbetriebe und die Konvertibilität ihrer Währungen. Für die Deutschen der DDR ergaben sich aus der schnellen Vereinigung besondere Bedingungen, während die anderen Staaten statt des erhofften Aufschwungs zunächst eine schwere Rezession erlebten. Wie lässt sich das erklären?

> Hauptursachen der Wirtschaftsdepression, die auch in den osteuropäischen Transformationsländern auftrat, waren:
> – der Abbau der planwirtschaftlichen Lenkung ohne gleichzeitigen Aufbau marktwirtschaftlicher Institutionen;
> – der Abbruch von Lieferbeziehungen zwischen den Betrieben innerhalb der einzelnen Staaten sowie im zwischenstaatlichen Handel;
> – die drastische Senkung der Rüstungsproduktion, in deren Folge weite Teile der Rüstungsindustrie stillgelegt wurden;
> – der immer deutlicher werdende Rentabilitätsmangel von breiten Teilen der Produktion beim Übergang zu Weltmarktpreisen;
> – Engpässe bei Rohstoffen und Energien in vielen GUS-Republiken auf Grund eingeschränkter russischer Lieferungen, bzw. wegen Zahlungsunfähigkeit der Abnehmerländer.
> (R. Götz, in: Informationen zur pol. Bildung, Nr. 249, Bonn 1995, S. 9)

1 Erläutern Sie die Gründe, die nach der Quelle zunächst zum wirtschaftlichen Niedergang der ehemaligen Ostblockstaaten führten.
2 Was bedeutet die Entwicklung in Osteuropa und den GUS-Staaten für den Nord-Süd-Gegensatz der Welt?

Nach dem Zusammenbruch der Planwirtschaft nutzten Bauern, Händler und Privatleute die rasch entstandenen Märkte um Waren jeder Art feilzubieten.

US-Präsident Bush bietet den Ostblockstaaten die Marktwirtschaft an, Karikatur aus Newsweek, 24. 7. 1989.

Wohlstand für alle?

Globalisierung der Weltwirtschaft und ihre Folgen

Mit „Globalisierung" bezeichnet man den Vorgang wachsender Wirtschaftsverflechtungen über die nationalen Grenzen hinaus. Zu Recht sprechen wir von einem Zeitalter der *Globalisierung*, da der Export von Wirtschaftsgütern zwischen 1950 und 1993 weltweit von 7 % auf 17 % gestiegen ist. Allerdings handelt es sich dabei hauptsächlich um Wirtschaftsbeziehungen zwischen den Industrieländern: Autohersteller verkaufen immer mehr Wagen ins Ausland und verlegen zum Teil auch die Produktion dorthin. Ähnliches gilt für andere Branchen wie die Chemie- oder Textilindustrie. Auch Zulieferungen beziehen nationale Unternehmen verstärkt aus dem Ausland. Gütezeichen wie „Made in Germany" verlieren zusehends an Bedeutung.

Zur Globalisierung gehört auch der Eintritt einzelner Entwicklungsländer in den Welthandel mit industriellen Fertigwaren, der von 0,24 % (1970) auf 1,61 % (1990) gestiegen ist. Spürbarer ist heute in den Industrieländern aber die Verlagerung traditioneller Produktionen aus der „Ersten Welt" des Nordens in die Billiglohnländer der „Dritten Welt". Das rentiert sich vor allem in Branchen, wo arbeitsintensive Produktion wenig hoch entwickelte Technologie verlangt, wie z. B. in der Textil- und Bekleidungsindustrie. In vielen Industriestaaten hatte das zur Folge, dass Arbeitsplätze massenhaft verloren gingen und eine hohe Dauerarbeitslosigkeit entstand. Ohne die Situation zu verharmlosen beurteilt ein Wissenschaftler vom *Institut für Weltwirtschaft* in Kiel die Konsequenzen des weltwirtschaftlichen Strukturwandels in Deutschland:

Textilfabrik in Deutschland.

> Zwischen 1973 und 1989 sind etwa drei Millionen Arbeitsplätze für unqualifizierte Arbeitskräfte weggefallen, dafür aber fünf Millionen Arbeitsplätze für qualifizierte neu entstanden. Gleichzeitig nahm die Arbeitslosigkeit unter Nichtqualifizierten zwar überproportional zu, doch steht diese Zunahme in keinem Verhältnis zu dem Ausmaß des „generationsbedingten Austauschs" zwischen unqualifizierten älteren Arbeitskräften, die aus dem Erwerbsleben ausschieden und den qualifizierten jüngeren, die nachfolgten …
>
> Wichtig ist auch, dass die „generationsbedingte" Anpassung des Arbeitsangebots weit über die Frage der rein formalen Qualifikation hinausgeht und auch die Vertrautheit mit modernen Arbeitsmethoden betrifft … Bestes Beispiel dafür dürfte in den letzten beiden Dekaden das Heranwachsen einer Generation von „Computerkids" sein, die mit modernen elektronischen Informations- und Kommunikationstechnologien von frühester Kindheit an konfrontiert werden und deshalb gegenüber älteren Generationen wahrscheinlich einen großen Vorsprung haben, wenn es etwa um Anpassung an die Profile „neuer" Dienstleistungs- und Industrieberufe geht.
> (K.-H. Paqué, in: Aus Politik und Zeitgeschichte, B 49/95, S. 8 f.)

Stickereifabrik in China.

1 Suchen Sie Beispiele für verschiedene Globalisierungsvorgänge. Woher stammen die Waren in Ihrem Supermarkt?
2 Diskutieren Sie die Folgen des weltwirtschaftlichen Strukturwandels für Ihre Generation.
3 Nennen Sie Beispiele für Produktionsverlagerungen ins Ausland.

Bilanz und Ausblick

D. L. Meadows zieht zwanzig Jahre nach Erscheinen des Buchs „Grenzen des Wachstums" in einem Interview seine Bilanz:

Meadows: Die Situation ist so ernst geworden, dass wir jetzt negative Wachstumsraten brauchen. Auf der einen Seite werden die natürlichen Rohstoffquellen übermäßig ausgebeutet, auf der anderen Seite ist die Umweltbelastung unerträglich geworden. Das kann nicht mehr lange gut gehen. Deshalb muss das Bruttosozialprodukt sinken, ohne dass der Wohlstand sinkt.

ZEIT: Und diese Epoche des Rückzugs soll möglich sein ohne die Armut wieder zu vergrößern? ...

Meadows: Nehmen Sie Japan als Beispiel. Das Land hat seinen Rohstoffverbrauch verringert und ist gleichzeitig reicher geworden. Die rohstoffintensiven Stahl- und Chemiefabriken wurden nach Taiwan und Thailand verlagert – und Japan selbst produziert Computer und Software.

ZEIT: Ist die Verlagerung der Schmutzindustrien in die armen Länder etwa wünschenswert?

Meadows: Viele Ökonomen glauben das. Ich teile diese Ansicht nicht. Viele arme Länder haben heute genügend Möglichkeiten sich zu entwickeln ohne die Umwelt zu zerstören. Aber die Entwicklungspfade werden anders sein als die in den heutigen Industrieländern.
(zit. nach: Revolution in den Köpfen, in: Zeit-Schriften Nr. 1, „Ein Gipfel für die Erde", Hamburg 1992, S. 82)

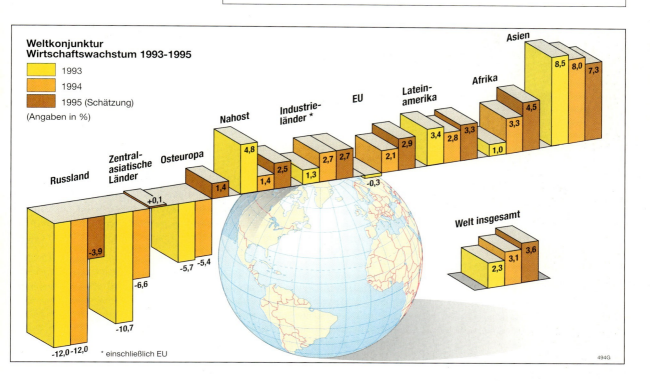

1 Warum zieht Meadows keine negative Bilanz, obwohl er an anderer Stelle des Interviews sagt: „Die Situation ist ernst geworden."
2 Welche negativen und positiven Entwicklungen zeigt die Grafik?

China – eine Weltmacht?

Chinas revolutionäre Sprünge

Eine Revolution mit Bauern?

China ist ein Staat, der im 20. Jahrhundert gewaltige Veränderungen erlebte und in der Weltpolitik künftig eine wichtige Rolle übernehmen will. Das Land verstand sich stets als „Reich der Mitte" und die chinesischen Kaiser glaubten, sie könnten sich ganz auf ihre jahrtausendealte Tradition beschränken und weltweite Veränderungen ignorieren. Als sie ihren Irrtum bemerkten und den Staat zaghaft modernisieren wollten, war es bereits zu spät. Immer mehr Menschen unterstützten Reformer wie den Arzt SUN YAT-SEN, der nach seinem Studium in Europa ein demokratisches China forderte. Die wachsenden Unruhen gipfelten 1911 in einer *Revolution*, in deren Verlauf Sun Yat-sen die *Republik China* ausrief. Der letzte Kaiser dankte ab, die älteste Monarchie der Welt fand ihr Ende.

Danach versank China in einen blutigen Bürgerkrieg zwischen der 1912 von Sun gebildeten *Nationalen Volkspartei* (Kuomintang) und der 1921 gegründeten *Kommunistischen Partei Chinas*, an deren Spitze sich der junge Bauernsohn und Bibliothekar MAO ZEDONG (1893–1976) stellte. Er orientierte sich an MARX und LENIN, erkannte aber, dass die für das hochindustrialisierte Europa entwickelten Ideen nicht auf das rückständige Agrarland China übertragbar waren. Nicht mit den wenigen Industriearbeitern in den Städten, sondern mit den verarmten Bauern auf dem Land wollte Mao die Revolution von 1911 in die marxistische Richtung weiterführen, wie er 1927 schrieb:

> Der gegenwärtige Aufschwung der Bauernbewegung ist ein kolossales Ereignis. Innerhalb kurzer Zeit werden sich in den Provinzen unseres Landes einige hundert Millionen mit der verheerenden Gewalt eines fürchterlich wütenden Orkans erheben, und keine noch so große Macht wird in der Lage sein, sie niederzuhalten.
>
> Es ist das wahre Ziel der nationalen Revolution, die feudalen Mächte zu stürzen. Die breiten Massen der Versklavten, die Bauern, schlagen ihre Feinde nieder, die sie ausgesogen und geschunden hatten. Das Verhalten der Bauern ist völlig richtig, es ist sehr gut.
>
> Die Revolution ist kein Gastmahl, kein Aufsatzschreiben, kein Bildermalen oder Deckchensticken. Die Revolution ist ein Aufruhr, sie ist ein Gewaltakt, durch den eine Klasse eine andere stürzt. Ohne stärkste Gewaltanwendung können die Bauern die seit Jahrtausenden tief verwurzelte Macht der Grundherrenklasse nicht stürzen. Wenn man etwas gerade biegen will, so muß man es unbedingt verbiegen; etwas gerade biegen, ohne es zu verbiegen, ist unmöglich.
> (Mao Tsetung, Über die Revolution, Frankfurt 1971, S. 28–35, bearb.)

So ließ sich der junge Mao gerne propagandistisch abbilden. Was sollte das Bild zum Ausdruck bringen?

Zunächst aber musste sich Mao den Angriffen der Kuomintang erwehren, deren Truppen unter General CHIANG KAI-SHEK die Kommunisten bekämpften. Mao und die von ihm gegründete *Rote Armee* flüchteten 1934/35 in die Nordprovinz Yanan. Schon während dieses 12 000 km „Langen Marsches" durch elf Provinzen zeigte der Revolutionär Ausdauer und Skrupellosigkeit. Der Verlust von Menschenleben bedeutete ihm wenig: Von seinen 90 000 Soldaten erreichten nur 7000 das Ziel.

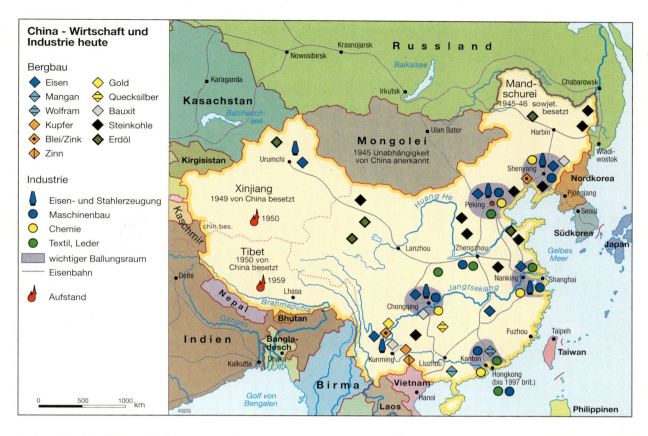

China wird Volksrepublik

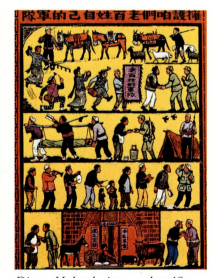

Dieser Holzschnitt aus den 40er Jahren diente der Propaganda und trägt den Titel: „Befreite Bauern unterstützen die Rote Armee". Erklären Sie die einzelnen Hilfsdienste.

Maos Revolution schien am Ende, als ein unerwartetes Ereignis die Wende brachte. *Japan*, das seit 1936 mit dem nationalsozialistischen Deutschland verbündet war, hatte im Vorfeld des Zweiten Weltkriegs die MANDSCHUREI besetzt und drang nun mit seinen Truppen in das Landesinnere Chinas vor. Unter dem Druck dieser äußeren Bedrohung wurde Chiang Kai-shek gefangen genommen und zu einer antijapanischen Einheitsfront mit Mao gezwungen. Mit starker amerikanischer Unterstützung gelang es, die Japaner aus China zu vertreiben.

Anschließend brach der *Bürgerkrieg* zwischen Kommunisten und den Anhängern Chiang Kai-sheks erneut aus. Doch diesmal eroberte Mao auch Südchina. Chiang Kai-shek floh auf die Insel FORMOSA (heute Taiwan) und gründete dort die *Republik China* (Nationalchina). Sie war bis 1971 als alleinige Vertreterin Chinas ständiges Mitglied im UN-Sicherheitsrat. Dagegen blieb die am 1. Oktober 1949 ausgerufene *Volksrepublik China* (Rotchina) international isoliert.

In China sah man Mao als Sieger und Befreier von jahrhundertelanger Feudalherrschaft. Er begann nun das wirtschaftlich unterentwickelte Agrarland zu modernisieren und zugleich eine *sozialistische* Staats- und Gesellschaftsordnung aufzubauen. Da China dies nicht allein lösen konnte, reiste Mao 1950 nach MOSKAU, wo er mit STALIN, den er sehr bewunderte, einen chinesisch-sowjetischen Freundschaftsvertrag schloss. Tausende russischer Experten kamen nun nach China: Nach sowjetischem Vorbild sollten sie die wirtschaftliche Planung zentralisieren und die Schwerindustrie fördern. So wollte China Anschluss an die führenden Industrienationen der Welt finden.

China – eine Weltmacht?

Ganz China wurde in etwa 75 000 Volkskommunen mit jeweils bis zu 8000 Mitgliedern aufgeteilt. Dieses Propagandaplakat zeigt Bauern einer Kommune, die sich zur gegenseitigen Belehrung versammelt haben.

Ein „großer Sprung nach vorn"?

Während der Kulturrevolution bestimmten Aufmärsche und Kampagnen, Versammlungen und Schulungen den Tagesablauf der Chinesen.

In der Landwirtschaft hatte eine umfassende *Bodenreform* die Großgrundbesitzer zwar enteignet, doch vermochten die dadurch entstandenen Zwergbetriebe nicht die geforderte Produktionssteigerung zu leisten. Mao ließ daher die Anbauflächen wieder zusammenfassen um den Ertrag zu erhöhen (*Kollektivierung*). Nun war die Gemeinschaft aus mehreren Dörfern für die Bebauung des Landes verantwortlich.

Auch die Industrie entwickelte sich nicht wie erwartet. Deshalb beschloss Mao 1958, mit einem *„großen Sprung nach vorn"* den Vorsprung der Industrienationen gewaltsam aufzuholen. An die Stelle des fehlenden Kapitals setzte er die billige Arbeitskraft der Chinesen. Die *Volkskommunen* mussten sich ganz auf die Stahlproduktion konzentrieren, doch der erzeugte Stahl war von derart schlechter Qualität, dass er kaum weiterverarbeitet werden konnte. Da die Bauern zudem ihre Felder vernachlässigten, brach eine dreijährige Hungersnot aus, der über 20 Millionen Chinesen zum Opfer fielen.

Die Schuldigen für das Scheitern der wirtschaftlichen Reformen suchte Mao in den Reihen der *Kommunistischen Partei*. Daher rief er 1966 zu einer gezielten sozialistischen Erziehungskampagne auf, der *Großen Proletarischen Kulturrevolution*. An deren Ende sollte der „neue Mensch" und mit ihm die kommunistische Gesellschaft stehen. Mao ließ *„Rote Garden"* aus revolutionär gesinnten Schülern und Studenten aufstellen, die alte Parteifunktionäre und Intellektuelle politisch umziehen sollten. Es begann eine wahre Terroraktion: Professoren, Ingenieure und Techniker wurden durch die Städte getrieben, in Arbeitslager geschafft oder einfach totgeprügelt. Da die Kulturrevolution zeitweise außer Kontrolle geriet, musste Mao 1969 das Ende aller revolutionären Maßnahmen erklären.

Mao im Urteil der Nachwelt

In den letzten Jahren vor seinem Tod bemühte sich Mao die mit seinem Namen verbundenen Folgen der Kulturrevolution vergessen zu machen. Doch als er 1976 starb, verschwanden nach und nach seine Porträts aus dem öffentlichen Leben. Heute ist nur noch eines zu sehen: über dem Eingang zum Kaiserpalast am Platz des Himmlischen Friedens. Auf die Frage, ob dieses Bild bleiben solle, antwortete der neue „starke Mann" Chinas, DENG XIAOPING:

> Ja, es wird weiter hängen bleiben. Es stimmt, dass Mao in einem bestimmten Zeitabschnitt der Vergangenheit Fehler gemacht hat. Aber er war dennoch einer der wichtigsten Mitbegründer der Kommunistischen Partei Chinas und der Volksrepublik China. Wenn wir seine Verdienste und Fehler einschätzen, halten wir seine Fehler für sekundär. Was er für das chinesische Volk getan hat, kann niemals verleugnet werden.
>
> Das größte Verdienst des Vorsitzenden Mao besteht darin, dass er die Prinzipien des Marxismus-Leninismus mit der konkreten Praxis der chinesischen Revolution verbunden hat. Leider hat er dann, an seinem Lebensabend, vor allem in der Kulturrevolution, Fehler begangen – und zwar keine unbedeutenden Fehler; damit hat er viel Unglück über unsere Partei, unseren Staat und unser Volk gebracht.
>
> Wir werden weiterhin an den Mao-Zedong-Ideen festhalten. Diese haben uns nicht nur in der Revolution der Vergangenheit zum Sieg geführt; sie bleiben auch in Zukunft ein wertvoller Besitz der Kommunistischen Partei Chinas und unseres Landes. Aus diesem Grund wird für alle Zukunft das Porträt des Vorsitzenden Mao am Platz des Himmlischen Friedens hängen bleiben, als Symbol für unser Land.
> (Deng Xiaoping, Die Reform der Revolution, Berlin 1988, S. 60–66)

Der Sinologe Oskar Weggel beurteilt die Kulturrevolution heute so:
> Trotz aller katastrophalen Auswirkungen, die die Kulturrevolution mit ihrem Chaos herbeiführte, hat sie den Chinesen doch gleichzeitig auch die Augen geöffnet und Fehler wie Schwächen des Maoismus unter ein Vergrößerungsglas gebracht.
>
> Es waren die bitteren Lehren der Kulturrevolution, die den Blick vom maoistischen Modell weglenkten und eine „Nie wieder!-Haltung" heraufbeschworen. Nun wusste der Einzelne genau, was er *nicht* mehr wollte – oder ernsthaft wollen konnte. Für viele Chinesen begann die Kulturrevolution schon bald einen ähnlichen Stellenwert einzunehmen wie für den Durchschnittsdeutschen das „Dritte Reich": Wie hatte es nur dazu kommen können!?, fragte man sich immer wieder.
> (O. Weggel, in: Praxis Geschichte, 4/1994, S. 11)

Die „Mao-Bibel" mit den Zitaten des „Großen Vorsitzenden" sollte die Pflichtlektüre aller Chinesen werden. Sogar Flugpassagiere chinesischer Luftlinien mussten sich belehren lassen. In Europa galt Mao linken Intellektuellen während der Studentenbewegung 1969 als Vorbild.

1 Erläutern Sie die Ziele und die Mittel der Revolution Mao Zedongs.
2 Wie sehen der Chinese Deng und der Deutsche Weggel die Verdienste und Fehler Maos?
3 Wie versucht Deng den Abfall der Chinesen von Mao zu verhindern?
4 Welchen Stellenwert hat die Kulturrevolution für die Beurteilung der Lebensleistung Maos? Ist die Kulturrevolution ein wichtiger Schritt auf dem Weg Chinas zur Weltmacht?

China – eine Weltmacht?

Auf dem Weg zur Weltmacht?

China öffnet seine Tür zum Westen

Die Kulturrevolution hatte China nicht nur im Innern erschüttert, sondern auch außenpolitisch in die Isolation geführt. Der Sowjetunion kehrte Rotchina von sich aus den Rücken, da es die *Breschnew-Doktrin* von der „begrenzten Souveränität" aller sozialistischen Staaten ablehnte. Die gewaltsame Beendigung des „Prager Frühlings" durch Truppen des *Warschauer Pakts* 1968 und Grenzstreitigkeiten am Fluss USSURI im März 1969 führten an den Rand eines Krieges mit der Sowjetunion. Wollte China nicht beide Supermächte gleichzeitig als Gegner haben, war es gezwungen seine Beziehungen zu den USA zu normalisieren.

Die Wende der chinesischen Außenpolitik zu Lebzeiten Maos markierte der unerwartete Empfang einer amerikanischen Tischtennismannschaft durch Premierminister CHOU EN-LAI im April 1971. Der beginnende Rückzug der Amerikaner aus dem Vietnamkrieg hatte es ermöglicht, dass sich die Regierung der VR China und ihr einstiger kapitalistischer Hauptgegner USA nun die politischen Bälle zuspielten. Bald wurde von einer chinesisch-amerikanischen Ping-Pong-Diplomatie gesprochen: Auf Betreiben der USA erkannte die UNO 1971 die *VR China* als Repräsentantin ganz Chinas an, während sie den bisherigen amerikanischen Verbündeten *Taiwan* ausschloss. Im „Kommunikee von Shanghai" vereinbarten beide Staaten 1972, dass weder China noch die USA eine Vormachtstellung im asiatisch-pazifischen Raum anstreben wollten und die Hegemonialpolitik einer dritten Macht in dieser Region gemeinsam verhindern würden. Dieses vor allem gegen die *Sowjetunion* gerichtete Kommunikee führte 1979 zur Kündigung des Freundschaftsvertrages mit der UdSSR. Wer jedoch geglaubt hatte, China würde sich an den Westen binden, sah sich getäuscht. Die neue Strategie der chinesischen Außenpolitik erläuterte DENG XIAOPING so:

Mao Zedong und der amerikanische Präsident Richard Nixon als Ping-Pong-Spieler. Im Hintergrund Chou En-lai.

> Chinas Außenpolitik ist unabhängig und wirklich blockfrei. China schließt sich mit keinem Staat zusammen, sondern verfolgt eine völlig unabhängige Politik. Unser Land wird weder die USA-Karte noch die sowjetische Karte spielen und auch anderen nicht erlauben die chinesische Karte zu spielen. Chinas Außenpolitik zielt auf den Weltfrieden ab. Mit diesem Ziel vor Augen widmen wir uns von ganzem Herzen dem Modernisierungsprogramm um unser Land zu entwickeln und einen Sozialismus chinesischer Prägung aufzubauen.
> *(Deng Xiaoping, Die Reform der Revolution, Berlin 1988, S. 159–160)*

Chinas „Wirtschaftswunder"

Der politischen Öffnung Chinas nach außen folgte die wirtschaftliche Wende im Jahr 1978. Seit dieser Zeit versuchte eine Reformgruppe unter der Führung Deng Xiaopings, westliche Wissenschaft und Technologie zu übernehmen, ohne dabei das Ziel eines sozialistischen Staates aus den Augen zu lassen. Die Anstrengungen Chinas führten zu einem gewaltigen Erfolg: Von 1985 bis 1992 lag der Anstieg der realen Wirtschaftsleistung mit 102 % an der Weltspitze, während z. B. die alten Länder der Bundesrepublik Deutschland in diesem Zeitraum lediglich eine Steigerung von 25 % verzeichneten.

„Ohne Sozialismus, ohne Durchführung der Reform- und Öffnungspolitik, ohne Entwicklung der Wirtschaft und ohne Verbesserung des Lebens des Volkes gibt es keinen Ausweg" verkündet Deng Xiaoping auf diesem Plakat in der Wirtschaftssonderzone Shenzhen.

Marktwirtschaft in China: der Vogel im Vogelkäfig

Seit 1979 erlaubt China Gemeinschaftsunternehmen mit westlichen Firmen (*Joint Ventures*): Die Chinesen bringen Boden und Arbeitskräfte, die Ausländer Kapital, Maschinen und Know-how ein. Erprobt werden diese Joint Ventures vor allem in den abgeschotteten „Wirtschaftssonderzonen", die Chinesen nur mit einer Sondererlaubnis betreten dürfen. Dass es möglich ist, Marktwirtschaft unter Führung der Kommunistischen Partei einzuführen, soll die „Vogelkäfig-Doktrin" belegen:

> Das ist so ähnlich wie das Verhältnis von Vogel und Vogelbauer. Der Vogel kann nicht in der [geschlossenen] Hand festgehalten werden. Wenn man ihn in der Hand hält, dann wird er sterben. Man muß ihn fliegen lassen. Aber man kann ihn nur im Vogelbauer fliegen lassen. Ohne Vogelbauer fliegt er davon. Wenn man also sagt, der Vogel stelle den Ablauf der Wirtschaft dar, dann ist der Vogelbauer die [zentrale] staatliche Planung.
> (Chen Yun, nach: Praxis Geschichte, 4/1994, S. 37)

Private Einzelhändler sieht man heute wieder häufig auf den zahlreichen Freimärkten Chinas.

1 Was meint Deng damit „die chinesische Karte zu spielen"?
2 Warum sind Joint Ventures für westliche Firmen interessant?
3 Vergleichen Sie das Plakat mit dem Bild der Volkskommune.
4 Worin unterscheidet sich die sozialistische Marktwirtschaft Chinas von der unseren? Ist der Vergleich mit dem Vogel treffend?

China – eine Weltmacht?

China – Staat der Freiheit und des Rechts?

Die Einführung marktwirtschaftlicher Elemente führte auch zu negativen Entwicklungen wie Inflation und Korruption. Vor allem Professoren und Studenten spürten diese Nachteile, da ihre vom Staat gezahlten Einkommen mit der Preissteigerung nicht Schritt hielten. Andererseits durchschauten sie, dass ihnen viele westliche Freiheiten vorenthalten wurden. Bei Versammlungen an den Universitäten, auf Wandzeitungen und bei Demonstrationen äußerten sie ihre Forderungen immer lauter.

Der Studentenführer Wu 'er Kaixi am 3. Juni 1989:
„Die Regierung ist es nicht gewohnt die Meinung des Volkes anzuhören. Vor allen Dingen hat sie auch keine Erfahrung mit solch demokratischen Praktiken wie Demonstrationen. Der Entscheidungsablauf in der Regierung selbst ist auch undemokratisch. Die Regierung besteht praktisch aus einem Menschen, der alles bestimmt: Deng Xiaoping. Ein wesentlicher Missstand ist es, dass das Volk nicht selbstständig seine politischen Interessen äußern kann und auch nicht mit eigenen Entscheidungen auf die Politik oder das Wirtschaftsleben des Landes einwirken kann.

Ich glaube, dass das, was wir jetzt brauchen, nicht Reformen sind – Reformbewegungen hat es schon über eine zu lange Zeit hinweg gegeben. Ich glaube, dass das, was China wirklich braucht, eine Revolution ist."

Deng Xiaoping drohte in einer internen Unterredung am 25. April 1989 harte Strafen für solche Forderungen an:
„Dies ist keine gewöhnliche Studentenbewegung, sondern Aufruhr. Dieser Aufruhr ist nichts anderes als eine geplante Verschwörung um das [sozialistische] China mit einer strahlenden Zukunft in ein [kapitalistisches] China ohne Hoffnung zu verwandeln. Die größte Herausforderung besteht darin, dass sie die Führung der Kommunistischen Partei und das sozialistische System negieren.

Ich sage, dass es keine Stabilität in China geben kann, wenn wir in unserem derart großen Land Demonstrationen von so vielen Leuten zulassen. Gegenwärtig gibt es bei uns ein paar Leute, die nicht eher zufrieden sind, bis alles im Chaos versunken ist. Wir müssen jetzt schnell mit einem scharfen Messer das Unkraut herausschneiden um einen noch größeren Aufruhr zu vermeiden."
(nach: Praxis Geschichte, 4/1994, S. 38 f.)

Eine Studentin über das Massaker im Juni 1989: „Die Kommilitonen dachten, die Armee würde uns höchstens wegtragen. Die Panzer walzten sie einfach nieder (oben). Unser Symbol, die ‚Göttin der Demokratie', wurde von Panzern zerstört."

Das „scharfe Messer" zog die Regierung in der Nacht zum 4. Juni 1989. Auf dem Platz des Himmlischen Friedens in PEKING ließ sie den friedlichen Protest unbewaffneter Studenten von Panzern niederwalzen. Mehrere hundert Menschen kamen bei diesem Blutbad ums Leben, etliche wurden verhaftet. Viele Systemkritiker (*Dissidenten*) kamen zur Umerziehung in die gefürchteten Arbeitslager.

1 Was kritisiert der Studentenführer und welche Forderungen erhebt er? Warum lehnt Deng Xiaoping diese Forderungen ab?
2 Verfassen Sie eine Erwiderung auf Deng Xiaopings Rede.

Chinas Stellung in der Welt

In den wenigen Jahrzehnten seit ihrer Gründung wandelte sich die Volksrepublik China von einem willenlosen Spielball in den Händen fremder Staaten zu einer eigenständigen Macht. Ohne oder gar gegen sie können wichtige Entscheidungen nicht mehr getroffen werden. Über das Vetorecht im Weltsicherheitsrat der UNO kann China die Weltpolitik auch über Asien hinaus beeinflussen.

Auch wirtschaftlich versucht das Land den Vorsprung der Industrienationen aufzuholen. Ein chinesischer Wissenschaftler schreibt:

> Die chinesische Industrie, Landwirtschaft, Wissenschaft und Technik besitzen inzwischen eine bemerkenswert solide Grundlage. 1983 nahm die Getreide- und Baumwollproduktion Chinas den ersten Platz in der Welt ein; seine Fleischproduktion stand an zweiter Stelle; in der Produktion von Eisen stieg China auf den 4. Platz, bei Kohle auf den 3. Platz. Von Null angefangen wurden neue Zweige wie die Automobil-, Traktoren-, Flugzeug-, Elektroindustrie, Petrochemische Industrie und eine Industrie der nationalen Verteidigung aufgebaut. Chinas Errungenschaften bei der Entwicklung von Nuklearwaffen und Raketen sind weltbekannt. Obwohl wir im Vergleich mit den entwickelten Ländern noch immer hinterher hinken, so ist dennoch die materielle Grundlage für unseren Fortschritt in Richtung auf Modernisierung bereits vorhanden. Wird China dieses große Ziel erreichen können? Die Skeptiker können keine stichhaltigen Argumente vorlegen. China besitzt ein riesiges Territorium, reiche Naturressourcen und das chinesische Volk ist tapfer und arbeitet hart.
> (Zhao Baoxu, Vorlesungen zur aktuellen Politik Chinas, München 1985, S. 235–239)

Das Bevölkerungswachstum Chinas
- 440 Mio. – 1940
- 550 Mio. – 1950
- 650 Mio. – 1960
- 772 Mio. – 1970
- 977 Mio. – 1980
- 1100 Mio. – 1990
- 1239 Mio. – 2000
- 1350 Mio. (Schätzung) – 2010

Immer mehr europäische und amerikanische Firmen lassen ihre Produkte wegen der niedrigen Löhne in China fertigen und wegen des riesigen Absatzmarktes auch für China produzieren. Auch deshalb hat das Land zu Beginn der neunziger Jahre das größte Wirtschaftswachstum der Welt. Doch noch ist China mit seinen etwa 800 Millionen Bauern ein Agrarland. Sein Wirtschaftswachstum wird durch die Versorgung von über einer Milliarde Menschen aufgezehrt. Die strenge Propagierung der Ein-Kind-Ehe konnte die Bevölkerungsexplosion nur vorübergehend abschwächen, da Kinder auf dem Land noch immer die beste Altersversorgung bilden. Die Zukunft Chinas wird entscheidend von der Lösung dieses Problems abhängen.

Ob China der *Dritten Welt* Vorbild sein kann, ist zweifelhaft. Seine reichen Bodenschätze, der hohe Bildungsstand der Bevölkerung sowie die ausgeprägte nationale Identität finden bei den meisten Entwicklungsländern keine Parallele.

1 Auf welche Errungenschaften ist Zhao Baoxu besonders stolz?
2 Erweisen Sie sich als Skeptiker und legen Sie Argumente vor, die gegen den Aufstieg Chinas zu einer Weltmacht sprechen.
3 Nennen Sie die Industrieschwerpunkte Chinas auf der Karte S. 281. Beschreiben Sie den bisherigen Weg der Industrieentwicklung und zeigen Sie weitere mögliche Entwicklungen auf.

Ein „Haus" für Europa?

Entwicklungen im geteilten Europa

Als 1945 der Zweite Weltkrieg endete, hatten etwa 50 Millionen Menschen ihr Leben verloren, große Teile Europas lagen in Schutt und Asche. Der Kontinent, der seit über hundert Jahren die Geschicke der Welt bestimmt hatte, war nun geteilt und trat in den Schatten der neuen Supermächte USA und Sowjetunion.

Im Westen begannen schon bald Überlegungen, wie eine solche Katastrophe in Zukunft verhindert werden und Europa seine alte Bedeutung wiedererlangen könne. Auf einen Vorschlag von Bundeskanzler KONRAD ADENAUER hin erklärte der französische Außenminister ROBERT SCHUMAN am 9. Mai 1950 in Paris seinen Plan:

> Europa lässt sich nicht mit einem Schlage herstellen und auch nicht durch eine einfache Zusammenfassung: Es wird durch konkrete Tatsachen entstehen, die zunächst eine Solidarität der Tat schaffen. Die Vereinigung der europäischen Nationen erfordert, dass der jahrhundertealte Gegensatz zwischen Frankreich und Deutschland ausgelöscht wird.
>
> Die französische Regierung schlägt vor die Gesamtheit der französisch-deutschen Kohle- und Stahlproduktion unter eine gemeinsame Oberste Aufsichtsbehörde zu stellen, in einer Organisation, die den anderen europäischen Ländern zum Beitritt offensteht. Die Zusammenlegung der Kohle- und Stahlproduktion wird sofort die Schaffung gemeinsamer Grundlagen für die wirtschaftliche Entwicklung sichern – die erste Etappe der europäischen Föderation – und die Bestimmung jener Gebiete ändern, die lange Zeit der Herstellung von Waffen gewidmet waren, deren sicherste Opfer sie gewesen sind.
> *(nach: Geschichte in Quellen, Bd. 7, München 1980, S. 373–374)*

Schon 1951 gründeten Deutschland, Frankreich, Italien und die Beneluxstaaten die *Europäische Gemeinschaft für Kohle und Stahl* (Montanunion), die 1957 mit den *Römischen Verträgen* zu einer *Europäischen Wirtschaftsgemeinschaft* (EWG) erweitert wurde. Parallel entstand die *Europäische Atomgemeinschaft* (EURATOM). Die Verträge sahen den schrittweisen Aufbau eines zollfreien Binnenmarktes mit einem gemeinsamen Außenzoll und die friedliche Nutzung der Kernenergie vor. Diese Voraussetzungen sollten Europa mehr Wohlstand bescheren und seinen Anschluss an die wirtschaftlich und technologisch überlegenen Supermächte garantieren. Mit dem Zusammenschluss von Montanunion, EWG und EURATOM zur *Europäischen Gemeinschaft* (EG) 1967 war der Grundstein für ein geeintes Europa gelegt. Eine *Europäische Verteidigungsgemeinschaft* (EVG) scheiterte 1954 am Widerstand der französischen Nationalversammlung.

Einige westeuropäische Länder schlossen sich der Gemeinschaft nicht an, da sie um ihre nationale Unabhängigkeit fürchteten. Großbritannien gründete 1960 mit 6 weiteren Staaten die *Europäische Freihandelszone* (EFTA), die im Gegensatz zur EWG keine politische Integration anstrebte. Sie verlor nach 1973 durch den Übertritt etlicher Mitglieder zur EG an Bedeutung.

Westeuropa: Eine Wirtschaftsgemeinschaft entsteht

Die von Adenauer und Schuman in die Wege geleitete Montanunion bildete den Kern der westeuropäischen Integration. Wie deutete der Karikaturist im Jahr 1950 dies Ereignis?

Osteuropa: Zwischen Gehorsam und Widerstand

Seit Ende des Zweiten Weltkriegs bestand in Osteuropa ein festgefügter Block sozialistischer Scheindemokratien (*Volksdemokratien*) unter russischer Führung. Wirtschaftlich waren sie in den *Rat für gegenseitige Wirtschaftshilfe*, militärisch in den *Warschauer Pakt* eingebunden. Wie Satelliten konnten sie sich nur auf den von Moskau vorgegebenen Bahnen bewegen. Gelegentliche Versuche vom Kurs abzuweichen und gegen die sowjetische Bevormundung aufzubegehren – wie 1956 in Ungarn oder während des „Prager Frühlings" 1968 – erstickte die UdSSR mit Waffengewalt. Selbst die Menschenrechte blieben den Bürgern dieser Staaten vorenthalten, obwohl auch ihre Regierungen die KSZE-Schlussakte 1975 unterschrieben hatten. Gegen diese Politik der Unterdrückung veröffentlichte 1977 die tschechoslowakische Bürgerrechtsbewegung *Charta 77* folgende Erklärung:

> Unsere Bürger haben das Recht und unser Staat hat die Pflicht sich nach der KSZE-Schlussakte zu richten. Die Freiheiten und Rechte des Menschen, die von ihr garantiert werden, sind wichtige zivilisatorische Werte. Ihre Veröffentlichung ruft uns aber zugleich mit neuer Eindringlichkeit in Erinnerung, wie viele Grundrechte des Bürgers in unserem Land vorerst – leider – nur auf dem Papier gelten.
>
> Die Freiheit der öffentlichen Meinungsäußerung wird unterdrückt, die Bekenntnisfreiheit wird von machthaberischer Willkür systematisch eingeschränkt. Das Innenministerium kontrolliert auf unterschiedlichste Weise das Leben der Bürger, zum Beispiel durch Abhören von Telefonen und Wohnungen, durch Kontrolle der Post, durch persönliche Überwachung, durch Hausdurchsuchungen, durch Aufbau eines Netzes von Informanten aus der Bevölkerung.
>
> Die Verantwortung für die Einhaltung der Bürgerrechte im Lande obliegt selbstverständlich vor allem der politischen und staatlichen Macht. Aber nicht nur ihr. Jeder trägt sein Teil Verantwortung für die allgemeinen Verhältnisse.
>
> (C. Gasteyger, Europa zwischen Spaltung und Einigung, Bonn 1990, S. 353 ff.)

Auch in anderen Staaten des Ostblocks formierte sich Widerstand. In Polen gründeten Danziger Werftarbeiter 1980 mit Unterstützung der katholischen Kirche die unabhängige Gewerkschaft *Solidarność* (Solidarität). Trotz der Verhängung des Kriegsrechts 1981 und der Verhaftung zahlreicher Gewerkschafter musste die polnische Regierung im Herbst 1988 Gespräche mit Vertretern der Solidarność aufnehmen. Sie führten 1989 zu freien Wahlen, aus denen die erste Mehrparteienregierung unter einem nichtkommunistischen Ministerpräsidenten hervorging. Durch das Beispiel Polens ermutigt führten auch Ungarn und die Tschechoslowakei Reformen durch.

DDR-Plakat von 1974.

Der Schriftsteller Václav Havel (rechts), Mitbegründer der Charta 77 in der ČSSR, und der Danziger Werftarbeiter Lech Walesa (links), Vorsitzender der Gewerkschaft Solidarność in Polen. Sie trugen gemeinsam mit Bürgerrechtsbewegungen zur Ablösung der kommunistischen Machthaber in ihren Ländern bei und wurden zu Staatspräsidenten gewählt.

1 Charakterisieren Sie die unterschiedliche Entwicklung in West- und Osteuropa. Wo liegen die Ursachen dafür?
2 Wie begründet Schuman seinen Vorschlag? Warum wollte er gerade die französisch-deutsche Kohle- und Stahlproduktion vereinigen?
3 Welche Forderungen stellt die Charta 77? Wie werden sie begründet?

Ein „Haus" für Europa?

Europa im Wandel

Parallel zu den Militärbündnissen der NATO und des Warschauer Paktes entstanden nach 1945 in Europa auch getrennte Wirtschaftsblöcke. Im 1949 gegründeten *Rat für gegenseitige Wirtschaftshilfe* (RGW) schlossen sich die Ostblockstaaten zusammen, während im Westen 6 Länder 1957 die *Europäische Wirtschaftsgemeinschaft* (EWG) bildeten. Ihr traten später weitere Länder bei, darunter nahezu alle Staaten der *Europäischen Freihandelszone* (EFTA).

1992 schuf der *Vertrag von Maastricht* die *Europäische Union* (EU), die eine beschleunigte wirtschaftliche und politische Integration anstrebt. Die EU umfaßte 1996 15 Mitgliedstaaten mit 370 Millionen Menschen.

Dem Vereinheitlichungsprozess stehen aber noch viele Probleme entgegen: Das Gefälle zwischen Arm und Reich, zwischen agrarisch strukturierten und hochindustrialisierten Staaten in der EU ist nur schwer zu überwinden. Auch über die endgültige Gestalt Europas – ob Bundesstaat oder Staatenbund – besteht Uneinigkeit.

Als MICHAIL GORBATSCHOW nach 1985 die Demokratisierung der Sowjetunion einleitete, hatte er die Vision eines gemeinsamen „Europäischen Hauses". Nach dem Zusammenbruch der UdSSR und der Auflösung von RGW und Warschauer Pakt 1991 drängen viele Staaten des ehemaligen Ostblocks auf eine Mitgliedschaft in der EU. Ob Europa angesichts dieser Herausforderungen wieder eine wichtige Rolle in der Weltpolitik spielen kann, werden Sie selbst miterleben.

1 Zeigen Sie die wirtschaftlichen und politischen Veränderungen in Europa nach 1949 auf.

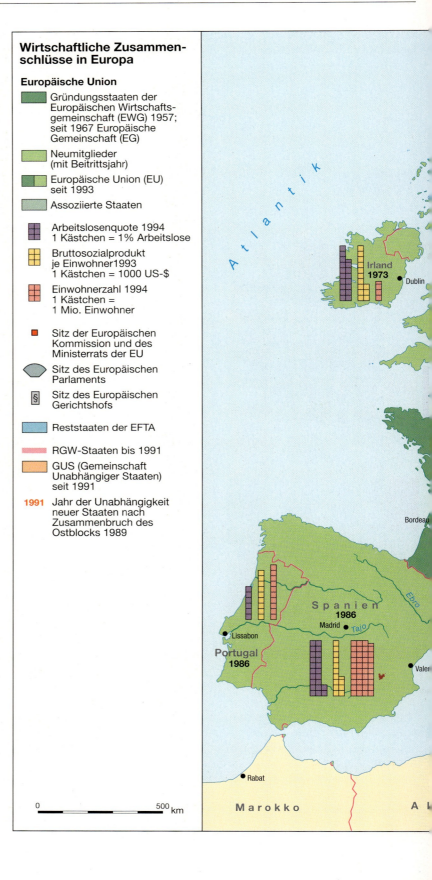

Wirtschaftliche Zusammenschlüsse in Europa

Europäische Union
- Gründungsstaaten der Europäischen Wirtschaftsgemeinschaft (EWG) 1957; seit 1967 Europäische Gemeinschaft (EG)
- Neumitglieder (mit Beitrittsjahr)
- Europäische Union (EU) seit 1993
- Assoziierte Staaten
- Arbeitslosenquote 1994 1 Kästchen = 1% Arbeitslose
- Bruttosozialprodukt je Einwohner 1993 1 Kästchen = 1000 US-$
- Einwohnerzahl 1994 1 Kästchen = 1 Mio. Einwohner
- Sitz der Europäischen Kommission und des Ministerrats der EU
- Sitz des Europäischen Parlaments
- Sitz des Europäischen Gerichtshofs
- Reststaaten der EFTA
- RGW-Staaten bis 1991
- GUS (Gemeinschaft Unabhängiger Staaten) seit 1991
- 1991 Jahr der Unabhängigkeit neuer Staaten nach Zusammenbruch des Ostblocks 1989

Ein „Haus" für Europa?

Wird Europa eins?

Von der EG zur Europäischen Union

Bereits die sechs Gründungsmitglieder der *Europäischen Wirtschaftsgemeinschaft* hatten 1957 auch einen engeren politischen Zusammenschluss ihrer Völker angestrebt. Doch erst 1986 gelang mit der *Einheitlichen Europäischen Akte* ein wichtiger Schritt in diese Richtung: Die Länder der EG vereinbarten einen gemeinsamen *Binnenmarkt* mit „vier Freiheiten", nämlich voller Freizügigkeit für Personen, Dienstleistungen, Güter- und Kapitalverkehr. Der Binnenmarkt trat 1993 in Kraft, ist freilich noch nicht ganz vollendet.

Ein weiterer Meilenstein zum vereinten Europa war die Gründung der *Europäischen Union* (EU), die 1992 durch die zwölf Regierungschefs der EG im niederländischen MAASTRICHT erfolgte. Nach dem 1993 in Kraft getretenen Vertrag wollen die Staaten der EU bis 1999 eine *Wirtschafts- und Währungsunion* bilden, die bis zur völligen Verschmelzung der Volkswirtschaften führen soll. Außerdem vereinbarten die Mitglieder zwei weitere „Säulen" in das Unionsgebäude einzubauen: Aus der Überzeugung, dass nur gemeinsames Handeln Konflikte zwischen den Völkern Europas lösen kann, beschlossen sie eine gemeinsame Außen- und Sicherheitspolitik sowie eine europäische Verteidigungspolitik im Rahmen der NATO. Um mehr Sicherheit zu gewährleisten wollen sie in der Innen- und Rechtspolitik stärker zusammenarbeiten. Dies betrifft vor allem die Asyl- und Einwanderungspolitik sowie die Bekämpfung des organisierten Verbrechens.

Der *Vertrag von Maastricht* fand nicht nur Zustimmung. Gegner in ganz Europa kritisierten den Eifer der Brüsseler Bürokratie, die zwar alles normgerecht zu regeln suche, aber in wesentlichen Fragen wie dem Umweltschutz oder der sozialen Absicherung ihrer Bürger versage. Einige Staaten wie Großbritannien fürchten wiederum um ihre nationale Unabhängigkeit und suchen die politische Integration zu blockieren. Viele Bürger sorgen sich zudem um die Benachteiligung ihrer Heimatregionen. Dem soll das *Prinzip der Subsidiarität* entgegenwirken, wonach die Union nur dort Entscheidungen treffen darf, wo Landesteile oder Staaten Probleme nicht allein lösen können. Diese angestrebte Bürgernähe soll ein vielfältiges *Europa der Regionen* gegenüber supranationaler Vereinheitlichung stärken. Die meisten europäischen Politiker würdigten jedoch den Vertrag ähnlich positiv wie Bundespräsident RICHARD VON WEIZSÄCKER 1992:

In Maastricht beschlossen die Staaten der Europäischen Union die nationalen Währungen ab 1999 durch den „Euro" als einheitliches Zahlungsmittel zu ersetzen. So wie dieser Entwurf könnte die neue Euro-Münze aussehen.

> Der Gipfel von Maastricht ist ein Meilenstein – aller Kritik zum Trotz. Er weist uns den Weg nach Europa, auf den wir angewiesen sind. Jetzt fehlen noch die entscheidenden Stufen zur europäischen Einheit: die Wirtschafts- und Währungsunion und die politische Union. So wächst eine europäische Gemeinsamkeit heran, die wir als Deutsche inmitten Europas dringlich benötigen, nicht nur aus wirtschaftlichen Gründen, sondern langfristig noch viel mehr aus geographischen und historischen Gründen, um unserer Politik und Sicherheit willen. Wir müssen es als einen Glücksfall der Geschichte begreifen, dass die Vereinigung Deutschlands in jene Epoche fällt, in der auch die Vereinigung Europas heranrückt.
> (Bulletin der Bundesregierung, Bonn, vom 15. April 1992)

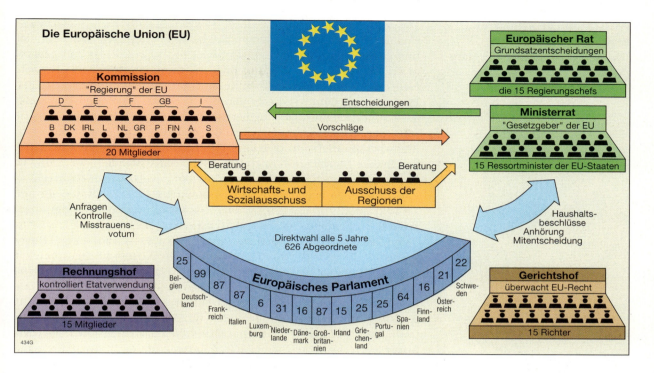

Wie demokratisch ist die Europäische Union?

Obwohl die EU kein Staat ist, verfügt sie über Organe und Funktionen, die nur souveräne Staaten besitzen. Dazu zählt auch eine europäische *Gesetzgebung*, die nationalen Gesetzen übergeordnet ist. So kann der *Ministerrat* Beschlüsse fassen, die für die Bürger der 15 Mitgliedstaaten geltendes Recht werden.

Anfangs besaß das *Europäische Parlament* lediglich beratende Funktion. Seit 1970 wirkt es an der Aufstellung des *Hauhalts* mit, dessen Verabschiedung seiner Zustimmung bedarf. 1979 wuchs der Einfluss des Parlaments durch die *Direktwahl* der Abgeordneten, die sich als Vertreter ihrer nationalen Parteien zu verschiedenen *Fraktionen* zusammengeschlossen haben. Seit 1987 erfordern wichtige internationale Verträge wie Beitritts- oder Assoziierungsabkommen eine parlamentarische Zustimmung.

Nach dem EU-Vertrag muss die *Kommission* alle Rechtsakte, die den Binnenmarkt, die Kultur, Bildung, Gesundheit, Forschung oder Umwelt betreffen, dem Ministerrat und dem Parlament vorlegen. Dieses kann Entwürfe – auch gegen das Votum des Ministerrats – nach Einberufung eines Vermittlungsausschusses endgültig ablehnen. Zwar darf das Parlament noch keine eigenen Entwürfe vorlegen, doch kann es die Kommission dazu auffordern, die das alleinige *Initiativrecht* besitzt. Verwehrt bleibt dem Europäischen Parlament bis heute die wichtigste parlamentarische Funktion, nämlich Gesetze zu erlassen und eine Regierung zu bilden.

Die Flagge der Europäischen Union mit 12 Sternen auf blauem Grund. Der Sternenkreis zeigt nicht die Mitgliederzahl, sondern soll Zusammenhalt und Eintracht symbolisieren.

1 Warum sieht Weizsäcker den Vertrag von Maastricht gerade für Deutschland als Glücksfall an? Welche Erwartungen und Befürchtungen haben andere Staaten innerhalb und außerhalb der EU?

2 Welche Befugnisse fehlen dem Parlament noch?

Ein „Haus" für Europa?

Wirtschaftliche Erfolge und Probleme

Die *Montanunion* von 1951 förderte ein schnelles Wirtschaftswachstum in den sechs Gründungsstaaten: Industrieproduktion, Handel und Löhne stiegen rasch an, vor allem nach Fortfall der Zollschranken 1968. Die Landwirtschaft hielt mit dieser stürmischen Entwicklung nicht Schritt. Deshalb sollte eine gezielte *Agrarpolitik* das Einkommen der Landwirte erhöhen und gleichzeitig eine ausreichende Versorgung der Bevölkerung bei angemessenen Preisen sichern.

In den 70er Jahren gelang es, diese Ziele durch eine rationellere landwirtschaftliche Produktion in Verbindung mit finanziellen Anreizen für die Bauern zu erreichen. Schon bald stellte sich der Erfolg in Form von Überschüssen – „Butterbergen", „Milch- und Weinseen" – ein. 1986 etwa wurden 2,2 Mio. Tonnen Butter erzeugt, jedoch nur 1,6 Mio. in Europa abgesetzt. Die EG kaufte den Bauern die überschüssigen Produkte zu garantierten Preisen ab, musste sie kostenintensiv lagern und schließlich mit hohen Exportsubventionen und Preisverlusten auf dem Weltmarkt verkaufen. Die Kosten im Agrarbereich stiegen ständig und erreichten 1989 69 % der EG-Ausgaben. Dennoch verdienten die Landwirte kaum mehr. Deshalb vereinbarte der Rat der Agrarminister Prämien für stillgelegte Anbauflächen zu zahlen, die garantierten Abnahmepreise für landwirtschaftliche Produkte um mehr als ein Drittel zu senken und die daraus entstehenden Einkommensverluste der Bauern durch Direktzahlungen auszugleichen.

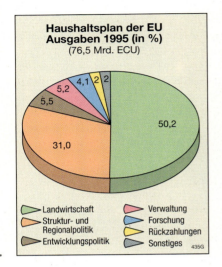

Haushaltsplan der EU Ausgaben 1995 (in %)
(76,5 Mrd. ECU)
- Landwirtschaft 50,2
- Struktur- und Regionalpolitik 31,0
- Entwicklungspolitik 5,5
- Verwaltung 5,2
- Forschung 4,1
- Rückzahlungen 2
- Sonstiges 2

Vereinheitlichung des Rechts

Das Fortschreiten der europäischen Integration erforderte ein europaweites Recht, das nationale Bestimmungen z. B. in der Wirtschafts-, Finanz- oder Sozialpolitik vereinheitlicht. Diese Vereinheitlichung ist besonders in der Umweltpolitik schwierig, weil das Umweltbewusstsein in den Mitgliedstaaten ganz unterschiedlich ist.

Ist ein Kompromiss zwischen Industrie und Ökologie bereits innerhalb eines Landes problematisch, so gilt dies erst recht für die Gemeinschaft insgesamt. Dies erfuhr auch die Bundesrepublik bei dem Versuch den Katalysator europaweit vorzuschreiben. Nach zähen Verhandlungen musste sie akzeptieren, dass von 1993 an strenge Abgasnormen nur für Kleinwagen Pflicht wurden. Sind solche Kompromisse schließlich gefunden, müssen die einzelnen Staaten ihre Gesetze so ändern oder neu erlassen, dass sie die verbindlichen Ziele der EG-Richtlinien erreichen. Ein EG-Experte erklärt am Beispiel der Umweltpolitik, welche Probleme die Vereinheitlichung des EG-Rechts behindern:

> Entscheidungen werden häufig mit großen Verzögerungen auf dem kleinsten gemeinsamen Nenner gefällt, Rentabilitätsgesichtspunkte werden höher bewertet als der Schutz von Mensch und Umwelt. Statt umfassender Umweltplanung werden häufig Einzelfragen herausgegriffen und isoliert behandelt.
>
> Gründe für den unbefriedigenden Wirksamkeitsgrad der EG-Umweltpolitik sind auch die unterschiedliche wirtschaftliche und geographische Lage der EG-Staaten. Ärmere und agrarisch strukturierte Staaten zeigen in der Regel ein geringeres umweltpolitisches Engagement als die reicheren Industriestaaten im EG-Kern.
> (O. Schmuck, Umweltpolitik, Bonn 1988, S. 35 f.)

Wirtschaftsfestung Europa?

Der riesige Binnenmarkt der Gemeinschaft erweckte Argwohn vor allem in den USA, in Japan und bei den Entwicklungsländern. Sie fürchteten, wegen der einheitlichen Zollmauern ihre traditionellen Absatzmärkte und damit auch exportorientierte Arbeitsplätze zu verlieren. Um der *Dritten Welt* entgegenzukommen schloss die EG mit über 60 Ländern Afrikas, der Karibik und des Pazifiks (*AKP-Staaten*) 1975 die *Konvention von Lomé*, der weitere Abkommen folgten. Darin gewährte sie zinsgünstige Darlehen, Nahrungsmittelhilfen sowie praktisch zollfreien Zugang zum Binnenmarkt für gewerbliche Produkte.

Vor der Konkurrenz großer Industriestaaten suchte sich die EG hingegen zu schützen. Als etwa japanische Autohersteller in Großbritannien produzierten um die Zollschranken zu umgehen, beschloss die EG nach Protesten der Franzosen, dass Autos zu 60 % in der EG hergestellte Teile enthalten müssen, um als EG-Produkt zu gelten. Dass außerhalb der EG das Schreckgespenst von der „Festung Europa" umgeht, verkennen die Europäer nicht, wie dieser Bericht zeigt:

> Das Wortgemälde von der Festung mischt Anerkennung von Stärke und Sorge und umreißt damit recht präzise die Stimmungslage der EG-Partner. Jenseits aller Rhetorik und ungeachtet der Glaubwürdigkeit der europäischen Entrüstung über den Begriff der „Festung Europa" sollten die Lehren aus der Geschichte stehen: Festungen sind Zufluchtsorte im Notfall und in der Vergangenheit nur über gewisse Zeit zur Selbstversorgung fähig gewesen, waren aber nie autark; selten haben sie anhaltende Belagerungen überstanden, jedoch kaum ohne ernsten Schaden; technologische Überlegenheit hat ihre starre Passivität stets überwinden können und die Belagerten der gestauten Aggressivität der Sieger ausgeliefert.
> (J. Janning, Jahrbuch der Europ. Integration 1988, Bonn 1989, S. 199 f.)

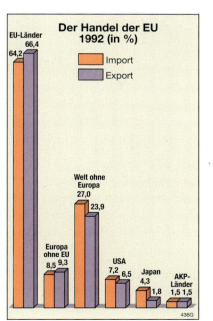

1 Suchen Sie Beispiele, wie sich nationale Interessen auf die Umwelt- und Sozialpolitik auswirken können.
2 Welche Folgen hätte die wirtschaftliche Abschottung Europas nach Meinung des Autors? Welche anderen Folgen sind denkbar?

Gegen wen verteidigen sich die Europäer und was verteidigen sie?

Ein „Haus" für Europa?

Osteuropa und die Europäische Union

Seit dem Fall des Eisernen Vorhangs 1989 drängen vor allem Polen, die Tschechische Republik und Ungarn auf eine Vollmitgliedschaft in der EU, die auch andere Staaten Osteuropas anstreben. Als Aufnahmebedingung fordert die Union, dass sich die Völker dem europäischen Kulturkreis zurechnen, eine demokratische Staatsform besitzen, die Menschenrechte achten und über eine wettbewerbsfähige Marktwirtschaft verfügen. Mit einigen Staaten Osteuropas hat sie inzwischen Assoziierungsverträge geschlossen, die eine umfassende politische, wirtschaftliche und kulturelle Zusammenarbeit vorsehen und den Beitritt zur Gemeinschaft erleichtern sollen.

Der Karikaturist hat Gorbatschows Wort vom „gemeinsamen Haus Europa" satirisch auf die Lage in Ost und West bezogen. Wie sieht er die Politik der EU?

Die Verbundenheit Polens mit Europa begründete Ministerpräsident Mazowiecki am 30. Januar 1990 in Straßburg so:
Europa durchlebt eine ungewöhnliche Zeit: Die Hälfte des Kontinents, die fast fünfzig Jahre von ihrer ursprünglichen Lebensquelle getrennt war, wünscht dahin zurückzukehren. Die Polen sind eine Nation, die sich ihrer Zugehörigkeit zu Europa und ihrer europäischen Identität bewusst ist. In Europa sehen wir immer noch die Werte – Vaterland, Freiheit und Menschenrechte – und fahren fort uns entschieden mit diesem Europa zu identifizieren.
   Die Vorgänge in Mittel- und Osteuropa, obwohl reich an Gefahren, stellen dennoch eine ungewöhnliche Herausforderung dar, zweifellos vor allem für uns, aber auch für ganz Europa. Die Mauer zwischen dem freien und dem unterdrückten Europa wurde bereits beseitigt. Jetzt bleibt die Lücke zwischen dem armen und dem reichen Europa zu füllen. Wenn Europa ein „gemeinsames Haus" werden soll, in dem die einen den anderen nicht die Türe verschließen, dann dürfen auch solche großen Unterschiede nicht lange bestehen.
(nach: C. Gasteyger, Europa zwischen Spaltung und Einigung 1945 bis 1990, Bonn 1990, S. 414 f., gekürzt)

Zu dieser Frage äußerte sich Bundeskanzler Kohl am 19. 6. 1992:
Nur eine starke Europäische Union kann mit den neuen Risiken und Unwägbarkeiten fertig werden, mit denen die Auflösung staatlicher und gesellschaftlicher Systeme im östlichen und südlichen Teil unseres Kontinentes behaftet ist. Dies ist keine Absage an ein größeres Europa, aber wir werden dieses Europa nur schaffen können, wenn wir das heutige Kerneuropa unwiderruflich voranbringen. Darüber hinaus stellt sich auch auf dem Felde der Wirtschaft die Frage nach institutioneller Einbindung Mittel-, Ost- und Südeuropas. Die Assoziierung Polens, der CSFR und Ungarns sind substantielle Schritte, aber auch politische Zeichen zur Einbeziehung dieser Länder in die künftige Europäische Union. Die volle Mitgliedschaft in der Union wird erst erfolgen können, wenn die politischen und ökonomischen Voraussetzungen geschaffen sind.
(nach: O. Schmuck u. a., Auf dem Weg zur EU, Bonn 1993, S. 114)

1. Stellen Sie die Pläne Mazowieckis und Kohls einander gegenüber.
2. Welche der noch nicht zur EU gehörenden Staaten würden Sie in naher Zukunft aufnehmen, welche nicht? Begründen Sie.

Quo vadis, Europa?

Auf die Frage, was sie von einem vereinten Europa ohne Grenzen erwarten, antworteten im Jahr 1993 deutsche Jugendliche so:
„Ich habe eine Ausbildung erhalten, mit der ich einen Beruf ergreifen kann und damit entsprechend Geld verdienen werde, um eine gesicherte Zukunft zu haben. Jetzt kommen Europa, der Binnenmarkt und die offenen Grenzen, und dann sind auf einmal ganz andere Sachen gefragt, als ich sie gelernt habe. Warum also soll ich für Europa sein, wenn es doch so, wie es jetzt ist, gut für mich ist?"
(18-jähriger Malergeselle aus München)
„Europa und die Zukunft: In Bezug auf die Menschen ist es sicher interessant. Man lernt viele Menschen kennen von anderen Ländern, man bekommt eine ganz andere Weltanschauung. Einen Einblick in die Welt, nicht nur immer Deutschland und Deutschland."
(16-jährige Schülerin eines Schulzentrums in Baden-Württemberg)
„Wenn jetzt alle Grenzen offen sind, dann können die, die aus ärmeren Ländern kommen, ja hier bei uns arbeiten und die nehmen uns dann unsere Arbeit und unsere Wohnungen weg."
(17-jährige Schülerin eines Gymnasiums aus Leipzig)
„Für mich ist das mehr Freiheit. Und wenn es auch nur ist, dass man weiß, wenn ich wollte, dann könnte ich. Ich muss nicht, aber wenn ich wollte, ist es für mich kein Problem nach Frankreich zu gehen, nach England, nach Spanien – wenn ich Lust dazu haben."
(16-jährige Schülerin einer Merseburger Sekundarschule)
„Man kann nicht so viele verschiedene Kulturen auf einmal verbinden, das geht gar nicht. Das gibt Reibungen. Das gibt Mord und Totschlag. Deutschland wird bluten, Deutschland blutet jetzt schon und wird noch mehr bluten. Wir werden daran untergehen. Eindeutig!"
(17-jähriger Berufsschüler in Rostock)
„Mich würde als einiges Europa mehr interessieren diese Gleichheit der Menschen. Das ist ein wunderbarer Gedanke – überhaupt nicht durchgeträumt – aber so diese Gleichheit und dass es eigentlich allen gut geht, das ist für mich der Traum von einem einigen Europa."
(17-jährige Berufsschülerin in Berlin-Kreuzberg)
„Es macht mir auch ein bißchen Angst, dass Europa dann so etwas Großes ist, von so einer großen Ordnung beherrscht, die politische Ordnung wird ziemlich unnahbar für den Einzelnen, wenn das so ein Riesenkomplex wird."
(17-jähriger Gymnasiast in Hessen)
(nach: T. Henschel, „Europa – det is'n Anfang", Mainz 1993, S. 32–42)

1 Versuchen Sie die Standpunkte der Jugendlichen zu bestimmen. Wo würden Sie zustimmen, wo widersprechen? Formulieren Sie Ihre eigene Einstellung zu Europa.
2 Starten Sie bei Ihrer Familie, bei älteren Verwandten und Nachbarn eine Umfrage, welche Empfindungen die Gründung der Wirtschaftsgemeinschaft auslöste, ob sie einen Fortschritt in der europäischen Einigung erkennen können und wie sie die Zukunft Europas beurteilen.
3 Völkerverständigung ist eine Aufgabe, die sich nicht nur in flüchtigen Urlaubsbegegnungen erschöpft. Was können wir persönlich tun um ein besseres Miteinander zu erreichen?

Deutschland von 1969 bis zur Einheit

Deutsch-deutsche Begegnungen

Auf die Entspannung zwischen den Supermächten und den Blöcken reagierte Mitte der 60er Jahre in Deutschland zuerst die SPD. Im Gegensatz zu allen CDU-Regierungen, die Verhandlungen mit der DDR stets verweigert hatten, war der Politiker EGON BAHR davon überzeugt, dass sich nur in direkten Gesprächen mit dem DDR-Regime Fortschritte in der deutschen Frage erzielen ließen. Er wollte in einer „Politik der kleinen Schritte" Erleichterungen für die Menschen erreichen. Dieses neue deutschlandpolitische Konzept des „Wandels durch Annäherung", das eine heftige Debatte entfesselte, konnte die SPD erst nach der Bundestagswahl 1969 verwirklichen. Eine *sozialliberale* Koaliton von SPD und FDP löste die Große Koalition ab und bemühte sich unter Bundeskanzler WILLY BRANDT (SPD) und Außenminister WALTER SCHEEL (FDP) um einen innerdeutschen Dialog. Am 28. Oktober 1969 erklärte Willy Brandt vor dem Bundestag:

> Aufgabe der praktischen Politik in den jetzt vor uns liegenden Jahren ist es, die Einheit der Nation dadurch zu wahren, daß das Verhältnis zwischen den Teilen Deutschlands aus der gegenwärtigen Verkrampfung gelöst wird. Die Deutschen sind nicht nur durch ihre Sprache und ihre Geschichte verbunden; wir sind alle in Deutschland zu Haus. 20 Jahre nach Gründung der Bundesrepublik Deutschland und der DDR müssen wir ein weiteres Auseinanderleben der deutschen Nation verhindern, also versuchen, über ein geregeltes Nebeneinander zu einem Miteinander zu kommen.
>
> Die Bundesregierung bietet dem Ministerrat der DDR Verhandlungen beiderseits ohne Diskriminierung auf der Ebene der Regierungen an, die zu vertraglich vereinbarter Zusammenarbeit führen sollen. Eine völkerrechtliche Anerkennung der DDR durch die Bundesregierung kann nicht in Betracht kommen. Auch wenn zwei Staaten in Deutschland existieren, sind sie doch füreinander nicht Ausland.
> (I. Wilharm [Hrsg.], Dt. Geschichte 1962–83, Bd. 2, Ffm. 1985, S. 28)

„Wandel durch Annäherung"

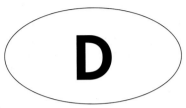

*Seit ihrer Gründung verwendete die Bundesrepublik als Nationalitätenkennzeichen das **D** für „Deutschland". Die Abkürzung BRD war im offiziellen Sprachgebrauch untersagt. Erläutern Sie den Grund.*

Den Streit um Mini- oder Maximode benutzte ein Karikaturist für die Erwartungen beider deutscher Staaten beim Erfurter Treffen am 19. März 1970.

An einem Tisch und doch getrennt: Trotz gegensätzlicher Auffassungen übe

Auf der Suche nach Anerkennung

Mit diesem Schild fuhren die Autos der DDR seit 1974.

Die Führung der DDR ging auf Brandts Verhandlungsangebot ein. Sie versprach sich davon eine Aufwertung und wachsende internationale Anerkennung, welche die *Hallstein-Doktrin* bislang verhinderte. Die erste Zusammenkunft fand am 19. März 1970 auf der Ebene der Regierungschefs statt: WILLY BRANDT reiste nach ERFURT und traf sich dort mit Ministerpräsident WILLI STOPH. Tausende von Menschen durchbrachen die Absperrungen und bereiteten dem Bundeskanzler mit „Willy-Willy"-Rufen einen begeisterten Empfang. Damit zeigten sie ihre hohen Erwartungen an dieses Treffen. Dagegen erklärte Stoph bei seinem Gegenbesuch am 21. Mai 1970 in KASSEL:

> Lassen Sie mich gleich zum Kern der Sache sprechen: Wir sind in dem Bestreben in die Bundesrepublik gekommen, unsererseits alles zu tun, um endlich gleichberechtigte, völkerrechtliche Beziehungen zwischen der DDR und der BRD herzustellen.
>
> Namens des Ministerrates der DDR erkläre ich: Wir sind bereit einen Vertrag über völkerrechtliche Beziehungen unverzüglich zu unterzeichnen. Das wäre der gangbare Weg um solche Beziehungen zwischen unseren Staaten zu ermöglichen, die zu einem Verhältnis der friedlichen Koexistenz zwischen DDR und BRD führen können. Sie, Herr Bundeskanzler, haben die Ablehnung normaler völkerrechtlicher Beziehungen zwischen der DDR und der BRD mit Begriffskonstruktionen wie „innerdeutsche" oder „zwischendeutsche Beziehungen" verbunden. Ich muss deshalb nochmals ganz entschieden erklären, dass die Formel von „besonderen innerdeutschen Beziehungen" für das Verhältnis zwischen unseren beiden Staaten absolut unannehmbar ist.
> (H. Weber, DDR. Dokumente zur Geschichte, München 1986, S. 309 f.)

1 Erläutern Sie die unterschiedlichen Erwartungen in West und Ost.
2 Arbeiten Sie die Berührungspunkte und Gegensätze zwischen den Positionen von Brandt und Stoph heraus.

...and trafen sich Willy Brandt und Willi Stoph am 19. März 1970 in Erfurt.

Deutschland von 1969 bis zur Einheit

Der Streit um den Grundlagenvertrag von 1972

Da nach dem Zweiten Weltkrieg kein Friedensvertrag zu Stande gekommen war, musste sich die Bundesregierung vor Abschluss eines Abkommens mit der DDR zunächst mit der *Sowjetunion* vertraglich einigen. Dies geschah nach zähen Verhandlungen am 12. August 1970 in MOSKAU. Das wichtigste Ergebnis war die Anerkennung der seit 1945 bestehenden Grenzen in Osteuropa. Besonders die im *Warschauer Vertrag* mit *Polen* 1970 vereinbarte Unverletzlichkeit – nicht aber Endgültigkeit – der polnischen Westgrenze entlang von ODER und NEISSE machte den Weg frei für den deutsch-deutschen *Grundlagenvertrag* von 1972. Darin bestätigten beide Seiten ihre staatliche Souveränität. Der Vertrag schuf eine Reihe von Reiseerleichterungen, die Freizügigkeit der Bürger in der DDR garantierte er aber nicht. Auch weiterhin wurden bei Fluchtversuchen aus der DDR Menschen erschossen. In der Bundesrepublik war der Grundlagenvertrag heftig umstritten. Der Oppositionsführer RAINER BARZEL (CDU) erklärte:

Aussöhnung mit Polen: Bei seinem Besuch 1970 in Warschau kniete Willy Brandt vor dem Mahnmal des Warschauer Ghettos nieder. 1971 erhielt er für seine Ostpolitik den Friedensnobelpreis.

> Dieser Vertrag – schlecht und eilig ausgehandelt, ohne angemessene Leistung und Gegenleistung – soll, so wird gesagt, dem Frieden dienen. Frieden aber ist doch eine Sache der Menschenrechte. Über dieses Problem wird zu sprechen sein wie über Ihre neue Formel von den zwei deutschen Staaten. Es hieß vor kurzem noch: zwei Staaten in Deutschland. Was wir Ihnen vorwerfen, Herr Bundeskanzler, ist dies: Mit der Unterschrift unter den Grundlagenvertrag bereiten Sie der DDR den Weg in die UNO, ohne den Bürgern der DDR die in der UNO-Charta beschworenen Menschenrechte zu gewährleisten.
> (I. Wilharm [Hrsg.], a. a. O., S. 69)

Da die Regierung Brandt ihre ohnehin hauchdünne Mehrheit im Bundestag durch den Übertritt einiger Abgeordneter verloren hatte, versuchte Barzel durch ein *konstruktives Misstrauensvotum* den Kanzler zu stürzen. In einer dramatischen Abstimmung scheiterte er, weil zwei Abgeordnete der CDU/CSU gegen ihn stimmten. Um die unklaren Mehrheitsverhältnisse zu beenden, stimmte der Bundespräsident dem Vorschlag des Kanzlers zu, den Bundestag aufzulösen. Es kam zu Neuwahlen, die die SPD/FDP-Koalition im November 1972 gewann. Am 21. 12. wurde der *Grundlagenvertrag* daraufhin unterzeichnet.

1970 unterzeichneten Bundeskanzler Brandt und der sowjetische Ministerpräsident Kossygin den Moskauer Vertrag. Hinter Brandt Leonid Breschnew, Generalsekretär der KPdSU.

Karikatur von 1972 mit Egon Bahr (rechts) und DDR-Unterhändler Kohl.

Die Abgrenzungspolitik der DDR

Der Verzicht der Bundesregierung auf den *Alleinvertretungsanspruch* brachte der DDR 1973 die Aufnahme in die UNO und damit die lang ersehnte Anerkennung durch die nichtkommunistischen Staaten. Außenpolitisch musste die Regierung unter dem neuen Staats- und Parteichef ERICH HONECKER (1971–1989) diese Aufwertung mit einer noch stärkeren Unterordnung unter die Führung der UdSSR bezahlen. Ein Beistandsvertrag im Jahr 1975 sollte dieses Bündnis stärken.

Auch die Verfassung wurde 1974 den neuen Verhältnissen angepasst. Hatte sich die DDR bisher als „sozialistischer Staat deutscher Nation" verstanden, so sah sie sich nun als „sozialistischer Staat der Arbeiter und Bauern". Alle Hinweise auf eine gemeinsame deutsche Nation verschwanden. Um jede Hoffnung auf eine Annäherung an die Bundesrepublik zu ersticken verschärfte die SED ihre ideologische Arbeit. 1973 erklärte ERICH HONECKER:

1. Strophe der DDR-National-hymne
Auferstanden aus Ruinen
und der Zukunft zugewandt,
lass uns dir zum Guten dienen,
Deutschland, einig Vaterland.
Alle Not gilt es zu zwingen
und wir zwingen sie vereint,
denn es muss uns doch gelingen,
dass die Sonne schön wie nie
über Deutschland scheint.
(Text: J. Becher)

> Wenn wir heute feststellen können, dass die Politik der friedlichen Koexistenz günstigere äußere Bedingungen schafft, so heißt das nicht, dass der ideologische Kampf mit der bürgerlichen Ideologie in allen ihren Schattierungen abflauen würde. Im Gegenteil. Wir bauen den Sozialismus unmittelbar an der Grenze zum Imperialismus auf und haben es darum – die Verträge mit der BRD ändern daran nichts – mit besonders massiven Versuchen konterrevolutionärer ideologischer Einmischung und Einflussnahme des Klassengegners zu tun.
>
> Die marxistisch-leninistische Stählung der Parteimitglieder ist die wichtigste Voraussetzung um alle Bereiche des gesellschaftlichen Lebens mit der sozialistischen Ideologie zu durchdringen, unsere politisch-ideologische Arbeit lückenloser zu gestalten.
> *(H. Weber, DDR. Dokumente zur Geschichte, München 1986, S. 337 f.)*

Ab 1974 durften die DDR-Bürger diese Strophe nicht mehr singen und man spielte bei feierlichen Anlässen nur noch die Melodie. Nennen Sie den Grund!

1 Verfassen Sie auf Barzels Rede eine mögliche Erwiderung Brandts.
2 Welche Folgen leitete Honecker aus dem Grundlagenvertrag ab?
3 Ziehen Sie Bilanz: Was haben Bundesrepublik und DDR erreicht?
4 Auf welche Weise versuchte Honecker den ungewollten Folgen des Grundlagenvertrages entgegenzuwirken?

Briefmarke zur Aufnahme der DDR in die UNO 1973.

Staatsbesuch Erich Honeckers 1987 in Bonn: „Wandel durch Annäherung" oder Aufwertung des „Arbeiter- und Bauernstaates"?

Deutschland von 1969 bis zur Einheit

Die beiden deutschen Staaten 1969–1989

„Mehr Demokratie wagen"

Die Bundesregierung unter WILLY BRANDT unterschied sich nicht nur in ihrer Ostpolitik von den Vorgängern. Sie wollte auch „innere Reformen" durchsetzen. Bereits 1969 hatte Brandt erklärt:

> Wir wollen mehr Demokratie wagen. Mitbestimmung, Mitverantwortung in den verschiedenen Bereichen der Gesellschaft wird eine bewegende Kraft der kommenden Jahre sein. Wir wollen eine Gesellschaft, die mehr Freiheit bietet und mehr Mitverantwortung fordert. Die Regierung kann in der Demokratie nur erfolgreich wirken, wenn sie getragen wird vom demokratischen Engagement der Bürger. Wir suchen keine Bewunderer; wir brauchen Menschen, die kritisch mitdenken, mitentscheiden und mitverantworten. Das Selbstbewußtsein dieser Regierung wird sich als Toleranz zu erkennen geben. Wir sind keine Erwählten; wir sind Gewählte. Wir stehen nicht am Ende unserer Demokratie, wir fangen erst richtig an.
> (I. Wilharm, a. a. O., S. 27–32)

Einige dieser Forderungen wurden schon bald verwirklicht: Das *Betriebsverfassungsgesetz* (1972) gewährte den Vertretern der Arbeitnehmer, den Betriebsräten, mehr Mitbestimmung, etwa bei der Regelung der Arbeitszeit. Obwohl die Kulturhoheit Sache der Länder ist, suchte die Regierung in einem Gesamtplan den Bildungsbereich zu reformieren: An die Stelle verschiedener Schularten sollte eine *Gesamtschule* treten, in der Kinder aller Bevölkerungsschichten gemeinsam lernen. So wollte die Regierung soziale Schranken abbauen und allen gleiche Aufstiegsmöglichkeiten bieten. Die *Schülermitverwaltung* erhielt mehr Rechte und eine *Hochschulreform* erlaubte den Studierenden bei der Berufung neuer Professoren mitzusprechen. Alle Bürger erhielten das aktive Wahlrecht jetzt mit 18 Jahren.

Dürfen Kommunisten Lehrer werden?

Wegen der *Ostverträge* musste sich die sozialliberale Regierung den Vorwurf gefallen lassen eine kommunistenfreundliche Politik zu betreiben. Diese Politik galt manchen als gefährlich, da linksextreme Gruppen in der Bundesrepublik nach dem Ende der Studentenrevolte die Institutionen mit einem „langen Marsch" unterwandern wollten. 1972 einigten sich daher die Bundesregierung und die Ministerpräsidenten auf den sogenannten *Radikalenerlass*. Er verlangte von allen Angehörigen des öffentlichen Dienstes, vom Briefträger über den Lehrer bis zum Richter, Treue zur freiheitlich-demokratischen Grundordnung. Etwa eine Million Bewerber wurden zwischen 1972 und 1979 überprüft, etwa 10 000 als „Verfassungsfeinde" abgelehnt. Heftige Proteste gegen diese „Gesinnungsschnüffeleien" und „Berufsverbote" gefährdeten die Reformpolitik der sozialliberalen Regierung.

„Unverschämt einem die Arbeit so zu erschweren!" Wie beurteilte der Karikaturist 1972 den sogenannten Radikalenerlass?

1 Was verstand Willy Brandt unter „mehr Demokratie"? Warum bezeichnete er das Programm als Wagnis?
2 Diskutieren Sie, wie weit die Toleranz einer Demokratie gegenüber antidemokratischen Gruppen reichen darf.

Der neue Mensch im Sozialismus

Auch die DDR-Regierung wandte sich nach Honeckers Amtsantritt 1971 verstärkt der Bildung zu, um sozialistische Ziele durchzusetzen. Sie setzte ebenfalls auf die Erziehung der Jugend, wie es der „Kampfplan" des Schuljahres 1972/73 für die Klasse 11 zeigt:

> Wir studieren den Marxismus-Leninismus. Wir machen uns mit dem revolutionären Kampf der Arbeiterklasse und ihrer Partei und der von der SED gewiesenen Perspektive vertraut. Wir bemühen uns um bessere Lernaktivität im Fach Russisch. Jeder Schüler erarbeitet den Betrag von 10,– M und unsere Klasse überweist ihn auf das Solidaritätskonto für das heldenhaft kämpfende vietnamesische Volk.
>
> Die FDJ-Leitung führt Leistungsanalysen gemeinsam mit den Schülern durch. Diese Analysen werden vor der Klasse ausgewertet. Wir unterstützen Klassenkameraden, die Schwierigkeiten im Lernen haben, und ringen gemeinsam um eine sozialistische Lern- und Arbeitsmoral. Wir kämpfen um die Festigung unserer FDJ-Organisation und sorgen dafür, dass sich in unserer Klasse kameradschaftliche Beziehungen zwischen allen FDJ-Mitgliedern entwickeln.
>
> (nach: Geschichte in Quellen, Bd. 7, München 1980, S. 314–315)

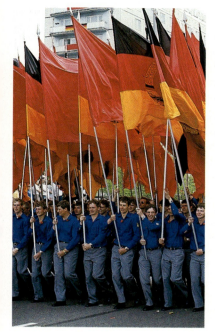

Bei allen offiziellen Anlässen wie hier bei einer Demonstration zum 1. Mai sollte die Freie Deutsche Jugend (FDJ) die Staatstreue der jungen Menschen unter Beweis stellen.

Das *Jugendgesetz* von 1974 schrieb dem Elternhaus, allen Bildungseinrichtungen, den Betrieben sowie den Organisationen von Staat und Partei vor, die Jugend zu treuen Anhängern des Sozialismus zu erziehen. Diesem Zweck diente in den Schulen die „Staatsbürgerkunde". Ziel des *Wehrkundeunterrichts*, der 1978 für die 9. und 10. Klassen der polytechnischen Oberschule verpflichtend eingeführt wurde, war es, den Umgang mit Waffen zu vermitteln. Trotz aller Bemühungen von Staat und Partei ließen sich aber nicht alle Jugendlichen vereinnahmen. Während viele innerlich auf Distanz gingen, zeigten einige wenige offen Widerstand gegen die aufgezwungene Uniformität.

1 Warum brauchte die DDR keinen „Radikalenerlass"?
2 Welche Rückschlüsse auf die gesellschaftliche Realität der DDR erlaubt der „Kampfplan"?

Rocker im Straßenbild der DDR – eine Herausforderung an den Staat.

Demokratie auf dem Prüfstand: Bedrohung durch Terror

Der 1977 entführte Arbeitgeberpräsident Hanns-Martin Schleyer als Gefangener der RAF, kurz vor seiner Ermordung.

Stationen des Terrors
10. 11. 1974: Ermordung des Berliner Kammergerichtspräsidenten Günter von Drenkmann
27. 02. 1975: Entführung des Berliner CDU-Vorsitzenden Peter Lorenz
07. 04. 1977: Ermordung des Generalbundesanwalts Siegfried Buback
30. 07. 1977: Ermordung des Vorstandsvorsitzenden der Dresdner Bank, Jürgen Ponto
13. 10. 1977: Entführung eines Lufthansa-Flugzeuges nach Mogadischu
19. 10. 1977: Ermordung des Arbeitgeberpräsidenten Hanns-Martin Schleyer
11. 05. 1981: Ermordung des hessischen Wirtschaftsministers Heinz-Herbert Karry
10. 10. 1986: Ermordung des Diplomaten Gerold von Braunmühl
30. 11. 1989: Ermordung des Vorstandssprechers der Deutschen Bank, Alfred Herrhausen
01. 04. 1991: Ermordung des Treuhand-Chefs Detlev Karsten Rohwedder

Im Westen Deutschlands sah sich der demokratische Rechtsstaat in den 70er Jahren durch *Terror* bedroht. Die in ihrem Kern nur sechs Personen umfassende *Baader-Meinhof-Bande*, die aus der Zeit der Studentenunruhen hervorgegangen war, hatte der Bundesrepublik den bewaffneten Kampf angesagt. 1970 formierte sie sich unter dem Namen *Rote-Armee-Fraktion* (RAF). In ihrem Gründungsdokument hieß es:

> Genossen, es hat keinen Zweck, den falschen Leuten das Richtige erklären zu wollen. Das haben wir lange genug gemacht. Wir wenden uns an die potentiell revolutionären Teile des Volkes. Die auf das Geschwätz der „Linken" nichts geben können, weil es ohne Folgen und Taten geblieben ist. Die es satt haben!
>
> Wir wollen unsere Aktion jenen vermitteln, die für die Ausbeutung, die sie erleiden, keine Entschädigung bekommen durch Lebensstandard, Konsum, Bausparvertrag, Kleinkredite, Mittelklassewagen. Die sich den ganzen Kram nicht leisten können, die da nicht dran hängen. Denen wollen wir sagen, daß es jetzt losgeht. Um die Konflikte auf die Spitze treiben zu können, bauen wir die Rote Armee auf. Die Konflikte auf die Spitze treiben heißt: Daß die nicht mehr können, was die wollen, sondern machen müssen, was wir wollen.
>
> Die Klassenkämpfe entfalten. Das Proletariat organisieren. Mit dem bewaffneten Widerstand beginnen!
> (I. Wilharm, Dt. Geschichte 1962–83, Bd. 1, Frankfurt 1985, S. 195 ff.)

Seit Sommer 1970 überzog eine Serie von Brand-, Sprengstoff- und Mordanschlägen die Bundesrepublik. Obwohl mehrere Mitglieder der Bande – so die Anführer ULRIKE MEINHOF und ANDREAS BAADER – 1972 gefasst wurden, setzten deren Nachfolger den Terror fort.

Ihren Höhepunkt erreichten die Anschläge der RAF im Jahre 1977: Nach der Ermordung von Generalbundesanwalt SIEGFRIED BUBACK am 7. April auf offener Straße folgte am 30. Juli der Mord am Vorstandssprecher der Dresdner Bank, JÜRGEN PONTO. Anfang September entführten Terroristen den Arbeitgeberpräsidenten HANNS-MARTIN SCHLEYER um elf Häftlinge freizupressen. Einige Wochen später kaperten palästinensische Luftpiraten, die mit der RAF in Verbindung standen, die Lufthansamaschine *Landshut* und zwangen diese zur Landung in MOGADISCHU (Somalia). Wenige Stunden nach der erfolgreichen Erstürmung des Flugzeugs durch eine deutsche Sondereinheit begingen die RAF-Anführer ANDREAS BAADER, GUDRUN ENSSLIN und JAN CARL RASPE in der Strafanstalt Stammheim Selbstmord; am nächsten Tag fand man Schleyer ermordet.

Viele forderten ein härteres Durchgreifen des Staates. Die *Antiterrorgesetze* stellten die Bildung terroristischer Vereinigungen, ja selbst das verfassungsfeindliche Befürworten von Straftaten unter Strafe. Das *Kontaktsperregesetz* untersagte sogar den Kontakt zwischen Angeklagten und ihren Verteidigern, wenn diese unter dem Verdacht standen mit den Terroristen gemeinsame Sache zu machen. Obwohl Mordanschläge in den folgenden Jahren anhielten, zeigte sich die Bundesrepublik als „wehrhafte Demokratie", die sich von Terroristen nicht erpressen ließ.

Im karg bestückten HO-Laden musste die Bevölkerung einkaufen, während prominente Funktionäre in der Siedlung Berlin-Wandlitz – errichtet für Politbüro-Mitglieder – ein reiches Warenangebot fanden.

Die DDR: Staat der Arbeiter und Bauern?

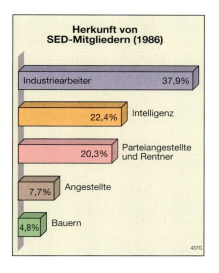

Zwar konnte die DDR Mitte der 70er Jahre trotz Weltwirtschafts- und Rohstoffkrise den höchsten Lebensstandard im gesamten Ostblock vorweisen: Es gab statistisch gesehen keine Arbeitslosen, die Preise für Grundnahrungsmittel und Mieten blieben niedrig und stabil, der vernachlässigte Wohnungsbau wurde durch ein umfassendes Wohnungsbauprogramm gefördert. Dennoch wuchs die Unzufriedenheit breiter Kreise der Bevölkerung. Sie verlangten eine Verkürzung der Arbeitszeit von fast 44 auf 40 Stunden, mehr Urlaub sowie die Erhöhung der immer noch sehr niedrigen Renten und Mindestlöhne. *Systemkritiker* in vielen Ostblockstaaten und der DDR forderten die Einhaltung der *Menschenrechte*, Ausreisemöglichkeiten und die Demokratisierung des Staates. Die Jugendlichen wehrten sich gegen den Zwang zur Konformität.

Vor allem aber konnte nicht mehr verheimlicht werden, dass die SED ihrem Ziel einer *sozialistischen Gesellschaft* ohne Klassen nicht näher gekommen war. Während die Partei bei ihrer Gründung noch als klassische Arbeiterpartei gelten konnte, war die Zahl der Industriearbeiter von 48% (1947) auf 37,9% (1986) gefallen. Stattdessen bildete sich im „Arbeiter- und Bauernstaat" eine neue führende Klasse heraus. Zu ihr zählten die *Funktionäre* des Staates und der Partei, der Wirtschaft, Kultur und Massenorganisationen wie FDGB und FDJ, die Offiziere der Armee und Polizei sowie die Mitarbeiter des Ministeriums für Staatssicherheit (Stasi). Diese Fach- und Führungskräfte, die sogenannten *Kader*, die etwa 400 000 Personen umfassten, waren die eigentlichen Träger der SED-Herrschaft. Sie besaßen eine Reihe von Privilegien wie größere Wohnungen, Zugang zu hochwertigen Konsumgütern und luxuriösen Ferienhäusern, überdurchschnittliche Gehälter sowie bessere Karrierechancen für sich und ihre Kinder. Diese Privilegien machten den Normalbürgern deutlich, dass die Verwirklichung des Sozialismus reine Ideologie blieb.

1 Welche Bevölkerungsgruppen wollte die RAF ansprechen? Wogegen richtete sich ihr „Widerstand" und wie beurteilen Sie ihre Motive?
2 Erklären Sie die Entstehung neuer „Klassen" in der DDR.

Deutschland von 1969 bis zur Einheit

Die Parteienlandschaft in der Krise

Eine neue Partei bringt Farbe in die Politik: Die GRÜNEN zogen 1983 erstmals in den Bundestag.

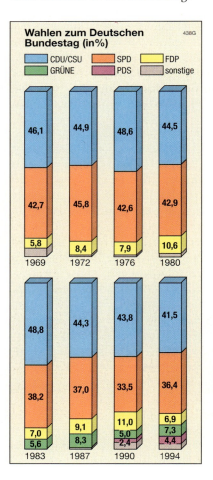

In den 70er Jahren wuchs die Unzufriedenheit in der Bundesrepublik, da die Volksparteien den Terrorismus nicht eindämmen konnten und mit der Bewältigung wirtschaftlicher Probleme überfordert waren. 1973 löste die *Ölkrise*, welche die Erdöl produzierenden Länder mit einer drastischen Erhöhung des Rohölpreises ausgelöst hatten, eine weltweite Wirtschaftsflaute aus. Die Arbeitslosenzahl stieg erstmals seit 1945 auf über eine Million.

In dieser Krisenzeit trat Bundeskanzler WILLY BRANDT im Mai 1974 zurück, weil der von ihm geschätzte Berater GÜNTER GUILLAUME als DDR-Spion enttarnt wurde. Zum Nachfolger wählte der Bundestag HELMUT SCHMIDT (SPD), der als Vizekanzler und Außenminister HANS-DIETRICH GENSCHER (FDP) berief. Als Reaktion auf die Stationierung moderner sowjetischer SS-20-Raketen mit mehreren Atomsprengköpfen unterstützte Schmidt 1979 den NATO-Doppelbeschluss: Parallel zur Stationierung amerikanischer Mittelstreckenraketen in Europa bot die NATO der Sowjetunion *Abrüstungsverhandlungen* an. Gegen diese neue Stufe der Aufrüstung formierte sich eine breite Friedens- und Ökologiebewegung, aus der die neue Partei der GRÜNEN erwuchs. In ihrem Bundesprogramm von 1981 hieß es:

> Wir fühlen uns verbunden mit all denen, die in der neuen demokratischen Bewegung mitarbeiten: den Lebens-, Natur- und Umweltschutzverbänden, der Arbeiterbewegung, christlichen Initiativen, der Friedens- und Menschenrechts-, der Frauen- und Dritte-Welt-Bewegung. Wir verstehen uns als Teil der grünen Bewegung in aller Welt. Die in Bonn etablierten Parteien verhalten sich, als sei auf dem endlichen Planeten Erde eine unendliche industrielle Produktionssteigerung möglich. Die Zerstörung der Lebens- und Arbeitsgrundlagen und der Abbau demokratischer Rechte haben ein so bedrohliches Ausmaß erreicht, daß es einer grundlegenden Alternative für Wirtschaft, Politik und Gesellschaft bedarf. Erst in dem Maße, wie wir uns wieder auf die Grenzen unserer Natur besinnen, werden auch die schöpferischen Kräfte frei werden für die Neugestaltung eines Lebens auf ökologischer Basis.
>
> Gegenüber der eindimensionalen Produktionssteigerungspolitik vertreten wir ein Gesamtkonzept. Unsere Politik wird von langfristigen Aspekten geleitet und orientiert sich an vier Grundsätzen: Sie ist ökologisch, sozial, basisdemokratisch und gewaltfrei.
>
> (I. Wilharm, Dt. Geschichte 1962–83, Bd. 2, Frankfurt 1985, S. 226 bis 229)

Die anhaltende Wirtschaftskrise löste Meinungsverschiedenheiten zwischen SPD und FDP über den Kurs der sozialliberalen Koalition aus. 1982 kam es zum offenen Bruch: Die vier FDP-Minister traten zurück. Durch ein konstruktives Misstrauensvotum vom 1. Oktober 1982 wählte die CDU/CSU mit Unterstützung der FDP den CDU-Vorsitzenden HELMUT KOHL zum sechsten Bundeskanzler. Damit war die *Wende* zu einer konservativen Politik in der Bundesrepublik vollzogen. Die christlich-liberale Koalition konnte ihre Mehrheit bei den Wahlen der 80er Jahre behaupten. Am 5. Mai 1989 beging die Bundesrepublik ihr vierzigjähriges Bestehen.

DDR: „Vorwärts immer, rückwärts nimmer"

Neben den gesellschaftlichen Spannungen beschleunigten die Auswirkungen der Weltwirtschaftskrise den Niedergang der DDR in den 80er Jahren. Viele Bürger zogen sich in die innere Emigration zurück, immer mehr wollten freilich den Staat verlassen. Allein 1984 siedelten 35 000 Bürger legal in die Bundesrepublik über. Andere riskierten mit der Flucht über die waffenstarrende Grenze in den Westen sogar ihr Leben. Statt auf diese wachsende Ausreisewelle mit *Reformen* zu reagieren baute die Staats- und Parteiführung ihr flächendeckendes Überwachsungssystem mit Hilfe des Ministeriums für Staatssicherheit weiter aus. Rund 100 000 hauptamtliche und etwa 170 000 *Inoffizielle Mitarbeiter* (IM) sollen es gewesen sein, die bis 1988/89 ihre Mitbürger bespitzelten, oft sogar in der eigenen Familie.

Auch außenpolitisch wuchs der Druck auf die DDR-Führung, als die KPdSU unter ihrem reformfreundlichen neuen Generalsekretär MICHAIL GORBATSCHOW mit der kritischen Aufarbeitung ihrer Vergangenheit begann. Die SED ging auf Distanz zur Reformpolitik und pochte auf die politische Eigenständigkeit der DDR. Sie fürchtete zu Recht, dass eine Übernahme von *Glasnost* und *Perestrojka* das Ende ihrer Alleinherrschaft einläuten könnte.

Transparente mit der Parole „Von der Sowjetunion lernen heißt siegen lernen" – von der SED stets gern propagiert – durften nicht mehr öffentlich gezeigt werden. 1988 verboten die Zensoren die deutsche Ausgabe der liberalen sowjetischen Zeitschrift „Sputnik", die kritische Artikel zur Entwicklung des Weltkommunismus und über die Mitschuld Stalins am Aufstieg Hitlers enthielten. Selbst SED-Funktionäre merkten nun, dass sich die SED-Spitze unter HONECKER nicht nur gegen den Westen, sondern auch gegen die Sowjetunion abschottete. Mit dieser starren Haltung förderte das Regime das Erstarken einer *Bürgerrechtsbewegung* und damit seinen eigenen Niedergang.

1 Welche Ziele verfolgen die GRÜNEN und wie wollen sie sich von den „etablierten" Parteien unterscheiden?
2 Warum lehnte die SED Gorbatschows Reformpolitik ab?

Vergleichen Sie die Briefmarken der DDR und der Bundesrepublik zu ihrem 40. Jahrestag.

Gorbatschow und Honecker am 7. Oktober 1989 in Ostberlin zur 40-Jahr-Feier der DDR. Gorbatschows Worte „Wer zu spät kommt, den bestraft das Leben!" stießen bei der DDR-Führung auf taube Ohren.

Zwei Staaten – zwei politische Kulturen

Die gegensätzliche politische Entwicklung der beiden deutschen Staaten spiegelte sich auch in der Herausbildung zweier unterschiedlicher Kulturen wider. In der Bundesrepublik setzten sich Künstler mit den gesellschaftlichen und politischen Problemen auseinander. Neben Schriftstellern wie Heinrich Böll, Günter Grass und Günter Wallraff, Filmregisseuren wie Rainer Werner Fassbinder oder einigen Karikaturisten waren es Plakatkünstler, die in den 70er Jahren öffentlich Kritik übten: Die Plakate des 1956 aus der DDR übergesiedelten KLAUS STAECK erreichten bis 1988 eine Gesamtauflage von 15 Millionen und waren in mehr als 3000 Ausstellungen im In- und Ausland zu sehen. Bis 1972 versuchten Betroffene vierzig Mal vergeblich Staeck-Plakate wegen ihrer ironisch-bissigen Kritik gerichtlich verbieten zu lassen.

In den 90er Jahren protestierten einige Bürger mit dem Satz „Soldaten sind Mörder" gegen den Einsatz der Bundeswehr außerhalb des NATO-Bereichs. Daraufhin klagten Soldaten gegen die diskriminierende Anwendung dieses Zitates von KURT TUCHOLSKY (1890–1935) auf ihren Dienst bei den Streitkräften. Nach mehreren Prozessen fällte schließlich das Bundesverfassungsgericht das Urteil, dass der Satz nur zitiert werden dürfe, wenn kein bestimmter Soldat damit gemeint sei. Es machte damit deutlich, dass Kritik ihre Grenzen an der Würde des Einzelnen findet.

Was müssen sich Demokraten gefallen lassen?

Plakat von Klaus Staeck gegen Versuche von Politikern kritische Literatur per Gesetz zu verbieten.

Das 1982 veröffentlichte Plakat von Staeck bezog sich auf Helmut Kohl, dessen Kopf die Karikaturisten öfters als Birne darstellten. Das rechte Plakat sollte 1976 auf den Abbau demokratischer Rechte aufmerksam machen.

Immer Ärger mit den Künstlern – wer nicht loben will, muss gehen

In der DDR hatte mit dem Amtsantritt HONECKERS 1971 zunächst eine liberalere Kulturpolitik eingesetzt. Zehn Jahre später stellte er fest: „Über 30 Jahre DDR bestätigen die Wahrheit, dass sich Literatur und Kunst nie zuvor auf deutschem Boden so frei entfalten konnten wie in unserer sozialistischen DDR." In Wirklichkeit mussten Schriftsteller, Film- und Theaterleute, Musiker und Maler ihre Kunst nach wie vor in den Dienst des Staates stellen. Dieser wachte durch die Zensur darüber, dass Kritik jedweder Art stumm blieb. Mutigen Regisseuren und Schriftstellern gelang es dennoch immer wieder, kritische Aussagen raffiniert in ihre Werke zu integrieren. Die Bevölkerung hatte dafür ein feines Empfinden entwickelt und nahm solche Produktionen begeistert auf.

Wer freilich die Zensur so übertölpelte, setzte langfristig seine Existenz aufs Spiel. Eines der prominentesten Opfer war der Liedermacher WOLF BIERMANN. Der gebürtige Hamburger war 1953 in die DDR übergesiedelt, weil er diese für die „bessere Hälfte Deutschlands" hielt. Viele Lieder und Gedichte musste er im Westen veröffentlichen, da er seit 1965 in der DDR weder auftreten noch publizieren durfte. In dem 1968 erschienenen Gedicht „Ermutigung" heißt es:

Der Chemiker Robert Havemann (links) und der Liedermacher Wolf Biermann in Havemanns Ostberliner Wohnung. Beide stehen für den Umgang der DDR-Regierung mit Andersdenkenden: Havemann wurde aus der SED ausgeschlossen und überwacht, Biermann ausgebürgert.

Du, lass dich nicht verhärten In dieser harten Zeit Die all zu hart sind brechen Die all zu spitz sind stechen und brechen ab sogleich	Du, lass dich nicht erschrecken In dieser Schreckenszeit Das wolln sie doch bezwecken Dass wir die Waffen strecken Schon vor dem großen Streit
Du, lass dich nicht verbittern In dieser bittren Zeit Die Herrschenden erzittern – sitzt du erst hinter Gittern – Doch nicht vor deinem Leid	Wir wolln es nicht verschweigen In dieser Schweigezeit Das Grün bricht aus den Zweigen Wir wolln das allen zeigen Dann wissen sie Bescheid

(Biermann, Wolf: Mit Marx- und Engelszungen. Berlin 1968, S. 61)

Als Biermann während einer Tournee im November 1976 ein Konzert in Köln gab und dabei ähnliche Texte sang, nutzte die DDR diese Gelegenheit, ihm am Tag darauf wegen „grober Verletzung der staatsbürgerlichen Pflichten" die DDR-Staatsbürgerschaft abzuerkennen. Biermann musste gegen seinen Willen im Westen bleiben, obwohl über 150 DDR-Künstler gegen die Ausbürgerung protestierten. Einige von ihnen wurden verhaftet, andere überwacht, aus dem Schriftstellerverband ausgeschlossen oder mussten – wie Sarah Kirsch, Günter Kunert, Reiner Kunze und Monika Maron – das Land verlassen. Diese Abwanderung kritischer Künstler war für das Kulturleben der DDR ein herber Verlust.

1 Erläutern Sie die politische Aussage der Plakate und des Biermanntextes. Erklären Sie, warum das Lied in der DDR verboten war, die Plakate in der Bundesrepublik nicht.

2 Fertigen Sie ein kritisches Plakat zu einem aktuellen Thema an. Unter welchen Bedingungen dürften Sie es in der Schule aufhängen?

Deutschland von 1969 bis zur Einheit

Bundesrepublik: Frauen kämpfen um ihre Gleichstellung

Anfang der siebziger Jahre entstand in der Bundesrepublik aus den Studentenunruhen heraus eine neue *Frauenbewegung*, deren Ziel es war, die im Grundgesetz verankerte Gleichberechtigung von Mann und Frau in der Familie und am Arbeitsplatz endlich Wirklichkeit werden zu lassen. ALICE SCHWARZER, Herausgeberin der Zeitschrift „Emma", fasste die Vorgehensweise und Ziele der Feministinnen zusammen:

Von 1972 bis 1976 war Annemarie Renger die erste Präsidentin des Bundestages. Die wichtigen Ministerien blieben jedoch weiterhin fest in Männerhand.

> Heute gibt es mehrere hundert autonomer Frauenzentren, Stadtteil-, Theorie-, Kinder-, Unigruppen usw. Wir, die Feministinnen, geben dem Kampf gegen die spezifische Unterdrückung aller Frauen in allen Lebensbereichen und gegen eine von männlichen Normen beherrschte Welt den Vorrang. Feministisch ist die Gewerkschaftsfunktionärin, die gegen den Widerstand ihrer Organisation für die Verbesserung der Frauenarbeitsbedingungen kämpft und gegen die Doppelbelastung, ebenso wie die Hausfrau, der die Geduld reißt und die den Teller an die Wand wirft! Es geht nicht darum, sich ohne Männer zu emanzipieren, sondern darum, Männer nicht länger mit der Bitte um Einsicht, sondern mit eigenen Einsichten und daraus gezogenen Konsequenzen zu konfrontieren.
>
> *(F. Filser, Die Frau in der Gesellschaft, Stuttgart 1977, S. 137–40)*

Gegenüber dieser Forderung erklärte die katholische Bischofskonferenz am 25. 9. 1970: „Das ungeborene Leben ist nicht Teil des Körpers der Mutter, über den sie frei verfügen könnte."

„Nun hör mal: Du bist eine klasse Frau, eine tolle Hausfrau und Mutter, für mich bist du emanzipiert genug!"

Im Kampf um die Legalisierung des Schwangerschaftsabbruchs konnte die Frauenbewegung 1976 eine Reform des § 218 des *Strafgesetzbuches* erreichen. War ein Schwangerschaftsabbruch bislang strafbar, erlaubte das Gesetz nun die Abtreibung bei Gefahr für die Gesundheit von Mutter und Kind, bei Vergewaltigungen und einer sozialen Notlage. Das neue Ehe- und Familienrecht (1976) brach mit der jahrhundertealten Tradition, dass der Name des Mannes automatisch Familienname wurde. Trotz dieser rechtlichen Besserstellung sind Frauen vor allem in der Berufswelt, aber wegen des traditionellen Rollenverhaltens auch in Gesellschaft und Familie weiterhin benachteiligt.

DDR: ein sozialistisches Frauenparadies?

Ob als Kranführerin, im Hochbau oder in den Werksleitungen – außer in hohen Staats- und Parteiämtern waren Frauen in der DDR in fast allen Berufen zu finden. Besonders berufstätige Mütter genossen staatliche Hilfen, von denen Frauen in der Bundesrepublik nur träumen konnten: ein bezahltes „Babyjahr" mit Arbeitsplatzgarantie, genügend Plätze in Krippen, Kindergärten und Horten mit Schulspeisung, kürzere Arbeitszeiten ohne Lohneinbußen und vieles mehr.

Während die Mütter arbeiteten, wurden die Kinder in den zahlreichen Krippen der DDR versorgt.

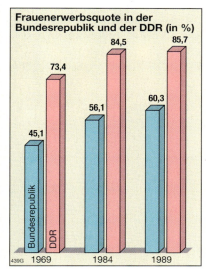

Wie lassen sich die Unterschiede der Frauenerwerbsquote in Ost und West erklären?

Erkauft wurden diese Vorteile aber mit der strengen Lenkung der Studien- und Berufswahl durch die SED. Frauen mussten mitverdienen, weil das Einkommen des Mannes oft nicht ausreichte und die DDR-Wirtschaft jede Arbeitskraft zur Erfüllung der ehrgeizigen Planvorgaben brauchte. Die Frauenpolitik war somit primär an ökonomischen Zielen orientiert. Eine Bürgerin der DDR urteilt im Rückblick:

> Nein, ein Frauenparadies war die DDR gewiss nicht. Einerseits wurden wir gefördert und konnten uns qualifizieren, andererseits ließ man uns mit unseren Problemen allein; einerseits hatten wir eine merkwürdige Entscheidungsfreiheit – einen § 218 kannten wir nicht –, andererseits wurden wir ständig bevormundet.
>
> Aber diese Konflikte zwischen der Pflicht zu ständiger Leistungsbereitschaft und der dauernden politischen Entmündigung teilten wir mit unseren Männern. Deswegen erlebten wir sie kaum als Konflikte zwischen Mann und Frau, sondern vor allem zwischen der herrschenden Partei und dem Volk. Vielleicht trug das dazu bei, dass sich keine eigenständige Frauenbewegung entwickelte.
> (Gabriele Möhring, in: Praxis Geschichte, 4/1993, S. 36)

1 Vergleichen Sie das Frauenbild der westdeutschen Emanzipationsbewegung und des DDR-Regimes.
2 Nennen Sie Beispiele für die Benachteiligung der Frauen heute.
3 Warum konnte es in der DDR keine Frauenbewegung geben? Welche Defizite hätte sie dort ausgemacht?
4 Warum vermissen viele ostdeutsche Frauen die „Errungenschaften" der DDR nach der Wiedervereinigung?

Im Westen: Bürger lernen sich zu wehren

In der Bundesrepublik formierten sich seit den 80er Jahren zahlreiche Bürgerinitiativen, vor allem in der Ökologie- und Friedensbewegung. Bereits 1976 protestierten in Brokdorf 20 000 Menschen gegen den Bau eines Atomkraftwerks. 1979 verweigerte das Land Niedersachsen nach Bürgerdemonstrationen die Errichtung eines Endlagers in Gorleben. Lange Auseinandersetzungen im bayerischen Wackersdorf bewirkten 1989, dass eine Anlage zur Wiederaufbereitung atomarer Brennstäbe aufgegeben wurde. Gegen die Nachrüstung des NATO-Doppelbeschlusses von 1979 riefen Bürgerinitiativen unter dem Motto „Frieden schaffen ohne Waffen" zu einer Friedenswoche auf:

> Wir leben in einem Land, das sich einst schwor: „Nie wieder Krieg!", einem Land mit den dritthöchsten Militärausgaben, einer schnell wachsenden Zuwachsrate an Rüstungsexporten und der größten Atomwaffendichte der Erde, einem Land, das – so Helmut Schmidt – nur um den Preis seiner Zerstörung zu verteidigen ist. Die Bundesregierung befürwortet jedoch den Plan der USA, neue Mittelstreckenraketen hier zu stationieren, obwohl diese Waffen die Wahrscheinlichkeit eines Atomkrieges vergrößern.
>
> Bisher gilt der Satz: Die Angst, die ich meinem Gegner mache, sichert meinen Frieden. Dagegen wächst die Erkenntnis: Die Angst, die ich dem Gegner nehme, gewährleistet meine Sicherheit. Deshalb treten wir für kalkulierte einseitige Abrüstungsschritte ein.
>
> Nur durch die Beteiligung möglichst vieler Menschen dieses Landes an der Meinungsbildung in Fragen von Rüstung und Abrüstung ist eine Veränderung der augenblicklichen Situation denkbar.
>
> (I. Wilharm, Deutsche Gesch. 1962–1983, Bd. 2, Frankfurt 1985, S. 211)

Gegen solche Forderungen von Bürgerinitiativen erhob sich durchaus begründeter Widerspruch bei anderen Bevölkerungsteilen. Doch zeigten die Auseinandersetzungen, dass engagierter Protest zum Wesen einer lebendigen Demokratie zählt.

Meinung und Gegenmeinung – Bestandteile einer funktionierenden Demokratie.

Im Osten: Bürger wagen sich zu wehren

In der DDR war eine legale politische Opposition, etwa in Parteien, unmöglich. Daher trafen sich Wehrdienstverweigerer, Umweltschützer, Christen sowie Reform- und Ausreisewillige aus Angst vor Spitzeln der Staatssicherheit in privaten Kreisen oder im Schutz von Kirchen. Ihre Forderungen nach Frieden, Gerechtigkeit und einem menschenwürdigen Leben machten den Protest politisch unangreifbar. Engagierte Geistliche wie der Berliner Pfarrer RAINER EPPELMANN oder der Pfarrer der Leipziger Nikolaikirche, CHRISTIAN FÜHRER, unterstützten sie. Ihn baten am 13. September 1989 Ausreisewillige, die unter Repressalien litten, um Fortführung der Friedensgebete:

„Sie werden ihre Schwerter zu Pflugscharen und ihre Spieße zu Sicheln machen" heißt es im Buch Micha des Alten Testaments. Diese von der SED ausgegebene Losung machte die Friedensbewegung in der DDR zu ihrem Motto.

> Das ansonsten eher schwach besuchte Fürbittegebet wurde in Berlin zum Zentrum für Menschen, die sich besonders für ein größeres Maß an Gerechtigkeit und Recht auch für die Menschen in der DDR einsetzen wollen. Einige dieser Menschen hoffen durch ihre Aktivitäten die gesellschaftlichen Verhältnisse in Richtung auf einen menschlicheren Sozialismus zu beeinflussen. Die Mehrzahl hat allerdings diese Hoffnung verloren und klagt in der Hauptsache das eigene Recht auf eine menschenwürdige Behandlung durch Staatsvertreter, aber auch mehr Rechtssicherheit für alle Menschen ein. Für uns war das Friedensgebet die einzige zentrale Veranstaltung, bei der es möglich war auch die eigene Befindlichkeit zum Ausdruck zu bringen, ein Stück Solidargemeinschaft aufzubauen, schwerwiegende Probleme Einzelner (wie Inhaftierung) öffentlich darzustellen und überhaupt das schwerwiegende Problem der steigenden Zahl der Ausreisewilligen in die Öffentlichkeit zu bringen.
> (C. Dietrich [Hrsg.], Freunde und Feinde, Leipzig 1994, S. 206)

1 Welche Gemeinsamkeiten und Unterschiede erkennen Sie bei den Zielen und Vorgehensweisen der Bürgerbewegung in Ost und West?
2 Welche Repressalien drohten Bürgerrechtlern in der DDR?

Erst 1989 wagten die Menschen in der DDR wieder offenen Protest wie hier bei einer Demonstration in Leipzig.

Deutschland von 1969 bis zur Einheit

Deutschland – einig Vaterland?

Die friedliche Revolution 1989

Der Unmut vieler Menschen in der DDR steigerte sich massiv, als die Fälschung der Kommunalwahlen vom 7. Mai 1989 bekannt wurde, bei denen angeblich 98,77 % für die *Einheitsliste* gestimmt hatten. Im Sommer flüchteten immer mehr DDR-Bürger mit ihren Familien in die bundesdeutschen Botschaften in Budapest, Warschau und Prag um von dort in die Bundesrepublik zu gelangen. Diese Flüchtlinge, über deren Schicksal die Medien weltweit berichteten, ermutigten die Menschen in der DDR zu friedlichen Demonstrationen und zur Bildung neuer Bewegungen wie des *Neuen Forums*. In dessen Gründungsaufruf vom 9. September 1989 hieß es:

> Wir wollen Spielraum für wirtschaftliche Initiative, aber keine Entartung in eine Ellenbogengesellschaft. Wir wollen das Bewährte erhalten und doch Platz für Erneuerung schaffen. Wir wollen geordnete Verhältnisse, aber keine Bevormundung. Wir wollen freie, selbstbewusste Menschen, die doch gemeinschaftsbewusst handeln. Wir wollen vor Gewalt geschützt sein und dabei nicht einen Staat von Büttelen und Spitzeln ertragen müssen. […]
>
> Wir bilden deshalb eine politische Plattform für die ganze DDR, die es Menschen aus allen Berufen, Lebenskreisen, Parteien und Gruppen möglich macht sich an der Diskussion und Bearbeitung lebenswichtiger Gesellschaftsprobleme in diesem Land zu beteiligen. Die Tätigkeit des Neuen Forum werden wir auf gesetzliche Grundlage stellen. Wir berufen uns hierbei auf das in Art. 29 der Verfassung der DDR geregelte Grundrecht durch gemeinsames Handeln in einer Vereinigung unser politisches Interesse zu verwirklichen.
> (G. Rein [Hrsg.], Die Opposition in der DDR, Berlin 1989, S. 13–14)

Außenminister Genscher verkündet 5000 jubelnden DDR-Flüchtlingen vom Balkon der Prager Botschaft, dass ihre Ausreise in die Bundesrepublik genehmigt ist.

Während Ungarn im September 1989 Tausende fluchtwilliger DDR-Bürger über Österreich in die Bundesrepublik ausreisen ließ, feierte das SED-Regime am 7. Oktober den 40. Jahrestag der DDR mit einer großen Militärparade. Zahlreiche Gegendemonstrationen lösten Kampfgruppen und Bereitschaftspolizisten gewaltsam auf. Doch in den folgenden Tagen und Wochen gingen in etlichen Städten, besonders nach den Montagsgebeten in der Leipziger Nikolaikirche, bis zu 500 000 Menschen auf die Straße. Mit einer Mischung aus Zorn und wachsendem Selbstbewusstsein erschallte der Ruf „Wir sind das Volk" immer lauter.

Um an der Macht zu bleiben stürzte das Politbüro am 18. 10. den reformunwilligen ERICH HONECKER. Doch sein Nachfolger EGON KRENZ konnte mit halbherzigen Reformen nicht verhindern, dass täglich etwa 10 000 Menschen das Land verließen. Da die DDR auszubluten drohte, beschloss der Ministerrat am 9. November 1989, allen Bürgern die sofortige Ausreise in alle Länder zu gestatten. Damit hob sich endlich der *Eiserne Vorhang*! Noch in der gleichen Nacht durchquerten Tausende begeisterter DDR-Bürger vorbei an verblüfften Volkspolizisten die *Berliner Mauer*. Kilometerlange Trabi-Kolonnen rollten nach Westdeutschland, Menschen aus Ost und West lagen sich an den Grenzübergängen glücklich in den Armen.

Endlose Trabi-Kolonnen rollten in der Nacht vom 9. zum 10. November 1989 nach Westdeutschland.

Deutsche aus Ost und West feiern in der Nacht vom 9. zum 10. November 1989 die historische Maueröffnung.

„Wir sind ein Volk"

Mit der gewonnenen Reisefreiheit war eine wichtige Forderung der Demonstranten erfüllt. Um den anhaltenden Strom von Übersiedlern zu stoppen und so die DDR zu retten sprach sich der am 13. November 1989 von der Volkskammer zum Ministerpräsidenten gewählte HANS MODROW (SED) für eine Vertragsgemeinschaft beider deutscher Staaten aus. Doch mehrten sich in der Bevölkerung rasch Stimmen, die keine Reform des Sozialismus wünschten, sondern eine baldige Wiedervereinigung verlangten. Darauf reagierte Bundeskanzler Helmut Kohl mit einem „Zehn-Punkte-Plan", der eine Konföderation und als Fernziel die deutsche Einheit vorsah. Der im Dezember 1989 in Ostberlin aus Vertretern der Nationalen Front und der Bürgerbewegungen gebildete „Runde Tisch" hielt allerdings an der Eigenständigkeit der DDR fest und beschloss freie Wahlen für den 18. März 1990.

Die Mehrheit der Bevölkerung jedoch lehnte nach Aufdeckung des ungeheuerlichen Spitzelnetzes der Stasi eine weitere Herrschaft des SED-Regimes ab. Sie forderte die rasche Vereinigung, zumal der wirtschaftliche und finanzielle Zusammenbruch der DDR drohte. Diesen Stimmungsumschwung nutzte die Bundesregierung: Sie unterstützte die *Allianz für Deutschland* aus der Ost-CDU, dem *Demokratischen Aufbruch* (DA) und der *Deutschen Sozialen Union* (DSU). Die Allianz gewann mit 48,1 % die Volkskammerwahl, da sie die schnelle Vereinigung mit der Bundesrepublik versprochen hatte. Überraschender Verlierer war mit 21,8 % die SPD, die eine behutsamere Lösung anstrebte. Die „Partei des Demokratischen Sozialismus" (PDS), die Nachfolgerin der SED, kam auf 16,3 %. Die Bürgerbewegungen zählten mit 2 % Stimmanteil zu den Verlierern – ihr Konzept eines reformierten Sozialismus war nicht mehr gefragt.

Plakat vom Herbst 1989.

1 Welche Entwicklungen führten zum Sturz des SED-Regimes?

Deutschland von 1969 bis zur Einheit

Eins + Eins = Eins

Entsprechend dem Wählerauftrag sah der am 12. April 1990 gewählte Ministerpräsident LOTHAR DE MAIZIÈRE (CDU) seine Hauptaufgabe darin Beitrittsverhandlungen mit der Bundesrepublik zu führen. Voraussetzung dafür war die Zustimmung der vier Siegermächte, die sich Rechte und Verantwortlichkeiten gegenüber Gesamtdeutschland vorbehalten hatten. In den sogenannten „Zwei-plus-vier-Gesprächen" handelten die vier Außenminister der Alliierten sowie Bundesaußenminister GENSCHER und de Maizière die Bedingungen der Einheit aus.

Noch während dieser Gespräche trat am 1. Juli 1990 der Staatsvertrag über eine *Währungs-, Wirtschafts- und Sozialunion* in Kraft: Die DM galt nun als alleiniges Zahlungsmittel in der DDR; Löhne, Renten sowie Mieten wurden zum Umtauschkurs 1:1 umgestellt. Die DDR verpflichtete sich die soziale Marktwirtschaft zu übernehmen und die bundesdeutsche Sozial- und Arbeitslosenversicherung einzuführen. Am 23. August beschloss die *Volkskammer* mit überwältigender Mehrheit gegen die Stimmen der PDS der Bundesrepublik beizutreten. Der am 31. August unterzeichnete *Einigungsvertrag* gliederte die im Juli neu geschaffenen 5 Länder und das wiedervereinigte BERLIN als neue Hauptstadt der Bundesrepublik ein. Nach langen Debatten verfügte er den Beitritt der DDR zur Bundesrepublik Deutschland nach Artikel 23 des Grundgesetzes zum 3. Oktober 1990.

Im Juli erreichte Bundeskanzler KOHL in langen Verhandlungen die Zustimmung des sowjetischen Präsidenten GORBATSCHOW zur deutschen Einheit. Die sowjetischen Besatzungstruppen sollten bis 1994 abziehen. So konnte am 12. September 1990 in MOSKAU der „Zwei-plus-vier-Vertrag" unterzeichnet werden, der dem vereinten Deutschland volle Souveränität gewährte. Im Gegenzug musste die Bundesrepublik die *Oder-Neiße-Grenze* zu Polen anerkennen und ihre Streitkräfte auf 370000 Mann verringern. Nun waren auf internationaler Ebene alle Voraussetzungen für den Beitritt der DDR zur Bundesrepublik geschaffen, der am 3. Oktober 1990 erfolgte.

Staatsakt und Volksfest – die Feier zur deutschen Einheit vor dem Berliner Reichstag am 3. Oktober 1990.

Stimmen zur Einheit

Ordnen Sie den 16 Bundesländern die Landeswappen zu.

„Die wirtschaftlichen Voraussetzungen in der Bundesrepublik sind ausgezeichnet. Noch nie waren wir besser vorbereitet die wirtschaftlichen Aufgaben der Wiedervereinigung zu meistern. Hinzu kommen Fleiß und Leistungsbereitschaft bei den Menschen in der bisherigen DDR. Durch unsere gemeinsamen Anstrengungen, durch die Politik der sozialen Marktwirtschaft werden schon in wenigen Jahren aus den neuen Bundesländern blühende Landschaften geworden sein."
(Helmut Kohl am 2. 10. 1990, nach: Praxis Geschichte, 4/1993, S. 17)

„Unterm Strich gerechnet bleibt immerhin positiv zu bilanzieren, daß es den westdeutschen Handelsketten gelungen ist, ihren Markt zu erweitern und – ohne investieren zu müssen – ein Schnäppchen zu machen, ein Schnäppchen namens DDR.
  Auf solchem, mittels Kahlschlag saniertem Gelände gedeiht Haß. Schon jetzt ist abzusehen, daß es auf lange Zeit Deutsche erster und zweiter Klasse geben wird. An Stelle kommunistischer Mangelwirtschaft wird ihnen unter dem Etikett „Soziale Marktwirtschaft" rüde Ausbeutung geboten. Häßlich sieht diese Einheit aus."
(Günter Grass am 5. 10. 1990, in: Die Zeit, Nr. 41/1990, S. 49–50)

„Ich bin schon froh, dass die Wende gekommen ist, und mir gefällt es jetzt wesentlich besser, aber alles war nicht schlecht in der DDR. Vielleicht kann man wenigstens die Krippen und die Kindergärten erhalten. Früher hat man sich mehr untereinander geholfen. Jetzt ist jeder auf sich gestellt und viele Menschen bangen um den Arbeitsplatz. Mein Vater wird vielleicht im Sommer arbeitslos. Er hat gesagt, dass wir dann nach Konstanz ziehen, wo meine Tante lebt. Ich würde nicht wegziehen wollen, weil ich alle Freunde hier habe."
(Katrin, 16 Jahre, ostdeutsche Schülerin einer 10. Klasse; zit. nach: Chr. Kleßmann, [Hrsg.], Das gespaltene Land, München 1993, S. 47)

1 Erklären Sie die unterschiedliche Bewertung des Einigungsprozesses.

Frankreichs Staatspräsident Mitterrand zur britischen Premierministerin Thatcher und zu US-Präsident Bush: „Es ist die Wiedervereinigung..."

Deutschland von 1969 bis zur Einheit

Mit Mark und Markt: Wirtschaftsaufbau im Osten

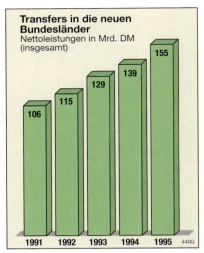

Die 1995 auf rund 650 Milliarden DM angewachsenen Transferleistungen von West nach Ost verhalfen den neuen Bundesländern zu einem starken Wirtschaftswachstum. Zur Finanzierung der Lasten erhob die Regierung ab 1995 von allen Arbeitnehmern einen mehrprozentigen „Solidaritätszuschlag" auf die Lohnsteuer.

Die ostdeutsche Wirtschaft in der Sackgasse: Ehemals begehrte Produkte sind heute nicht mehr gefragt.

Am 3. Oktober 1990 war die politische Einigung Deutschlands vollzogen; jetzt musste die Einigung im Innern, also die Angleichung der Lebensverhältnisse erfolgen. Erhebliche Schwierigkeiten waren für den Versuch zu erwarten die auf dem Weltmarkt nicht wettbewerbsfähige DDR-*Planwirtschaft* in eine selbsttragende *soziale Marktwirtschaft* umzustrukturieren. Diesen einmaligen Umwandlungsprozess steuerte die 1990 gegründete *Treuhandanstalt*, in deren Besitz alle staatseigenen Betriebe übergingen. Sie sollte die früheren Kombinate entflechten sowie die volkseigenen Betriebe sanieren und *privatisieren*. Um die Umstrukturierung zu finanzieren gründeten Bund und Länder 1990 den *Fonds Deutsche Einheit* und 1991 das *Gemeinschaftswerk Aufschwung Ost*. Deren Milliarden dienten vorrangig dem Ausbau des Straßen-, Schienen- und Telefonnetzes, dem Wohnungsbau sowie der Beseitigung der Umweltschäden, etwa in den Braunkohlerevieren. Eine große Summe benötigte die Treuhand auch um die Altschulden der volkseigenen Betriebe vor deren Verkauf zu tilgen.

Bis Ende 1994 hatte die Treuhand rund 14 500 Betriebe privatisiert. Die deutschen und ausländischen Käufer garantierten, von den 3,5 Millionen Arbeitsplätzen 1,5 Millionen zu erhalten. Doch der Wirtschaftsaufschwung verlief langsamer als erwartet: Der Westen litt unter einer Wirtschaftskrise und steigender Arbeitslosigkeit, die Produktivität der früheren DDR-Planwirtschaft erwies sich als erschreckend niedrig, die verdeckte Arbeitslosigkeit auf Grund unrentabler Arbeitsplätze als außerordentlich hoch. Zudem brach der Handel mit den ehemaligen RGW-Staaten nach Zerfall des Ostblocks zusammen. Neue Unternehmer zögerten zu investieren: Da der *Einigungsvertrag* vorschrieb den nach 1949 zu Unrecht enteigneten Grundbesitz den ehemaligen Eigentümern zurückzugeben, war Landerwerb wegen endloser Rechtsstreitigkeiten schwierig. Den Niedergang der Ostwirtschaft analysierte 1995 der westdeutsche Politiker KLAUS VON DOHNANYI:

> Das Dilemma lag von Anfang an in der Unvermeidbarkeit des einzuschlagenden Kurses. Schon aus außenpolitischen Gründen war die schnelle Einheit richtig; in *einem* Staat aber konnte man keine Zollgrenzen zum Schutz der Ostprodukte erhalten. Ein Staat ohne innere Zollgrenzen aber hieß zugleich: *ein* Markt. In diesem konnte man dann auch kaum zwei Währungen haben, schon gar nicht angesichts des Willens der Ostdeutschen endlich an der D-Mark teilzuhaben. *Eine* Währung aber hieß mittelfristig ein vergleichbares Preisniveau in ganz Deutschland. Und damit entfiel auch die Chance des Ostens seine Märkte mit wesentlich niedrigeren Kosten und damit niedrigeren Preisen als die westdeutschen Konkurrenten zu verteidigen oder neue zu erobern. So war die eigentliche Ursache für den Zwang zur schnellen wirtschaftlichen Vereinigung – nämlich der Drang Ostdeutschlands zum schnellen wirtschaftlichen Wohlstand – zugleich auch das zentrale Problem dieser Vereinigung. Gemessen an dieser Ausgangsposition ist der heutige Stand der Wiedervereinigung erstaunlich – gemessen an den noch bestehenden Unterschieden bleibt die Lage kritisch, dramatisch und gefährlich.
> (nach: T. Sommer [Hrsg.], Zeit-Punkte, Nr. 5/1995, S. 78–79, bearb.)

Für dieses Ehepaar aus Mecklenburg ging der Traum von den „blühenden Landschaften" in Erfüllung: Die von der Treuhand erworbene Gärtnerei floriert.

Von den 5000 Schiffsbauern der Rostocker Neptunwerft verloren bis 1992 über 3000 ihren Arbeitsplatz.

Die sozialen Folgen der Einheit

> Die Mauer aus Beton ist gefallen, doch die Mauer in den Köpfen ist noch da. Gegenwärtig scheint sie sogar zu wachsen.
>
> Nun ist klar: Der versprochene Wohlstand bleibt für viele ein Luftschloss. Die schnelle Angleichung der Lebensverhältnisse wird es nicht geben. Enttäuschung und Resignation konnten nicht ausbleiben. Andererseits: Welche gewaltigen Veränderungen in allen Lebensbereichen wurden gemeistert. Trotz aller Schwierigkeiten und Schicksalsschläge. Denken wir nur daran, wieviel Sorgen und Schmerz den Familien allein das unselige Prinzip „Rückgabe vor Entschädigung" bereitete und noch immer bereitet.
>
> Allein in der Industrie verloren innerhalb kurzer Zeit rund drei Millionen Menschen ihre Arbeitsplätze und damit einen wichtigen Teil ihrer sozialen Bindungen. Die Umstrukturierung traf vor allem die Älteren und die Frauen.
>
> (R. Hildebrandt, Mainzer Rhein-Zeitung vom 9. November 1995, S. 6)

So bewertete Brandenburgs Sozialministerin REGINE HILDEBRANDT die Lage der ostdeutschen Bevölkerung fünf Jahre nach der Einheit. Während der Zusammenbruch der ostdeutschen Wirtschaft für die westdeutsche Bevölkerung nur eine höhere Steuerlast bedeutete, waren viele Menschen in den neuen Bundesländern weit härter betroffen. Ganze Industrieregionen verödeten, die Arbeitslosenquote stieg stellenweise auf über 30 %, einst gut entlohnte Berufe wurden plötzlich überflüssig. Die Lebensqualität der Bürger hat sich zweifellos verbessert, doch sind noch große Anstrengungen erforderlich um die sozialen Folgen der Einheit zu beseitigen.

„Die neue Mauer", Karikatur von 1992.

1 Wie erklärt Dohnanyi die Schwierigkeiten der Ostwirtschaft?
2 Was meint Regine Hildebrandt mit der „Mauer in den Köpfen"?

320 Deutschland von 1969 bis zur Einheit

„Wessis" und „Ossis":
Wächst zusammen, was zusammengehört?

Eine Schülerin einer 9. Klasse aus Rheinland-Pfalz schrieb 1992:
„Seitdem die Mauer geöffnet wurde, geht es uns allen wieder schlechter. Man findet keine Wohnungen mehr, weil sie von DDR-Bürgern besetzt sind. Oder von Asylanten. Die bilden sich doch ein, dass wir ihnen alles geben müssten, dass sie ein schönes Leben haben. Wir hatten auch nie das beste Leben. Die werden bei den meisten Dingen, wie Wohnungen, Sozialhilfe und Geldangelegenheiten bevorzugt. Dann reden die einen auch noch eingebildet und eitel an und wundern sich, warum wir so „abweisend" zu ihnen sind. Dann werde ich richtig sauer und wünsche, dass die Mauer noch da wäre."

Im selben Jahr meinte ein Schüler einer 9. Klasse aus Thüringen:
„Es ist alles ganz schön, was wir Ostdeutsche jetzt noch alles aus unserem Leben machen können. Ich denke da nur an Reisefreiheit oder was wir uns für das Geld alles kaufen können, Hifi-Anlagen, Fernseher, Videorekorder, Autos. Aber die Einheit hat nicht nur Schokoladenseiten. Wenn das Geld nicht da ist, sitzen wir genauso wie früher in unseren Küchen. Und wenn manche „Wessis" hierher kommen mit Parolen wie „Wir werden euch das Arbeiten lernen" oder „Ihr könnt doch kein Fahrzeug lenken", also da platzt einem manchmal die Hutschnur. Wir sind auch nicht erst gestern von den Bäumen geklettert und können auch schon länger aufrecht gehen."
(J. Brune u. a., „… aber die Mauern bauen die Menschen sich selbst …", Speyer/Arnstadt 1992, S. 110, 188 f., bearb.)

Otto von Bismarck
Jurastudium in Göttingen u. Berlin
Referendar in Aachen
Güter in Pommern
Abgeordneter in Erfurt
Preußens Gesandter am Bundestag in Frankfurt/Main
Preußischer Ministerpräsident in Berlin
gründete das Deutsche Reich, dessen Kanzler er 1871 wurde
1815 in Schönhausen bei Magdeburg geboren

Was wollte die westdeutsche Illustrierte mit dieser Anzeige zum Ausdruck bringen?

Diese beiden Schülerstimmen stehen stellvertretend für die Denkweise vieler Deutscher. Der Beitritt der DDR zur Bundesrepublik zwang alle DDR-Bürger in ein ihnen fremdes „Haus" einzuziehen und ihre vierzigjährige Vergangenheit mit allen Lebenserfahrungen hinter sich zu lassen. Viele waren bereit, bedingungslos westliche Wertmaßstäbe zu übernehmen, um ihre berufliche Existenz zu retten oder einen sozialen Abstieg zu verhindern.

Die Überlegenheit, die manche Westdeutsche zur Schau stellten, ohne über Veränderungen im eigenen System nachzudenken, empfanden die ehemaligen DDR-Bürger als Herausforderung. Als zudem die wirtschaftliche Entwicklung hinter den hohen Erwartungen zurückblieb, war die Enttäuschung groß und viele Ostdeutsche fühlten sich als „Deutsche zweiter Klasse". Manche resignierten aus Verbitterung. Andere schlossen sich rechtsradikalen Gruppen an oder wählten aus Protest die SED-Nachfolgepartei PDS, weil sie sich nach der „guten alten DDR" zurücksehnten oder eine wirksamere Vertretung ihrer Interessen erhofften. Wieder andere bekannten sich nun selbstbewusst zu ihrer eigenen Vergangenheit und deren positive Seiten.

1 Zeigen Sie, wo beide Jugendliche mit Vorurteilen statt mit sachlichen Argumenten arbeiten.
2 Welche „Errungenschaften" der DDR hätte nach Ihrer Auffassung die Bundesrepublik übernehmen sollen? Begründen Sie.
3 Welche Probleme erschweren die Bildung einer gesamtdeutschen Identität? Wie lässt sich ein „Zusammenwachsen" erreichen?

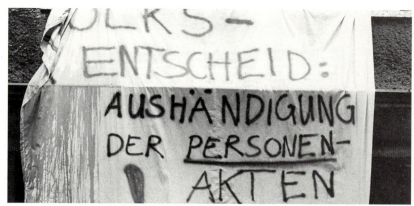

Bürgerrechtler besetzen im September 1990 die Berliner Stasizentrale.

Schlussstrich oder Aufarbeitung? – Der schwierige Umgang mit der Vergangenheit

Die Einheit warf für Ost- und Westdeutsche die Frage auf, wie sie mit der Geschichte der DDR und ihrer persönlichen Vergangenheit umgehen sollten. Viele Schicksale von Tätern und Opfern ruhten in den rund 6 Millionen Stasi-Akten, die das Bundesarchiv nach dem Einigungsvertrag verwahren sollte. Nach Protesten ostdeutscher Bürgerrechtler erhielt der Rostocker Pfarrer Joachim Gauck als Sonderbeauftragter der Bundesregierung die Verantwortung für die Akten, die jeder Betroffene seit 1992 einsehen durfte. Dies löste eine Welle von Enttarnungen *Inoffizieller Mitarbeiter* aus. Viele verloren ihr Ansehen, ihre Arbeit, ihre politischen Ämter. Als bloße Verdächtigungen Prominente unter Druck setzten, wurden Forderungen laut die Stasi-Akten zu schließen. Diese blieben jedoch weiterhin für jeden zugänglich um eine offene Aufarbeitung der Vergangenheit zu ermöglichen. Als problematisch erwiesen sich auch die Mauerschützenprozesse, die Unmut in der Bevölkerung erregten: Während Grenzsoldaten, die Flüchtlinge erschossen hatten, von westdeutschen Gerichten verurteilt wurden, gingen Politiker, die für den Unrechtsstaat DDR verantwortlich waren, zunächst straffrei aus. 1996 entschied aber das *Bundesverfassungsgericht*, dass diese Politiker zu verurteilen seien, weil das ehemalige DDR-Recht hinter die Gebote der Menschenrechte zurücktrete. Ein Jurist schrieb zu diesem umstrittenen Thema:

Demonstranten fordern in Berlin die Verurteilung Erich Honeckers. 1992 wurde der ehemalige Staatschef wegen gemeinschaftlichen Totschlags angeklagt, erhielt aus Gesundheitsgründen Haftverschonung und starb 1994 in Chile.

> Erich Honecker kann wegen seiner Mitverantwortung für die Todesschüsse an der DDR-Grenze strafrechtlich nicht belangt werden. Seine Taten waren vor allem „acts of state": Handlungen einer unabhängigen staatlichen Macht und zwar auf jener obersten Ebene der Souveränität, auf der sie unmittelbar der geltenden Rechtsordnung eingeschrieben wurden. Damit fiel aus der Sicht jedes anderen Staates ihre Bewertung ausschließlich in die Zuständigkeit des Völkerrechts. Es ist ein grober Fehler so zu tun, als wären die Totschlagsvorwürfe gegen Honecker die gleichen, die man erheben würde, hätte er aus seinem Schrebergarten heraus den Nachbarn erschossen.
> (Reinhard Merkel, Erich Honecker, in: „Die Zeit" vom 28. 8. 1992, S. 52)

1 Warum erlaubt unsere Rechtsordnung keine politischen Prozesse?

Deutschland von 1969 bis zur Einheit

Deutschland: „Kraftprotz" oder „guter Nachbar"?

Die Vereinigung machte Deutschland zum bevölkerungsreichsten und wirtschaftlich stärksten Nationalstaat in der Mitte Europas, der seine neue Rolle in der Weltpolitik freilich erst finden muss. Angesichts der Erwartungen und Befürchtungen des Auslands waren die Deutschen unsicher, ob und in welchem Umfang sie sich an der Lösung internationaler Konflikte beteiligen sollten.

„March of the fourth Reich" hieß diese Karikatur des britischen „Daily Star" zur deutschen Vereinigung 1990.

> *Der Deutschlandkorrespondent von „Le Monde", Vernet, schrieb:*
> Die Erwartungen der [NATO-] Alliierten Deutschlands, allen voran Frankreich, sind durchaus zwiespältig. Einerseits fürchten sie ein Wiederaufleben deutscher Hegemonialbestrebungen, eine Furcht, die eine große Mehrheit der Deutschen zu teilen scheint. Andererseits bedauern es die Alliierten, dass sie nicht mit der Bundesrepublik rechnen können, wenn es um die aktive Teilnahme an gemeinsamen Unternehmungen geht – also darum, Risiken auf sich zu nehmen. Die Kunst der deutschen Diplomatie müsste darin bestehen, taktvoll zu handeln ohne sich um Verantwortung zu drücken.
> (T. Sommer [Hrsg.], Zeit-Punkte Nr. 5/1995, S. 88 und 91)
>
> *Außenminister Klaus Kinkel äußerte sich am 19. März 1993:*
> Nach außen gilt es etwas zu vollbringen, woran wir zweimal zuvor gescheitert sind: im Einklang mit unseren Nachbarn zu einer Rolle finden, die unseren Wünschen und unserem Potenzial entspricht. So wie wir die innere Vereinigung nur mit einem ehrlichen Patriotismus schaffen, so werden wir unserer weltpolitischen Verantwortung nur mit einer Übernahme aller Rechte und Pflichten eines UN-Mitglieds gerecht. Als 80-Millionen-Volk, als wirtschaftsstärkstes Land in der Mitte Europas tragen wir, ob uns das passt oder nicht, eine besondere, teilweise neue Verantwortung. Hierbei ist Realismus und Augenmaß vonnöten. Dass unser Tun und Lassen auf Grund Geschichte und Größe in manchen Ländern noch lange zwiespältige Reaktionen hervorrufen wird, steht dem nicht entgegen. Deutschlands Zukunft liegt in einer freien, bürgernahen und weltoffenen Europäischen Union.
> (Auswärtiges Amt [Hrsg.], Außenpolitik der Bundesrepublik Deutschland. Dokumente von 1949 bis 1994, Köln 1995, S. 905–906, bearb.)

Für humanitäre und militärische Einsätze der Bundeswehr im Rahmen von UN-Missionen – auch außerhalb des NATO-Gebiets – machte das *Bundesverfassungsgericht* 1994 den Weg frei. Innerhalb dieses erweiterten Handlungsspielraums muss die deutsche Außenpolitik ihrer gewachsenen Verantwortung gerecht werden.

1 Welche Erwartungen und Vorbehalte gegenüber dem vereinten Deutschland äußern ausländische Kritiker? Erklären Sie diese aus der Geschichte und ziehen Sie dazu eine Europakarte heran.
2 Wie versucht Kinkel die Befürchtungen des Auslands zu zerstreuen?
3 Veranstalten Sie ein Planspiel: Der deutsche Außenminister beantragt einen ständigen Sitz Deutschlands im Sicherheitsrat der UNO. Über diesen Antrag berät der Sicherheitsrat mit Für und Wider.

Zusammenfassung

Fragen an Deutschland

Eine Bilanz der in diesem Kapitel behandelten Epoche der letzten Jahrzehnte lässt sich noch nicht ziehen. Sicher ist jedoch, dass die deutsche Geschichte dieses Zeitraums geprägt ist vom Umbruch in der DDR, der die seit 1949 bestehende Teilung Deutschlands beendete. Diese historische Wende ist nur aus dem Ende des Kalten Kriegs und dem Zusammenbruch des Ostblocks zu verstehen.

Die Betrachtung der Zeitgeschichte kann aber nicht nur zeigen, wie es zu diesen Umbrüchen gekommen ist, sie kann auch den Blick öffnen für Fragen und Aufgaben, die sich aus der historischen Entwicklung für Deutschland ergeben:

Was kann geschehen um das Zusammenwachsen des so lange geteilten Deutschland zu fördern? Wo müssen beide Seiten umdenken, wenn das Verständnis füreinander wachsen soll? Welche Empfindlichkeiten und Vorurteile, die aus der Teilung und Vereinigung hervorgegangen sind, müssen abgebaut werden?

Welche Rolle kann Deutschland in Europa übernehmen, wenn die EU nicht nur wirtschaftlich, sondern auch politisch gestaltet werden soll? Auf welche Vorbehalte der Partner muss es Rücksicht nehmen? Was hat Deutschland schon getan und was muss es noch tun um den osteuropäischen Staaten beim Anschluss an die Union zu helfen?

Was kann Deutschland, das zu den reichsten Industrieländern zählt, zur Beseitigung des wirtschaftlichen Ungleichgewichts zwischen Nord und Süd beitragen? Welche Wirtschaftspolitik muss es verfolgen, wenn der eigene Wohlstand erhalten und gleichzeitig ein Aufschwung in den Entwicklungsländern gefördert werden soll?

Welchen Beitrag kann Deutschland, in dem sich vor kurzem die Blöcke noch waffenstarrend gegenüberstanden, für Frieden und Sicherheit der Welt leisten?

Niemand weiß, wie die künftige Weltordnung aussehen wird. Sicher ist aber, dass die Fragen nach der Zukunft Deutschlands eng mit einer Lösung der globalen Probleme verknüpft sind.

Wichtige Begriffe

Abrüstung
Bevölkerungsexplosion
Bodenreform
deutsche Vereinigung
Einheitsliste
Europäische Union (EU)
„friedliche Revolution"
Glasnost und Perestroika
Grundlagenvertrag

GUS
Kulturrevolution
Nord-Süd-Konflikt
RGW
Staatssicherheit (Stasi)
Terrorismus
Vertrag von Maastricht
Volksdemokratie
Volkskommune

Geschichtslabor

Auf Spurensuche bei Zeitzeugen

Wozu „Oral History"?

Das vorangegangene Kapitel behandelt die Jahre 1970 bis 1990. Diese Zeit kennen Sie und die anderen Schülerinnen und Schüler nur aus Berichten, während viele Erwachsene sie persönlich erlebt haben. *Oral History* ist eine Methode, diese erlebte Geschichte, die persönliche Anteilnahme und Betroffenheit vermittelt, zu erfahren und aufzuzeichnen. Sie bietet damit einen wertvollen Beitrag zur Ergänzung dieses Geschichtswerks. Wer dabei war, als 1953 der Arbeiteraufstand in Berlin oder 1956 der Ungarnaufstand niedergeschlagen wurde, wer den Bau der Berliner Mauer 1961 oder deren Öffnung 1989 miterlebte oder 1991 den Golfkrieg verfolgte, der schaut mit anderen Augen auf diese Ereignisse zurück.

Durch die Befragung von *Zeitzeugen* lassen sich über die Fakten hinaus subjektive Stimmungen und Prägungen, Einschätzungen sowie Folgen der „großen Politik" für den Alltag der „kleinen Leute" einfangen. So ergänzt die Perspektive „von unten" den Einblick in die Geschichte. Ein *Zeitzeugen-Interview* umfasst daher sowohl Fragen nach der persönlichen *Lebensgeschichte* als auch nach dem individuellen *Erfahren* historischer Vorgänge. Das, was die Aussagen der Menschen interessant macht, birgt zugleich auch Gefahren: Zeitzeugen können vergessen, sich irren, verschleiern oder verdrängen.

Tipps zur Durchführung

Vorbedingung für jedes Oral-History-Projekt ist eine gute *Sachkenntnis* des jeweiligen Themas. Dann müssen Personen gefunden werden, die über ihre Vergangenheit erzählen wollen und glaubwürdig erscheinen. In der *Familie*, der *Nachbarschaft* und in *Altersheimen* lassen sich oftmals gesprächsbereite Menschen finden. Diese erzählen in ihrer gewohnten Umgebung und Sprache lebhafter und sicherer. Die Gruppe der Interviewer sollte höchstens drei Schülerinnen und Schüler umfassen. Es ist sinnvoll mehrere Gespräche zu führen, damit beide Seiten in der Zwischenzeit das Gesagte und Gehörte überdenken können.

Das gesamte Interview wird mit Diktaphon, Kassettenrekorder oder, falls der Befragte dazu bereit ist, mit der Videokamera aufgenommen. Um das Gespräch in Gang zu bringen eignen sich *offene* Fragen, die dem Zeitzeugen Gelegenheit geben frei zu erzählen und eigene Schwerpunkte zu setzen. Daran kann der Interviewer seine konkreten Fragen anknüpfen, die er sich vorher gut *überlegt* und *notiert* hat. Auch dabei muss er den Zeugen immer ausreden lassen, damit dieser seine Gedanken ungestört ausführen kann. Persönliche Kommentare oder gar Vorwürfe hat der Fragesteller zu *vermeiden* um den Zeitzeugen nicht zu beeinflussen.

Die Auswertung des Interviews beginnt mit der *Niederschrift*, die im vollständigen Wortlaut oder einer sinngemäßen Zusammenfassung erfolgen kann. Besonders wichtig ist die Überprüfung der *Glaubwürdigkeit* der Aussagen. Tauchen dabei Unstimmigkeiten auf, so muss ein Vergleich mit anderen mündlichen und schriftlichen Quellen klären, auf welcher Seite der Irrtum liegt. Als Ergebnis der Zeitzeugenbefragung können Fotos und Interviewauszüge in Form einer *Ausstellung* im Klassenzimmer oder einer *Publikation* präsentiert werden.

Schüler eines Mainzer Gymnasiums befragen einen jüdischen Zeitzeugen.

Oral History am Beispiel der deutschen Einheit

Über die Ereignisse in Güstrow (Mecklenburg) nach der Maueröffnung berichtet der Kirchenmitarbeiter Heiko Lietz:
Nicht jeder Tag war so angefüllt mit Ereignissen wie dieser 5. Dezember 1989. Schon früh klingelte das Telefon. Ich war eine der Kontaktadressen für das NEUE FORUM im Norden der DDR.

Gegen 14 Uhr folgte ein Gespräch für die erste große Demonstration vor einem Militärflugplatz in Kronskamp bei Güstrow. Wir forderten die totale Überführung des Militärflugplatzes in zivile Nutzung. Das Ganze war eine hochsensible Angelegenheit im sicherheitspolitischen Bereich der damaligen Nationalen Volksarmee.

Um 15 Uhr führte ich eine Christenlehrstunde mit Kindern durch. Mitten im Unterricht wurde mir mitgeteilt, dass um 16 Uhr die Kreisdienststelle der Staatssicherheit besetzt werden sollte. Sofort begab ich mich auf dem schnellsten Weg wieder zurück nach Güstrow. Gegen 16 Uhr besetzten wir das Gebäude.

Von diesem Haus war ein Modergeruch ausgegangen, der alles unbekümmerte und angstfreie Leben im Keim erstickte. Wir Güstrower hatten schon zwei traumatische Erlebnisse mit der Stasi hinter uns. Das erste war der Besuch von Bundeskanzler Helmut Schmidt im Jahre 1981, der unsere Stadt in eine Festung verwandelte. In jenen Tagen war die Stasi allgegenwärtig, machte sich in Privatwohnungen entlang der Protokollstrecke breit und verpasste mir für einen Tag Hausarrest. Das zweite Ereignis war die Tötung zweier Güstrower durch einen Wachbeamten der Stasi vor dem Weihnachtsfest 1984.

Als wir am besagten 5. Dezember 1989 dieses Stasigebäude besetzt hatten, atmete die ganze Stadt erleichtert auf. Noch während wir in den oberen Räumen waren, verbrannten unten im Keller Angehörige in hastiger Eile weitere Akten. Wir haben sie mitten in ihrem Tun überrascht. Dann war auch mit der Vernichtung Schluss.
(nach: R. Busch, Gemischte Gefühle, Bonn 1993, S. 172–174, bearb.)

1 Welche neuen Erkenntnisse gegenüber dem vorangegangenen Deutschlandkapitel gewinnen Sie aus diesem Zeitzeugen-Interview?

Planet ohne Zukunft?

Das Bild zeigt, wie Kinderhände vertrauensvoll nach der Weltkugel greifen, die ihnen von alten Händen entgegengehalten wird. Der Fotograf mahnt damit die Eltern eine bewohnbare Erde an ihre Kinder weiterzugeben.

In ihrem Vertrauen auf Wissenschaft und Technik lassen sich viele Menschen auch durch immer neue Katastrophendrohungen nicht beirren. Sie teilen den Optimismus des amerikanischen Präsidenten BILL CLINTON (1995): Das 21. Jahrhundert „verspricht ein Zeitalter zu werden, in dem freie Völker über Grenzen hinweg Arbeit finden und die Chance haben, wachsenden Wohlstand und wirtschaftliche Sicherheit zu schaffen. Damit nutzen sie ihre gottgegebenen Fähigkeiten und erfüllen ihre Träume wie nie zuvor in der Geschichte der Menschheit."

Das folgende Kapitel zeigt an einigen Beispielen aus der Geschichte der letzten zwei Jahrhunderte, wie aus dem wissenschaftlichen und technischen Fortschritt immer wieder neue Probleme entstanden sind und stellt die Frage, was wir heute zu ihrer Lösung beitragen müssen, wenn der Erdball unversehrt an die nächste Generation weitergereicht werden soll.

Fortschritt im Widerstreit

Fortschrittsoptimismus

Wurzeln des Fortschrittsglaubens

Woher schöpften und schöpfen viele Menschen eigentlich ihren Glauben an den Fortschritt und eine bessere Zukunft?

Das christliche Mittelalter und noch die Reformationszeit bis hin zum Dreißigjährigen Krieg hatten von der religiösen Hoffnung der Menschen auf ein herrliches Leben in einem zukünftigen jenseitigen Paradies gelebt. Die aufgeklärten *Philosophen* des 18. Jahrhunderts kehrten diesen religiösen Vorstellungen den Rücken. Durch den Gebrauch seines Verstandes, so verkündeten sie, könne der Mensch aus eigener Kraft ein Paradies auf Erden schaffen. Ein freiheitliches, menschenwürdiges und glückliches Dasein wäre der Lohn einer in *Vernunft* geeinten Menschheit.

Die *Französische Revolution* setzte die Gedanken der *Aufklärer* in politische Forderungen um: Persönliche Entfaltung und gleichberechtigte Mitbestimmung, wirtschaftliche Freiheit und Selbstregierung der Völker waren die zentralen Ziele. Der Mensch sollte sein Schicksal selbst gestalten. Wissenschaft und Technik würden das Leben, so die Überzeugung, immer vollkommener und friedlicher machen. Der französische Mathematiker und Politiker CONDORCET pries 1794 während der Französischen Revolution die „Fortschritte des menschlichen Geistes", die dies alles unzweifelhaft ermöglichen sollten; er vergaß dabei auch nicht die gleichen Rechte für Mann und Frau anzumahnen:

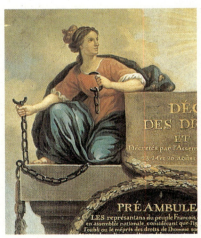

Die Menschheit sprengt ihre Ketten – Ausschnitt aus einem Druckblatt der „Erklärung der Menschenrechte" von 1789 aus Frankreich.

> Die moralische Güte des Menschen, dieses notwendige Resultat seiner natürlichen Beschaffenheit, (steht) genauso wie alle anderen Fähigkeiten einer unbegrenzten Vervollkommnung offen … und die Natur (verkettet) Wahrheit, Glück und Tugend unauflöslich miteinander …
> Zu den Fortschritten des menschlichen Geistes, die für das allgemeine Glück am wichtigsten sind, müssen wir die völlige Beseitigung der Vorurteile zählen, die zwischen den beiden Geschlechtern eine Ungleichheit der Rechte gestiftet haben, welche selbst für jenes Geschlecht verhängnisvoll ist, das sie begünstigt. Vergebens würde man dafür nach Gründen der Rechtfertigung in den Unterschieden ihrer körperlichen Beschaffenheit oder in jener Verschiedenheit suchen, die man etwa in der Kraft ihres Verstandes, in ihrer moralischen Empfindsamkeit finden möchte. Diese Ungleichheit hat keinen anderen Ursprung als den Missbrauch der Gewalt und vergeblich hat man sie später durch Sophismen [Scheinweisheiten] zu entschuldigen gesucht … Was für ein Schauspiel bietet dem Philosophen das Bild eines Menschengeschlechts dar, das von allen Ketten befreit, der Herrschaft des Zufalls und der Feinde des Fortschritts entronnen, sicher und tüchtig auf dem Wege der Wahrheit, der Tugend und des Glücks vorwärts schreitet; ein Schauspiel, das ihn über die Irrtümer, die Verbrechen, die Ungerechtigkeiten tröstet, welche die Erde noch immer entstellen und denen er selbst so oft zum Opfer fällt.
> *(Condorcet, Entwurf einer historischen Darstellung der Fortschritte des menschlichen Geistes, hrsg. von W. Alff, Frankfurt 1963, S. 383 und 399)*

Entwicklung des Fortschrittsglaubens

Wie ist es zu erklären, dass der *Fortschrittsoptimismus* der Aufklärung sich im 19. und 20. Jahrhundert so stürmisch ausbreitete? Die rasante Entwicklung von Eisenbahn und Automobil, der Nachrichtentechnik und Elektrizität haben die Menschen nicht nur begeistert, sondern auch zu Nutznießern des Fortschritts gemacht. Fasziniert und dankbar griffen sie zu den neuen Medikamenten und Impfstoffen, die die Heimsuchungen von Pest und Seuchen vergessen ließen. Viele Produkte der Technik, die zunächst teuer und nur für eine Minderheit erschwinglich waren, standen in den Industrieländern bald allen zur Verfügung. Zentralheizung und Haushaltsmaschinen, Film und Fernsehen erleichterten und verschönerten das Leben.

Das Selbstbewusstsein, dass der Mensch dies alles kraft eigenen Erfindungsgeistes hat schaffen können und Wissenschaft und Technik weiteren unbegrenzten Herausforderungen gewachsen sein würden, hat in NEW YORK einen besonders sinnfälligen Ausdruck gefunden. Mitten in einem riesigen Gebäudekomplex, dem *Rockefeller-Center* aus den Jahren 1929–40, steht die Kolossalstatue des mythologischen ATLAS, der vor der ins Firmament ragenden Hochhausfassade das Himmelsgewölbe trägt.

Immer wieder werden auf Briefmarken Pioniere des Fortschritts und ihre Erfindungen gefeiert.

Bronzestatue des Atlas vor dem International Building auf der Fifth Avenue in New York.

Fortschritt im Widerstreit

Erschütterung des Fortschrittsglaubens

Die Katastrophen der Weltkriege

Neben ängstlichen Bremsern hatte es von Anfang an ernst zu nehmende Kritiker gegeben, die vor den Gefahren einer unkontrollierten technischen Entwicklung warnten.

Als das mit allen technischen Raffinessen ausgestattete größte Schiff der Welt, die TITANIC, am 14. April 1912 schon auf der Jungfernfahrt im Nordatlantik unterging, wurden viele, die die Kritiker verspottet hatten, nachdenklich. Aber erst die Erfahrungen des *Ersten Weltkriegs* versetzten dem Fortschrittsglauben den entscheidenden Stoß. Technik und Wissenschaft hatten in verheerender Weise die Rolle von Erfüllungsgehilfen politischer Großmachtziele gespielt. Rüstungskonzerne hatten Unsummen am Waffengeschäft verdient und ihre Bilanzen aufpoliert. Wer wollte angesichts von Millionen Toten durch Maschinengewehrfeuer und Giftgas noch von den Segnungen des technischen und moralischen Fortschritts reden?

Die als unsinkbar geltende „Titanic" sank nach dem Zusammenstoß mit einem Eisberg. Allzu großes Vertrauen in das „Wunder der Technik" und menschliches Versagen rissen über 1500 Passagiere in den Tod.

> Hatten die Menschen gelernt aus Opfern und Leiden, ... hatten sie Sinn und Mahnung und Verpflichtung jener Zeiten begriffen? ... Von falschen Heilanden erwartet das Volk Rettung, nicht von eigener Erkenntnis, eigener Arbeit, eigener Verantwortung. Es jubelt über die Fesseln, die es auf Geheiß der Diktatoren sich schmiedet, für ein Linsengericht von leerem Gepränge verkauft es seine Freiheit und opfert die Vernunft. Denn das Volk ist müde der Vernunft, müde des Denkens und des Nachdenkens. Was hat denn, fragt es, die Vernunft geschaffen in den letzten Jahren, was halfen uns Einsichten und Erkenntnisse? Und es glaubt den Verächtern des Geistes, die lehren, dass die Vernunft den Willen lähme, die seelischen Wurzeln zersetze, das gesellschaftliche Fundament zerstöre, dass alle Not, soziale und private, ihr Werk sei. Als ob die Vernunft je regiert hätte, als ob nicht gerade das unvernünftig Planlose Deutschland, Europa in den Sturz getrieben hätte!
>
> Überall der gleiche wahnwitzige Glaube, ein Mann, ein Führer, der Cäsar, der Messias werde kommen und Wunder tun, er werde die Verantwortung für künftige Zeiten tragen, ... das Reich voller Herrlichkeiten schaffen.
>
> *(Ernst Toller, Eine Jugend in Deutschland (1933), Hamburg 1993, S. 7f.)*

Saturn als Symbol der Technik verschlingt seine eigenen Kinder (Tuschezeichnung von Alfred Kubin, 1935).

Der jüdische Schriftsteller ERNST TOLLER, geboren 1893 und 1914 Kriegsfreiwilliger, reagierte mit seiner beschwörenden Mahnung bereits auf den zweiten Schock, die *Hitlerdiktatur*, die ihn 1933 in die Emigration trieb.

Was Toller angesichts des Untergangs der *Weimarer Republik* voraussah, endete in den Konzentrationslagern von AUSCHWITZ. Mit der Katastrophe der NS-Verbrechen, aber auch des stalinschen Terrors, ging der Glaube an den Fortschritt von Vernunft und Moral, der menschlichen Kultur überhaupt, unter. Die Menschen sahen, dass die *Diktaturen* – gestützt auf menschenverachtende Ideologien – Wirtschaft und Technik skrupellos in den Dienst der Unterdrückung und Vernichtung stellten.

Anstöße nach dem Zweiten Weltkrieg

Der Abwurf der ersten Atombombe auf HIROSHIMA stellte die ganze Welt vor die Frage nach der politischen Verantwortung in der Forschung. Der Schriftsteller HEINAR KIPPHARDT wählte das Verhör des Atomphysikers J. ROBERT OPPENHEIMER durch den Anwalt des Sicherheitsausschusses der amerikanischen Atomenergiekommission, ROBERT ROBB, im Jahr 1964 als Stoff für ein Theaterstück. Oppenheimer muss sich darin dem Vorwurf stellen an der Katastrophe von Hiroshima mitschuldig zu sein.

> *Robb:* Und Sie hatten die Ziele auszusuchen?
> *Oppenheimer:* Nein. Wir gaben die wissenschaftlichen Daten über die Eignung der Ziele. (...)
> *Robb:* Aber dem Abwurf der Atombombe auf Hiroshima widersetzten Sie sich nicht?
> *Oppenheimer:* Nein. Als ich vom Kriegsminister gefragt wurde, gab ich ihm Argumente dafür und dagegen. Ich äußerte Befürchtungen.
> *Robb:* Und bestimmten Sie nicht auch die Höhe, Doktor, in der die Atombombe zu zünden sei, um die größte Wirkung zu haben?
> *Oppenheimer:* Wir machten als Fachleute die Arbeit, die man von uns verlangte. Aber wir entschieden damit nicht, die Bombe tatsächlich zu werfen.
> (aus: Heinar Kipphardt, In der Sache J. Robert Oppenheimer, 1964)

Menschheit am Wendepunkt?

> Nach (meinen) Informationen ... (steht) noch etwa ein Jahrzehnt zur Verfügung, ... alte Streitigkeiten zu vergessen und eine weltweite Zusammenarbeit zu beginnen um das Wettrüsten zu stoppen, den menschlichen Lebensraum zu verbessern, die Bevölkerungsexplosion niedrig zu halten und den notwendigen Impuls zur Entwicklung zu geben. Wenn eine solch weltweite Partnerschaft innerhalb der nächsten zehn Jahre nicht zu Stande kommt, so werden, fürchte ich, die erwähnten Probleme derartige Ausmaße erreicht haben, dass ihre Bewältigung menschliche Fähigkeiten übersteigt.
> (U Thant, zit. nach: Dennis Meadows u. a., Die Grenzen des Wachstums (1972), Hamburg 1973, S. 11)

Das Titelbild, unter dem der 2. Bericht des „Club of Rome" veröffentlicht wurde, unterstreicht den Zeitdruck für eine politische Umsetzung der Krisenpläne.

Diese Einschätzung der Lage im Jahr 1969 durch den damaligen UN-Generalsekretär U THANT zitierte eine internationale Gruppe von Wissenschaftlern, der *Club of Rome*, in dem Buch *Grenzen des Wachstums* (1972). Sie beschrieben die bedrohliche Situation der Welt und kamen nach Auswertung riesiger Informationsmengen zu einem Schluss, der heute nicht mehr anzuzweifeln ist: Die Menschheit ist im Begriff ihren eigenen Lebensraum zu zerstören. Bevölkerungswachstum, Raubbau an nicht ersetzbaren Rohstoffen, Nahrungsmittelbedarf und zunehmende Boden- und Luftverschmutzung erkannten die Forscher als Faktoren einer fortschreitenden *Umweltzerstörung*. Aber statt Fortschrittspessimismus zu verbreiten machten sie Vorschläge für die Lösung der vielfältigen wirtschaftlichen und politischen Probleme. Auf den folgenden Seiten sollen an einigen Beispielen die Entstehung solcher globalen Probleme und Perspektiven ihrer Lösung gezeigt werden.

Fortschritt am Scheideweg

Das Beispiel Energie

Durchbruch in der Energiegewinnung

Die Hafenidylle mit Segelschiff und Ruderboot lässt kaum erahnen, mit welchen Anstrengungen für Mensch und Tier noch im 18. Jahrhundert Reisen und Transporte verbunden waren. Auch die schmucken Häuser verraten nicht, welcher Einsatz von Energie zu ihrem Bau und ihrer Unterhaltung nötig war. Ohne Holz, das gefällt, gehackt und herangeschafft werden musste, gab es weder eine warme Stube noch ein warmes Essen. Ganze Wälder verschlang z. B. die Glasherstellung, die Eisenverhüttung oder die Salzgewinnung. *Wind- und Wasserkraft* wurden zwar genutzt, standen aber nicht überall und jederzeit zur Verfügung. So erzwang der Energiebedarf einer wachsenden Bevölkerung geradezu die Suche nach Energiealternativen.

Da gelang Anfang des 18. Jahrhunderts ein revolutionärer Durchbruch in der Energiefrage: die Herstellung von *Koks* aus verschwelter Steinkohle, der die Holzkohle bei der Eisenerzeugung ersetzen konnte. Weil er einen viel größeren Brennwert hatte und – vor allem in England – relativ leicht gewonnen werden konnte, ließen sich nun auch große Mengen von *Eisen* ausschmelzen. Jetzt konnte endlich das seit langem bekannte Prinzip der *Dampfkraft* technisch zur Energiegewinnung genutzt werden. Dampfmaschine, Dampfschiff und Eisenbahn ermöglichten eine stürmische Entwicklung der *Industrie*, leiteten aber zugleich einen tief greifenden sozialen Umbruch ein.

Der Hafen von Haarlem im 18. Jahrhundert. Wie überall vor Beginn der Industriellen Revolution bestimmen traditionelle Formen der Energienutzung den Betrieb (Gemälde von Isaak Ouwater, um 1780).

Energie im Überfluss

Mancher mochte wohl schon meinen, mit der *Dampfmaschine* sei die Knechtschaft des Menschen durch menschenunwürdige Arbeit ein für allemal beendet. Doch waren noch viele Probleme zu lösen: Die Kohle ließ sich nicht überall hin transportieren, die Dampfmaschine konnte nicht beliebig verkleinert werden und die Energieübertragung mit Rädern und Riemen in den Fabrikhallen blieb gefährlich.

Erst in der 2. Hälfte des 19. Jahrhunderts brachten zwei bahnbrechende Erfindungen neue Fortschritte: 1866 erfand WERNER VON SIEMENS die Dynamomaschine zur Erzeugung elektrischer Energie. Aus der Dampfkraft konnte damit *Elektrizität* gewonnen und über Stromleitungen überall hin transportiert werden. Zur gleichen Zeit entstanden die ersten kleinen transportablen *Verbrennungsmotoren*. Sie gewannen Kraft aus *Erdöl*, dem zweiten bedeutenden fossilen Energieträger neben der Kohle. Benzinmotoren dienten als Antrieb für Kutschen, die sich Schritt für Schritt zu Autos entwickelten. Und sie revolutionierten den Straßenverkehr und beeinflussten die Lebensgewohnheiten in einer nicht für möglich gehaltenen Weise.

Die Bequemlichkeiten, die der Strom aus der Steckdose und das private Auto mit sich bringen, machen die Menschen in den modernen Industrieländern geneigt vor allem den Fortschritt in der Energietechnik zu sehen. Dabei verdrängen sie die Probleme und Gefahren, die von Anfang an damit verbunden waren, oder schenken ihnen keine Beachtung.

1882 ging das erste wirtschaftlich arbeitende Elektrizitätswerk in New York ans Netz, das mit 6 Dynamomaschinen 6000 Glühlampen versorgte. Heute liefern Großkraftwerke wie dies bei Mannheim die Energie.

Fortschritt am Scheideweg

Fossile Brennstoffe – die Kehrseite des Fortschritts

Die Verwendung der aus erdgeschichtlicher Vorzeit stammenden „fossilen" Brennstoffe Kohle, Erdöl und Erdgas hatte schon bald schlimme Auswirkungen. Der Rauch aus den Schloten der Fabriken verdunkelte den Himmel über den Industriegebieten. Ruß, Kohlendioxid (CO_2) und Schwefelabgase gefährdeten die Gesundheit besonders der Kinder; *Tuberkulose* wurde im 19. und Anfang des 20. Jahrhunderts zur Volksseuche.

Technische Lösungen wie Rußfilter und höhere Schornsteine brachten keine endgültigen Erfolge, das Abgas verteilte sich nur über größere Gebiete. Schwefelgase verursachten *sauren Regen* und vergifteten Wälder und Gewässer. Der CO_2-Anteil der Luft erhöhte sich in den letzten hundert Jahren so beträchtlich, dass Wissenschaftler eine Erwärmung des *Erdklimas* bis hin zum Abschmelzen der Polkappen befürchten.

Gelsenkirchen um 1900, typische Ruhrgebietsstadt und ein Zentrum der Kohleförderung und -verhüttung. In der Mitte des Schalker Markts die „Kaiserhalle", Vereinslokal des 1. F.C. Schalke 04 ab 1928.

Und es gibt noch weitere Folgen, die gar nicht unmittelbar mit der Energiegewinnung zusammenhängen: Der hemmungslose Abbau von Braunkohle zerstört ganze Landschaften, der Transport von Erdöl über die Weltmeere gefährdet die Küsten. Das Verbrennen von Kohle und Öl vernichtet unersetzliche Rohstoffe, deren Vorrat sich erschöpft. Die ungleiche Verteilung der fossilen Bodenschätze vergrößert das Ungleichgewicht zwischen den Entwicklungsländern und zwingt die Armen zur Plünderung ihrer Holzreserven.

Wasserkraft als Alternative?

Schon Ende des 19. Jahrhunderts zwang der Zustand der Industrielandschaften in Europa und Amerika, nach anderen Energiequellen zu suchen. Als Erstes entwickelten die Ingenieure den Bau von *Staudämmen* um „saubere" elektrische Energie zu gewinnen. Das größte dieser Wasserkraftprojekte war der 1933 von der US-Regierung begonnene Ausbau des TENNESSEE und seiner Nebenflüsse mit vierzehn großen und vielen kleinen Staudämmen, die ihre Stromerzeugung von 1,5 Mill. KW (1933) auf 84 Mill. KW (1970) steigerten. Doch wuchs die Industrie in der Region und deren Energiebedarf so stark, dass drei Viertel der Energie aus neu gebauten *Wärmekraftwerken* gedeckt werden mussten. Die Hoffnung fossile Brennstoffe durch *Wasserkraft* ersetzen zu können erwies sich als falsch. Wie problematisch Großprojekte sind, zeigte sich beim Bau des ASSUAN-STAUDAMMS in *Ägypten*, denn der Stausee zerstörte das Gleichgewicht der Natur.

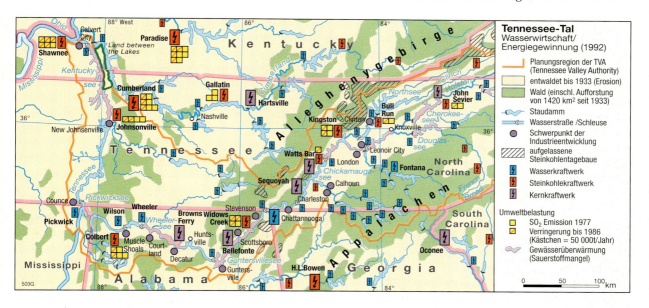

Atomenergie – der Ausweg aus dem Dilemma?

Ende des Zweiten Weltkriegs hatte die *Atombombe* der Menschheit die Schreckensvision einer Selbstzerstörung vor Augen geführt. Die friedliche Nutzung derselben Kraft eröffnete die Perspektive eines Zeitalters unbegrenzter Energie. Der Vorrat an nuklearem Brennstoff schien unerschöpflich, er war nicht teuer und konnte in relativ kleinen Reaktoren große Mengen Strom erzeugen. Mit der Abhängigkeit von Kohle, Öl oder Wasserkraft schien es endgültig vorbei zu sein. Die erste deutsche Anlage dieser Art ging 1960 in KAHL bei Frankfurt in Betrieb, 1980 gab es weltweit bereits 460 Kernkraftwerke.

Aber da waren bereits die Schattenseiten sichtbar geworden. Es hatte sich sehr bald gezeigt, dass die *Entsorgung* große Probleme aufwarf, weil die verbrauchten Brennelemente noch nach über 100 000 Jahren gefährlich strahlen und sich *Atommüll* auch nicht restlos wieder aufbereiten lässt. Als noch schwieriger erwies sich die *Reaktorsicherheit*. Unter dem Eindruck sich häufender Unfälle trafen die Techniker Sicherheitsvorkehrungen für den „größten anzunehmenden Unfall", kurz GAU, wie er bei der Kernschmelze des Reaktors in HARRISBURG/USA 1979 eintrat. Aber es sollte schlimmer kommen.

Tschernobyl und die Folgen

Der Reaktorblock 4 von Tschernobyl in seinem „Betonsarkophag", der von rund 20 000 Menschen bei erheblicher Strahlenbelastung in extrem kurzen Arbeitsschichten hergestellt wurde.

Eine typische Anti-Atomkraftdemonstration der 70er Jahre. Nach Tschernobyl hat der Protest gegen Atomkraftwerke und gegen Transport und Lagerung verbrauchter Brennstäbe andere und auch gewaltsamere Formen angenommen.

Am 26. April 1986 kam es in einem Block des sowjetischen Atomkraftwerks in TSCHERNOBYL bei Kiew in der Ukraine zu einem Super-GAU. Brennelemente im Reaktorkern hatten sich überhitzt. Die notwendige Kühlung versagte, eine Explosion sprengte das Reaktorgebäude. Ein Sicherheitsbehälter, der das Austreten von Radioaktivität hätte verhindern können, war nicht vorhanden. Aus dem offen liegenden brennenden Reaktorinneren entwich eine riesige hoch radioaktive Wolke, bis der Reaktor von Hubschraubern aus der Luft zubetoniert werden konnte.

Eine hohe Strahlendosis tötete unmittelbar 31 Menschen, die Folgen für die Löschmannschaften und Hubschrauberbesatzungen sind nicht abzusehen. 135 000 Menschen aus der Umgebung wurden wegen der Strahlenbelastung evakuiert. Der radioaktiv verseuchte Boden in einem Umkreis von ca. 30 km um das Kraftwerk ist seitdem Sperrgebiet. Die Strahlenwolke, die sich in ganz Europa ausbreitete, setzte besonders die Bevölkerung in Weißrussland nördlich von Tschernobyl einer erhöhten Strahlendosis aus. Seither häufen sich in diesen Gebieten Missbildungen von Neugeborenen und Krebserkrankungen vor allem von Kindern. Überall, wo die Wolke von Tschernobyl hingelangt ist, erkranken und sterben Menschen an den Auswirkungen und das wird sich noch lange Jahre fortsetzen. Auch wenn es sich nur um statistisch geringe Quoten handelt, werden doch mehrere hunderttausend Menschen betroffen sein.

Die Katastrophe von Tschernobyl war ein schwerer Schock für die ganze Welt und setzte eine Diskussion in Gang, ob überhaupt die Kernenergie weiter eingesetzt werden sollte. Neun Jahre nach Tschernobyl schrieb der Physiker ROLF LINKOHR, Mitglied des Europaparlaments, dazu:

> Im Prinzip hätte man die Risiken der Kernenergie bereits in ihrem Anfangsstudium erkennen können. Doch am Anfang stand Euphorie, nicht Skepsis. Ich erinnere mich noch gut an meine Zeit als Student in den Sechzigerjahren, als wir angehende Physiker mit Begeisterung den Ausführungen der Professoren folgten, die von den nahezu grenzenlosen Möglichkeiten der Kernenergie schwärmten ... Three Miles Island (Harrisburg) und Tschernobyl machten den Traum zum Alptraum.
>
> Wie selbst nukleare Hardliner weiche Knie bekamen, erlebte ich wenige Wochen nach dem Unfall von Tschernobyl in Moskau, inmitten einer Versammlung von Vertretern der Akademie der Wissenschaften. Da standen sie nun vor einem Videofilm und betrachteten betreten die hastigen Aufräumarbeiten in und um den zerstörten Reaktor herum, einem Ort des Grauens. Ich vergesse nicht die betroffenen Gesichter der Physiker, jenes Adels der sowjetischen Gesellschaft, der glaubte für grenzenlosen Fortschritt zu stehen und für den jetzt eine Welt zusammenbrach. Der Glaube an das Machbare war zerstört. Sie spürten, dass ihren Irrtum viele Unschuldige mit dem Leben oder mit der Gesundheit bezahlten. Wir alle empfanden eine Art kollektive Schuld.
>
> *(Rolf Linkohr, Hierarchie der Risiken, in: Die ZEIT Nr. 25 vom 16. Juni 1995)*

Ausblick

Alle Fortschritte auf dem Energiesektor haben immer größere Gefahren mit sich gebracht. Die Frage, wie es weitergehen soll, ist heute umstrittener denn je. Eines ist allerdings sicher: Die Industriegesellschaft kann es sich nicht leisten so verschwenderisch wie früher mit Energie umzugehen. Das erste Gebot für uns heißt Energie sparen, wie es der Politiker ERHARD EPPLER schon 1976 forderte:

Wo stehen wir heute in der Energiediskussion? Lösungsvorschläge sollten an ihrer Umweltverträglichkeit, Wirtschaftlichkeit, Sicherheit sowie einer langfristigen Energiesicherung gemessen werden.

> Dass man die Nachfrage nach Energie mit dem Angebot auch in Einklang bringen könne, indem man sparsamer mit Energie umgeht, ist eine sehr junge Erkenntnis ...
>
> Erst jetzt ist es klar geworden, wie fahrlässig wir mit Energiequellen umgehen, deren Erschöpfung, wenn es bei den gewohnten Wachstumsraten bleibt, die ABC-Schützen von heute mit Sicherheit noch erleben werden ... Jetzt erst beginnen wir zu zweifeln, ob es klug war, mit Werbung und billigen Arbeitspreisen die Bürger zu hohem Stromverbrauch aufzufordern, die Elektrifizierung des letzten Handgriffs zu propagieren, in Mitteleuropa riesige Gebäude mit aufwendigen Klimaanlagen auszustatten, den mörderischen Rennwettbewerb auf unseren Straßen zu dulden und Häuser so zu bauen, als fielen die Heizkosten nicht ins Gewicht ...
>
> In einer Zeit, wo fieberhaft daran gearbeitet wird, Sonnenenergie nutzbar zu machen, dürfte der Hinweis erlaubt sein, dass die Menschen seit Jahrtausenden ihre Wäsche immer – direkt oder indirekt – mit Sonnenenergie getrocknet haben, ohne dieselbe zwischendurch unter riesigem Kapitalaufwand und großen Verlusten in elektrische umgewandelt zu haben.
>
> (Erhard Eppler, Ende oder Wende, Stuttgart 1975, S. 107 ff.)

Aber Sparen allein genügt nicht. Angesichts der drohenden Gefahren müssen Wissenschaft und Technik an neuen Wegen zur Lösung der Energiefrage arbeiten. Die Experten sind sich einig, dass nur zwei Energiequellen nahezu unerschöpflich sind: die *Sonnenenergie* und die *Kernenergie*. Dabei ist ihnen klar, dass bei einer Entscheidung für die Sonnenenergie nur eine großtechnische Nutzung das Energieproblem der Zukunft lösen kann. Dies ist z. B. in Form der Wasserstofftechnologie durchaus möglich, bei der solar in Wüstengebieten erzeugter Wasserstoff als Treibstoff zu Wasser verbrennt. Die beängstigenden ökologischen Schäden heutiger Energiesysteme würden so vermieden. Die Kosten sind allerdings mit denen der Atomtechnologie vergleichbar.

Am schnellsten praktisch umsetzbar sind zweifellos Sparprogramme und Kleintechnologie wie z. B. *Sonnenkollektoren* auf dem Hausdach, *Windkraftanlagen* oder kleine *Wasserkraftwerke*. Die Entscheidung der Politiker, welche Wege eingeschlagen und gefördert werden sollen, orientiert sich an verschiedenen Fragen: Welche Kosten fallen jetzt oder später an, ist das Projekt überhaupt finanzierbar? Welche Auswirkungen ergeben sich für die Umwelt? Ist das Projekt global durchführbar, berücksichtigt es auch die Bedürfnisse anderer Staaten? Findet der Weg die Zustimmung der Bevölkerung oder wird er als Bedrohung empfunden? Erlaubt die Technologie, dass Menschen Fehler machen?

Fortschritt am Scheideweg

Weltbevölkerung und Ernährung

Bevölkerungsexplosion in Europa

Bis ins 20. Jahrhundert hinein lebten in Europa viele Menschen in äußerster Armut am Rand des Existenzminimums. Das war eine Folge der *Bevölkerungsexplosion*, die die Industrielle Revolution ausgelöst hatte. Schon 1798 hatte der englische Wirtschaftswissenschaftler Thomas R. Malthus Hungerkatastrophen vorausgesagt.

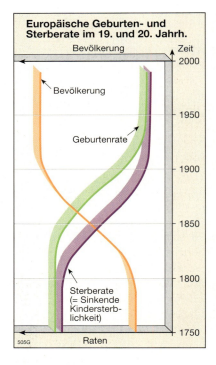

Familien mit 10 Kindern waren bis zum Ersten Weltkrieg keine Seltenheit in Deutschland. Danach sank die Kinderzahl drastisch.

Ich behaupte, dass die Vermehrungskraft der Bevölkerung unbegrenzt größer ist als die Kraft der Erde, Unterhaltsmittel für den Menschen hervorzubringen. Die Bevölkerung wächst, wenn keine Hemmnisse auftreten, in geometrischer Reihe an. Die Unterhaltsmittel nehmen nur in arithmetischer Reihe zu.
(Th. Malthus, Das Bevölkerungsgesetz, München 1977, S. 22)

Entgegen seinen Prognosen kam es in Europa nicht zu dem großen Sterben. Mit Beginn der geografischen Mobilität der Bevölkerung war die Zeit der hohen *Kindersterblichkeit* vorbei, in der die Hälfte der Kinder das Erwachsenenalter nicht erreichte. Mit einer Verzögerung von etwa 50 Jahren sank auch die Geburtenrate. Die Familien benötigten zudem nicht länger eine große Kinderzahl als „Sozialversicherung", da der Staat begonnen hatte Vorsorge für Krankheit und Alter zu treffen. Hinzu kamen entscheidende Fortschritte der Medizin, die wirksame Medikamente und Schutzimpfungen entwickelte. Zum Sinken der Sterberate trug schließlich der höhere Bildungsstand der *Frauen* nach Einführung der allgemeinen Schulpflicht bei. Die Bevölkerungskurve stabilisierte sich auf einem höheren Niveau. Die Frage der Ernährung der gewachsenen Bevölkerung war unterdessen durch die *Industrielle Revolution* selbst gelöst: Die Technisierung der *Landwirtschaft* steigerte die Erträge über den Bedarf hinaus. Aber das alles galt nur für Europa. Auf die ganze Welt bezogen begann erst jetzt eine gewaltige Bevölkerungsexplosion.

Die zweite Bevölkerungsexplosion

Die Menschen in den Industrieländern der Erde leben heute in einem noch nie dagewesenen Wohlstand. Die *Entwicklungsländer* dagegen befinden sich noch mitten in der Phase der *Bevölkerungsexplosion*, die Europa im 19. Jahrhundert erlebt hat. Obgleich alle Menschen satt werden könnten und genügend Nahrungsmittel produziert werden, herrscht in diesen Teilen der Welt Hunger.

Die gegenwärtige Situation in der *Dritten Welt* ist eine Folge von *Kolonialismus* und *Imperialismus* des 19. Jahrhunderts. Die damaligen Kolonien mussten erzeugen, produzieren und exportieren, was den Interessen der Mutterländer diente: Tee in Indien, Erdöl im Vorderen Orient, Kupfer in Chile und im Kongo, Kautschuk in Ostasien. Den Aufbau einer eigenen Industrie in den abhängigen Ländern verhinderten die Kolonialherren aus Sorge vor der Konkurrenz. Eine Infrastruktur bauten sie nur auf, soweit sie ihren Zwecken diente. Sie vernachlässigten die Ausbildung der einheimischen Bevölkerung weitgehend. Eine Besserung der Lage verhindern heute oftmals einheimische Führungsschichten, die ihre Länder ausbeuten, sich bereichern oder Entwicklungsgelder in die Rüstung anstatt den Bildungssektor lenken.

Im 20. Jahrhundert beschleunigte sich das Bevölkerungswachstum. Hierdurch verschärfte sich die *Ernährungslage*, wie dies in Europa während der Industriellen Revolution der Fall war. Die ungünstige Ausgangslage der meisten Entwicklungsländer verhinderte eine wirksame Bekämpfung von Hunger und Arbeitslosigkeit. Viele einheimische Politiker verbanden dennoch große Hoffnungen mit der Befreiung aus den wirtschaftlichen und politischen Fesseln der Kolonialzeit.

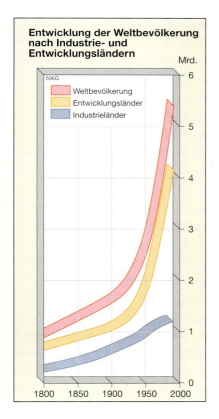

Zeichen der Mangelernährung dieser Kinder eines Landarbeiters im Nordosten Brasiliens sind die aufgetriebenen „Hungerbäuche".

Fortschritt am Scheideweg

Länder an der Schwelle

> *Ghanas Präsident Nkrumah, um 1955:*
> „Wenn wir erst alle frei sind, wird Afrika der wohlhabendste Kontinent der Erde werden. Wir haben Gold, Silber, Kupfer, Diamanten, Holz, fruchtbare Erde und arbeitsame Menschen. Bisher haben die Europäer uns alle unsere Reichtümer abgenommen. Nach der Unabhängigkeit wird der Reichtum in unsere Taschen fließen und die Afrikaner werden wohlhabend und glücklich werden."
>
> *Brasiliens Präsident Quadros, 1961:*
> „Lateinamerika ist der Kontinent von morgen. Wir haben alles, was wir brauchen, Getreide und Vieh, Erze und Holz, dazu arbeitsame und lernfähige Menschen. Wir brauchen ihnen nur eine Chance zu geben. Und wir werden es tun. In spätestens zwanzig Jahren wird Lateinamerika der führende Kontinent unserer Welt sein."
> *(aus Interviews in: P. Grubbe, Der Untergang der Dritten Welt, Hamburg 1991, S. 31 und 65)*

Ähnlich wie NKRUMAH, der erste Präsident eines selbstständigen *Ghana*, dachten viele Politiker der *Dritten Welt* nach dem Zweiten Weltkrieg. Aber für die wenigsten Länder haben sich solche Hoffnungen erfüllt, unabhängig davon, wie lange sie schon selbstständig waren: über 150 Jahre wie die Staaten Lateinamerikas oder erst wenige Jahre wie die meisten Länder Afrikas und Ostasiens. Auch Länder wie Äthiopien und Liberia, die nie Kolonien waren, kämpfen mit der Nahrungsmittelversorgung ihrer Bevölkerung. Nur einzelne von ihnen erreichten langsam die Schwelle zum Industriezeitalter. Zu diesen „Schwellenländern" gehören z. B. Brasilien und Chile, Indonesien und Malaysia. Kriege, Revolutionen oder eine reformfeindliche Oberschicht werfen solche Länder jedoch oft zurück und Ansätze einer demokratischen Entwicklung werden zerstört. Häufig übernimmt das Militär die Macht, um – wie es beteuert – das Schlimmste zu verhindern. Doch die Folge sind stets Diktatur und Unterdrückung.

Vollständig haben bisher nur ganz wenige – so die ostasiatischen „vier kleinen Tiger" *Taiwan*, *Südkorea*, *Hongkong* und *Singapur* – den Entwicklungsländerstatus überwinden können. Noch in den Fünfzigerjahren herrschte hier ein hohes Bevölkerungswachstum und geringe Kaufkraft vor. Es war das typische Bild von Entwicklungsländern. Inzwischen hat sich sowohl die wirtschaftliche wie die soziale Lage so sehr verbessert, dass die Unterschiede zu den klassischen Industrieländern geringer, die Abstände zu den Schwellenländern größer werden. Ein breit gefächertes Sortiment von technologisch fortgeschrittenen Gütern und ein nur geringer Anteil an unverarbeiteten Rohstoffen unter den Exporten hat den Anschluss an die Weltwirtschaft ermöglicht. Das anhaltende Wirtschaftswachstum hat sich langfristig auch auf das Einkommensniveau günstig ausgewirkt. Die Phase „übermäßige Arbeitsbelastung bei wenig Lohn" war wie in den Industrieländern eine historische Durchgangsstation. Das Bevölkerungswachstum ist entscheidend zurückgegangen. Offensichtlich steht es in direktem Verhältnis zur wirtschaftlichen Entwicklung. Oder umgekehrt: Nur die Förderung des wirtschaftlichen Aufschwungs kann langfristig das Bevölkerungswachstum beenden.

Typisches Straßenbild in einem Viertel von Hongkong. Elendsviertel sind seit dem Wirtschaftsaufschwung nahezu verschwunden.

Im Teufelskreis der Armut

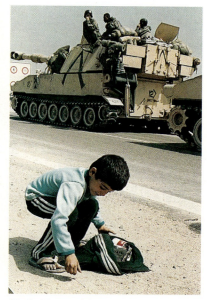

Viele Entwicklungsländer verwenden Großkredite für Rüstung und Prestigeobjekte. Die Folgekosten und Zinslasten fressen nicht nur den Staatshaushalt auf, sondern fehlen bei der Bekämpfung von Hunger und Armut.

Andere Länder haben sich aus dem Teufelskreis der Armut nicht befreien können. Viele Gründe dafür liegen im Erbe der Kolonialherrschaft. In Lateinamerika behindert z. B. die extrem ungleiche Besitzverteilung an Grund und Boden, deren Wurzeln auf den *Großgrundbesitz* der Kolonialzeit zurückgehen, die wirtschaftliche Entwicklung. Viele Entwicklungsländer übernehmen auch die staatliche Lenkung ihrer Volkswirtschaft von den Kolonialherren. Sie trieben die *Monokultur* in der Landwirtschaft (z. B. Zucker, Tee, Bananen) weiter anstatt lebensnotwendige Nahrungsmittel für die Bevölkerung anzubauen. Sie verließen sich auf den *Verkauf* ihrer Rohstoffe (neben pflanzlichen Rohstoffen vor allem Edelmetalle und Öl) anstatt sie im *eigenen* Land zu verarbeiten um auf dem Weltmarkt eine breite Palette wettbewerbsfähiger Güter anbieten zu können. Wo aber Entwicklungsländer nur Rohstoffe exportieren, sind sie den wechselnden Preisen des Weltmarkts ausgeliefert und haben ständig mit schweren Einbrüchen im Staatshaushalt zu kämpfen. Nicht selten belasten Prestigebauten und hohe Rüstungsausgaben die Staatskasse zusätzlich.

Eine verfehlte Wirtschaftspolitik in den Entwicklungsländern kann sich auch direkt gegen die eigene Bevölkerung wenden, wie das Beispiel *Nigeria* zeigt. Hier arbeitet die Regierung mit einem internationalen Ölkonzern zusammen. Da Nigeria keine westlichen Sicherheitsstandards einfordert, sieht der Ölkonzern keinen Anlass auf diesem Gebiet Geld auszugeben. So verseuchen seit Jahren auslaufende Pipelines Felder und Flüsse; Bauern und Fischer, eine ganze Region, leidet inzwischen an chronischer Lebensmittelknappheit. Eine örtliche Widerstandsbewegung, international unterstützt, wird von der nigerianischen Regierung gewaltsam unterdrückt. Die Lebens- und Ernährungsgrundlage des Landes gerät völlig aus dem Blick.

	Bruttosozialprodukt/ je Einwohner 1993 (in US $)		Rohstoffanteil in % des Exports 1993		Analphabeten 1990 (in %)		Geburtenziffer 1993 (in %)		Lebenserwartung 1993 (in Jahren)	
Industrieländer	23560 $	7660 $	10%	7%	1%	3%	1%	1,6%	76	71
	Deutschland	Südkorea	Deutschland	Südkorea	Deutschland	Südkorea	Deutschland	Südkorea	Deutschland	Südkorea
Schwellenländer	2930 $	3140 $	40%	35%	19%	22%	2,4%	2,8%	67	71
	Brasilien	Malaysia	Brasilien	Malaysia	Brasilien	Malaysia	Brasilien	Malaysia	Brasilien	Malaysia
Entwicklungsländer	660 $	220 $	67%	18%	52%	65%	2,9%	3,5%	64	56
	Ägypten	Bangladesh	Ägypten	Bangladesh	Ägypten	Bangladesh	Ägypten	Bangladesh	Ägypten	Bangladesh

Typische Daten armer und reicher Länder aus exemplarisch ausgewählten Staaten. Ärmste Länder wie Bangladesh – oft „Vierte Welt" genannt – verfügen nicht einmal über nennenswerte Rohstoffe als Exportprodukt.

Fortschritt am Scheideweg

Die traditionelle Entwicklungshilfe scheitert

Viele der ganz armen Länder erhalten seit Jahren *Entwicklungshilfe*, aber Erfolge sind ausgeblieben.

Nach dem Zweiten Weltkrieg sollten die „unterentwickelten Länder", wie sie damals genannt wurden, durch Finanzierung von Großprojekten ins Industriezeitalter befördert werden. So bauten z. B. deutsche Firmen 1955 in der indischen Stadt ROURKELA ein riesiges Stahlwerk. In dieser Region hatte eine indische Bevölkerungsgruppe von einfachem Ackerbau gelebt. Mit einer Geldentschädigung sollte sie anderswo eine neue landwirtschaftliche Existenz aufbauen; dies gelang nur wenigen, waren sie doch im Umgang mit Geld unerfahren. Die neuen Arbeitsplätze konnten sie mangels Ausbildung nur selten besetzen. Die verbliebene Landwirtschaft reichte nicht aus, das zusammenströmende Industrieproletariat zu ernähren. Soziale Unruhen waren die Folge. Ähnliche Entwicklungsprojekte, durchgeführt ohne einen Gesamtplan, lösten in anderen Landesteilen in den Sechzigerjahren regelrechte Hungersnöte aus.

Misserfolge solcher Entwicklungshilfe haben die UNO auf den Plan gerufen. 1961 proklamierte sie die erste „Entwicklungsdekade": In den armen Ländern der Welt sollten Ernährungsgrundlage, Ausbildung und Industrie nunmehr gleichzeitig gefördert werden. Die *Weltbank* vergab hohe Kredite, aber viele Entwicklungsländer konnten die Zinsen nicht aufbringen und gerieten zusätzlich unter Druck. Ein wirklicher Fortschritt ist nicht erzielt worden. Auch *Geburtenkontrollprogramme* blieben erfolglos. Die Bevölkerung in der Dritten Welt, in der Kinder noch immer die einzige Altersvorsorge sind, stieg weiter sprunghaft an. In Mega-Städten wie SAO PAULO oder BOMBAY wuchs die Einwohnerzahl von etwa 3 Millionen 1950 auf über 13 Millionen 1995, von denen praktisch die Hälfte unterhalb der Armutsgrenze lebt.

Sinnfälliges Bild für die Kluft zwischen Bevölkerungszahl und Wirtschaftskraft in den Entwicklungsländern: „Taxi" im Tschad.

Zeburinder an einer Pumpstation in der Steppe vom Niger in der Sahelzone: Mehr Brunnen, mehr Vieh und die Wüste wächst!

Hunderttausende leben in den Slums der Favelas am Rande Rio de Janeiros. Bei Regen drohen ganze Berghänge abzurutschen.

„Trade, not aid"

In den 90er Jahren ist die traditionelle Entwicklungshilfe von einem Dialog zwischen Entwicklungs- und Industrieländern abgelöst worden. Staaten der Dritten Welt, die den Welthandel als Medium des Fortschritts erkannt haben, fordern auf internationalen Handelskonferenzen bessere Bedingungen auf dem Weltmarkt. Unter dem Schlagwort „Trade, not aid" – „freier Handel, nicht Entwicklungshilfe" – wollen sie in den Wettbewerb mit den Industrieländern eintreten. Ein Exporterfolg wird aber oft gebremst durch ein Netz von Behinderungen des freien Welthandels. Die Industrieländer wollen sich vor der neuen Konkurrenz, z. B. in der Landwirtschaft und der Textilindustrie, schützen. Zwar haben sie die Zölle inzwischen gesenkt, jedoch andere Hindernisse für Produkte der Dritten Welt – Einfuhrverbote oder technische Auflagen – aufgebaut.

Ausblick

Die Industrieländer können nicht mehr lange überlegen, ob sie den Ländern der Dritten Welt Exportchancen geben wollen, denn das Bevölkerungswachstum löst immer wieder Hungerkatastrophen und riesige Flüchtlingsströme aus. Noch gelangen nur verhältnismäßig wenige dieser Flüchtlinge nach Europa. Die große Menge der Hilfe Suchenden flieht in Nachbarstaaten, z. B. nach Pakistan oder in den Sudan. In diesen Ländern, die ihrerseits zu den ärmsten Staaten der Welt gehören, werden die Flüchtlinge von der Flüchtlingsorganisation der UN notdürftig versorgt.

Noch bedeuten in den armen Ländern der Welt nur viele Kinder eine Versorgung bei Krankheit und im Alter. Entwicklungs- und Industrienationen müssen deshalb gemeinsam den Ausbau einer staatlichen Sozial- und Ausbildungspolitik in diesen Ländern vorantreiben. Entschlossen müssen die Weichen in diese Richtung gestellt werden um die Überbevölkerungskatastrophe zu verhindern.

Emblem des Flüchtlingskommissariats der Vereinten Nationen.

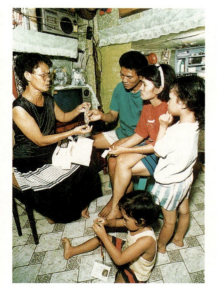

Sexualaufklärung in Manila (Philippinen). Eine wirksame Geburtenkontrolle berücksichtigt gesellschaftliche Bindungen.

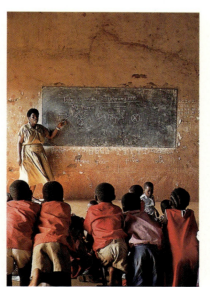

Die Basis für den Weg aus der Armut bildet die Erziehung von Kindern und Jugendlichen: Grundschule in Njeru-Town, Uganda.

„Wenn man Frauen fördert, ist das der kürzeste Weg zur Entwicklung der Gesellschaft." (Mona Zulficar, ägyptische Rechtsanwältin)

Freiheit ohne Grenzen?

Freiheit und Gleichheit: die Demokratie

Freiheit – Gleichheit – Brüderlichkeit

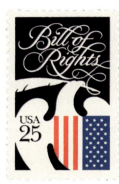

Die „Bill of Rights", die Grundrechte der Vereinigten Staaten, an die hier erinnert wird, wurden der amerikanischen Verfassung 1791 hinzugefügt.

Zeichnung aus der Französischen Revolution: „Es lebe die Freiheit!" Als die Ketten dann gesprengt waren, war es mit der Gleichheit vorbei.

> Eine Erklärung der Rechte, gegeben von den Vertretern des guten Volkes von Virginia, zusammengekommen in vollzähliger und freier Versammlung darüber, welche Rechte ihnen und ihrer Nachkommenschaft als Grundlage und Fundament der Regierung zustehen:
> I. Dass alle Menschen von Natur aus gleich, frei und unabhängig sind und bestimmte angeborene Rechte besitzen, die sie ihrer Nachkommenschaft durch keinen Vertrag rauben oder entziehen können …
> II. Dass alle Gewalt im Volke ruht und folglich von ihm abgeleitet ist.
> III. Dass eine Regierung eingesetzt ist zum allgemeinen Wohle; dass von all den verschiedenen Regierungsformen diejenige die beste ist, die fähig ist, den höchsten Grad von Glück und Sicherheit hervorzurufen; und dass die Mehrheit ein Recht hat eine Regierung zu reformieren oder abzuschaffen …
> IV. Dass kein Mensch oder keine Gruppe von Menschen zu ausschließlich und besonderen Vorteilen und Vorrechten in der Gemeinde berechtigt ist, außer in Anbetracht öffentlicher Dienstleistungen …
> XV. Dass eine freiheitliche Regierung und die Segnungen der Freiheit einem Volke nur erhalten werden können durch strenges Festhalten an der Gerechtigkeit, durch Beschränkung, Mäßigkeit, Einfachheit und Tugend …
> XVI. Dass es die gegenseitige Pflicht aller ist, christliche Milde, Liebe und Barmherzigkeit aneinander zu üben.
> *(Virginia Bill of Rights, 12. Juni 1776, zit. nach: Wolfgang Lautemann (Bearb.), Amerikanische und Französische Revolution, München 1981, S. 107 ff.)*

Die *Aufklärungsphilosophie* hatte den Freiheitsbegriff entfaltet, persönliche Freiheit, gleiche Rechte und solidarisches Handeln für vernünftig und deshalb auch durchführbar erklärt. Seit 1776 wurde der Freiheitsbegriff in Menschenrechtserklärungen und Staatsverfassungen umgesetzt. Die Formulierungen aus der *Virginia Bill of Rights* dienten dabei vielen Staaten als Muster, zuerst in *Amerika*, dann in der *Französischen Revolution* und später auch im übrigen Europa. In der politischen Praxis erhob sich aber von Anfang an die Frage, wie konsequent der Begriff „alle Menschen" aufzufassen und wie die rechtliche, politische und wirtschaftliche Freiheit des Einzelnen auf der einen und der Anspruch der Gesamtheit auf der anderen Seite voneinander abzugrenzen sei.

Im Ursprungsland demokratischer Verfassungen blieben die schwarzen Sklaven von all den neu formulierten Rechten ausgeschlossen und die meisten französischen Revolutionäre waren sich darin einig, dass *Frauen* unberücksichtigt bleiben sollten. Wohlhabende und einflussreiche Bürger wollten auch nicht dulden, dass „Habenichtse" über ihr Eigentum und Wirtschaftsgebaren mitzubestimmen hätten. Der Kreis derer, die alle Freiheitsrechte auf sich vereinigten, war sehr eng. Die Demokratie der freien und gleichen Bürger war in Wirklichkeit die Demokratie einiger weniger. Gleichheitsforderungen und Interessen der Gesamtheit gerieten häufig aus dem Blickfeld. Es gab aber auch das entgegengesetzte Extrem.

Das sozialistische Gegenmodell

„Proletarier aller Länder, vereinigt euch!" Mit diesem Aufruf aus dem „Kommunistischen Manifest" wollten die sozialistischen „Volksdemokratien" ihre Gleichheitsforderungen durchsetzen.

Kreuzzug für die Freiheit

Die Luftbrücke während der Blockade Westberlins 1948/49 beflügelte den Glauben an amerikanische Wertvorstellungen.

Von Anfang an hatte es eine demokratische Bewegung gegeben, die die Einschränkung der Freiheitsrechte zu Gunsten der Wohlhabenden nicht akzeptieren wollte. Sie setzte in der Parole „Freiheit – Gleichheit – Brüderlichkeit" den Akzent auf die Gleichheit. Führend wurde das wachsende *Proletariat* in den industriellen Ballungsgebieten. Es schloss sich in Vereinen, Gewerkschaften und Parteien zusammen, die die *sozialistische* Gleichheitsidee verfochten. KARL MARX und seine Anhänger setzten auf den revolutionären Umschwung, der die Umkehrung aller Werte bringen sollte: Nicht unternehmerische Freiheit, sondern Gerechtigkeit in der Versorgung aller sollte das Ziel sein. Ungleiche Besitzverhältnisse waren, wenn nötig gewaltsam, zu beseitigen. In diesem Verständnis waren die Menschenrechte erst gesichert, wenn durch Gleichheit aller Gerechtigkeit herrschte. Dass dies nur mit Gewalt und diktatorischen Mitteln, also auf Kosten der Freiheit verwirklicht werden konnte, wurde nicht als Widerspruch empfunden. Hier lagen aber die Wurzeln dafür, dass die Staaten, die sich dem sozialistischen Prinzip verschrieben hatten, schließlich an ihrem eigenen Anspruch scheiterten.

Lange vorher schon hatte Amerika den sozialistischen Staaten den Kampf angesagt. Der amerikanische Präsident TRUMAN erklärte 1947 vor dem Kongress: „Die andere [sozialistische] Lebensform gründet sich auf den Willen einer Minderheit, den diese der Mehrheit aufzwingt. Sie stützt sich auf Terror und Unterdrückung." Der amerikanische Freiheitsgedanke sollte in der ganzen Welt gelten, wie dies der spätere Präsident JOHN. F. KENNEDY 1960 mit missionarischem Pathos formulierte:

> Aufgabe ist alles in unserer Macht Stehende zu tun, um dafür zu sorgen, dass die Wandlungen, die in unserer Umwelt sich vollziehen..., zu größerer Freiheit für immer mehr Menschen ... führen. Nur wenn das Eisen heiß ist, lässt es sich schmieden. Das Eisen der neuen Welt, die heute geschmiedet wird, wartet darauf, dass ihm seine Form gegeben werde. Unsere Aufgabe ist es, diese Welt, so gut wir können, zu derjenigen Welt zu gestalten, die wir für uns selbst und unsere Kinder und alle Menschen auf Erden wünschen ...
>
> Unsere Unabhängigkeitserklärung ließ die ganze Welt neue Hoffnung fassen, denn sie sprach von Freiheit für „alle Menschen" und nicht nur für die privilegierten wenigen. Und in jeder folgenden feierlichen Erklärung der amerikanischen Ziele – in Lincolns Ansprache vom 19. November 1863 in Gettysburg, in Wilsons „Vierzehn Punkten", Roosevelts „Vier Freiheiten" und den Präambeln zur Marshall-Plan-Gesetzgebung – lag die gleich nachdrückliche Betonung auf den „Rechten und Bedürfnissen aller Menschen". Innerhalb wechselnder Zusammenhänge gaben wir diesen Zeugnissen unseres nationalen Glaubensbekenntnisses und unserer Ziele eine ganz spezifische Bedeutung, die eine dankbare Menschheit dahin brachte, allüberall in ihren Herzen dem amerikanischen Volk Denkmäler der Liebe und Verehrung zu errichten.
>
> (J. F. Kennedy, Der Weg zum Frieden, hrsg. von Allan Nevins, München, Zürich 1964, S. 242 f.)

Freiheit ohne Grenzen?

Westliche Demokratie – ein Modell für die Welt?

Solche Demonstrationen von Kastenangehörigen der „Unberührbaren" sind die Ausnahme.

Herausforderung der Demokratie: islamischer Fundamentalismus

Den islamischen Fundamentalisten ein Dorn im Auge: emanzipierte, unverschleierte Frauen wie hier bei einer Demonstration gegen den Terrorismus in Algier.

Die amerikanische Vision einer bürgerlichen *Demokratie* hat zwar im Blick auf *Osteuropa*, das sich Ende des 20. Jahrhunderts dem Westen öffnete, Bestätigung gefunden. Sie erfährt aber in der übrigen Welt vielfältigen und heftigen Widerstand.

China ist weit davon entfernt, das westliche politische System zu akzeptieren. In der Überzeugung, die chinesische Tradition sei auf Grund ihres Alters bereits der westlichen überlegen, arbeiten die Chinesen spätestens seit dem *Boxeraufstand* von 1900 an ihrer eigenen Identität. Viele der einfachen chinesischen Bauern entschieden sich später für MAO ZEDONG und auf Kosten der Errungenschaften der bürgerlichen Freiheitsidee für die allgemeine Gleichheit und die elementare Sicherung ihrer Existenz.

Erfolgreicher als die imperialistischen westlichen Mächte in China war Großbritannien in seiner Kronkolonie *Indien*. Indien übernahm, als es 1947 selbstständig wurde, die Strukturen einer parlamentarischen Demokratie westlicher Prägung. Auf der anderen Seite blieb die Macht des Hinduismus ungebrochen: Selbst führende indische Politiker wie NEHRU oder INDIRA GANDHI waren außer Stande die traditionellen Kastenschranken in der demokratischen Praxis aufzuheben und vor allem für die „Unberührbaren" Mitwirkungsrechte durchzusetzen.

Eine massive Abwehr westlich-demokratischer Ideale brachte der *Fundamentalismus* mit sich, der in der *islamischen* Welt zusehends an Boden gewinnt. Vertreter der Fundamentalisten benutzen die Vorschriften des *Koran*, der zunächst nur den Einklang des muslimischen Lebens mit seinen religiösen Vorschriften verlangt, um das gesamte öffentliche und private Leben zu kontrollieren. Staatliche Ordnung und Religion werden zu einer politischen Waffe verschmolzen, die zugleich zum Generalangriff gegen die westliche Tradition und ausdrücklich auch gegen die westliche Demokratie ansetzt. Formeln wie „Demokratie ist eine Gottlosigkeit", „Demokratie ist ein Unglaube" oder Demokratie sei Ausdruck „rassistischer Arroganz" beherrschen die fundamentalistische Presse. Dieser neue *politische Islam* findet überall dort fruchtbaren Boden, wo Länder in der islamischen Welt unter langfristiger Rezession und Unterentwicklung leiden. Er bietet Zuflucht in einen vertrauten religiös-kulturellen Raum und verheißt die Lösung aller Probleme von der Überbevölkerung bis zum Schutz vor den Krisenerscheinungen der westlichen Welt.

Ein typisches Beispiel für ein Land mit günstigen Voraussetzungen für den Fundamentalismus ist *Algerien*. Es lebt fast ausschließlich vom Öl- und Erdgasexport und ist damit von der Preisentwicklung am Weltmarkt abhängig. Auf Grund dieser Situation, die durch kostspielige sozialistische Experimente verschärft wurde, ist Algerien allmählich verelendet. Die hohe Arbeitslosigkeit wirkt sich vor allem unter den Jugendlichen aus. Sie stellen 50 % der Bevölkerung, die sich seit 1960 fast verdreifacht hat. So wird vor allem die Jugend für radikale Parolen aus den Moscheen empfänglich. Die katastrophale wirtschaftliche Lage wird dem Import westlicher Ideen und Verfahrensweisen angelastet. Daher erscheint eine radikale Ablehnung der demokratisch geprägten Weltordnung der Industrieländer und ein unerbittlicher *Terror* gegen sie als einzig mögliche Konsequenz.

Feindschaft oder Dialog?

„Die westliche Demokratie hat ihr wahres Gesicht gezeigt, als sie die islamischen Völker unter ihre Herrschaft brachte. Sie riss ihre Bäuche auf und sog ihr Blut … Die Demokratie bedeutet den moralischen Verfall und die Verbreitung der Unsitten. Die Wirklichkeit Europas, wo Drogensucht und sexuelle Perversion vorherrschen, ist der Beweis dafür. Unter dem Mantel der persönlichen Freiheit erlaubt Demokratie Pornografie, die unzüchtige Vermischung und die sexuelle Gewalt."
(Benhadsch, algerische Heilsfront FIS, zit. nach: Bassam Tibi, Die fundamentalistische Herausforderung, München 1993, S. 201)

„Die Führung der Menschheit durch den Westen nähert sich ihrem Ende … Die Führungsrolle des westlichen Systems ist vorüber … Nur der Islam – und allein er – bietet die notwendige normative Basis für die Übernahme der Führung … Die Schlacht ist eine zwischen Gläubigen und Ungläubigen, sie ist in ihrem Wesen ein Kampf um den Glauben und nichts anderes."
(Sayyid Outb, intellektueller Vater des islamischen Fundamentalismus, 1966 in Kairo gehenkt, zit. nach: Bassam Tibi, Im Schatten Allahs, München, Zürich 1994 S. 120 f.)

„Islamische Menschenrechte sind nicht für eine bestimmte Gemeinschaft, sie sind universell … ihre Quelle ist die islamische Scharia [das islamische Sakralrecht], die als eine allgemeine und umfassende Methode die Pflichten und die Aufgaben des Menschen festlegt … Die Quelle der islamischen Menschenrechte ist der Schöpfer …; diese göttliche Quelle ist der Garant der Menschenrechte, indem sie sie heiligt und sie obligatorisch macht."
(Prinz Saud al-Faisal, saudischer Außenminister, 1993, zit. nach: Bassam Tibi, a. a. O., S. 59)

Demonstrierende islamische Fundamentalisten in Algerien mit dem Koran in der Hand.

Mit solchen Argumenten verkünden Fundamentalisten eine *islamische Weltordnung* als Gegenbild zur freiheitlich-demokratischen und verbinden damit zugleich einen kompromisslosen Alleinvertretungsanspruch. Solange auch andere Länder der Dritten Welt die westlichen Industriestaaten lediglich als Nachfolger der „kolonialen Herrenvölker" ansehen, ist die Demokratie dort ohne Chancen. Wie in Algerien ziehen viele Entwicklungsländer ihr Selbstbewusstsein gerade daraus, sich gegen die westliche Tradition abzusetzen. Zugleich muss man berücksichtigen, dass der europäisch-amerikanische Lebensstil – weltweit betrachtet – noch immer die Ausnahme ist. Unsere Vorstellung von „persönlicher Freiheit" ist keineswegs die Regel und besonders im Islam ist der Familienverband, der den einzelnen bedingungslos unterordnet, weitgehend intakt geblieben. Das rückt eine weltweite Einigung auf der Basis von Menschenrechten und Demokratie in weite Ferne. Vielleicht gelingt es den Vereinten Nationen, die 1948 eine *Deklaration der Menschenrechte* verabschiedet haben, diese für alle verbindlich zu interpretieren und durchzusetzen. Obgleich noch in vielen Ländern Terror und Folter herrschen, gebietet eine vorausschauende Politik, auf allen Ebenen die Möglichkeiten des Dialogs auszuschöpfen.

Freiheit ohne Grenzen?

Herausforderung von innen

> Diese (demokratische) Ordnung ist gewiss kein Heilsplan, sondern wie alles irdische Tun nur unvollkommenes Menschenwerk. Ihre Würdigung kann auch nicht verschweigen, dass außerdem zwischen Verfassungsaussage und Verfassungswirklichkeit ein Graben klafft.
>
> Es gehört sogar zum Wesen freiheitlich demokratischer Ordnung, dass sie von keinem Zustand behauptet, er stimme mit dem Ideal überein, dass sie vielmehr die jeweiligen Verhältnisse für ständig verbesserungsbedürftig aber eben auch für verbesserungsfähig hält und damit die nie zu Ende kommende Aufgabe stellt, die Wirklichkeit in beharrlicher Annäherung auf das Leitbild der Verfassung hin fortzuentwickeln. Es wäre das Ende aller Politik, wenn Bestehendes nur noch verwaltet, aber nicht mehr verbessert würde. Die Einheit von Demokratie, Rechtsstaat und Sozialstaat bedarf ständiger Bemühung.
>
> Das Grundgesetz hat uns auf den Weg der Demokratisierung gebracht. Sie zielt im Staat, aber auch in Bereichen der Gesellschaft auf mehr Freiheit und mehr Mitbestimmung der Bürger.
>
> *(Bundespräsident Gustav Heinemann, 25 Jahre Grundgesetz (1974), in: G. Heinemann, Reden und Interviews V, Bonn 1974, S. 120 f.)*

Folgen wir GUSTAV HEINEMANN, so ist nicht nur der Dialog mit nicht demokratisch verfassten Staaten eine Herausforderung, sondern Demokratie ist vom Ansatz her und ihrem Wesen nach eine ständige Herausforderung.

Persönliche, rechtliche, politische und wirtschaftliche Freiheit ist nur garantiert, wenn alle von ihren demokratischen Rechten Gebrauch machen und alle mit Blick auf die idealen Normen des Grundgesetzes permanent im demokratischen Prozess auf allen Ebenen arbeiten. Im andern Fall können rechts- und sozialstaatliche Bestimmungen nicht umgesetzt werden; die Freiheit des Einzelnen und einzelner Gruppen ufert aus, Machtmissbrauch kann nicht verhindert und Schwache können nicht geschützt werden. Werden wir diesem hohen Anspruch im Alltag gerecht?

Mit dem Slogan „Wir sind das Volk!" forderte die Bevölkerung der DDR ihre demokratischen Rechte ein.

Fragen an die Demokratie heute

Sind die Bürgerinnen und Bürger bereit, das oberste demokratische Grundrecht, die *Menschenwürde*, jederzeit zu schützen? Prüfen die Wähler, ob Abgeordnete nach ethischen Standards entscheiden oder ob sie lediglich die Interessen bestimmter außerparlamentarischer Gruppen vertreten? Können politische Mitwirkungsrechte noch wirksam wahrgenommen werden, wenn bei Finanz- und Wirtschaftsfragen Spezialkenntnisse erforderlich sind und bei Entscheidungen über Gen- oder Atomtechnik nur noch Experten den Überblick behalten? Durchschauen gerade die Schwächeren ihre in zahlreichen juristischen Klauseln versteckten Rechte und können sie sie geltend machen? Wie überzeugend geht der Rechtsstaat mit seinen Gegnern um, wenn die Demokratie geschützt werden muss? Stehen die Bürgerinnen und Bürger auch dann noch zur Demokratie, wenn sie mit vielen anderen das Schicksal dauerhafter Arbeitslosigkeit teilen? Was passiert, wenn Massen von Dauerarbeitslosen das Vertrauen in demokratische Entscheidungen verlieren und in Resignation oder Aggression verfallen?

Demokratie und Arbeit

Gerade die letzten beiden Fragen können für die Zukunft der Demokratie in den westlichen Industriestaaten zu Fragen von zentraler Bedeutung werden. *Arbeitslosigkeit* bedeutet nicht nur Einschränkung des Lebensstandards oder gar Not. Arbeitslose leiden unter dem Gefühl der Nutzlosigkeit. Wenn nun heute nicht nur einzelne Krisen den Arbeitsmarkt gefährden, sondern die völlige Veränderung der Produktionsmethoden ansteht, lässt dies eine Rückkehr gewohnter Verhältnisse illusorisch erscheinen. Im Zuge der Industrialisierung der Dritten Welt verlieren die alten Industrieländer immer mehr Standortvorteile. Die Arbeitsplätze in traditionellen Industrien Europas und Amerikas sind langfristig gefährdet, weil Arbeitskräfte in Ländern, die früher Entwicklungshilfe einforderten, billiger sind. Es geht heute um die Frage, ob es gelingt, in dieser Übergangskrise mit ständigem Stellenabbau und Dauerarbeitslosigkeit die demokratische Grundüberzeugung der Menschen zu erhalten.

Wird der Schutz der Demokratie auch diese Arbeitslosen interessieren?

Freiheit ohne Grenzen?

Frieden in Freiheit – eine Utopie?

„Zum ewigen Frieden"

Den Philosophen der *Aufklärung*, die über die bestmögliche Form des Staates nachdachten, war klar, dass Freiheit nur im Frieden gedeihen kann. Daher suchten sie nach einer verlässlichen Friedensordnung zwischen den Staaten. Der deutsche Philosoph IMMANUEL KANT stellte in seiner Schrift „Zum ewigen Frieden" (1795) folgende Grundprinzipien für einen zwischenstaatlichen Frieden auf:

> 1. Es soll kein Friedensschluss für einen solchen gelten, der mit dem geheimen Vorbehalt des Stoffs zu einem künftigen Kriege gemacht worden (ist) …
> 2. Es soll kein für sich bestehender Staat von einem andern Staate durch Erbung, Tausch, Kauf oder Schenkung erworben werden können …
> 3. Stehende Heere sollen mit der Zeit ganz aufhören …
> 4. Es sollen keine Staatsschulden in Beziehung auf äußere Staatshändel gemacht werden …
> 5. Kein Staat soll sich in die Verfassung und Regierung eines andern Staats gewalttätig einmischen …
> 6. Es soll sich kein Staat im Kriege mit einem andern solche Feindseligkeiten erlauben, welche das wechselseitige Zutrauen im künftigen Frieden unmöglich machen müssen: als da sind, Anstellung der Meuchelmörder, Giftmischer, Brechung der Kapitulation, Anstiftung des Verrats in dem bekriegten Staat etc. …
> (Denn) der Friedenszustand unter Menschen ist kein Naturzustand, der vielmehr ein Zustand des Krieges ist, wenn gleich nicht immer ein Ausbruch der Feindseligkeiten, doch immerwährende Bedrohung mit denselben. Er muss also gestiftet werden.
> *(Immanuel Kant, Werke, hrsg. von W. Weischedel, Bd. 9, Darmstadt 1968, S. 196 ff.)*

Initiativen des 19. Jahrhunderts

Praktische Folgen hatte die Friedensidee der *Aufklärer* nicht. Die *Französische Revolution* brachte nicht die Abschaffung der Kriege, sondern im Gegenteil ihre Ausweitung und Verschärfung. *„Kabinettskriege"* wurden zu *Volkskriegen* (Levée en masse), die Heere größer, die Folgen schlimmer. Frühzeitig regte sich aber auch Widerstand.

HENRI DUNANT (1828–1910) erlebte als Genfer Bürger 1859 die *Schlacht von Solferino*. Wenig später regte er Verhandlungen der Krieg führenden Staaten über einen menschenwürdigen Umgang mit Verwundeten an. Das Ergebnis war die von 16 Staaten unterzeichnete *Genfer Konvention* von 1864, die Gründungsurkunde des *Roten Kreuzes*. Im Vorfeld des Ersten Weltkriegs stritt die Friedenskämpferin BERTHA VON SUTTNER (1843–1914), berühmt geworden durch ihren Roman „Die Waffen nieder!" (1889), unermüdlich gegen Nationalismus und Völkerhass. 1891, als politische Auftritte von Frauen noch als Skandal galten, gründete sie die „Österreichische Gesellschaft der Friedensfreunde" und wurde Vizepräsidentin des „Internationalen Friedensbüros" in Bern. Auf ihre Anregung geht auch die Stiftung des *Friedensnobelpreises* zurück, dessen erster Preisträger 1901 Henri Dunant war.

Bertha von Suttner, welche die Stiftung eines Friedensnobelpreises angeregt hatte, erhielt 1905 als erste Frau diese Auszeichnung.

Haag – Genf – New York

„Der Adler in der Hand ist mir lieber als die Taube auf dem Dach!" Das aggressive nationalsozialistische Deutschland lehnte den Völkerbund ab und verließ ihn 1933.

Nicht immer hat die UNO Erfolg: UN-Soldaten versuchen vergeblich griechische Zyprioten am Vordringen in den türkischen Teil Zyperns zu hindern (1996).

Neben den Erfolgen der Friedensinitiativen Einzelner versuchten auch viele Staaten einen Beitrag zur Friedenssicherung zu leisten; hatten sie doch ein vitales Interesse daran, ihre gewaltigen Rüstungsausgaben zu begrenzen.

1899 und 1907 tagten im niederländischen HAAG europäische und außereuropäische Staaten und schufen in der *Haager Landkriegsordnung* und dem *Haager Schiedshof* Instrumente zur Konfliktregelung: die Aufrüstung dauerte jedoch fort. Nach dem Ersten Weltkrieg unternahmen die alliierten Siegermächte, insbesondere die USA und ihr Präsident WILSON, einen neuen Versuch, Mittel der gewaltfreien Konfliktregelung zu finden und gründeten 1919 den *Völkerbund* mit Sitz in GENF. Doch längst nicht alle Staaten traten bei, manche verließen den Bund; Völkerrechtsbrüche konnten nicht verhindert werden.

1928 wurde in PARIS zusätzlich der *Kellogg-Pakt* abgeschlossen, benannt nach dem damaligen amerikanischen Außenminister. Die Vertragspartner verurteilten den „Krieg als Mittel zur Lösung internationaler Streitfälle" und verpflichteten sich, auf ihn als Werkzeug nationaler Politik zu verzichten. Unbestritten blieb das Recht auf Selbstverteidigung. Bis 1939 waren 63 Staaten beigetreten.

Nachfolgeorganisation des Völkerbundes ist die 1945 in SAN FRANCISCO gegründete Organisation der *Vereinten Nationen* (UNO) mit Sitz in NEW YORK. Ihre Charta enthält folgende Präambel:

> Wir, die Völker der Vereinten Nationen –
> fest entschlossen
>   künftige Geschlechter vor der Geißel des Krieges zu bewahren, die zweimal zu unseren Lebzeiten unsagbares Leid über die Menschheit gebracht hat,
>   unseren Glauben an die Grundrechte des Menschen, an Würde und Wert der menschlichen Persönlichkeit, an die Gleichberechtigung von Mann und Frau sowie von allen Nationen, ob groß oder klein, erneut zu bekräftigen,
>   Bedingungen zu schaffen, unter denen Gerechtigkeit und die Achtung vor den Verpflichtungen aus Verträgen und anderen Quellen des Völkerrechts gewahrt werden können,
>   den sozialen Fortschritt und einen besseren Lebensstandard in größerer Freiheit zu fördern,
> und für diese Zwecke
>   Duldsamkeit zu üben und als gute Nachbarn in Frieden miteinander zu leben,
>   unsere Kräfte zu vereinen, um den Weltfrieden und die internationale Sicherheit zu wahren,
>   Grundsätze anzunehmen und Verfahren einzuführen, die gewährleisten, dass Waffengewalt nur noch im gemeinsamen Interesse angewendet wird, und
>   internationale Einrichtungen in Anspruch zu nehmen, um den wirtschaftlichen und sozialen Fortschritt aller Völker zu fördern –
>   haben beschlossen, in unserem Bemühen um die Erreichung dieser Ziele zusammenzuwirken.
> (nach: Heinrich von Siegler, Die Vereinten Nationen, Bonn 1966, S. 173 ff.)

Freiheit ohne Grenzen?

Ohne Menschenrechte kein Friede

Auf der Weltfrauenkonferenz 1995 mussten Frauenrechte gegen islamische und auch chinesische Widerstände verteidigt werden.

Manche sagen, die Arbeit der *Vereinten Nationen* sei „Weltinnenpolitik", da sie an die Stelle traditioneller Außenpolitik getreten sei. Eine friedliche Weltdemokratie kann es jedoch nur geben, wenn Übereinstimmung über die Geltung zentraler Werte herrscht, wie sie die Generalversammlung der Vereinten Nationen in ihrer *Menschenrechtserklärung* von 1948 verkündet hat. Die Erfahrungen zweier Weltkriege ließen es geboten erscheinen, Grundsätze, die bereits die europäische Aufklärung als vernünftig angesehen hatte, bis ins Einzelne zu klären und aufzuzählen:

> *Artikel 1:* Alle Menschen sind frei und gleich an Würde und Rechten geboren. Sie sind mit Vernunft und Gewissen begabt und sollen einander im Geiste der Brüderlichkeit begegnen.
> *Artikel 2:* Jeder Mensch hat Anspruch auf die in dieser Erklärung verkündeten Rechte und Freiheiten ohne irgendeine Unterscheidung, wie etwa nach Rasse, Farbe, Geschlecht, Sprache, Religion, politischer oder sonstiger Überzeugung, nationaler oder sozialer Herkunft, nach Eigentum, Geburt oder sonstigen Umständen.
> (Menschenrechte, hrsg. v. B. Simma u. a., München 1992, S. 6)

Diese Erklärung hat ungeachtet mehrerer Bekräftigungen bis heute die Qualität eines einklagbaren Völkerrechts nicht erreicht. Sicher bleiben die ethischen Begründungen nach Kulturraum und religiöser Tradition verschieden und bestehen weiterhin nebeneinander. Die Verbindlichkeit der allgemeinen *Menschenrechte* muss dennoch weiter verfolgt werden. Denn Aufgabe des Rechts innerhalb der Staatengemeinschaft ist es, das Zusammenleben von Menschen mit unterschiedlichen Bedürfnissen und Traditionen friedlich zu gestalten.

Zunächst muss der innerstaatliche Friede garantiert und ein Interessenausgleich zwischen allen gesellschaftlichen Gruppen hergestellt werden, die sich durch Hautfarbe, Sprache, religiöse oder politische Überzeugungen voneinander unterscheiden.

Frauenrechte

„Gleiche Arbeit – gleicher Lohn", seit langem führen Frauen diesen Kampf.

In den Industriestaaten sind die meisten wirtschaftlichen und gesellschaftlichen Auseinandersetzungen heute kanalisiert und werden nach Gesetzen oder einem festen Regelwerk ausgetragen wie z. B. der Lohnkampf in Tarifrunden. Noch recht jung sind die Bestimmungen zur *Gleichberechtigung der Frau*. Obwohl Deutschland das Gleichheitsprinzip in der *Weimarer Verfassung* verankerte, mussten Frauen für gleichen Lohn bis heute vor Gericht ziehen. Auf anderen Gebieten, z. B. bei der Bewertung von Hausarbeit und Kindererziehung, ist noch kein Fortschritt erzielt. Auch in leitenden Positionen sind Frauen noch immer dünn gesät und Abteilungsleiterinnen, Ministerinnen oder gar Regierungschefinnen eher eine Ausnahme. Ob die von manchen Parteien und dem öffentlichen Dienst eingeführte *Quotenregelung* zur Festlegung eines angemessenen Frauenanteils Abhilfe schafft, muss sich erst noch zeigen.

In vielen außereuropäischen Staaten ist die rechtliche Gleichstellung der Frau noch in weiter Ferne, weil z. B. der Islam ihre völlige rechtliche und soziale Emanzipation mit gleichen Bildungschancen verbietet. Es ist völlig offen, wann hier ein Wandel eintritt.

Nationale, ethnische und religiöse Minderheiten

Türkische und irakische Militäraktionen zwingen Hunderttausende Kurden zur Flucht.

Konflikte aufdecken – Konflikte lösen

Ein Abkommen zwischen Deutschland und Dänemark entschärfte 1955 endgültig einen ethnischen Konflikt in Schleswig, der Jahrhunderte zurückreichte.

Im Namen der Menschenrechte: amnesty international

Innen- und außenpolitische Auseinandersetzungen, die häufig in Terror und Krieg münden, sind oft darin begründet, dass *nationalen, ethnischen* und *religiösen Minderheiten* die Menschenrechte vorenthalten werden. Während z. B. Polen, Tschechen oder Finnen nach dem Ersten Weltkrieg ihre Unabhängigkeit erlangten, Afrikas Nationen nach 1945 folgten und viele Völker nach dem Zusammenbruch der Sowjetunion souverän wurden, blieb anderen bis heute ein eigener Staat verwehrt. Sie leben – zumeist mit abweichenden Traditionen und Sprachen – als nationale Minderheit innerhalb eines dominierenden *Staatsvolks* wie z. B. Kurden, Palästinenser, Tamilen oder Basken. Diese Situation führt heute zu erbitterten *Nationalitätenkonflikten*, vor allem dann, wenn der Staat seinen Minderheiten keinen wirksamen Schutz und ein Mitbestimmungsrecht garantiert.

Wo das Bedürfnis der Menschen nach Respektierung nationaler Eigenheiten missachtet wird, kann es zum Zerfall ganzer Staaten mit verheerenden Folgen kommen. Die Ereignisse in Jugoslawien oder der zerbrochenen Sowjetunion sind bedrohliche Beispiele, aus denen ähnlich strukturierte Staaten Lehren ziehen müssen. Am problematischsten wird eine Verständigung dort sein, wo zu nationalen und religiösen Gegensätzen noch Hunger, Krieg und Armut treten.

Das ehemalige *Jugoslawien* kann als Beispiel dienen. Seit seiner Gründung nach dem Zerfall der österreichisch-ungarischen Monarchie ließen sich großserbische Bestrebungen und föderalistische Wünsche der Kroaten nicht vereinbaren. Die Spannungen überdauerten den Zweiten Weltkrieg und die kommunistische Volksrepublik TITOS. Auch wenn die Nachkriegsverfassung Rassen- und Religionszwiste unter Strafe stellte, sie lebten fort und führten nach blutigem Bürgerkrieg zur Auflösung Jugoslawiens in mehrere Einzelstaaten.

Aber nur selten können Minderheitenkonflikte durch Abspaltung von Landesteilen vollständig geklärt werden. Fast immer geht vom Umgang mit den verbliebenen Minderheiten neuer Unfriede aus. Deshalb kommt einer konsequenten Durchsetzung von Minderheitsinteressen auf allen Ebenen der Politik, Verwaltung und Kultur – vor allem auch der Sprachenregelung – besondere Bedeutung zu. Lösungsmöglichkeiten liegen in der Vereinbarung von Zwei- und Mehrsprachigkeit wie in *Belgien* und der *Schweiz*. Nicht selten findet eine Regelung zwischen langjährigen Gegnern erst durch Druck von außen oder ein Eingreifen der UN statt. So fanden sich *Deutschland* und *Dänemark* erst zur einvernehmlichen Klärung der Minderheitenfrage im deutsch-dänischen Grenzbereich zusammen, als 1955 der Beitritt der Bundesrepublik zur NATO anstand. Dabei erleichterten vergleichbare politische, ethische und religiöse Grundhaltungen die Verständigung.

Wo Regierungen in aller Welt Menschenrechte Einzelner beschneiden, sich der Freiheitsberaubung, Folterung oder gar des Mordes schuldig machen, treten der UN private Organisationen wie z. B. *amnesty international* zur Seite. Ihr Ziel ist es, die Menschenrechte, wie sie 1948 von der UN proklamiert wurden, zu überwachen, den Opfern der Willkür zu helfen, jeden ihr bekannten Fall aufzuklären und öffentlich zu machen.

Freiheit ohne Grenzen?

**Frieden wagen –
Frieden wahren**

> Der Weltfriede ist die Lebensbedingung des technischen Zeitalters. Das technische Zeitalter, das ist unsere Zeit, unser Alltag und der Alltag unserer Kinder und Enkel. Es ist die Welt, in der man zu einer Tagung ... mit Auto, Eisenbahn oder Flugzeug anreisen kann, in der unsere Medizin die Zahl der Weltbevölkerung zur Explosion bringen kann und, wie wir hoffen müssen, auch begrenzen kann und in der Atombomben und Napalm das verfügbare, biologische Waffen vielleicht das künftige Kriegspotential andeuten.
>
> Diese Welt bedarf des Friedens, wenn sie sich nicht selbst zerstören soll ... Der Weltfriede, den wir jetzt schaffen müssen, ist nicht das goldene Zeitalter der Konfliktlosigkeit. Er ist eine neue Form der Kanalisierung der Konflikte. Er ist Weltinnenpolitik ... Der Weltfriede bedarf, um wahrhaft Friede zu werden, einer außerordentlichen moralischen Anstrengung ...
>
> Nur ein Kriterium politischer Handlungen und Interessen sehe ich heute, das niemand manifest anzugreifen wagen darf: die Bewahrung des Weltfriedens. Das war vor 1945 noch nicht so. Hier bedeutet Hiroshima den Angelpunkt einer langsam sich drehenden Tür der Weltgeschichte.
>
> (C. F. Weizsäcker, Der bedrohte Friede – heute (1967), München, Wien 1994, S. 76 und 78)

„Friedenstaube" von Pablo Picasso für einen Kongress der französischen Friedensbewegung 1962. Sie ist seither internationales Friedenssymbol.

Der Physiker und Philosoph CARL FRIEDRICH VON WEIZSÄCKER stellt die Gefahren militärischer Konfrontation ins Zentrum. Aber nicht erst offene militärische Bedrohung ist der Feind des Friedens, sondern jede Form von Intoleranz gegenüber der Andersartigkeit von Menschen. Überall, wo Minderheiten ausgegrenzt und deklassiert werden, ist der Konflikt nicht weit. Viele unterdrückte Minderheiten verlassen ihre Heimat und pochen an die Pforten der Nachbarländer oder der westlichen Demokratien. Die Flüchtlingsströme auf der ganzen Welt haben Formen angenommen, die alle Völker der Erde in Mitleidenschaft ziehen und zu gemeinsamem Handeln zwingen.

Dazu ist „Weltinnenpolitik" notwendig, eine Koordination aller Lösungsvorschläge und -wege, wie es die UNO mit ihren zahlreichen Unterorganisationen versucht. Im Europa des 19. Jahrhunderts forderte die Industrialisierung sozialpolitische Gesetze heraus; in gleicher Weise muss jetzt auch im Weltmaßstab nicht nur Handels-, sondern auch Sozialpolitik und – neu hinzutretend – ökologische Weltpolitik betrieben werden. Eine Alternative zum friedlichen Abbau der Probleme, selbst wenn dies wie alle demokratischen Verfahren noch so langwierig sein sollte, gibt es nicht.

Seit der Atombombe von HIROSHIMA sollte Krieg als Mittel zur Fortsetzung nationaler Politik ausgeschlossen sein. Dennoch bestehen Waffenarsenale fort, werden weiter Atomwaffen getestet. Ihre Zahl reicht nach wie vor aus, die Erde mehrfach zu zerstören. Die riesigen Summen für Militärausgaben fehlen jedoch bei der Bekämpfung von Hunger und Armut, beim Aufbau und bei der Entwicklung. Hier eine Änderung zu bewirken sind die Menschen auf allen demokratischen Ebenen aufgerufen. Im Mobile des Friedens (rechts oben), wie es PICASSO 1952 malte, haben alle eine entscheidende Rolle, wenn das Gleichgewicht bewahrt werden soll.

Picasso, Der Frieden (1952–54), Wandgemälde im „Tempel des Friedens", einer Kapelle in Vallauris (Frankreich).

Traum vom Frieden – heute

Der Traum vom Frieden ist so alt wie der Krieg. Bilder zum Frieden sind deshalb besonders zahlreich aus Zeiten überliefert, die große und andauernde Kriege und Bürgerkriege erlebt haben. Nach zwei Weltkriegen konnte PABLO PICASSO (1881–1973), der auch das berühmte Kriegsbild *Guernica* über die Katastrophe des spanischen Bürgerkriegs malte, kein unverfälschtes goldenes Zeitalter im idyllischen Arkadien mehr darstellen. Zwar bezieht er sich in seinem *Friedensgemälde* oben auf mythologische Figuren, die in Renaissance und Barock noch gängige Bilder für Frieden und Harmonie waren, doch zeigt Picassos Komposition Elemente, die auf das labile Gleichgewicht des Friedens verweisen:

Auf der rechten Bildhälfte lagert und kocht eine Familie und widmet sich ein Mensch einer Schreibarbeit; ein üppiger Obstbaum signalisiert ausreichende Ernährung. In der Mitte führt ein Junge den geflügelten *Pegasus*, der nach der antiken Mythologie mit seinem Hufschlag Quellen springen lässt, wie ein Ackerpferd im Geschirr: ein Bild gesicherter Nahrungsgrundlage für die Zukunft. Als Dichterross verkörpert das Pferd zugleich eine Kunst, die nur im Frieden gedeihen kann. Auf der linken Bildhälfte reihen sich eher zweideutige Bilder: Tanzen die Frauen oder handelt es sich bei ihren Gesten um Furcht? Spielen die Kinder oder halten sie nur angestrengt die Balance? Soll der Waldgott Pan mit seiner Flöte die heitere Muse darstellen oder an den nach ihm benannten panischen Schrecken mahnen? Ein Mobile mit Symbolen der Vergänglichkeit, wie Glaskugel und Stundenglas, ruht äußerst kritisch auf der Zehenspitze eines Kleinkindes. Obenauf sitzt mit scharfen Augen die Eule – Sinnbild für Weisheit und die Schutz spendende Göttin Athene. Die alles überstrahlende Sonne hat schwarze Flecken und die Palmzweige, die sie schmücken, sind teilweise abgeknickt. So müssen wir Picassos Bild als Aufforderung verstehen, das zerbrechliche Gleichgewicht des Friedens zu wahren und Wachsamkeit walten zu lassen.

Daten der Geschichte

Die Zeit von 1914–1945

1914–18	Erster Weltkrieg
1917	Kriegseintritt der USA; russische Oktoberrevolution
1918	Wilsons 14 Punkte
1918	Novemberrevolution in Deutschland
1919	Pariser Friedenskonferenz; Gründung des Völkerbundes
1919	Friedensvertrag v. Versailles
1919	Verfassung der Weimarer Republik; erster Reichspräsident Friedrich Ebert
1920–23	Umsturzversuche in Deutschland von links u. rechts
1921	Abrüstungskonferenz in Washington
1921	Neue Ökonomische Politik in der UdSSR
1922	Vertrag von Rapallo
1922	Mussolinis Marsch auf Rom; faschistischer Staatsstreich in Italien
1923	Krise der Weimarer Republik (Ruhrkampf, Inflation)
1924	Tod Lenins; Stalin errichtet eine Diktatur in der UdSSR
1924	Dawes-Plan
1925	Hindenburg neuer Reichspräsident
1925	Vertrag von Locarno
1926	Deutschland im Völkerbund
1927	Bürgerkrieg in China (KPCh und Kuomintang)
1928	Kellogg-Pakt
1929	Beginn der Zwangskollektivierung in der UdSSR
1929	Young-Plan regelt deutsche Reparationszahlungen
1930–33	Regierung in Deutschland durch Präsidialkabinette und Notverordnungen
1931	Japan besetzt die Mandschurei
1932	Konferenz von Lausanne; Ende der dt. Reparationen
30.1.1933	Hitler wird Reichskanzler; Ermächtigungsgesetz; Gleichschaltung der Länder
1933	„New Deal" in den USA unter Roosevelt
1934	Hitler „Führer u. Reichskanzler" nach Hindenburgs Tod
1934–35	„Langer Marsch" von Mao Zedong in China
1935	Nürnberger Rassegesetze
seit 1935	Politische Säuberungen in der UdSSR unter Stalin
1936	Antikominternpakt von Deutschland u. Japan
1936	Deutschland besetzt das entmilitarisierte Rheinland
1936–39	Spanischer Bürgerkrieg
1937	Japan überfällt China
1938	„Anschluss" Österreichs ans Reich
1938	Münchener Konferenz
1938	Deutschland annektiert das Sudetenland
1938	Judenpogrome in Deutschland („Reichskristallnacht")
1939	Deutschland besetzt die Tschechoslowakei
1939	Deutsch-sowjetischer Nichtangriffspakt
1.9.1939	Einmarsch deutscher Truppen in Polen; Beginn des 2. Weltkriegs
1940	Deutschland besetzt Belgien, die Niederlande, Frankreich, Dänemark u. Norwegen
1941	Angriff auf die UdSSR
1941	Atlantik-Charta
7.12.1941	Kriegseintritt der USA
1942	Berliner Wannseekonferenz beschließt Massenvernichtung der Juden in Europa
1943	Konferenz von Casablanca
1943	Kriegswende nach der Schlacht von Stalingrad
1943	Konferenz von Teheran
1944	Invasion der Alliierten in der Normandie
20.7.1944	Attentat auf Hitler
1945	Konferenz von Jalta berät Deutschlands Zukunft
7./8.5.1945	Bedingungslose Kapitulation Deutschlands
10.8.1945	Bedingungslose Kapitulation Japans nach Atombombenabwurf auf Hiroshima und Nagasaki

Die Zeit nach 1945

1945	Potsdamer Konferenz; Alliierte legen die deutsche Nachkriegsordnung fest; Aufteilung Deutschlands in Besatzungszonen
seit 1945	Flucht und Vertreibung der Bevölkerung aus den deutschen Ostgebieten
1945	Gründung der UNO
1946–1949	Kommunistische Volksrepubliken in Osteuropa
1946–54	Indochinakrieg
1947	Beginn des Kalten Krieges; Eindämmungspolitik der USA; Truman-Doktrin
1947	Marshall-Plan der USA
1947	Unabhängigkeit Indiens
1947	Teilungsplan der UNO für Palästina
1948	Gründung Israels und Palästinakrieg
1948	Währungsreform in den westdeutschen Besatzungszonen
1948–49	Berlinblockade
1949	Gründung der NATO
1949	Gründung der Bundesrepublik Deutschland und der DDR
1949	Gründung der kommunistischen Volksrepublik China
1950	China annektiert Tibet
1950–53	Koreakrieg
1951	Montanunion
1952	Deutschlandvertrag
1953	Aufstand in der DDR
1954–62	Algerienkrieg
1955	Pariser Verträge
1955	Souveränität der Bundesrepublik u. Beitritt zur NATO
1955	Gründung des Warschauer Pakts u. Beitritt der DDR
1956	Entstalinisierung u. Politik der Koexistenz unter Chruschtschow
1956	Aufstände in Ungarn u. Polen
1956	Suezkrise
1957	Europäische Wirtschaftsgemeinschaft (EWG)
1957	Erdsatellit „Sputnik"
1960	Unabhängigkeit zahlreicher afrikanischer Staaten
1961	Mauerbau in Berlin
1962–63	Kubakrise
1963	Atomteststoppabkommen
1963	Ermordung von US-Präsident J. F. Kennedy
1964–73	Vietnamkrieg
seit 1964	Zypernkrise
1966–69	Kulturrevolution in China
1967	Israelisch-arabischer Krieg
1967	Europäische Gemeinschaft
1968	Atomwaffensperrvertrag
1968	Notstandsgesetze u. Studentenunruhen in der Bundesrepublik
1968	Einmarsch der UdSSR in die CSSR; Ende des „Prager Frühlings"
1969	Sozialliberale Koalition in der Bundesrepublik
1969	Erste Mondlandung
seit 1969	Bürgerkrieg in Nordirland
1970	Neue Ostpolitik der Bundesrepublik; Moskauer und Warschauer Vertrag
1971	Viermächteabkommen über Berlin
1972	SALT I-Abkommen
1972	Grundlagenvertrag zwischen Bundesrepublik und DDR
1975	KSZE-Schlussakte von Helsinki
1977	Höhepunkt des Terrorismus in der Bundesrepublik
1979	Islamische Revolution im Iran
1979	Einmarsch sowjetischer Truppen in Afghanistan
1982	Christlich-liberale Koalition in der Bundesrepublik
1985	Reformpolitik in der UdSSR unter Gorbatschow
1987	Abrüstungsvereinbarungen im Vertrag von Washington
1989–90	Zerfall des Ostblocks u. Demokratisierungsprozess
1989	Friedliche Revolution in der DDR
3.10.1990	Deutsche Vereinigung
1990–91	Golfkrieg
1991	Auflösung der Sowjetunion; Gründung der GUS mit Russland als Vormacht
1991–95	Bosnienkonflikt
1992	Vertrag von Maastricht über die Europäische Union (EU)
1994	Ende der weißen Vorherrschaft in Südafrika
1994	Gaza-Jericho-Abkommen
1995	Abkommen von Dayton beendet Bosnienkonflikt

Minilexikon

Achsenmächte. Die von Hitler und Mussolini 1936 vereinbarte Zusammenarbeit wurde als „Achse Berlin-Rom" bezeichnet. Sie wurde ergänzt durch den Beitritt Italiens zum deutsch-japanischen Antikominternpakt sowie 1939 durch den Stahlpakt, einem Militärbündnis zwischen dem nationalsozialistischen Deutschland und dem faschistischen Italien. Im 2. Weltkrieg nannte man alle mit Deutschland verbündeten Staaten „Achsenmächte".

Alleinvertretungsanspruch. Von der Bundesrepublik Deutschland seit 1955 erhobener Anspruch, dass nur sie Deutschland völkerrechtlich vertreten könne, da allein ihre Regierung durch freie Wahlen legitimiert sei. Dieser Grundsatz westdeutscher Außenpolitik ging auf den Staatssekretär Walter Hallstein zurück und beinhaltete zugleich den Abbruch diplomatischer Beziehungen zu allen Staaten, die die DDR anerkannten. Die Hallstein-Doktrin wurde erst mit der neuen Ostpolitik der sozialliberalen Koalition nach 1969 endgültig aufgegeben.

Alliierter Kontrollrat. Im August 1945 gebildetes oberstes Regierungsorgan der Besatzungsmächte in Deutschland. Der Kontrollrat setzte sich aus den vier Oberbefehlshabern der alliierten Besatzungstruppen zusammen und vertrat die Interessen der USA, der Sowjetunion, Großbritanniens und Frankreichs. Neben seinen Kontrollfunktionen sollte er ein einheitliches Vorgehen bei allen Fragen gewährleisten, die Deutschland als Ganzes betrafen. Auf Grund zunehmender Meinungsverschiedenheiten (→ Kalter Krieg) wurde er bald handlungsunfähig und trat seit März 1948 nicht mehr zusammen.

Antisemitismus. Abneigung oder Feindseligkeit gegenüber Juden. Bezeichnung für völkisch-rassistische Anschauungen, die sich auf soziale, religiöse und ethnische Vorurteile stützen. Derartige Vorstellungen spielten eine zentrale Rolle in der Ideologie der Nationalsozialisten und wurden mit ihrem Machtantritt 1933 in Deutschland politisch wirksam. Sie führten zur Ausgrenzung der jüdischen Bevölkerung aus dem politischen, wirtschaftlichen und gesellschaftlichen Leben (→ Nürnberger Gesetze, 1935), steigerten sich mit dem Pogrom vom 9./10. November 1938 (→ „Reichskristallnacht") und mündeten schließlich in eine systematische Massenvernichtung. Die Berliner Wannseekonferenz beschloss 1942 die sogenannte → „Endlösung der Judenfrage", die zur Ermordung von 6 Millionen Juden in Vernichtungs- und Konzentrationslagern führte.

Appeasement-Politik (engl. = Beschwichtigung). Bezeichnung für die konzessionsbereite britische Außenpolitik gegenüber dem nationalsozialistischen Deutschland, die vor allem von Chamberlain vertreten wurde. Chamberlain machte Zugeständnisse bei den deutschen Revisionsbestrebungen, weil er hoffte, Hitler dadurch von einer kriegerischen Durchsetzung seiner Ziele abhalten zu können (Sudetenkrise, Münchener Abkommen 1938). Diese Politik wurde in England zum Teil heftig kritisiert und nach dem deutschen Einmarsch in Böhmen und Mähren 1939 aufgegeben.

Atlantik-Charta. 1941 von Roosevelt und Churchill auf dem Schlachtschiff „Prince of Wales" im Atlantik beschlossene Erklärung über die Grundzüge der künftigen Nachkriegsordnung. Hierzu zählten das Selbstbestimmungsrecht der Völker, Verzicht auf Annexionen und Gewalt, Gleichberechtigung im Welthandel und die Errichtung eines kollektiven Sicherheitssystems. Die Atlantik-Charta bildete das Grunddokument der → Vereinten Nationen (UNO).

Bekennende Kirche. Bewegung protestantischer Pfarrer und Laien, die seit 1934 den Eingriffen der Nationalsozialisten in kirchliche Angelegenheiten entgegentrat. Sie wandte sich insbesondere gegen die Verfälschung des Christentums durch die nationalsozialistischen „Deutschen Christen" und verurteilte den → Antisemitismus. Trotz Verfolgungen und Verhaftungen setzten kleine Gruppen ihren Widerstand gegen den Nationalsozialismus bis Kriegsende fort.

Berliner Blockade. Von der sowjetischen Besatzungsmacht verhängte Blockade Westberlins durch Sperrung aller Zufahrtswege am 24. 6. 1948. Dieser Versuch der UdSSR, ganz Berlin unter ihre Kontrolle zu bringen, scheiterte am Widerstand der Westmächte. Sie versorgten Westberlin über eine Luftbrücke, sodass die sowjetische Regierung die Blockade am 12. 5. 1949 abbrach.

Besatzungsstatut. Parallel zur Gründung der Bundesrepublik Deutschland erließen die drei Westmächte 1949 ein Besatzungsstatut. Mit ihm traten sie wesentliche Hoheitsrechte an den neuen Staat ab, behielten sich jedoch Kontrollbefugnisse und die außenpolitische Vertretung vor. Die Interessen der Westalliierten nahm eine Hohe Kommission mit drei Hochkommissaren wahr. Die Pariser Verträge hoben das Statut nach mehrfacher Lockerung 1955 endgültig auf, doch blieben den Alliierten weiterhin Rechte in Berlin sowie Notstandsbefugnisse vorbehalten.

Bill of Rights. Sie sicherte die Herrschaft des englischen Parlaments über den König und seine Regierung. Nach der „Glorreichen Revolution" erließ das siegreiche Parlament 1689 dieses Staatsgesetz, das der neue König unterzeichnen musste. Die Bill of Rights regelte die Thronfolge in England und alle Rechte des Parlaments.

Bodenreform. Neuverteilung von Landbesitz aus wirtschaftlichen oder politischen Gründen. Nach dem 2. Weltkrieg kam es insbesondere in den kommunistischen Staaten zu einer Bodenreform durch Enteignung des Großgrundbesitzes zugunsten kleiner oder besitzloser Bauern. Dies war der erste Schritt auf dem Weg zur → Kollektivierung im Sinne einer sozialistischen Gesellschaftsordnung.

Bolschewismus, Bolschewiki (russ. = Mehrheitler). Bezeichnung für die radikalen sozialdemokratischen Anhänger Lenins, die seiner revolutionären Taktik (Leninismus) auf einem Parteitag 1903 zustimmten. Die bei dieser Abstimmung Unterlegenen akzeptierten für sich den Namen Menschewiki (= Minderheitler). Nach Lenins Theorie muss die Proletarische Revolution von einer straff geführten Kaderpartei getragen werden. Sie ist die bestimmende Kraft auf dem Weg zum → Sozialismus und muss durch Parteifunktionäre alle nachgeordneten gesellschaftlichen Gruppierungen beherrschen. In der Sowjetunion erzwang Stalin die Umgestaltung von Staat und Gesellschaft nach bolschewistischen Prinzipien, was nach 1945 von allen Staaten innerhalb des sowjetischen Machtbereichs übernommen wurde.

Demokratischer Zentralismus. Seit 1917 für alle kommunistischen Parteien verbindliches Organisationsprinzip. Die leitenden Parteiorgane werden zwar von unten nach oben gewählt, doch geschieht dies auf Grund einer Kandidatenliste, welche der Parteiführung der Basis ohne Auswahlmöglichkeit präsentiert. Ziel ist eine straffe Disziplin, die Unterordnung der Minderheit unter die Mehrheit und die unbedingte Verbindlichkeit von Beschlüssen höherer Organe für untere Instanzen.

Demontage. Erzwungener Abbau von Industrieanlagen in einem besiegten Land. Die Reparationen, welche die Alliierten Deutschland nach dem 2. Weltkrieg auferlegten, sollten vor allem die Demontage der deutschen Industrie betreffen. Ein Plan sah den Abbau von 1800 Betrieben und eine Begrenzung der Produktion auf 50 % des Vorkriegsniveaus vor. Der sich verschärfende Ost-West-Konflikt führte in den westlichen Besatzungszonen schon ab 1946 zu einer teilweisen, 1951 zur endgültigen Einstellung der Demontagen. In der sowjetischen Besatzungszone kam es hingegen zu umfassenden Demontagemaßnahmen, die den Wiederaufbau stark behinderten. Die Startbedingungen der DDR waren daher ungleich schlechter.

Depression. Phase eines Abschwungs in der Wirtschaftskonjunktur, zumeist verbunden mit Überproduktion, mangelnder Konkurrenzfähigkeit, Geldentwertung und steigender Arbeitslosigkeit. Als Große Depression bezeichnet man die 1929 einsetzende → Weltwirtschaftskrise.

Dolchstoßlegende. Nach dem 1. Weltkrieg von deutschen Nationalisten verbreitete Behauptung, dass nicht das Militär und die kaiserliche Führung für Deutschlands Niederlage verantwortlich seien, sondern Sozialisten und demokratische Politiker. Diese Propaganda diente nationalistischen und antidemokratischen Kräften zur Diffamierung der → Weimarer Republik.

Dritte Welt. Bezeichnung für wirtschaftlich und sozial unterentwickelte Staaten in Afrika, Asien und Lateinamerika. Der Begriff geht zurück auf eine nach 1945 entstandene Klassifizierung, wonach man die hochentwickelten kapitalistischen Industriestaaten des Westens als „Erste Welt" und die Länder des einstigen kommunistischen Machtblocks als „Zweite Welt"

Minilexikon

bezeichnete. Für die unterentwickelten Staaten der Dritten Welt ist auch die Bezeichnung → Entwicklungsländer üblich.

Eindämmungspolitik. Nach dem 2. Weltkrieg gliederte die Sowjetunion Osteuropa ihrem Machtbereich ein und suchte Einfluss auf die angrenzenden Staaten zu gewinnen. Um eine weitere Expansion und die Ausbreitung des Kommunismus zu verhindern propagierten die USA eine Politik der Eindämmung (containment). Sie fand 1947 in der → Truman-Doktrin ihren Niederschlag, die den Beginn des Ost-West-Konflikts und den Ausbruch des → Kalten Kriegs markiert.

Einheitsliste. Kennzeichnendes Element einer Scheinwahl in Diktaturen bzw. → Einparteienstaaten. Bei „Wahlen" kann lediglich einer Liste zugestimmt werden, welche die Kandidaten der Partei und Vertreter der von ihr beherrschten Organisationen enthält. Eine Auswahlmöglichkeit ist nicht vorgesehen und der Ausgang der „Wahl" steht von vornherein fest. Einheitslisten waren ein typisches Herrschaftsinstrument der SED in der DDR.

Einparteienstaat. Ein Staat, in dem nur eine Partei das Machtmonopol besitzt, während andere Parteien und Verbände entweder verboten oder → gleichgeschaltet sind. Das Prinzip der Gewaltenteilung ist aufgehoben und eine Opposition, die eine demokratische Willensbildung ermöglichen würde, nicht vorhanden. Einparteienstaaten lassen sich durch Scheinwahlen bestätigen (→ Einheitsliste).

„Endlösung der Judenfrage". Auf Befehl Hitlers und einer Anweisung Görings vom Juli 1941 kamen am 20.1.1942 führende Vertreter der Reichsregierung und der SS zur Berliner Wannseekonferenz zusammen. Die dort beschlossenen Maßnahmen zielten auf die Vernichtung der europäischen Juden durch Massenmord: „Säuberung" von West nach Ost mittels Deportation der Juden in die besetzten Ostgebiete zum „Arbeitseinsatz" und vor allem zur „entsprechenden Behandlung", d.h. Ausrottung in eigens eingerichteten Vernichtungslagern. Die Wannseekonferenz leitete den größten Völkermord der Geschichte ein, dem etwa 6 Millionen Juden zum Opfer fielen.

Entartete Kunst. Nationalsozialistisches Schlagwort, das moderne Kunst (z.B. Expressionismus, Surrealismus) als „undeutsch", „zersetzend" oder „kulturbolschewistisch" diffamierte. Nach 1933 kam es in mehreren Großstädten – so 1937 in München – zu Ausstellungen „Entarteter Kunst", die eine Brandmarkung zum Ziel hatten. Um Arbeits- und Ausstellungsverboten zu entgehen emigrierten viele Künstler oder gingen in die innere Emigration. Den Maßnahmen gegen die „Entartete Kunst" kam häufig eine Abwehrhaltung des deutschen Bürgertums zugute, die auf Unkenntnis und mangelndem Verständnis beruhte.

Entstalinisierung. Nach Stalins Tod kam es auf dem XX. Parteitag der KPdSU 1956 zu einer Abkehr von dessen Terrormethoden. Dazu zählte auch eine Verurteilung des Personenkults sowie die Rehabilitierung politischer Opfer der Stalindiktatur. Diese von Chruschtschow eingeleitete Entstalinisierung griff auf andere Ostblockstaaten über und führte zumeist zur Ablösung der „Stalinisten". Das System der Diktatur und die beherrschende Rolle der Kommunistischen Partei bestanden unverändert fort.

Entwicklungsländer. Bezeichnung für die Länder der → Dritten Welt, die im Vergleich zu den Industriestaaten einen wirtschaftlich geringen Entwicklungsstand aufweisen. Infolge eines sehr niedrigen Lebensstandards ist die Bevölkerung dieser Länder, die etwa drei viertel der Weltbevölkerung umfasst, von Hunger, Armut und Krankheit bedroht. Die Probleme haben verschiedene Ursachen: mangelnde Industrialisierung, rückständige Landwirtschaft, hohes Bevölkerungswachstum mit Unterernährung, Auslandsverschuldung, Abhängigkeit von Industriestaaten und deren Importen, hohe Analphabetenquote und geringer Bildungsgrad, Mangel an Fachkräften für die Wirtschaft und Verwaltung. Hinzu kommen häufig feudale Oberschichten, die Reformansätze verhindern, da sie um ihre politische Macht fürchten. Der Export dieser Länder beschränkt sich zumeist auf wenige landwirtschaftliche Produkte aus Monokulturen oder auf billige Rohstoffe.

Erfüllungspolitik. Demagogisches Schlagwort von rechten Gegnern der → Weimarer Republik. Es bezeichnete die 1921 eingeleitete Politik der deutschen Regierung, die Reparationsverpflichtungen nach Möglichkeit zu erfüllen trachtete, um damit zugleich die Grenzen der Leistungsfähigkeit offenkundig zu machen. Ziel war somit eine Revision der unhaltbaren Reparationsbestimmungen.

Ermächtigungsgesetz. Ein Gesetz, durch das ein Parlament die Regierung dazu ermächtigt, an seiner Stelle Gesetze oder Verordnungen zu erlassen. Die Gewaltenteilung ist damit aufgehoben und die demokratische Ordnung gefährdet. Katastrophale Folgen hatte das Ermächtigungsgesetz vom 24.3.1933 („Gesetz zur Behebung der Not von Volk und Reich"). Es übertrug die gesamte Staatsgewalt der nationalsozialistischen Regierung und schuf damit die Grundlage der NS-Diktatur.

Europäische Union (EU). 1957 schlossen sich die Bundesrepublik Deutschland, Frankreich, Italien sowie die Benelux-Staaten zur Europäischen Wirtschaftsgemeinschaft (EWG) zusammen. In ihrer Verschmelzung mit der Montanunion und der Europäischen Atomgemeinschaft (EURATOM) entstand 1967 die Europäische Gemeinschaft (EG), der zahlreiche weitere europäische Staaten beitraten. 1992 kam es mit dem → Vertrag von Maastricht zu einer grundlegenden Ergänzung. Die Europäische Union (EU), wie die Gemeinschaft der 15 Staaten seither heißt, setzte sich neue Ziele: Neben dem zollfreien Binnenmarkt ist eine noch engere Wirtschaftsunion mit einheitlicher Währung (EURO) geplant, weiterhin eine gemeinsame Außen-, Sicherheits- und Rechtspolitik. Fernziel ist eine völlige Verschmelzung der Volkswirtschaften. Mit den ehemaligen Ostblockstaaten schloss die EU Assoziierungsabkommen und beabsichtigt einige von ihnen als Vollmitglieder aufzunehmen.

Faschismus (von lat. fasces = Rutenbündel römischer Beamter als Symbol der Richtgewalt). Der Begriff bezeichnet ursprünglich die nationalistische, autoritäre und nach dem Führerprinzip ausgerichtete Bewegung Mussolinis, die 1922 in Italien zur Macht kam. Die Bezeichnung wurde bald übertragen auf rechtsgerichtete Bewegungen in anderen Staaten, die gleiche Merkmale aufwiesen: eine antimarxistische, antiliberale und demokratiefeindliche Ideologie mit extrem nationalistischen Zügen und imperialistischen Tendenzen. Ziel des Faschismus ist der Einheitsstaat mit dem Machtmonopol der faschistischen Partei, die das gesamte öffentliche Leben beherrscht. Der Staat fordert vom Bürger bedingungslose Unterwerfung, verherrlicht die → „Volksgemeinschaft" und stilisiert den „Führer" zum Mythos. Die Durchsetzung der Macht besorgt ein brutales Polizei- und Überwachungssystem, verbunden mit der Einschränkung von Menschenrechten und einer intensiven Propaganda. Das Ergebnis dieser Diktatur ist der „totale Staat": Verlust aller demokratischen Freiheiten, Terror gegenüber Andersdenkenden, Ausgrenzung ethnischer und religiöser Minderheiten. Zu den Erscheinungsformen des Faschismus zählt auch der → Nationalsozialismus.

Freikorps. Ein aus Freiwilligen bestehender Kampfverband, der nicht zur regulären Armee zählt. In den Jahren 1919–23 setzte die Reichsregierung mehrfach Freikorps zur Abwehr kommunistischer Aufstände und zum Grenzschutz im Osten ein. Auch nach ihrer offiziellen Auflösung bestanden die oft antirepublikanisch eingestellten Freikorps vielfach fort, meist in Form rechtsextremer Untergrundorganisationen, die den inneren Frieden der → Weimarer Republik bedrohten.

Gleichschaltung. Mit der Gleichschaltung bezweckte der → Nationalsozialismus die Durchdringung des Staates und die Ausrichtung aller staatlichen Organe und Interessenverbände auf die nationalsozialistische Reichsregierung. Entsprechende Gleichschaltungsgesetze beseitigten ab 1933 die Länderparlamente, machten die NSDAP zur alleinigen Staatspartei, zentralisierten Gesetzgebung und Verwaltung und zwangen Presse und Kultur unter die Leitung des Propagandaministeriums. Interessenverbände wie z.B. die Gewerkschaften wurden entweder zerschlagen oder durch systemkonforme NS-Organisationen ersetzt.

Golden Twenties s. Prosperität

Grundgesetz. Die vom → Parlamentarischen Rat ausgearbeitete und 1949 in

Kraft getretene Verfassung der Bundesrepublik Deutschland wurde Grundgesetz genannt. Damit sollte ihr provisorischer Charakter angesichts der deutschen Teilung deutlich werden, die zu beheben das Grundgesetz gebot.

Grundlagenvertrag. Vertrag von 1972 „über die Grundlagen der Beziehungen zwischen der Bundesrepublik und der DDR". Der Vertrag erkannte erstmals die Souveränität der DDR an und sollte im Rahmen der neuen Ostpolitik der sozialliberalen Koalition eine Normalisierung zwischen beiden deutschen Staaten einleiten. Der Vertrag stieß vor allem bei der CDU-Opposition auf scharfe Kritik.

GUS (Gemeinschaft Unabhängiger Staaten). 1985 leitete der sowjetische Generalsekretär Michail Gorbatschow demokratische Reformen ein, die bald zur Abspaltung nichtrussischer Völker und schließlich zum Zerfall der UdSSR führten. 1991 wurde die Sowjetunion formell aufgelöst und auf ihrem Territorium entstanden neben der Russischen Föderation zahlreiche neue Nachfolgestaaten. Sie schlossen sich unter der Führung Russlands zur lockeren „Gemeinschaft Unabhängiger Staaten" zusammen, der lediglich die drei baltischen Staaten fern blieben.

Hallstein-Doktrin s. Alleinvertretungsanspruch

Isolationismus. Eine außenpolitische Richtung in den USA, die seit der Monroe-Doktrin von 1823 jede Einmischung in außeramerikanische Konflikte – insbesondere Europas – ablehnte. Im 1. Weltkrieg wurde die isolationistische Phase der USA kurz unterbrochen, lebte danach jedoch wieder auf und verhinderte den Beitritt zum Völkerbund. Die Basis bildeten entsprechende Neutralitätsgesetze (1935–37). Erst der 2. Weltkrieg beendete die Isolationspolitik der USA endgültig.

Judenverfolgung s. Antisemitismus, „Endlösung der Judenfrage", Nürnberger Gesetze, Reichskristallnacht

Kalter Krieg. Bezeichnung für die machtpolitische und ideologische Auseinandersetzung zwischen den USA und der Sowjetunion nach dem 2. Weltkrieg. Er war eingebettet in den globalen Ost-West-Konflikt, in dem sich die Militärblöcke der → NATO und des → Warschauer Pakts gegenüberstanden. Angesichts der Vernichtungskraft nuklearer Waffen vermieden die Supermächte eine direkte militärische Konfrontation. Stattdessen versuchten sie die Position des Gegners durch Militärbündnisse, Infiltration, Spionagetätigkeit und wirtschaftlichen Druck zu schwächen. An die Schwelle eines „heißen" Kriegs führten vor allem die → Berliner Blockade (1948/49), der Koreakrieg (1950–53) und die Kubakrise (1962/63). Nach 1963 ließen Entspannungsbemühungen den Kalten Krieg abklingen, doch führte erst der Zerfall des Ostblocks 1989/90 sein endgültiges Ende herbei.

Keynianismus. Theorie des Wirtschaftswissenschaftlers John Maynard Keynes (1883–1946) über die Ursachen der Arbeitslosigkeit. Danach reichen die freien Kräfte des Marktes allein nicht aus, um eine hohe Arbeitslosenquote in sozial vertretbaren Zeiträumen zu senken. Da Keynes als Ursache der Arbeitslosigkeit die mangelnde Nachfrage von Haushalten und Unternehmen ansieht, empfiehlt er eine Belebung durch staatliche Investitionsprogramme und Förderhilfen. Keynes Theorie ist bis heute aktuell und eine Grundlage der Wirtschaftspolitik in → Marktwirtschaften. Gefahren liegen bei diesem Konzept in wachsenden Inflationserscheinungen und einer hohen Staatsverschuldung.

Koexistenz. Auf dem XX. Parteitag der KPdSU proklamierte Chruschtschow die „Friedliche Koexistenz" von Staaten unterschiedlicher Gesellschaftsordnung als Leitlinie sowjetischer Außenpolitik. Die Auseinandersetzung zwischen → Sozialismus und Kapitalismus sollte künftig auf wirtschaftlicher und sozialer Ebene ausgetragen, der ideologische Kampf jedoch fortgesetzt werden. Diese Politik führte zu einer Entspannung im sowjetisch-amerikanischen Dialog.

Kolchose. Landwirtschaftlicher Großbetrieb in der Sowjetunion auf genossenschaftlicher Basis. Er war ein Ergebnis der → Kollektivierung und entstand durch Zusammenschluss bäuerlicher Einzelbetriebe unter Aufgabe des Privateigentums an Land und Produktionsmitteln. Jeder Kolchosbauer durfte daneben ein Stück Hofland bis 0,5 ha in privater Regie bewirtschaften.

Kollektivierung. Überführung von Produktionsmitteln – vor allem landwirtschaftlicher Privatbesitz – in genossenschaftlich bewirtschaftetes Gemeineigentum. Die Kollektivierung der sowjetischen Landwirtschaft erfolgte vor allem nach 1927 unter Stalin und zwar zumeist gewaltsam als Zwangskollektivierung. Die so entstandenen Betriebe nennt man → Kolchosen. Nach 1945 kollektivierten auch die sozialistischen Ostblockstaaten ihre Landwirtschaft, so z. B. die DDR in Form → Landwirtschaftlichen Produktionsgenossenschaften (LPG).

Kommunismus. Von Marx und Engels begründete Theorie, welche die Vorstellung einer klassenlosen Gesellschaft enthält, in der das Privateigentum abgeschafft ist und die Produktionsmittel (Fabriken, Maschinen) in Gemeineigentum überführt worden sind. Eingeleitet wird der Kommunismus durch die Proletarische Revolution. Die Arbeiterklasse errichtet die „Diktatur des Proletariats" und nach der Übergangsphase des Sozialismus entsteht allmählich die kommunistische Gesellschaft. Im 20. Jh. bezeichnet der Kommunismus vor allem die Gesellschaftsform, die nach der → Oktoberrevolution 1917 in der Sowjetunion errichtet wurde und durch die Diktatur der Kommunistischen Partei gekennzeichnet ist. Die Begriffe Kommunismus und Sozialismus werden häufig synonym gebraucht.

Konzentrationslager (KZ). Nach ihrer Machtübernahme 1933 errichteten die Nationalsozialisten Konzentrationslager, in denen anfangs politische Gegner, später auch „rassisch" oder religiös Verfolgte in großer Zahl inhaftiert wurden (1945: 715 000 Häftlinge). Die Lager dienten der Einschüchterung, Ausschaltung und Vernichtung und unterstanden der → SS. Zwangsarbeit, Hunger, Seuchen und sadistische Quälereien brachten vielen Häftlingen den Tod. Im Rahmen der sogenannten → „Endlösung der Judenfrage" errichtete die SS seit 1942 Vernichtungslager in den eroberten Ostgebieten. Etwa 6 Millionen Juden aus allen Teilen des besetzten Europas wurden hier durch Giftgas ermordet.

Kriegskommunismus. Die Wirtschaftspolitik der Sowjetunion im Bürgerkrieg 1918–21. Sie ist gekennzeichnet von einer radikalen Verstaatlichung, dem Verbot des Privathandels und einem Zwang für Bauern zur Abgabe von Nahrungsmitteln.

Kulturrevolution. 1966 leitete Mao Zedong in China die „Große Proletarische Kulturrevolution" ein, um bürgerliche Verhaltensnormen auszurotten, ein revolutionäres Bewusstsein zu entwickeln und politische Gegner in der Partei auszuschalten. „Rote Garden" suchten dies Konzept durch Drangsalierung von Bürgern, Bauern und Funktionären durchzusetzen, was zu blutigen Auseinandersetzungen führte. Als die Kontrolle entglitt, wurde die Kulturrevolution 1969 für beendet erklärt.

Leninismus s. Bolschewismus

LPG. Nach dem Vorbild der Sowjetunion führte auch die DDR die → Kollektivierung der Landwirtschaft durch. Bäuerliche Betriebe wurden meist zwangsweise zu Landwirtschaftlichen Produktionsgenossenschaften (LPG) zusammengeschlossen, der Boden gemeinsam bewirtschaftet.

Magna Charta Libertatum (lat. Große Freiheitsurkunde). Im Jahre 1215 musste der schwache König Johann „Ohneland" den englischen Baronen, den hohen Kirchenfürsten und den Abgesandten der Stadt London in dieser Urkunde Freiheiten gewähren und damit Einschränkungen seiner königlichen Gewalt hinnehmen. Die Magna Charta ist die älteste Verfassungsurkunde Englands. Sie bildete den Ausgangspunkt der späteren politischen Herrschaft des → Parlaments.

Marktwirtschaft. Wirtschaftsordnung, die keiner Lenkung durch den Staat unterliegt, sondern dem freien Spiel der Kräfte des Marktes gehorcht. Art und Umfang der erzeugten Güter werden von der Nachfrage bestimmt, die Preisregulierung erfolgt im Wettbewerb mit Konkurrenzprodukten. Voraussetzungen einer Marktwirtschaft sind Privateigentum, Gewerbe- und Vertragsfreiheit, freie Berufs- und Arbeitsplatzwahl sowie ein freier Wettbewerb. Das Gegenmodell zur Marktwirtschaft ist die → Planwirtschaft. – Bei einer sozialen Marktwirtschaft trifft der Staat Vorkehrungen um negative Auswirkungen des freien Wettbewerbs auf die Bevölkerung zu korrigieren. Das geschieht durch eine entsprechende Sozialpolitik, eine Wettbewerbsordnung sowie weitere flankierende Maßnahmen. So z. B. eine Strukturpolitik für wirtschaftlich unterentwickelte Regionen oder eine Konjunkturpolitik zur Dämpfung von Konjunkturschwankungen. Ziel dieser Maßnahmen ist eine gleichmäßigere Einkommensverteilung, der Schutz sozial schwacher Schichten sowie die Verhinderung von Wettbewerbsverzerrungen durch Monopole oder Kartelle (Bundeskartellamt).

Marshallplan. Auf Anregung des amerikanischen Außenministers George Marshall entwickeltes „Europäisches Wiederaufbauprogramm", das die USA 1947 als Wirtschaftshilfe für das kriegszerstörte Europa einleiteten. Die Westeuropa zufließenden Mittel umfassten Rohstoffe, Maschinen, Nahrungsmittel sowie Kredite und waren die Grundlage eines Neuanfangs. Die Ostblockstaaten lehnten den Marshallplan unter sowjetischem Druck ab und gründeten unter Führung der UdSSR 1949 den → Rat für gegenseitige Wirtschaftshilfe (RGW).

Nationalsozialismus. Nach dem 1. Weltkrieg in Deutschland entstandene rechtsradikale Bewegung, die nationalistische, expansive und demokratiefeindliche Ziele vertrat. Der Nationalsozialismus ist eine deutsche Ausformung des → Faschismus, von dem er sich freilich durch besonders radikale Positionen abhebt. So vor allem durch einen übersteigerten Rassenwahn („Rassenlehre"), einen extremen → Antisemitismus und durch die mythische Überhöhung des „arisch-nordischen Herrenmenschen". Nach ihrer Machtübernahme 1933 errichteten die Nationalsozialisten unter ihrem „Führer" Adolf Hitler eine Diktatur. Das System stützte sich auf einen Terror- und Überwachungsapparat, inhaftierte Gegner und Minderheiten in → Konzentrationslagern und führte Deutschland mit dem 2. Weltkrieg in den Untergang.

NATO (North Atlantic Treaty Organization, Nordatlantikpakt). Angesichts der Ausweitung des kommunistischen Machtbereichs durch die Sowjetunion schlossen sich 1949 12 Staaten Europas und Nordamerikas zum Militärbündnis der NATO zusammen. Heute umfasst das Bündnis, dessen Führungsmacht die USA sind, 16 Staaten. Die Bundesrepublik trat 1955 bei, Frankreich schied 1966 aus der militärischen Integration aus, da es sie als unvereinbar mit seiner Souveränität betrachtete. Die NATO trug während des Ost-West-Konflikts entscheidend zur Stabilität Westeuropas bei und sucht nach Auflösung des Ostblocks 1989/90 ihre Ziele neu zu definieren. Geplant ist vor allem eine Osterweiterung durch Aufnahme ehemaliger Ostblockstaaten in das Bündnis. Weiterhin sind friedenserhaltende Militäroperationen im Rahmen der UNO vorgesehen, wie sie seit 1992 im Bosnienkonflikt erfolgten.

Neue Ökonomische Politik (NEP). 1921 von Lenin eingeleitetes Wirtschaftsprogramm, das die katastrophale Lage am Ende des → Kriegskommunismus überwinden sollte. Die NEP erlaubte den Bauern den privaten Verkauf ihrer Erzeugnisse, ließ einen freien Binnenhandel zu und kehrte partiell zur Marktwirtschaft zurück. Die Folge war eine beachtliche Erholung der Wirtschaft. Unter Stalin wurden diese marktwirtschaftlichen Elemente wieder beseitigt.

New Deal (engl. = Neuverteilung der Spielkarten). Bezeichnung für die nach 1933 eingeleiteten Reformen von US-Präsident Roosevelt, mit denen er die Folgen der → Weltwirtschaftskrise zu überwinden suchte. Zu den zentralen Bestandteilen zählten: Drosselung der Überproduktion, inflationistische Wirtschaftspolitik, Arbeitsbeschaffungsprogramme sowie Unterstützungsmaßnahmen für Farmer. Flankiert wurden diese Maßnahmen nach 1935 durch eine arbeiterfreundliche Sozialgesetzgebung, eine Stärkung der Gewerkschaften sowie Gesetze zur Entflechtung großer Trusts. Die Impulse des New Deal vermochten zwar die Krise nicht endgültig zu meistern, stellten aber wichtige Weichen für die Veränderung des amerikanischen Gesellschaftssystems, vor allem zu Gunsten benachteiligter Schichten. Die Auffassung des modernen Sozialstaats, der für das Wohlergehen seiner Bevölkerung verantwortlich ist, setzte sich mit dem New Deal in Amerika weitgehend durch.

Notverordnung. Durch Artikel 48 der Weimarer Verfassung war der Reichspräsident ermächtigt, bei Gefährdung der „öffentlichen Sicherheit und Ordnung" gesetzesvertretende Verordnungen zu erlassen, welche die Grundrechte völlig oder teilweise außer Kraft setzten. Diese Maßnahmen mussten zwar auf Verlangen des Reichstags rückgängig gemacht werden, doch da der Reichspräsident den Reichstag jederzeit auflösen konnte, verlieh ihm der Artikel 48 praktisch diktatorische Vollmachten. In der Endphase der → Weimarer Republik (1930–33) wurden Notverordnungen zum eigentlichen Regierungsinstrument und ermöglichten den totalitären Staat der Nationalsozialisten.

Novemberrevolution. Im November 1918 in Deutschland ausgebrochene Aufstände, welche zum Ende der Monarchie führten und den Übergang zur parlamentarischen Republik einleiteten. Zu den Ursachen zählten Deutschlands militärischer Zusammenbruch im 1. Weltkrieg, die langjährige Verweigerung innerer Reformen sowie die wirtschaftliche Notlage. Meuternde Matrosen und aufständische Arbeiter in Kiel und Wilhelmshaven lösten die Revolution aus, die rasch auf die großen Binnenstädte übergriff. Träger der Erhebung waren spontan gebildete Arbeiter- und Soldatenräte, die am 10.11.1918 einen „Rat der Volksbeauftragten" als Reichsregierung bildeten. Der Streit, ob der revolutionäre Weg zu einer → Räterepublik oder einer verfassunggebenden Nationalsammlung führen sollte, wurde auf dem Reichsrätekongress im Dezember 1918 zu Gunsten der parlamentarischen Lösung entschieden. Während die SPD diese Entscheidung befürwortete, verfochten Teile der USPD und die Spartakusgruppe eine Räterepublik. Die Wahlen zur Nationalversammlung am 19.1.1919 machten den Weg zur → Weimarer Republik frei.

Nürnberger Gesetze. Die Ausgrenzung der jüdischen Bevölkerung durch eine diskriminierende Gesetzgebung leiteten die Nationalsozialisten gleich nach ihrer Machtübernahme ein. Das Berufsbeamtengesetz von 1933 verwehrte allen Deutschen, die jüdischer Herkunft waren, den Zugang zum öffentlichen Dienst. Verschärfte Bestimmungen schlossen Juden bald aus der Wirtschaft und dem gesamten öffentlichen Leben aus und führten 1935 mit den Nürnberger Gesetzen zu einem Höhepunkt der nationalsozialistischen Rassegesetzgebung: Der Entzug zentraler Bürgerrechte deklassierte die jüdische Bevölkerung zu minderen Staatsangehörigen, Eheschließungen und sexuelle Beziehungen zwischen Deutschen und Juden waren als „Rassenschande" verboten und wurden mit Zuchthaus bestraft. Die rechtliche Diskriminierung zog die gesellschaftliche Isolierung nach sich und bereitete den Boden für den jüdischen Völkermord vor (→ „Endlösung", Antisemitismus).

Oder-Neiße-Linie. Auf der Potsdamer Konferenz der Siegermächte des 2. Weltkriegs (USA, Sowjetunion, Großbritannien) 1945 festgelegte Demarkationslinie zwischen Deutschland und Polen. Alle deutschen Gebiete östlich dieser Linie, die entlang der Oder und Lausitzer Neiße verlief, wurden polnischer Verwaltung unterstellt. Die Oder-Neiße-Linie sollte bis zur endgültigen Regelung durch einen Friedensvertrag Bestand haben und wurde mit dem Vertrag über die deutsche Souveränität vom 12.9.1990 zur völkerrechtlich verbindlichen Grenze.

Oktoberrevolution. Bolschewistischer Umsturz in Russland am 25. Oktober 1917 (nach westlicher Zeitrechnung der 7. November 1917), der eine gewaltige politisch-soziale Umwälzung einleitete. Der wirtschaftliche und militärische Zusammenbruch des Zarenreichs als Folge des 1. Weltkriegs schuf Mitte 1917 die Voraussetzungen für die Revolution. Bolschewistische Truppen und Arbeitermilizen besetzten die wichtigsten Gebäude von St. Petersburg und erstürmten den Regierungssitz. Unter Führung Lenins übernahm der „Rat der Volkskommissare" die Regierung, die bei Bauern und Soldaten Rückhalt fand. Sofort erlassene Dekrete enteigneten den Großgrundbesitz zu Gunsten der Bauern, verstaatlichten Banken und Industrie, beseitigten die Pressefreiheit und bereiteten den Friedensschluss mit den Mittelmächten vor.

Parlament (mittellat. parlamentum = Besprechung). Das englische Parlament entwickelte sich aus den Beratungen am königlichen Hof. Dort kamen die Angehörigen des Hofes mit hohen geistlichen und weltlichen Adligen sowie den

Vertretern der Grafschaften (Gentry, niederer Adel) zusammen. Unter dem schwachen König Johann „Ohneland" erstarkte das Parlament (→ Magna Charta). Im 14. Jh. teilte es sich in das Oberhaus („House of Lords" – hoher Adel und hohe Geistlichkeit) und das Unterhaus („House of Commons – gewählte Vertreter von Gentry und Bürgertum). In den Revolutionen des 17. Jh. besiegte das Parlament die Könige und vereitelte ihre Versuche den Absolutismus in England einzuführen.

Parlamentarischer Rat. Am 1.9.1948 in Bonn zusammengetretene Versammlung, die auf Anordnung der Westmächte eine Verfassung für die Länder der westdeutschen Besatzungszonen ausarbeiten sollte. Der Rat umfasste 65 Mitglieder, welche die 11 Landtage delegiert hatten. Zum Präsidenten des Rats wurde Konrad Adenauer (CDU) gewählt. Am 8.5.1949 verabschiedete der Rat das „Grundgesetz für die Bundesrepublik Deutschland", das am 23.5.1949 feierlich verkündet wurde.

Planwirtschaft. Bezeichnung für ein Wirtschaftssystem, in dem der Staat die gesamte Volkswirtschaft lenkt und kontrolliert. Produktion, Verteilung von Waren und Preisfestsetzung erfolgen nach einem einheitlichen Plan, dessen Erfüllung eine zentrale Planbehörde überwacht. Ein Wettbewerb ist in diesem System nicht vorgesehen und das freie Spiel der Kräfte des Marktes zur Regulierung von Angebot, Nachfrage und Preisen außer Kraft gesetzt. Die Planwirtschaft – auch Zentralverwaltungswirtschaft genannt – ist vor allem in sozialistischen Staaten verbreitet. Das gegensätzliche Modell ist die → Marktwirtschaft.

Potsdamer Konferenz. Vom 17.7.–2.8.1945 traten die Regierungschefs der alliierten Siegermächte zur Konferenz von Potsdam zusammen um die deutsche Nachkriegsordnung zu beraten. Truman (USA), Stalin (UdSSR) und Churchill (Großbritannien) fassten hier wichtige Beschlüsse, die im Potsdamer Abkommen vom 2.8.1945 verankert wurden: Einsetzung eines → Alliierten Kontrollrats, Entmilitarisierung, Entnazifizierung, Verfolgung von Kriegsverbrechern, Reparationszahlungen, Übertragung der Verwaltung der deutschen Ostgebiete jenseits der → Oder-Neiße-Linie an Polen und die UdSSR (nördliches Ostpreußen), Ausweisung der deutschen Bevölkerung aus den Ostgebieten, Entflechtung der Wirtschaft, Aufbau einer deutschen Selbstverwaltung nach demokratischen Grundsätzen. Die Beschlüsse der Potsdamer Konferenz bestimmten die Deutschlandpolitik nach 1945 entscheidend, wurden jedoch infolge des ausbrechenden → Kalten Kriegs und der Gründung beider deutscher Staaten in vielen Bereichen bedeutungslos.

Prohibition. Verbot des Staats, alkoholische Getränke herzustellen oder zu verkaufen. In den USA wurde die Prohibition von 1920–33 durch Bundesgesetz eingeführt. Auslöser des Verbots war die konservative protestantisch-ländliche Mittelschicht, die Alkoholgenuss als unmoralisch ansah und ihn als Quelle des Verbrechens betrachtete. Das Gesetz führte in den Golden Twenties zu illegaler Herstellung und gesetzwidrigem Verkauf von Alkohol und eröffnete eine neue Ära des organisierten Gangstertums. Die Prohibition fiel schließlich der → Weltwirtschaftskrise und dem → New Deal zum Opfer.

Prosperität („prosperity"). Konjunktureller Aufschwung einer Volkswirtschaft. Im engeren Sinn Bezeichnung für einen 1922 einsetzenden Wirtschaftsboom in den USA. Massenfabrikation, Produktivitätssteigerungen und eine expandierende Konsumgüterindustrie bewirkten einen rasanten Wirtschaftsaufschwung, der durch die entstehende Massenkonsumgesellschaft zusätzliche Impulse erhielt. Insbesondere in den Großstädten entwickelten sich während dieser „Golden Twenties" liberalere Lebensformen, die auch nach Deutschland ausstrahlten. Die Überproduktion führte jedoch zu einer allmählichen Sättigung des Marktes und die Ratengeschäfte und Investitionskredite zu einem aufgeblähten Kreditvolumen. Als zu diesen Faktoren noch ein Spekulationsfieber trat, kam es am 24.10.1929 („Schwarzer Freitag") zum Zusammenbruch der New Yorker Börse. Dies löste eine → Weltwirtschaftskrise aus, die infolge der Verflechtung der Weltwirtschaft alle Industriestaaten erfasste.

Räterepublik. Staatsform, die unterprivilegierte Bevölkerungsschichten (z. B. Arbeiter, Bauern, Soldaten) direkt an der Macht beteiligt. Gewählte Delegierte bilden einen Rat, der alle Entscheidungsbefugnisse besitzt und ausführende, gesetzgebende und richterliche Gewalt in seiner Hand vereinigt. Die Gewaltenteilung ist also aufgehoben. Die Räte sind ihrer Wählerschaft direkt verantwortlich und jederzeit abwählbar. Das Rätesystem bildet somit ein Gegenmodell zur parlamentarischen Demokratie. In Russland bildeten sich 1905 und während der → Oktoberrevolution 1917 spontan Räte (russ. = → Sowjets), die freilich später zu Herrschaftsinstrumenten der Kommunistischen Partei wurden. Während der → Novemberrevolution 1918 kam es auch in Deutschland zur Bildung von Arbeiter- und Soldatenräten, die jedoch dem parlamentarischen System der → Weimarer Republik weichen mussten.

Reichskristallnacht. Ein von den Nationalsozialisten inszeniertes Pogrom gegen die jüdische Bevölkerung im Deutschen Reich, das eine neue Phase der Judenverfolgung einleitete. In der Nacht vom 9. zum 10. November 1938 zerstörten nationalsozialistische Kolonnen etwa 7000 jüdische Geschäfte, setzten Synagogen in Brand und demolierten Wohnungen, Schulen und Betriebe. Im Verlauf des Pogroms wurden zahlreiche Juden misshandelt, 91 fanden den Tod, über 30 000 wurden ohne Rechtsgrundlage in „Schutzhaft" genommen um ihre Auswanderung zu erpressen (→ Nürnberger Gesetze, „Endlösung der Judenfrage").

RGW. Rat für gegenseitige Wirtschaftshilfe, auch COMECON (Council for Mutual Economic Assistance) genannt. 1949 von der Sowjetunion und 5 weiteren Ostblockstaaten gegründete Organisation, die als Reaktion auf den von der UdSSR abgelehnten → Marshallplan entstand. Die DDR trat 1950 bei. Ziel des RGW war die wirtschaftliche Integration der Ostblockstaaten im Rahmen einer internationalen sozialistischen Arbeitsteilung, basierend auf der Koordination der einzelnen Volkswirtschaftspläne. Die Schwerfälligkeit der → Planwirtschaften und die Isolierung des RGW von der wettbewerbsorientierten Weltwirtschaft verhinderten jedoch einen Erfolg. Der Zerfall des Ostblocks und die Ausrichtung der osteuropäischen Staaten auf die → Marktwirtschaft führten 1991 zur Auflösung des RGW.

Roll-back-Politik. Der amerikanische Außenminister J.F. Dulles entwarf 1950 ein Konzept, das eine Abkehr von der Politik der → Eindämmung vorsah und stattdessen eine aktive Machtpolitik befürwortete. Gestützt auf ihre atomare Überlegenheit sollten die USA die Sowjetunion „zurückdrängen" (roll back) und die unter kommunistische Herrschaft geratenen Länder befreien (liberation). Das Kriegsrisiko wurde dabei in Kauf genommen. Im Gegensatz hierzu verfolgte Dulles jedoch sowohl beim Aufstand in der DDR (1953) als auch in der Ungarn- und Suezkrise (1956) eine vorsichtige, auf den Status quo gerichtete Politik.

SA (Sturmabteilung). Militärisch organisierter Kampfverband der Nationalsozialisten. Sie war bei Saalschlachten und Straßenkämpfen als Schlägertruppe gefürchtet, verlor jedoch nach Ausschaltung ihrer Führungsspitze im sogenannten Röhm-Putsch 1934 an Bedeutung.

Sowjet (russ. = Rat). In der russischen Oktoberrevolution von 1917 bildeten sich – wie schon zuvor in der Revolution von 1905 – spontane Arbeiter-, Soldaten- und Bauernräte. Sie gerieten rasch unter den Einfluss der → Bolschewisten, die mit dem „Rat der Volkskommissare" unter Lenin die Regierungsgewalt übernahmen. 1917 wurde die Russische Sozialistische Föderative Sowjetrepublik gegründet, 1922 konstituierte sich die Union der Sozialistischen Sowjetrepubliken (UdSSR). Dem Staatsaufbau lag seither das Rätesystem (→ Räterepublik) zu Grunde, dessen Spitze der Oberste Sowjet bildete. Dieses Parlament wurde alle 4 Jahre gewählt, wobei die Bevölkerung lediglich den Kandidaten der Kommunistischen Partei und Vertretern der von ihr beherrschten Organisationen zustimmen konnte.

Sozialismus. Im 19. Jh. entstandene politische Bewegung, die bestehende gesellschaftliche Verhältnisse mit dem Ziel sozialer Gleichheit und Gerechtigkeit verändern will. Als Mittel hierzu dient die Abschaffung des Privateigentums, die Überführung der Produktionsmittel in Gemeineigentum, die Einführung einer → Planwirtschaft und die Beseitigung der

Klassenunterschiede. Seit Ende des 19. Jh. bildeten sich gemäßigte und radikale sozialistische Richtungen, deren Ziele von einer Reform der kapitalistischen Wirtschaftsweise bis zum Umsturz der auf ihr beruhenden Gesellschaftsordnung reichten. Nach 1945 unterschied man den realen Sozialismus, wie ihn die Ostblockstaaten praktizierten, und den demokratischen Sozialismus, wie ihn die sozialdemokratischen und sozialistischen Parteien der westlichen Welt vertreten. In der marxistischen Theorie bildet der Sozialismus das Übergangsstadium vom Kapitalismus zum → Kommunismus.

SS (Schutzstaffeln). Elite- und Terrororganisation der Nationalsozialisten, die 1925 mit Sicherungsaufgaben der NSDAP und ihres „Führers" Adolf Hitler betraut wurde. Unter der Leitung von Heinrich Himmler stieg sie nach 1933 zum stärksten Machtfaktor im nationalsozialistischen Deutschland auf. Als Himmler 1936 zugleich Chef der Polizei wurde und die Geheime Staatspolizei (Gestapo) mit ihrem Spitzelsystem übernahm, verfügte die SS über die totale Macht im Staat. Während des 2. Weltkriegs übernahmen besondere SS-Verbände zunehmend militärische Aufgaben (Waffen-SS). Als Herrschaftsinstrument der Nationalsozialisten verübte die SS zahlreiche Verbrechen. Vor allem ist sie verantwortlich für die brutale Verfolgung politischer Gegner (→ Konzentrationslager) und den millionenfachen jüdischen Völkermord in den Vernichtungslagern.

Stalinismus. Von Stalin geprägtes Herrschaftssystem, das sich der Gewalt und des Terrors bediente, und von etwa 1927 bis 1953 währte. Der von Stalin propagierte „Aufbau des Sozialismus in *einem* Land" sollte vor allem die Industrialisierung vorantreiben und Überreste des Kapitalismus durch einen verschärften Klassenkampf beseitigen. Die Folge war ein brutales Terrorregime, das seine Ziele mit Schauprozessen, Liquidierungen, Deportationen und „Säuberungen" durchsetzte, wobei Stalin einen ausgeprägten Personenkult inszenierte. Der XX. Parteitag der KPdSU verurteilte 1956 die terroristischen Elemente des Stalinismus (→ Entstalinisierung).

Truman-Doktrin. Außenpolitische Leitlinie der USA im → Kalten Krieg, die auf einer Kongressbotschaft des amerikanischen Präsidenten Harry S. Truman (1945–52) vom 12. 3. 1947 basierte. Unter dem Eindruck der sowjetischen Expansionspolitik versprachen die USA, „alle freien Völker zu unterstützen, die sich Unterjochungsversuchen durch bewaffnete Minderheiten oder auswärtigem Druck widersetzen". Diese → Eindämmungspolitik der USA sollte von einer massiven Militär- und Wirtschaftshilfe begleitet werden und eine kommunistische Infiltration der westlichen Welt verhindern.

Vereinte Nationen (United Nations Organization, UNO). Gestützt auf die → Atlantik-Charta gründeten 51 Nationen am 26. 6. 1945 in San Francisco die UNO. Die Organisation soll den Weltfrieden sichern und die Achtung der Menschenrechte gewährleisten. Die UNO verfügt über fünf Hauptorgane: Zentrale Beratungsinstanz ist die Generalversammlung, die aus den Vertretern der Mitgliedstaaten besteht. Sie wählt die nichtständigen Mitglieder des Sicherheitsrats, den Wirtschafts- und Sozialrat sowie den Generalsekretär. Ihre Entschließungen haben den Charakter von Empfehlungen. Der Sicherheitsrat entscheidet über Maßnahmen zur Friedenssicherung. Er umfasst 5 ständige Mitglieder mit Vetorecht (USA, Russland, VR China, Großbritannien, Frankreich) sowie 10 nichtständige Mitglieder. Weitere Organe sind der Wirtschafts- und Sozialrat, der Internationale Gerichtshof in Den Haag sowie der Generalsekretär als ausführende Instanz. Sonderorganisationen nehmen sich weiterer Aufgaben der UNO an, so im Bereich der Entwicklungshilfe, der Bildung und Kultur sowie der Gesundheit.

Vertrag von Maastricht. Der in Maastricht beschlossene „Vertrag über die Europäische Union", der 1993 in Kraft trat, ergänzte die bisherige Europäische Gemeinschaft (EG) grundlegend. Neben der Vollendung des zollfreien Binnenmarktes sieht er eine vertiefte europäische Integration vor, die durch folgende Maßnahmen erreicht werden soll: Errichtung einer Wirtschafts- und Währungsunion, gemeinsame Außen- und Sicherheitspolitik, Zusammenarbeit in der Innen- und Rechtspolitik, in der Umwelt- und Sozialpolitik. Fernziel ist neben der wirtschaftlichen auch die politische Integration, deren Form freilich umstritten ist.

Volksdemokratie. Bezeichnung für kommunistische Herrschaftssysteme, die nach 1945 vor allem in den osteuropäischen Staaten des sowjetischen Machtbereichs errichtet wurden. Während die Einrichtungen einer parlamentarischen Demokratie äußerlich fortbestanden, herrschte in Wirklichkeit die kommunistische Partei, die das gesamte gesellschaftliche und wirtschaftliche Leben bestimmte. Zu den Merkmalen der Volksdemokratie zählen Vergesellschaftung der Produktionsmittel (→ Kollektivierung, Planwirtschaft) und das Herrschaftsmonopol der kommunistischen Partei, der sich vielfach weitere Parteien im Rahmen eines Blocks unterordnen (→ Einheitsliste). In der marxistisch-leninistischen Theorie sichert die Volksdemokratie den Übergang vom Kapitalismus zum Sozialismus.

Volksgemeinschaft. In der Ideologie des → Nationalsozialismus wurde stets die „schicksalhaft verbundene Volksgemeinschaft" beschworen, die über Klassengegensätzen stehen und sich dem „Führer" unterordnen sollte. Da die Nationalsozialisten entschieden, wer zu ihr zählen sollte, war die Volksgemeinschaft ein Instrument zur Ausgrenzung von Minderheiten und zur Brandmarkung politischer Gegner.

Volkskommunen. Umfangreiche landwirtschaftliche Produktionskollektive in der VR China, die aus der Vereinigung zahlreicher bäuerlicher Genossenschaften hervorgingen. Sie entstanden seit 1958 auf Anordnung Mao Zedongs und sollten eine reine kommunistische Gesellschaftsordnung verwirklichen. Um dies zu erreichen sollte die bürgerliche Lebensform der Familie verschwinden und durch das gemeinschaftliche Leben im Kollektiv ersetzt werden. Wirtschaftliche Fehlschläge und Hungersnöte führten seit 1962 zu einer Reorganisation der Volkskommunen.

Warschauer Pakt. 1955 in Warschau gegründetes Militärbündnis, dem 7 Ostblockstaaten unter Führung der Sowjetunion angehörten. Albanien trat 1968 aus. Der Pakt entstand als Reaktion der UdSSR auf den Beitritt der Bundesrepublik zur → NATO und beide Militärblöcke prägten nachhaltig den globalen Ost-West-Konflikt. Das Bündnis erwies sich rasch als Herrschaftsinstrument der Sowjetunion, die 1956 den Volksaufstand in Ungarn niederschlug. 1968 marschierten Truppen des Warschauer Pakts in die Tschechoslowakei ein und beendeten die Reformbewegung des „Prager Frühlings". Mit der deutschen Vereinigung verließ 1990 die DDR den Warschauer Pakt, der sich nach Zerfall des Ostblocks 1991 auflöste.

Weimarer Republik. Bezeichnung einer von 1919–1933 währenden Epoche deutscher Geschichte, die nach dem ersten Tagungsort der verfassunggebenden Nationalversammlung 1919 benannt ist. Eingeleitet wurde die Weimarer Republik von der → Novemberrevolution 1918, die zum Zusammenbruch des Kaiserreichs führte. Die Weimarer Verfassung, welche die Nationalversammlung 1919 verabschiedete, ersetzte die Monarchie durch eine parlamentarische Republik. Sie bestand bis 1933 und fiel dann der nationalsozialistischen Diktatur zum Opfer. Trotz wirtschaftlicher Not und politischer Gegensätze kam es in der Weimarer Republik zu bedeutenden kulturellen Leistungen, die sich frei von staatlicher Bevormundung entfalten konnten. Auch auf den Gebieten der Forschung und Wissenschaft wurde in vielen Bereichen Weltgeltung erreicht.

Weltwirtschaftskrise. Ende der 20er Jahre verschlechterten sich die Konjunkturdaten der USA. Die Gründe lagen in einer hohen Überproduktion, einem Absatzrückgang sowie einem aufgeblähten Kreditvolumen. Hinzu kam die destabilisierende Wirkung von Reparationszahlungen und die Schuldenlast, welche die Alliierten der USA noch aus der Zeit des 1. Weltkriegs trugen. Dies führte am 24. 10. 1929 („Schwarzer Freitag") zu einem Kurssturz an der New Yorker Börse, der eine weltweite Wirtschaftskrise auslöste. Die sozialen Folgen der Weltwirtschaftskrise trugen erheblich zur politischen Radikalisierung bei und bewirkten in Deutschland ein Anwachsen des Nationalsozialismus. Massenarbeitslosigkeit und Verelendung breiter Bevölkerungsschichten diskreditierten nicht nur das kapitalistische Wirtschaftssystem, sondern auch die liberale Demokratie.

Register

Abessinien (Äthiopien) 186, 340
Abrüstung 261 f., 267, 306, 312
Abschreckung 205, 209, 262
Achsenmächte 98, 102, 120, 141
Adenauer, Konrad (1876–1967) 138 f., 225 f., 228 f., 238, 288
Ägypten 92, 217 ff., 251, 275, 341, 347
Afghanistan 264, 269
AKP-Staaten 275, 295
Alexander I. (1888–1934) 39
Algerien 346 f.
Alleinvertretungsanspruch 229, 301, 347
Allgemeines Zoll- und Handelsabkommen (GATT) 275
Allianz für Deutschland 315
Alliierte 13 f., 16, 26, 29 f., 32, 37, 90, 99, 102 f., 114, 116, 118, 120, 126 f., 132, 134, 137 ff., 141 ff., 174, 184, 228, 230, 236, 316, 322, 351
Alliierter Kontrollrat 132, 228
Allrussischer Sowjetkongress 190 f.
Amnesty International 353
Andropow, Juri (1914–1984) 266
Anglikaner 152, 154
Antifaschistischer Block (Antifa) 140, 227
Antikommunismus 221, 252
Antisemitismus 51, 70 ff., 80, 106, 128 f.
Appeasement-Politik 82
Araber 130 f., 208, 216 ff., 274
Arafat, Yasir (*1929) 218
Arbeiter 24, 28, 34, 45, 52, 56, 62, 104 f., 124, 140, 173, 175 ff., 182, 187 f., 191, 193 f., 197 ff., 208, 234 f., 237, 248 f., 280, 301, 305 f.
Arbeiter-, Bauern- u. Soldatenräte 188, 205
Arbeitslosigkeit 31, 33 f., 40 ff., 62, 102, 104, 181, 208, 232, 234, 275, 278, 290, 305 f., 317 ff., 346, 349
Arier 58
Aserbaidschan 268
Athen 166 ff., 170 f.
Atlantik-Charta 120, 123
Atlantikkonferenz (1941) 120
Atomares Patt 209, 236
Atombombe, Atomwaffen 118 f., 141, 204, 209 f., 215, 217, 220, 255, 262, 265 ff., 287, 306, 312, 331, 335, 354
Atomkraft (Kernenergie) 274, 288, 335 ff.
Attlee, Clement (1883–1967) 127, 132
Aufklärung 166, 328 f., 344, 350, 352
Auschwitz 108 f., 250, 330
Außerparlamentarische Opposition (APO) 252
Autarkie 103, 295

Baader-Meinhof-Bande 304
Bahr, Egon (*1922) 298
Balfour-Deklaration 129
Balkan 19, 92, 110
Bangladesh 341
Barzel, Rainer (*1924) 300
Batista, Fulgencio (1901–1973) 220
Bauer, Gustav (1870–1944) 26, 28
Bauern 45, 51 ff., 95, 124, 187, 189, 191 f., 194, 197, 200, 225, 233, 235, 277, 280 ff., 294, 301, 305, 346
– aufstände 194
– befreiung 187
Bauhaus 36
Bayerische Volkspartei (BVP) 32, 40, 43
Bayern 29 ff., 140
Bebel, August (1840–1913) 140
Beck, Ludwig (1880–1944) 73

Bekennende Kirche 69, 112
Belgien 9, 15, 92, 98, 353
Beneluxstaaten 138, 288
Ben Gurion, David (1886–1973) 131
Berija, Lawrentij Pawlowitsch (1899–1953) 206
Berlin 10, 21 ff., 27, 31, 34 ff., 41, 45, 54, 59, 71, 75, 82, 103, 115, 117, 132, 134, 137, 140, 212, 228, 235 ff., 252, 259, 307, 313, 315 f., 321
Berliner Blockade (1948/49) 137, 236, 345
Berliner Mauer 236 ff., 246, 248, 251, 255, 259, 314 f., 319 f., 324 f.
Berlin-Ultimatum (1958) 236
Besatzungsmächte 134, 138, 214, 228, 235
Besatzungsstatut 138 f., 228
Besatzungszonen 115, 132, 135 ff., 140 f., 225
Bevölkerungsentwicklung 124, 157, 164, 175, 210, 272, 275, 287, 290, 331, 338 ff., 342 f., 346, 354
Biermann, Wolf (*1936) 247, 253, 309
Big Business 176
Bill of Rights 152 f., 162, 344
Binnenmarkt 288, 292 f., 295, 297
Bizone 135
Blitzkrieg 91 f., 95, 103 f.
Blockbildung 205, 209, 211, 255, 259, 263, 284, 290, 298, 323
Bodenreform 282
Bolschewisten, Bolschewiki 51, 68, 101, 174, 187 f., 190, 192 ff., 200 f.
Bonhoeffer, Dietrich (1906–1945) 69, 112
Bosnien(konflikt) 271
Bostoner Tea Party 158
Bourgeoisie 189, 194
Brandt, Willy (1913–1992) 230, 238, 248, 298 ff., 302, 306
Brasilien 275, 339 ff.
Brecht, Bertolt (1898–1956) 58
Breschnew, Leonid (1906–1982) 207, 261 f., 264, 266, 300
Breschnew-Doktrin 261, 263, 267, 284
Brest-Litowsk, Friede von (1918) 193
Briand, Aristide (1862–1932) 37
Brüning, Heinrich (1885–1970) 40, 42 f.
Bücherverbrennung 58
Bürger(tum) 21 f., 38, 41, 45, 52, 55 f., 69, 72 f., 98, 131, 146 ff., 152, 154, 166, 168 ff., 187, 200, 208, 230 f., 237, 250 f., 254, 263, 292 f., 302, 344, 346, 348 f.
Bürgerinitiative 254, 312
Bürgerkrieg 31, 39, 130, 193 f., 195, 214, 271, 280 f., 353, 355
Bürgerrechtsbewegung 208, 289, 307, 315
Bulganin, Nikolaj (1895–1975) 206, 217
Bund Deutscher Mädel (BDM) 60, 64 ff.
Bundesländer 138, 140, 316 ff.
Bundesstaat 24, 139, 290
Bundestag 139, 225 f., 228 ff., 232, 238, 248, 250, 252, 298, 300, 306, 310
Bush, George (*1924) 277, 317

Calvinismus 154
Carol II. (1893–1953) 39
Carter, James (*1924) 59
Casablanca, Konferenz (1943) 99, 105
Castro, Fidel (*1927) 220
Ceauşescu, Nicolae (1918–1989) 268
Chagall, Marc (1887–1985) 192
Chamberlain, Neville (1869–1940) 82
Chiang Kai-shek (1887–1975) 280 f.
China, Chinesen 96 f., 99, 120, 175, 179, 184, 186, 212, 214 f., 221, 260 f., 280 ff., 346, 352

Chomeini, Ruhollah Mussavi (um 1900–1989) 264
Chou En-lai (1898–1976) 284
Christlich Demokratische Union (CDU) 138, 225 ff., 229 ff., 248, 252, 298, 300, 306, 315 f.
Christlich Soziale Union (CSU) 138, 225 f., 248, 252, 306
Chruschtschow, Nikita (1894–1971) 206 f., 220, 229, 236, 238
Churchill, Winston (1874–1965) 82, 93, 99, 102, 105, 114 f., 120, 122 f., 132, 205
Clay, Lucius (1897–1978) 238
Clemenceau, Georges (1841–1929) 12 ff.
Clinton, Bill (*1946) 219, 271, 327
Condorcet, Marquis de (1743–1794) 328
Coolidge, Calvin (1872–1933) 176 f.
Cordon sanitaire 12, 18
Coulondre, Robert (1885–1962) 84
Cromwell, Oliver (1599–1658) 152

Dänemark, Dänen 15, 92, 353
Däumig, Ernst (1866–1922) 22
Dajan, Mosche (1915–1981) 218
Danzig 15, 84
Dawes-Plan (1924) 32, 184
Delbrück, Clemens von (1856–1921) 24
Demokratie 7 f., 17, 22, 38 f., 52 f., 56, 59, 85, 98, 132, 136, 138, 141, 165 ff., 173 f., 183, 201, 205, 207, 214, 225, 227, 229, 231, 250, 252, 254 f., 266 ff., 270, 286, 289 f., 296, 302, 304 f., 308, 344 ff.
Demokratische Bauernpartei Deutschlands (DBD) 227, 231
Demokratische Partei (USA) 181 f., 261, 264
Demokratischer Zentralismus 227
Demontagen 135, 228, 233 f.
Deng Xiaoping (1904–1997) 283 ff.
Deutsche Arbeitsfront (DAF) 56, 58
Deutsche Christen 69
Deutsche Demokratische Partei (DDP) 24, 26 f., 31 f., 40, 85
Deutsche Partei (DP) 225 f.
Deutsche Volkspartei (DVP) 24, 26, 31 f., 40
Deutschland, Deutsches Reich 7 ff., 16 ff., 24 ff., 30, 32 f., 37, 41 f., 44 f., 51 f., 54 f., 57 f., 60, 65, 67 ff., 75 ff., 89 ff., 94, 97 ff., 103 ff., 110 ff., 122 f., 129, 132 f., 184, 186, 199, 204, 216, 238, 246, 259 f., 267, 275, 281, 288, 297 ff., 316, 318 f., 341, 351 ff.
– Bundesrepublik Deutschland 90, 139, 205, 225 f., 228, 230 f., 235 ff., 242, 244 ff., 250, 253, 255, 262, 270, 284, 288, 294, 298 ff., 304, 306 ff., 314 ff., 320, 322, 353
– Deutsche Demokratische Republik (DDR) 90, 225 ff., 229, 233, 235 ff., 239, 241 ff., 245 ff., 251, 255, 259 f., 277, 298 ff., 303, 305, 307 ff., 311, 313 ff., 320 f., 323, 325, 348
Deutschlandvertrag (1952) 228
Deutschnationale Volkspartei (DNVP) 24, 26, 29, 32, 41, 43, 55
Deutsch-Sowjetischer Nichtangriffspakt (1939) 84, 92, 111
Diktatur, Diktator 7 f., 28, 38 f., 73, 94, 111, 166, 186, 194 f., 201, 206, 220 f., 252, 255, 270, 330, 345
Dittmann, Wilhelm (1874–1954) 22
Döblin, Alfred (1878–1957) 36
Dolchstoßlegende 26
Dreimächtepakt (1940) 97
Dreyfus-Affäre 128
Dritte Welt 215, 217, 278, 287, 295, 306, 339 f., 342 f., 347, 349
Dulles, John Foster (1888–1959) 209

Duma 187f.
Dunant, Henri (1828–1910) 350

Ebert, Friedrich (1871–1925) 21 ff., 28, 32
Edelweißpiraten 111
Edward I. (1239–1307) 148
Eindämmungspolitik (containment) 135, 141, 204, 209
Einheitliche Europäische Akte (1986) 292
Einheitsliste 227, 314
Einigungsvertrag (1990) 316, 318, 321
Einparteienstaat 85, 166
Einstein, Albert (1879–1955) 36
Einwanderung 129ff., 175, 179, 216, 292
Eisenhower, Dwight David (1890–1969) 208, 221
Eiserner Vorhang 90, 123, 205, 255, 263, 296, 314
Eisner, Kurt (1867–1919) 29
Elsass-Lothringen 9, 12, 15
Emigration 74, 307, 330
Energiegewinnung (Energieproblematik) 332ff.
England s. Großbritannien
Entartete Kunst 74
Enteignung 185, 192f., 233, 235, 254, 318
Entkolonialisierung 123
Entmilitarisierung 14, 115
Entspannung 260f., 263ff., 298
Entstalinisierung 206
Entwicklungshilfe 274, 276, 342f., 349
Entwicklungsländer 121, 217, 260, 272, 274ff., 278f., 287, 295, 323, 339ff.
Erdöl 198, 212, 219, 270, 274, 306, 334, 339, 341, 346
Erhard, Ludwig (1897–1977) 232, 248
Ermächtigungsgesetz 55, 70
Erster Weltkrieg 8f., 11, 30, 50, 96, 98, 124, 174ff., 188, 209, 216, 330, 338, 350f.
Erzberger, Matthias (1875–1921) 26, 29
Erziehung (Bildung) 192, 240ff., 282, 303, 338f., 342f., 352
Estland 193
Europäische
– Atomgemeinschaft (EURATOM) 288
– Einigung 228, 288, 290, 292, 294, 297
– Freihandelszone (EFTA) 288, 290
– Gemeinschaft (EG) 288, 292, 294f.
– Gemeinschaft für Kohle und Stahl (Montanunion) 228, 288, 294f.
– Union (EU) 268, 275, 279, 290, 292ff., 296, 322f.
– Verteidigungsgemeinschaft (EVG) 228, 288
– Währungsunion 292
– Wirtschaftsgemeinschaft (EWG) 288, 290, 292
Europäisches Parlament 293, 336
Euthanasie 108, 112
Evangelische Kirche 68f., 112

Falange 38
Fallada, Hans (1893–1947) 36
Familie 21, 64, 66, 71, 116, 192, 242, 307, 310, 314, 319, 338
Faschismus 38, 83, 90, 92, 94, 98, 110, 133, 136, 138, 186
Fatah 218
Februarrevolution (1917) 188
Flottenpolitik 12, 14, 16
Flüchtlinge 117, 123, 133, 215 ff., 234, 237, 239, 314, 343, 353 f.
Foch, Ferdinand (1851–1929) 10

Föderalismus 138, 353
Ford, Henry (1863–1947) 176
Fortschrittsglaube 328 ff.
Franco, Francisco (1892–1975) 38 f., 83
François-Poncet, André (1887–1978) 59
Frankfurter Dokumente 138
Franklin, Benjamin (1706–1790) 157, 159 f.
Frankreich, Franzosen 9 ff., 15, 30 ff., 37 f., 81 f., 91 f., 97, 110, 114 f., 120, 123, 135, 147, 152, 161, 163, 212, 217 f., 221, 228, 275, 288, 295, 317, 322, 355
Französische Revolution 328, 344, 350
Frauen 24, 66 f., 70, 102, 104, 108, 170 f., 210, 219, 223, 242 f., 306, 310 f., 319, 328, 338, 344, 346, 350, 352, 355
Freie Demokratische Partei (FDP) 138, 225 f., 248, 252, 298, 300, 306
Freie Deutsche Jugend (FDJ) 227, 241, 303, 305
Freier Deutscher Gewerkschaftsbund (FDGB) 227, 245, 305
Freikorps 23, 27 ff., 31
Freisler, Roland (1893–1945) 113
Freud, Sigmund (1856–1939) 58
Friede(n) 9 f., 12 f., 17 f., 20, 26, 80 f., 83, 115, 120, 125, 131, 152, 174 f., 184, 186, 190, 192, 209, 211, 215 ff., 259, 263, 300, 312 f., 350 ff., 354 f.
Führer(staat) 38, 43, 45, 50, 52, 56 f., 59, 62, 64, 68 f., 73, 84, 111, 330
Fundamentalismus (islamischer) 264, 346 f.

Galen, Clemens August Graf von (1878–1946) 68, 112
Gandhi, Indira (1917–1984) 346
Gandhi, Mahatma (1869–1948) 124 ff.
Gaza-Jericho-Abkommen (1994) 219
Geburtenkontrolle 342 f.
Geheime Staatspolizei (Gestapo) 72 f., 111 ff.
Gemeinschaft Unabhängiger Staaten (GUS) 267 f., 277, 290
Generalgouvernement 92, 107
Genfer Konvention (1864) 350
Genscher, Hans-Dietrich (*1927) 306, 314, 316
Georg III. (1738–1820) 145, 161
Georgien 268
Gesellschaft 122, 124 ff., 141, 174, 177 f., 191, 196, 199 ff., 207, 209, 211, 232, 245, 252 f., 255, 263, 266, 282, 301 f., 306 ff., 310, 313, 343, 348, 352
Gewaltenteilung 162, 165 f.
Gewerkschaften 33, 42, 56, 234, 248, 345
Ghana 340
G(h)etto 107, 109, 300
Glasnost 266, 307
Gleichberechtigung 21, 55, 131, 178, 192, 208, 242 f., 251, 310, 328, 344, 351 f.
Gleichgewicht des Schreckens 209
Gleichschaltung 56, 58, 112
Globalisierung 276, 278
Glorious Revolution 152, 165
Godesberger Programm (1959) 230
Goebbels, Joseph (1897–1945) 45, 52 ff., 56, 71, 74, 101, 103, 112
Goerdeler, Carl-Friedrich (1884–1945) 113
Göring, Hermann (1893–1946) 54, 71, 74, 142 f.
Golden Twenties 34, 174, 176
Golfkrieg 270 f., 324
Gorbatschow, Michail (*1931) 260, 266 f., 270, 290, 296, 307, 316
Griechenland 39, 92

Groener, Wilhelm (1867–1939) 26
Gropius, Walter (1883–1969) 36
Großbritannien (England) 12, 37 f., 81 f., 84, 90 f., 93, 97 f., 102 ff., 114, 120, 122, 124 ff., 129 f., 135, 137, 141, 145 ff., 150, 152, 158 f., 163, 165 f., 216 ff., 288, 292, 295, 317, 346
Große Depression 40, 180 f.
Große Koalition 248, 252
(Groß)grundbesitz 124, 189, 192, 214, 280, 282, 318, 341
Grosz, George (1893–1959) 36
Grotewohl, Otto (1894–1964) 140, 225, 229
Grüne (Die Grünen) 306
Grundgesetz 138 f., 170 f., 230, 252, 310, 316, 348
Grundlagenvertrag (1972) 300
Grundrechte 24 f., 54, 171, 200, 252, 263, 314, 344, 349, 351
Guillaume, Günter (*1927) 306

Haager Landkriegsordnung 351
Haase, Hugo (1863–1919) 22, 28
Habasch, George (*1926) 218 f.
Hácha, Emil (1872–1945) 84
Haganah 216
Hallsteindoktrin 229, 299
Handelsorganisation (HO) 233, 305
Harding, Warren (1865–1923) 176, 184
Harzburger Front 43
Havel, Václav (*1936) 268, 289
Havemann, Robert (1910–1982) 253, 309
Heinemann, Gustav (1899–1976) 348
Herrmann, Liselotte (1909–1938) 73
Herzl, Theodor (1860–1904) 128, 131
Heuss, Theodor (1884–1963) 225
Heydrich, Reinhard (1904–1942) 107 f.
Heym, Stefan (*1913) 253
Himmler, Heinrich (1900–1945) 67, 72, 106
Hindenburg, Paul von (1847–1934) 26, 43 ff., 55, 57, 85
Hindus 124 ff., 346
Hirohito (1901–1989) 96
Hiroshima 118 f., 141, 331, 354
Hitler, Adolf (1889–1945) 7 f., 30 f., 43 ff., 54 ff., 61 f., 68 f., 73, 80 f., 91 f., 103, 106 f., 110 ff., 115 ff., 141, 199, 204, 307, 330
Hitlerjugend (HJ) 45, 58, 60, 64 ff., 111, 116
Ho Chi Minh (1890–1969) 123, 221
Höß, Rudolf (1900–1947) 108
Homosexuelle 72
Honecker, Erich (1912–1994) 253, 259, 263, 301, 303, 307, 309, 314, 321
Hoover, Herbert (1874–1964) 180 f.
Horthy, Miklos von (1868–1957) 38 f.
Hunger(snöte) 31, 117, 181, 188, 194, 197, 282, 338 f., 341 ff., 353 f.
Hussein, Saddam (*1937) 270

Imperialismus 84, 136, 189, 205, 211, 215, 219, 229, 301, 339, 346
Indianer (Indios) 155 ff., 163
Indien 124 f., 141, 275, 339, 342, 346
Indochina(krieg) 97, 123, 221
Industrialisierung 187, 198 f., 201, 332, 334 f., 339, 342, 349, 354
Industrie 38, 62 f., 124, 126, 173 ff., 181 f., 192, 194, 198 f., 207 f., 210, 225, 232, 234 f., 251, 274, 278 f., 282, 287, 294, 306, 319, 342, 345
– Rüstungsindustrie 92 f., 97, 102 f., 111, 188, 207, 277, 339, 341
– Schwerindustrie 33, 41, 126, 174, 206, 233, 281

Industrielle Revolution 332, 338 f.
Industriestaaten 196, 198, 201, 212, 217, 219, 260, 272, 274 ff., 281 f., 287, 294 f., 323, 339 f., 343, 346 f., 349, 352
Inflation 30 f., 33 f., 41 f.
Intelligentsia (russische) 187
Internationale Bank für Wiederaufbau und Entwicklung (Weltbank) 275, 342
Internationaler Währungsfond (IWF) 275
Intifada 219
Irak 270, 353
Iran (Persien) 252, 264
Islam 264, 346 f., 352
Isolationismus 98, 184 ff.
Israel 131, 141, 216 f., 274
Italien 9, 18 f., 37 ff., 82, 84, 90, 92, 97 ff., 126, 186, 244, 288

Jackson, Robert (1892–1954) 142 f.
Jakob I. (1566–1625) 150
Jakob II. (1633–1701) 152
Jalta, Konferenz (1945) 115, 122 f., 229
Japan, Japaner 84, 90, 96 ff., 102, 115, 118 f., 123, 126, 141, 175, 179, 184, 186, 212, 214, 279, 281, 295
Japanisch-Chinesischer Krieg 97, 281
Jaspers, Karl (1883–1969) 250
Jelzin, Boris (*1931) 267
Jefferson, Thomas (1743–1826) 160, 163
Jerusalem 128 ff., 216, 218 f.
Jinnah, Mohammed Ali (1867–1948) 124, 126 f.
Johnson, Lyndon B. (1908–1973) 221, 238
Jom-Kippur-Krieg (1973) 219, 274
Jordanien 218
Juden(tum) 66, 80, 106 ff., 128 ff., 216, 218
Judenverfolgung, Judenvernichtung 29, 51, 70 ff., 85, 95, 106 ff., 111, 113, 128 f., 141, 179, 250
Jugoslawien 18 f., 39, 92, 263, 271, 353
Junge Pioniere 241

Kader 227, 305
Kadetten (Konstitutionelle Demokraten) 187
Kahr, Gustav von (1862–1934) 31
Kaiserreich, Kaisertum 21, 23
Kalter Krieg 135, 141, 203 ff., 209, 212, 225, 228, 236, 255, 260, 323
Kambodscha 221, 223
Kant, Immanuel (1724–1804) 350
Kapital(ismus) 22, 24, 40, 175, 189, 194, 196, 200 f., 207, 230, 248, 254, 274, 282, 284 ff.
Kapitulation 100, 103, 117 ff., 123, 141, 214
Kapp, Wolfgang (1858–1922) 27
Kapp-Putsch 27 f.
Karl I. (1600–1649) 151 f., 156
Karl II. (1630–1685) 152 f.
Kartelle 33, 63
Kasten (indische) 124 ff., 346
Katholiken, kath. Kirche 19, 52, 68, 112, 152, 156, 179, 271 ff., 289, 310
Kellogg-Pakt (1928) 184, 351
Kennedy, John Fitzgerald (1917–1963) 203, 208 f., 211, 220, 236, 238, 354
Kerenski, Alexander (1881–1970) 190
Keynes, John M. (1883–1946) 182
Kibbuz 129
Kiesinger, Kurt-Georg (1904–1988) 248, 250
Kim Il Sung (1912–1994) 214
King, Martin Luther (1929–1968) 208
Kinkel, Klaus (*1937) 322
Kirche(n) 38, 60, 64, 68 f., 147, 187, 192, 274, 313

Kissinger, Henry (*1923) 261 f.
Klassen
– bewusstsein 189, 243, 251, 301
– kampf 28, 197, 231, 280, 304
Klimaveränderung 274, 334
Königtum 146 f., 150, 152
Koexistenz 207, 211, 299, 301
Kohl, Helmut (*1930) 271, 296, 306, 308, 315 ff.
Kolchosen 173, 197, 200
Kollektivierung 174, 197, 201, 207, 233, 282
Kolonialmächte, Kolonialismus 9, 12, 15 f., 90, 96 f., 99, 123 ff., 145 f., 154, 156 ff., 163, 212, 215, 217, 221, 339, 341, 347
Kommunismus, Kommunisten 28, 30 f., 41, 54 f., 73, 111, 122 f., 129, 136, 140, 179, 186, 193 f., 196 f., 199, 204, 207 ff., 211 f., 214 f., 221, 226, 230, 237 f., 255, 264, 268 ff., 280, 282, 289, 302, 307, 317, 353
Kommunistische Internationale (Komintern) 195
Kommunistische Parteien
– chin. (KPCh) 280, 282 f., 285 f.
– deutsch (KPD) 7, 23, 28, 41 ff., 54 f., 73, 138, 140, 226, 228, 230
– sowj. (KPdSU) 95, 136, 140, 173, 189 ff., 194 ff., 199 ff., 206, 261, 266 f., 300, 307
Kommunistisches Informationsbüro (Kominform) 136
Konferenz für Sicherheit u. Zusammenarbeit in Europa (KSZE) 263
– Schlussakte der KSZE (1975) 263, 289
Kongress (amerikanischer) 162, 165 ff.
Konjunktur 33, 44, 62, 102, 175, 182, 248, 279
Konkordat (1933) 68, 112
Konservatismus 24, 43, 55, 57, 73, 306
Konsumgesellschaft 102, 174, 177, 201, 208
Konterrevolution 192 f., 199, 301
Konvention von Lomé (1975) 295
Konzentrationslager (KZ) 71 ff., 113, 250, 330
Konzerne 33, 103, 208
Korea(krieg) 204, 212, 214 f., 221, 228, 234, 255, 271, 275, 340 f.
Kossygin, Alexej (1904–1980) 207, 300
Kraft durch Freude (KdF) 61 f.
Krenz, Egon 314
Kriegs
– anleihen 16, 118
– propaganda 17
– schuldfrage 13 f., 16
– wirtschaft 103 f., 137
Kriegskommunismus 194
Kroatien 271, 353
Kuba(krise) 203, 212, 220, 255, 276
Ku-Klux-Klan 179
Kulaken 197, 200
Kultur, Kunst 34, 36, 74 f., 85, 170, 196, 263, 293, 296, 305, 308 f., 346, 352 f.
Kulturrevolution 282 ff.
Kuomintang (Nationale Volkspartei) 280
Kurden 271, 353
Kuwait 270

Lafayette, Marie Joseph (1757–1834) 161
Landauer, Gustav (1870–1919) 29
Landsberg, Otto (1869–1957) 22
Landwirtschaft 63, 66, 129, 157 f., 173 f., 181, 188, 196 ff., 201, 210, 235, 273, 275, 280 ff., 287, 294, 338, 341 ff.
Landwirtschaftliche Produktionsgenossenschaften (LPG) 233

Langer Marsch 280
Laos 221, 223
Lastenausgleichsgesetz 234
Lausanne, Konferenz (1932) 44
Lenin, Wladimir Iljitsch (1870–1924) 174, 187 ff., 194 ff., 199, 201, 280
Leninismus 189, 266
Lettland 193
Libanon 218 f.
Liberal-Demokratische Partei Deutschlands (LDPD) 138, 227
Liberalismus 24, 75, 187 f.,
Liebknecht, Karl (1871–1919) 21, 23, 29
Liebknecht, Wilhelm (1826–1900) 140
Lindbergh, Charles (1902–1974) 34, 178
Litauen 39, 84, 193
Lloyd George, David (1863–1945) 12, 14
Locarno, Konferenz (1925) 37
Londoner Sechsmächtekonferenz (1948) 138
Lüttwitz, Walther von (1859–1942) 27
Luftbrücke (Berliner) 137, 236, 238, 345
Luxemburg, Rosa (1871–1919) 23, 29

Maastricht, Vertrag (1992) 290, 292
MacArthur, Douglas (1890–1964) 215
Machtergreifung 54, 60, 113
Magna Charta 147, 165
Maizière, Lothar de (*1940) 316
Makedonien 271
Malaysia 340 f.
Malenkow, Georgij (1902–1988) 206
Malthus, Thomas Robert (1766–1834) 338
Mandschukuo 96
Mandschurei 96, 186, 281
Mao Zedong (1893–1976) 261, 280 ff., 346
Marktwirtschaft 194, 232, 248, 255, 276 f., 285 f., 296, 316 ff.
Marshall, George (1880–1959) 136
Marshallplan 136, 141, 232, 345
Marx, Karl (1818–1883) 58, 189, 196, 199, 280, 345
Marxismus 41, 52, 55, 68, 75, 140, 174, 187, 189, 201, 283, 301, 303
Massenkonsum(gesellschaft) 174, 176 ff.
Matsuoka, Yosuke (1880–1946) 96
Max von Baden (1867–1929) 9, 21
Mayflower 154
McNamara, Robert (*1916) 221, 223
Memelland 84
Menschenrechte 24, 130, 160, 252, 263, 289, 296, 300, 305 f., 313, 328, 344 f., 347, 352 f.
Menschewiki 187 f., 190
Metaxas, Joannis (1871–1941) 39
Milošević, Slobodan (*1941) 271
Minderheiten 38, 126, 128, 135, 208, 329, 345, 353 f.
Mitterrand, François (1916–1996) 317
Mitbestimmung 24, 302, 328, 348, 353
Modrow, Hans (*1928) 315
Molotow, Wjatscheslaw (1890–1986) 199
Monarchie 10, 166, 280
– absolute 145 f.
– konstitutionelle 24, 152
– parlament. 9
Monroe-Doktrin 185
Moskau 95, 122, 140, 187, 203, 207, 211, 214, 220, 229, 237, 251, 264, 267, 276, 281, 289
Moskauer Vertrag (1970) 300
Moslems (Muslime) 124, 126, 264, 271, 346
Mountbatten, Louis Earl of (1900–1979) 127
Müller, Hermann (1876–1931) 40
Müller, Ludwig (1883–1945) 69

München 23, 31, 50, 74
Münchener Abkommen (1938) 82
Mussolini, Benito (1883–1945) 38 f., 83, 92

Nagasaki 118 f., 141
Naher Osten 212, 216 ff., 255, 274, 279
Nasser, Gamal Abd el- (1918–1970) 217 f., 251
Nation(alstaat) 18, 31, 163, 188, 193, 195, 268, 322, 351 ff.
Nationalismus 26, 29, 128, 350
National-Demokratische Partei Deutschlands (NDPD) 227, 231
Nationaldemokratische Partei Deutschlands (NPD) 250
Nationale Front 227, 229, 315
Nationalsozialismus, Nationalsozialisten 7, 38, 41, 45 ff., 55 f., 58, 60, 64, 66 ff., 72 f., 75 ff., 85, 89 ff., 92, 95, 103 f., 106, 130 ff., 117, 129, 132, 141, 186, 250, 281, 330, 351
Nationalsozialistische Deutsche Arbeiterpartei (NSDAP) 7 f., 31, 42 ff., 52 ff., 63, 67, 75, 85, 112, 143
Nationalversammlung 21 ff., 138, 188, 190
NATO (North Atlantic Treaty Organization) 205, 211 f., 228, 230, 255, 262, 265, 268, 271, 290, 292, 306, 308, 322, 353
Nehru, Jawaharlal Pandit (1889–1964) 124 ff., 127, 346
Neue Ökonomische Politik (NEP) 194, 196, 201
Neue Sachlichkeit 36
New Deal 174, 180, 182 f., 201
Niederlande 10, 92, 97, 99, 152, 161
Niemöller, Martin (1897–1984) 69
Nigeria 341
Nikolaus II. (1868–1918) 187
Nixon, Richard (1913–1994) 261 f.
Nkrumah, Kwame (1909–1972) 340
Nord-Süd-Konflikt 260, 273 f., 323
Noske, Gustav (1868–1946) 23, 27 f.
Notstand(sgesetze) 139, 228, 252, 254
Notverordnungen 40, 42
Nürnberger Gesetze 70
Nürnberger Prozess 142 f.

Oberhaus (House of Lords) 148 f., 152
Oder-Neiße-Linie 123, 132, 229, 300, 316
Österreich (-Ungarn) 18 f., 81 f., 128, 314
Oktoberrevolution 173 f., 190 ff., 195, 201, 203
Oktobristen 187
Ollenhauer, Erich (1901–1963) 230
Olympische Spiele (1936, 1968) 80, 251
OPEC (Organization of the Petroleum Exporting Countries) 274
Osmanisches Reich 9
Ostblock 136, 209, 229, 235, 249, 251, 261, 263, 267 f., 276 f., 289 f., 305, 318, 323
Ostpolitik, Ostverträge 300, 302
Ost-West-Konflikt 204, 209, 212, 218, 255, 260, 271

Pakistan 126 f., 141
Palästina, Palästinenser 128 ff., 141, 216 ff., 304, 353
Palästina-Krieg (1948/49) 131, 216
Palästinensische Befreiungsorganisation (PLO) 218 f.
Papen, Franz von (1879–1969) 43 ff., 62
Pariser Verträge (1955) 228, 230
Parlament 148 ff., 158, 166, 170
Parlamentarische Demokratie 8, 22, 24, 28, 38, 85, 96, 166, 170, 225, 346
Parlamentarischer Rat 138 f.
Partei des Demokratischen Sozialismus (PDS) 315 f., 320
Partisanen(krieg) 95, 110
Pearl Harbor 98, 102, 141
Perestroika 266, 307
Perikles (um 500–429 v. Chr.) 188
Personenkult 199, 206
Petersberger Abkommen (1949) 228
Picasso, Pablo (1881–1973) 354 f.
Pieck, Wilhelm (1876–1960) 140, 225
Pilgerväter 154 f.
Pilsudski, Josef (1867–1935) 39
Piscator, Erwin (1893–1966) 36
Planwirtschaft 136, 230, 232 f., 249, 276 f., 281, 285, 318
Polen 9, 15, 18 f., 37, 39, 81, 84, 91 f., 104, 106 ff., 110, 122 f., 132 f., 141, 209, 229, 245, 268, 275, 289, 296, 300, 316, 353
Politbüro 195, 227, 266, 314
Politische Kommissare 193
Portugal 39
Potsdamer Konferenz / Potsdamer Abkommen (1945) 132 ff., 138, 229
Prager Frühling 261, 284, 289
Presley, Elvis (1935–1977) 240
Preuß, Hugo (1860–1925) 24
Preußen 27, 43, 54
Preysing, Konrad von (1880–1950) 69
Primo de Rivera, Miguel (1870–1930) 39
Privatisierung 277, 318
Prohibition 179
Proletariat, Proletarier 22, 28, 187, 189, 194 ff., 200, 304, 342, 345
Propaganda 52, 54, 58, 60 f., 67, 81, 83, 103, 206, 211, 271, 280 ff.
Prosperity (Prosperität) 176, 180
Protektorat Böhmen u. Mähren 84
Puritaner 154, 156 f.

Rabin, Yitzhak (1922–1995) 219
Radikalenerlass 302
Radikalismus (Extremismus) 250, 320, 346
Räte (Sowjets) 188, 190, 192, 195, 200 f.
Rätedemokratie 21 ff., 28, 166
Rapallo-Vertrag (1922) 37
Rasse, Rassismus 51, 67 ff., 80, 92, 106, 131, 142, 175, 179, 208, 263, 346, 352 f.
Rat für gegenseitige Wirtschaftshilfe (RGW) 136, 229, 276 f., 289 f., 318
Rathenau, Walther (1867–1922) 29
Rationalisierung 33, 176, 208
Reagan, Ronald (*1911) 265
Rechtsstaat 7, 55, 85, 304, 348 f.
Reichs
– arbeitsdienst 58
– kanzler 7, 24 ff., 27, 31, 40, 44 ff., 57, 85
– kirche 69
– kristallnacht 71
– parteitage 59, 75
– präsident 7, 24 f., 27, 32, 40, 42 f., 55, 57, 85
– regierung 26 ff., 30 ff., 40 f., 44, 54 f., 68
– statthalter 56, 75
– tag(swahlen) 9, 21, 24 ff., 29, 32, 40 ff., 52 ff., 85, 106
– tagsbrand 54
– wehr 26 ff., 31, 43, 57
Reinhardt, Max (1873–1943) 36
Renger, Annemarie (*1919) 310
Rentenmark 31
Reparationen 7, 16 f., 29 ff., 34, 37, 44, 134 f., 184, 233

Repräsentantenhaus 162, 166
Republik 10, 17, 166
Republikanische Partei (USA) 176, 181, 265
Reuter, Ernst (1889–1953) 137
Revision(sforderungen) 26, 37, 81, 85
Revolution 56 f., 188 ff., 193, 196 f., 199 f., 280 f., 283, 286, 304, 314, 345
– deutsche (1918/19) 21, 23, 26, 54, 103
– russische (1905) 187
Rezession 248, 274, 277, 346
Rhee, Syngman (1875–1965) 214
Rheinland 14, 30, 37, 81
Röhm, Ernst (1887–1934) 57
Römische Verträge (1957) 288
Rohstoffe 30, 63, 96, 103, 136, 185, 233, 273, 277, 279, 305, 331, 334, 340 f.
Roll-back-Politik 209
Roosevelt, Franklin Delano (1882–1945) 98 f., 102, 105, 114 f., 120, 122, 126, 174, 275, 345
Rote Armee 28, 95, 115, 117, 133, 193, 280 f.
Rote-Armee-Fraktion (RAF) 304
Rote Garden 282
Rote Kapelle 111
Rüstung 63, 102 f., 184, 207, 210, 215, 220, 261 f., 265, 277, 306, 312, 330, 341, 351
Ruhrgebiet 28, 30 f.
Rumänien 9, 18 f., 39, 268
Russland 9, 12, 18 f., 51, 68, 94 f., 106, 123, 128, 133, 174, 187 f., 192 f., 196, 199, 215, 266 ff., 277, 279

Saarland, Saargebiet 12, 15, 81
Sachsen 28, 30 f.
Sadat, Anwar as- (1918–1981) 219
Salazar, Antonio de Oliveira (1889–1970) 39
SALT (Strategic Arms Limitation Talks) 262 f., 265
St. Petersburg 187 f.
Schacht, Hjalmar (1877–1970) 62, 73
Schdanow, Andrej (1896–1948) 136
Scheel, Walter (*1919) 298
Scheidemann, Philipp (1865–1939) 13, 21 f., 24, 26, 29
Schiller, Karl (1911–1994) 248
Schirach, Baldur von (1907–1974) 65
Schleicher, Kurt (1882–1934) 44 f., 62
Schleyer, Hanns-Martin (1915–1977) 304
Schmidt, Helmut (*1918) 263, 306, 312, 325
Schneider, Paul († 1939) 69
Scholl, Hans und Sophie (1918/21–1943) 111
Schulpflicht 192, 338
Schumacher, Kurt (1895–1952) 228, 230
Schuman, Robert (1886–1963) 288
Schutzstaffeln (SS) 54 f., 57 ff., 67, 71 f., 95, 106, 109
Schwellenländer 340
Sechs-Tage-Krieg (1967) 218 f.
Seeckt, Hans von (1866–1936) 27, 31
Selbstbestimmung(srecht) 12, 18 f., 38, 130, 193, 236, 264, 266
Senat (amerikanischer) 162, 166
Separatismus 30
Serbien 9, 19, 271, 353
Sezessionskrieg 175
Sicherheitsdienst (SD) 72
Sinti und Roma 72
Slowenien 271
Solidarność 268, 289
Sowchosen 197
Sowjetische Besatzungszone (SBZ) 137 f., 140 f., 225 f., 235, 238

Sowjets (Räte) 188 ff., 194 ff., 200
Sowjetunion (UdSSR) 8, 37, 89 f., 92, 94 f., 98, 103 f., 107, 110 f., 114 f., 117, 119 f., 122, 129, 135 ff., 166, 173 f., 186, 195 ff., 203 ff., 210 ff., 220, 225, 227 ff., 233, 235 f., 238, 249, 251, 255, 260 ff., 274, 276, 281, 284, 288 ff., 300 f., 306 f., 316, 353
Sozialdemokratische Arbeiterpartei Russlands 187
Sozialdemokratische Partei Deutschlands (SPD), Sozialdemokratie 9 f., 21 ff., 26 f., 29, 31, 33, 40 f., 43 f., 54 ff., 73, 85, 111, 138, 140, 225, 228, 230, 248, 252, 254, 298, 300, 306, 315
Soziale Marktwirtschaft s. Marktwirtschaft
Sozialismus, Sozialisten 8, 21 f., 24, 26, 28 f., 55, 141, 174, 187 f., 192, 196, 198, 200 f., 203, 207, 211, 220 f., 230 f., 241, 243, 245, 248, 251, 253, 261, 263, 266 f., 276 f., 282, 284 ff., 289, 301, 303, 305, 313, 315, 345
Sozialistische Einheitspartei Deutschlands (SED) 140, 225, 227, 229, 231, 233, 235, 241, 248 f., 251, 253, 255, 260, 301, 303, 305, 307, 311, 313 ff., 320
Sozialistische Gesellschaft 141, 201, 251, 253, 255, 281, 305
Sozialliberale Koalition 298, 300, 302, 306
Sozialpolitik, Sozialhilfe 31, 33, 55, 136, 181, 185, 208, 232, 248, 292, 294, 302, 316, 319 f., 338, 342 f., 348, 351, 354
Spanien 38, 161, 163
– Bürgerkrieg 39, 355
Spartakusbund, Spartakisten 21 ff., 27 f.
Speer, Albert (1905–1981) 75, 103, 116
Sproll, Johannes (1870–1949) 68
Staatssicherheit, Ministerium für (Stasi) 231, 305, 307, 313, 315, 321, 325
Stahlpakt (1939) 83
Stalin, Joseph (1879–1953) 84, 94 f., 111, 114 f., 122, 132 f., 174, 186, 193, 195 ff., 206 f., 228, 281, 307, 330
Stalingrad 101, 103, 111
START (Strategic Arms Reduction Talks) 267
Stauffenberg, Claus Graf Schenk von (1907–1944) 113
Steuben, Friedrich Wilhelm von (1730–1794) 161
Stoph, Willi (*1914) 299
Strasser, Gregor (1892–1934) 52
Strategic Defense Initiative (SDI) 265
Streik 21, 27, 31, 33, 102, 125, 127, 182, 188, 191, 194, 219, 234, 268
Stresemann, Gustav (1878–1929) 31, 33, 37
Sturmabteilung (SA) 43, 45, 52, 54 f., 57 ff., 69, 71 f.
Sudetenland 58, 82, 133
Suezkrise, Suezkanal 212, 217 f.
Sun Yat-sen (1866–1925) 280
Supermächte 90, 115, 204, 209, 212, 217, 220, 255, 261 ff., 284, 288, 298
Suttner, Bertha von (1843–1914) 350
Syrien 218 f.

Taiwan (Nationalchina) 261, 279, 281, 284, 340
Taylor, Frederick W. (1856–1915) 176
Tennessee Valley Authority (TVA) 182, 335
Terror, Terrorismus 7, 55, 73, 105, 113, 117, 194, 201, 216 f., 219, 264, 282, 304, 306, 345 ff., 353
Thälmann, Ernst (1886–1944) 73
Thatcher, Margaret (*1925) 317

Thüringen 28, 30 f., 45
Toller, Ernst (1893–1939) 330
Totaler Krieg 102 f.
Totalitarismus 38, 58 f., 69
Trizone 135
Troeltsch, Ernst (1865–1923) 27
Trotzki, Leo (1897–1940) 193, 195
Truman, Harry S. (1884–1972) 118, 123, 132, 135, 209, 215, 345
Truman-Doktrin 135 f.
Tschechoslowakei 18 f., 37, 82, 84, 133, 207, 229, 245, 261, 268, 289, 296, 353
Tscheka 192
Tschernenko, Konstantin (1911–1985) 266
Tschernobyl 336
Tucholsky, Kurt (1890–1935) 308
Tudjman, Franjo (*1922) 271
Türkei 135, 353

Ulbricht, Walter (1893–1973) 140, 227, 229, 238, 251
Umweltschutz, Umweltpolitik 279, 292 ff., 306, 312 f., 318, 331, 334 f., 337, 341, 354
Unabhängige Sozialistische Partei Deutschlands (USPD) 21 f., 28 f.
Unabhängigkeitserklärung 145, 160 ff., 171
Unabhängigkeitskrieg 161, 165
Ungarn 19, 38, 133, 207, 209, 245, 289, 296, 314, 324
Unterhaus (House of Commons) 148, 150 ff.
Unternehmer 24, 33, 56, 62, 103, 230, 233, 345
U Thant, Sithu (1909–1974) 331

Vereinigte Arabische Republik (VAR) 218
Vereinigte Staaten von Amerika (USA) 8 f., 12, 20, 32 ff., 37 f., 40, 80, 89 f., 94, 97 ff., 102 ff., 114 f., 118 ff., 123, 128, 135 ff., 141 f., 146, 159, 161 ff., 165, 169, 171, 173 ff., 201, 203 ff., 207 ff., 225, 228 ff., 238, 251 f., 255, 261 f., 264 f., 269, 272 f., 275, 281, 284, 295, 312, 317, 344 f., 351
Vereinte Nationen (UNO) 89, 120 f., 130 f., 141, 214, 216 ff., 261, 270 f., 281, 284, 287, 300 f., 322, 331, 342 f., 347, 351 ff.
Verfassung 9, 24 f., 31, 45, 55, 85, 138 f., 162, 165 f., 169, 171, 200 f., 250, 266, 301 f., 344, 348, 350, 352 f.
Vernichtungslager 108 f.
Versailler Vertrag 7, 12 f., 26 f., 30, 32, 37, 41, 81 f., 85, 113, 184, 186
Verstaatlichung 185, 192, 217, 232 f., 235
Vertreibung 71, 123, 128, 133, 234
Vietcong 221 f.
Vietnam(krieg) 123, 204, 209, 212, 221 ff., 252, 254 f., 261, 264, 284, 303
Völkerbund 15, 20, 37, 80, 120, 184, 351
Völkerrecht 120, 143, 185, 298 f., 321, 351 f.
Volks
– abstimmung 15
– demokratie (-republik) 122 f., 229, 281, 283 ff., 289, 345, 353
– gemeinschaft 45, 60, 64, 67 ff., 73, 128
– gerichtshof 57, 111, 113
– kommissare 190, 192 f., 195
– kommunen 282
– sturm 116
Volksaufstand 209, 235, 238, 268, 324
Volkseigene Betriebe (VEB) 233, 318
Volkskammer 225, 227, 315 f.

Währungsreform 137, 232
Waffenstillstand 9 ff.

Wahlrecht 24 f., 38, 66, 135, 158, 162, 165, 170 f., 178, 208, 302
Walesa, Lech (*1943) 268, 289
Wannseekonferenz (1942) 108
Warschau 107, 109, 122, 300, 314
Warschauer Pakt 205, 212, 229, 237 f., 255, 261, 267, 284, 289 f.
Warschauer Vertrag (1970) 300
Washington, George (1732–1799) 161, 163
Washingtoner Abrüstungskonferenz (1921) 184
Watergate-Affäre 261
Wehrmacht 41, 58 f., 92, 94 f., 104, 106, 113, 116 f., 141
Wehrpflicht 14, 73, 81, 193
Weimarer Republik 7, 24 ff., 28, 31, 40, 53, 55 f., 85, 110, 139, 225, 252, 330, 352
Weiße Rose 111
Weizsäcker, Carl Friedrich von (*1912) 354
Weizsäcker, Richard von (*1920) 292
Wels, Otto (1873–1939) 55
Welt
– frieden 89, 96, 99, 120, 132, 141, 186, 217, 265, 270, 284, 323, 351, 354
– handel 274, 278, 343
– macht 51, 96, 98, 136, 173 ff., 201, 212, 220, 260, 284
– markt 208, 277, 294, 318, 341, 343, 346
– politik 98, 174, 287, 290, 322
– revolution 174, 196, 201
– wirtschaft 136, 260, 275, 277 f., 340
– wirtschaftskrise 8, 40, 305 f.
Wessel, Horst (1907–1930) 52
Wettrüsten 204, 220, 255, 262, 264, 331
Widerstand 68, 73, 110 ff., 219
Wiedervereinigung (deutsche Einheit) 228, 230, 238, 260, 267, 277, 292, 315 ff., 325
Wilhelm I. (1797–1888) 12
Wilhelm II. (1859–1941) 10
Wilhelm I., der Eroberer (1027–1087) 147
Wilhelm III. v. Oranien (1650–1702) 152
Wilson, Woodrow (1856–1924) 9 f., 12, 14 f., 19, 175, 351
Wirtschaft 12, 16, 22, 24, 32 f., 44, 57, 62, 96, 102 f., 136, 141, 150, 157, 176 f., 180, 182, 185 f., 194, 196, 199, 201, 206, 209, 233, 235, 249, 266 f., 270, 276, 284 ff., 290, 292, 296, 305 f., 317 ff., 330, 339 ff., 346, 352
Wirtschafts
– aufschwung 33, 124, 175 f., 201, 277, 318
– krisen 7, 30, 38, 40, 42, 53, 85, 174, 180 ff., 194, 236 f., 248, 277, 306, 318
– lenkung 248 f., 341
– liberalismus 176
– wachstum 232, 234, 248 f., 272, 275, 279, 287, 294, 318, 340
– wunder 234, 244, 248, 284
Wohlstandsgesellschaft 201
Wurm, Theophil (1868–1953) 112

Young-Plan (1929) 37, 41, 184

Zarentum, Zarenreich 174, 187 f., 190, 193, 201
Zentralkomitee (ZK) 190, 195, 206, 253
Zentralwirtschaft s. Planwirtschaft
Zentrumspartei 9, 21, 24, 26, 29, 31 f., 40 ff., 55, 85, 226
Zionismus 129, 219
Zwangsarbeiter 104, 110
Zweiter Weltkrieg 89 ff., 98, 117, 123, 126, 135 f., 141, 185, 204, 206, 208, 211, 223, 255, 275, 281, 288 f., 300, 340, 342, 353

Bildnachweis

Archiv der sozialen Demokratie der Friedrich-Ebert-Stiftung, Bonn 30 o
Archiv für Kunst und Geschichte, Berlin 14 u, 22 ol, 22 u, 23 or, 23 M, 25 u, 26 o, 27 o, 29 (2), 31 o, 34/35, 38 uM, 40, 41 u, 42 oM, 50 u (3), 54 (2), 55 o, 57, 62 oM, 64 o, 65 o, 66 u, 69 o, 71 u, 72 or, 74 (2), 75 o, 80 (2), 81 u, 84 u, 87 ul, 88/89, 100 u, 102, 103, 104 o, 106 (2) 107 l, 107 r, 108 (2), 109 r, 110 l, 110 M, 113 ul, 114 u, 115 o, 119 l, 120 u, 121 o, 122 u, 125 o, 126 o, 128 (2), 129 l, 131, 137 (3), 139 o, 142 r, 147 r, 151, 160, 161 u, 164 (2), 171 o, 172 (Arbeiter und Kolchosbäuerin), 175 o, 176, 179, 182 o, 187, 188 u, 189 r, 195 o, 200, 207 u, 208 l, 208 M, 229 u, 251 o, 330 o, 338, 350, 354
B. Askani, Schwetzingen 167 or, 333
Associated Press, Frankfurt/M. 134 or, Foto: D. Endlicher 270 l
Bavaria, Gauting/Fotos: G. Beck 162 uM, Picture Finders 162 ul, 162 ur
Bayerische Staatsbibliothek, München 50 o, 87 2. Reihe von oben links
H. Berger/Neue Zeitung 1947 247
Bettmann Archive, New York 12 o
Bibliothéque Nationale, Paris 328
H. Bierbrauer, Ahrensbök 251 or
Bildarchiv Preußischer Kulturbesitz, Berlin 10 o, 15 u, 12 o, 23 u, 30 u, 34 ul, 35 u (2), 36 o, 36 ul, 36 uM, 45 u, 52o, 56, 58 u, 59 o, 60 o, 62 or, 67 or, 68 o, 75 u, 81 or, 84 o (2), 94 o, 105 ul, 116 r, 117, 133, 134 u, 152, 189 o, 191, 195 u ; Foto: C. Seifert 52 u
British Library, London 147 l, 150, 153 u
British Museum, London 153 o
Brown Brothers, Sterling 177 o
Bühnen Archiv Oskar Schlemmer, Badenweiler © 1997 36 ur
Bundesarchiv, Berlin 72 u, 73 M
Bundesarchiv, Koblenz 23 or, 27 u, 63, 79 u, 107 M, 136 u, 140, 143 o, 233 ol
Bundesministerium für Familie, Senioren, Frauen und Jugend, Bonn 352 o
J.-L. Charnet, Paris 118 ol
Collection of the New York Historical Society, New York 144/145
Culver Pictures, New York 177 u
David King Collection, London 188 o, 193 o
Deutsch-Palästinensische Gesellschaft, Berlin 218 o
Deutsche Presse Agentur, Frankfurt/M. 216 u, 219 u, 261, 271 (2) 300 o, 304, 315 o, 336, 351 u; Fotos: AFP 286 o, 341, 343 u, 346 u, 347; Eilmes 262 M; European Press 211 o; Foersterling 349; Giehr 244 r; Hock 278 u; Kalaene-Zentralbild 319 or; Kleefeld 270 r; Kneffel 318; Lehtikuva Oy 286 u; Paetow 310 o; Rauchwetter 285 u; UPI 300 ul; Wieseler 276; Witschel 342 r; Zettler 253
Deutsche Verlags-Anstalt, Stuttgart 331
Deutsches Historisches Museum Berlin 112 o, 113 o, 233 u, 256 ul, 257 ul, 289, 312 o, 312 ul, 315 u
Die Deutsche Bibliothek, Frankfurt/M. 72 ol
Dokumentenkabinett, Vlotho 246
Edimedia, Paris 38 ul
Edition Staeck, Heidelberg 308 o, 308 ul
Ektodike Athenon, Athen 168
R. Erbar, Mainz 325
Express Newspapers/Distr.Bulls © 1997 322
FOCUS, Hamburg Fotos: H.Kubota-Magnum 287; M.Riboud-Magnum 282 u
Frans Halsmuseum, Haarlem/Foto: T. Haartsen, Ouderkerk 332
U. Frauendorf, Leipzig 313 u
D. Gaedke, Berlin 143 u
Gallimard, Paris 124 r, 127 r
Gedenkstätte Deutscher Widerstand, Berlin 111 (2)
P. Glaser, Berlin 258/259
Göde, Aschaffenburg 292 (Euro, 2 DM)
Grafik Werkstatt, Bielefeld 306

H. Haitzinger, München 263, 264 ur, 273 l, 274 o
K. Halbritter 310 l
W. Hanel, Bergisch Gladbach 317, 319 u, 337
Haus der Geschichte der Bundesrepublik Deutschland, Bonn 227 r
R. Henn, Hennweiler 267 r
Hessisches Landesmuseum, Darmstadt/Fotos: W. Kumpf 24 o, 31, 42 ol
R. van der Hilst, Paris 285 o
Historical Society, Ohio 184
Imperial War Museum, London 123 o, 124 l
Interfoto, München 256 ur
Institut für Presseforschung der UB Bremen 224
Institut für Stadtgeschichte, Gelsenkirchen 334
Institut für Zeitungsforschung der Stadt Dortmund 42 o, 60 u, 94 u, 138 (3), 226 l, 228 o, 230 o, 232 ol, 351 o
C. Julius, Nürnberg 87 or, 87 oM
Jürgens, Ost- und Europa-Photo, Berlin 289 u, 301 r, 303 (2), 311 l
Keystone Pressedienst, Hamburg 37, 120 o, 222 l, 223 (2), 254 M, 257 or, 277 l, 314 u, 316, 336 u, 342 M, 353 o
KNA-Bild, Frankfurt/M. 274 u
H.E. Köhler/Frankfurter Allgemeine Zeitung 298 l, 299 r, 312 ur
Konrad-Adenauer-Stiftung, ACDP, Plakatsammlung, Sankt Augustin 230 u
H. Lade, Frankfurt/M. 256 or
Landesarchiv, Berlin 45 o
Landesbildstelle, Berlin/Foto H. Ries 345 u
Landkreis Chemnitzer Land - Kreisarchiv -, Glauchau/Fotos: E. Müller 46 or, 49 u (2), 76 o, 77 o, 78 (4)
E.M. Lang 250 o
Lebeck, R., Hamburg 17 u
Lichtblickstudio, Hamburg 319 ol
N. Matoff, Hamburg 273 r
Mauritius, Mittenwald/Fotos: Hackenberg 20; P. Freytag Schutzumschlag
Münchner Stadtmuseum/Fotos: W. Pulfer 205 u, 235 u
L. Murschetz/Cartoon-Caricature-Contor, München 296
Museum für Kunst und Gewerbe, Hamburg 110 r
National Maritime Museum, London 155
Nationalmuseum, Athen 170 M
Neue Galerie der Stadt Linz 330 u
N. Neuhoff, Braunschweig 292 (6)
Niedersächsisches Hauptstaatsarchiv, Hannover 43, 70 o
Ostkreuz, Berlin/Fotos: S. Bergemann 251 ul; H. Hauswald 245 r; W. Mahler 243 u
J. Partyniewicz, Rösrath 302
Philadelphia Museum of Art: Gift of Mrs. John D. Rockefeller, Philadelphis 157 (3)
Photoarchiv C. Raman Schlemmer, I-Oggebbio 36 ur
Photo Researchers, Inc., New York/Fotos: P. Koch 283 (2)
Presse- und Informationsamt der Bundesregierung - Bundesbildstelle, Bonn 139 ul, 314 o
P. Probst 167 ol, 170 o
Rheinische Post, Düsseldorf 248 u
Sachsenring GmbH, Chemnitz/Foto: Spiegel Verlag, Chemnitz 245 l
Sächsische Landesbibliothek - Staats- und Universitätsbibliothek - Dez. Deutsche Fotothek, Dresden 79 o; Fotos: Paetzold 161 o; R. Richter 46 u; R.U. Zeissig 48 u
Sächsisches Hauptstaatsarchiv, Dresden 49 o, 76 u
C. Schaffernich 308 ur
M. Schirner, Berlin 65/65
Scholz & Friends, Berlin/Gruner + Jahr, Hamburg/Staatsbibliothek Preußischer Kulturbesitz, Berlin 320
W. Schöne, Essen 298/299

R. Schöpper/Westfälische Nachrichten, Münster 259 u
Sipa-Press, Paris 98 u; Foto: Robert 266 o
Spiegel-Verlag, Hamburg 220 o, 248 o
Staatliche Landesbildstelle, Hamburg 61
Staatliche Münzsammlung, München 162 o
Staatliches Russisches Museum St.Petersburg 197 o
Staatsbibliothek Preußischer Kulturbesitz, Berlin 91 (3)
Staats- und Universitätsbibliothek - Carl von Ossietzky -, Hamburg 101 o (2)
Stadtarchiv Nürnberg 70 ul
Stadt Nürnberg, Bildstelle/Foto: R.D'Addavia 142 l
Stadtarchiv Offenbach 41 u
K. Stehle, München 26 u, 115 u
STERN, Hamburg/Fotos: H.-J. Anders 339; C. Meffert 252
Stiftung Archiv der Akademie der Künste, Berlin 83 o
Stiftung Auto Museum Volkswagen, Wolfsburg 244
G. Strutz, Salzgitter 257 or
Studio X/© Lorin-Quidu-GAMMA, Limours 342 l
Süddeutscher Verlag, München 10 u, 14 o, 21 u, 66 or, 67 ol, 71 or, 73 o, 82 (2), 87 ol, 87 2.R.v.o.M., 87 2.R.v.u.M., 92, 93 ur, 101 u, 113 uM, 116 l, 116 M, 127 l, 135, 180 (2), 181, 197 u, 206, 214, 215 o, 217(3), 222 r, 226 r, 227 l, 228 u, 229 o, 232 or, 236 o, 257 ol, 310 M
The Pilgrims Society, Massachusetts 154
The Royal Collection, Herr Majesty Queen Elisabeth II., Windsor 149
G. Thiel, Stuttgart 346 o
Time-life Syndication, New York 97 l
Transglobe Agency, Hamburg/Fotos: P. Gontien 329 r; S. Layda 173 (Freiheitsstatue); Popperfoto 93 l
Tretjakow-Galerie, Moskau 192 l
Ullstein Bilderdienst, Berlin 66 ol 104 ur, 105 o, 112 o, 113 ur, 126 o, 130, 132 u, 134 ol, 158, 199, 202/203 (2) - (Gestaltung: E. Schönke), 208 r, 233 o 235 o 239 u, 240 l, 248 M; Fotos: ADN-Zentralbild 311 r, 321 o; Bonnsequenz 121 u dpa 309; Fotoagentur imo 267 l; Fotoagentur Sven Simon 264 o, Poly-Press 307 r; R.G. Succo 348
UNHCR, Bonn 343 o
United Press Intern., Edenbridge/Foto: H.S. Wong 97 M
© VG Bild-Kunst, Bonn 1997 36 uM,109 ul, 192 l, 330 u; © VG Bild-Kunst, Bonn 1997/Succession Picasso 354, 355; © VG Bild-Kunst, Bonn 1997/The Heartfield Community of Heirs 83 o
Vigne, J., Gennevilliers 11
Vision photos/Rainer Klostermeier, Berlin 305 r
Visual Photo Library, Tel-Aviv/Foto: I. Grinberg 129 ur
VISUM, Hamburg/Fotos: C. Engel 343 uM; JoRöttkger 340; A. Schoelzel 321 u
E. Wagener/M.Wagener-Rieger, Ottersberg 86, 87 2.R.v.u.r, 2.R.v.u.l., ur, 2.R.v.o.r, uM
O. Weber „Tausend ganz normale Jahre" 77 u
Westermann-Archiv 207 o, 281
Wide World Photos, New York 97 r0
Wiener Library, London 17 o
Wilhelm-Busch-Museum, Hannover/Foto: P. Gauditz 232 u
J. Wilk 295
K. Willenbrock, Hamburg 326/327
Wochenpost Verlag, Berlin/Foto: Deutsche Bücherei, Leipzig 243 o
ZENIT, Berlin/Foto: P. Langrock 305 l
Zentrale Farbbildagentur, Düsseldorf/Fotos: Bramaz 278 o; Damm 167 u; FIRST 6 (Flagge); Hackenberg 7 (Flagge)